JOHANNES DIETEL

BarschAlarm 2.0

DAS ULTIMATIVE BARSCHBUCH

Müller Rüschlikon

Einbandgestaltung: R2 I Ravenstein, Verden

Titelfoto und Foto auf der Umschlagrückseite: Archiv Johannes Dietel

Bildnachweis:

Alle Fotos stammen aus dem Archiv von Johannes Dietel.

Eine frühere Ausgabe dieses Buches ist unter der
ISBN 978-3-275-02016-4 erschienen.

ISBN 978-3-275-02314-1

Postfach 103743, 70032 Stuttgart
Ein Unternehmen der Paul Pietsch Verlage GmbH & Co. KG

2. Auflage 2024

Sie finden uns im Internet unter www.mueller-rueschlikon-verlag.de

Gesamtleitung: Claudia König
Innengestaltung: R2 I Ravenstein, Verden
Druck und Bindung: Graspo CZ, 76302 Zlin
Printed in Czech Republic

INHALT

» Dieser **LINK** führt Dich zu den in diesem Buch enthaltenen YouTube-Videos. Die QR-Codes zu den Videos findest Du auch an den entsprechenden Stellen in den Kapiteln.

Link: http://mein.mueller-rueschlikon.de/42215

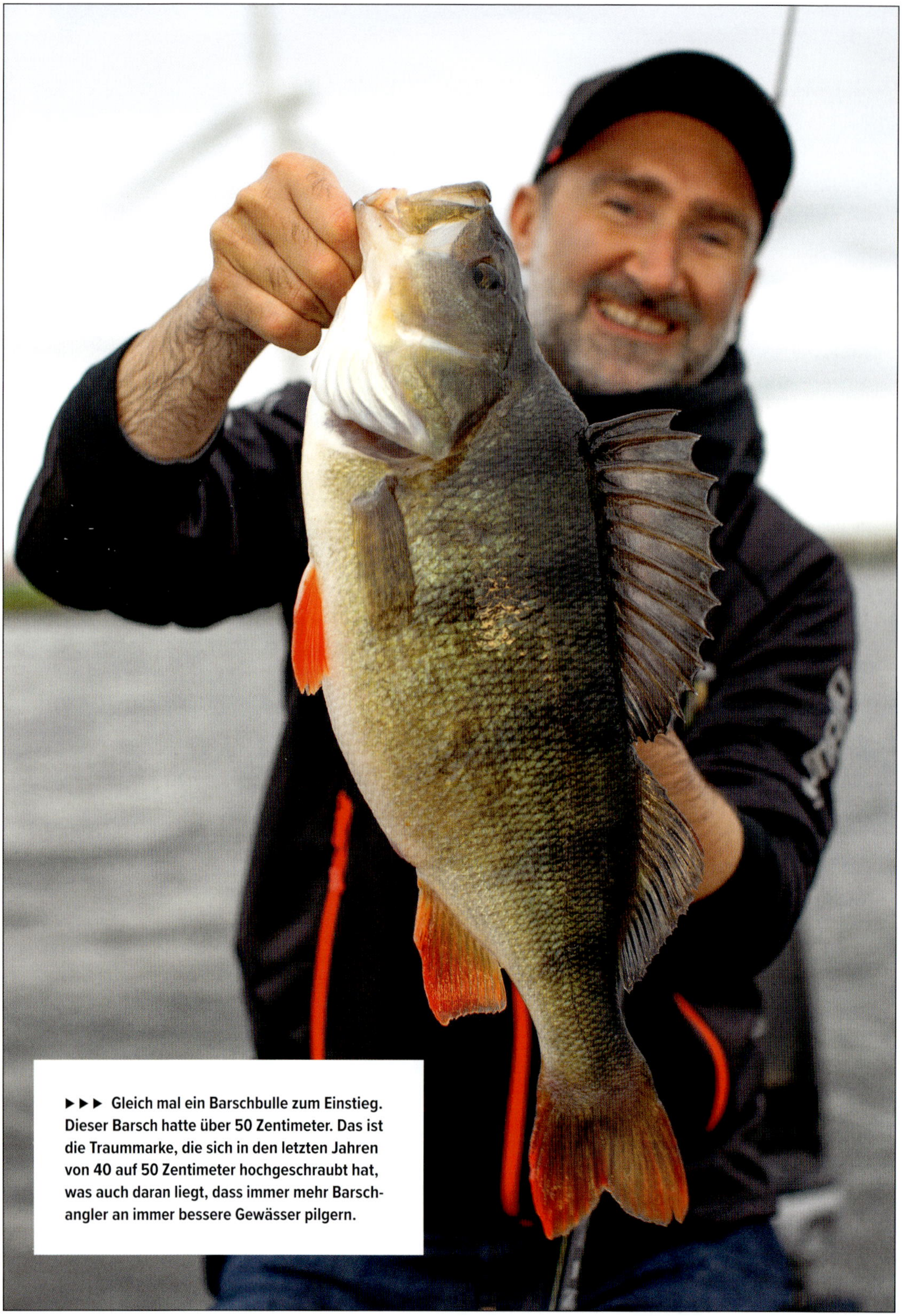

▶▶▶ Gleich mal ein Barschbulle zum Einstieg. Dieser Barsch hatte über 50 Zentimeter. Das ist die Traummarke, die sich in den letzten Jahren von 40 auf 50 Zentimeter hochgeschraubt hat, was auch daran liegt, dass immer mehr Barschangler an immer bessere Gewässer pilgern.

LIEBE BARSCHFANS,

nun ist es also endlich so weit. Die Barsch-Alarm-Version 2.0 ist draußen. Das Update vom ULTIMAIVEN BARSCHBUCH, das ich vor einigen Jahren geschrieben habe. In dieser Zeit ist sehr viel passiert. Na klar sind wieder ein paar neue Rigs aus den USA und Japan zu uns rübergeschwappt. Zum eigenen YouTube-Kanal und der Barsch-Alarm-Seite in der Angelwoche kam jetzt sogar eine eigene Marke mit BA-Ruten, Ködern und Kleinteilen.

In diesem Buch erwartet Dich die volle Packung Barsch-Madness! Seit ich den ersten Barsch in meinen Händen hielt, war ich fasziniert von dem (aus Barschanglersicht) schönsten aller deutschen Raubfische. Ach, was sage ich: Aller Fische der Welt! Das ist Fakt. Insofern ist es nur logisch und folgerichtig, diesem Fisch einen guten Teil seines Lebens zu widmen, ihm überall nachzustellen, wo er anzutreffen ist, eine Website zum Thema ins Leben zu rufen und einen doch recht barschlastigen YouTube-Kanal zu betreiben. Wenn man dann mal in die Materie eingestiegen ist, öffnen sich ständig neue Türen. Immer wieder tauchen noch fängiger erscheinende Wunderwaffen auf. Durch die globale Vernetzung ist die Schlagzahl hoch. Gesetzt den Fall, dass Du noch nicht ganz so tief im Barschsumpf steckst wie ich, aber bereit bist, Dich aufs ewige Barsch-Battle einzulassen, musst Du Dich natürlich genau auskennen im Universum der Ködertypen, Montagen und Schlüsselreize. Dann hat dieses Buch das Potential, Dich zu fesseln, Dir neue Wege zum Barschglück aufzuzeigen, Dich zu inspirieren und am Ende noch mehr Spaß am Wasser rauszukitzeln.

Und darum geht's doch. Spaß am Wasser. Neue Erlebnisse. Alles fein abgestimmt mit einer Prise Tackle-Irrsinn. Korrekt? Dann ist der Barsch auch Dein Fisch. Keinen Räuber kann man mit mehr Methoden befischen, kaum einer reagiert so sensibel auf Detailveränderungen, keiner ist so fotogen ... Ich schweife ab. Lies es Dir einfach durch und lass mich wissen, wie es Dir gefallen hat. (Insta-Account: @johannes_dietel)

JOHANNES

PS: *In Version 1.0 habe ich alles reingeschrieben, was mir barschtechnisch auf den Lippen gebrannt hat. Für Version 2.0 habe ich alle Texte überarbeitet und um die Erkenntnisse aus den letzten Jahren ergänzt. Dazu kommen viele neue Kapitel mit Methoden und Systemen, die ich in der ersten Version noch nicht auf dem Zettel hatte. Und natürlich wurden haufenweise Fotos ausgetauscht. Unter vielen Kapiteln findest Du einen QR-Code, der Dich direkt zu passenden YouTube-Videos führt, damit Du siehst, dass das alles Hand und Fuß hat, was ich hier schreibe. Außerdem liefern Bewegtbilder ja auch noch mal einen anderen Erkenntnisgewinn.*

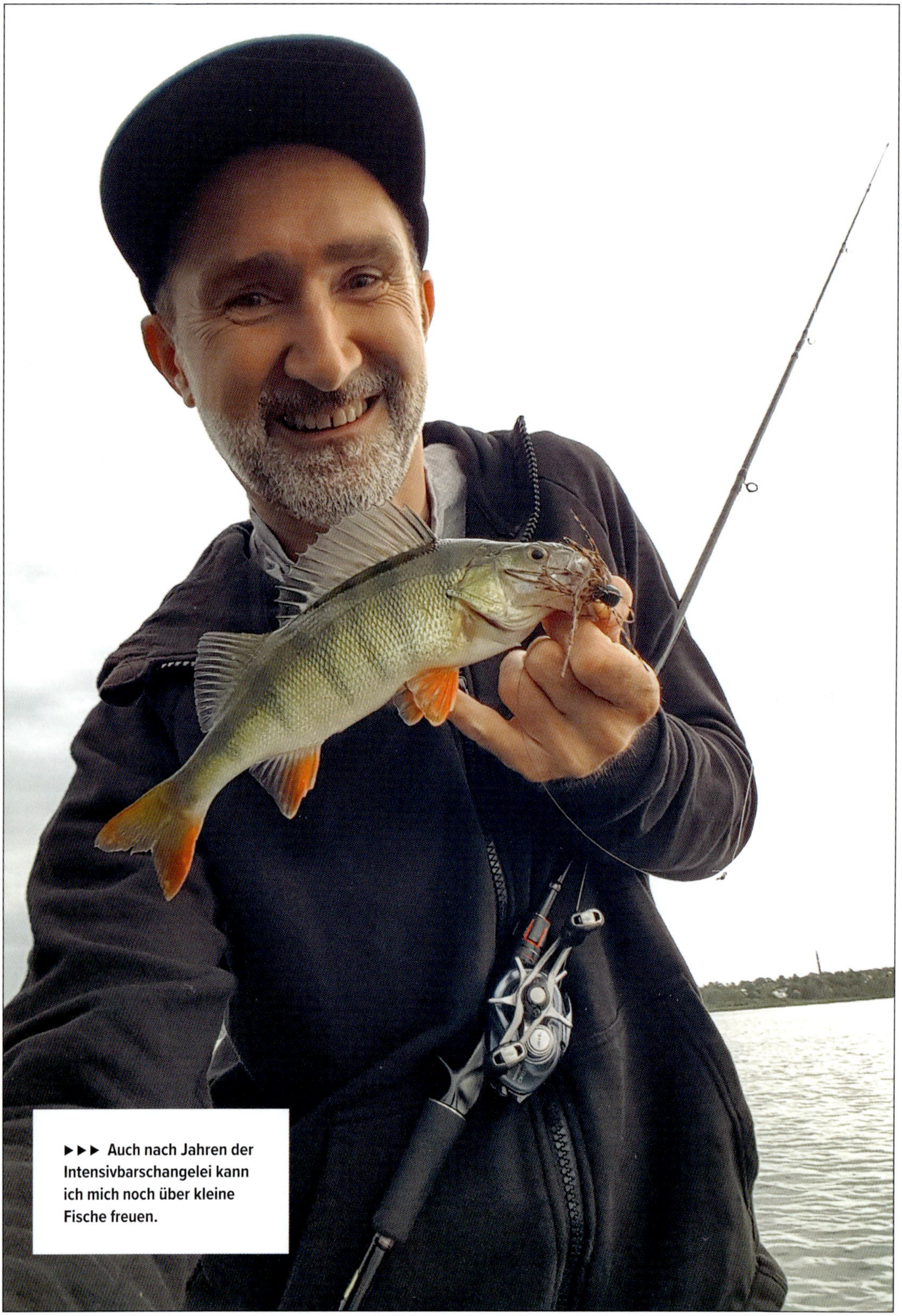

▶▶▶ Auch nach Jahren der Intensivbarschangelei kann ich mich noch über kleine Fische freuen.

PROLOG: EINE ODE AUF DIE BARSCHANGELEI

Ich angle an sich sehr gern mit Kunstködern und fische auch auf Forelle, Döbel, Aland, Rapfen, Zander und Hecht. Wenn ich aber an einem Gewässer stehe und zwischen dicken Barschen und dem »Restprogramm« wählen kann, habe ich in 7 von 10 Fällen einen Barschköder an der Leine. Bevor ich mich an dieses Buch gesetzt habe, habe ich mich gefragt, warum ich so eine »Barschpanne« habe. Der Großfisch-Hype kann es schon mal nicht sein. Denn wenn man gezielt auf Barsche angelt, hat man sich dagegen entschieden, als Großfischjäger in die Geschichte einzugehen.

Natürlich freuen wir Barschangler uns, wenn wir einen besonders dicken Barsch überzeugen konnten. Auch bei mir lautet die Barsch-Devise: Je größer, desto breiter das Grinsen. Minutenlange Drills, meterhohe Sprünge, ultrabrutale Hammerbisse und endlos lange Sprints kann uns der Flussbarsch aber nicht bieten. Schlimmer noch: Nicht jedes Gewässer hat das Potenzial, Großbarsche zu »produzieren«. Wer sich an einem »normalen« Fluss wie der Berliner Stadtspree nur über einen 50er-Barsch freuen kann, wird aller Wahrscheinlichkeit nach niemals wahre Freude beim Stadtbarschangeln empfinden können.

Für die dicken Barsche müssen die meisten Angler ins Auto steigen und an die Topgewässer reisen. Ob das unbedingt sein muss, entscheiden das eigene Ego, der Geldbeutel und die Geilheit auf den Barsch-Moppel-Fang. Die meisten Barschangler haben es aber geschafft, ihre Passion vom Zentimeter-Hype abzukoppeln und können auch im Durchschnittsgewässer viel Spaß haben und eine erfüllende Passion entwickeln, die sich aus vielen Quellen speist:

FREUDE AM FEINEN GERÄT

Ein nicht ganz unerheblicher Faktor ist das feine Barsch-Tackle. Unsere Ruten wiegen fast nichts. Wir haben für die vielen Methoden, die wir auf den Barsch »anwenden«, Spezialgeschirr. Nicht wenige von uns herrschen über einen kleinen Rutenwald, der immer weiter ausgebaut und perfektioniert wird. Ruten werden immer wieder verkauft und gegen Neue ausgetauscht.

Dazu fuchsen wir uns nicht nur in die Rutensortimente der Hersteller ein, sondern suchen – gerade beim Finesse-Angeln mit Baitcast-Ausrüstung – lange nach den richtigen Rollen, machen eine Wissenschaft aus dem Tuning und kurbeln solange neue Schnüre auf die Spulen, bis wir mit dem Setup komplett zufrieden sind.

Der Tackle-Fetischismus ist Spiegel unserer Leidenschaft. Neben der eigentlichen Barschangelei beschäftigen wir uns zahllose Stunden mit der Barsch-Tackle-Theorie und haben so noch mehr von unserem Hobby. Da ist auch für die Passioniertesten unter uns kein Ende der Fahnenstange in Sicht. Denn für Barsche gibt‘s viel mehr Wobbler und Gummis als für alle anderen Süßwasserräuber zusammen.

Dass dem so ist zeigt auch, wie beliebt die feine Angelei geworden ist. Sicher nicht nur wegen der auf die Masse der Barschangler gesehen verhältnismäßig seltenen Großbarschdrills, sondern eben auch, weil wir uns für die ganzen filigranen und mit individuellen Geheimkräften versehenen Gummis und die vielen verschiedenen Hardbaits mit integrierten Weitwurf-Systemen und Spezialtauchschaufeln in Superrealo-Designs begeistern können.

METHODEN-VIELFALT

Natürlich kann man jeden Raubfisch mit verschiedenen Methoden bedienen. Schaut man aufs Zanderangeln, denkt man in erster Linie an gejiggte, gefaulenzte oder vertikal präsentierte Gummifische, an durchgekurbelte Wobbler und eventuell noch ans Dropshotten. Da wartet das Hechtangeln schon mit ein paar mehr Facetten auf. Die Entenschnäbel kann man blinkern, jerken, spinnern, wobbeln, spinnerbaiten oder mit dem Gummifisch beangeln.

Die Barschangelei ist aber noch viel weiter ausdifferenziert. Man denke nur an die vielen Finesse-Methoden aus den USA und Japan, die nur einen Bruchteil des Methoden-Repertoires eines passionierten Barschanglers darstellen. Dazu kommen die Barsch-Köder-Klassiker: Blinker, Spinner und Zocker. Dann modernes Blech wie Jig-Spinner, Balance-Jigs, Cicadas, Chatter-, Spinner- und Buzzbaits. An Spezial-Bleiköpfen wie TipUp-Jigs, Shaky Heads oder StraightHeads montierte Action-Shads, Low-Action-Shads, No-Action-Shads, Creatures, Krebse, Würmer, Insekten, Twister und so fort, die wir jiggen, durchkurbeln, wackeln, hibbeln oder twitchen.

Dann gibt es das komplette Barsch-Hardbait-Programm aus Crankbaits, Twitchbaits, Swimbaits, Stickbaits, Wakebaits, Propbaits, Poppern und so weiter. Schließlich existieren noch Mormyschkas, Hegenen und andere Super-Mini-Köder.

Diese Bereitschaft des Barsches, unter verschiedenen Umständen auf verschiedene Köder beziehungsweise Methoden anzusprechen, eröffnet ein gigantisches Spielfeld. Würde das Kunstköderangeln nur aus Jiggen und Wobbeln bestehen, hätte es so mancher von uns – unabhängig von den Fangerfolgen – vielleicht schon an den Nagel gehängt und sich ein vielschichtigeres Hobby gesucht. Bis man aber alle Barsch-Methoden richtig drauf hat, vergehen womöglich mehrere Anglerleben – zumal ja immer wieder neue Köder und Methoden dazukommen.

PIONIERGEIST

In vielen Bereichen des Lebens gibt es Gruppen, die Techniken zuerst ausprobieren. Es sind diese technikaffinen Menschen, die dafür verantwortlich sind, dass sich Systeme und Instrumente durchsetzen. Das war beim Sprung vom Walkman auf den Discman so und ist bei der Durchsetzung der »neuen« Methoden des Spinnangelns nicht anders. Hier waren es

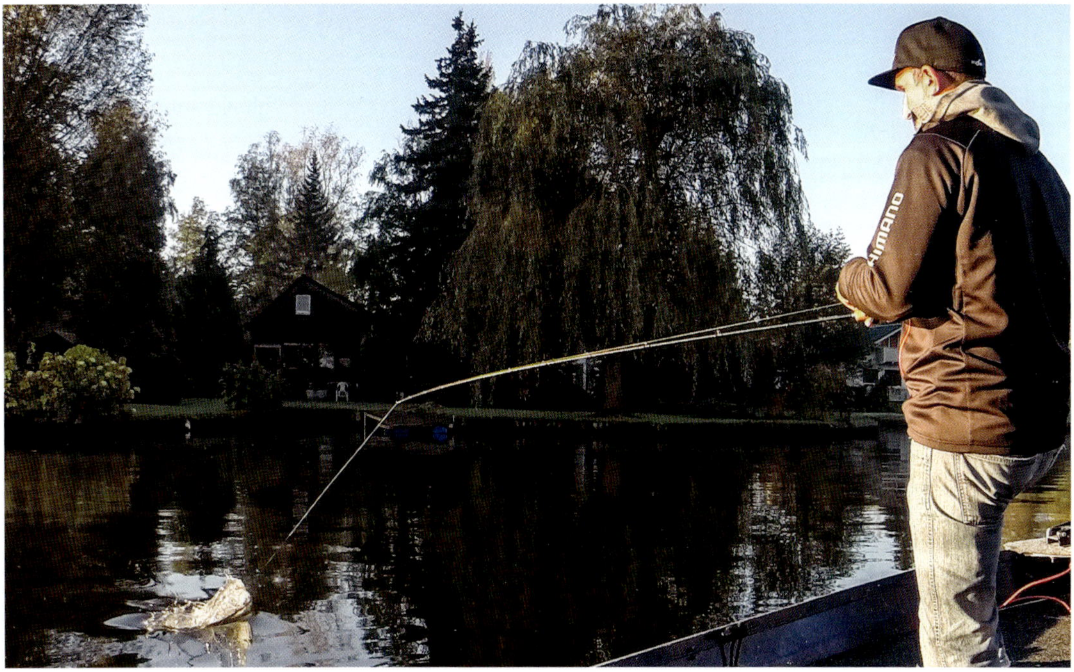

▶▶▶ **Dickbarschbiss an der Oberfläche. Der blieb leider nicht hängen. Und trotzdem wird man das Bild von diesem Angriff für immer im Kopf haben.**

die Barschangler, welche die Montagen aus der Schwarzbarschangelei als erste adaptiert hatten. Weil wir heiß drauf sind, immer wieder Neues auszuprobieren, können die Methoden dann mit einiger Zeitverzögerung auch auf andere Fischarten angewendet werden. Die Freude am Experimentieren verbindet uns und schafft auch eine Basis für den Austausch in Angelforen wie dem Barsch-Alarm.

OMNIPRÄSENZ

Dickbarschangeln funktioniert nur da, wo es dicke Barsche gibt. Barschangeln an sich funktioniert fast überall. Ob im Kanal, im Baggersee, im Umflutgraben, im Fluss, im Bach – im Biosphärenreservat oder mitten in der City. Wer sich vom Großfischdruck befreit hat, wird überall seinen Spaß haben – solange er sich ködertypen- und ködergrößentechnisch an der im Gewässer vorkommenden Barschgröße orientiert.

BISSFREQUENZ

Vielleicht ist es so, dass es sich beim Gros der Barschangler eher um die ungeduldige Spezies handelt, die immer mal einen Biss braucht, um Spaß am Werfen zu haben. Die Chancen auf viele Bisse hintereinander sind zumindest bei keiner Raubfischart höher als beim Barschangeln. Die oftmals hohe Bissfrequenz hat den Vorteil, dass man schnell Aussagen über die Fängigkeit von Ködern und Methoden treffen kann.

Das wiederum macht es uns Barschanglern ein bisschen einfacher, uns zum »Early Adaptor« aufzuschwingen. Weil wir auf einen Schwarmfisch

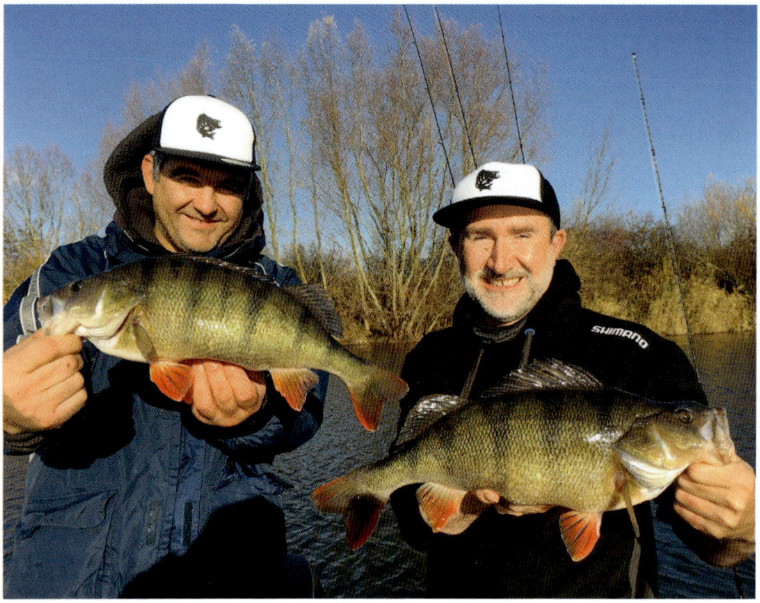

▶▶▶ Wegen der großen Barsche angeln meine Kumpels und ich auch gern in Holland. Hier hat es gleich doppelt eingeschlagen.

angeln, der im Kollektiv raubt, müssen wir oft keine langen Frustrationsphasen durchleben. An anderen Tagen werden die Leerwurfphasen schlagartig von Barschgewittern abgelöst, die die Stunden ohne Fischkontakt schnell vergessen lassen. Wobei es natürlich auch anders geht.

Wer sich zum Beispiel auf einem durchschnittlichen Wald- oder Baggersee zum Ziel gemacht hat, einen dicken Barsch zu fangen und deshalb mit Ködern angelt, die die Kleinbarsche nicht attackieren, kann auch mal einen ganzen Tag für einen Barschbiss oder eine Handvoll Attacken investieren. Es gibt durchaus Gewässer mit wenigen, dafür aber dicken Barschen. Oft sind diese klar, tief und nährstoffarm. Auch das kann Barschangeln sein. In der Regel aber hat man beim Barscheln mehr Fischkontakte als die Hecht- oder Zander-Spezialisten.

THE BEAUTY OF THE BEAST

Die gelben Augen. Die roten Flossen. Die Kugelform. Das oft goldene Grün und die schwarzen Streifen. Barsche sind einfach schön. Nicht dass Hechte und Zander nicht schön wären. Aber Barsche sind schon etwas ganz Besonderes in ihrer, in den unterschiedlichsten Ausprägungen daherkommenden, Farbenpracht. Ich war nach dem ersten Barsch ein Barsch-Fan. Und so geht es vielen anderen auch. Der Spruch vom ersten Barsch, nach dem der Angeltag im Ar... ist, ringt uns Barschomanen ein müdes Lächeln ab.

FISCHFAIRPLAY

Toll am Barschangeln ist auch, dass sich unser »Patient« so leicht händeln lässt. Zwar gibt's immer mal einen Stachel oder Dorn in die Hand, im Grunde aber kann man diese kompakten Fische super landen und abhaken. Schnittverletzungen und Infektionen bleiben in der Regel aus. Anders als Hechte, kann man die Fische zügig ans Boot holen und schnell vom Haken befreien.

Wenn man sich nicht ganz doof anstellt, ist auch ein Fangfoto schnell realisiert. Hierbei ist

▶▶▶ **Barschangeln verbindet. Hier freue ich mich für einen meiner liebsten Guiding-Gäste. Der aus einigen Barsch-Alarm-Episoden als Zander-Mozart bekannte Fabi kann auch Barsch!**

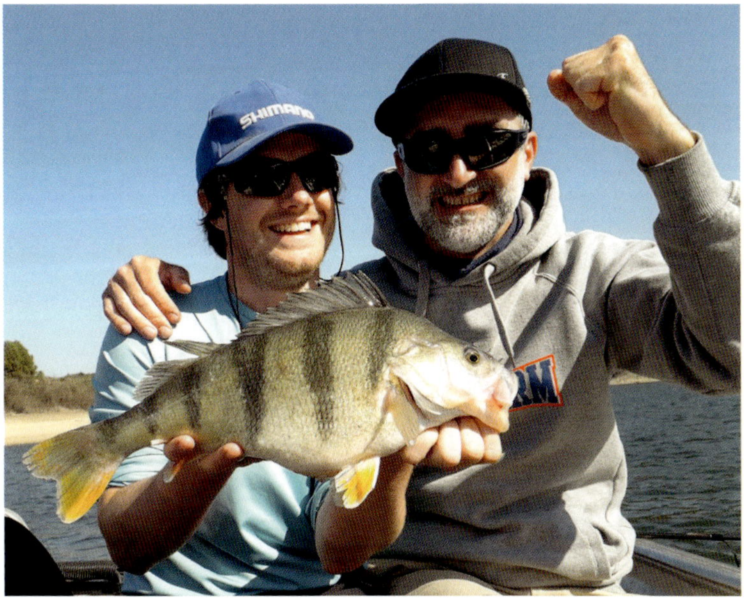

lediglich zu beachten, dass man die Barsche beim Griff ins Maul nicht überstreckt, sondern entweder vertikal hängen lässt oder mit der zweiten Hand abstützt und dass man die Schleimhaut nicht verletzt. Andere Fische sind da ungestümer, wenn man sie nicht komplett ausgedrillt ins Boot holt. Wir brauchen keine großen Drillinge, um große oder dicke Köder abzudecken. In den meisten Fällen können wir sogar ganz auf Drillinge verzichten.

Und wenn einmal Fische verletzt sind, die wir aufgrund ihrer Größe oder aus anderen Gründen eigentlich nicht mitnehmen wollen, stellt der Barsch einen hervorragenden Speisefisch dar, der in den meisten Gewässern in einer so großen Stückzahl vorkommt, dass man ihn guten Gewissens mitnehmen kann.

Aber genug gelabert!
Jetzt geht's rein in die Materie.

▶▶▶ **Magic Moment: Eine Wahnsinnsmurmel im Anflug!**

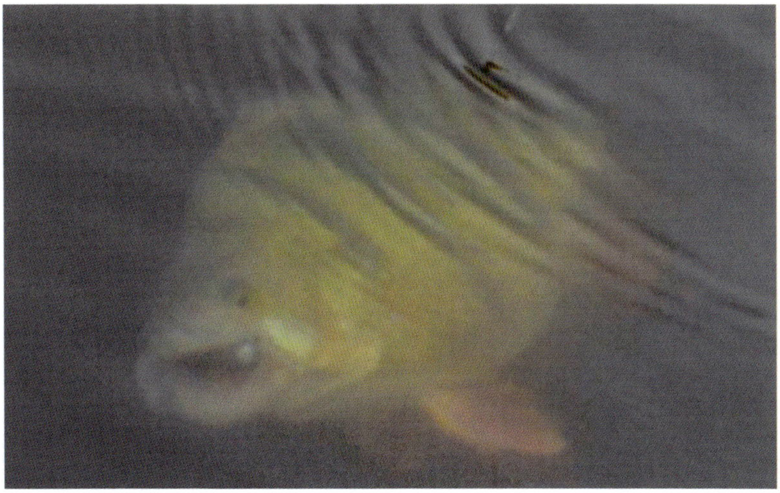

BARSCH-BIOLOGIE

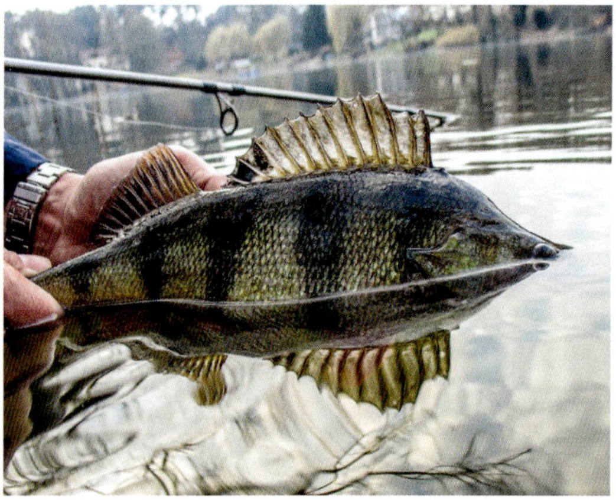

▶▶▶ **Erwiesen: Solche Barsche geben ihr Dickbarsch-Gen an die nächsten Generationen weiter – wenn sie nicht in der Pfanne landen.**

BRUTPHASE

Jedes Jahr zur Laichzeit (von April bis Mai) schwimmen die Barsch-Weibchen (Rogner) in flache Gewässerbereiche, um bei Wassertemperaturen von 6 bis 8 Grad bis zu 1 Meter lange Laichbänder an Pflanzen, Altholz oder Steine zu heften. Diese werden dann von den Milchnern befruchtet. Ein Rogner ist im Alter von 3 bis 4 Jahren geschlechtsreif, ein Milchner schon mit 2 Jahren.

Logischerweise werden die größten Laichmengen von Erst- und Zweitlaichern ins Gewässer eingebracht. Sie stellen auch den größten Anteil am Gesamtbarschbestand. Je nach Alter produzieren die Weibchen zwischen 30.000 und 250.000 Eier.

Bei einer Wassertemperatur von etwa 16 Grad schlüpfen in den Monaten Mai und Juni aus den Eiern dann die 5 bis 6 Millimeter langen Barschlarven. Sie werden von der Strömung zunächst einmal weg vom Ufer ins Freiwasser getragen. Dort bevölkern sie die Schicht vom Oberflächenfilm bis maximal 5 Meter. In einer großen Anstrengung müssen sie bis zur dritten Lebenswoche ihre Schwimmblase füllen. Dazu holt der Brutbarsch einmal tief Luft an der Oberfläche.

Später zieht es einen Großteil der Brut wieder in Richtung Ufer. Viele Jungbarsche verbringen den Sommer dann im Schutz der Flachwasservegetation, andere ziehen in Schwärmen durchs Freiwasser.

ERNÄHRUNG

Im Frühstadium ist Plankton enorm wichtig für die Jungbarsche. Planktonmangel (vor allem in den ersten Juniwochen) führt einerseits zum Verhungern der Larven, andererseits zu einem ausgeprägten Kannibalismus, da das Plankton, das im Juni einen relativ großen Anteil der Nahrung ausmacht, auch für größere Barsche aus dem Nahrungsspektrum wegfällt. Das klare Wasser sorgt vermutlich zusätzlich dafür, dass die Jungbarsche den ausgewachsenen Barschen sichtschutzlos ausgeliefert sind. Der Fokus verschiebt sich nach ein paar Wochen vom Zooplankton auf Insektenlarven, wobei der Jungbarsch diese Phase – in Abhängigkeit vom

Nahrungsangebot – auch überspringen kann und direkt zum Fischfressen übergeht. Dem Zooplankton bleibt der Barsch aber in jedem Alter treu: Je mehr der kleinen Organismen in einem Gewässer vorkommen, desto größer der Planktonanteil in der Barschnahrung. Je weniger Plankton im Wasser ist, desto mehr konzentriert sich der Barsch auf die Aufnahme von Futterfischen, in erster Linie Barsche und Weißfische. Je älter Barsche werden, desto größer der Fischanteil. Auch der Kannibalismus nimmt mit dem Alter zu. Adulte Barsche verputzen pro Jahr 350 bis 600 Artgenossen. Der Fischanteil befeuert wiederum das Wachstum.

BESTANDSDICHTE

Natürlich steht die Bestandsdichte in einem Gewässer im Verhältnis zum Nahrungsaufkommen. Schweizer Studien zum Barschbestand des Bodensees belegen, dass sich die, vor allem durch die Landwirtschaft eingetragenen Phosphate, hervorgerufene Eutrophierung der Gewässer in den 70er Jahren positiv auf die Bestände ausgewirkt hat. Umgekehrt lässt sich festhalten, dass der gegenläufige Prozess (Reoligotrophierung) zu einem Bestandsrückgang führte.

WACHSTUM

Das Wachstum korreliert stark mit der Menge an vorhandener Nahrung. In Gewässern mit einem reichhaltigen Nahrungsangebot wachsen die Fische erstaunlich schnell ab – viel schneller, als die meisten von uns glauben. So haben Studien im Edersee ergeben, dass ein Barsch dort schon nach 8 Jahren die magische 50-Zentimeter-Schallmauer durchbrechen kann. Auch die Boddenbarsche wachsen schneller als andere Arten. Das kann man erstens darauf zurückführen, dass ihnen schon als Jungfisch viel proteinreiche Nahrung in Form von Garnelen und anderen Krebstieren zur Verfügung steht. Dazu kommt dann noch der Hering, der als sogenannter Fettfisch für Wachstumsschübe sorgt. Nicht umsonst folgen die Brackwasserbarsche den Heringsschwärmen bis auf die Ostsee.

Aber auch so manche Süßwasserfischart sorgt für mächtig Fleisch auf den Rippen: Überall, wo sich Coregonen (je nach Region als Maränen, Renken oder Felchen bekannt) sowie Stinte zu großen Schwärmen zusammenschließen, wachsen die Barsche besonders gut und schnell. Einen großen Anteil an den Wachstumsraten hat auch die Gewässertemperatur. Je wärmer ein Gewässer, desto kürzer die winterliche Fastenzeit, in welcher der Stoffwechsel soweit herunterfährt, dass die Barsche mit einem Minimum an Nahrung auskommen. Während die Barsche in einem deutschen Baggersee in den Monaten Dezember bis Februar also nicht mehr viel fressen und entsprechend auch nicht weiter wachsen, sind sie in südeuropäischen Gewässern viel länger auf Betriebstemperatur. Das ist einer der Gründe dafür, dass sich in den spanischen Stauseen um das Embalse de Mequinenza innerhalb kürzester Zeit ein sagenhafter Dickbarschbestand entwickeln konnte.

In Gewässern, in denen natürliche Feinde fehlen und es deshalb zu einem Massenaufkommen kommt, stagnieren die Barsche dagegen in ihrem Wachstum. Hier nehmen sich die Kleinbarsche gegenseitig die Nahrung weg, so dass sie nur sehr langsam wachsen und irgendwann einmal stehen bleiben. Der Verbuttung entgegenwirken kann man nur durch eine konstante Befischung. Der Fischer am Möhnesee hat beispielsweise durch eine konsequente Entnahme dafür gesorgt, dass sich dort eine sensationelle Großbarschfischerei entwickeln konnte.

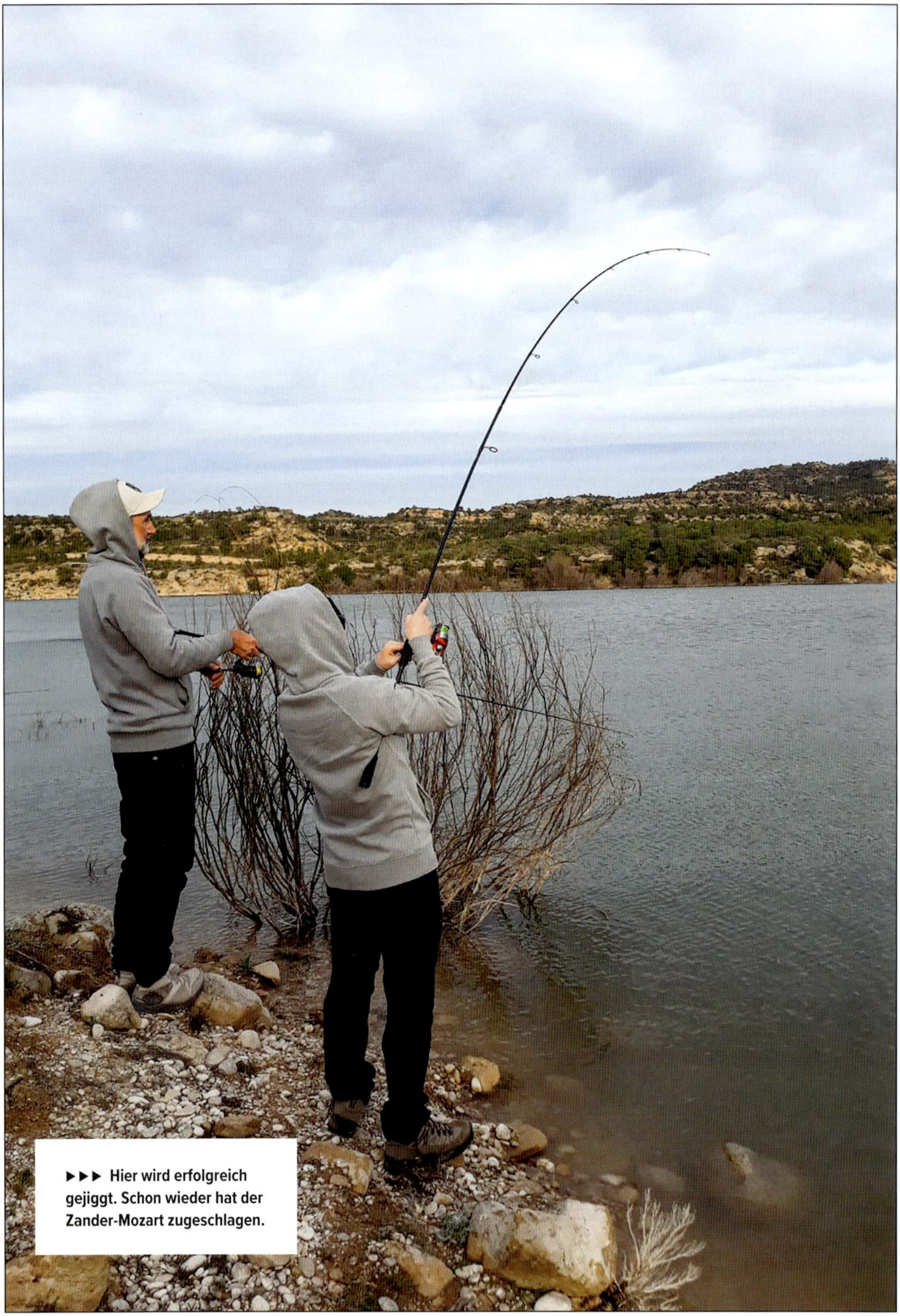

▶▶▶ Hier wird erfolgreich gejiggt. Schon wieder hat der Zander-Mozart zugeschlagen.

KLASSISCH MIT GUMMI

Wenn man alle Barsche, die ich je gefangen habe, zusammenzählt und denen die Köder zuweist, auf die sie gebissen haben, belegt das Gummitier am Bleikopf auf jeden Fall den ersten Platz. Das liegt in allererster Linie daran, dass ich die Rigs erst seit etwa 10 Jahren so richtig auf dem Radar habe und mit Gummifischen schon viel länger angle. Zum anderen kann man mit einem Gummi am Jig einfach viel variabler fischen als mit einem Rig. Während die Rigs also auf relativ klar definierte Einsatzgebiete ausgelegt sind, ist der Gummifisch ein Allrounder.

Die vielen Anwendungsmöglichkeiten zu veranschaulichen, nimmt ein paar Seiten in Anspruch. Schon deshalb ist es eigentlich kein Wunder, dass das Gummifisch-Kapitel ein bisschen mehr Platz benötigt. Außerdem sind aber auch die Inhalationsbisse immer wieder ein Erlebnis. Wenn ein großer Barsch in den Jig reinknallt, scheppert's richtig in der Rute. In der richtigen Situation mit dem richtigen Gummifisch gibt's oft kein Halten mehr.

TELLER-SHADS: UUUUUUUUND ACTION!

Auf den ersten Blick erscheint es müßig, ein Kapitel übers Gummifischangeln mit Action-Shads zu schreiben, existieren da doch schon massenweise in sämtlichen Medien breitgetretene Gesetze: »So schwer wie nötig, so leicht wie möglich.« »Wackelt nix, beißt nix« »Farbiges Geflecht ist niemals schlecht.« »Ruckt die Schnur am Einstich klein, kann es nur ein Bärschlein sein« »Steife Ruten sind die guten.« »Der Barsch nicht hängt, wenn der Angler zu lang denkt« ... Damit ist ja auch schon viel gesagt. Für ein kurzes Action-Shad-Feature reicht es aber trotzdem, wenn man das Ganze mal ein bisschen barschspezifischer angeht.

» VIDEO: **Überschwer Jiggen auf Zander und Barsch**

Das Action-Shad-Konzept

Das Blei zieht den Gummifisch nach unten. Durch den Wasserwiderstand wackelt der Schwanzteller. Je flexibler die Wurzel, je weicher die Mischung und je größer der Teller, desto wilder die Aktion. Je härter die Mischung, je unflexibler die Schwanzwurzel und je kleiner der Teller, desto weniger Aktion geht vom Gummifisch aus. Aber: Eine weiche Mischung, eine solide Wurzel und ein großer Teller führen zum Beispiel dazu, dass es den Köder beim Einkurbeln von einer Seite auf die andere drückt (er flankt). Die Schwanzaktion wird außerdem auch vom Winkel beeinflusst, in dem der Teller zum Körper steht. Am agilsten ist ein 90-Grad-Teller.

Man mag's kaum glauben – aber es gibt wirklich Tage, an denen eine ganz bestimmte

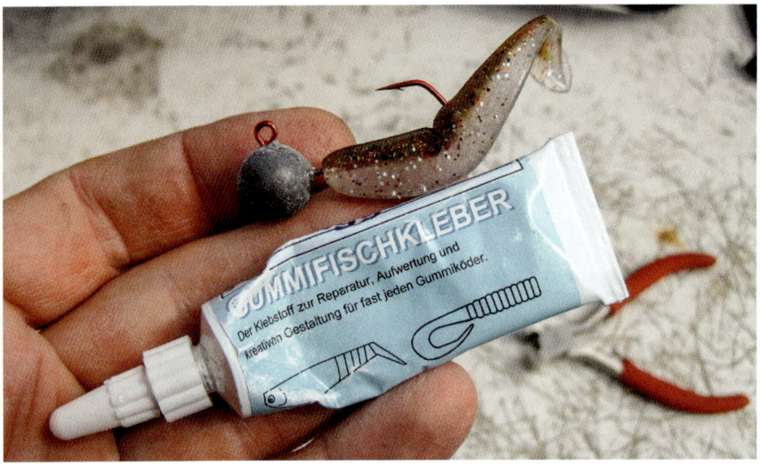

▸▸▸ Egal ob schwer oder leicht: Wenn man mit filigranen Gummis angelt, muss der Knubbel runter vom Schenkel. Damit der Köder nicht vom Haken gezogen werden kann, wird geklebt. Ich empfehle Fishing-Glue.

Köder-Aktion deutlich besser fängt als alle anderen. Insofern ist es schon gut, dass so ein bisschen Sammeltrieb in jedem von uns steckt und wir uns aktionstechnisch etwas breiter aufstellen als die Haushaltskasse vorgibt.

Top Action-Shads

Je länger der Shad, desto schlanker muss er für mich sein, dass ich ihn als Barschgummi klassifiziere. Anders herum: Gummifische bis 4 Inch (ca. 10 Zentimeter) können ruhig ein bisschen bulliger ausfallen.

Dabei besitzen schlanke Gummis immer den Vorteil, dass sie weiter fliegen (weniger Luftwiderstand) und weniger Wasserwiderstand haben (also schneller sinken, mit leichteren Köpfen angeboten werden können und auch in der Strömung besser laufen). Schlank sind meistens auch die Beutefische von Barschen.

Und so bin ich seit jeher ein Fan von Schaufelschwanz-Würsten wie dem Swing Impact von Keitech, dem Rockvibe Shad von reins oder der Bubbling Shad ebenfalls von reins. Ein Überköder aus der Kategorie »schlank und rank« ist auch der Easy Shiner von Keitech. Den kann man mit dem Gefühl anbieten, dass man einen der besten Barsch-Köder dran hat, die es gibt. Große Barsche nehmen sich auch gern mal den 5 Incher. Sehr gut fängt auch der Fat Swing Impact bis 4,3 Inch.

In jede Köderbox gehört zudem der Walleye Assasin in 4 Inch. Der Körper flankt ein bisschen. Der Schwanz flattert genauso wie sich die Barsche das oft wünschen. Oder der kleine Shaker von Lunker City. Bei den beiden letztgenannten Ködern ist die Mischung sensationell widerstandsfähig und die Farbauswahl ist gigantisch.

Auch der klassische Kopyto ist ein toller Action-Shad. Immer noch. Da funktionieren die ersten vier Größen. Und so weiter und so fort. Da könnte man jetzt ewig weitermachen.

Bleikopfgewicht

Der Spruch »So leicht wie möglich, so schwer wie nötig« trifft nur auf ungefähr 50 Prozent aller Angeltage zu. An den anderen Tagen fängt man mit einer sportlichen Führung eindeutig mehr Barsche als mit einer »Bilderbuch-Absinkphase« von 3 Sekunden. Wir angeln hier auf einen Schwarmfisch, der heiß gemacht werden muss. Da darf der erste Barsch schon mal ein Problem damit haben, den Köder zu fassen zu bekommen. Es stürmt ja gleich der nächste Kollege heran.

So richtig geil wird das Gummifischangeln doch erst, wenn man ein, zwei Fehlbisse bekommt und erst der dritte Fisch voll draufknallt. Mit einer schnellen Führung macht man die Fische wach.

Wenn's nur ganz langsam geht, ist man mit verschiedenen Rigs gegebenenfalls sogar besser bedient, wobei es den Gummischwinger eben nur auf den gejiggten Gummifisch gibt. Insofern gibt's immer auch eine Berechtigung für leichte Jigs – namentlich dann, wenn man den Köder möglichst lange im Sichtfenster von Barschen halten will, die sich irgendwo (zum Beispiel in einer Baumkrone) verschanzt haben.

Jiggen vs. Faulenzen

Beim Jiggen wird der Köder vom Boden abgehoben, indem man die Rute aus der 9 Uhr Position auf 11 Uhr hochschnellen lässt, um nach dem Absetzen des Köders wieder nach unten zu gehen und Schnur aufzunehmen. Könner gehen schon früher runter und spulen parallel die freie Schnur auf. Beim Faulenzen beschleunigt man den Köder über die Rolle. Dadurch hat man zu jeder Phase die totale Kontrolle, weil die Schnur immer gespannt ist.

Wer über die Rute jiggt, kann die Köder steiler anreißen, was besonders im Sommer Punkte bringen kann. Mit entsprechend schweren Köpfen kann man aber auch sehr aggressiv faulenzen, mit leichten Köpfen behutsam jiggen. Ich bin mir nicht sicher, ob man einen Glaubenskrieg draus machen muss. Da gibt's Führungsvarianten, die das Köderspiel gravierender beeinflussen. Dazu kommen wir dann gleich in den nächsten Unterkapiteln.

▶▶▶ Eine kleine Auswahl bewährter Action-Shads: Rockvibe Shad von reins, Bubbling Shad von reins. Easy Shiner von Keitech, Fat Swing Impact, Shaker, Grubster und Swimfish von Lunker City, Kopyto und EZ Swimmer von Gambler.

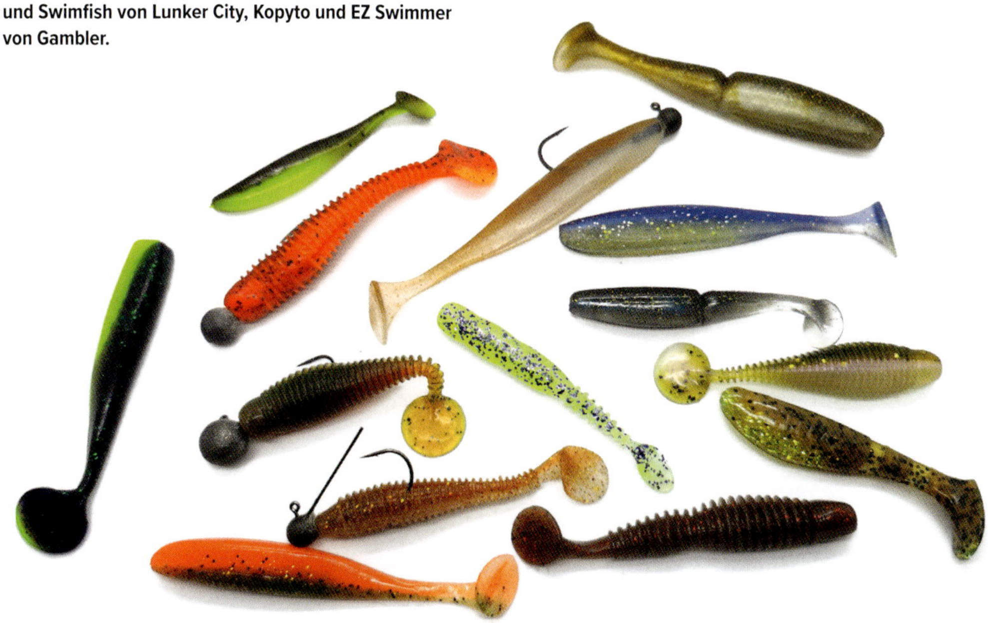

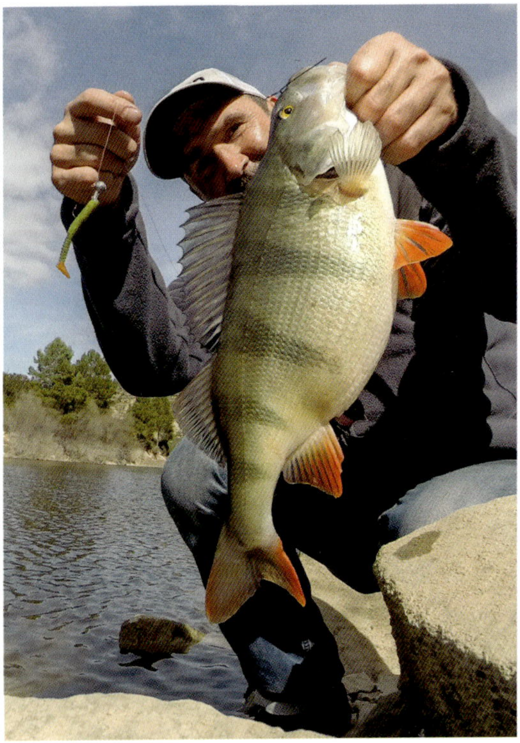

▶▶▶ **An den Biss auf den kleinen Rockvibe Shad erinnere ich mich heute noch. Kurz darauf habe ich in derselben Bucht des Embalse de Mequinenza noch einen Karpfen gefangen. Sachen gibt's …**

Meine Basistechnik ist ein Zwischending. Während ich den Köder ankurble, zuckt die Rute kurz nach oben.

Action-Shad-Situationen

Ich habe mal einen französischen Wettkampfangler sagen hören, dass er immer dann mit Action-Shads fischt, wenn es stark strömt, weil hier die Turbulenzen des Gummifisches helfen können, dass die Druckwelle ankommt. Einen No-Action-Shad würden die Fische in aufgewirbeltem Wasser vergleichsweise schwerer orten. Nun ja. Das ist immerhin mal eine These.

Meine Praxiserfahrung sagt mir allerdings, dass gerade in starker Strömung ein Action-Shad schneller abgetragen wird als ein No-Action-Shad. Der Sinkflug ist durch den Teller gebremst und man muss schwerer fischen, um die Spur zu halten. Das kann man natürlich machen. Eventuell gibt's dann den einen oder anderen Fehlbiss oder Aussteiger mehr.

Im Prinzip gibt es für den Action-Shad nur zwei Argumente: Erstens kann es sein, dass die Fische aus irgendeinem Grund besser auf einen Köder mit Teller beißen als auf einen V-Tail. Zweitens ist man mit einem Action-Shad in der Lage, langsamer zu fischen, was nicht immer besser ist, manchmal aber der richtige Weg sein kann. Ganz schön schwammig, was? Ich denke, dass die Farbe, der Geschmack, das Profil, die Größe und das Bleikopfgewicht plus die Führungstechnik oft wichtiger sind als die Aktion.

Deswegen geht's nach der Besprechung der Gummi-Klassiker auch viel um Führungsfeinheiten, wo unter anderem ein echtes Action-Shad-Special aufgeführt ist. Bevor wir jetzt zu den No-Action-Shads übergehen, werde ich versuchen, die »Aroma-und-Farbe-gehen-vor-Köderaktion-Theorie« mit einem Beispiel zu belegen.

Action ist relativ (wichtig)!

Sommerurlaub 2014 am Bodden. Ich habe immer wieder Gäste. Einer davon war Stephan Peschel von Camo-Tackle, der mir ein Keitech-Paket der damals noch ganz neuen und von niemand gefischten Barsch-Alarm- Sonderfarben »Barsch« und »Electric Chicken« daließ. Die Rügen-Irokesen waren richtig scharf auf den braun-transparent-weißen Körper mit den roten Flakes, dem Pfeffer und dem Goldglitter. So scharf, dass meine Bestände an Easy Shinern, Swings und Fat Swings bald zur Neige gingen. Ich stand mit meinen Jungs oft dicht am Barsch. Je aggressiver man die Gummis führte, desto besser hat's gebissen. Aber desto schneller waren auch die

Teller abgekappt. Das war den Barschen aber egal. Die schaufelschwanzbefreiten Gummis fingen genauso gut wie die unversehrten Köder. Dementsprechend ließen wir alles von den Toten auferstehen, was wir früher in den Müll geschmissen hatten und angelten solange weiter, bis nur noch der zerfetze Köderkorpus am Jig hing. Zumindest wenn viel Barsch am Platz ist, erscheint es also egal, ob das Gummi mit dem Schwänzchen wedelt oder nicht. Dass »Barsch« in diesem konkreten Fall ungefähr im Verhältnis 3:1 besser gefangen hat als »Electric Chicken« muss als Beweis dafür genügen, dass die Köderfarbe hier wichtiger war als die Aktion.

★ Special: UNDERSPINS – MEHR DRUCK, MEHR BARSCH!

Der Jig-Spinner hat inzwischen voll eingeschlagen. Der Siegeszug der Spin-Jigs steht noch aus. Was auf keinen Fall am System liegt. Denn dass die mit einem Spinnerblatt dekorierten Seepferdchen-Jigs richtige Abräumer sein können, wissen alle, die sich ein bisschen intensiver mit der nicht komplett neuartigen Bleikopf-Variante auseinandergesetzt haben. In den USA sind die Propeller-Jigs seit Ende Februar 2015 voll im Trend. Man kann den Aufschwung der Seahorse-Jigs an einem konkreten Datum festmachen und mit einem ganz bestimmten Menschen verbinden: Im Zeitraum vom 20. bis 22. Februar 2015 fand nämlich das Bassmaster Classic statt. Gewonnen hat dieses Endspiel der nationalen Bassmeisterschaft ein gewisser Casey Ashley, indem er die Kombination aus Spin-Jig und schlankem Action-Shad ganz langsam über den Grund gezogen hat. Die Jigs hat ihm sein Vater von Hand gefertigt. Und natürlich machen die Amis jetzt eine Wissenschaft draus. Es muss ein schlankes »Willow Leaf« dran, der Jig muss lackiert sein

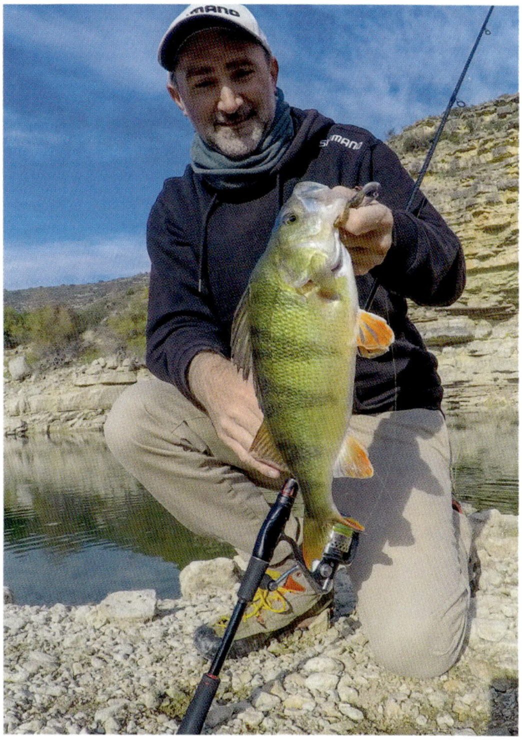

▸▸▸ No-Name-Underspin? Macht auch mehr Druck als ein Jig ohne Spinnerblatt!

und vor allem muss ein kugelgelagerter Wirbel vors Spinnerblatt, so dass es sich auch im Fallen dreht. An derartige Spezialkonstruktionen aus der USA und Japan kommt man allerdings hierzulande schwer dran. Die guten Nachrichten: Es gibt Firmen, die die heiße Ware zu uns herüberschaffen. Außerdem angeln wir ja selten in so großen Tiefen, so dass auch günstige Modelle ordentlich abräumen. Von denen kann man sich – eine kleine Rechercheleistung vorausgesetzt – einen schönen Bestand mit unterschiedlichen Gewichten und unterschiedlichen Hakengrößen aufbauen. Und das ist auch gut so, denn die Teile ziehen an manchen Tagen Fische an den Haken, die auf herkömmliche Jig-Gummi-Kombos nur zaghaft oder gar nicht beißen – der zusätzlichen Druckwelle und der Lichtreflexe sei Dank. Das funzt so gut, dass ich z.B. beim Abdriften der Ebro-Felswände von meinem Angelkumpel Dori

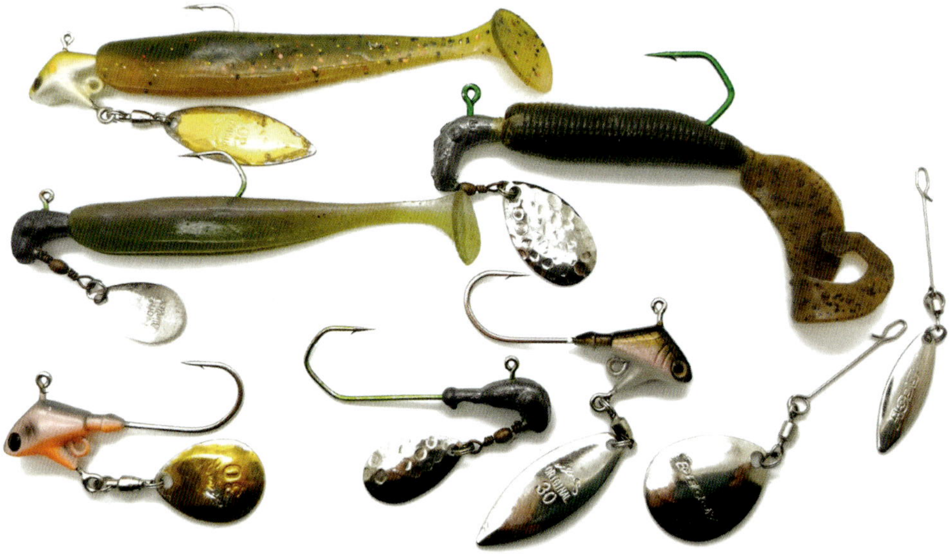

▸▸▸ **Hier eine kleine Underspin-Auswahl.**

nach hinten ins Boot kommandiert wurde, weil: »Wenn Du mit deinem Propeller da drüber gegangen bist, beißt nix mehr auf einen normalen Jig!«

Das Underspin-Prinzip

Das System ist einfach. Ähnlich wie bei einem Spinnerbait addieren sich die Druckwelle und Lichtreflexe eines Spinnerblatts mit den überzeugenden Eigenschaften eines Gummiköders zu einer alle Sinne ansprechenden Reizdosis zusammen. Im Gegensatz zum Spinnerbait, wo das Blatt in gewissem Abstand über dem Köder rotiert und dem Jig-Spinner, bei dem das Blatt hinter dem Köder läuft, sitzt der Propeller hier unter dem Körper, wird also von am Grund liegenden Fischen besser wahrgenommen als ein Spinnerblatt, das vom Gummikörper abgedeckt ist. Lichtreflexe und Druckwellen strahlen ihre volle Blink- und Vibrationsdosis ungebrochen zu den passiv am Boden herumlungernden Fischen aus.

Trailer-Tipps

Ich habe viel experimentiert und alle möglichen Gummiformen auf die Spin-Jigs gesteckt. Am besten gefangen habe ich mit schlanken Action-Shads (EZ Swimmer, Easy Shiner, Swing Impact), Twistern (Fat G Tail Grub) oder dem kompakten Grubster von Lunker City.

Köderführung

An dieser Stelle möchte ich mal kurz darauf eingehen, wie Bassmaster Champion Ashley mit seinen Eigenbau-Spezialköpfen gefischt hat. Mich haben seine Schilderungen inspiriert und keineswegs möchte ich mich hier mit fremden Federn schmücken. Das Bassmaster Classic 2015 war geprägt von extremen Witterungsverhältnissen. Während es beim Training noch sonnig war und die Schwarzbarsche flach standen, fielen die Temperaturen am ersten Tag derart ab, dass die Boote auf den Trailern festfroren, die Rutenringe

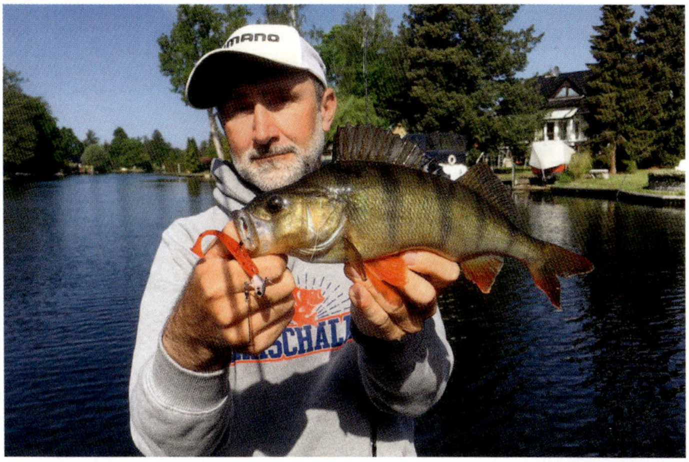

▶ ▶ ▶ Die Premium-Version ist **PRORIGSPIN** von Nories, der mir im Zusammenspiel mit dem Easy Shiner schon sehr viele schöne Barsche beschert hat.

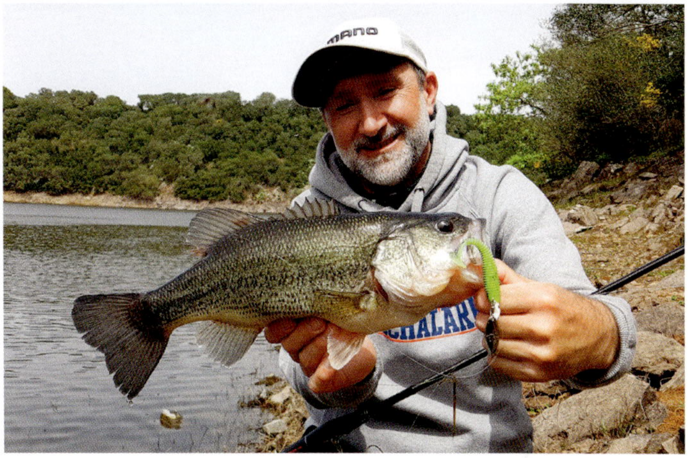

▶ ▶ ▶ Schwarzbarsche mögen Underspins tatsächlich. Ich habe es natürlich getestet.

vereisten und die Rollen auch. Ashley fand die Fische in Tiefen von 13 bis 15 Metern. Gefangen hat er sie, indem er zu maximal langen Würfen ansetze, den Köder auf den Grund sinken ließ und so langsam einkurbelte, dass die Rutenringe während eines Wurfes einfroren. In Interviews betont er immer, dass diese Vorgehensweise vom Standard-Muster abweicht. Denn normalerweise verwenden Angler die Spin-Jigs, um Freiwasserfische nach oben zu ziehen, indem sie den Köder schon nach dem Aufprall aufs Wasser linear einholen. Daraus ergeben sich schon einmal zwei Köderführungsvarianten: Extrem langsames Eindrehen über Grund und die lineare Oberflächen- bzw. Mittelwasserführung. Hierzulande stechen aber noch zwei andere Varianten. Zum einen fange ich viele Barsche und vor allem auch Hechte, wenn ich das Köder-Gummi-Gespann faulenze oder jigge. Ein Vorteil des Spinnerblatts ist, dass es den Sinkflug abbremst. So kann man auch im Flachwasser mit einem 5-Gramm-Spin-Jig Sprünge hinlegen, wo ein herkömmlicher 5-Gramm-Kopf nur über den Boden schrammt. Apropos »über den Boden schrammen«: Eine meiner fängigsten Präsentationen ist Variante Nummer 4 – das Schleifen. Besonders über Muschel- und Kiesbänken hat es sich bewährt, das System auf den Grund fallen zu lassen und so langsam einzukurbeln, dass der Grundkontakt nie verloren geht. Ich weiß nicht, ob es die Schabgeräusche sind,

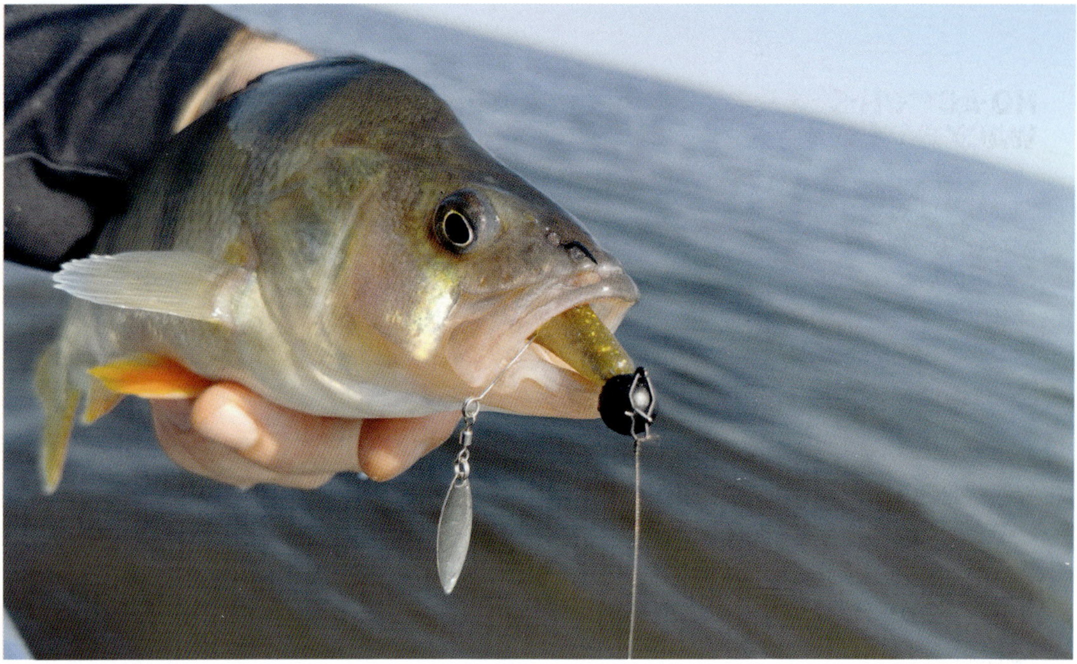

▶▶▶ Mit einem Zusatz-Spinnerblatt von Decoy kann man normale Jigs in Underspins verwandeln!

die die Fische heiß machen oder die Lichtreflexe oder beides. Was ich aber definitiv sagen kann, ist, dass ich mit dem so präsentierten Spin-Jig oft mehr Bisse bekomme, als Mitangler, die auf herkömmliche Jigs setzen.

Alles reine Kopfsache!

Wenn man den Köder gleichmäßig über den Grund kurbeln will, kommt es nicht nur auf die richtige Geschwindigkeit an, sondern auch aufs Gewicht des Bleikopfes. Faustregel: Pro Meter ca. 3 Gramm mehr (ohne Strömung). Also: 1 m – bis 5 Gramm, 2 m – 7 bis 10 Gramm, 3 m –10 bis 12 Gramm, 4 m – 12 bis 15 Gramm, 5 m – 15 bis 18 Gramm, 6 m – 18 bis 21 Gramm (bei gleichbleibender Geschwindigkeit).

Grip für Gummis

Vor allem, wenn man das Gespann über den Grund schleift, hängen sich Barsche erstmal hinten ran und picken am Köder herum. Wenn der nicht bombenfest auf dem Haken sitzt, ziehen sie ihn so weit runter, bis er nicht mehr schön läuft und die Verfolger auch nicht mehr richtig interessiert. Deshalb muss man das Gummi ganz dringend ankleben (dazu verwende ich Fishing Glue oder Sekundenkleber)!

Underspin-Szenarios

Theoretisch kann man Underspins überall anbieten, wo andere einen normalen Jig ins Rennen schicken. Hier geht's aber ja um die Top-Einsatzgebiete. Als da wären: Krautfelder, über die man den Underspins hinwegzieht. Kies und Sandbänke, die man abschleift, um zusätzlichen Scharrsound zu produzieren. Flachwasserzonen, in denen man neben der Lockwirkung den Fallschirmeffekt nutzt, um den Sinkflug zu bremsen. Schwere Modelle kann man auch gut in der Strömung einsetzen, um die Druckwelle des Köders zu maximieren und den Fischen das Orten zu erleichtern.

NO-ACTION-SHADS: WACKELT NIX, BEISST WAS!

Wir alle sind Roland Lorkowski zu Dank verpflichtet. Der Profiblinker-Mann war der Erste, der System ins Gummifischangeln gebracht hat. Er hat früh erkannt, dass man kleine Jighaken mit schweren Köpfen genauso braucht wie große Haken mit leichten Jigs. Mit dem Attractor und dem Turbotail hat er außerdem zwei tolle Köder in vielen verschiedenen Größen und Farben an den Start gebracht.

Zum Anfang des aktuellen Jahrtausends gab's da kaum Alternativen. Die Gummis von der Mann's Bait Company vielleicht. Und die Sandra. Für den Barschangler war die Profiblinker-Wand im Angelladen aber das Nonplusultra. Neben den Bleiköpfen und den beiden Wackel-Gummis müssen wir Micha und Roland auch für viele schöne Stunden vor der Glotze danken. Durch die Profiblinker-Videos hat man viel gelernt. Sahne-

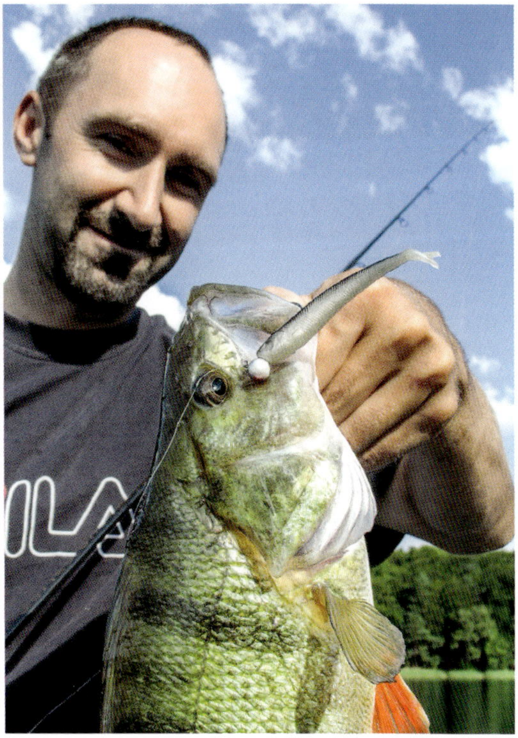

▸▸▸ 7-Zentimeter-No-Action-Shad im Weißfischdesign am 5-Gramm-Jig. Ganz langsam geführt auf 5 Metern. Dem Sommerbarsch hat's in den Kram gepasst.

▸▸▸ Keitech Shad Impact, Shad Impact, BassAssassin Shad und Keitech Sexy Impact.

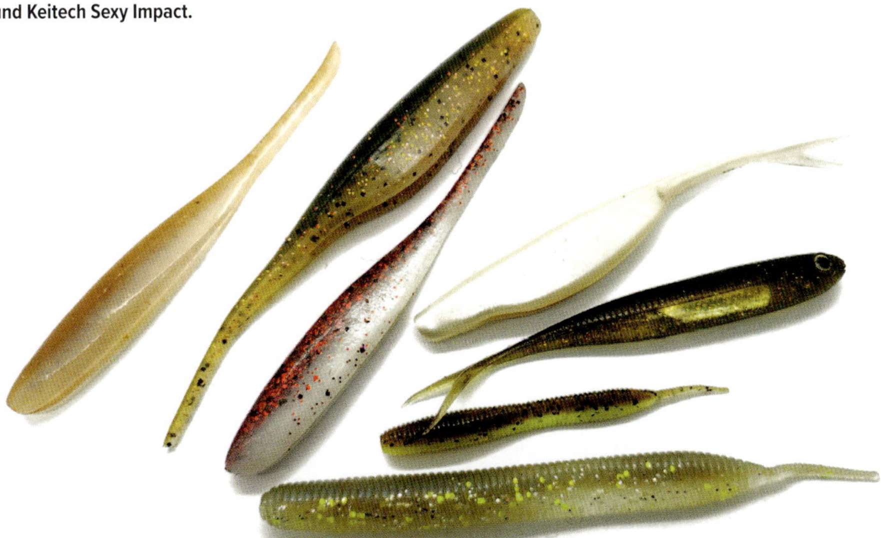

häubchen waren immer die Sprüche. In einem Werbevideo über die »Mietmäuler« der Konkurrenz herzuziehen, hat etwas Großes. Genauso wie die Nummer mit der Haribo-Schlange, die auf der DVD »Wackelt nix, beißt nix!« beweisen sollte, dass der Dropshot-Hype völliger Humbug ist.

Womit wir beim Thema wären: Die These war schon tausendfach widerlegt, bevor das Machwerk im Umlauf war. Dass man mit No-Action-Shads teilweise sogar mehr fängt, als mit Schaufelschwänzen hat viele Gründe. Anstatt darüber zu diskutieren, ob der No-Action-Shad fängt, lohnt es sich vielmehr einmal herauszustellen, warum gerade Barsche unter bestimmten Bedingungen voll auf No-Action-Shads abgehen.

Das No-Action-Prinzip

Mal ist es ein V-Tail, mal ein Pintail. Viele No-Action-Shads tragen die Bezeichnung »Minnow« in ihrem Namen. Die Minnow-Form zeichnet sich durch einen schlanken Körper aus, der sich stark in Richtung Schwanzende verjüngt und in eine der beiden Schwanzformen ausläuft. Im Prinzip wäre es also richtiger, von »No-Action-Minnows« statt von »No-Action-Shads« zu sprechen.

Der Pintail hat einen dünnen nadelförmigen Schwanz. Der V-Tail endet in einem kleinen V. Unter Zug beziehungsweise in der Absinkphase verhalten sich diese Schwanzformen ruhig. Von ihnen geht »keine Action« aus. Die kann man ihnen aber sehr leicht einverleiben.

Die Minnow-Vorteile

Perfekte Imitation eines schlanken Beutefisches: Barsche haben eine Vorliebe für schlanke Köder. Das liegt daran, dass sie entweder phasenweise mehrheitlich oder in bestimmten Gewässern auch ausschließlich schlanke Beutefischchen zu sich nehmen, wie Gründlinge, Lauben, Stinte oder kleine Barsche. Da ist ein No-Action-Shad viel näher dran als ein breiter Action-Shad. Nicht nur von der Form, auch was die Schwingungen angeht, die von Köder und Gummifisch ausgehen. Ein Stint kann die Vibrationen eines Schaufelschwanzgummis mit seinen Flossenschlägen nicht erzeugen. Muss er auch nicht, denn schon ein Schwanzschlag reicht aus, um ihn ein paar Zentimeter voran zu bringen.

Wann immer es also darauf ankommt, die von einem schlanken Beutefisch herrührenden Druckwellen und das Erscheinungsbild naturgenau zu imitieren, ist der No-Action-Shad näher am Original als der Action-Shad. Besonders in der Brutfischphase fangen kleine No-Action-Shads deshalb teilweise unverhältnismäßig besser als gleich große Action-Shads. Die kleinen Dinger entwickeln sich dann zum totalen Abräumer.

Wenig Wasserwiderstand: Dadurch dass diese Gummis so wenig Wasserwiderstand haben und auch nicht von einem Schaufelschwanz gebremst werden, kann man die No-Action-Shads unheimlich hektisch über den Grund hüpfen lassen. Da stehen Barsche drauf. In Verbindung mit einem recht schweren Jig und mithilfe einer sportlichen Köderführung über die Rute (»Jiggen«), kann man mit dem No-Action-Shad einen unheimlich zackigen Lauf aufs Barschparkett zaubern. Beim Anzupfen zischt der Gummifisch dann vom Grund hoch, um fast vertikal zu fallen. Auf diese Technik stehen Barsche, an manchen Tagen Kopf.

Im Winter ist es besser, den No-Action-Shad zwischen den Bodenkontakten knapp über dem Grund schweben zu lassen. So können die Fische den Köder sehr leicht verfolgen. Dazu später mehr.

Kaum Strömungswiderstand: Die Vorteile der schlanken Form kommen auch immer dann zum Tragen, wenn man im Tiefen oder

▶▶▶ **Angelkumpel und Namensvetter Johannes mit einem Boddenbarsch auf überbleitem Sexy Impact. Der Wurmfortsatz am Schwanzende ist zu filigran für die Kamera. Dem Barsch hat er gefallen.**

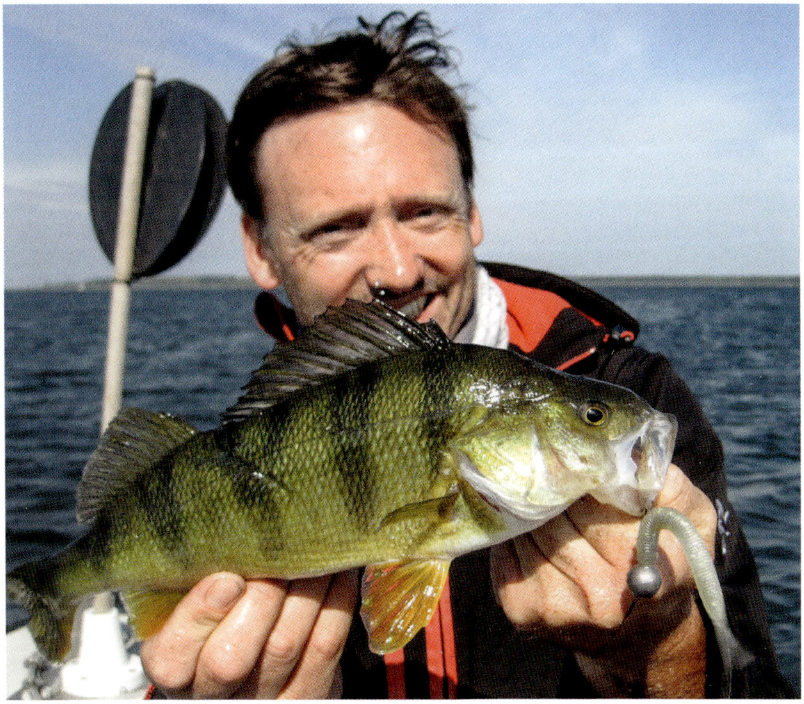

in der Strömung fischt. Dadurch, dass der Köder nicht so leicht von der Strömung erfasst wird beziehungsweise widerstandslos in die Tiefe taucht, kann man No-Action-Shads etwas leichter fischen als Action-Shads.

Geringer Anzupfwiderstand: Zur Barschsuche muss man oft weite Gebiete abklopfen. Das geht am schnellsten mit einem überbleiten Gummifisch. Action-Shads brauchen mehr Gewicht für eine gleich schnelle Absinkphase. Durch ihre Masse bringen vor allem dickbauchige Modelle einen größeren Wasserwiderstand mit. Wer den ganzen Tag lang überbleit zupft, wird den niedrigeren Widerstand und das eingesparte Gewicht, welches das No-Action-Jiggen mit sich bringt, schätzen lernen.

No-Action-Szenarios

Wie bereits in dem kleinen Action-Shad-Feature erwähnt: Meiner Meinung nach sind Größe, Silhouette und Farbe entscheidender als die vom Schwanz ausgehenden Vibrationen. Entscheidend ist vielmehr, was man mit dem Gummifisch machen will.

Einen großen Teil von meinen Frühjahrs-Barsch-Löwen habe ich in den frühen 2010er-Jahren aber mit dem Klassiker unter den No-Action-Shads gefangen – einem 10 Zentimeter langen V-Tail an einem leichten Bleikopf. Bei entsprechender Führung wirken die beiden Schwanzfortsätze wie kleine Tragflächen, die den Köder saubere Gleitflüge mit akkuraten Bauchlandungen vollführen lassen.

Das Gespann aus leichtem Bleikopf und V-Tail-Shad überzeugt die Barsche weder durch Vibration, noch spricht es durch hektisches Ausbrechen den Schnappreflex an. Es überzeugt vielmehr durch die perfekte Imitation eines kleinen Barsches, der im sich erwärmenden Wasser ohne Hektik und in aller Ruhe den Boden und die Unterwasservegetation

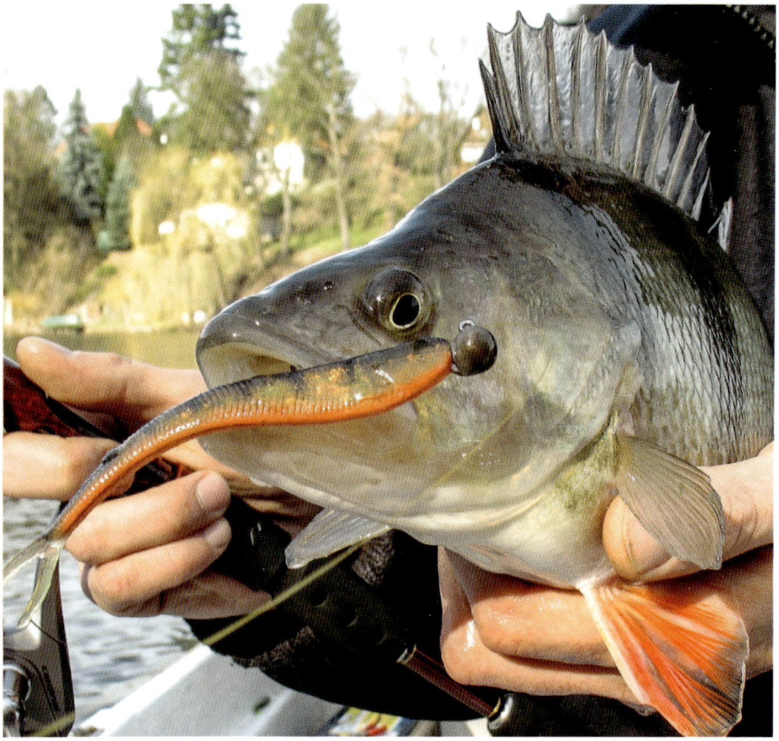

▶▶▶ **Leider nicht mehr erhältlich: Der Realistix Perch war eigentlich eine Geheimwaffe. So richtig viele Fans hatte der aber anscheinend nicht.**

nach Nahrung absucht. Leicht zu verfolgen und scheinbar auf andere Dinge konzentriert als auf sich anpirschende Dickbarsch.

Durch das schlanke Profil kann man No-Action-Shads auch in starker Strömung aggressiv angeln, wenn man sie ein bisschen überbleit. Durch den geringen Anzupfwiderstand muss man bei dieser Disziplin nicht befürchten, sich den Arm aus dem Schultergelenk zu kugeln. Im Gegensatz zu dem Franzosen aus der Action-Shad-Einleitung fische ich die No-Action-Shads also besonders gern, wenn richtig Druck auf der Sehne ist.

TWISTER: LET'S TWIST AGAIN!

Ein Angelkind der 1980er und 90er Jahre ist mit dem Twister aufgewachsen. Die kleinen Silicon-Flattermänner waren die ersten Gummis auf dem Markt. Zu gern hätte ich jetzt ein Foto von einem Kleingummi-Set, das ich mir 1990 in Bamberg kaufte und das zu einem Teil dran schuld ist, dass sich mein Studium der Soziologie in den Semestern vor dem Studienabbruch an den Ufern der Regnitz abgespielt hat.

Damals hatte ich das Angeln nach einer kleinen Pause gerade wieder aufgenommen und beschlossen, nur noch mit Kunstködern zu fischen. Ergo wurden die Spinner und Blinker und der übersichtliche Bestand an Wobblern vom Dachboden des elterlichen Haues in die Studentenbude nach Bamberg transferiert. Nachdem das einigermaßen passabel lief, hatte mich das in den Wirren der Spätpubertät untergegangene Hobby wieder am Haken. Der Entschluss, im lokalen Angelladen in besagte Kleingummi-Auswahl zu investieren, sollte die wiederentdeckte Leidenschaft zusätzlich befeuern. Denn wo Spinner, Wobbler und Blinker versagten, konnte ich mich teilweise über einen Twisterbiss nach dem nächsten freuen.

▸▸▸ **Auch ein Klassiker: Der Banjo von Relax. Der Shadkörper mit dem Twisterschwanz ist nach wie vor eine Bank.**

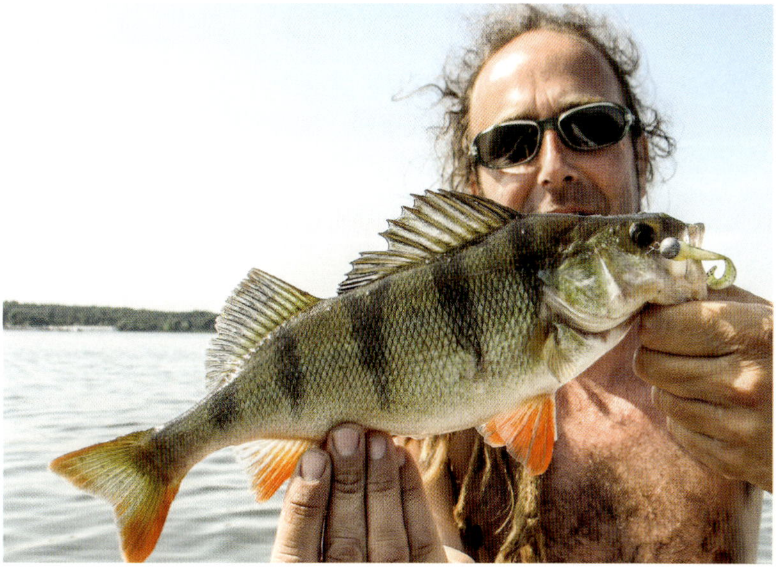

Ob ihr's glaubt oder nicht, liebe Angler aus der zweiten Gummiwelle: ordinäre Twister waren in den 80er und frühen 90er Jahren das Beste, was man als Barsch- und Zanderangler über den Boden zupfen konnte. Vorzugsweise gelbe und weiße Modelle. Mit dem Aufkommen der Gummifische und Creatures sind sie jetzt ein bisschen aus der Mode gekommen. Völlig zu Unrecht eigentlich. Zumal die Fische schon jahrelang keinen Twister mehr gesehen haben.

Das Twister-Prinzip

Ein dünner Flatterschwanz am runden Körper, der von einem Bleikopf nach unten gezogen wird, sorgt für feinste Turbulenzen. So ein hochfrequent durchs Wasser flatternder und flimmernder Schwanz spricht optisch an, sendet Reizwellen aus und fühlt sich beim Probebiss auch sehr gut an. So gut, dass die Barsche richtig gerne zupacken.

Feine Unterschiede

Twister ist nicht gleich Twister. Der klassische Twister besteht aus einem mehr oder weniger schlanken Körper und einem mehr oder weniger breiten Sichelschwanz. Grubs sind Twister/Gummifisch-Kombinationen. Der Körper ist ein wenig bulliger. Die Bauchpartie ist schmaler als der Rücken. Der Sichelschwanz weist bei diesen Modellen oft nach oben. Diese Form verwendet man, wenn man etwas mehr Fleisch anbieten will beziehungsweise, wenn die Räuber Fische fressen und man nahe am natürlichen Vorbild bleiben möchte.

Beim Schaufelschwanz-Twister bremst ein Teller am Ende der Sichel den Fall und sorgt gleichzeitig für größere Verwirbelungen. Bass Würmer zeichnen sich durch einen langen Körper und eine im Verhältnis zur Körperlänge kleine Sichel aus. Sie eignen sich sehr gut für alle Finesse-Montagen (vor allem fürs Dropshot-, Texas- oder Carolina-Rig). Diese schlanken Würmer sind aber auch erstklassige Köder am Bleikopf.

Zum Barschangeln kürze ich große Würmer meistens so weit ein, dass der Haken genau vor der Sichel austritt. Das Resultat ist ein übertrieben großer Flatterschwanz, der die Barsche manchmal in den Wahnsinn treibt und auch dann Bisse provoziert, wenn andere Köder kaum Fische bringen.

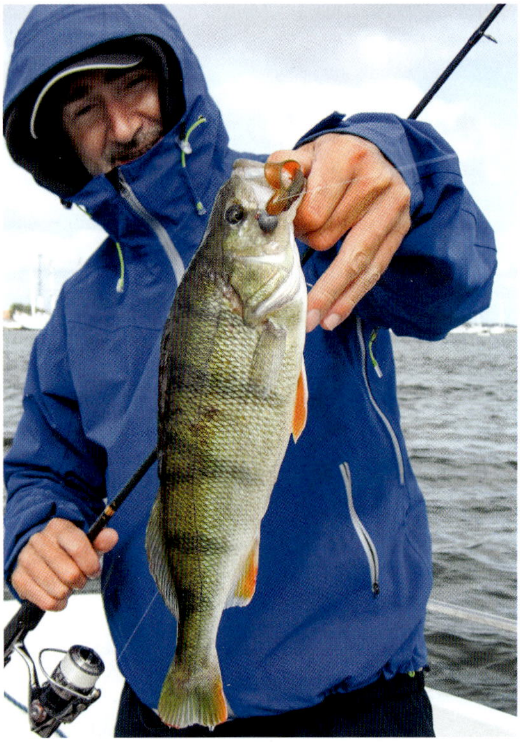

▶▶▶ So ein Twister in Motoroil am extradicken Jig macht die Barsche manchmal richtig juckig. Dann gibt's besonders schöne Bisse.

Top-Twister

Solange die Farbe gut und die Mischung weich ist, fängt jeder No-Name-Twister seine Barsche. Eine große Standard-Twister-Auswahl bietet die Firma Relax – allerdings in tollen Farben. Natürlich gibt's auch auf dem Twister-Sektor moderne Flavour-Varianten, wie den 2 Inch kleinen G-Tail-Grub von reins. Oder aber auch den Curly Curly und den Get Ringer (beide ebenfalls von reins). Mein Bassworm No. I war lange Zeit der Powerbait Worm. Auch hier bietet reins mit dem G-Tail Saturn eine feine Alternative, die ich auch sehr gern am T-Rig und am Rubber-Jig verwende.

Ich habe auch immer sehr gern mit den Turbo Tails gefischt und stehe da in einer Reihe mit unendlich vielen Sichelschwanz-Gummi-Fans. Unbedingt auf der Rechnung muss man die Relax Banjos haben, deren Fischkörper mit Flossen-Applikationen daherkommt.

▶▶▶ G-Tail-Grub, Curly Curly, Get Ringer, G-Tail Saturn (alles reins).

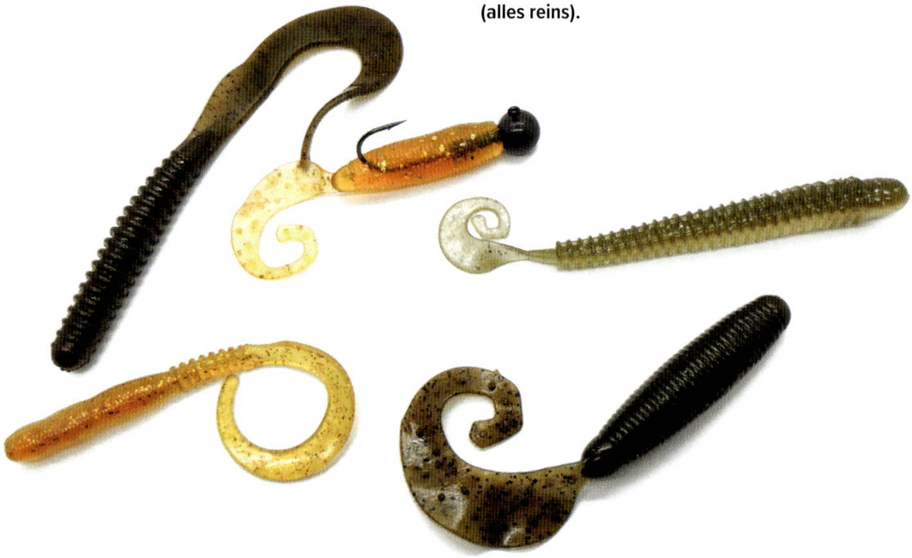

▶ ▶ ▶ Barsch am Turbotail. Grünglitter mit rotem Schwanz – da hat sich der Erfinder etwas dabei gedacht.

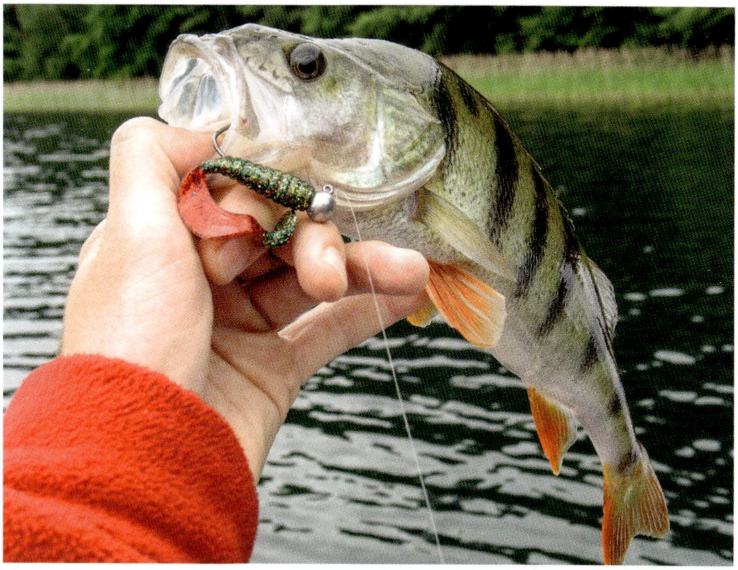

Twister-Anköderung

Uns wurde beigebracht, dass es zwingend notwendig ist, dass die Sichel nach unten weist, also in die dem Hakenbogen entgegengesetzte Richtung. Wer viel mit Grubs fischt, kann bestätigen, dass das Humbug ist. Weil sich der Schwanz schon vor dem Wurf nach unten streckt und im Flug in einer Linie hinter dem Bleikopf her flattert, ist es relativ egal, wie man die Flattermänner aufzieht.

Twister-Präsentation

Ich fische Twister meistens am Rundkopf. Den kann man schön hektisch durchs Wasser zupfen. Außerdem sorgt er für eine vertikale Absinkphase, wenn ich den Köder an freier Leine fallen lasse. Und das mache ich relativ oft. Ich bin der Meinung, dass eine hektische Köderführung ganz gut zum Twister passt und dass ich mit den Dingern oft mehr Bisse bekomme, wenn ich sie relativ sportlich – also auch unter Einsatz der Rutenspitze – durchs Wasser rupfe.

Deshalb verwende ich oft auch recht schwere Bleiköpfe, so dass die Absinkphasen ziemlich kurz (2 Sekunden) ausfallen. Damit eignet sich dieser Köder hervorragend zur Barschsuche. Wenn ich auf diese Art ein paar Fehlbisse hintereinander bekomme, montiere ich den gleichen Köder an einen etwas leichteren Kopf und verwandle dann gegebenenfalls mehr Bisse.

Twister-Szenarios

Twister sind schlank. Der feine Schwanz vibriert ohne Widerstand zu erzeugen. Insofern kann man Modelle mit einer langen und schmalen Locke genauso aktiv fischen wie einen No-Action-Shad. Im Gegensatz zu diesem machen Twister aber auch beim Durchkurbeln Rabatz. Ich habe schon viele Fische kurz vor der Bordwand gefangen, als ich den Köder aus dem Tiefen hochgeholt habe.

Ganz konkret spielt ein Twister seine Stärken bei der Baumbarschangelei aus. Wenn die großen Barsche in versunkenen Ästen oder in den Kronen ins Wasser gefallener Bäume stehen, muss man sie aus ihren Verstecken herauslocken.

Stehen sie tief und beißen nicht freiwillig auf durchgekurbelte Köder, braucht man einen Köder, der langsam an ihnen vorbei fällt. Dazu verwendete ich Mitte des letzten Jahrzehnts

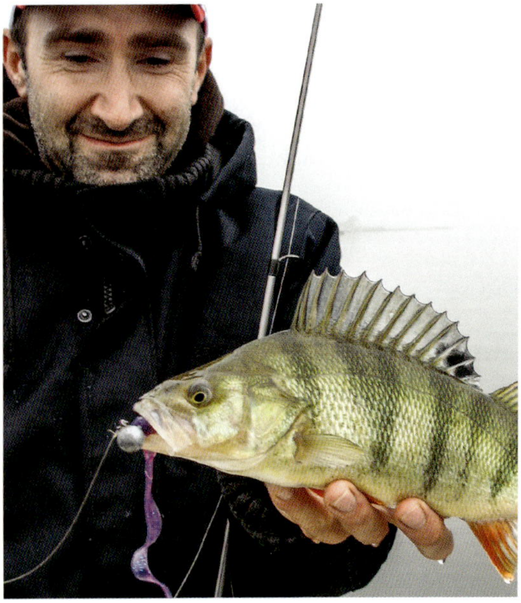

▶▶▶ **Überlanger Twister (eingekürzter Powerworm) mit Mittelklasse-Barsch. Die beißen eben auch gern auf den Kopf.**

den »Barsch-Propeller«, über den ich einen meiner ersten Praxis-Berichte für den RAUBFISCH schrieb. Hierbei ging es darum, den in den Baumkronen stehenden Barschen einen Köder zu präsentieren, der langsam an den Unterständen vorbei hinabflattert.

Dazu dürfen die Jigs nicht zu schwer sein (etwa 5 Gramm). Meine Lieblingstwister für die Unterstandsbefischung waren immer die Relax-Twister und die Turbo Tails von Profi-Blinker, die durch die Schaufel am Schwanzende noch etwas langsamer fallen.

Um die Absinkphase weiter zu verlängern, wählt man einen übergroßen Twister und knipst etwas vom Körper ab. Dann wird der Köder auf einen Jigkopf mit 1/0er Haken gezogen, so dass dieser knapp vor der Schwanzwurzel herausschaut. Der lange Schwanz fungiert dann als ein den Sinkflug abbremsender Flatter-Fallschirm. Durch das geringe Gewicht des Bleikopfes wird dem Barsch das Inhalieren des am Unterstand vorbei segelnden Köders leicht gemacht.

Und dann heißt es: »Hart ran ans Hindernis!« Der Propeller muss mitten rein ins Geschehen, also an die Äste heran. Entscheidend ist die erste Absinkphase. Um den Köder möglichst lange vertikal fallen zu lassen, gehen Arm und Rutenspitze mit dem Köder mit. Nach dem Aufprall liegt der Ellenbogen also am Mann an. Die Rutenspitze weist also zunächst nach oben. Am Ende

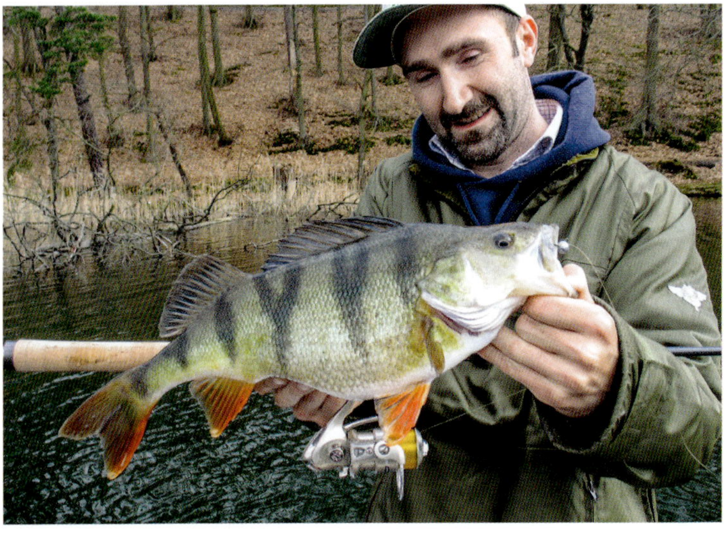

▶▶▶ **Der stand im Baum und hat den Propeller voll weggehauen.**

der Absinkphase ist der Arm dann ausgestreckt und die Rutenspitze zeigt auf den Baum. Meist hat man nur die Absinkphase und dann noch ein bis zwei Sprünge, dann ist der Köder auch schon weg vom Fisch. Oder – und das kommt einigermaßen häufig vor – der Barsch hängt.

Da Twister sehr flexibel sind, mag ich diese Köder auch sehr gern, wenn es darum geht, große Fische aus den Schwärmen heraus zu sortieren. Dazu fische ich überlange Twister an kurzen und relativ schweren Köpfen. Natürlich ballern da auch kleine Barsche drauf. Die Burschen sind ja oft durch nichts zu erschrecken, wenn sie sich dem kollektiven Fressrausch hingeben. Mit dem überlangen Köder haben sie aber ein Schluck-Problem. Der kommt tatsächlich oft so lange durch den Schwarm, bis ein großer Barsch zupackt.

KREBSE: KLEINE SPRÜNGE, KRASSE BISSE!

Dieses Unterkapitel schreibe ich unter dem nachhallenden Eindruck eines Trips ans Embalse de Mequinenza im März 2015. Hier fahre ich im zeitigen Frühjahr regelmäßig zum Barschangeln hin. Erstens um dicke Barsche zu fangen. Zweitens um mir schon mal eine Portion Sonne abzuholen, auf die ich in Deutschland noch zwei Monate warten müsste. Für mich gibt's keinen besseren Start ins Angeljahr.

Und weil ich inzwischen gut vernetzt bin und mich da unten nach vielen Trips auch gut auskenne, biete ich geführte Barsch-Touren an. Daraus ergibt sich eine Win-Win-Situation: Die Teilnehmer profitieren von meinen Ortskenntnissen, ich von der unvoreingenommenen Herangehensweise meiner Gäste, die natürlich auf meine Empfehlungen hören, sich aber auch selber eigene Konzepte zurechtgelegt haben, um diese auszutesten. Dass es an dieser Stelle zu einem Krebs-am-Jig-Feature kommt, verdankt dieses Buch meiner vierköpfigen Reisegruppe aus der Schweiz.

Nachdem wir uns am Tag ihrer Ankunft im Supermarkt mit den Grundnahrungsmitteln und beim Fleischer mit Grillgut ausgestattet hatten, habe ich die Männer aus St. Gallen für einen kleinen Abendausritt aufs Wasser mitgenommen, um ihnen schon einmal einen Vorgeschmack auf das zu bieten, was sie in den nächsten Tagen erwarten würde: Ein zähes Angeln (durch ein Jahrhunderthochwasser herrschte eine Sichttiefe von knapp 5 Zentimetern und der Wasserstand veränderte sich täglich) auf richtig schöne Barsche.

In der Woche zuvor hatte sich herauskristallisiert, dass die Fische oft am besten auf leicht überbleiten Köder bissen, die man in kurzen Sprüngen zügig über den Grund hüpfen ließ. Mit dieser Vorabinfo fischte das Team St. Gallen munter drauflos. Das lief alles auch sehr gut an. Ich hatte schon am ersten Spot einen 40er. Es folgten ein paar kleine Zander. Dann wurde es auch schon langsam dunkel. Einen letzten Spot noch. Die Anfahrtszeit nutzte Sascha zu einem Köderwechsel. Er probierte es mit einem Krebs am Jig und fing mit einem der letzten Würfe noch einen schönen 44er.

Von diesem Moment an war er von seinem Konzept derart überzeugt, dass er nicht mehr wechselte und eine Woche lang Krebse am 14-Gramm-Jig aggressiv über den Grund zupfte. Hört sich zunächst einmal ein bisschen langweilig an. Wir anderen fingen in dieser Woche auch mit anderen Systemen, wenn wir nicht selber den Krebs am Jig montiert hatten. Wenn man zusammenzählt, dürfte Sascha aber wohl die meisten Barsche von uns gefangen haben. Und auch ich fing meinen größten Frühjahrsspanier auf einen Krebs (Ecogear Rock Claw) am Jig.

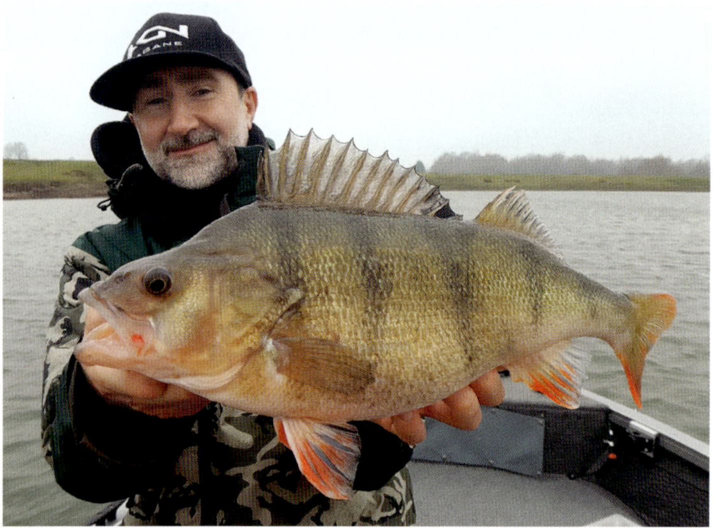

▶▶▶ Man sieht es an den Narben: Dieser Barsch hat sich darauf spezialisiert, Krebse aus den Steinen zu pflücken.

Das Krebs-Konzept

Die Montage ist sehr simpel: Krebs aus der Verpackung nehmen, auf den Jig stecken, ankleben und ab dafür. Da man die Köder in sehr kurzen Sprüngen führt, kommt es in hängerträchtigen Gewässern (wie dem Embalse de Mequinenza) zu vielen Köderverlusten. Deshalb fische ich die Gummi-Craws an Aberdeen-Haken. Die sind scharf, biegen sich aber leicht auf. So kann man die Köder immer wieder aus den Hängern ziehen und den Haken zurückbiegen.

Wichtig ist in diesem Zusammenhang auch ein Hakenschleifstein. Die Hakenspitze muss immer richtig scharf sein. Zwar dürfen die Barsche mit Krebsen nicht lange fackeln. Denn anders als kleine Beutefische können sich die Krustentiere mit ihren Scheren wehren, so dass es oft zu besonders intensiven Bisserlebnissen kommt. Wenn ein Dickbarsch auf einen schnell geführten Gummikrebs scheppert, klingelt es manchmal derart in der Rute, dass man es nicht für möglich hält, dass der Biss von einem Barsch kam.

Manchmal hängen die Barsche aber auch einfach am Haken, wenn man den Köder wieder anjiggt. Dann haben sie ihn weggenagelt, als er am Grund lag. Wenn der Haken jetzt nicht superscharf ist, bekommt man von diesen Fischen maximal das Abschütteln mit.

Krebsführung

Wie bereits erwähnt: die effektivste Führung sind schnelle und kurze Sätze über den Grund. Dazu muss man die Köder etwas schwerer bebleien. Ein kurzer Zupfer aus der Rutenspitze oder eine Viertelumdrehung mit der Kurbel einer schnellen Rolle waren in dem angetrübten Wasser ideal.

Top-Krebse

Je größer die Scheren ausfallen, desto mehr Betrieb macht der Krebs. Gut ist es auch, wenn die Scheren auftreiben. Top sind deshalb zum Beispiel die Ring Craws von reins. Am heftigsten flattern tut der Crazy Flapper von Keitech. Im Prinzip geht's aber mit allen Krebsimitaten. Gut funktionieren auch Doppelschwanztwister. Auch mit kleinen Creatures wie dem Hellgie kann man bei entsprechender Führung sehr genial einen Krebs imitieren.

Krebs-Situationen

Im Caspe-Stausee wimmelt es vor lauter Flusskrebsen. Die sind nicht nur eine leichte Beute,

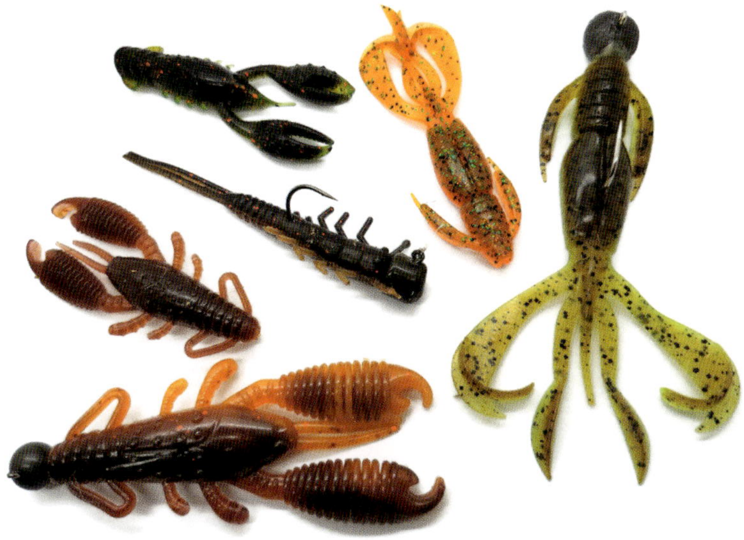

▶▶▶ **Ring Craw, Crazy Flapper, Z-Man TRD CrawZ und Hellgie.**

sondern auch proteinreich. Natürlich wissen die Barsche das nicht. Der Übergriff auf einen Krebs entspringt keiner kalkulierten Überlegung. Instinktiv machen die Fische aber immer das, was ihnen guttut. Und so ist das Krebsprogramm in den Barsch-Genen hinterlegt. Zumindest in Gewässern, in denen es viele Flusskrebse gibt. Dieses Schema zieht das ganze Jahr über.

Besonders heiß sind die Raubfische aber auf Krebse, wenn sich diese häuten. Dazu muss man wissen, dass die Krebse nur wachsen können, indem sie ihren alten Panzer abwerfen und einen neuen aufbauen. Das dauert zwei bis drei Tage. In dieser Phase nennt man die Krebse dann »Butterkrebse«. Ohne den schützenden Panzer und ohne ihre scharfen Scheren sind die Butterkrebse eine besonders leichte Beute für Barsch und Konsorten.

Da die Häutung auch durch Schwankungen der Wassertemperatur und durch ein gutes Nahrungsaufkommen befördert wird, häuten sich die Krebse oft kollektiv. In solchen Häutungsphasen wird der Barsch zum »Krustinator«, spezialisiert sich auf die Aufnahme der butterweichen Proteinbomben und ist mit fast nichts anderem zu überlisten als mit einem Krebsimitat.

» VIDEO: Winterangeln –
so fängt die Larve Barsche ohne Ende!

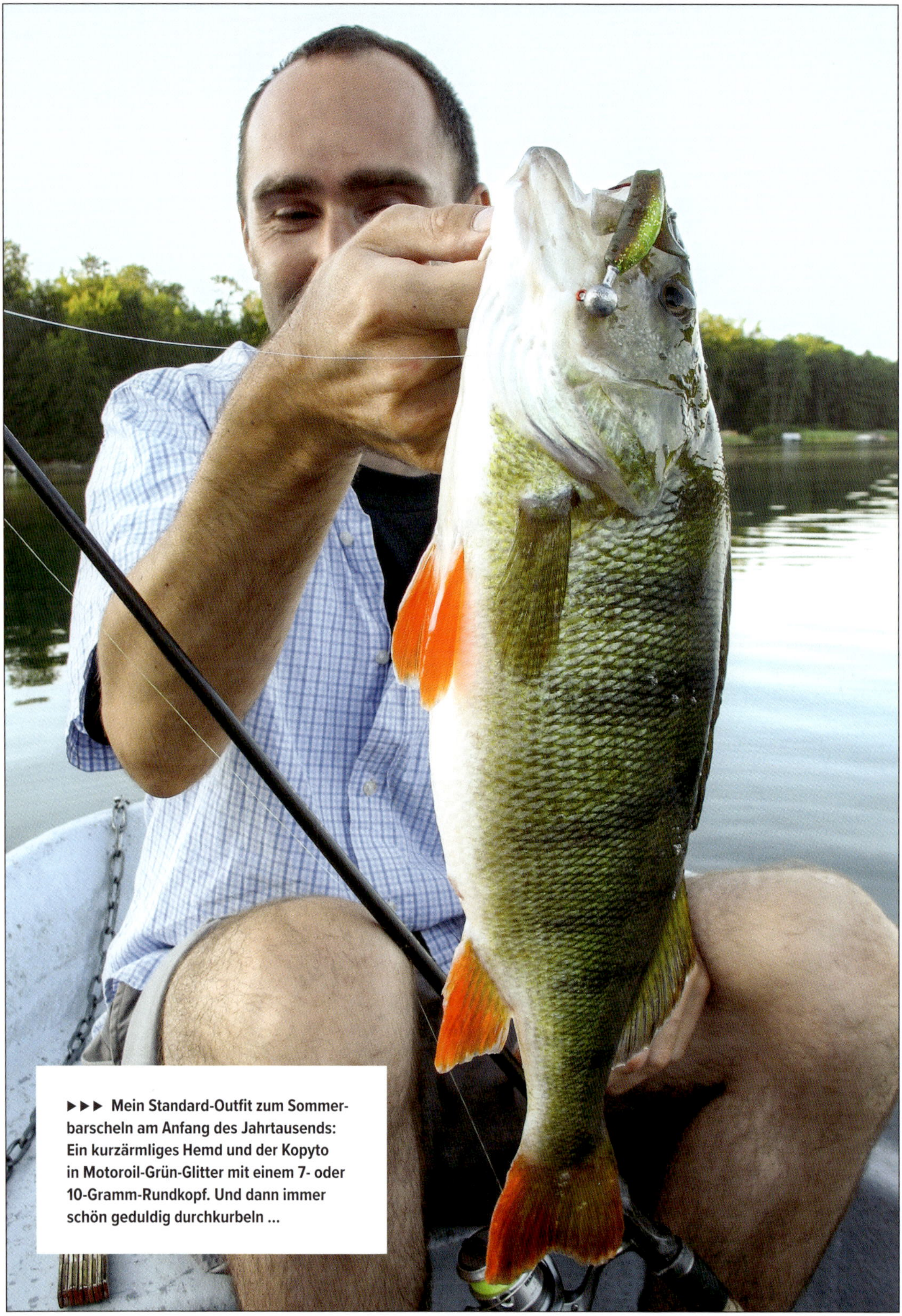

▶▶▶ Mein Standard-Outfit zum Sommerbarscheln am Anfang des Jahrtausends: Ein kurzärmliges Hemd und der Kopyto in Motoroil-Grün-Glitter mit einem 7- oder 10-Gramm-Rundkopf. Und dann immer schön geduldig durchkurbeln ...

ALTERNATIVE FÜHRUNGSTECHNIKEN

Jiggen oder Faulenzen, das ist hier die Frage. Von wegen! Während Hecht- oder Zanderangler ihren Glaubenskrieg ausfechten, können wir Barschangler uns nicht zurücklegen, wenn beide Techniken der Gummibeschleunigung versagen. Unsere Köder sind leicht. Die Hardware auch. Und durch die sensible Abstimmung unter anderem von Schnur, Vorfach, Bleigewicht sowie einer ganzen Reihe von Spezial-Jigs können wir viel mehr mit den Gummis anstellen, als die Jungs aus den »Grobmotoriker-Szenen« – ist nicht böse gemeint. Ich angle auch gern auf Zander und Hecht.

SWIMBAITEN: DIE DICK-BARSCH-LEIER

Wenn die Barsche versprengt stehen und ich auf große Wurfweiten angewiesen bin, den Köder nicht großartig animieren mag und einigermaßen schnell fischen will, angle ich sehr gern mit horizontal eingeleierten Gummifischen, die ich am liebsten an Fischköpfen anbiete. Auch wenn es keine besonders anspruchsvolle Technik zu sein scheint, stellt das feine Swimbaiten eine der Präsentationen dar, die sehr zuverlässig dicke Barsche ans Band bringt.

Die Barschgefahr in Swimbait-Form trägt für mich einen ganz konkreten Namen. »Paddle Fry« heißt sie und kommt aus dem Hause Gitzit. Ich fische diesen kleinen Action-Shad mit den Flossen-Applikationen nun seit vielen Jahren mit der Überzeugung und bin der Meinung, dass dieser Köder in jede Barsch-Box gehört.

Das Swim-Prinzip

Swimbaits sollen auf Zug wie ein echtes Fischchen durchs Wasser schwimmen. Dieses natürliche Schwimmverhalten wird durch einen Schaufelschwanz erzeugt. Im Prinzip kann man jeden Gummifisch mit Schaufelschwanz auch als Swimbait nutzen.

Wir unterscheiden zwei Laufstile. Gummis mit einem großen Teller und starker Schwanzwurzel vibrieren beim Einholen gar nicht mal so stark, lassen den Körper im Vorwärtsgang aber von einer Seite auf die andere kippen. Gummis mit einem kleineren Teller an einer flexiblen Wurzel reizen die Barsche durch den hochfrequenten Tellerschlag. Aufwändig in ihre Gussform gespritzte Modelle, wie der Paddle Fry, weisen neben der »Schwanzflosse« noch Rücken-, After-, Bauch- oder Brustflossen

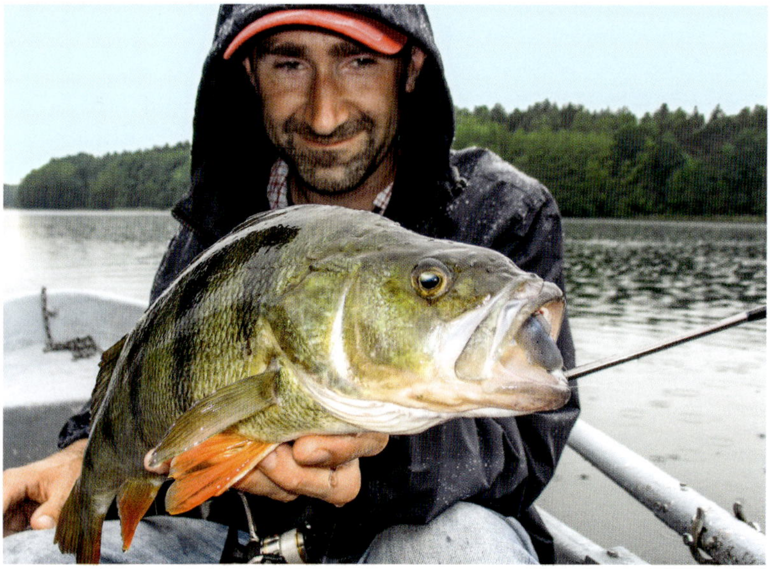

►►► Auch Sauwetter ist Barschwetter. Das war ein Geburtstagsbarsch auf Paddle Fry. Ist schon eine ganze Weile her …

auf, die das Wasser beim Einkurbeln zusätzlich verwirbeln. Wir können mit diesen Ködern also die komplette Wassersäule absuchen.

Wie eingangs erwähnt, kombiniere ich solche Shads am allerliebsten mit einem speziellen Fischkopf-Jig, der das Gesamtkunstwerk abrundet und den Köder wirklich wie ein lebendiges Fischchen aussehen lässt. Außerdem balanciert diese Bleikopfform die Gummis beim Einkurbeln wunderbar aus und hält ihn in einer stabilen Horizontallage.

Wenn sich viel im Flachwasser abspielt, kann man sich gewichtstechnisch auf einen 7-Gramm-Kopf festlegen. Damit kann man den Köder relativ zügig führen. Außerdem ist die Fallgeschwindigkeit im Bereich von 1,5 bis 3 Meter ideal für den Sommer. Wenn man tiefer angeln will, nimmt man in Ermangelung schwerer Fischköpfe am besten einen schweren Rundkopf.

Top-Swimbaits

Vor dem Paddle Fry war der Kopyto Classic mein Durchkurbel-Softbait No. 1. Inzwischen haben die beiden massiv Konkurrenz aus Japan bekommen. Ein Spitzen-Barsch-Swimbait ist der Fat Swing Impact. Toll fängt auch der Easy Shiner. Und wenn der Köder mal 100 Prozent real aussehen muss, nimmt man einen Nories Spoon Tail Shad. Der überzeugt nicht nur optisch, sondern flankt auch wunderbar beim Einkurbeln. Das Paddel macht richtig Druck. Das Glitter auf der Flanke streut das Licht.

Swimbait-Führung

Mit Swimbaits kann man die komplette Wassersäule absuchen. Wenn wir Ringe steigender Fischchen sehen oder andere Oberflächenaktivitäten beobachten können, wird der Köder etwas über das Ziel hinausgeworfen und mit erhobener Rutenspitze eingekurbelt. So läuft er ganz knapp unter der Wasseroberfläche und imitiert eines dieser arglos nach Insekten steigenden Weißfischchen. Und wenn ein Räuber aufschlägt, ist es das einzige, das nicht wegschwimmt, sondern weiter seine Bahn zieht. Eine leichte Beute also!

Halten sich die Fische im Mittelwasser auf, senkt man die Rutenspitze etwas ab und wartet ein wenig länger mit dem Einkurbeln. Gelegentliche Twitches oder Spinnstops können Nachläufer zum Zupacken animieren.

Wenn sich im Mittelwasser nichts tut, wird der Grund abgesucht. Hört sich erst einmal recht simpel an. Schließlich wird der Köder ausschließlich über die Rolle animiert. Um aber zu gewährleisten, dass der Swimbait in einer angemessenen Geschwindigkeit auf der gewünschten Tiefe läuft, muss man nicht nur viel Gefühl entwickeln, sondern auch die Parameter Schnurstärke, Eigengewicht und Volumen des Köders, Bleikopfgewicht, Gewässertiefe, Strömung und Wind in Einklang bringen. Konkret: Je schneller und tiefer man den Köder anbieten will und je mehr Strömung vorhanden ist, desto schwerer muss der Bleikopf ausfallen.

Je dicker die Schnur und je bulliger der Köder ist, desto höher der Wasserwiderstand und desto schneller fängt der Köder an zu steigen. Will man ihn dicht über dem Grund halten, so lässt man ihn zwischendurch immer mal durchsacken und sucht Bodenkontakt. Möchte ich Fänge wiederholen, ist es wichtig, dass man relativ genau weiß, auf welcher Tiefe der Köder läuft. Hier hilft es, während der Absinkphase die Sekunden mitzuzählen. So kann man die Wassersäule stufenweise abscannen und heiße Stellen wie die Kante vor dem Barschberg sehr systematisch abarbeiten. Das erfordert viel mehr Konzentration, als den Gummifisch stur über den Grund hüpfen zu lassen, ist aber oft unschlagbar.

Kraut-Variante

Oft stehen die Barsche mitten im Kraut. Die Krautstängel können auch im Mai schon ziemlich nerven, weil sie sich gern im Haken festsetzen und der Köder ständig von ihnen befreit werden muss. Bevor man völlig die Nerven verliert oder das Krautbett, in dem ja eigentlich auch immer Fische stehen, aufgibt, tauscht man besser den Fischkopf gegen einen beschwerten Offset-Haken aus. Dessen Spitze kann man in der Haut des Gummifisches versenken. So bleiben dann deutlich mehr Fische als Grünzeug am Köder hängen.

▶▶▶ Keitech Easy Shiner, Gitzit Paddle Fry am Fischkopf, Nories Spoon Tail Shad, Fat Swing Impact am weighted Offset-Haken (weedless).

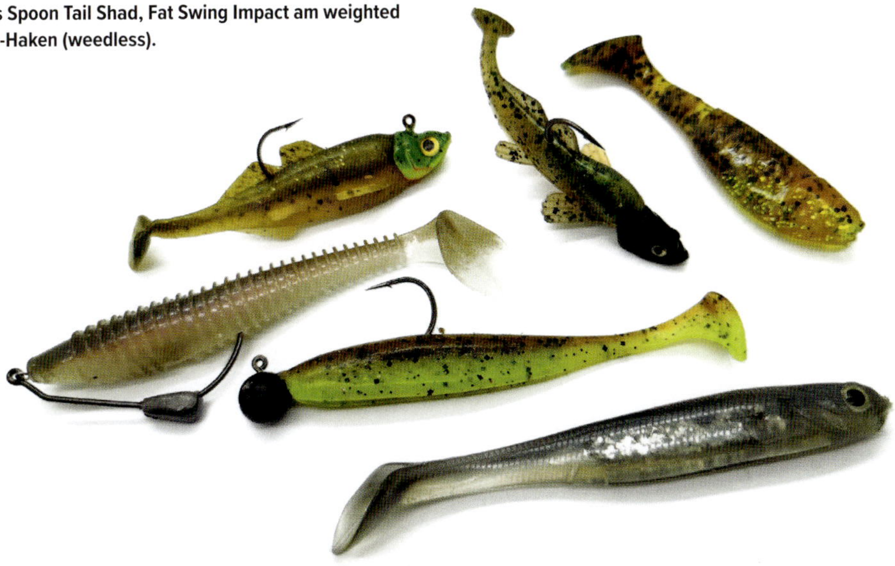

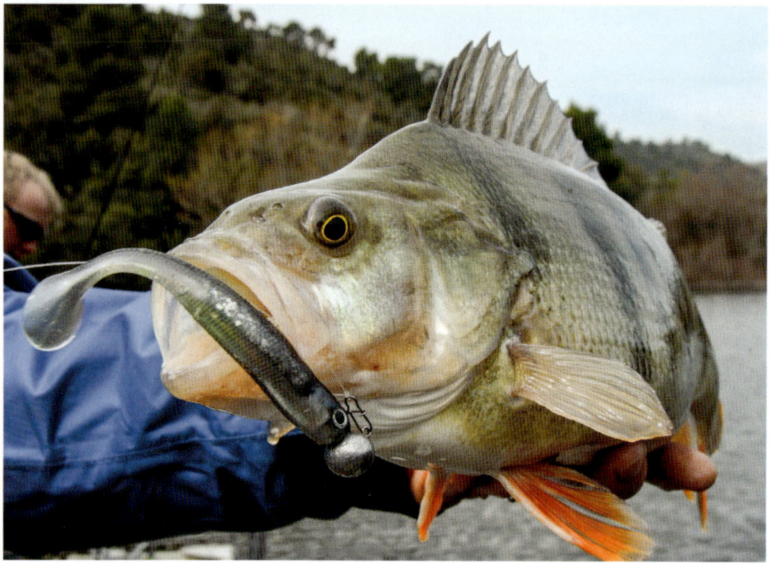

▶▶▶ **Der Spoon Tail Shad von Nories ist ein MustHave-Bait für kritische Tage. Kurz über Grund eingekurbelt holt er Fische raus, die eigentlich nicht beißen wollen.**

Ideal sind dafür torpedoförmige Köder wie der Fat Swing Impact. Der schwimmt auch sehr schön, wenn man ihn an einem beschwerten Offset-Haken (siehe auch Kapitel »Softjerk«) anbringt.

Swimbait-Situationen

Ich fische Swimbaits gern im Flachwasser. Hier zeigen sich die Barsche manchmal sogar an der Oberfläche. Mit Polbrille auf der Nase lassen sich die Fische beobachten. Die gilt es dann natürlich anzuwerfen. Manchmal hört man die Fische aber auch nur.

An windstillen Tagen stehe ich deshalb unter Vollspannung. Sobald ich ein verräterisches Schmatzen höre oder einen lauten Platscher, versuche ich die Stelle anhand der Ausläufer des Strudels zu orten. Auch Futterfischansammlungen im Freiwasser sind ein hervorragendes Swimbait-Terrain. Solange sich keine Barsche zeigen, lasse ich den Köder knapp unterm Schwarm laufen.

Wenn die Sonne richtig ballert, halten sich die Fische gern im Schatten auf. Ins Wasser gefallene Bäume, Steganlagen, Brücken, Pontons oder Fähranleger sind jetzt die Hotspots, die es anzufischen gilt. Ran ans Hindernis, kurz warten, einkurbeln, anschlagen.

Auch die Hänge von Landzungen kann man mit etwas schwerer ausgebleiten Swimbaits sehr präzise befischen. Hier lasse ich den Köder auf den Grund sinken und kurble ihn knapp darüber ein. Im Prinzip sollte man beim Gummifischangeln immer und überall einmal versuchen, den Action-Shad auch mal durchzukurbeln, wenn auf gejiggte Gummis nichts beißt.

» **VIDEO:** **Barsche im Sommer: Krautfrei mit Gummifisch**

▶ ▶ ▶ The Godfather of Hibbeling: mein Kumpel Felix Greif. Er hat mich gebeten, noch einmal darauf hinzuweisen, dass sein Geheimnis der leichte Bleikopf ist.

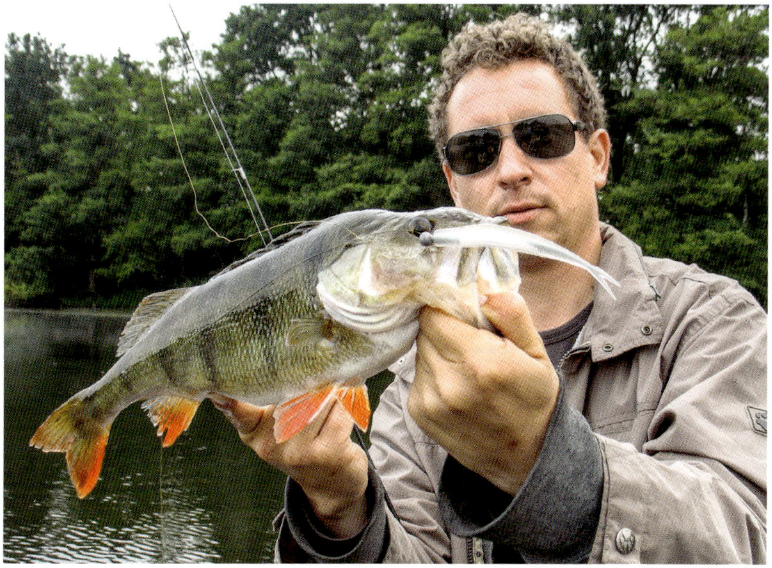

HIBBLEN: GUMMIS IM FREIEN FALL

Bei meinen Produktvorführungen an den Testbecken diverser Angelgerätehändler sahen No-Action-Shads immer besonders fängig aus, wenn ich sie schnell mit kurzen zackigen Sprüngen über den Boden zupfte und an schlaffer Schnur fallen ließ. Sie schlugen dabei richtige Salti und standen dann entweder auf dem Kopf oder kippten zur Seite weg, um beim nächsten Hopser zu einer Seite auszubrechen. Mein Standard-Spruch: »So viel zum Thema »No-Action« ...«.

Tatsächlich wundert man sich aber auch wirklich, wie hibbelig so ein No-Action-Shad tanzt, wenn man ihm aktiv Leben einhaucht. In der Angelpraxis provozieren die hektischeren und unkoordinierten Ausbrecher der No-Action-Shads oft deutlich mehr Bisse im Vergleich zum durch seinen Schaufelschwanz gebremsten, Action-Shad. Deshalb pflege ich manchmal einen ziemlich aggressiven Umgang mit den schlanken Softies. Dabei vermische ich Techniken wie Twitchen, Jerken oder auch Pilken mit dem Jiggen und Einleiern.

»Hibbel-Technik«-Basics

Die »Hibbel-Technik« heißt so, weil sie von meinem hektisch-hibbeligen Kumpel Felix eingeführt wurde. Als bekennender ADHS'ler, fällt es ihm schwer, ruhig im Boot zu sitzen. Insofern hätte man seinen Angelstil auch Rumpelstilzchen-Style nennen können. Da gab's aber Probleme wegen der Namensrechte.

Die ersten Hibbel-Barsche fing Felix beim Softjerken. Er hatte da was missverstanden und anstatt den Gummifisch mit regelmäßigen Zupfern auf der Horizontalebene durchs Wasser schwingen zu lassen, ließ der den No-Action-Shad am weighted Offset-Haken immer wieder abtaumeln, um ihn nach oben zu reißen. Anfangs habe ich ihn dafür belächelt. Inzwischen hat diese Technik einen mit dem Erfinder assoziierten Namen.

Das Hibbel-Prinzip

Die Technik ist eigentlich ganz einfach: Anstatt den Köder über die Rolle oder ein mehr oder ein weniger zügiges Anheben der Rutenspitze zu beschleunigen, gibt man ihm einen oder mehrere Kicks durch ein scharfes Anreißen der Rutenspitze. Ganz wichtig ist, ihn dann an schlaffer Leine nach unten stürzen zu lassen. Barsche stehen Kopf auf diese hektische Fluchtbewegung in Kombination mit der annähernd vertikalen Absinkphase – wobei: Wenn man sich das einmal genauer anschaut, ist der Fall nicht wirklich vertikal. Der Gummifisch dreht sich beim Absinken oft noch um seine eigene Achse und zischt dann schräg nach unten weg.

Speed Hibbeln vs. SloMo-Hibbeln

Das Köderverhalten in der Absinkphase wird von Form und Gewicht des Bleikopfes bestimmt. An schweren Köpfen zischen die schlanken V-Schwanz-Gummis fast senkrecht herunter. An leichten Bleiköpfen kurven sie in einer Schleife zum Grund. Durch ein bewusstes Auswählen des Bleikopfes lässt sich die Technik also perfekt auf die entsprechende Angelsituation ausrichten.

Das Fischen mit überbleiten No-Action-Shads ist eine schnelle Methode und immer dann erfolgreich, wenn wir es mit hochaktiven Fischen zu tun haben (Mai bis September). Die brutalen Attacken auf die ultraschnellen Gummis entspringen vermutlich keinem Hungergefühl, sondern sind als instinktgesteuerte Handlungen (so genannte »Reaktionsbisse«) zu betrachten. Schwarmfische können es sich einfach nicht leisten, ein fliehendes Fischchen entkommen zu lassen.

Mit einem leichten Köpfchen (3 bis 5 Gramm) nimmt man das Tempo aus dem Spiel und verändert auch die Flugkurve in der Landephase. Diese Hibbel-Variante ist oft mein bestes Mittel, um träge Großbarsche an den Haken zu locken – im Sommer wie im Winter.

Bissverwertung

Bei beiden Hibbel-Varianten kommt es oft zu bretthartem »Schepperbissen«. An den schweren Köpfen schlagen sich die Barsche quasi selber an. Wenn sie sich den Köder allerdings in einer Phase schnappen, in der die Schnur durchhängt und ihn dann noch nach oben mitnehmen, merkt man gar nichts. Allerdings bricht der Schnurbogen dann ein Stück in sich zusammen. Dann heißt es schnell Schnur aufnehmen und einen Anhieb setzen.

▸▸▸ Kleiner Fin S an einem schweren Mini-Jig, Shad Impact, BassAssassin Shad und Fin S am leichten Jig.

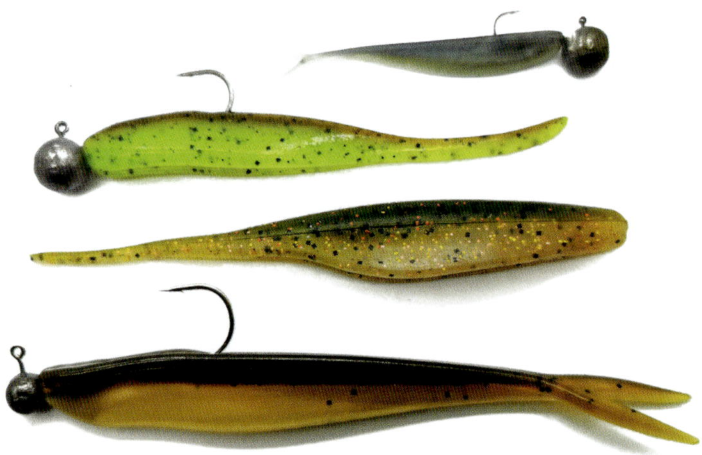

►►► Voll weggedonnert. Mit 5 Gramm auf 8 Metern und dann immer schön die Rute hochreißen. Das ist die Greifsche Sommer-Hibbel-Variante für faule Endvierziger.

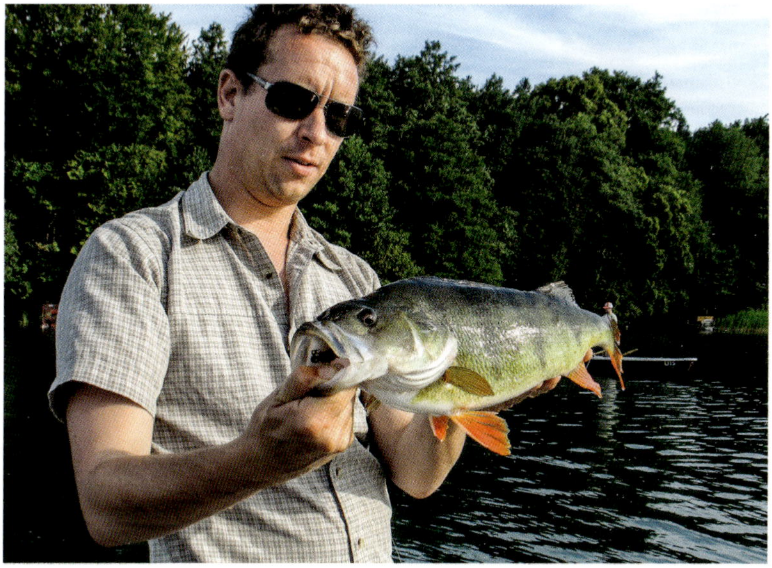

Hibbel-Hardware

Das permanente Rütteln und Reißen kann Schleimbeutel-Entzündungen hervorrufen, wenn man mit zu langen und damit kopflastigen Ruten fischt. Kurze Ruten von 1,8 bis maximal 2,1 Meter beugen dem vor. Außerdem lassen sich die Kicks mit kurzen Ruten besser dosieren.

Damit die Rute die Rucke 1:1 auf den Köder überträgt, muss sie steif sein. Da man oft die durchhängende Schnur auf die Rolle zieht, ist eine Rolle mit einer hohen Übersetzung angesagt. Je feiner die Schnur, desto freier bewegt sich der Gummifisch.

Hibbel-Szenarios

Wenn ich das Umfeld eines Futterfischschwarms einmal schnell nach Barschen abscannen will, brauche ich einen schnellen Köder, der die Wassersäule einigermaßen zügig durchkämmt. Dazu verwende ich dann ziemlich schwere Bleiköpfe (je nach Wassertiefe zwischen 5 und 20 Gramm).

Solange ich nicht weiß, auf welchem Niveau die Barsche unterwegs sind, lasse ich den Köder nach dem Auswerfen meist bis kurz über den Grund absinken und reiße ihn dann in mehreren Schritten nach oben. Dabei lasse ich ihn immer wieder ein kurzes Stück fallen und fange ihn dann so früh ab, dass ich mit mehreren Rucken ein gutes Stück der Wassersäule absuche. Die »Steigphasen« sind also länger als die Absinkphasen.

Aggressive Flachwasser-Barsche springen sehr gut auf einen No-Action-Shad am schweren Kopf an, den man in hektischen und dicht aufeinanderfolgenden Sprüngen über den Grund schießen lässt. Die Rutenbewegung fällt natürlich etwas sparsamer aus, aber ebenso ruppig. Oft nehmen die Barsche den Köder in der Phase, in der die Schnur schlaff durchhängt und machen sich erst beim nächsten Zupfer bemerkbar, indem sie einfach schon am Haken hängen.

Aufgrund von Sauerstoffarmut und einem Überangebot von Futterfischen sind die dicken Barsche im Sommer oft sehr faul und extrem schwer an den Haken zu locken. An zähen Tagen fische ich den No-Action-Shad an extrem leichten Bleiköpfen und zupfe ihn ein- oder zweimal ziemlich heftig an. Dann lasse ich ihn absinken. Die Kombination aus einer schnellen

Fluchtbewegung und dem langsamen »Ausgleiten« hat schon so manchen Barsch ans Band gebracht – sowohl im Freiwasser als auch am Grund, im Flachen wie im Tiefen.

Bei der Suche nach dem dicken Winterbarsch lasse ich mir noch ein bisschen mehr Zeit und führe den Köder etwas bedächtiger. Da ihr Stoffwechsel durch das kalte Wasser sinkt, haben jetzt auch die dicken Moppel einen reduzierten Nahrungsbedarf. Wir müssen also den Instinkt ansprechen und einen Reaktionsbiss provozieren. Gleichzeitig müssen die Fische den Köder bequem verfolgen können. Eine knifflige Aufgabe, aber nicht unlösbar.

Meistens zupfe ich den No-Action-Shad nur einmal zackig an, um ihn dann fallen zu lassen. 50 Prozent der Bisse kommen dann in der Absinkphase. Die anderen 50 Prozent erspiele ich mir mit dem am Boden liegenden Köder. Manchmal animiert sie ein zartes Schütteln mit der Rutenspitze, das sich über die kontrolliert schlaffe Schnur auf den Schwanz des No-Action-Shads überträgt. Das funktioniert am besten, wenn der Köder in kleinen Steinen verkantet ist oder im Schlamm steckt. Das Schabegeräusch beziehungsweise die kleinen Schlammwölkchen in Kombination mit dem leicht schwingenden Schwänzchen sind oft der letzte Kick, den die Dicken brauchen.

JIG-TWITCHING: FLITZ-FÜHRUNG FÜR BLITZ-BISSE

Beim Wobbeln mit Twitchbaits ist es ja ausschlaggebend, dass der Köder immer wieder zur Seite ausbricht. Das bekommt man auch mit No-Action-Shads hin, wenn man sie genauso antwitcht wie einen schlanken Minnow. Am wildesten schießen die No-Action-Shads seitlich weg, wenn man sie mit nach unten gerichteter Rutenspitze und einem seitwärts gerichteten Zupfer animiert.

Je leichter der Bleikopf, desto besser kann sich die Rutenbewegung auf den Köder übertragen. Oder anders herum: Mit schweren Blei-

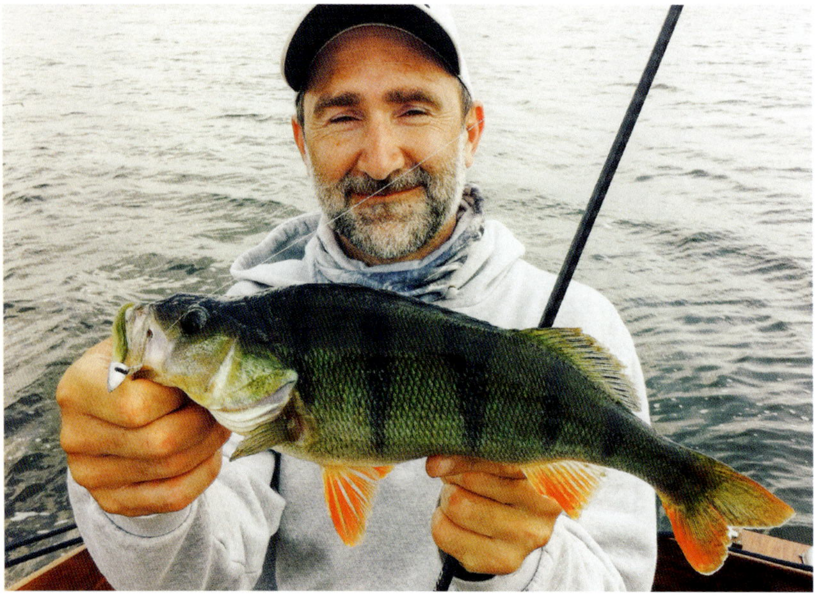

▶▶▶ Eine rasante Köderführung hat schon so manchen Barsch überzeugt. So auch diesen Brandenburger.

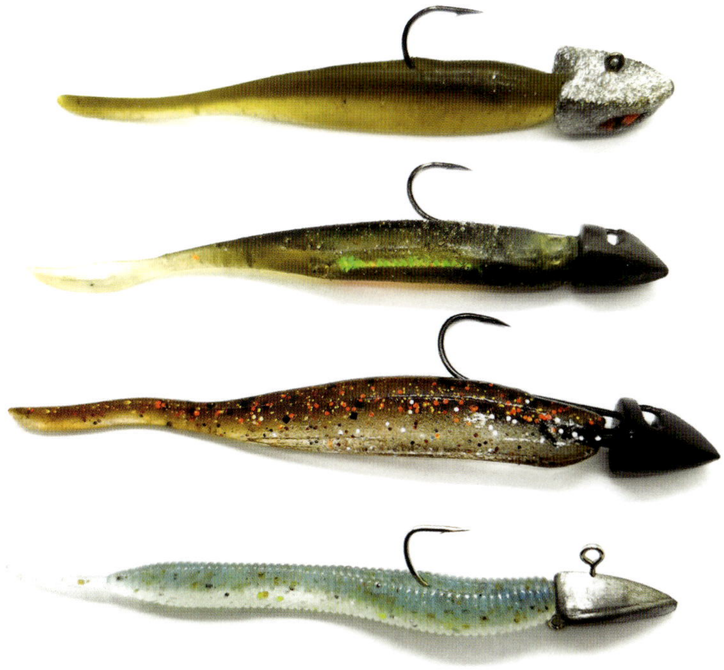

▶▶▶ **Minnow, Shad Impacts und Sexy Impact an Köpfen von Hayabusa, Illex, VMC und Decoy.**

köpfen wird man diesen Effekt nicht erzielen. Das Maximalgewicht liegt hier bei 7 Gramm.

Straight Heads als Twitch-Jigs

Das seitliche Ausbrechen kann man fördern, indem man spezielle Twitch-Jigs mit den No-Action-Shads kombiniert. Die die Flitzführung unterstützenden Jigs kommen u.a. von Illex (Straight Head), Hayabusa, VMC und Decoy (Delta Magic SV-51).

Twitch-Gummis

Nur No-Action-Shads fallen und gleiten ohne Wasserwiderstand. Ich mag relativ steife Gummis gern, die beim Anzupfen aufgrund des höheren Widerstands bestimmt mehr Wasser verdrängen. Ich fische gern den Fin-S oder den Dropshot-Minnow. Toll ist, wenn der Gummifisch etwas Geschmack mitbringt. Dann kann man den Köder nach einem Fehlbiss einfach liegen lassen und drauf warten, dass ihn sich einer der Verfolger vom Boden pickt. Sehr gute Erfahrungen habe ich in diesem Zusammenhang mit dem Shad Impact und dem Sexy Impact von Keitech gemacht.

Twitch-Jig-Situationen

Wenn die Barsche im Flachwasser rauben, fangen sich fluchtartig bewegende Köder meistens am allerbesten. Neben überschwer angebotenen Action-Shads (siehe »Hibbel«-Feature), die im Vertikalzickzackkurs über den Grund rasen oder hektisch geführten Twitchbaits, die auf der Horizontalebene ausbrechen, ist das Jig-Twitchen eine der besten Methoden

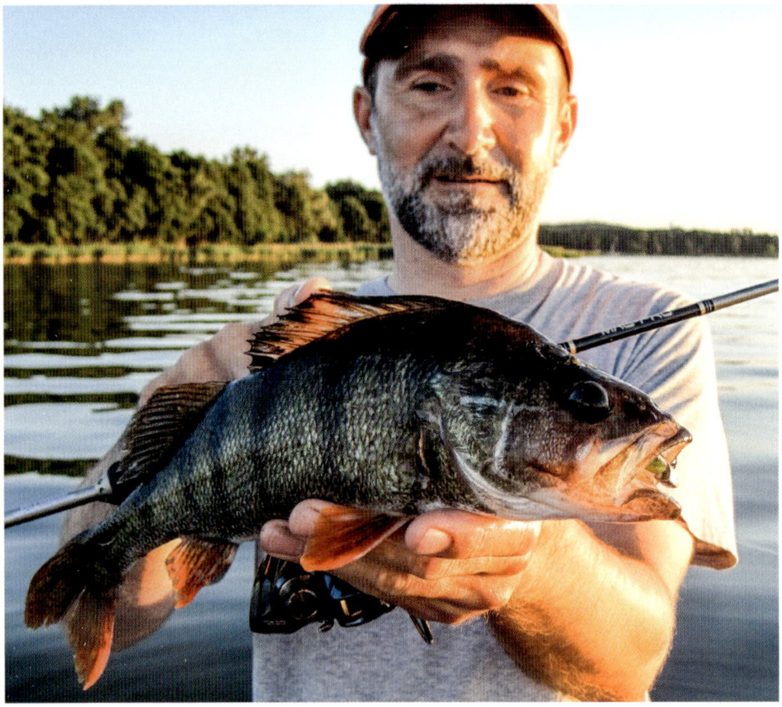

▸▸▸ **Wenn die Schwarte richtig glänzt, fängt man mit den kleinen Beakheads und einem Mini-No-Action-Shad oft schöne Barsche. Hier leider ein »Stachelflossenverweigerer«.**

fürs Flachwasserangeln. Hier fallen die Bisse noch ein bisschen drastischer aus. Der unregelmäßige und aggressive Köderlauf gibt den Barschen einen Zusatzkick. Nicht nur dass die Bisse härter kommen, oft fängt man auch eindeutig mehr, wenn der Köder wie ein tollwütiger Komantschenpfeil durchs Wasser pfeift.

Das Schöne am Sommer ist, dass man einigermaßen zuversichtlich sein kann, dass es im Flachwasser klappert. Zumindest in der Dämmerung fallen die Barsche regelmäßig in die seichten Areale ein. Wenn sie die Sauerstoffarmut in den tieferen Wasserschichten nicht sogar dauerhaft ins Flache zwingt, lockt das Futterfischangebot im Uferbereich oder auf den Plateaus zum Frühstücks- und Abend-Büffet. Ein bisschen Kraut darf sein. Oder ein paar Muscheln oder Steine. Dann findet man früher oder später auch die Barsche.

Von meinen Schweizer Kumpels habe ich aber gelernt, dass man mit dieser Köder-Bleikopf-Kombination auch sehr gut in extremen Wassertiefen fängt. Die Jungs müssen die Barsche in ihren tiefen Bergseen oft im Bereich von 10 bis 20 Metern anfischen. Manchmal im Freiwasser, manchmal am Grund. Um einen 7-Gramm-Jig auf 20 Meter herunterzuschicken, braucht man etwas Geduld. Allerdings kommen auch oft Bisse im Freiwasser, wenn man nicht damit rechnet. Das liegt daran, dass die Spezial-Jigs nicht senkrecht nach unten sausen, sondern Schleifen drehen. Insofern ist auch die Absinkphase spannend. Und wenn's am Grund scheppert, hat sich die kleine Verschnaufpause ja auch gelohnt.

Natürlich fangen die Twitch-Jigs auch zwischen diesen beiden Extremen. Der Brandenburger Barsch auf dem ersten Foto zu diesem Kapitel kam zum Beispiel auf 5 Metern an einem Tag, an dem die Barsche eindeutig besser auf eine hektische Führung angesprungen sind. Wie heißt es so schön? »Versuch macht kluch.« Die Variante sollte man auf jeden Fall in petto haben.

DEAD STICKING: »ANSITZ« MIT KUNSTKÖDERN

Wenn die Barsche nicht auf bewegte Köder reagieren, gibt's noch eine letzte Lösung. Im Fachjargon heißt sie »Dead Sticking« und bezeichnet das Angeln mit stationär angebotenen Kunstködern, die man von den Fischen abholen lässt.

Dass Barsche bewegte Köder verweigern, kommt leider öfter vor, als uns das lieb ist. Doch wenn man bis an die Geduldsschmerzgrenze geht und die Köder einfach an bewährten Raubfisch-Spots liegen lässt, kann man manchmal zumindest noch ein paar einzelne Fische herauskitzeln und gelegentlich auch richtig abräumen.

Aber auch wenn's gut beißt, kann ich nur empfehlen, mal zu überprüfen, ob die Barsche den Köder nicht auch in der Ablage nehmen. Weil man sich nur noch auf den Moment des Zupackens konzentriert und nicht auf die Köderführung, empfinde ich die Bisse noch viel intensiver und kann sie noch mehr abfeiern als sowieso schon.

Der Donau-Barsch-Thriller

Bei einer Ködervorführung im glasklaren Wasser der stark verkrauteten Alten Donau zu Wien hatte ich mal ein Schlüsselerlebnis, das mich von der Fängigkeit regungsloser Köder überzeugt hat. Nach einem Regenschauer legten die beteiligten Teamangler wieder los und fingen auch den einen oder anderen Barsch. Ich hatte mir die feinste Demo-Rute geschnappt und einen kleinen Jig mit zwei Fluorocarbon-Weedguards aus der Box gefummelt. Der extrem leichte Kopf sollte einen kleinen 2-Inch-Minnow ins Rennen schicken. Das Ganze sah dann mehr aus wie eine Larve mit zwei Fühlern als ein kleines Fischchen.

Der erste Eindruck beim Vertikalfall vor dem Steg war durchaus überzeugend. Am UL-Jig trudelt der kleine No-Action-Shad eine Kreiselbewegung beschreibend gerade in der richtigen Geschwin-

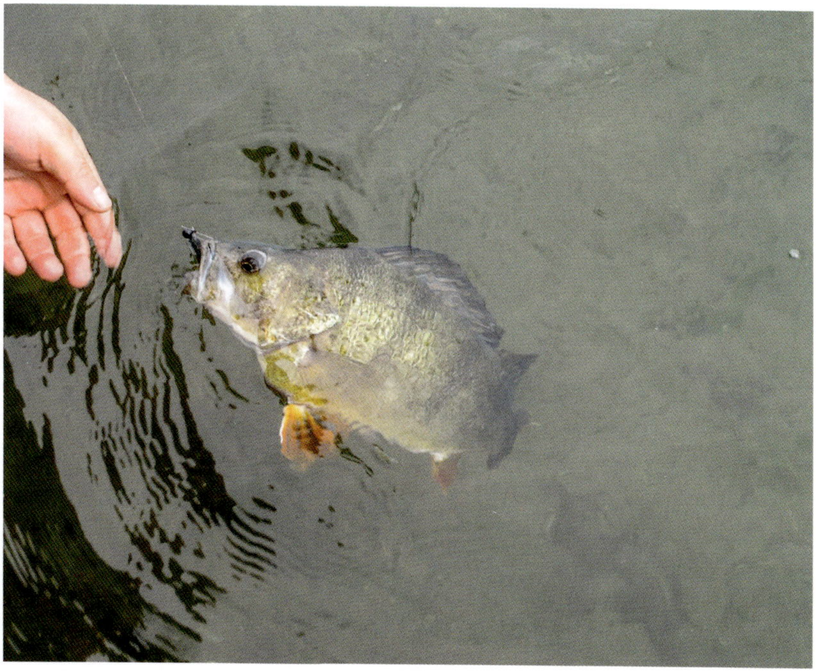

▶▶▶ **Der Donau-Thriller-Barsch ganz kurz vorm Ziel.**

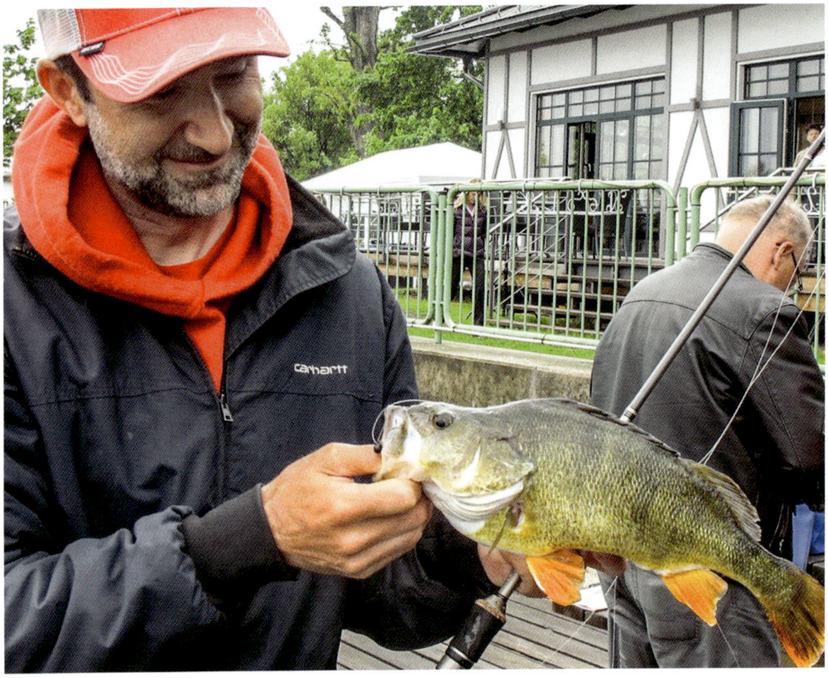

▶▶▶ Da strahlt er mal wieder über beide Backen.

digkeit zum Flachwasserangeln zum Grund. Das konnte ich vor meinen Füßen schön beobachten. Ich befand mich noch in der Testphase und warf den Köder nur ein paar Meter raus, um mir anzuschauen, wie sich der No-Action-Shad an diesem Köpfchen am schönsten bewegt.

Zur Steigerung der Spannung schalten wir um ins Jetzt, Präsens: Der Köder ist nur etwa 3 Meter von mir entfernt. Da nehme ich einen Schatten wahr – rund einen Meter hinter dem gehörnten Minnow. Ich zupfe ganz leicht an. Der Schatten nähert sich und manifestiert sich als guter Barsch. Er steht nun 50 Zentimeter hinter meinem Köder. Ich habe nicht mehr viel Raum zwischen Köder und Steg, was mich dazu zwingt, das Tempo zu drosseln. Mehr noch: Ich mache einfach mal gar nichts. Der Jig liegt jetzt schon etwa 5 Sekunden da. Da kommt der Barsch plötzlich heran, schiebt sich ganz langsam vorwärts. Dann sind es noch 30 Zentimeter. Noch 20 Zentimeter. Ich zittere ein bisschen an der Schnur. Noch 10 Zentimeter. 2 Zentimeter. Alles in Zeitlupe. Der Barsch stupst den Köder vorsichtig an. Ich mache immer noch nichts. Und er? Er saugt ihn an.

Deadsticking auf Sicht! Das hatte ich noch nicht so oft. Umso schöner, dass der Anhieb dann auch sitzt. Und dass da eine Leiter am Steg war, die mein Kollege Veit erklimmen konnte, um den Fisch für mich zu landen. Diesen Barsch hätte ich niemals gefangen, wenn ich den Köder regulär durchgejiggt hätte. Kein Wunder also, dass ich ganz gern mal abwarte, ob sich da nicht ein Verfolger zum Zupacken entschließt, wenn ich den Köder liegen lasse.

Deadsticking-Präsentation

Der beste Einstieg ins Dead Sticking ist vermutlich, den Gummifisch zwischen den Zupfern einfach ein bisschen länger liegen zu lassen. Dabei können die Bisse wie gewohnt in der Absinkphase kommen oder eben, wenn der Köder liegt. Kommen die Bisse schwerpunktmäßig auf den liegenden Köder, schafft das

das nötige Vertrauen in die Methode und man kann die Vorgehensweise intensivieren.

Auf weichem Untergrund verwende ich dazu am liebsten Rundköpfe, an denen der Gummifisch senkrecht abstürzt. So weist das Schwänzchen nach oben. Der Köder wird so leichter entdeckt und kann auch einfacher angesogen werden.

Auf hartem Grund sind Stand-Up- oder Tip-Up-Köpfe besser, weil sie das Köderende ein bisschen vom Boden weghalten. Football-Jigs garantieren auch in leichter Strömung, dass der Haken immer nach oben steht.

Alternative Deadsticking-Systeme

Die »Do-nothing«-Präsentation ist nicht exklusiv für Gummis am Jig reserviert. Das Ansitzen mit Gummis funktioniert auch mit Rubber-Jigs, die sich besonders gut zum Dead Sticking eigenen, weil die Gummi-Tentakeln in der Strömung spielen, wenn man einen Fransen-Jig einfach liegen lässt. Auch wenn Fische den Köder anhauchen oder dicht an ihm vorbeischwimmen kommt Bewegung ins Fransenkleid.

Unbewegt fangen kann man auch mit dem Texas-Rig. An der Durchlaufmontage kann der Barsch fast widerstandslos mit dem Köder abziehen. Die subtilste Art des Dead Sticking ist es, einen Wacky-Wurm ohne zusätzliche Gewichte anzubieten. Hier spürt der Fisch überhaupt keinen Widerstand. Das Dropshot-System hält den Köder zuverlässig am Punkt. An gespannter Schnur kann man ihn kurz über dem Grund halten und dann in Zeitlupe zu Boden trudeln lassen. Oft bekommt man Bisse, wenn man den Köder jetzt eine Weile liegen lässt.

Aromaköder klar im Vorteil

Unbewegte Köder können die Fische lange beschnuppern. Da überzeugt es natürlich, wenn das Imitat nach Original riecht. Deshalb setze ich bei dieser Angelart verstärkt auf Aromaköder und verwende zum Beispiel gern einen reins- oder Keitech-Flavourbait als Trailer für den Franzen-Jig, gesalzene Wacky-Würste, geflavourte Drop-shot-Würmer und Texas-Krebse. Außerdem habe ich immer ein bisschen Lockpaste dabei, mit der ich zusätzlichen Geschmack und Geruch auftrage.

Bisserkennung

Manchmal kommen die Bisse extrem hart, manchmal aber auch ziemlich subtil und kaum über die Rute wahrnehmbar. Im Stillwasser dient uns die Schnur als Bissanzeiger: Wenn wir die Rutenspitze aufs Wasser richten und einen kleinen Schnurbauch lassen, können wir die Einstichstelle der Schnur ins Wasser beobachten. Sobald sich diese verschiebt – und wenn es nur ein kleines bisschen ist – hat sich ein Fisch den Köder geschnappt. Jetzt wird es Zeit für einen Anschlag.

Im Fließgewässer ist es von Vorteil, wenn man so viel Schnur wie möglich aus dem Wasser bringt, um den Kontakt zum Köder aufrecht zu erhalten. Die Rutenspitze weist dann recht steil nach oben. Eine dünne Schnur wird von Wind und Strömung weniger stark erfasst als eine dicke.

FINESSE-FISHING

Unter dem Label »Finesse-Methoden« fasse ich hier mal alles zusammen, was mit feinem Gerät, ausgeklügelten Montagen und Softbaits zu tun hat. Man muss den Amerikanern und Japanern wirklich extrem dankbar dafür sein, dass sie sich gleich eine ganze Batterie an fängigen Systemen und tonnenweise auf die Montagen zugeschnittene Köderformen haben einfallen lassen. Man mag es sich nicht vorstellen, wie traurig das Barschangeln ohne Dropshot-, Texas- oder Carolina-Rig wäre – von Rubberjigs ganz zu schweigen.

Die verschiedenen Rigs eröffnen so viele Möglichkeiten, dass man niemals »fertig« ist. So kann das Angeln niemals langweilig werden. Selbst wenn's schlecht beißt, hat man immer noch genug zu tun. Und vor allem auch zu verarbeiten. Jeder Angeltag wartet mit neuen Inspirationen auf, die man in Rig-Modifikationen übersetzen kann. Schon kleine Veränderungen der Vorfachlänge oder das Auswechseln eines Kleinteils können extreme Unterschiede in der Köder-Performance bedeuten. Oder auch in der Bissverwertung.

» VIDEO: **Barsch-Test: Welches Rig fängt am besten?**

Sicher kann man es auch übertreiben. Wenn man mehr bastelt als fischt, dann läuft da etwas schief. Deshalb versuche ich neben den vielen kleinen Tipps auch gleich ein paar konkrete Anwendungsgebiete mitzuliefern. Wohl wissend, dass auch ich noch verdammt viel lernen kann.

DROPSHOT-RIG: DIE »EINSTIEGSDROGE«

Das einigermaßen schnelle Aufgreifen der Dropshot-Technik habe ich meiner Website zu verdanken. Im Barsch-Alarm-Forum trieben sich schon im Jahr 2003 viele Freaks herum. Unter anderem ist ein Ami namens Douglas über die Domain gestolpert, hat sich ein bisschen bei uns eingelesen und mir fette Schwarzbarsche für die Fotogalerie geschickt. Schnell entstand eine Mailfreundschaft. Wir schrieben hin und her. Es sollte sich herausstellen, dass

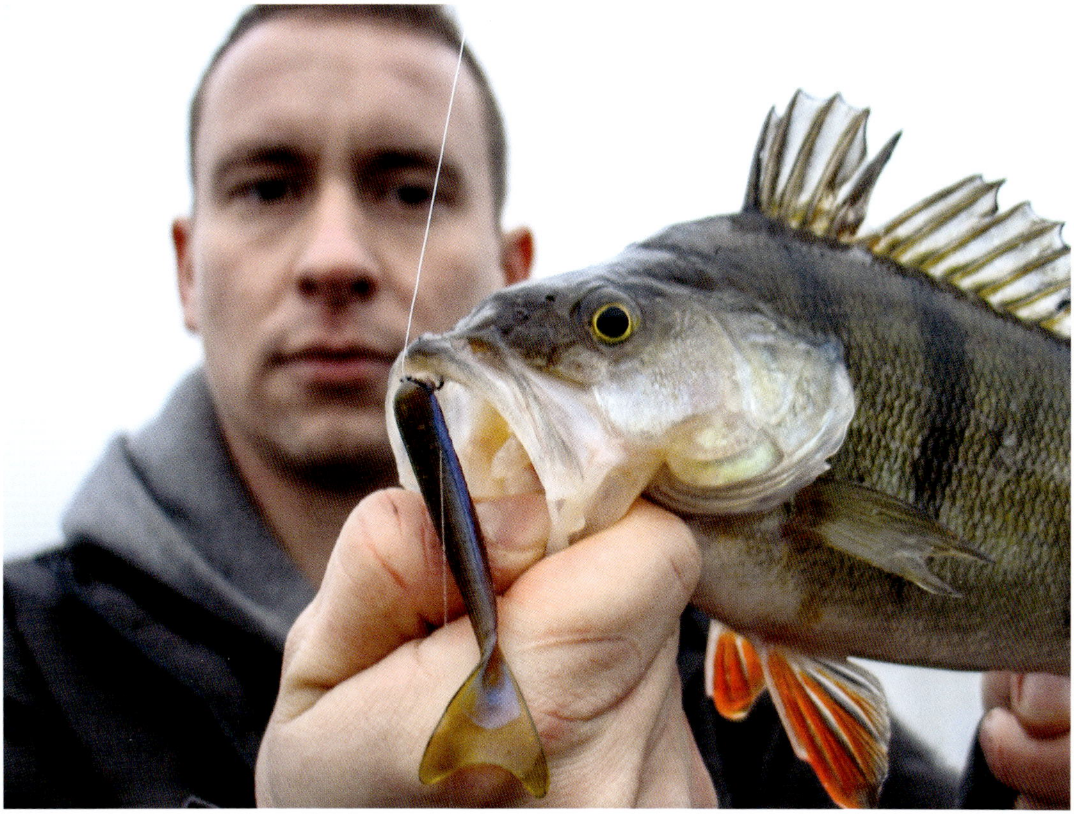

►►► **Felix mit einem unserer ersten Dropshot-Havel-Barsche. Er ging auf einen anis-geflavourten Drag-On Bait. Die Marke gibt's inzwischen nicht mehr. Schade eigentlich. Aber wir haben ja inzwischen genug Alternativen.**

Douglas eine eigene Gummigießerei betreibt. Sein Label hieß »DRAG-ON BAITS«. Spezialität waren Krebse, Curly Tail-Würmer, Creatures und Dropshot-Minnows. Als ich ihm sagte, dass die Leute hier kaum mit solchen Ködern fischen, konnte er es kaum glauben. Er versprach mir, ein Paket zu schicken und ein paar Bedienungsanleitungen aus dem Internet beizulegen.

Wenig später konnte ich den Grundstock meines Finesse-Flavourbait-Arsenals begutachten. Fischen leider nicht. Es war Schonzeit in Berlin. Aber die Dinger sahen schon gut aus. Komische Formen zwar – aber tolle Farben und extrem »stinky« (Knoblauch, Baitfish, Krebs und Anis).

In einer kleinen Meldung über die neue deutsch-amerikanische Barschfreundschaft schrieb ich auf dem Barsch-Alarm: »Zwar haben wir vom Carolina-, Dropshot- oder Splitshot-Rig schon gehört, gefischt haben wir mit solchen Systemen aber noch nicht – zumindest nicht in amerikanischer Reinkultur. Das wird sich mit dem Ende der Schonzeit ändern. Damit Ihr auch gleich mal was Neues anchecken könnt, wenn es wieder losgeht, möchten wir Euch in der nächsten Zeit das eine oder andere amerikanische System vorstellen, seine Vorzüge behandeln und schon mal die eine oder andere Prognose über eventuelle Einsatzgebiete wagen.«

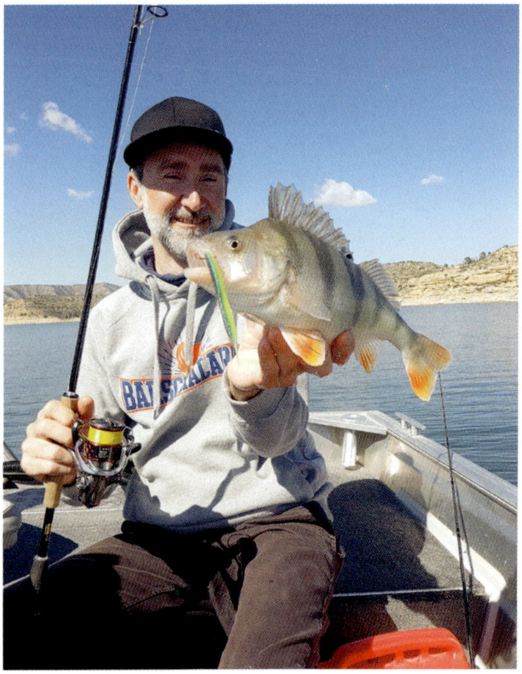

▶▶▶ **Was ein wunderschöner Barsch, der sich im trüben Wasser an der Kante zu einem Plateau auf einen grellen Sexy Impact gestürzt hat.**

Ich studierte Douglas‘ Anleitungen und recherchierte im Netz zu den Themen Texas-Rig, Carolina-Rig und vor allem Dropshot-Rig. Letzteres war wohl der »hot shit« in den USA, wenn man Douglas Glauben schenken mochte. Wenig später stand eine der ersten deutschsprachigen Übersichten über die US-Finesse-Rigs im Netz.

Irgendwann war die Schonzeit dann vorbei. Zunächst hat mich vor allem das Dropshot-Rig überzeugt. Im RAUBFISCH 4/2003 erschien dann schon eine etwas präzisere Version der Barsch-Alarm-Rig-Auflistung. Fortan hatte ich auf den Hausmessen, zu denen mich Pure Fishing schickte, ein brandheißes Thema. So richtiger Drive kam aber erst mit einem Video in die Dropshot-Sache, das ich am Lake Caspe mit Jimmy Warren, einem Wettkampfangler und Guide, gedreht hatte.

Fortan war das Rig auf dem Barsch-Alarm in aller Munde. Ich bekam Mails und Nachrichten mit Tackle- und Köderfragen. Meine Kumpels und ich entwickelten uns zu immer besseren Dropshottern, indem wir das System auf unsere Bedürfnisse zurechtschnitten. Als hauptamtliche Uferangler (damals hatte ich noch kein eigenes Boot) fingen wir mit langen Ruten an, verwendeten Geflecht statt Mono, knüpften 1,5 Meter lange FC-Vorfächer an die Hauptschnur und banden den Haken etwas höher an, als von den Amis empfohlen, um bei Weitwürfen ein bisschen an Höhe zu gewinnen.

Angeheizt wurde der Dropshot-Hype natürlich auch von anderen Anglern. Allen voran Hiroshi Takahashi, der damals für Illex angelte und die Crosstails zu dem Dropshot-Köder schlechthin machte. An den gesalzenen Würmern mit dem Flatterschwanz kam niemand mehr vorbei, der es ernst meinte mit dem Dropshotten. Jetzt war die Welle nicht mehr aufzuhalten. Wer's an einem guten Tag ausprobierte, hat auch gefangen. An manchen Tagen sogar mehr als die Kollegen mit dem Gummifisch am Bleikopf. So gesehen ist es das Dropshot-Rig, das den anderen Finesse-Montagen den Weg bereitet hat.

Naturgemäß hat nicht jeder das Glück, an einem guten Barschgewässer zu wohnen. Auch das Dropshot-Rig kann mal einen schlechten Tag erwischen. Und so habe ich in den Angelläden und im Internet immer wieder Stimmen vernommen, die meinten, dass sie es versucht haben, aber noch nie einen Fisch beim Dropshotten gefangen haben. Das darf nicht sein! Das kann nur am mangelnden Vertrauen liegen. Vor allem wenn es darum geht, grundnah stehende und relativ passive Fische zum Biss zu überreden, ist diese Montage unschlagbar. Ob man ihn nun auf der Stelle tanzen lässt oder über den Grund jiggt – irgendwann muss es zwangsläufig klingeln.

Kurzum: Das Dropshot-Rig ist zur Standard-Montage geworden. Wann immer ein System funktioniert, wird daran getüftelt. Und so hat sich auch in Sachen Dropshot-Rig viel getan seit seiner »Einführung« in Deutschland. Ich versuche einmal, den Stand der Dinge abzubilden.

Die Dropshot-Montage

Am Grundaufbau hat sich nichts geändert: Am Ende des Vorfachs sitzt ein Blei, darüber der Haken. Doch schon beim Anknoten des Hakens fangen die Verbesserungen an. Hat man ihn früher via Palomarknoten befestigt, bei dem man nie wusste, ob der Haken nach dem Einbinden nach oben oder nach unten zeigt, nutzen alle meine dropshottenden Bekannten inzwischen einen ganz einfachen Knoten. Dieser ähnelt dem Springerknoten. Der Haken wird mit nach oben weisender Spitze auf die Schnur gefädelt und an der Position fixiert, an der er später sitzen soll. Es folgt ein Überschlag. Dann dreht man den Haken 3- bis 4-mal über beide Schnüre durch die Schlaufe, zieht das Ganze zusammen. Fertig. Der Haken steht nun ganz sauber im 90 Grad-Winkel zum Vorfach.

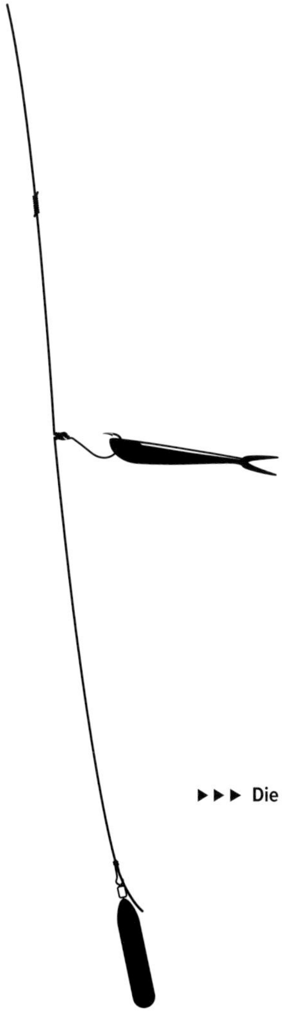

►►► Die Dropshot-Montage.

Die optimale Dropshot-Vorfachlänge

Viel wird auch über den Abstand von Haken und Blei diskutiert. Beim Vertikalangeln ist klar: Der Abstand von Haken zu Blei entspricht beim Grundkontakt dem Abstand vom Boden zum Köder. Stehen die Fische also 50 Zentimeter über dem Grund, macht es Sinn, den Haken entsprechend einen halben Meter über dem Blei anzubringen.

Aber schon eine leichte Drift kann das Geschehen in die Diagonale verschieben. Das kann man mit dem Hochrücken des Hakens noch korrigieren. Wenn man allerdings 50 Meter weit wirft, ist es fast egal, ob der Köder nun 30, 50 oder 70 Zentimeter über dem Blei sitzt – er wird so oder so nur knapp über dem Grund arbeiten. Will man ihn höher anbieten, müsste man mit größeren Abständen, langen Ruten und eigentlich auch mit Auftriebskörpern arbeiten. Hier sind Tüftler herausgefordert.

Ich fische beim Diagonalangeln (Wurf-Dropshotten) fast immer mit einem Abstand von 40 bis 60 Zentimeter und stelle dabei eigentlich keinen Unterschied fest. Meiner Meinung nach wirkt sich die Vorfachlänge nur dann aufs Fangergebnis aus, wenn die Fische ganz »press«

am Grund stehen. Wenn man jetzt auf 20 Zentimeter runter geht, kann es sein, dass man den einen oder anderen Fisch mehr herauskitzelt.

DS-Variante I: Seitenarm-Montage

Den 3 bis 10 Zentimeter langen Seitenarm verwendet man, wenn man viele Fehlbisse bekommt oder wenn man erreichen will, dass der Köder lebhafter in der Strömung spielt. Damit er schön absteht, sollte man die kurze Mundschnur steifer wählen als das Restvorfach.

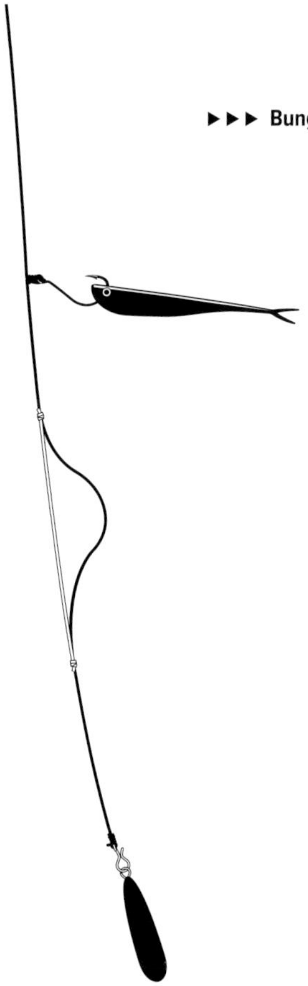

▸▸▸ Bungee-Dropshot

DS-Variante II: Bungee-Dropshot

Das Bungee-Dropshot, bei dem ober- und unterhalb des Köders ein Gummizug angebracht ist, lässt den Köder lebhaft auf der Stelle wackeln, wenn man mit der Rutenspitze zuppelt. Das funktioniert vertikal und diagonal (also geworfen).

DS-Variante III: Jig-Dropshot

Manchmal kassiert man satte Bisse aufs Dropshot-Rig, die man auch hier am besten direkt mit einem Anschlag pariert und trotzdem hängt der Fisch nicht. Wenn man dann die Montage anschaut, sieht man die Zahnabdrücke eines Zanders auf dem Blei. Sogar die Bissspuren von Barschen lassen sich nach zahlreichen Blei-Attacken identifizieren. Offensichtlich wollen diese Fische dann einen liegenden Köder. Man kann sie ganz einfach abholen, indem man das DS-Weight gegen einen Gummifisch am Bleikopf austauscht. Man wird sich wundern, wie viele Fische auf den passiven Jig beißen. (Siehe Kapitel »Dead Sticking«)

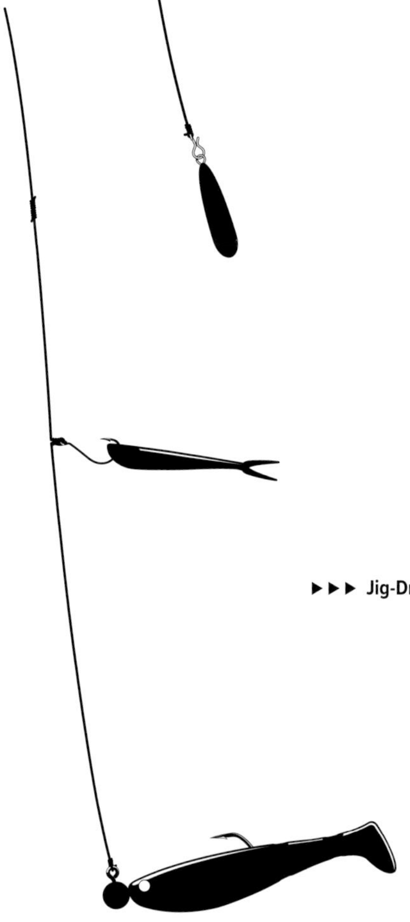

▸▸▸ Jig-Dropshot

DS-Variante IV: Dropshot-Hegene

Persönlich fische ich nur ungern mit mehr als einem Köder. Köderketten sind immer etwas schwerfällig und neigen außerdem dazu, die Schnur zu verdrallen. Außerdem drille ich gerne einen Fisch nach dem anderen. Manchmal kann es aber trotzdem sinnvoll sein, einen ganzen

►►► Da kommt sie hoch die Dropshot-Murmel. Klares Wasser? Wakasagi! Ist doch klar. (Im Ernst: Das ist eine sehr geniale Farbe.)

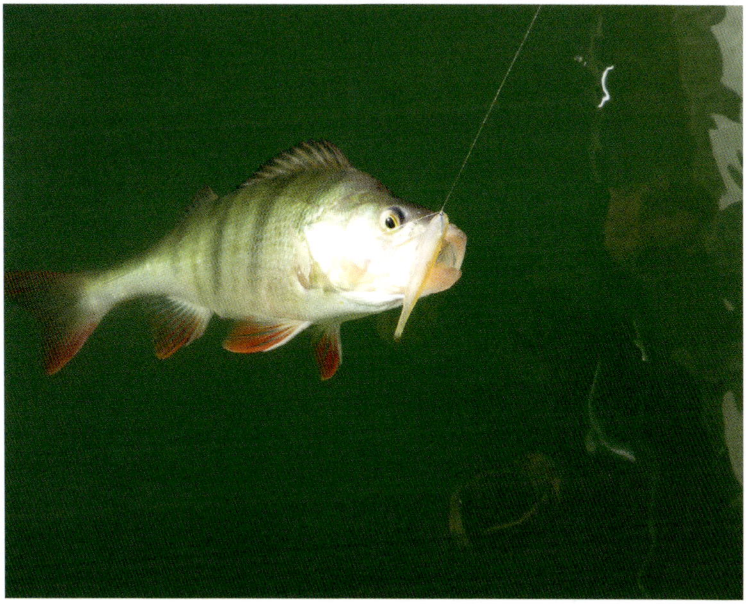

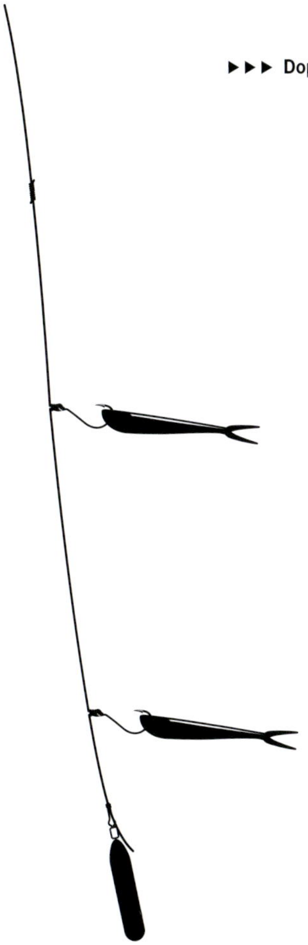

►►► Doppel-Dropshot

Köderschwarm ins Rennen zu schicken. Der motiviert die Barsche oft stärker als ein Einzelköder, unser Angebot anzuschwimmen, weil so zumindest ein paar Schwarmmitglieder etwas von der Beute abbekommen. Außerdem spricht man den Futterneider im Schwarmfisch an.

Dropshot-Rig = Kleinbarsch-Rig?

Oft wird moniert, dass das Dropshot-Rig nichts für große Fische ist, weil das Blei am Boden schabt und man die vorsichtigen und mit allen Wassern gewaschenen Großfische so vergrämt. Andere sind der Meinung, dass Großbarsche so schlau sind, dass sie nur mit schnellen Ködern überlistet werden können. Am Ruf als Kleinfisch-Rig ist meines Erachtens aber nicht das Rig an sich schuld. Es ist ja nicht die Montage, welche die Ködergröße bestimmt. Es sind immer die Angler. Man sieht eben selten Angler, die das Rig mit ähnlich großen Ködern bestücken wie einen Bleikopf, wenn sie gezielt dicke Barsche fangen wollen. Dadurch, dass die Fische den Köder widerstandslos ansaugen können, ist das DS-Rig aber eigentlich prädestiniert, mit längeren Ködern garniert zu werden.

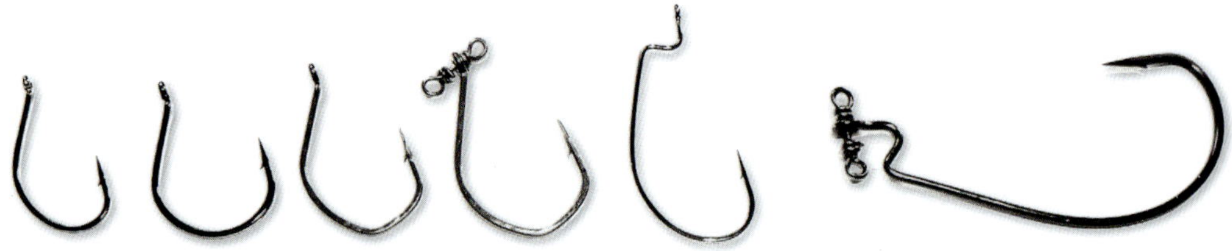

▶▶▶ Ein paar probate Dropshot-Haken. Nur den mit der Spirale mag ich nicht so.

Dropshot-Haken

Kleine Köder werden mit Finesse-Haken gefischt. Das sind besonders dünndrahtige Haken mit wenig Gewicht, die den Köder nicht zu schnell zum Grund ziehen, wenn man ihn an schlaffer Leine absacken lässt. Noch wichtiger als das Hakengewicht sind Schenkellänge und Bogenweite.

Um kleine Köder ein bisschen auf Abstand zu halten, nimmt man meines Erachtens am besten einen scharfen und nicht zu dicken Haken. (Z.B. den Shot Rig Worm10 von Decoy.) Für Köder mit einer dicken Nase verwendet man am besten Haken mit einem weiten Bogen, damit die Hakenspitze sauber fassen kann und nicht vom Gummi abgedeckt wird (Worm23 Body Hook von Decoy).

Von den Systemen mit zusätzlichen Wirbeln gegen Drall halte ich nicht besonders viel. Da ist mir einfach zu viel Draht drum herum. Subtil ist jedenfalls anders, auch wenn diese Konstruktion den Drall etwas rausnimmt.

Kleine Offset-Haken wie der Decoy S.S. Finesse Hook Worm 19 (Größen 6 bis 1) halten kleine Köder noch ein bisschen weiter von der Schnur weg, wenn man sie via Nosehooking anbringt, und können dazu beitragen, Fehlbisse zu vermeiden. Widegap-Offsets haben außerdem einen größeren Bogen und taugen deshalb auch besonders gut, für »dicknasige« Köder.

Anköderungsvarianten

Aufziehen: Das Aufziehen des Köders auf den Haken ist die unauffälligste Anköderungsvariante. Mit ihr kann man auch kleine Köder mit einem großen Haken ausstatten. Allerdings leiert der Führungskanal besonders bei weichen Ködern schnell aus, so dass sie nach ein paar Fischen nur noch »schepps« am Haken hängen. Außerdem stoßen die Barsche schnell mit dem Mund an die Schnur, was den einen oder anderen Fehlbiss zur Folge haben könnte.

Nosehooking: Kleine und schlanke Köder befestigt man allgemein am besten via Lippenköderung (»Nosehooking«) am Haken. So spielen sie am lebendigsten. Weiche Gummis (wie den Easy Shiner von Keitech) kann man vor dem Anziehen schützen, indem man sie vor dem Nosehooking noch mit einem Hitching Post oder einem Final Keeper ausstattet.

Offset-Anköderung: Natürlich kann man auch kleine Köder offset anködern, wenn man den Haken verstecken will, um besser vor Kraut geschützt zu sein oder weil man den Haken vor den Fischen verbergen will. Man muss nur wissen, dass man weichen Ködern das Spiel (und damit einen ihrer wesentlichen Produktvorteile) raubt, indem man ihnen eine Achse einbaut. Bei harten Ködern wie dem Hellgie, der primär über seine Farben, Fühler und

Beinchen reizt, ändert sich am Köderspiel durch den Offset-Haken aber fast nichts. Ich fische Würmer bis 4,5" am normalen Einzelhaken und Shads bis 4". Mit beiden Haken kann man meines Erachtens 4,5"anködern. Alles, was größer ist, kommt bei mir auf einen Offset-Haken, der den Köder dann ein bisschen stützt und die Horizontallage fördert.

Wacky-Anköderung: Wenn man die Absinkphase verlängern will und der Köder ein bisschen mehr Druck machen und intensiver wackeln soll, kann man ihn auch quer – also wacky – auf den Haken stecken. Wenn ich ehrlich bin, mache ich das aber relativ selten.

Dropshot-Bleie

Der Klassiker sind Stabbleie mit einer Klemmvorrichtung, die man auf dem Vorfach verschieben kann, um mit dem Abstand des Köders über dem Blei zu experimentieren – in die Bleie ist ein Line-Grip-Swivel eingegossen. Wie im Absatz über die Vorfachlänge erwähnt, macht das aber eigentlich nur beim Vertikalangeln so richtig Sinn. Sprich: Man kann auch mit einer herkömmlichen Bleibirne erfolgreich dropshotten.

Zu den Bleiformen: Das Stabblei hat den Vorteil, dass es nach dem leichten Anheben wieder abkippt, so dass es noch zusätzliches Spiel in den Köder bringt. Das mag beim Vertikalangeln und beim Angeln auf kurze Distanz tatsächlich etwas bewirken. Sobald der Köder aber mal mehr als 20 Meter draußen ist, glaube ich nicht mehr an diesen Effekt und dann ist mir die Form auch weitestgehend egal. Runde DS-Bleie wirbeln beim vertikalen Auftocken mehr Sediment auf. Das mag für Vertikalangler von Nutzen sein. So eine Staubwolke hat schon so manchen Barsch inspiriert. Für den Wurfangler ist das aber uninteressant. Er wird gegebenenfalls auf die Birne setzen, weil die am weitesten fliegt.

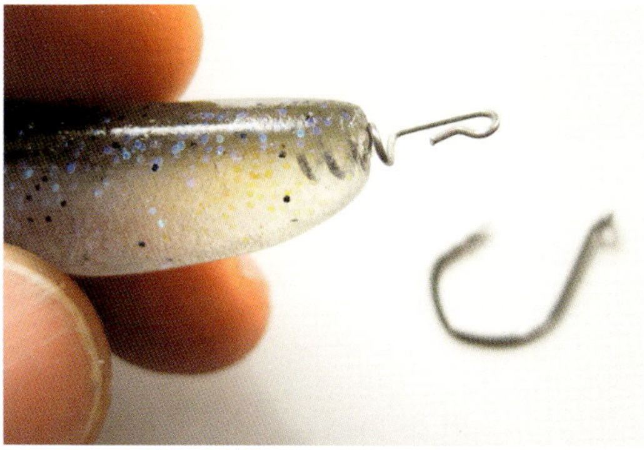

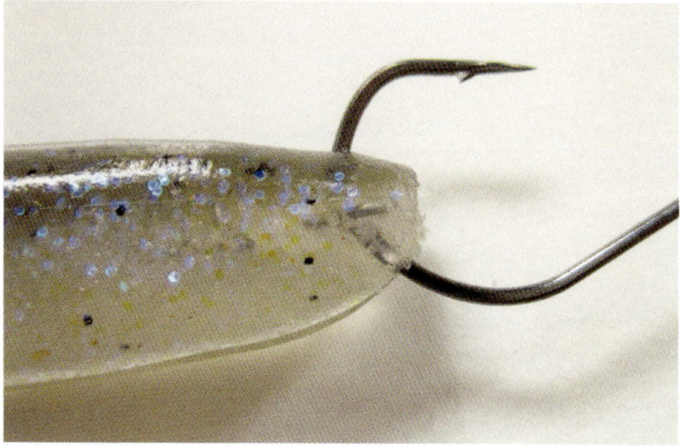

▶▶▶ **Mit einem Hitching-Post von Do-It sitzt der Shiner sicher am Haken.**

Wer dick im Hänger angelt, nimmt am besten fette Bleischrote und klemmt diese in der Hoffnung aufs Vorfach, dass sich diese abziehen, wenn sie zwischen Steine oder Holz geraten, so dass die Montage erhalten bleibt. Wer auch mit dem DS-Rig knallen will, schiebt ein Tungsten-Weight aufs Vorfach unter den Haken, dann eine Glasperle und schließt das Ganze zum Beispiel mit einem kleinen Wirbel oder einem O-Ring aus der Boilie-Fischerei ab.

Apropos Tungsten (zu Deutsch Wolfram). Natürlich gibt's auch Dropshot-Weights aus Tungsten. Die fallen bei gleichem Gewicht kleiner aus, fliegen also etwas weiter und sind zudem auch unauffälliger. Die sollte man aber nur nehmen, wenn man seine Angelplätze kennt – denn Tungsten-DS-Weights sind teure Luxus-Artikel.

Top-Dropshot-Köder
Genauso wie das Rig keine Ködergröße vorgibt, lässt es auch in Sachen Köderform alle Optionen zu. Ob No-Action-Shad, Finesse-Wurm, Curly Tail, Creature, Krebs, Action-Shad oder Twister – man kann so ziemlich alles dropshotten, was die Gummitheken hergeben. Für alle Dropshot-Einsteiger habe ich hier eine Übersicht über unverzichtbare Köder-Klassiker aufbereitet – eine Kurzbeschreibung inklusive. Das mache ich nur in diesem Kapitel, weil uns viele Köder in den folgenden Finesse-Kapiteln wieder begegnen und die Leser, die die Gummis nicht kennen, sicher etwas über die spezifischen Vorzüge wissen wollen.

No Action-Shads
Sexy Impact: Der Shad mit dem Stachel am abgeflachten Schwanzteil macht sie oft richtig verrückt. Barsche stehen eben auf Detaillösungen wie diesen Zitter-Dorn.

Lunker City Fin-S: Der Klassiker schlechthin. Super Farben. Super Mische. Viele Größen.

Keitech Shad Impact: Pintail statt V-Tail. Mit dem bewährten Keitech-Tintenfisch-Aroma. Tolle Farben. Absoluter Must-Have-Köder – nicht nur zum Dropshotten. Aber ohne Shad Impact, gehe ich tatsächlich nur sehr selten dropshotten.

Action-Shads & Action Würmer
reins Bubbling Shad in 3“ und 4“: Ein schlanker Gummifisch mit Rippen, den man gut nachflavourn kann. Er ist extrem elastisch. Tolle Farben. Ein Weltklasse-Köder für fast alle Rigs.

reins Rockvibe Shad: Der Rockvibe Shad ist ein echter Allrounder. Am Jig flattert der kleine Hammerschwanz heftig. Am DS-Rig tut er das nicht. Hier wippt er auf der Längsachse. Farben und Form machen ihn zu einem Top DS-Köder.

Keitech Easy Shiner: Mit Vorsicht zu genießen, weil er echt schnell zerledert wird. Wenn's aber schwer wird, die Fische zu überzeugen, dann ist der Easy Shiner oft die richtige Lösung.

Keitech Swing Impact: Hochflexibler und geflavourter Wurmkörper mit Schaufelschwanz. Der gehört eh in jede Köderbox.

Curly Tails & Twister
reins G Tail Saturn: Der Curly Wurm mit den Rippen ist ein absolutes Muss und aus meiner Angelei nicht mehr wegzudenken.

reins Fat G Tail Grub: Der Übertwister für mich. Schon aufgrund seines Aromas nahezu unschlagbar. Geheimfarbe? Green Pumpkin!

Finesse Worms
Keitech Live Impact: Sehr geile Farben. Muss man auch haben als Dropshotter, zumal er sich an fast allen Rigs anbieten lässt und immer dann eine tolle Option ist, wenn die Fische feine Köder bevorzugen.

reins Bubblin' Shaker: Ein total cooler Köder, der sich erst verjüngt, dann wieder dicker wird und dann in einen Pintail ausläuft. Geniales Konzept, weil der hintere Knubbel so schön ausschlägt und der Pintail umso aktiver schwingt.

Z-Man Finesse WormZ: Z-Man Gummis sind weichmacherfrei. Sie vertragen sich nicht mit anderen Gummi (deshalb getrennt lagern). Durch ihren Auftrieb kann man besonders schön mit diesem schlanken Wurm spielen.

Creatures
Lunker City Hellgies: Ohne Hellgies sollte man nicht dropshotten gehen. Super Mische. Tolle Farben. Fühler. Beine. Da stehen die Barsche drauf. Gibt's als Mini in 1,5 Inch und als 3 Incher.

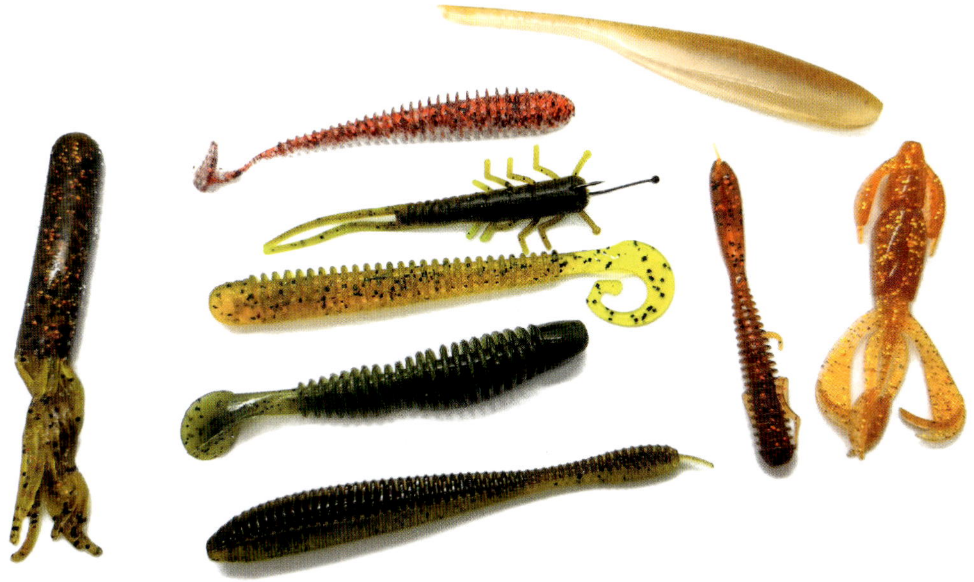

▶▶▶ Eine illustre Auswahl an Dropshot-Ködern, die ganz vorne bei mir stehen: G Tail Saturn, Hellgie, Hog Impact, Crazy Flapper, Z-Man TubeZ, Bubbling Shaker, Shad Impact, Swing Impact und Bubbling Shad.

Keitech Hog Impact: Auch der Hog Impact imitiert eine Libellenfliegenlarve. Im Gegensatz zum Hellgie ist er geflavourt und weicher.

Krebse

reins Ring Claw: Die Scheren treiben hier auf. Das macht sich auch am DS-Rig gut, vor allem wenn man den Köder immer wieder zum Grund fallen lässt.

reins Ring Shrimp: So mancher Angler hat den Ring Shrimp schon verflucht, weil ihm die Barsche oft die filigranen Gliedmaßen abzupfen. Erstens fängt er aber Weltklasse und zweitens auch noch einscherig. Wenn's also wirklich schwierig wird, ist er für die Krebs-Gourmets genauso eine Super-Sonderlösung wie der Easy Shiner für den verwöhnten Fischfresser.

Keitech Crazy Flapper: Auch am DS einfach nur gut. Der ist so fein verarbeitet, dass da viel passiert – auch wenn man gar nix macht.

Z-Man TRD HogZ: Ein Krebs mit dünnen Beinen. In 3 Inch eine Dropshot-Waffe par excellence. Die Z-Man Mischung treibt auf. Das lässt den HogZ auch in der Ruhephase horizontal im Wasser stehen.

Z-Man TRD CrawZ: Ein kleiner und auftreibender Krebs. Weichmacherfrei und fängig!

Tubes

reins Legend Tube: Eine sehr sauber verarbeitete Tube mit Aroma. Die Tentakeln spielen sehr verführerisch. Da ist viel Bewegung auf engstem Raum. Die Barsche stehen drauf.

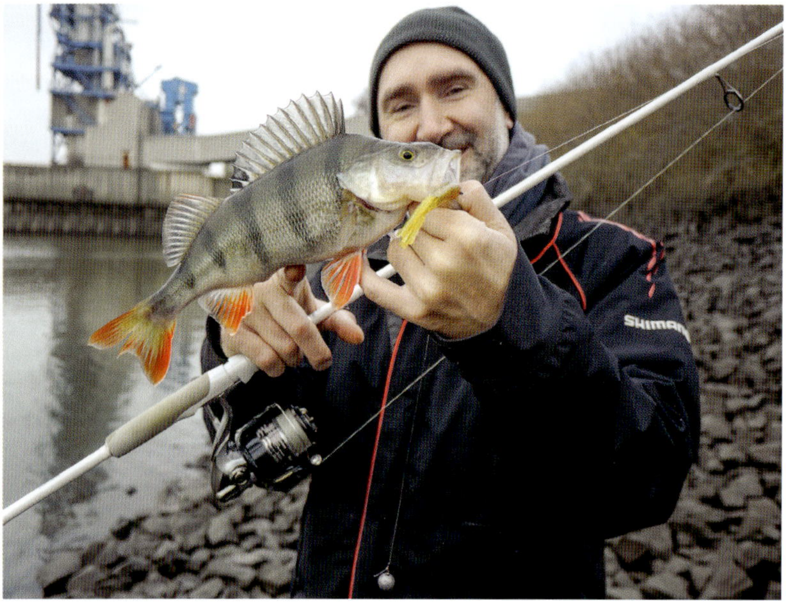

▶▶▶ **Auch Tubes sind tolle Dropshot-Köder. Hier spielen die Fransen fast von selbst.**

Z-Man EZ TubeZ: Die 4 Inch langen Tuben sortieren schon ein bisschen aus im Barschschwarm. Wie alle Z-Man-Köder treiben auch die TubeZ des amerikanischen Herstellers auf. Das kann an manchen Tagen den Unterschied ausmachen. Besonders wenn die Barsche nicht ganz am Grund stehen und wir mit einem langen Vorfach fischen.

Dropshot-Hardware

Weiche oder harte Rutenspitze? Kurze oder lange Rute? Mit kurzen Ruten lassen sich die Köder durch den kurzen Hebel präziser bearbeiten. Wenn es also nicht auf die Wurfweite ankommt, sind kurze Ruten besser geeignet. Sobald man aber in flachen Gewässern oder auf große Distanzen angelt, sind lange Ruten besser geeignet. Nicht umsonst bieten inzwischen viele Hersteller lange Dropshot-Ruten an. In der Spitzenfrage ist man sich weiter uneins. Mal fallen die Ruten hart, mal weich aus. Mal haben die Entwickler eine dünne Vollcarbon-Spitze an den Blank »geschraubt«.

Letztere Variante mag ich beim UL-Dropshotten. Wenn ich mit Mini-Ködern, feinster Schnur (wie 0,06er Kairiki 4 und 16er Vorfach) und leichten Gewichten auf scheue Fische angle, macht sich die weiche Spitze nicht nur gut, weil die Fische den Köder leicht aufnehmen können. Meine supersensitive Diaflash und andere Solid Tip-Ruten puffern auch den ersten Ruck ab und bewahren uns vor Schnurbrüchen. Ansonsten kann man ganz normale Spinnruten nehmen. Einen Tick mehr Bisse verwandelt man aber schon mit etwas weicheren Ruten, bei denen die Spitze nachgibt, wenn ein Barsch am Köder nuckelt.

Eine zackige Führung – wie ich sie im Zusammenhang mit No-Action-Shads bevorzuge – wird allerdings besser von einer harten Rute unterstützt. Wer mit harten Ruten fischt, muss beim Biss kurz locker lassen und den Fisch dann »ankurbeln«, anstatt die Fische lässig in die Rute laufen zu lassen. Wenn man ankurbelt und nicht anschlägt, verwandelt man auch mit einer harten Gerte fast jeden Biss.

Schnur: Sicher gibt's auch auf dem DS-Sektor inzwischen Angler, die auf Mono und FC schwören, bei uns tendiert aber die Mehrzahl der Angler zur

▶▶▶ Hier sieht man schön, wie die sensible Taftec-Spitze im Drill mitgeht, während der Blank »steht« wie eine Eins.

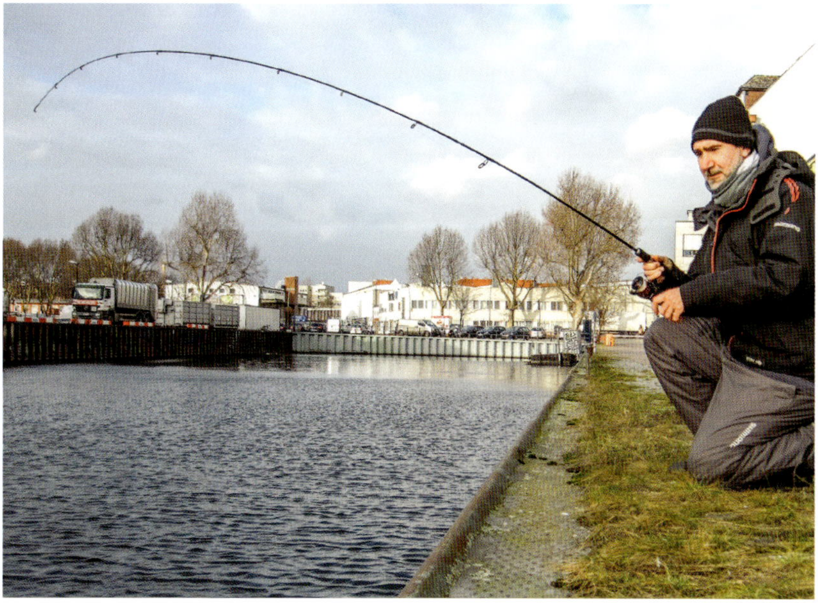

Geflochtenen, weil sie die Bisse und das Gezuppel auf den Köder am besten überträgt. Je feiner, desto mehr Gespür hat man und desto besser arbeiten auch die Köder. An der Hauptschnur wird dann ein ca. 1 bis 1,5 Meter langer Fluorocarbon-Leader angebracht, der die Montage trägt.

Dropshot-Präsentation

Klassische Dropshot-Techniken sind das Heben und Senken, das Schleifen, das Zupfen in die lose Schnur, das Anschütteln des stehenden Köders oder auch das Jiggen der Montage. Sehr gut funktioniert aber auch das Twitchen. Dabei zeigt die Rutenspitze nicht nach oben, sondern weist zum Wasser und steht in einem 90- bis 130-Grad-Winkel zur Schnur. Jetzt kann man lebhaft in die Schnur zupfen. Diese Vorgehensweise, bei welcher der Köder sehr knapp über Grund arbeitet, lässt kaum einen Räuber kalt und hat zudem noch den Vorteil, dass man die Schnur aus dem Wind nehmen kann.

Immer populärer wird das Freiwasser-Dropshotten. Hier peilt man die Fische ganz gezielt an und lässt den Köder auf Sichthöhe, also über den Fisch (-schwarm) hinunter und zuppelt so lange, bis es einschlägt. Dazu sind ein bisschen Echolot-Knowhow und Bootsführungsqualitäten gefragt.

Anhieb

Wenn man langsam dropshottet und es mit einer defensiv eingestellten Barsch-Klientel zu tun hat, verpasst man so ziemlich jeden Fisch, wenn man direkt beim ersten Zupfer anschlägt. Dadurch, dass die Barsche viel Zeit haben, den Köder zu beäugen beziehungsweise zu beschnuppern, nehmen sie ihn oft auch langsam auf. Deshalb gilt es, den Anhieb zu verzögern. Wenn es vorsichtig zupft, wird also die Rutenspitze leicht abgesenkt. Sobald der Fisch Spannung aufnimmt, kann man ihn einfach ankurbeln. Der Haken sitzt dann meistens vorbildlich im Maulwinkel. Richtige Tocks von großen Barschen muss man aber auch mit einem richtigen Anhieb beantworten.

Dropshot-Situationen

Da man den Köder mit dem Blei an einem Punkt verankern kann, ist man mit dem DS-Rig in der Lage, klar definierte Spots minutiös mit einem verführerisch zuckenden Köder zu penetrieren. Wenn es also darum geht, Stegbarsche, Brückenpfeilerbarsche, Grubenbarsche und so fort, lange zu reizen, liegt man mit dem Dropshot-Rig meistens richtig.

Besonders gut kommen die Vorzüge der Montage auch bei der Winterangelei zum Tragen. Während die Fische nur noch ganz verhalten auf vorüber hoppelnde Jigs reagieren, nehmen sie einen mehr oder weniger stationär angebotenen Köder am Dropshot-Rig richtig gern.

Wer als Uferangler in relativ flachem Wasser fernab vom Ufer angeln muss, um beispielsweise noch die Kante mitzunehmen, hat beim Jiggen das Problem, dass der Bleikopf zu schwer wird. Durch die Trennung von Blei und Köder, kann man an ein Dropshot-Rig auch 50 Gramm unter einen filigranen Köder anbringen, ohne die Köderaktion negativ zu beeinflussen.

Wenn man beim Vertikalangeln sieht, dass die Fische mehrheitlich über Grund stehen, kann man es sich einfach machen und den Abstand zwischen Haken und Blei genauso einstellen, dass man dauerhaft im fängigen Bereich ist. Jetzt muss man nur den Grundkontakt halten und weiß, dass es bald einschlägt. Im Vergleich dazu hat man mit dem Gummi am Jig nur ein ungefähres Gefühl, auf welcher Höhe der Köder läuft.

» VIDEO: **Dropshot: Barsche und Hechte im Sturm**

Das Dropshot-System eignet sich auch sehr gut zum pelagischen Angeln. Hat man irgendwo im Freiwasser einen Barschschwarm ausgemacht, ist man aufgrund des Gewichts der Montage schnell am Barsch. Das Rig ist aber auch ein sehr gutes Search-Tool. Wenn man mit kleinen Ködern fischt und die Fische am Grund stehen, bekommt man eigentlich immer schnelle Bisse – zumindest von kleinen Barschen.

Kleinbarschspots sind übrigens generell gute Barschspots. Denn wo sich die Kleinen wohlfühlen, kommen die Kannibalen zu ihrem Recht. Wenn man also Probleme hat, vernünftige Fische zu fangen, kann man erst einmal die kleinen Artgenossen suchen, um dann mit anderen Methoden oder größeren Ködern gezielt auf die größeren Fische zu angeln.

TEXAS-RIG: KNALLER-MONTAGE – AUCH OHNE KNALLEFFEKT!

Natürlich sind solche Vergleiche auch ein bisschen doof. Jedes Rig hat seine Stärken. Beziehungsweise fängt jedes Rig in manchen Situationen besser als die anderen. Aber unter all den Optionen ist das Texas-Rig meine Lieblingsmontage. Ich mag es beispielsweise lieber als das Dropshot-Rig, weil man noch präziser damit fischt. Und weil die Bisse schöner sind.

Von vielen wird der Funfaktor, den die Texas-Riggerei bietet, unterschätzt. Es ist auch so schön einfach: Offset-Haken, Perle, Bullet-Weight – that's it! Wenn sich die Fische dicht am Grund aufhalten oder grundorientiert fressen, bringt das T-Rig viele Vorteile mit sich. Für die Angler

▶▶▶ **Das Texas-Rig, kurz »T-Rig«.**

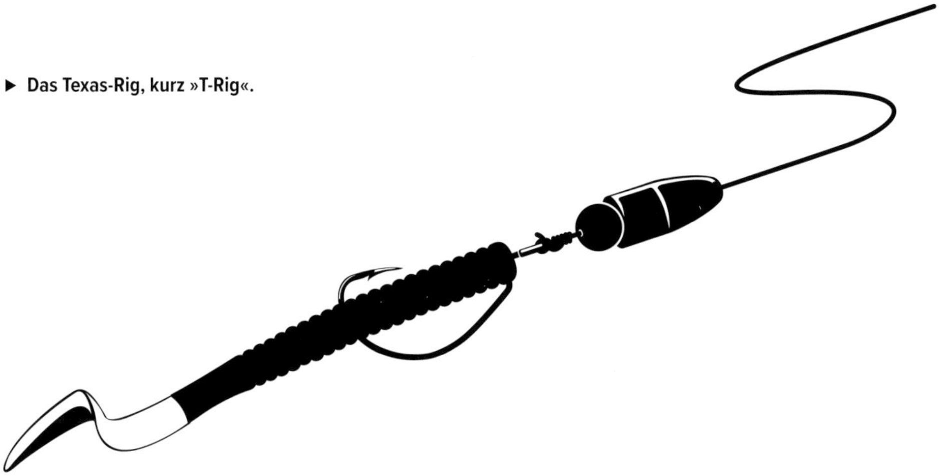

ist wohl das größte Plus, dass es kein Kraut sammelt und man deshalb Stellen beangeln kann, die für andere Gummi-Montagen unzugänglich sind. Die Fische spricht besonders die leicht verzögerte Absinkphase des Köders an, der immer ein bisschen langsamer fällt als das Bleigewicht. Eine Lockwirkung wird auch dem legendären »Texas-Knall« zugeschrieben, der immer dann zustande kommt, wenn das Bullet beim Anzupfen gegen die Perle ballert.

Die Texas-Rig-Historie

Bevor wir in die Materie einsteigen, möchte ich mal kurz erklären, warum das Texas-Rig »Texas-Rig« heißt. Dazu müssen wir die Zeit ein bisschen zurückdrehen. Die Entwicklung der Montage steht in unmittelbarem Zusammenhang mit der Entwicklung des ersten Gummiwurms. Den hat ein gewisser Herr Creme, seines Zeichens Maschinist bei einem Reifenhersteller und leidenschaftlicher Bass Angler, 1949 nach vielen Fehlversuchen in der Küche seiner Frau geboren. Der Wiggle Worm kam damals in zwei Varianten auf den Markt: an einem Triple-Haken-System geriggt oder blanko. Ein Top-Seller war er zu Anfang aber nicht. Das änderte sich Mitte der 50er Jahre, als die Angler neue und bessere Wege fanden, den Wurm zu präsentieren.

Diese Techniken wurden in East Texas entwickelt. Genauer gesagt am Lake Tyler, der damals eines der meist gehypten Bass-Gewässer war. Der zeichnete sich durch stark verholzte und verwilderte Flachwasserzonen aus. Weil sich die dicksten Bass auch damals schon im dichtesten Gestrüpp aufhielten, mussten die Angler Wege finden, den Wurm verführerisch im Cover anzubieten und unversehrt aus eben jenem herauszubringen. Und jetzt kommt das Texas-Rig ins Spiel.

Die ersten Bullets wurden aus klassischen Oval-Bleien hergestellt, die erst auseinandergeschnitten und dann von Wirbel und Draht befreit wurden, damit ein Durchlauf-Kanal entsteht. Viel entscheidender für den inzwischen internationalen Durchbruch der Montage war aber die Art, wie der Haken montiert wurde. Anstatt ihn aus dem Köder herausschauen zu lassen, haben die Tyler-Lake-Bass-Angler den Haken im Wiggle Worm vergraben.

Mächtig Publicity bekam das T-Rig dann natürlich durch die Tournaments. Bill Dance war es, der 1967 den ersten Bass in der Ära der modernen Bass Fishing Tournaments gefangen hat und dem Rig so einen mächtigen Boost mitgegeben hat.

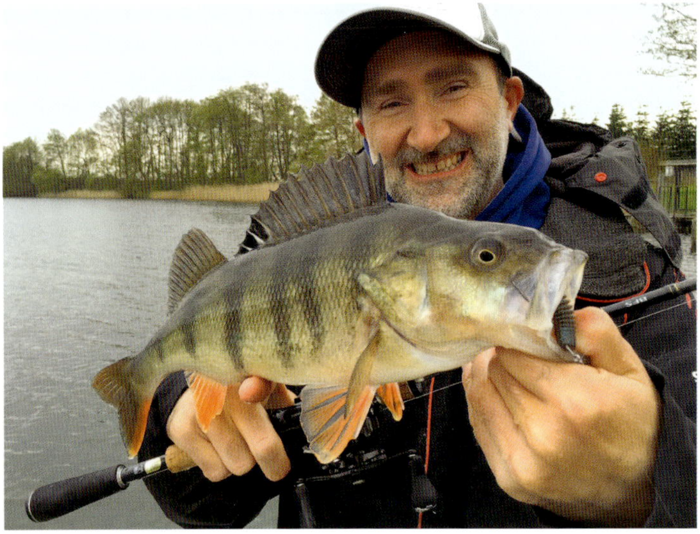

▶▶▶ An diesem Tag war's total schwer, die Barsche zum Beißen zu bringen. Es war nach einer Hausmesse auf einem Mecklenburger See. Dieser Barsch hat mich quasi aus dem Tiefschlaf geweckt. Hat mich jetzt gar nicht so sehr gestört

Zwar gibt's den Wiggle Worm immer noch. Aber er hat mächtig Konkurrenz bekommen. Und auch sonst hat sich eine Menge getan. Das fängt mit den Sinkern an, geht über den Offset-Haken und hört bei kleinen Detail-Lösungen wie den Baitholdern auf.

Das Angeln mit dem Texas-Rig macht enormen Spaß. Nicht nur weil man damit im Dickicht angeln kann. Auch die Qualität der Bisse macht viele Finesse-Freunde zu T-Rig-Fans: Anstatt anzuschlagen, muss man den Anhieb leicht verzögern. Wer's kann, hält dabei den Kontakt zum Fisch, um den Haken dann zu versenken, wenn der Fisch den Köder voll genommen hat.

Jetzt aber mal zurück zum Anfang: Bullet, Perle, Haken. Welche Bullets nimmt man denn am besten? Gummi-, Plastik- oder Glasperle? Widegap- oder Worm-Haken?

Bullet Weights

Geschossförmige Bleie gibt's aus Blei oder Tungsten. Blei hat den Vorteil, dass es weicher ist und nicht so stark an der Schnur scheuert. Außerdem sind Blei-Bullets um einiges billiger als solche aus Tungsten. Blei oxidiert auch nach einer Weile, so dass man relativ matte Gewichte zur Verfügung hat, die relativ selten lieber als der Köder attackiert werden, was bei Hochglanz-Bullets schon mal der Fall sein kann. Unter anderem deshalb gibt's die Tungsten-Bullets seit einer Weile auch in vielen anderen Farben als in »reinem Silber«.

Tungsten hat den Vorteil, dass es eine höhere Dichte aufweist als Blei. Die Tungsten-Bullets sind also bei gleichem Gewicht kleiner als die Blei-Varianten. Das Material ist auch härter. Das hat den Vorteil, dass man richtig Krach machen kann, wenn man das Rig heftig anzupft und das Bullet so mit der Perle kollidieren lässt. Nachteil: Schnur und Knoten werden von Tungsten-Bullets stärker in Mitleidenschaft gezogen als mit Blei-Bullets. Als Schnurschutz ist beispielsweise in den reins-Modellen eine Plastik-Schnurführung eingearbeitet.

Perle

Glas ist härter als Plastik. Ergo sind Plastikperlen nicht ganz so laut wie Glasperlen. Wenn das T-Rig also richtig Krach machen soll, muss eine Glasperle zwischen den Haken und die Patrone. Das bringt knalltechnisch richtig Punkte. Allerdings leidet auf der anderen Seite auch der Knoten unter der harten Perle. Außerdem wird die Lockwirkung eines lauten Rigs zum Teil auch überbewertet. Natürlich lockt man mit dem Geräusch Fische aus der Distanz zum Köder.

Wenn die Fische aber scheu, träge oder sonst wie schlecht drauf sind, kann sich der positive Effekt auch ganz schnell ins Gegenteil umdrehen und die Fische verschrecken. Dann ist der Verzicht auf die Perle die bessere Lösung. Da das Gewicht dann aber direkt auf den Knoten ballert, gibt's noch eine bessere Lösung: die Gummiperle. Sie macht das Rig lautlos und schützt den Knoten.

Haken

Kurze Köder kann man mit ganz normalen Finesse- oder kleinen Karpfenhaken anbieten. Dann natürlich nicht krautfrei. Dazu braucht man Offset-Haken. Für schlanke Köder gibt's spezielle Wurmhaken wie mit einem etwas längeren »Offset-Steg« versehenen Decoy Worm5 (Größen 6 bis 6/0).

Der Vorteil ist, dass hier wenig Haken über die schlanken Baits hinausragt. Das ist auf jeden Fall subtiler. Dafür hat der Haken aber auch nicht viel Luft, wenn er aus dem Köder austritt, was den einen oder anderen »Bonus-Fehlbiss« zur Folge haben kann, wenn die Würmer dick ausfallen. Weil sie zudem noch universell einsetzbar sind, vertrauen die meisten Angler auf Widegap-Haken. Klassiker kommen von VMC oder Gamakatsu. Heute gibt's aber fast so viele Widegaps wie Sand am Meer. Schaut euch allein mal das Decoy-Programm an. Da findet ihr für jeden Köder das richtige Modell.

▶▶▶ Die Texas-Essentials: Verschiedene Bullets, Worm- und Widegap-Offset-Haken, Baitholder und Perlen.

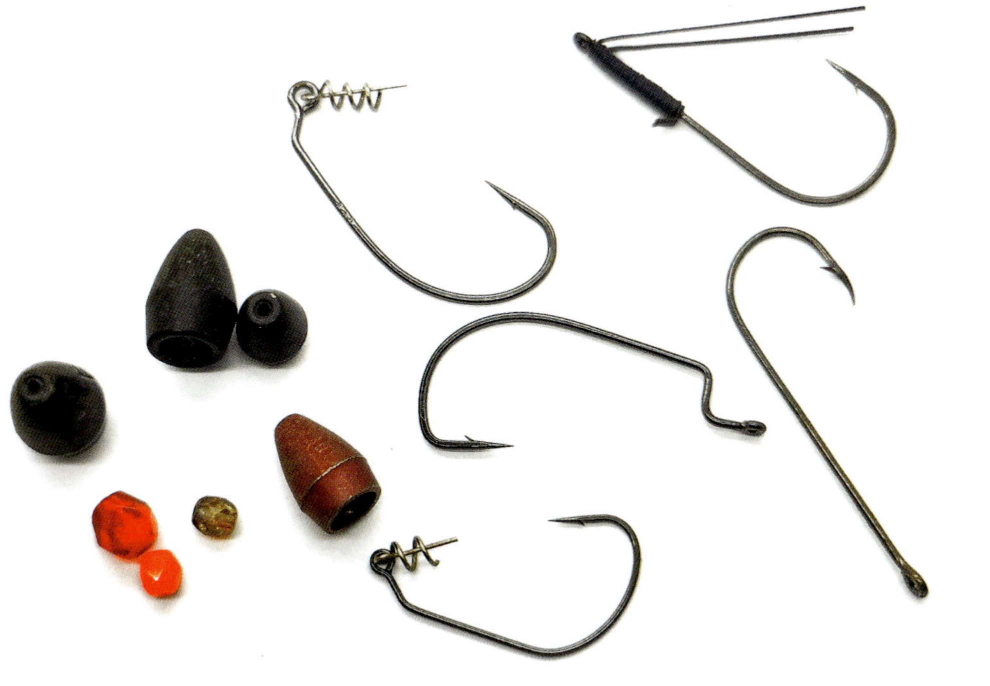

▶▶▶ **Alternativ zum Baitholder-Haken könnt ihr die Spiralen auch solo erstehen und in den Offset-Knick einhängen.**

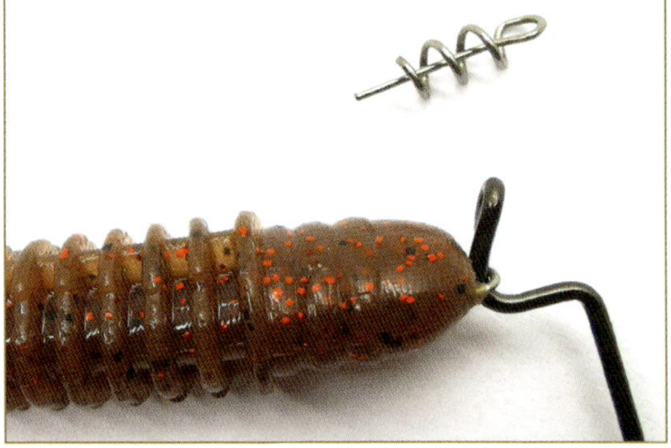

Beim herkömmlichen Offsethaken liegen Hakenspitze und Öhrfortsatz, der im Köder verschwindet, auf einer Höhe. Dadurch lässt sich die Hakenspitze zwar sehr gut in die Gummihaut eingraben, bei kurzen Haken gibt's da aber viele Fehlbisse, weil der Fisch gar nicht richtig zwischen Hakenspitze und Fortsatz beißen kann. Gegen diese Fehlbissquelle hat beispielsweise Decoy den Finesse Offset Hook Worm19 entwickelt, bei dem die Hakenspitze auf einem höheren Level als der Fortsatz liegt.

Ebenfalls von Decoy kommt der Diggin Hook, der einen verlängerten Fortsatz hat. Dadurch kann man weiter ins Gummi gehen und den Haken besser vorm Ausschlitzen sichern und so fort.

Noch kurz zur Hakengröße: Die Haken fallen bei den verschiedenen Herstellern unterschiedlich groß aus. Bei einem 4"-Köder empfehle ich die Hakengrößen 2/0 bis 4/0. Von da aus geht man mit der Hakengröße nach unten, wenn der Köder kleiner wird oder nach oben bei größeren Ködern. Im Zweifelsfall fische ich schlanke Köder mit etwas kleineren Haken und bullige Köder mit etwas größeren Haken.

Baitholder

Elementar wichtig ist ein Baitholder, der den Köder lange am Haken hält. So reißen die Nasen der Gummis nicht so schnell aus und außerdem kommt es bei Fehlbissen oft zu Nachfassern. Sehr empfehlen kann ich den Camo EZ Lure Keeper, den Camo EZ Lure Keeper Finesse und den Makisasu Hook Worm30 von Decoy. An all diesen Haken – wie auch bei den Owner Twistlocks – ist ein Baitholder-Spirale im Öhr angebracht.

Solche Aufsätze gibt's auch zum Nachrüsten. Die gefallen mir eigentlich noch etwas besser, weil sie auf dem Haken entlang rutschen können und die weichen Gummis deshalb nicht ausschlitzen. Hier wären die Do-It Hitching Posts und die wegen des Spikes noch besseren Camo Lure Keeper zu nennen.

Diese kleinen Spiralen werden bis über ihre offene Öse ins Gummi gedreht und dann mit der Öse am Haken eingehängt. Ein geniales Kleinteil aus Plastik sind die mit Widerhaken besetzten Final Keeper, die man ins Gummi einschiebt und dort mit ihren Widerhaken fest verankert, um den Haken dann durch die Öffnung durchzufädeln. Diese kleinen Helfer sind auf den ersten Blick zwar völlig überteuert, sparen auf lange Sicht aber sehr viel Geld, da man die aromatisierten und deshalb oft weichen Texas-Baits nur noch sehr selten aufgrund zerschlissener Ködernasen austauschen muss. Aber auch ein Stück Fahrradschlauch, das man auf den Haken zieht und mit dem man den Köder in den Knick presst, leistet schon wertvolle Dienste.

Top-T-Rig-Köder

In Sachen Texas-Rig-Köder liegen bei mir Curly Tail Würmer vorne. Mein Lieblingswurm ist der G Tail Saturn von reins. Der ist geflavourt und wenn das nicht ausreicht, kann man ihn dank der Rippen auch exzellent nachwürzen. Dazu nehme ich dann Lockpasten, die länger kleben bleiben als Sprays – zumindest sieht man, dass nach ein paar Würfen immer noch Paste in den Rillen hängt. Wenn auf den G Tail Saturn nix geht, ist mein zweiter Versuch der Bubbling Shad. Ebenfalls von reins. Dazu gibt es noch eine Menge anderer guter T-Rig-Baits:

Creatures: Lunker City Hellgies, Keitech Hog Impact, reins Tiny Hog

Krebse: reins Ring Shrimp, reins AX Craw, reins Delta Shrimp, reins Ring Claw und ganz vorn dabei? Der Crazy Flapper!

No Action-Würmer und -Shads: Keitech Live Impact, Keitech Sexy Impact, reins Bubbling Shaker, reins Swamp Mover, BassAssassin Shad, Lunker City Fin-S

Curly Tail Würmer: reins Rockvibe Saturn, reins Curly Curly, reins Get Ringer, reins G Tail Saturn

Tubes: Gitzit Finesee Tube, reins Legend Tube

Action-Shads und -Würmer: Keitech Easy Shiner, Keitech Swing Impact, Keitech Fat Swing Impact, reins Bubbling Shad, reins Rockvibe Shad, Lunker City Swinging Ribster, BassAssassin Walleye Assassin

T-Rig-Führung

Man kann das T-Rig zupfen, schleifen, faulenzen oder jiggen. Generell sind Pausen gut, in denen die Fische den Köder aufnehmen. Die Amis zupfen den Köder mit steil nach oben gerichteter Rutenspitze. Das hat den Vorteil, dass man beim Biss mit der Spitze nach unten gehen und mit dem Fisch mitgehen kann, bis dieser den Köder voll genommen hat.

Wir müssen das eigentlich nicht machen. Denn im Gegensatz zum Schwarzbarsch nehmen unsere Fische wenig Schnur. Es reicht, wenn man die Rute leicht seitwärts hält und bei einem vorsichtigen Biss ganz wenig mitgeht. Wer in der Strömung angelt, sollte einmal versuchen, das Rig immer nur zentimeterweise fortzubewegen und von der Strömung versetzen zu lassen. Ich werfe es dazu leicht stromauf, so dass es auf dem Grund ankommt, wenn die Schnur einen 90-Grad-Winkel zum Ufer bildet. Jetzt kann die Strömung wirken. Zu bedenken ist aber: Je dicker die Schnur und je stärker die Strömung, desto größer der Versatz. Wer wirklich exakt fischen will, braucht in der Strömung also feines Material (8er Schnur).

▶▶▶ Beim Bassangeln sieht man erstmal, wie cool diese Montage ist. Denn so ein Bass nimmt sich richtig Zeit. Und wenn er die bekommt, hängt er auch. Dank des freien Schnurabzugs.

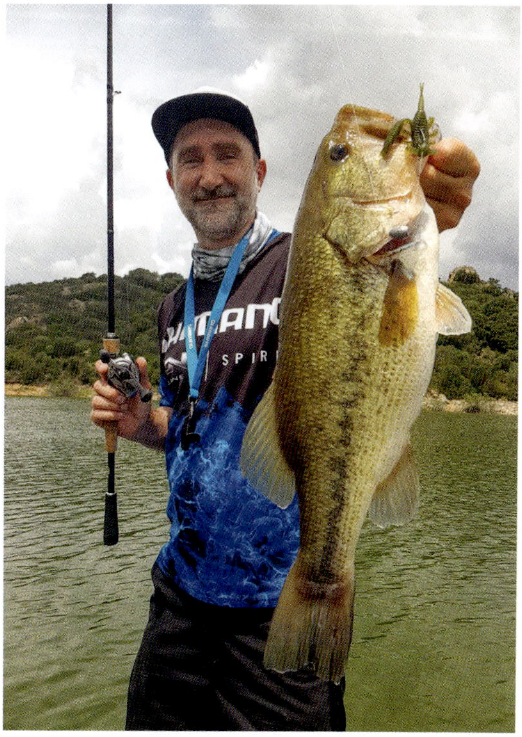

Der Texas-Biss

Oft beißen Barsche genauso entschlossen auf die am Texas-Rig angebotenen Gummis wie sie am Bleikopf dargebotene Gummis attackieren. Manchmal produzieren aber auch große Barsche »Nuckelbisse«, die man weder als Kleinbarschbiss abtun und deshalb ignorieren darf, noch zu früh anschlagen darf. Das kommt besonders oft vor, wenn man so langsam fischt, dass die Fische Zeit haben, den Köder zu inspizieren und dann gemächlich einzusaugen. Anfangs kommt's deshalb gelegentlich zu Fehlbissen. Mit ein bisschen Routine hat man den richtigen Zeitpunkt aber zuverlässig raus und kann die Bisse richtig auskosten.

T-Rig-Hardware

Die Rutenwahl hängt auch ein bisschen mit der Schnurwahl zusammen. Wer mit Mono oder Fluorocarbon fischt, hat einen Puffer zwischen sich und dem Fisch, so dass man eine harte Rute fischen muss, um die Bisse zu erspüren und den Haken einzutreiben. Klassisch wird mit der Baitcaster gefischt, an der sich das kompakte Rig auch hervorragend werfen lässt. Aber auch beim Fischen mit Geflochtener verwende ich recht straffe Ruten (hierzulande hantiere ich im Zusammenhang mit dem T-Rig nur mit Geflecht – nur auf Bass im Ausland nehme ich FC).

▸▸▸ Ein paar meiner Texas-Königsköder: Legend Tube, Hellgie. Swing Impact, Crazy Flapper, Hog Impact, Rockvibe Shad, Hog Impact, Swinging Ribster, Delta Shrimp und G Tail Saturn.

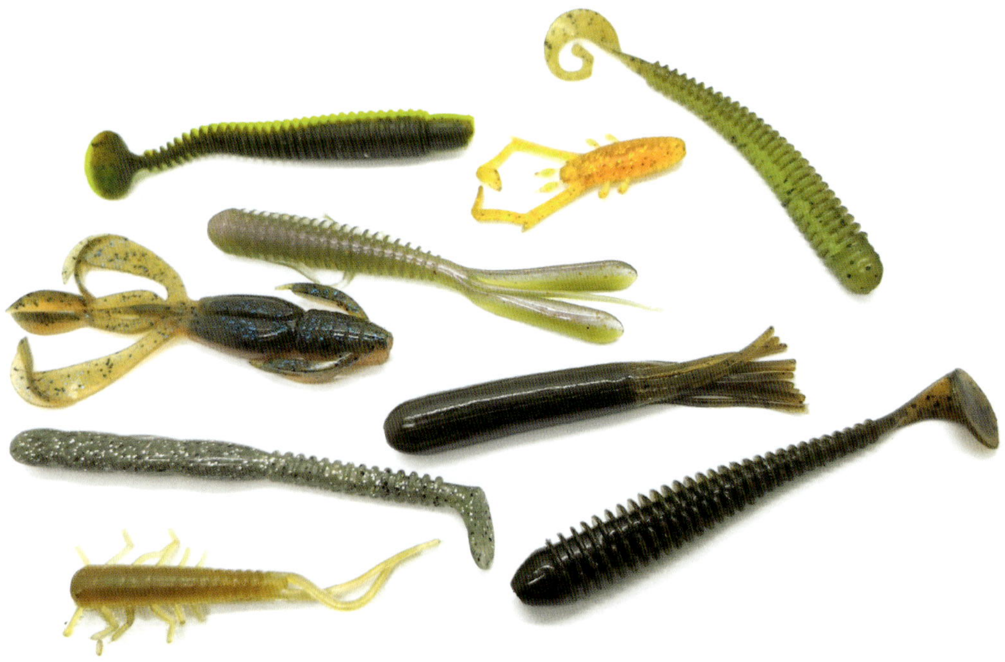

Wer ganz fein rangehen will, braucht UL-Texas-Gear: Das Kernelement der UL-Angelei ist die dünne Schnur. Sie ist weniger strömungs- und windanfällig und lässt die Köder schneller sinken. Um feine Schnur fischen zu können, braucht man eine Rute, die harte Einstiege, den Druckpunkt beim Anschlag und heftige Kopfschüttler größerer Fische abpuffert. Super sind Ruten mit einer dünnen Vollcarbon-Spitze (z.B. die Yasei Limited Perch Finesse, Diaflash oder die neuen Zodias-Ruten mit Solid Tip). Die zeigen nicht nur die Bisse an, sondern erleichtern den Fischen auch das widerstandsarme Einsaugen.

T-Rig-Situationen

Durch die Offset-Anköderung kann man mit dem Texas-Rig Gebiete erschließen, die den meisten anderen Methoden und Montagen vorenthalten bleiben. Dass T-Rig ist auch unempfindlicher gegen Bodenkraut als ein Weedless-Jig, weil sich Köder und Bullet trennen. Das Gummi bleibt also auf den Grasmatten legen, während das Bullet tiefer eindringt. Das T-Rig ist auch gut, wenn die Barsche einen zusätzlichen Reiz brauchen. Der berühmtberüchtigte Texas-Knall lässt grüßen.

Da man das T-Rig auch jiggen und faulenzen kann, würde ich sagen, dass man es überall da einsetzen kann, wo auch ein Gummi am Bleikopf fängt. Sogar zum Mittelwasserfischen. Ich fische die Finesse-Rigs aber am liebsten, wenn sie richtig Sinn machen. Für mich ist das Texas-Rig vordergründig eine Kitzel-Montage, mit der ich passive Fische so lange nerve, bis sie doch noch zuschnappen. Weil man sehr langsam fischen kann, eignet sich das T-Rig fast so gut zum Ausangeln von Standplätzen wie das Dropshot-Rig.

Sehr gern fische ich das T-Rig auch in richtig starker Strömung, weil man den Köder nicht großartig abheben muss, um Barsche zu fangen. Gern auch ultralight: Wind, Strömung, tief stehende Fische – für die meisten Angler ein Grund, überschwer (ÜS) zu fischen, also die extraschweren Jigs auszupacken und diese an härteren Ruten anzubieten. Mein Tipp: Probiert's mal anders rum. Also ultraleicht (UL) mit feineren Ruten, dünneren Schnüren und dem T-Rig. Das Texas-Rig ermöglicht eine langsame und gleichsam effektive Köderführung, bei der man den Köder nicht großartig vom Grund abheben muss. So kann man die Rutenspitze knapp über dem Wasser und damit auch aus dem Wind heraus halten. Man kann den Köder von der Strömung versetzen lassen (einfach mit halben Kurbelumdrehungen bewegen).

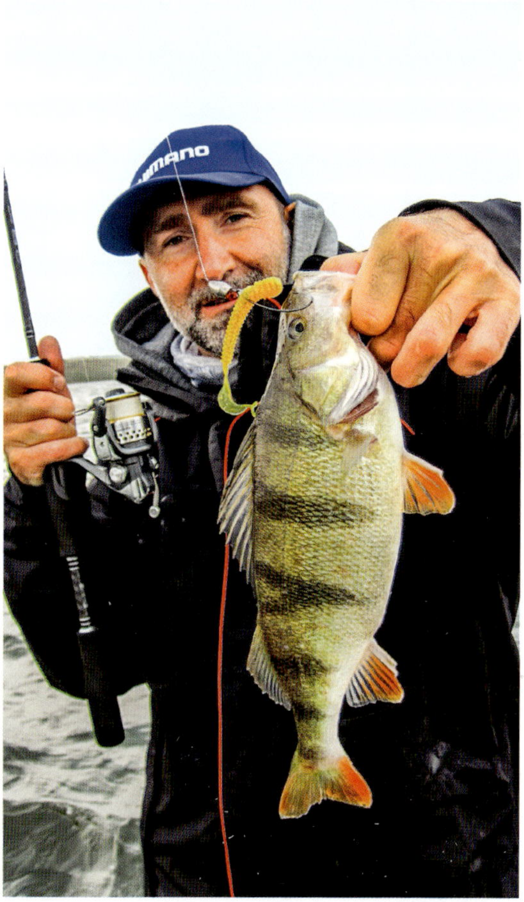

▸▸▸ Macht extrem Spaß: Mit dem T-Rig kann man ganz leicht fischen, wenn andere die Abrissbirnen rauskramen.

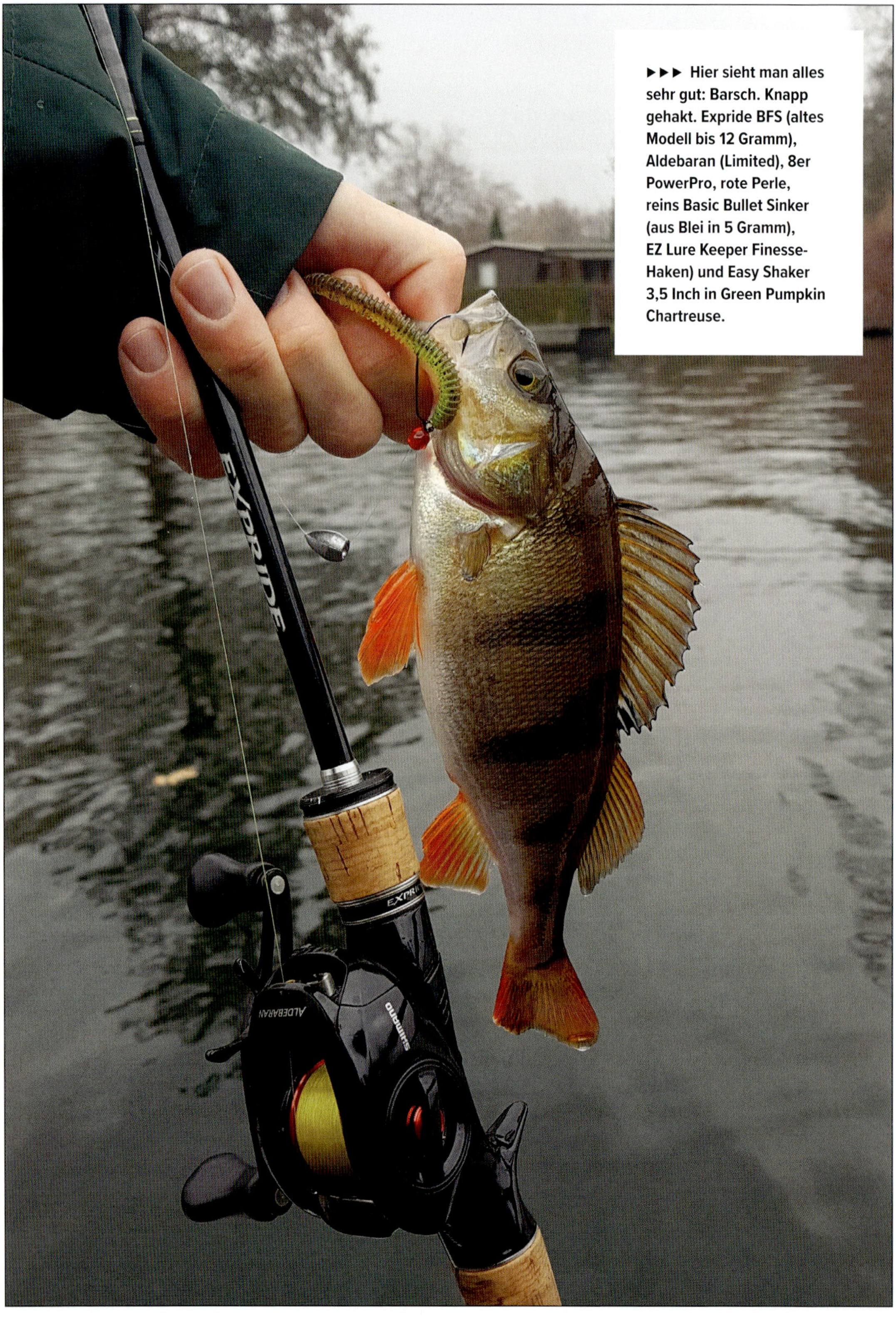

▶▶▶ Hier sieht man alles sehr gut: Barsch. Knapp gehakt. Expride BFS (altes Modell bis 12 Gramm), Aldebaran (Limited), 8er PowerPro, rote Perle, reins Basic Bullet Sinker (aus Blei in 5 Gramm), EZ Lure Keeper Finesse-Haken) und Easy Shaker 3,5 Inch in Green Pumpkin Chartreuse.

★ Special:
BARSCHANGELN IN TRANCE MIT DEM T-RIG

Das winterliche Barschangeln mit dem Texas-Rig ist eine ganz eigene Disziplin, macht mega Spaß und ist genauso erfolgreich wie das Rauskitzeln mit dem Shaky Head.

Winter-Montage
Kurze Rute mit einem WG von ca. 12 Gramm. 20er Fluorocarbon-Vorfach an die 0,06er bis 0,10er Hauptschnur. Bullet (wenn man ganz langsam fischt, reichen 5 Gramm für Wassertiefen bis 6 m). Perle (gold, gelb, rot oder orange). Haken (da gibt's für mich keinen besseren als die Camo EZ Lure Keeper Finesse).

Winter-Köder
Als Winterköder empfehle ich ein absolutes No-Action-Teil. Ich fange sehr gut mit dem 3,5er Easy Shaker. Farben: Green Pumpkin Chartreuse oder reines Pumpkin. Alternative No. 1 ist der Live Impact. Man muss keine Angst vor großen Verlusten haben. Die Fische können den Schwanz nicht abbeißen, weil keiner dran ist. Und dank der Baitholder-Spirale wird das Gummi auch nicht dauernd abgezogen.

Für mich ist es absolut wichtig, dass der Köder aromatisiert ist. Die Fische müssen ihn fressen wollen, auch wenn er sich nicht bewegt. Deshalb geht für mich erstmal nix über Keitech. Alternativ kann man aber auch G-Tail Saturns, Rockvibe Saturns, Rockvibe Shads oder den Bubbling Shaker (alles reins) ins Rennen schicken. Weil über reins geht ja auch nix. Cheese!

Winter-Führung
Ab jetzt schreibe ich in Zeitlupe. Wir müssen runterkommen. Ganz runter. Eure Lieder werden schwer. Ihr werdet müde. Die Augen wollen zufallen. Ihr möchtet nur eins: Schlafen. Hört in eurer Trance auf meine Stimme. Ich spreche nun noch langsamer als sonst. Gaaanz laaaangsaaaam. Stellt es euch genau vor. Die Zeit dehnt sich. Alles wird Brei. Begebt euch jetzt aufs Boot. Steigt langsam ein. Ich fahre euch zum Spot. Konzentriert euch auf das leise Tackern meines Mercury Viertakters. Wir sind da. Aber keine Panik jetzt. Bleibt sitzen, verharrt in diesem bleiernen Ruhezustand. Ich werfe für euch aus. Ihr hört die Schnur fliegen. War das das Auftreffen des Köders? Es dauert noch ein bisschen. Jetzt. Der Köder ist am Grund und jetzt übergebe ich auch endlich die Rute. Ihr dürft aufstehen. Nun zieht ihr ihn mit den 5 Gramm immer Grundkontakt haltend gaaaaaz langsam zu euch ran. Ihr fühlt die Steine. Das Bullet holpert über Muscheln. Stehen lassen. Nix. Hört euren Atem.

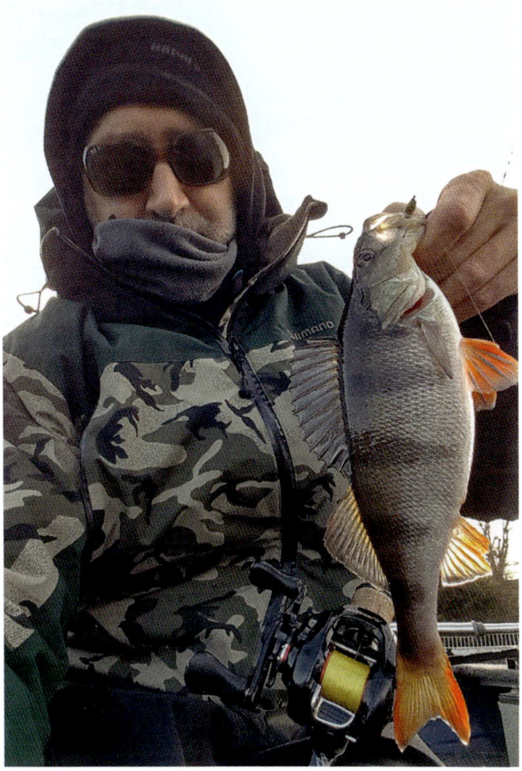

▸▸▸ Das Präsentieren eures soeben mit dem Texas-Rig herausgekitzelten Barsches übernehme ich erstmal. Ihr müsst ja erst wieder zu euch kommen.

Konzentriert euch auf ihn. Weiter. Nur kurbeln. Nicht zupfen. Muscheln. Stehen lassen. Es zupft. Ihr wollt anhauen. Aber hört auf meine Stimme. Kurbelt eine Viertel Kurbelumdrehung weiter. Die Rute muss sich unter dem Gewicht des Barsches aufladen. Doch er lässt los. Ihr wisst aber, dass er da ist. Kurbelt ganz langsam weiter. Stopp! Das war schon viel zu schnell! Der Barsch ist vergrämt. Ihr müsst euch bewusst sein, dass diese Fische seit gut einem Monat mit Dropshot, Jigs und Wobblern befeuert wurden. Die nehmen nicht mehr jeden Scheiß, nur weil er zuckt. Zurück in die Trance mit euch. Hört auf meine Stimme. Der Köder ist immer noch im barschträchtigen Bereich. Kurbeln. Ziehen. Stehen lassen. Da knabbert wieder was. Ziehen. Nur ein paar Zentimeter. Es geht schwerer. Ziehen. Immer noch schwer. Schnell ankurbeln jetzt. Nicht anschlagen. Die Rute wippt. Der Barsch hängt. Alles richtig gemacht. Bravo! So geht's im Winter mit dem Texas Rig.

Voraussetzung für diese Angelart ist natürlich, dass man weiß, dass Fisch da ist. Sonst geht das nicht. Auch als Johannes nicht. Und der liebt nix mehr als diese faule Angelei mit dem Texas-Rig im Winter. Bis auf die Außentemperaturen. Und dann ist er noch in ein paar andere SlowMotion-Rigs verliebt, wie ihr aus den folgenden Kapiteln herauslesen werdet.

» VIDEO: T-Rig – so wird's im Winter zur Waffe!

CAROLINA-RIG: VOGELFREI HINTERM BULLET-BLEI

Nachdem wir gelernt haben, dass das Texas-Rig »Texas-Rig« heißt, weil sich die Montage an einem zugewucherten See in Texas etabliert hat, liegt es nahe, dass das Carolina-Rig »Carolina-Rig« heißt, weil die Montage in Carolina entwickelt wurde. Bingo! Tatsächlich hat ein Angler aus dem Bundesstatt North Carolina als erster Angler erfolgreich mit dem System aus wurmbeködertem Haken, Vorfach, Wirbel und Blei gefischt. Zumindest war Lloyd Deaver so erfolgreich damit, dass man die Spur, die das Rig durch die US-Gewässer gezogen hat, bis zu ihm zurückverfolgen konnte, um dem Rig in bester Texas-Rig-Tradition den Namen »Carolina-Rig«, kurz »C-Rig«, zu verpassen.

Die Carolina-Rig-Historie

Es gibt allerdings Leute, die der Meinung sind, dass das »C« vorm »-Rig« als Abkürzung von »Chancellor« stehen müsste, da Jack Chancellor die Montage während seines Triumphes bei den Bassmaster Classics 1985 bekannt gemacht hat. Es war ein Triumph eines Systems, das bis zu diesem Zeitpunkt noch niemand auf der Pfanne hatte, das aber auch bei späteren Rekorden eine erhebliche Rolle gespielt hat. So hat Paul Elias bei seinem wohl unschlagbaren Gesamtgewichtsrekord (132,8 Pfund) bei einem Elite Series Event auf dem Lake Falcon einen nicht unerheblichen Teil seiner Fische mit dem C-Rig und langen Würmern gefangen. Das Video hierzu muss man eigentlich gesehen haben. Einfach mal googeln!

Wo wir wieder bei den Würmern wären und den Bogen zurück zu Chancellor spannen können: Zu jenem Zeitpunkt wurden die Wettangeln mit Crankbaits, Spinnerbaits, Buzzbaits oder Jigs gewonnen. Insofern war es eine Sensation für die Fachpresse, dass Chancellor das komplette Teilnehmerfeld ausstach, wo die anderen Angler

▶▶▶ Das Carolina-Rig, kurz »C-Rig«.

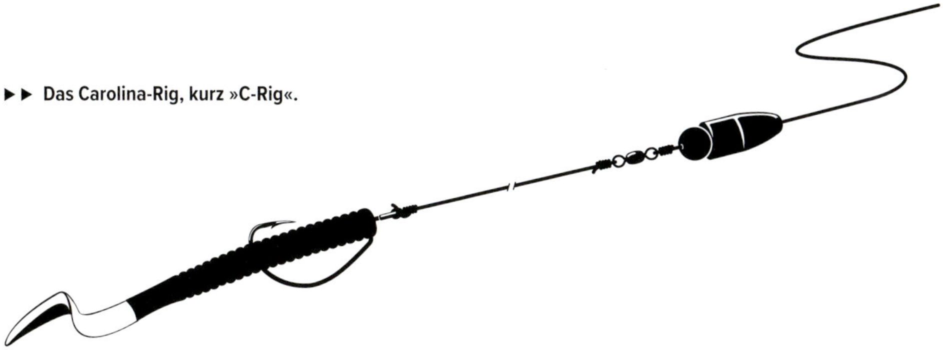

mit ihren Ködern doch deutlich schneller mehr Fläche nach Schwarzbarschen abscannten.

Insofern darf man dieses Bassmaster Classic auch als einen Meilenstein im Verständnis fängiger Präsentationen sehen. Schnell ist nicht unbedingt besser. Oder: Mehr Bewegung und mehr Druck bedeuten nicht unbedingt auch mehr Fisch. Diese Erkenntnis versinnbildlichte auch Chancellor's Köder. Der »Do-Nothing«-Wurm war ein recht steifer Stick, der mit zwei kleinen Haken vorgeriggt war. Subtiler ging's dann wirklich nicht mehr.

Dass dieser Köder nicht den Sprung zum Top-Seller geschafft hat, lag daran, dass er sich schon nach kurzer Zeit den Ruf als Kleinfisch-Verführer erarbeitet hatte. Schnell kamen andere C-Rig-Köder auf den Markt und der »Do-Nothing« ward alsbald vergessen. Das Rig aber ist bis heute eine der beliebtesten Montagen geblieben. Und das aus gutem Grund. Denn viel einfacher kann man keine Fische fangen, als mit einem über den Grund gezerrten C-Rig.

Carolina-Rig – einfache Montage mit vielen Vorteilen

Die Originalmontage von Hauptschnur zum Haken: Blei, Perle, Wirbel, Vorfach, Haken und Köder. Ein einfaches System, das in allererster Linie den Vorteil mit sich bringt, dass der Köder unabhängig vom Bleigewicht schwerelos operiert. Deshalb kann man mit verhältnis-

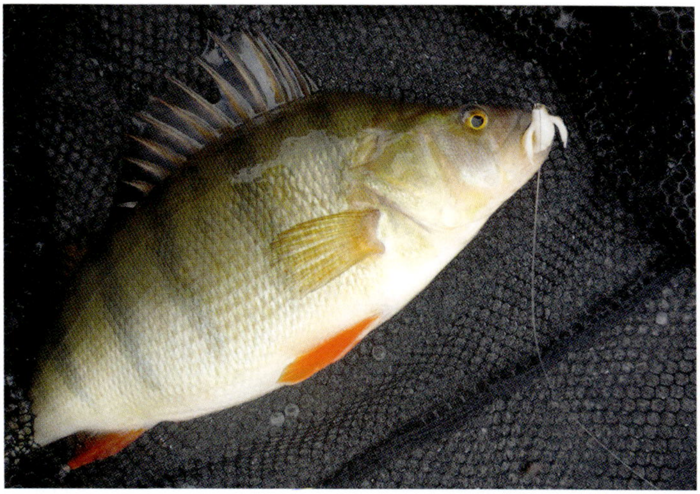

▶▶▶ Carolina und Krebs? Eine perfekte Kombination. Oft ist schlichtes Schleifen die beste Führung.

mäßig viel Gewicht arbeiten, dadurch große Wurfweiten erzielen und viel über die Bodenbeschaffenheit lernen. Harte Tungsten-Bullets übermitteln die Strukturen und vor allem die Bodenhärte intensiver als weiche Blei-Bullets.

Selbst für einen Gummi-Einsteiger ist so der oft so wichtige Grundkontakt einfach zu realisieren. Mit den schweren Gewichten kommt man außerdem schnell tief hinunter und muss – anders als beim Fischen mit schweren Jigs – trotzdem keine Fehlbiss-Arien befürchten. Sehr gut macht sich der schwerelos hinter dem Blei her taumelnde Köder auch im Flachwasser.

Carolina-Rig-Modifikation – die Schnur schonen

Das auf der Hauptschnur laufende Blei kann diese beschädigen. Um Schnurbrüche zu vermeiden, binde ich einen Meter starkes FC an die geflochtene Hauptschnur (dazu später mehr). Jetzt wird das Blei aufgefädelt. Wer den Knoten schützen will, nimmt eine Gummiperle anstelle einer Glasperle. Dann folgen Wirbel und Vorfach.

Standard-Carolina-Barsch-Rig: 13er Hauptschnur (geflochten), 0,7 m FC (0,30-0,34 mm), Bullet, Perle, Wirbel, 0,5 m FC (0,24–0,27 mm, an Zandergewässern auch 0,30 mm)

Carolina-Finesse-Rig: 8er–10er Hauptschnur (geflochten), 0,7 m FC (0,21–0,24 mm), Bullet, Gummiperle, Wirbel, 0,5 m FC (0,17–0,21 mm)

Carolina-Rig-Vorfach: Die optimale Leaderlänge

Soll das Vorfach nun über 1 Meter lang sein oder doch nur ein paar Zentimeter? Für einen langen Leader spricht das völlig freie Köderspiel und dass die Fische den Köder absolut widerstandslos einsaugen können. Ein kurzer Leader bedeutet mehr Köderkontrolle und weniger Risiko, dass sich das Vorfach um Wasserpflanzen oder Äste wickelt. 50 Zentimeter sind sicher eine gute Ausgangslänge, mit der man dann ein bisschen experimentieren kann.

Carolina-Führung

Durch die Trennung von Gewicht und Köder kann man unabhängig von der Wassertiefe immer mit schweren Gewichten angeln. So lassen sich große Flächen absuchen. Nicht unbedingt superschnell – das Rig muss ja über den Boden laufen. Dafür kann man aber davon ausgehen, dass bodennah stehende Fische den Köder attackieren, wenn er an ihrem Maul vorbeizuckelt.

Unebenheiten im Boden übertragen sich auf den Köder. Das Bullet Weight tockert gegen Steine, zieht Spuren in den Sand, wirbelt Sediment auf und sorgt so für Aufsehen. Der Köder tanzt verführerisch hinter dem Blei. Auftreibende Gummis schweben sogar ein Stückchen über dem Grund und werden deshalb sofort wahrgenommen. Es mag sich zwar langweilig anhören. Aber eine der effektivsten Carolina-Köderführungen ist es deshalb, das C-Rig einfach über den Grund zu schleifen. Je schwerer das Bleigewicht, desto zügiger kann man das tun, ohne den Grundkontakt zu verlieren. In den USA verwenden viele Angler ein ¾ Oz. als Standard-Carolina-Rig-Bullet.

Das C-Rig fängt auch gut, wenn man es zupft. Manchmal braucht der Barsch einen kleinen Kick in Form einer Fluchtbewegung, um einen Carolina-Rig-Krebs oder -Wurm zu nehmen. Kleine oder große Sprünge – alles sieht gut aus und entsprechend hat auch jede Sprunglänge Fans unter den Räubern. Je aktiver die Fische sind, desto weiter dürfen die Sätze ausfallen. Nach jedem Hüpfer sollte man noch kurz warten, bis auch der schwerelose Köder auf dem Boden aufsetzt.

Beim Zuppeln vibriert man mit der Rutenspitze das Blei an, um die feinen Bewegungen auf den Köder zu übertragen. Allzu fein dürfen die Ausschläge aber nicht ausfallen, wenn da was am Köder ankommen soll. Schließlich puffert das Vorfach viel von dem ab, was wir da über Wasser veranstalten. Im Sommer fängt man oft am besten, wenn man das Rig ganz wild anreißt. Ich kenne Angler, die zwei Glasperlen hintereinander schalten, um den akustischen Reiz zu verdoppeln.

Bisserkennung

Wenn man das Rig zupft, statt es über den Grund zu ziehen, überholt das Blei einen Teil vom Leader. Dadurch dass das Carolina-Rig dann nicht mehr linear am Boden liegt, wird's mit der Bisserkennung schwieriger. Wenn die Fische vorsichtig beißen und man ein langes Vorfach fischt, ist es zumindest bisserkennungstechnisch besser, wenn man das Rig schleift.

Texas-Rig-Köder = Carolina-Rig-Köder

Die Amis fischen am T-Rig gerne Würmer, Krebse oder Creatures. Mein aktueller C-Rig-Liebling ist die reins Ring Claw mit ihren auftreibenden Scheren. Aber man kann eigentlich jeden Köder am C-Rig fischen, der auch am T-Rig funktioniert.

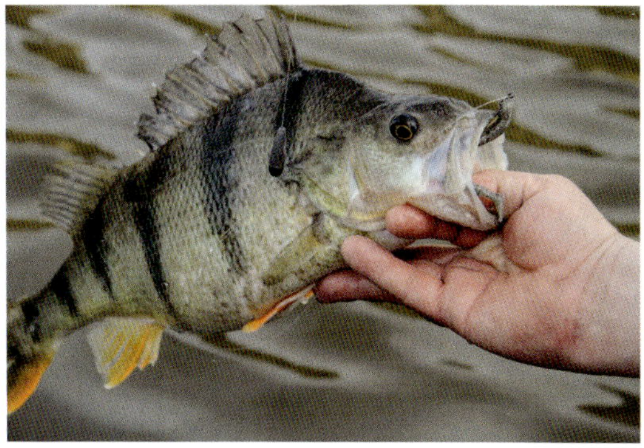

▸▸▸ Fetter Barsch, der auf einen ultralangsam gezupften Rockvibe Shad (wieder in Baitfish SP) am C-Rig gebissen hat.

Hier nochmal eine kleine Carolina-Köder-Auflistung:

Creatures: Lunker City Hellgies, Keitech Hog Impact, reins Tiny Hog

Krebse: reins Ring Shrimp, reins AX Craw, reins Delta Shrimp, reins Ring Shrimp, reins Ring Claw, Keitech Crazy Flapper

No-Action-Würmer und -Shads: Keitech Live Impact, Keitech Easy Shaker, Keitech Sexy Impact, reins Bubbling Shaker, reins Swamp Mover, BassAssassin Shad, Lunker City Fin-S

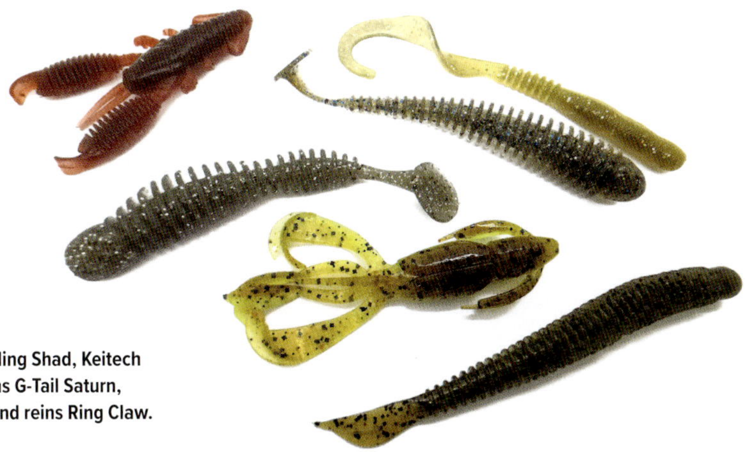

▸▸▸ Reins Bubbling Shad, Keitech Swing Impact, reins G-Tail Saturn, reins Curly Curly und reins Ring Claw.

Curly Tail-Würmer: reins Rockvibe Saturn, reins Curly Curly, reins Get Ringer, reins G Tail Saturn

Tubes: Gitzit Finesee Tube, reins Legend Tube

Action-Shads und -Würmer: Keitech Easy Shiner, Keitech Swing Impact, Keitech Fat Swing Impact, reins Bubbling Shad, reins Rockvibe Shad, Ecogear Power Shad, Lunker City Swinging Ribster, BassAssassin Walleye Assassin

Carolina-Rig-Köder-Befestigung

Damit Euch die Fische den Köder nicht ständig vom Haken ziehen oder ihr das selber macht, indem ihr weiterkurbelt und die Fische eine Schere, beziehungsweise ein anderes Köderteil, festhalten, empfehle ich dringend, die Gummis am Haken zu fixieren. Ich mache das gern mit einem Hitching Post/EZ Lure Keeper bzw. den im Kapitel zum Texas-Rig vorgestellten Haken.

Carolina-Rig Hardware

BC oder Statio? Je länger der Leader, desto komfortabler fischt sich das Carolina-Rig mit der Spinnrute. Je leichter das C-Rig und je länger der Leader, desto unkomfortabler wird's mit der BC-Ausrüstung. Zumal eine lange Rute oft von Vorteil ist, um die Anhiebe auch auf lange Distanzen durchzubekommen. Mit den kurzen T-Rig-BC-Kombos wird das schwer.

Die Rute muss mindestens 7 Fuß lang sein. 8 Fuß können beim Distanzangeln beziehungsweise bei der Barschsuche aber auch nix schaden. Wenn der Köderkontakt schon durch das Vorfach unterbrochen wird, muss die Hauptschnur ein bisschen was über das erzählen, was da unten passiert. Mit einer Geflochtenen bekommt man nicht nur jeden Zupfer mit – man erfährt auch alles über die Bodenbeschaffenheit. FC-Fans werden nun sagen, dass sie das mit Fluorocarbon-Schnur als Hauptschnur auch alles wahrnehmen. Vielleicht ist das auch ein bisschen Geschmackssache. Ich bleibe bis auf weiteres aber bei Geflochtener. Wenn man den Auftrieb eines schwimmenden Köders unterstützen will, kann man es mal mit Mono als Carolina-Leadermaterial versuchen. Habe ich mal gelesen. Das ist aber Quatsch, finde ich. FC ist abriebfester und damit meine erste Wahl.

Carolina-Situationen

Das C-Rig ist immer dann gut, wenn wir viel Blei brauchen und uns die Absinkphase, durch das der Angelsituation nicht angepasste Übergewicht, nicht vermiesen wollen. Wenn man z.B. Flachwasserbereiche grundnah absuchen muss, gibt's kaum etwas Besseres als ein C-Rig. Wenn viel Kraut auf dem Boden liegt, bleibt der Köder auf dem Grünzeug liegen. Starke Strömung spricht genauso für ein C-Rig wie große Wassertiefen. Und dann ist natürlich noch das Beißverhalten der Barsche entscheidend. Die fahren manchmal so richtig darauf ab, wenn der Köder ganz langsam zu Boden trudelt, nachdem es weiter vorne ordentlich geknallt hat.

★ Special: ULTRAFEIN MIT DEM C-RIG AUF LANGE DISTANZ

Distanzangeln mit feinstem Gerät? Aber ja doch! Dank schwerer und langer Solid Tip-Ruten können wir uns auch mit Gewichten von 15 und 20 Gramm an weit vom Ufer entfernt stehende Fische herantasten. Nur eben ultrasensitiv. Und das ist manchmal wichtig. Vornehmlich dann, wenn Barsche und Zander im Chillout-Modus »unterwegs« sind und ganz langsam getriggert werden müssen. Oder wenn man die Fische an überfischten Angelplätzen herauscarolinisieren will.

Ultrafeine C-Rig-Montage

Die Montage unterscheidet sich in zwei Punkten vom »herkömmlichen« Carolina-Rig. Der konven-

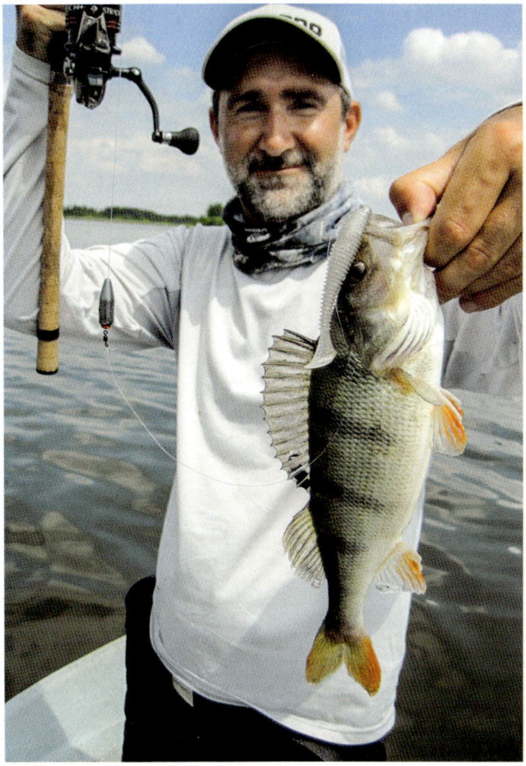

▶▶▶ C-Rig und Action-Shad? Aber klar doch. Der Fat Swing kann fast alles.

tionelle Aufbau ist ja: Geflochtene Hauptschnur. 1 m Leader aus Fluorocarbon. Bullet Weight drauf. Glasperle. Wirbel. 50 bis 70 cm langes Vorfach. Haken. Fertig. Ein Bullet Weight aus Tungsten wird auf einen relativ dicken Leader aus Fluorocarbon gezogen. Anstelle der normalerweise üblichen Glasperle, verwende ich eine Gummiperle als Knotenschutz. Und das Vorfach mache ich wirklich immer ziemlich lang (70 cm bis 1 m). Hintergrund: Durch die weichen Spitze meiner Rute kann ich die Montage nicht so schnell beschleunigen, als dass ich einen Knalleffekt beim Zusammenprall von Bullet Weight und Glasperle produzieren würde. Da kann ich dann erstens gleich auf Nummer sicher gehen und den Knoten durch eine Gummiperle schützen. Zweitens fische ich durch diesen Schockabsorber komplett »silent«, was besonders an richtig hart beangelten Stellen meistens ein Vorteil ist. Da ich keine Verbindung von Geräusch zu Köder brauche, kann ich das Vorfach lang wählen und es den Fischen so noch schwerer machen, einen Zusammenhang zwischen dem Bullet Weight und dem Köder zu konstruieren, was bei hohem Angeldruck durchaus fangfördernd sein kann. Logischerweise setze ich auch bei der ultrasensitiven C-Riggerei auf Patronengewichte aus Tungsten. Nicht nur weil sie durch die Materialdichte (Härte) die Untergrundbeschaffenheit perfekt an die Rute weiterleiten, sondern weil sie bei gleichem Gewicht kleiner sind als die Konkurrenz aus Blei oder Messing und damit unauffälliger.

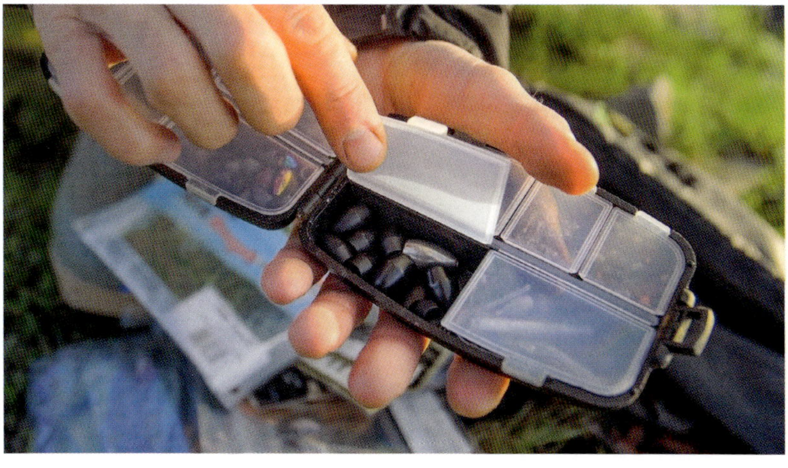

▶▶▶ Mit den schweren Patronen kommt man richtig weit raus und kann auch tief fischen.

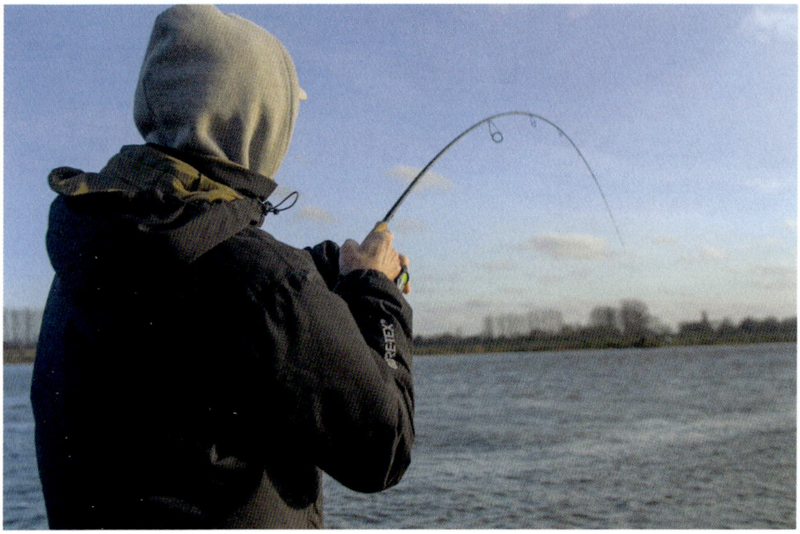

▶▶▶ Solid-Tip-Rute im Drill. Das macht richtig Laune, wenn ein großer Fisch am leichten Gerät strampelt.

Spezielle C-Rig-Führung für passive Fische

Aggressive Fische beißen aggressiv. Besonders bei einer zackigen Führung mit Knalleffekt rauschen Zander und Hechte manchmal ins C-Rig, dass es richtig in der Rute knackt. Was ein bisschen wundert. Denn der Köderkontakt ist oft indirekt. Besonders wenn man das Carolina-Rig zackig über die Rute beschleunigt, liegt der Köder nicht linear hinter dem Gewicht, sondern seitlich versetzt, hat also keinen direkten Bezug mehr zum Restsystem. Wie das kommt? Das Bullet wird scharf angejiggt und macht einen Satz. Der Köder zischt an freier Leine hinterher, ist aber ja schwerelos und schwebt auch dann noch in Zugrichtung weiter, wenn das Bullet längst am Boden liegt. Wie bereits erwähnt, bekommt man diese Führung aber nur mir straffen Ruten hin. Und sie ist auch nicht immer fängig. Schon gar nicht wenn die Fische passiv oder verprellt sind. Dann fangen wir sie nur, wenn wir den Köder langsam ziehen, liegen lassen, ganz kurz anzupfen, wieder liegen lassen, ein paar Zentimeter ziehen usw. Es ist ein spannendes Geduldspiel. Und Geduld und Fingerspitzengefühl braucht man auch beim Barschbiss. Denn obwohl das Vorfach bei dieser Führung immer gestreckt hinter dem Bullet herläuft, manifestiert sich der Biss nämlich nicht zwangsläufig als »Tock«. Es ist ein kurzes vibrierendes Nuckeln, ein sachtes Festhalten. Kaum zu unterschieden von den kleinen Rucklern und Micro-Verzögerungen, die man spürt, wenn man die Montage über eine Muschelbank oder Steinfeld zieht. Wenn man da direkt anschlägt, ist die Rute definitiv nicht krumm. Der Barsch kommt auch nicht wieder. Wenn man derart vorsichtig beißende Fische verhaften will, muss man ihnen Zeit geben. Sprich, die Rutenspitze zum Köder bewegen, somit so ein bisschen Zug wegnehmen und einen kleinen Schnurbogen herstellen. Ist der Köder aromatisiert, nimmt ihn der Barsch dann auf und schwimmt mit ihm weg. Die Schnur streckt sich. Jetzt erst kann man mit dem sicheren Gefühl anhauen, dass man auf Widerstand trifft.

Supersensitives Spezialgeschirr

Für derart spitz beißende Fische wurde die Solid-Tip erfunden: Eine den Rest-Blank verlängernde Vollcarbon-Spitze, die als reiner Bissanzeiger fungiert. Das Pendant zur Bibber-Spitze beim Feedern sozusagen. Diese weiche Spitze zeigt erstens auch feinste Bisse an, die nicht bis ins Handgelenk vordringen. Zweitens bietet sie den vorsichtigen Abnehmern keinen ernstzunehmenden Widerstand. Anders als beim Angeln mit einer »normalen« Spinnrutenspitze können

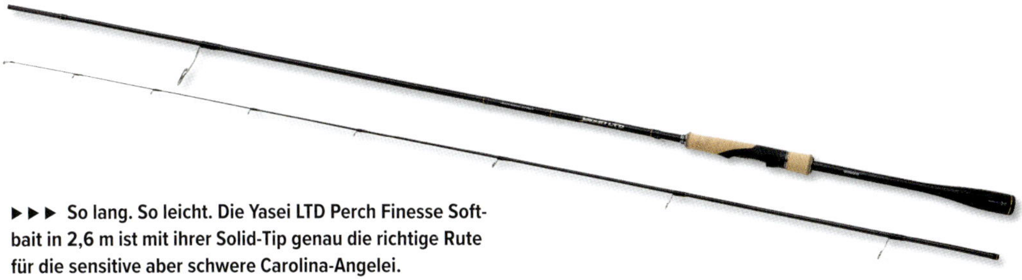

▶▶▶ **So lang. So leicht. Die Yasei LTD Perch Finesse Softbait in 2,6 m ist mit ihrer Solid-Tip genau die richtige Rute für die sensitive aber schwere Carolina-Angelei.**

die Barsche den Köder antesten, ohne dass sie gegen eine Wand laufen. Das fördert nicht nur die Bissausbeute enorm. Diese supersensible Angelei macht auch richtig Spaß. Und versetzt den mitdenkenden Angler ins Staunen. Wie viele Bisse bekommt man mit normalem Geschirr und bei dynamischerer Führung wohl gar nicht mit? Sei's drum. Man kann nicht alles haben. Mit der hier vorgestellten Solid-Tip-Angelei ist man dafür nicht besonders schnell. Auf große Distanzen kann man seit kurzer Zeit aber schon so fein angeln. Denn wo es früher nur relativ kurze Ruten mit Vollcarbon-Spitze gab, hat Shimano jetzt eine 2,60 m lange Solid-Tip-Gerte an den Start gebracht. Passend zur Länge des Blanks hat man sich im Hause meines Sponsors einen langen Namen einfallen lassen »Yasei LTD. Perch Finesse Softbait«. Offizielles Wurfgewicht 3 bis 21 Gramm. Besonders die Obergrenze wird so ziemlich jeden Uneingeweihten verwundern, weil die Taftec-Alpha-Spitze wirklich sehr filigran und biegsam ist. Ich hab's aber ja nun intensiv getestet und kann euch versichern, dass ihr mit der Rute locker 20 Gramm werfen könnt und dass diese 20 Gramm durch die Rutenlänge und den schnell beschleunigenden Haupt-Blank dann auch fliegen bis zum Mond. Dazu braucht man eine 3000er oder gar 4000er Rolle (je größer der Spulendurchmesser, desto mehr Wurfweite), die ich mit einer 10er Geflochtenen fülle. Daran knote ich dann 30er bis 35er Fluorocarbon mit dem FG-Knoten. Wo wir wieder bei der Montage wären.

Premium Sensitiv-Carolina-Köder

Ich würde euch jetzt gern die drei Topköder für diese Angelei nennen. Das Problem ist, dass am C-Rig so ziemlich alles fängt. Vom No-Action-Shad bis zum Krebs. Allerdings: Wenn man langsam fischt, sollte man drauf achten, dass der Köder auch im langsamen Modus noch gut spielt. Das tun z.B. die Crazy Flapper (2,8 Inch) und der Swing Impact 3 bis 4 Inch, der G Tail Saturn (2,5 und 4 Inch). Toll sind auch Hog Impact, Hellgies, Ring Craw, Easy Shiner usw. Ich bevorzuge geflavourte Köder, weil die Fische oft lange mit ihnen spielen, bevor sie mit ihnen abziehen. Nicht aromatisierte Köder kann man mit Pasten, Sprays und Aromastiften aufpeppen. Ich habe stark den Eindruck, dass das Sinn macht, kann aber keine empirische Studie dazu liefern. In diesem Fall müsst ihr einfach mal jemand glauben, der extrem viel mit Finesse-Methoden auf Barsch angelt.

» VIDEO: Krebs am C-Rig macht müde Zander zornig!

★ Special:

DAS ALPHA-CAROLINA-RIG

Im Kapitel über die großen Topwater Stickbaits werde ich etwas von aggressiven Alpha-Barschen schreiben und damit Fische meinen, die nicht nur kein Problem haben, einen 10 bis 15 cm langen Oberflächenköder wegzuräumen, sondern nur mit solchen Großködern animiert werden können. Alpha-Barsche sind das Pendant zum Alpha-Männchen im Affenrudel (es soll auch menschliche Alpha-Affen geben). Sie haben keine Angst. Sie sind so groß und stark, weil sie immer voraus gehen. Bedeutet: Es ist einfach nicht wahr, dass große Barsche per se vorsichtiger sind als kleinere Exemplare. Das trifft auf überfischte Gewässer zu oder auf Phasen, in denen sie nicht viel fressen bzw. so langsam angefischt werden müssen, dass sie sich den Köder ganz genau ansehen können. In der viel zu oft kommunizierten Pauschalität ist die Mär vom achso vorsichtigen (weil schlauen) Großbarsch aber einfach nicht mehr als eine Mär. Große Barsche haben keine Angst vor 35er oder 40er Fluorocarbon-Leadern. Sie haben auch keine Angst vor Stahl- oder Titan-Vorfächern, die wir einfach immer fischen müssen, wenn es Hechte gibt, die auf unseren Köder schroten könnten. Insofern können wir oft viel gröber zuwerke gehen, als wir es tun und parallel Zander und Hechte abgreifen.

▸▸▸ **Hechtsicher dank Titanspitze.**

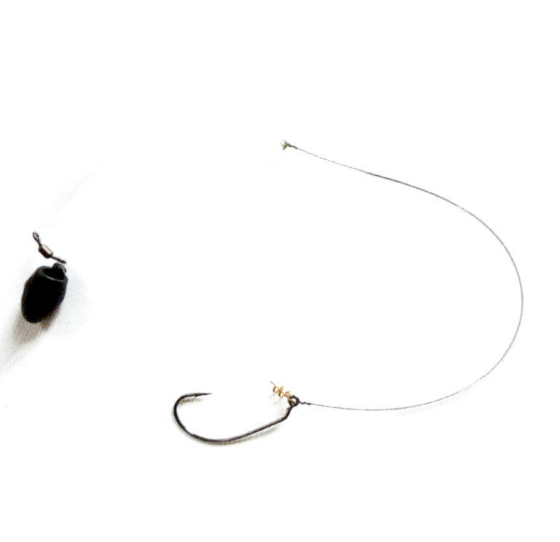

Z.B. mit einer groben und hechtsicheren Variante des Carolina-Rig, die ich Alpha-C-Rig nenne. Nicht nur weil es Alpha-Barsche fängt, sondern weil es eine sehr kernige Variante ist. Gemacht fürs Angeln auf Distanz und um zügig große Flächen nach aktiven Raubfischen abzusuchen. Premium-Einsatzgebiet ist das Flachwasser. Denn hier gibt's wirklich einen Vorteil gegenüber dem Gummifisch am Bleikopf: Während man Gummis mit mindestens 20 Gramm schweren Jigs ausstaffieren muss, um sie in 60 Metern Entfernung anbieten zu können (was auf 3 Metern Tiefe nicht immer fängt), spielt das Gewicht beim C-Rig wie eingangs erwähnt eine untergeordnete Rolle, da der Köder an einem Pendel hinter dem Gewicht her trudelt.

Hechtsicher Finessen?!

Ein Großteil der Fängigkeit des Carolina-Rigs wird aufbaubedingt der schwerelosen Absinkphase zugeschrieben. Wenn wir das Rig anzupfen, müssen wir nach dem Erschlaffen der Schnur, das uns signalisiert, dass das Gewicht auf dem Grund angekommen ist, noch ein bisschen länger warten, bis auch der Köder den Grund erreicht. Insofern fischen nicht wirklich viele Leute mit einem Stück Stahl als »Mundstück«. Denn damit würde man den »Schwerelos-Effekt« ja zerstören. Das ist schon richtig. Nun gibt's erstens aber ja auch Ködertypen, die über den Boden kriechende Raubfischbeute imitieren (Krebse, Larven oder Grundeln). Zweitens muss man auch kein 30 cm-Stahl fischen. Da der Offsethaken beim Anhieb bis nach vorne ins Maul durchrutscht und sich seinen Halt vorne im Kiefer sucht reichen relativ kurze Titan-Spitzen aus, um hechtsicher unterwegs zu sein.

Die Alpha-Montage

Genug geschwafelt. Machen wir es konkret: Ein C-Rig ist an sich schon recht knotintensiv. Die hechtsichere Variante erfordert noch etwas mehr Einsatz. Zunächst einmal knote ich ein ca. 1,2 m langes Stück 40er Fluorocarbon mit dem FG-Knoten an die Hauptschnur. Das erscheint recht dick. Aber ich will ja auch Gewaltwürfe ausführen.
Ich verwende ausschließlich Tungsten Bullet Weights. Erstens ist Tungsten kompakter als Blei und fliegt bei gleichem Gewicht aufgrund des geringeren Luftwiderstandes weiter. Zweitens ist das Material härter als Blei und liefert mir genaue Informationen über die Boddenbeschaffenheit. Allerdings ist Tungsten nicht wirklich gut zur Schnur. Besonders günstige China-Weights sind oft schlecht entgratet und rauen die Schnur auf, weswegen ich am liebsten Bullet Weights von Reins verwende, die mit einer glatten Schnurführung aus Plastik aufwarten. Dennoch: Ich arbeite hart am Grund, ziehe den ganzen Tag lang voll durch und habe oft Muschelkontakt. Deshalb also die 40er Schnur, auf die ich das Bullet fädle. Es folgt eine Gummi-Perle oder ein anderer Knotenschoner (z.B. ein Versatile Keeper von Decoy), dann ein hochwertiger Wirbel (ich verwende 21 kg-Wirbel von VMC). Jetzt kommt ca. 50 cm Fluorocarbon, das ich ins andere Öhr des Wirbels knote. Abhängig von der Größe der zu erwartenden Barsche, Hechte und Zander greife ich hier auf 30er bis 40er Fluorocarbon zurück. Und jetzt kommt die Hechtversicherung: Ein ca. 10 bis 15 cm langes Mundstück aus 1x7 Titan. Dieses Material hat mehrere Vorteile. Der größte ist, dass man es knoten kann. Wobei. Mindestens genauso schön ist, dass es nicht knickt und man mit einem Vorfach Hunderte Fische fangen kann, ohne Kringel-Alarm. Ich empfehle die Marke Knot-2-Kinky und da dann Stärken von fünf, acht oder elf Kilogramm – je nach Großfischpotential und passend zum Fluorocarbon. Ans eine Ende knote ich einen Haken (Decoy Makisasu Worm

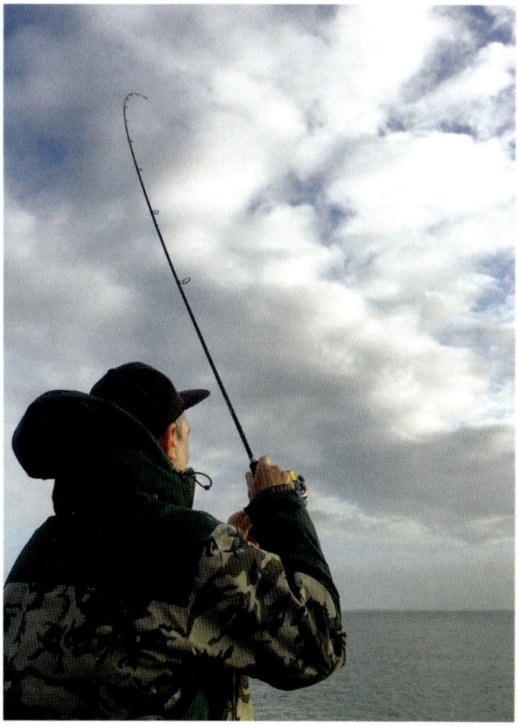

▶▶▶ **Dickbarsch im Drill an der 40-Gramm-Lesath.**

30 in 2/0 oder 3/0 – je nach Ködergröße). Ans andere einen kleinen Wirbel oder einen Tippet Ring aus dem Fliegenfischerbedarf. Leichter verarbeiten lässt sich der Wirbel, leichter und unauffälliger ist der kleine Ring, der auch unter dem Namen »Pitzenbauer Ring« firmiert. Dieses kurze Titan-Vorfach kommt – logischerweise – ans offene Ende des Fluorocarbons. Fertig! Geht doch. Nicht schnell. Aber einfach.

Alpha-C-Rig-Köder

Da wir auf den Taumeleffekt verzichten, kommen in erster Linie Köder zum Einsatz, die schön spielen, wenn wir sie recht flach über den Boden huschen lassen. Ich habe drei konkrete Tipps: Erstens der Crazy Flapper von Keitech. Ein Krebsimitat, das aktiv mit den hochbeweglichen Scheren spielt – auch wenn man es nur wenig bewegt. Dieser Köder macht sie alle schwach. Von Barsch über den Hecht bis zum Zander.

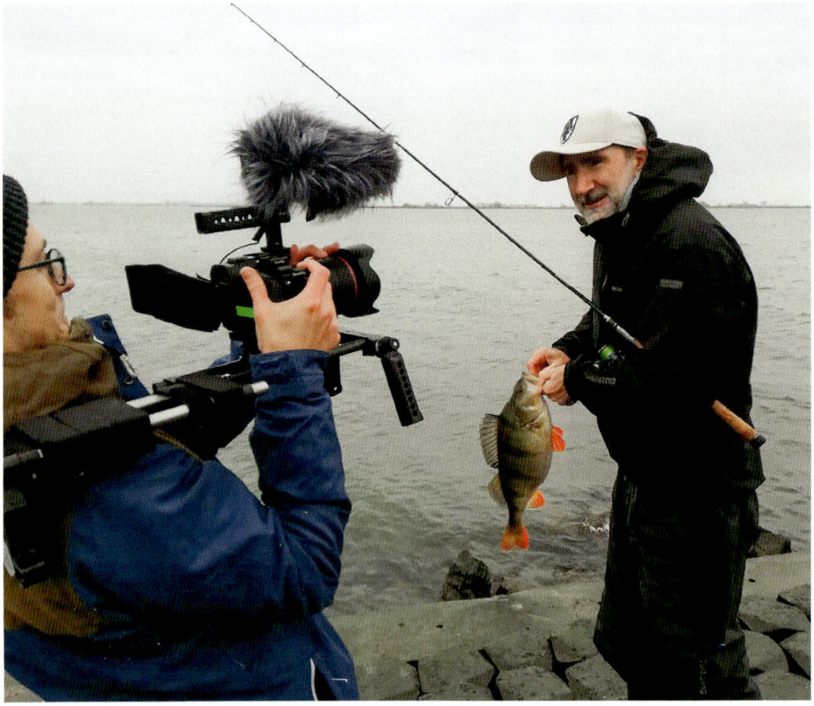

▶▶▶ **Ein schöner Alpha-Barsch, den wir beim Filmen für eine BA-Episode heavy herauscarolinasiert haben.**

Zweitens der Fat Swing Impact. Ein Weitwurfmonster und in 3,3 Inch, 3,8 Inch und 4,3 Inch ein perfektes Grundelimitat. Durch die weiche Keitech-Mischung spielt auch der FSI, wie ihn die Experten nennen, ebenfalls beim leisesten Zug. Mit »Golden Goby« gibt's sogar eine von mir entworfene Grundelfarbe. Und dann ist da noch der G Tail Saturn in 4 Inch. Unser Lieblingswurm mit Twisterlocke. Auch er springt sofort an, wenn man ihn bewegt und auch wenn er so schlank ist – mir hat dieser Köder schon sehr viele Zander und Hechte beschert. Barsche lieben ihn sowieso.

» **VIDEO:** C-Rig: Xtra heavy zum Monsterbarsch

Alpha-C-Rig Tackle

Dass wir Gewichte von 20 bis über 30 Gramm nicht mit feinen Barschruten servieren, versteht sich von selbst. Ich verwende am liebsten recht grobes Geschirr. Konkret: Ruten von 2,4 bis 2,7 m Länge mit recht hohem Wurfgewicht und einer nicht ganz so harten Spitze. Z.B. meine 40 Gramm-Lesath in 2,4 m oder eine Technium in 2,59 m mit 56 Gramm Wurfgewicht. Dazu eine 4000er Rolle mit 13er Hauptschnur (PowerPro).

Köderführung

Man kann das Rig schleifen, hektisch jiggen oder auch faulenzen. Da muss man eben sehen, auf was die Abnehmerschaft tagesaktuell steht. Viel falsch kann man nicht machen. Denn Alpha-Carolina findet immer einen Fisch. Es sei denn, es ist kein Alphatier am Platz ...

DAS EASY-RIG: SYSTEM-WECHSEL LEICHT GEMACHT

Carolina- oder Texas-Rig? Bei beiden Montagen läuft ein Durchlauf-Bullet-Blei auf der Hauptschnur, das den Fischen keinen Widerstand beim Aufnehmen des Köders entgegensetzt. Viel entscheidender ist aber, dass der Köder nicht direkt vom Bleigewicht zum Grund gerissen wird, sondern dem Blei in einem gewissen Abstand folgt. Die Absinkphase verzögert sich also! Dabei gilt: Je länger der Abstand zwischen Haken und Blei, desto länger dauert es, bis der Köder nach dem Anzupfen regungslos auf dem Grund liegt. Mit dem Texas-Rig erzielt man also nur eine kleine Verzögerung. Mit einem Carolina-Rig eine Größere.

Es gibt Tage, an denen sogar die Vorfachlänge am Carolina-Rig eine fangentscheidende Rolle spielt. Bedeutet für uns: Wenn man herausfinden will, auf welche Absinkgeschwindigkeit die Fische stehen, muss man ständig basteln. Oder man verwendet das »Easy-Rig«. Hier kommen zwei Gummistopper vor die Perle. So kann man den Abstand zwischen Blei und Haken beliebig verändern und ganz »easy« zwischen Texas-, kurzem und langem Carolina-Rig wechseln.

▶▶▶ **Das Easy-Rig.**

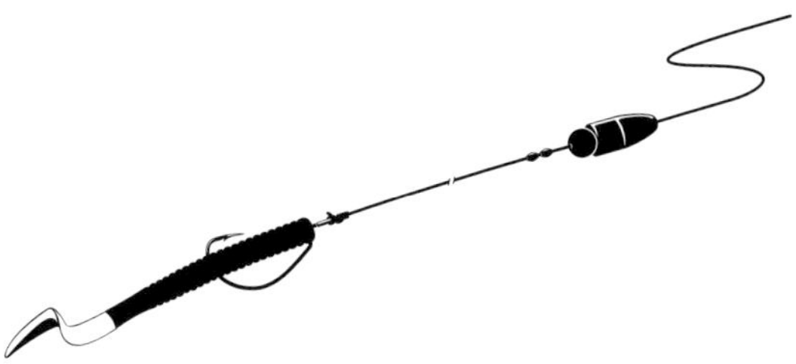

FREE-RIG: IM FREIEN FALL ZUM BARSCH!

Free-Rig, Free-Rig, Free-Rig ... Im Forum, auf YouTube, auf Instagram. Ich konnte es schon nicht mehr hören. Zumal ich der Montage einigermaßen kritisch gegenüberstand. Das schöne Bullet gegen ein Stabblei austauschen und schon wird aus dem Texas-Rig eine Wunderwaffe? Also Leute. Veralbern kann ich mich selber! Aber ein bisschen interessiert hat es mich dann natürlich schon, zumal der halbe Barsch-Alarm freeriggifiziert war und ich schon mit meiner Community mitreden können will. Meine Recherchen ergaben, dass das Rig von Bass-Anglern aus Fernost »erfunden« wurde, wenn man einen Gewichtsform-Wechsel als »Erfindung« abfeiern will. (Wie gesagt, ich war kritisch.) Sie wollten erreichen, dass das Gewicht den Köder senkrecht nach unten zieht, so dass sie Fischen, die ganz dicht an einer Vertikalstruktur (einem Baum, einer Mauer etc.) abhängen, den Köder direkt vor die Krebs- und Kleinfischvernichtungsrampe plumpsen zu lassen. Klar. Der Stab hat einen anderen Schwerpunkt als die Patrone. Kann schon sein, dass man da ein paar Zentimeter schinden kann und das Rig im Gegensatz zum Texas-Rig beim Absinken tatsächlich total vertikal

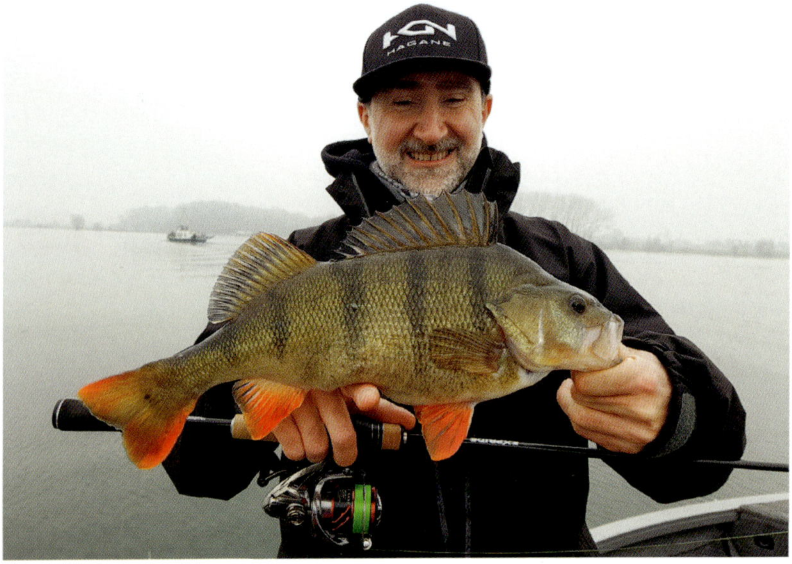

▶▶▶ **Diese großen Barsche stehen auf den freien Fall am Free-Rig.**

fällt, wenn man das System aus Blei und Köder an schlaffer Leine absacken lässt. Das macht für mich theoretisch Sinn. In der Praxis gilt es aber noch, diesen Unterschied zu beweisen. Und wenn man ehrlich ist, gibt's hier recht wenig Situationen, in denen ich einen am Fuße eines gefluteten Baumes chillenden Barsch anwerfe. Auch die mitteleuropäischen Free-Rig-Fans arbeiten sich nicht an gefluteten Wäldern ab. Ich sehe sie an Brücken posieren, ihr geliebtes Rig über Steine zupfen oder gar im gänzlich freien Feld arbeiten. Da diese Umdeutung der Begeisterung aber keinen Abbruch tut, sah ich mich mehr oder weniger gezwungen, dem Geheimnis des Free-Rigs nachzugehen. Zumal die Fans noch ein weiteres Argument pro Free-Rig anführen: Wegen der 90-Grad-Stellung von Blei zu Köder und weil das Blei fast senkrecht steigt beim Anzupfen, kommt man mit dem Free-Rig besser durch Steinfelder als mit einem Texas-Rig, das man gern mal unwiederbringlich in die Ritzen zieht.

Und so habe ich eine Umfrage auf Instagram gestartet, mir dort Tipps eingeholt und diese Tipps am Wasser in einem Live-Test in ein Video einfließen lassen. Und? Direkt mit den ersten Würfen einen ansehnlichen Barsch aus der alten Havel gekitzelt. An einem relativ stark befischten Platz. In der folgenden Nacht konnte ich kaum schlafen vor lauter Optimierungsideen. Am Ende stand ich am Folgetag nochmal am Wasser. Diesmal mit feinerer Montage, einer Finesse-Version sozusagen. Und dann hat's richtig geklappert. Auch davon gibt's ein Video. Spätestens dem zweiten Streifen ist zu entnehmen, dass ich selber ganz begeistert bin vom Free-Rig. Ja, Leute. Innerhalb von 2 Tagen vom Skeptiker zum Fan. Bedeutet für euch, dass ihr euch unbedingt mit dem Rig auseinandersetzen müsst. Spätestens nachdem ihr dieses Kapitel gelesen und die Videos konsumiert habt, wisst ihr, wovon ich in dieser Zeile schreibe. Am Ende geht's weniger darum, dass das Rig total vertikal fällt, es geht um den freien Fall. Darum, dass der Reibungswiderstand des Stabblei-Öhrs geringer ist als der der Bullet-Führung im Patronen-Inneren und der Köder im Rig-Vergleich deshalb erstens nach dem Anzupfen eine längere Strecke völlig frei zum Grund segelt und zweitens absolut widerstandslos aufgenommen werden kann. Der freie Fall lockt den Barsch. Die freie Aufnahme lässt ihn den Köder arglos aufnehmen.

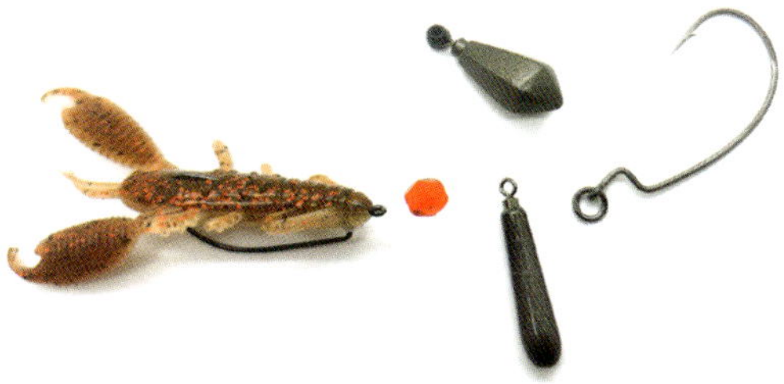

▶▶▶ So sieht ein fertig montiertes Free-Rig aus. Daneben der Haken mit dem Ring und eine gedrungenes Blei von Decoy mit Schnurschoner.

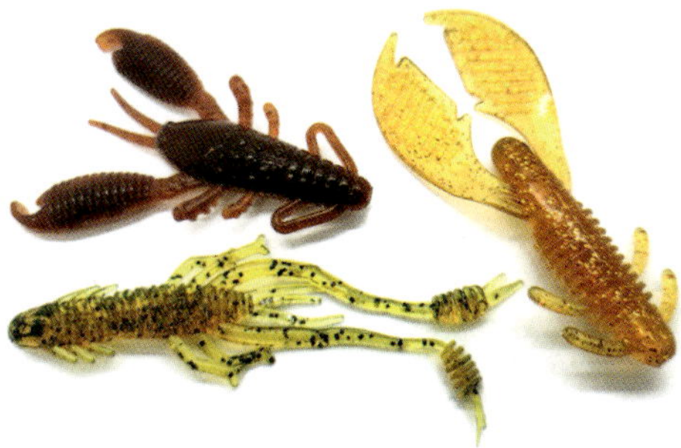

▶▶▶ Eine kleine Auswahl von Free-Rig-Krebsen: Ring Shrimp, AX Craw und Ring Craw.

Die Free-Rig-Montage

Ich habe es ja schon gesagt: Im Prinzip tauscht man das Bullet gegen ein Stabblei aus und bindet alles so zusammen wie ein Texas-Rig. Also: Blei aufs Fluorocarbon-Vorfach fädeln, eine Perle aufziehen, einen Offset-Haken anknoten, einen Köder aufziehen. Fertig. Also zumindest die Basis-Version. Eine Experten-Variante sieht vor, einen Haken zu verwenden, in dessen Öhr ein kleiner Ring angebracht ist. So kann der Köder noch ein bisschen freier spielen – selbst wenn sich der Knoten mal in die Perle reinzieht.

Es gibt verschiedene Bleie auf dem Markt und auch Tungsten-Stäbe mit Öse. Bei niedrigem Gewicht muss es weder Tungsten sein, noch eine Spezialform. Doch je schwerer man fischt, desto größer würde der Vorbau vorm Köder werden. Da schaffen entweder das hochverdichtete und schwere Tungsten-Stäbe Abhilfe oder eine etwas kompaktere Bleiform.

Free-Rig-Köder

Für die meisten Free-Rigger kommen nur 2 ½ Ködertypen in Frage: Pintails, Krebse und teilweise auch Creatures. Warum? Schlanke Gummis ohne Schaufelschwanz »darten« im freien Fall zur Seite weg, was oft den Beißreflex auslöst. Krebse haben mehr Wasserwiderstand und fallen langsamer. Dadurch nutzt man den freien fall mit einem Krebs besser aus als mit einem Köder, der schneller zu Grund sinkt. Ich habe sehr gute Erfahrungen mit dem Ring Shrimp, der Ring Craw und dem Delta Shrimp (alle von reins) gemacht.

Anköderung

Die Köder werden ganz normal »offset« angekört. Wenn man den Köder aber so aufzieht, dass der Haken wirklich komplett in selbigem verschwindet, kann man auf die Perle verzichten und hat eine subtilere und lautlose Montage. (Wenn ihr die Fische über den Perle-tockt-auf-Gewicht-Knall anlocken wollt, empfiehlt es sich übrigens, doch das Texas-Rig zu wählen. Perle gegen Öse – das knallt nicht.)

Light-Version

In der Nacht nach dem ersten Free-Rig-Einsatz bin ich nochmal in mich gegangen. Diese Überlegungen haben mich zu einer Light-Version geführt. Ich habe das Rig an den Berliner Barschbestand angepasst. Also kleinere

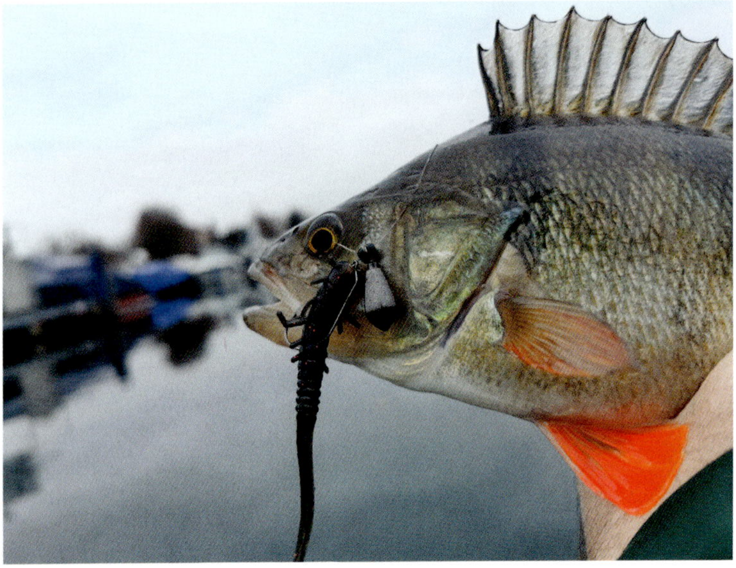

▶▶▶ Besonders wenn die zu erwartenden Barsche nicht so groß sind, machen kleinere Köder Sinn! Denn auch mittlere Barsche mögen das Free-Rig richtig gern.

Köder und kleinere Haken. So konnte ich am selben Spot auch mit 5 Gramm angeln, wo ich tags zuvor mit 10 Gramm angegriffen habe. Viel mehr außer »Ihr könnt das auch richtig fein fischen«, gibt's dazu nicht zu sagen.

Köderführung

Will man den freien Fall für sich nutzen, muss man das Rig zackig anrucken, also auf jeden Fall über die Rute fischen. Bedeutet: 10 Uhr Position einnehmen und dann die Rutenspitze mit einem Impuls auf 12 Uhr zucken lassen. Merke: Je weiter der Köder von uns entfernt ist, desto heftiger muss der Ruck ausfallen. Unmittelbar nach der Beschleunigung wird die Rutenspitze abgesenkt, so dass das Blei und im Nachgang dann der Köder ungehindert zum Grund rauschen kann (der Köder schwebt hinterher). Man kann die Barsche aber auch mit dem Free-Rig kitzeln. Kleine Sprünge, viele Pausen. Ein bisschen Ziehen, ein bisschen Zittern. Vor allem im Winter macht eine defensivere Köderführung mehr Sinn. Das sieht unter Wasser dann sicher nicht anders aus als wenn der selbe Köder bei gleicher Führung am T-Rig angeboten wird. Ein Free-Rig-Vorteil bleibt aber bestehen: der freie Schnurabzug. Und der kann gerade im Winter, wo die Fische den Köder recht vorsichtig nehmen, schon darüber entscheiden, ob ein Barsch mit dem Köder abzieht oder diesen liegen lässt, nachdem er das Blei mitschleifen musste.

Free-Rig Hardware

Wann immer scharfe Bewegungen den Kick bei einer Montage ausmachen, fahre ich mit kurzen Ruten besser. Da bekommt man mehr Speed rein und auch mehr Präzision. Ob man nun lieber mit der Baitcaster angelt oder mit der Statio, ist eigentlich egal. Es sei denn, man macht's mit FC. Durch den Memory-Effekt von Fluorocarbon fliegen größere Stärken als 0,25 schon recht störrisch von der Statio. Es gibt manchmal Perücken und überhaupt angelt es sich unschön. Wenn ihr also auf dicke Barsche freeriggt, verwendet ihr besser eine Baitcaster, die für den Umgang mit Fluorocarbon einfach besser geeignet ist. Ich verwende für die Light-Version eine 2 m lange und straffe Spinnrute mit 10 Gramm Wurfgewicht, für schwerere Applikationen entsprechend schwereres Geschütz. Free-Rig »light« geht super mit einer 0,07er Kairiki 8 in Kombination mit einem 20er oder 25er Vorfach.

Wenn es schwerer wird, nehme ich 0,10er bis 0,13er Hauptschnur und 30er oder 35er FC.

Und hier noch ein paar Free-Rig-Tipps aus meiner Barsch-Community:

★ Über Grund schleifen mit dem einen oder anderen Hüpfer zwischendurch.

★ Durch das Hardcover (Steine) läuft das Free-Rig besser als das Texas-Rig, das aber im Softcover (Gras) eine bessere Figur macht.

★ Langsame Führung im Winter. Nach dem Anzupfen eine lange Pause machen.

★ Würmer (reins G Tail Saturn) funktionieren auch sehr gut.

★ Auftreibende Köder (Z-Man Trick ShotZ) kann auf der Stelle anbieten mit einem etwas schwereren Gewicht.

★ Statt der Perle einen Gummistopper verwenden als besseren Knotenschutz.

★ Fluorocarbon als Hauptschnur für noch weniger Fehlbisse. Dann aber aggressiver führen (wegen der Dehnung der Schnur).

Wenn euch das nicht überzeugt, müsst ihr unbedingt die beiden Videos schauen! Danach seid auch ihr heiß aufs Free-Rig – das ist Fakt.

Free-Rig-Szenarios

Während man mit dem T-Rig super durchs Kraut kommt, eignet sich das Free-Rig zum Beangeln harter Strukturen. Muschelbänke, Steinfelder, Steinpackungen – das sind die Prime-Spots fürs Free-Rig. Und dann natürlich die eingangs erwähnten Vertikalstrukturen wie Brückenpfeiler, Dalben, geflutete Bäume, Spundwände usw.

» VIDEO: Free-Rig: Im freien Fall zum Winterbarsch

» VIDEO: Free-Rig light? Regelt!!!

JIKA-RIG: LEADERLESS DROPHOTTEN

Ich unterteile die Finesse-Rigs in »Haupt-« und »Schatten«-Rigs, also solche, die sich inzwischen flächendeckend durchgesetzt haben und andere, die noch nicht so viel Sonne abbekommen haben. Dropshot-, Texas- und Carolina-Montagen sind die populären US-Rigs, die aus der Manege der heimischen Kunstköder-Dompteure nicht mehr wegzudenken sind. Das Free-Rig bald auch. Aber wie viele Menschen fischen denn wirklich weightless wacky? Wie viele Angler kommen ohne Shaky Heads nicht mehr klar am Wasser? Und wer bitteschön kann die

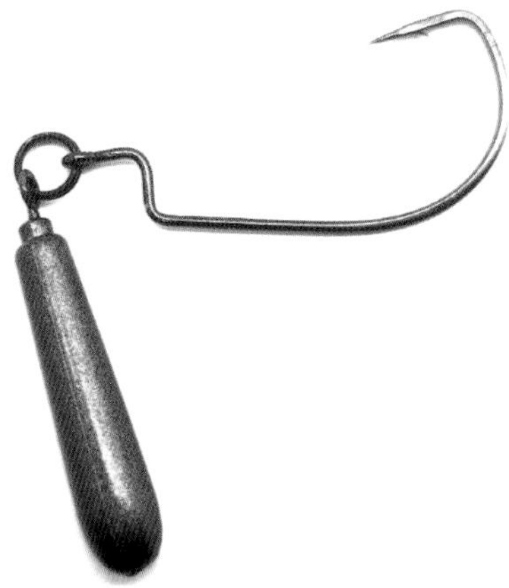

▶▶▶ **Das Jika-Rig gibt's von Decoy bereits fertig montiert. Das hier ist selfmade.**

einzelnen Komponenten des Jika-Rig aufzählen und erklären, warum man diese mit dem Texas- und Free-Rig bzw. der Chebu verwandte Montage unbedingt auch in petto haben muss?

Jika-Montage

Die Bezeichnung Jika-Rig ist in Japan mehr Markenname als offizielle Rig-Betitelung. Die Firma Owner verkauft dieses System komplett montiert und hat sich den Namen Jika-Rig schützen lassen. Die offizielle Bezeichnung ist Leaderless Dropshot Rig oder Punchshot-Rig. Das japanische »Jika« wird bei uns mit »direkt« übersetzt. Das passt gut, weil das Blei bei dieser Montage ja direkt vor dem Haken sitzt: Ein Offsethaken wird über einen Sprengring mit einem Blei und einem Wirbel zusammengeschaltet. Der Wirbel verhindert, dass sich im Drill die Schnur aus dem Sprengring drehen kann. Kommt ein Einhänger zum Einsatz, kann auf den Wirbel allerdings verzichtet werden. Achtung: Wirbel oder Einhänger müssen zwischen dem Gewicht und dem Haken angebracht werden und nicht unter dem Gewicht. Nur dann funktioniert das Rig!

Generell kann man jeder Bleiform in den Sprengring andrehen, die mit einem Öhr ausgestattet ist. Das klassische Jika-Blei ist ein Stabblei, das sich besonders gut macht, wenn man den Köder durch Seerosen oder dichte Krautmatten jagen muss.

Weil sich die Montage beim Absinken streckt, kommt man mit dem Rig durch kleinste Lücken im »Cover« (Krautmatten, Seerosen, Totholz). Außerdem bewegt sich der Köder freier, als wenn das Gewicht wie beim Jigkopf fest auf dem Haken sitzt. Der Gummiköder wird – selbst wenn das Gewicht den Boden berührt – immer etwas vom Grund abgehoben, so dass der Köder wirklich frei spielt. Nach dem Anlupfen sinkt der Köder, einem Gummi am Jig gleich, kopfüber ab. Am Texas-Rig läuft und sinkt der Gummiköder in der Tendenz eher horizontal.

Blei oder Tungsten?

Hänger und Tungsten? Wird das nicht furchtbar teuer? Theoretisch schon. Praktisch meinen die Experten aber, dass man aufgrund der Kompaktheit des Gewichts weniger Hänger einsammelt. Das ist eine Theorie, die man mal gehört haben sollte. Keine Ahnung, wie man das nachweist. Hätte ich diesen Hänger mit Tungsten jetzt nicht bekommen? Wäre ein Stab aus Blei jetzt hängen geblieben? In jedem Fall sind Tungsten-Stäbe schnittiger und unauffälliger und man erfährt mit Tungsten halt einfach schneller, was da unten strukturtechnisch los ist. Holz? Muscheln? Steine? Sand? Das alles kann man mit Tungsten-Weights schneller identifizieren und sich so aus ganz kritischen Bereichen raushalten bzw. intensiver bzw. konzentrierter in heißen Zonen fischen.

Haken

Es gibt fertige Systeme. Wenn ihr euch das Rig selbst zusammensetzt, habt ihr die freie Hakenwahl. Dann würde ich euch jeden Fall einen

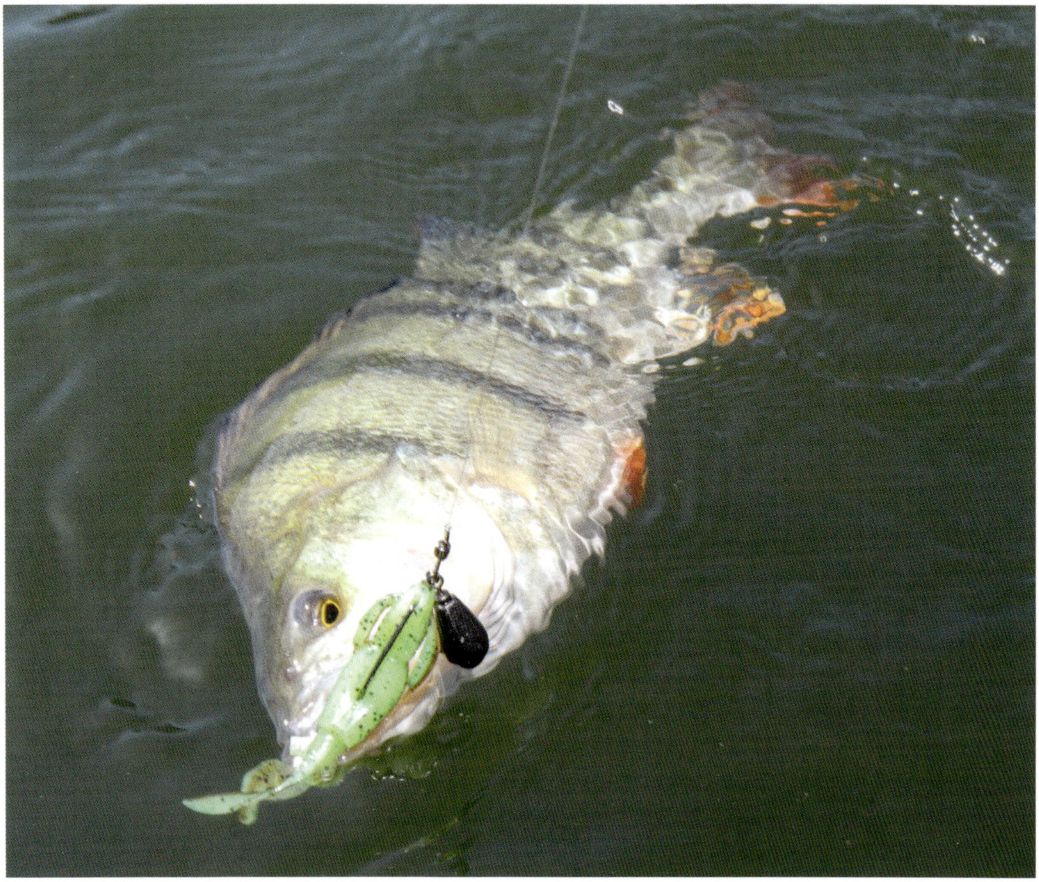

▶ ▶ ▶ **Dieser Barsch hat das Jika-Rig über den Steinen attackiert. Vorschriftsgemäß.**

klassischen Offsethaken mit großem Bogen empfehlen, der natürlich zur Ködergröße passen sollte. Wenn ihr voll im Holz angelt, empfehlen Schwarzbarsch-Cracks starke Haken, mit denen man den Fisch dann auch hart aus dem Holz herauszerren kann. Barsche werden ja nicht so groß. Insofern macht es Sinn, sich zumindest mal gedanklich mit dem Gegenentwurf zu beschäftigen und gerade im Holz einen feineren Haken zu fischen, der im Falle eines Hängers unter konstantem Zug aufbiegt, bevor die Schnur reißt. So oder so: Scharf muss der Haken auf jeden Fall sein. Immer. Deshalb nehmt ihr am besten auch immer eine Feile mit, mit der ihr stumpfe Haken nach einem Hänger wieder scharf macht.

Jika-Köder

Als Köder haben sich vor allem Krebse, Creatures, Pintails und Würmer mit Locke oder Schaufel bewährt. Bei Pintails spielt das Schwanzende am Leaderless Dropshot-Rig genauso schön wie am »echten« Dropshot-Rig. Wo EIN Tail toll performt, wackeln zwei Scheren, Fühler und Tentakeln ja mindestens genauso verführerisch oder gar verführerischer. Am Ende ist das Rig dazu da, den Köder sicher durchs Hindernis und zum Barsch zu führen – welchen Köder ihr

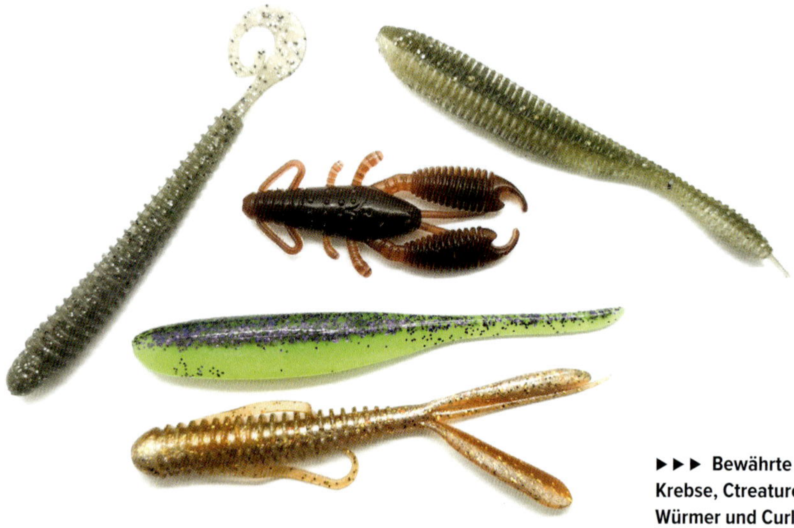

▸▸▸ **Bewährte Jika-Köder sind Krebse, Ctreatures, Pintails, Action-Würmer und Curlytails.**

verwendet, bleibt eurer Spürnase überlassen. Fangen kann so gut wie alles. Anbieten könnt ihr von 2 bis 10 Inch jede Größe. Theoretisch. Praktisch muss die Ködergröße auch ein bisschen in Relation zum Bleigewicht stehen. Ich finde, der Köder muss länger als der Stab sein. Unter 3 Inch würde ich also selten gehen. Und dann sollte er noch für Barsche interessant sein. Insofern gehe ich nicht über 5 Inch raus.

Köderführung

Das Jika-Rig kann man aggressiv oder lazy präsentieren, die Fische mit Sprüngen provozieren oder mit subtilen Zitterbewegungen betüddeln. Natürlich empfiehlt es sich im Holz, nicht ganz so große Sätze zu machen und sich langsam und vorsichtig über Äste und Stümpfe durchzutasten. Wenn ihr keine Bisse bekommt, könnt ihr versuchen, mit einer sehr schnellen und ruckartigen Präsentation Reaktionsbisse auszulösen. Das Rig kann an sich fast alles. Ihr könnt damit fast auf der Stelle arbeiten. Um den Köder am Punkt zu halten und zittern zu lassen, schlägt man nur ganz leicht in die lose Schnur. Durch die v-förmige Anordnung bewegt sich das Duo aus Blei und Köder auch sehr schön, wenn man es mit ganz kurzen Zupfern über den Grund hoppeln lässt. Dazu geht die Rutenspitze in die 10 Uhr-Position und ruckt ein paar Zentimeter nach oben. Wenn die Fische eine aggressivere Präsentation wünschen, kann man das Jika-Rig auch in kurzen und steilen Sprüngen jiggen. Je dynamischer die Rute angeruckt wird, desto aggressiver fallen die Köderbewegungen aus und erinnern die Fische an einen flüchtenden Krebs oder Kleinfisch. Eine andere Option ist das Anheben und Schütteln: Sehr schön spielt der Köder auch, wenn man die Rute aus der 9 Uhr-Position auf die 10 Uhr-Position anhebt und dabei schüttelt, um den Fall mit einem Absenken den Rutenspitze zu begleiten. Die Spezialisten kurbeln die Montage oft auch einfach über Steine und Steinpackungsgeröll und spekulieren sogar darauf, dass das Rig mal in einer Spalte stecken bleibt. Dann wird es freigeschnipst. Oft bekommen sie einen megaaggressiven Biss, wenn der Köder aus den Steinen nach oben schießt. Wenn die Fische knapp über dem Grund stehen, bekommt man auch aufs eingekurbelte Jika-Rig Bisse. Noch mehr werden es, wenn man die Rute beim Einholen vibrieren lässt. Stehen die Fische im tiefen Wasser nicht direkt am Grund, ist auch eine Vertikal-Präsentation erfolgreich, bei der der Köder immer wieder dezent angeschüttelt wird, um dann wieder auspendeln zu dürfen.

Jika-Hardware

Auch hier: Ob ihr mit einer Baitcaster oder einer Spinning angelt, bleibt euch überlassen. Wichtig ist nur, dass die Rute nicht zu lang ist (max. 2,2 m), damit ihr schön mit dem Rig spielen könnt. Für eine kontrollierte Führung sollte die Rute eine Spitzenaktion aufweisen, mit der man den Köder bzw. das Rig auch mal dynamisch beschleunigen kann. Fluorocarbon oder Geflecht? Geflecht steht für eine direkte Bissübertragung, Fluorocarbon ist abriebfester. Wenn ihr euch komplett dem Befischen eines Unterwasserdschungels zuwendet und mit kurzen Würfen vom Boot agiert, würde ich euch Fluorocarbon (und dann die Baitcaster) empfehlen. Zum Angeln in Steinen aber auf jeden Fall Geflecht, weil man das Rig im Falle eines Hängers mit Geflecht besser freischnipsen kann.

Leaderless Dropshot- Rig-Situation

Wie wir im Intro zu diesem Kapitel gelernt haben, wurde das Rig ursprünglich erfunden, um durch Krautmatten durch zu punchen. Das habe ich auf Barsch noch nie gemacht und vielleicht fehlt es bei uns auch an der entsprechenden Vegetation. Für mich ist das Free-Rig besser zum Steinfischen, weil es genauso wenig oder viel Hänger produziert wie das Jika-Rig, aber mit dem Vorteil der Durchlaufmontage daherkommt. Stichwort widerstandslose Köderaufnahme. Aber zum Holzen ist das Jika-Rig besser, weil sich das Vorfach beim Free-Rig (freier Fall des Köders) zwischen Blei und Köder immer wieder um Äste wickelt. Beim Jika-Rig gibt's zwar keinen freien Fall und die Fische müssen sich auch das Bleigewicht mit reinziehen. Es gibt aber auch keine Wickelproblematik. Merke: Die Holz-Zone ist Jika-Zone.

NED-RIG: HARTE BISSE IN DER ABLAGE!

Das Ned-Rig wurde nach seinem Erfinder benannt. Da weitgehend Einigkeit besteht, dass Ned Khede der erste Angler war, der Mushroom-Jigs mit Finesse-Gummis über die steinigen Strukturen im Mittleren Westen hüpfen ließ, wurde sein Name in der Bezeichnung eines Finesse-Rigs verewigt. Zum ersten Mal kam die Kombination aus Finesse-Wurm und Mushroom-Jig in den frühen 1980er Jahren in Minnesota zum Einsatz. Und weil die Jigs viel auf »rockigem« Grund viel weniger Hänger produzierten als andere Formen, erwuchs 20 Jahren nach den Beatles ein neuer Kult um Pilz-Köpfe. Seitdem stehen Jigs wie der Gopher Mushroom Head als Synonym für die Finesse-Angelei im Mittleren Westen.

▸▸▸ Im Winter und an überfischten Spots fische ich das Ned-Rig am liebsten.

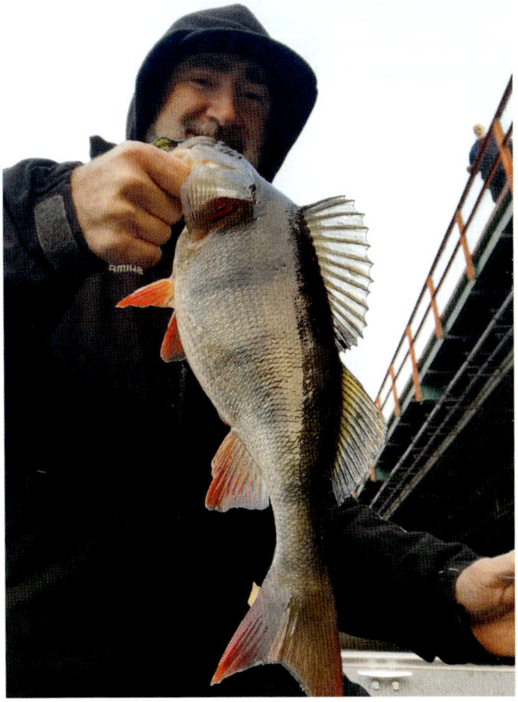

Die zweite Welle wurde angestoßen durch keinen Geringeren als Bass-Turnier-Legende Kevin VanDam. Er zeigte Khede ein paar ElaZtech-Prototypen von Z-Man und Khede war sofort begeistert vom starken Auftrieb der Z-Man-Mischung, die die Köderschwänze in der Ruhephase nach oben zieht. Die perfekte Imitation eines am Boden fressenden Kleinfisches oder eines sich mit erhobenen Scheren verteidigenden Krebses. Gut wahrzunehmen und leicht zu packen. Nur waren Ned die Z-Man-Köder noch ein bisschen zu groß. Deshalb schnitt er sich zu Beginn 5er Zinker WormZ auf Finesse-Format zurecht, was wiederum Z-Man dazu inspirierte, einen kleineren Köder speziell fürs Ned-Rig zu produzieren. Mit dem Finesse TRD (TRD = The Real Deal) entstand der erst Z-Man-Ned-Rig-Gummi. Weichmacherfrei. Enorm elastisch. Hochgradig basszahn- und abschüttelresistent. Und megafängig. Eine Finesse-Waffe, über die in den letzten Jahren viel geschrieben wurde. Und auch gefilmt.

Ned-Rig-Montage

Von einer Montage zu reden, ist in diesem Fall fast ein bisschen übertrieben. Man steckt ja einfach nur ein Gummitier mit Auftrieb auf einen Mushroom-, Ned-Rig- oder TipUp-Jig. Die Mücke muss ich jetzt nicht zum Elefanten hochschreiben. Merken könnt ihr euch aber auf jeden Fall, dass auftreibende Köder besser fangen.

Ned-Rig-Jigs

Den eingangs erwähnten Pilzkopf hat Z-Man inzwischen ein bisschen modifiziert. Um noch sicherer zu gewährleisten, dass das Schwänzchen in die Höhe steht, hat man die Ablagefläche platt gekloppt. Es entstand ein wenig organisch anmutender, dafür aber hochfunktionaler Kopf mit dem Namen Finesse ShroomZ, den man in Gewichten bis 5,6 Gramm und in verschiedenen Farben bekommt. Der kleine Baitholder ist angelötet (wirkt zumindest so – Infos zum genauen Produktionsvorgang habe ich nicht) und hält die zähen Z-ManZ schon recht gut. Allerdings sollte man die Köder vor dem Einsatz am besten auf die Jigs kleben, so dass sie den ganzen Angeltag sauber aufgeriggt sind.

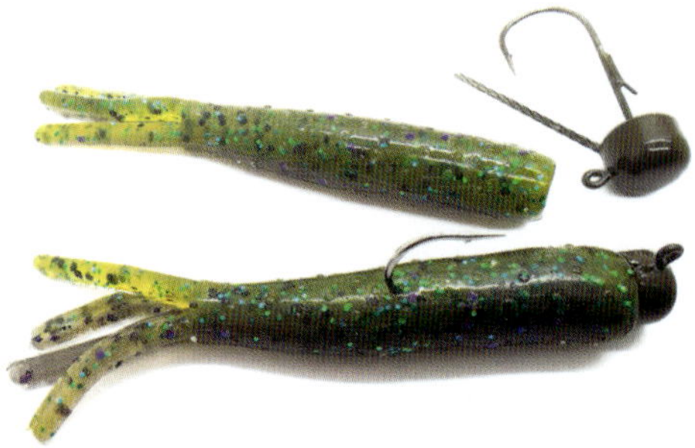

▸▸▸ **Ein fertig montiertes Ned-Rig mit TicklerZ und einen Z-Man-Jig mit Krautschutz – viel mehr brauche ich nicht, um ned-rig-ready zu sein.**

Mein Ned-Rig-Lieblingsköder

Ich mag den Finesse TRD, weil er so schön schlicht ist und trotzdem fängt. Noch lieber aber mag ich die kleinen TRD TicklerZ. Mit den zwar relativ unflexiblen aber immerhin vorhandenen Fransen geben sie den Barschen noch ein bisschen mehr Anreiz, mal nachzuschauen, was da so langsam über den Grund hüpft. Außerdem halten die kurzen Fortsätze Lockpaste gut am Köder. Ich nehme die Lockstoffe von Camo, die speziell auch für weichmacherfreie Gummis konzipiert wurden. Und die verwende ich sehr gern – gerade im Winter und besonders wenn ich langsam angle bzw. auf Bisse in der Ablage warte. Andere Menschen kombinieren die Ned-Rig-Jigs gern mit Krebsen oder auch Twistern. Wie gesagt: Hauptsache auftreibend. Ansonsten fängt, was sonst auch fangen kann. Ganz wichtig: Die auftreibenden Köder enthalten zumeist keine Weichmacher (bei Z-Man ist das so.) Das ist natürlich toll. Weniger schön ist das Resultat einer Vermengung weichmacherfreier Gummis mit normalen Softbaits. Wenn man sie zusammen – also eng an eng – in einer Box lagert und das länger als ein paar Stunden, erhält man einen klebrigen Köderklumpen, mit dem nicht mehr anzufangen ist als ein finaler Gang zum Müll. Kleben könnt ihr die Z-ManZ aber schon. Und das macht auch Sinn. Zwar dehnen sich weichmacherfreie Köder extrem und sind deshalb mehr oder weniger unzerstörbar. Das bewahrt sie aber nicht davor, vom Haken gezogen zu werden.

Ned-Rig-Führung

Ziel ist es, einen Biss in der Ruhephase zu provozieren. Damit ist die Ruhephase das Kernstück dieser Angelei. Um sie herum wird alles getan, um einen Fisch bei minimaler Geschwindigkeit und mit dem Vorsatz, mit unseren Moves so wenig Wegstrecke wie nur irgend möglich zurückzulegen, auf den Köder aufmerksam zu machen. Die Ned-Rig-Präsentation ist ein Mix aus kleinen Hüpfern, einem Ziehen und ein wenig zittern. Und ganz viel Warten. Die Bisse manifestieren sich dann entweder als satter Tock oder durch ein Weglaufen der Schnur.

Ned-Rig Tackle

Baitcaster oder Spinning? Kann man beides gut machen. Ich denke, dass sogar die meisten Amis mit der Spinning nedriggen, finde aber ja auch immer, dass sachte Bewegungen, ein Wechsel aus Ziehen, kleinen Hüpfern und Wartephasen sehr gut zu einer Baitcaster passen. Das ist also auch ein bisschen Geschmackssache. Da es die Ned-Rig-Jigs in keinen besonders hohen Gewichten gibt, schließt sich schweres Gerät von selbst aus. Nehmt also die BFS-Kombo, wenn ihr casten wollt und feines Spinning-Geschirr, wenn ihr »ganz normal« mit der Statio angeln wollt. Ich verwende meistens allerfeinstes Spinning-Tackle, weil sich dünne Schnüre einfach stressfreier mit der Station werfen. Eine L- oder ML-Rute, 2500er Rolle, dünnstes Geflecht und ein relativ langes FC-Vorfach. Weil es mir selber so wichtig ist, einen direkten Draht zum Köder herzustellen, möchte ich es nochmal betonen: Die sehr dünne dünne Schnur ist beim Finesse-Ned-Rig-Angeln elementar. Am liebsten fische ich eine 0,07er Hauptschnur (Kairiki) und ein 20er- bis 25er-Fluorocarbon-Vorfach. Habe ich den Jig in meinen Ned-Rig-Anfängen noch direkt angeknotet, um ihn direkt ansteuern zu

▸▸▸ **Nochmal zum Beweis: Diese TicklerZ fangen richtig gut.**

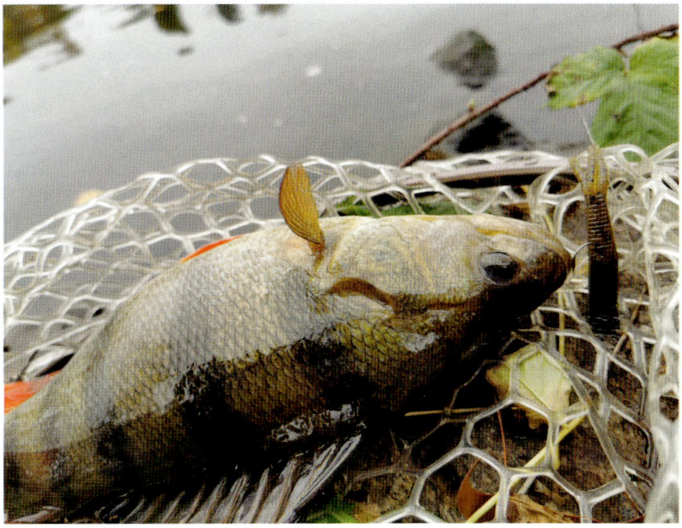

können, bin ich inzwischen kulanter geworden und klinke die Jigs in einen Karabiner ein. Hier bietet sich der V-Snap von Decoy an (Größe 1 oder 2), der eine brutale Tragkraft ausweist, klein ist und zudem eine sensationelle Spannung vorweisen kann. Den biegt auch kein Zander auf. Und Zander sind beim Ned-Riggen mehr als nur Beifang. Mit ihnen muss man immer rechnen.

Ned-Rig-Szenarios

Wenn man auf Bisse in der Ablage spekuliert und deshalb die Ruhephase des Köders zum Nukleus der Methode erklärt, ist eines klar: Eine Such-Montage ist das Ned-Rig nicht. Wir verwenden es am besten dort, wo sicher Fisch am Start ist.

» **VIDEO:** Ned-Rig 2.0: So fängst Du Barsche und Zander an überfischten Spots

» **VIDEO:** Ned-Rig: Die Überflieger-Montage im Winter

Das sind dann oft richtig hart befischte Plätze wie Hafenbecken, Brückenpfeiler, Seitenarme, Steganlagen, Dampferanleger usw. Ich gebe euch Brief und Siegel: Mit dem Ned-Rig kitzelt ihr hier Fische raus, die auf einen flinken Köder nicht mehr reagieren. Wichtig ist natürlich, dass es sich um strömungsberuhigte Zonen handelt, weil das Schwänzchen in der Ablage ja stets nach oben zeigen und die Fische heranwinken soll.

WACKY: QUERGEHAKT – DIE WACKY-TOP-3

Nähern wir uns der Wacky-Angelei doch mal vom World Wide Web aus an. Wenn man nach »Wacky-Rig« googelt, gibt's direkt ein paar Treffer. Wenn man sich dann weiterklickt, werden die verschiedensten Systeme beschrieben, die eines gemeinsam haben: Der Köder ist quer aufgesteckt. Wacky ist also eine Anköderungsvariante, kein Rig an sich.

Also weiter zu Leo (einem mehrsprachigen Online-Wörterbuch). Hier erfahren wir, dass »wacky« nicht »quer« heißt, sondern mit »verrückt«, »exzentrisch«, »schrullig« oder »verdreht« übersetzt wird. Letztere Deutung ist metaphorisch gemeint. In unserem Fall aber kann man das auch wörtlich nehmen. Der quer aufgespießte Köder ist ja tatsächlich um 90 Grad gedreht. Wenn wir dann drauf loszuppeln, bewegt sich der Köder tatsächlich verrückt, exzentrisch und vielleicht sogar ein bisschen schrullig. Denn egal an welchem Rig man einen Köder wacky anbietet, wippen immer beide Köderenden. Die Aktion hat nichts mehr mit der Aktion bei der konventionellen Anköderung zu tun.

Ein paar Montage-Optionen sind zum Beispiel Texas-Wacky, Dropshot-Wacky, Weightless Wacky oder Weighted Wacky. Die einfachs-

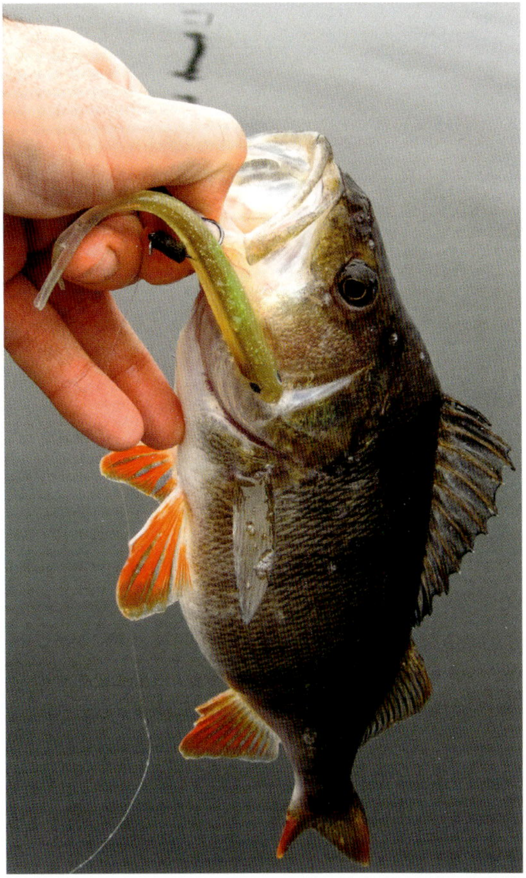

▶▶▶ Hier ist der Hakenschenkel beschwert. Das funktioniert auch, erzeugt beim Wackeln aber kein so schönes Spiel wie ein Wurm am Jig.

te Form ist das Queranködern eines unbeschwerten Wurms. Das mache ich recht selten. Ziemlich häufig kommen dafür drei Weighted Wacky-Varianten zum Einsatz: Jighead-Wacky, Insert-Wacky und (B)Arsch-Wacky.

JIGHEAD-WACKY

Beim Jighead-Wacky montiert man den Köder quer an einem Bleikopf. Dadurch verlagert man den Schwerpunkt vom Köder weg. Beim Anzittern zieht das Blei einen Halbkreis um den Köder. So wird die Aktion besonders lebhaft. Zusätzlicher Vorteil ist, dass man den Köder schnell einigermaßen auf Tiefe bringt und er auch nicht so schnell aufsteigt, wenn man ihn anwackelt.

Top-Jighead-Wacky-Köder

Das Köderspektrum ist groß. Prinzipiell eignet sich alles, was einigermaßen lang und schlank ist. Aroma kann nicht schaden. Beim ultralangsamen Fischen sowieso. Da ist ein kerniges Flavour für mich Pflicht. Topköder sind unter anderem: Würmer (wie reins Swamp, reins Swamp Mover, Yamamoto Kut Tail Worm, Keitech

▶▶▶ Die Jighead-Wacky-»Montage«.

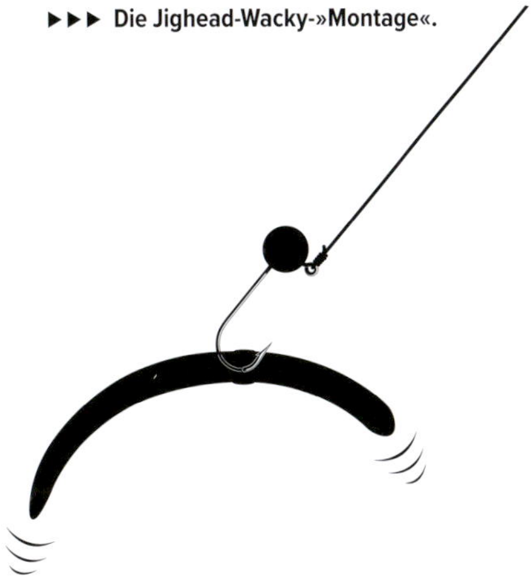

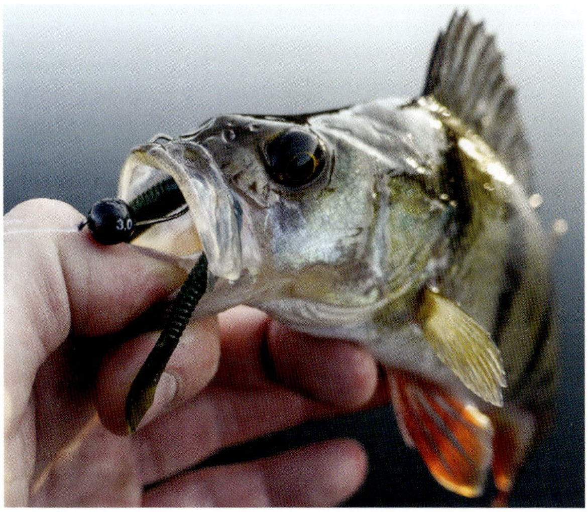

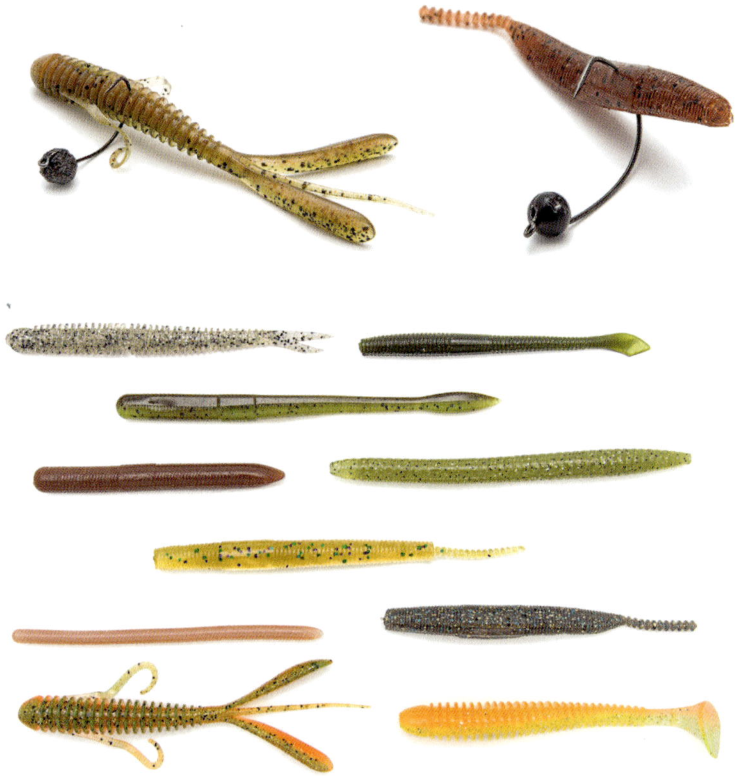

▶▶▶ Obere Reihe links: Montierter Hog Impact. Rechts: Montierter Tiemco Multi Stick Slide. Dann Reihe für Reihe von links oben nach rechts unten: Keitech Live Impact, Yamamoto Kut Tail Worm, reins Swamp Mover, reins Heavy Swamp, Keitech Salty Core Stick, Tiemco Multi Stick, reins Swamp, Tiemco Multi Stick Slide, Keitech Hog Impact, Keitech Swing Impact.

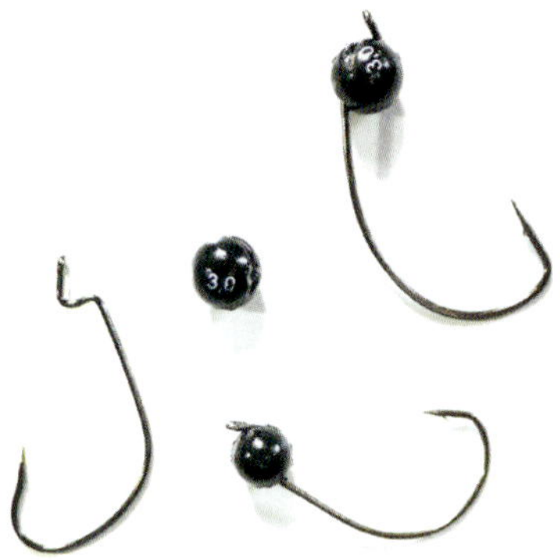

▶▶▶ Diese Jigs sind sehr schnell hergestellt und auch nicht teuer.

Live Impact,...), Würste (reins Heavy Swamps, Keitech Salty Core Stick, Yamamoto Senko,...), Creatures (Keitech Hog Impact, Lunker City Hellgies) und schlanke Shads mit Paddel, bei denen der Teller in der Absinkphase genauso läuft wie herkömmlich aufgezogen (zum Beispiel reins Rockvibe Shad, Keitech Swing Impact).

Jighead-Wacky-Jigs

Die Jigs bastle ich mir selber. Dazu verwende ich einen Offsethaken und Bleischrot. Je hochwertiger das Schrot, desto einfacher hat man es später. Ich habe schwarz lackiertes

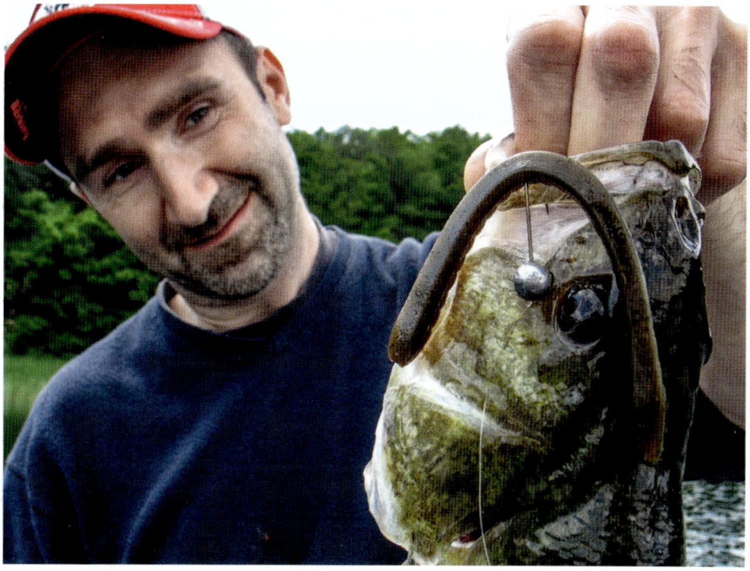

►►► Langer Wurm = dicker Barsch. An einem See mit Dickbarschbestand geht diese Gleichung manchmal auf.

Schrot gefunden, bei dem der Spalt genau in der Mitte sitzt und auch noch die Grammzahl aufgedruckt ist. Da muss man nur den Haken anklemmen. Bei normalem Schrot muss man sich die Form ein bisschen zurechtdrücken und kann es dann noch mit Nagellack lackieren.

Jighead-Wacky-Anköderung

Wenn sich die Köder zu einer Seite hin verjüngen, wandert der Haken in Richtung dickes Ende, so dass das schlanke Gummitier horizontal im Wasser liegt, wenn man es vertikal fallen lässt (siehe Köderbild). Die optimale Position variiert von Gummi zu Gummi, ist aber schnell rausgefunden.

Jighead-Wacky-Köderführung

Das ist die Technik, wenn man die Barsche entsprechend langsam und geduldig anfischt. Also: Auswerfen, absinken lassen. Liegen lassen. Minimal anrütteln. Liegen lassen. Rütteln. Warten. Versetzen. Warten. Rütteln. Liegen lassen und so weiter.

Wenn die Fische in guter Kondition sind, kann man sie aber auch total aggressiv machen, indem man den Jig mit kleinen Rucken anschüttelt und den Fall dadurch bremst. Gerade an Steganlagen ist das eine sehr erfolgreiche Warmwasser-Führung, bei der man die Bisse oft beobachten kann.

Jighead-Wacky-Bisserkennung

Die Bisse kommen selbst im Winter manchmal als deutlich spürbarer Ruck an. Manchmal sieht man aber nur, dass sich die Schnur bewegt, weil ein Fisch den Köder wegträgt. Ein andermal ist beim Anzuppeln plötzlich ein Fisch dran, den man nicht bemerkt hat.

INSERT-WACKY

Hier nimmt man ein Gummitier und implantiert ihm einen Nail-Sinker in den Kopf. Dann wird ein Einzelhaken mittig beziehungsweise etwas unterhalb der Mitte eingestochen (bei flachen Ködern sitzt er auf der Fläche).

Jetzt direkt ans Vorfach binden. Das war's.

Nicht ganz unwichtig ist allerdings die Hakenwahl. Am besten greift ein kurzschenkliger Haken mit einer weiten Rundung. Auf den

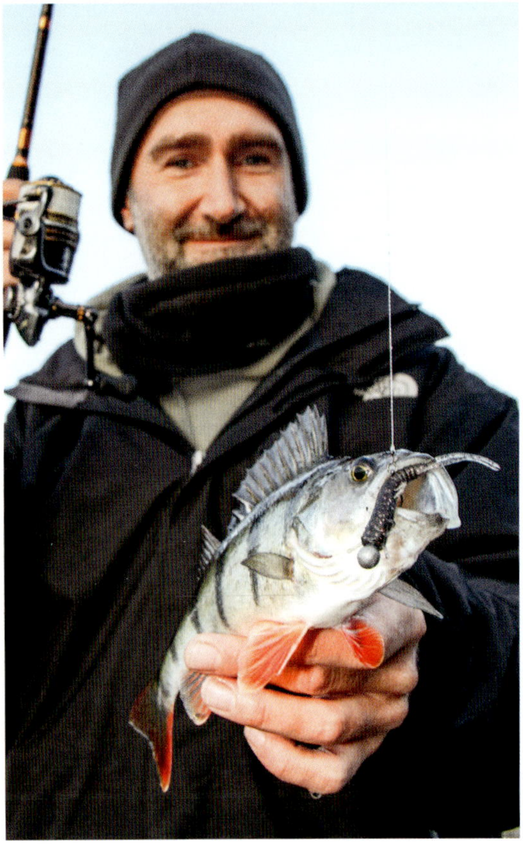

▶▶▶ So einen Wacky-Bait kann man auch mal in einen EasySnap fummeln. Der Barsch stand unter einem Steg und nahm den Köder in der ersten Absinkphase.

▶▶▶ Die Insert-Wacky-Montage.

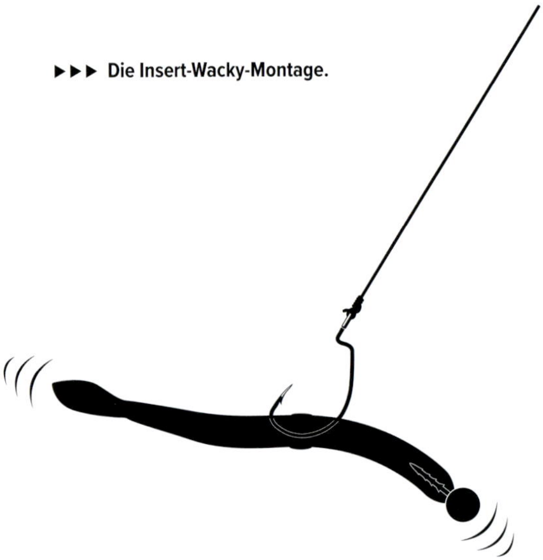

lassen sich auch großvolumige Köder aufpieken. Ideal sind spezielle Wacky-Haken mit einem recht großen Öhr. Den kann man dann nämlich in einen kleinen Easy-Clip einhängen und die Montage gegebenenfalls schnell mal gegen ein anderes System (größerer oder kleinerer Köder, Gummi am Jig, Softjerk etc.) eintauschen.

Es bieten sich verschiedene Bleiformen an. Insert Weights aus Tungsten werden komplett in der Schnauze des Gummitieres versenkt. Damit ist die Montage besonders unauffällig und kann an kritischen Tagen Fische fangen, an denen Köder mit unnatürlichem Vorbau durch den Barsch-TÜV fallen.

Wacky Weights mit Rundkopf sind die billige Alternative zum Nail-Sinker aus Tungsten. Das Gewicht beziehen sie aus einem Knubbel am vorderen Ende der Schraube, der dann aber aus dem Köder ragt. Auf die Idee mit aufschraubbaren Tip-Up-Weights bin ich beim Bleikopfgießen gekommen. Im Keller meines Kumpels Sven waren wir gerade dabei, schöne Owner-Haken mit Tip-Up-Köpfen zu versehen, als mir der Gedanke kam, dass sich diese Bleikopfform ohne Haken perfekt als Wacky-Blei für die Winterangelei eignen würde. Schließlich garantiert die Untertassenform, dass der Köder immer senkrecht im Wasser steht. Weil der Schwanz des Gummitieres immer nach oben zeigt und der Haken ungefähr in der Mitte des Köders eingestochen wird, nennen wir das Ganze »Tip-Up-Wacky«. Vor allem fürs Deadsticking ist dieses Bleigewicht der absolute Hammer.

Top-Insert-Wacky-Köder

Die besten Köder für diese Methode sind No-Action-Shads, Creatures, Würmer und Krebse – eben alles, was ein feines Schwänzchen, Tentakeln oder Scheren hat, die ihr Spiel schon durch ganz sachte Bewegungen im Wasser

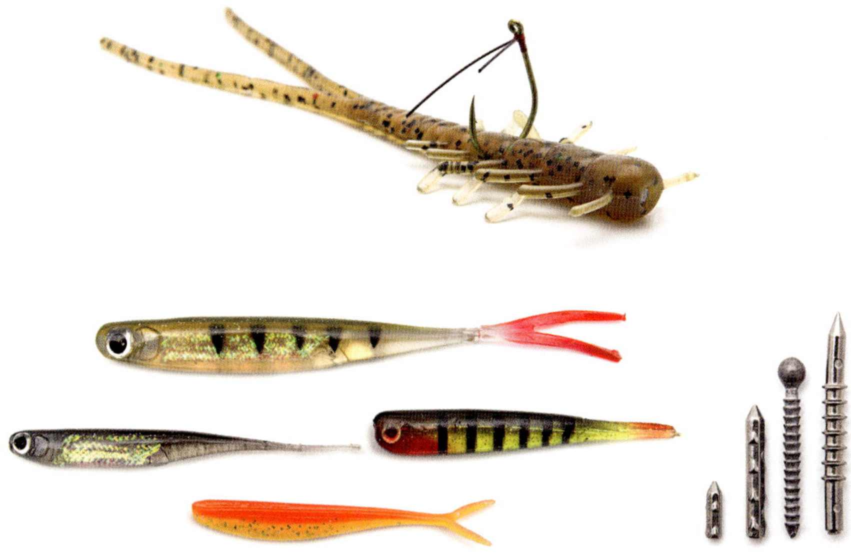

▶▶▶ **Oben: Montierte »Helge« von Lunker City. Unten verschiedene Minnows.**

entfalten können. Am besten orientiert man sich am natürlichen Nahrungsvorkommen.

Im Prinzip kann man aber mit allen genannten Ködertypen nichts verkehrt machen. Mit den weichen Japan-Gummis bekommt man eine Menge Bisse. Aber man verliert auch eine Menge Köder, weil sie beim Wurf oder im Drill abreißen oder von den Fischen vom Haken gebissen werden. Es ist eben etwas anderes, ob man Weightless Wacky fischt oder ob man ein zusätzliches Blei montiert hat. Jetzt sind harte Mischungen gefragt.

So halten zum Beispiel Gummis von Lunker City sehr viel aus. Bombenfest halten die Gummis am Wackyhaken, wenn im Inneren eine Holofolie angebracht ist, durch die man den Haken dann stechen kann.

Die Fische haben extrem viel Zeit, sich dem Köder zu nähern, ihn zu beschnuppern und ihn auch mal kurz zur Geschmacksprobe zwischen die Kiefer zu nehmen. Da ist es auf jeden Fall ein Vorteil, wenn der Köder riecht. Dafür gibt's inzwischen eine Menge guter Sprays und Pasten.

Insert-Wacky-Köderführung

Wenn man die Gummikreatur nicht auf den Jigkopf zieht, sondern wacky auf einen Einzelhaken montiert, läuft der Köder quer gegen die Wassersäule und erzeugt eine Menge Druck. Außerdem – und das ist jetzt wichtig – kann man durch den seitlichen Zug viel besser mit dem Köder spielen. In den meisten Fällen hat man es jetzt ja mit ziemlich passiven Fischen zu tun. Ergo soll der Köder jetzt keine großen Sprünge oder Saltos vollführen, sondern nur ein bisschen wackeln und weitestgehend auf der Stelle arbeiten.

Manchmal ist sogar Deadsticking die einzige Methode, Bisse zu bekommen. Das Rig wird an einen Spot geworfen, an dem jetzt Barsche zu erwarten sind. Da bieten sich Löcher, schlammige Flachwasserbereiche, Steganlagen, strömungsberuhigte Bereiche und so weiter an. Nachdem der Köder auf dem Grund aufgetroffen ist, nimmt man Spannung auf, lässt aber einen kleinen Schnurbauch. Und in diesen Schnurbauch zittert man jetzt mit der Rutenspitze. Diese Vibrationen übertragen sich auf den Köder, der dann mit dem Schwänzchen nach den Fischen winkt. Diesen Wackelphasen folgen lange Phasen, in denen der Köder gar nicht animiert wird. Überraschenderweise kommen die Bisse dann in diesen Momenten der Ruhe. Versetzt wird der Köder ausschließlich, um an einem anderen Spot nach den Barschen zu schauen.

» **VIDEO:** **Neko-Rig – ultimativer Barsch-Bringer (Hafen, Stege etc.)**

(B)ARSCH WACKY

Vorab: Die Credits für diese Montage (inklusive Namensrechte) gehen an meinen Kumpel und Shimano-Team-Kollegen Jochen Dieckmann, der sich das »B« allerdings spart. Schließlich wird die Tube ja auch am Hinterteil aufgespießt. Also: Die Tubes mit Bleischrot oder einer Olive befüllen, aufspießen. Fertig! Im Hohlraum ist so viel Platz, dass man das System beliebig schwer machen kann. Von leicht bis superheavy ist alles drin. Als Haken bietet sich auch hier ein kurzer aber weiter Wacky-Haken an, da die Tubes ja einen recht großen Durchmesser besitzen.

(B)Arsch-Wacky-Köder

Dieses System ist auf die Tube zugeschnitten. So eine Tube gibt einem Barsch ein fluffiges Schokokuss-Gefühl beim Biss. Wenn sie nicht komplett gefüllt ist, faltet sie sich in Nullkommanix zusammen und lässt sich so ganz komfortabel einsaugen. Fehlbisse sind deshalb selten. Durch die gute Bissverwertung muss man also keine Angst vor großen Ködern haben.

Und wenn man große Barsche fangen will, sollte man auch große Tubes verwenden. Mir erschienen Tubes jenseits der 3 Inch-Marke anfangs auch etwas überproportioniert. Inzwischen fange ich fast immer mit der Legend Tube von reins in der Größe 3,5 Inch an und gehe erst auf 3 und 2,5 Inch runter, wenn ich das Gefühl habe, an den Barschen vorbei zu angeln, wobei selbst ein 20er Barsch eine 3,5 Inch große Tube wegpfeift, wenn ich ihn lange genug damit reize.

Wer dem Original-Aroma seiner Tubes nicht traut, kann sie geruchstechnisch pimpen. Dazu am besten vor dem Stuffen mit dem Blei das Aroma in den Hohlraum drücken. Im Nachgang heftet Aromapaste aber auch gut an den Tentakeln. Top Tubes sind: reins Legend Tube, Gitzit Tournament Tube, Garland »Original« Gitzit ...

►►► **Die (B)Arsch-Wacky-Montage.**

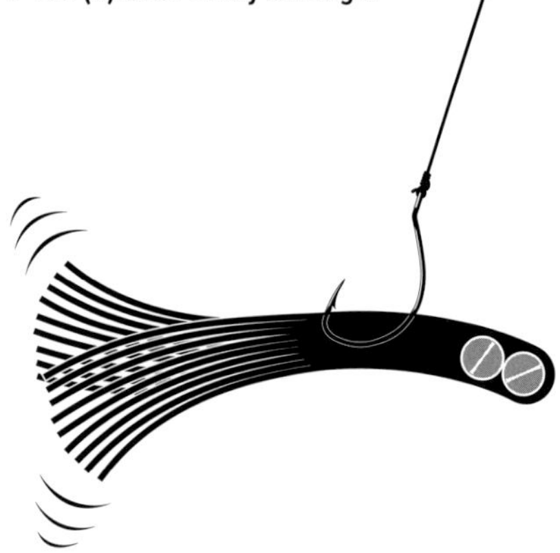

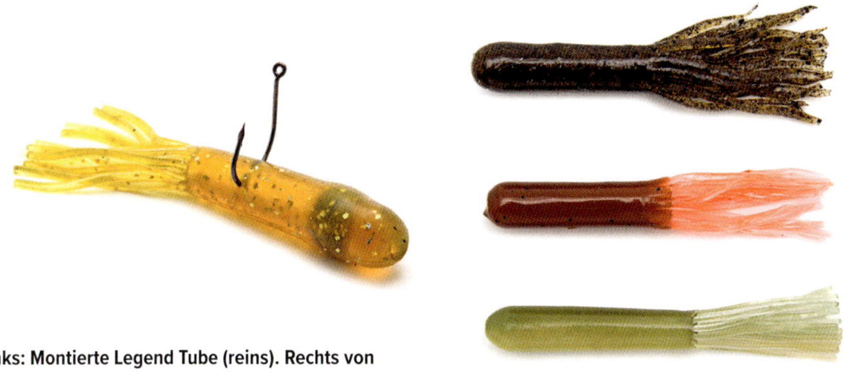

▶▶▶ Links: Montierte Legend Tube (reins). Rechts von oben nach unten: Gitzit Tournament Tube, Mini Gitzit Tube, reins Legend Tube.

(B)Arsch-Wacky-Köderführung

Dadurch, dass das Gewicht (also der Schwerpunkt) vorne im Köder sitzt, der Haken aber kurz vor den Fransen, richtet sich die absolut symmetrisch und damit maximal aerodynamisch geformte Tube im Flug sauber nach vorne aus und fliegt wie an der Schnur gezogen auf ihr Ziel los. Dann einfach absinken lassen, bis die Tube auf dem Grund ankommt und die Tentakeln in die Höhe reckt. Jetzt anzucken mit ein paar Twitches und wieder fallen lassen. Warten. Ein bisschen ruckeln. Antwitchen, etc. Angelt man an einem Barschschwarm im Mittelwasser bzw. um einen Kleinfischschwarm, lässt man die Tube im Fall mit ein paar Twitches in die lockere Schnur zucken. Dabei legen sich die Fransen in der Anzupfphase nach hinten, um sich dann in der Entspannung aufzuplustern. Bekommt man die Bisse schon im Mittelwasser, macht es natürlich keinen Sinn, die Wacky-Tube durchsinken zu lassen. Dann wird weiter auf der »Angriffshöhe« operiert. Die Rutenspitze zeigt am besten auf die Wasseroberfläche. Die Schnur bildet einen Winkel von 90 bis 150 Grad zum Köder.

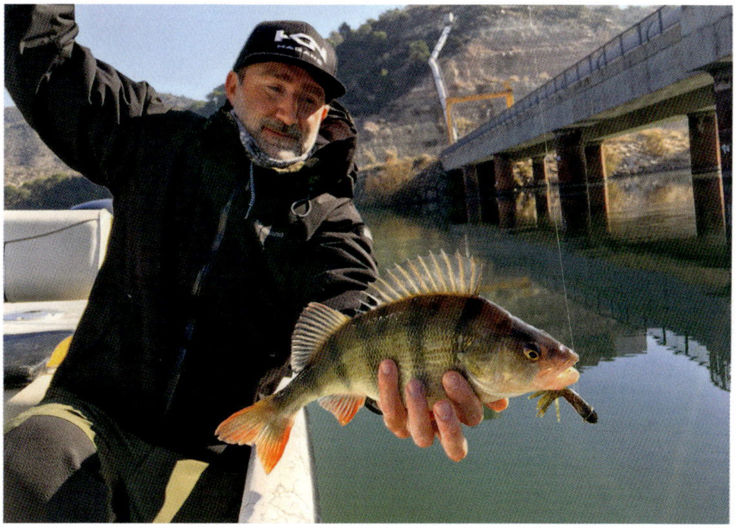

▶▶▶ Toller B(A)rsch-Wacky-Barsch, der sich an den Pfeilern verschanzt hatte.

Wacky-Hardware

Ganz wichtig zur direkten Ansteuerung ist eine dünne Schnur. Mit einer 0,06er bis 0,08er hat man fast keinen Schnurbogen – auch wenn der Köder nicht viel wiegt. Entsprechend sensibel muss auch die Rute ausfallen. Ich fische eine kurze und steife Rute mit einer soften Taftec-Spitze, die den Fischen das Einsaugen vereinfacht. Eine kleine 1000er Rolle verhindert mit ihrem geringen Schnureinzug, dass man den Köder zu schnell führt. Als Vergleichswert: Meine 1000er Rarenium Ci4+ FB mit der Übersetzung von 5,0:1 zieht pro Kurbelumdrehung 63 Zentimeter ein.

Wacky-Situationen

Wenn die Fische durch sommerlichen Sauerstoffmangel, einem Überangebot an Nahrung oder im Winter aufgrund des heruntergefahrenen Stoffwechsels träge und lustlos sind, stellen die vorgestellten Wacky-Montagen Methoden dar, mit denen man doch noch ein paar Fische rauskitzeln kann, wenn auf Jig, T-Rig, Wobbler und andere Köder kein Stachelfahnenträger beißen mag. Generell eignen sich Jighead-Wacky, Insert Wacky und (B)Arsch-Wacky hervorragend, um Vertikalstrukturen wie Stege, Brückenpfeiler, Faschinenreihen oder isolierte Dalben abzufischen. Oft wird der Köder in der ersten Absinkphase genommen, wenn man nah an den Standplatz wirft. Da muss man gar nichts machen. Man kann aber auch im Freiwasser fischen. Oder eben am Grund.

KICKBACK-RIG: SEITENARM-MONTAGE MIT KICKBACK-EFFEKT

Ich bin keiner, der erst einmal 5 Jahre erfolgreich mit einer Montage fischen muss, um sie dann endlich vorzustellen. Wenn ich einen Sinn erkenne, der durch ein paar erfolgreiche Angelsessions untermauert wird, muss die Info darüber raus.

Die ersten Artikel über die Finesse-Montagen habe ich im Jahr 2003 für den Raubfisch geschrieben und mehr oder weniger parallel auf dem Barsch-Alarm veröffentlicht. Da war ich alles andere als ein routinierter Finesse-Angler. 2005 kam dann ein Dropshot-Video auf die Fisch& Fang-DVD, bei dem Jimmy Warren erklärt hat, wie man vertikal vom driftenden Boot angelt. 2006 haben meine Freunde und ich auf der Fisch&Fang »Zielfisch Barsch«-DVD gezeigt, dass man teilweise einen Fisch nach dem nächsten mit den Rigs fangen kann. Und dann war Dropshot in aller Munde. Auch das T-Rig wurde immer populärer.

Die »Szene« hat natürlich schnell weitere Rigs ausgegraben und an bestehenden Montagen getüftelt, bis sie zu unseren Barschen und Gewässern gepasst haben. Ich hatte immer den Wunsch, auch ein Rig zu entwickeln. Oder zumindest eine bestehende Montage so zu

►►► Das Kickback-Rig.

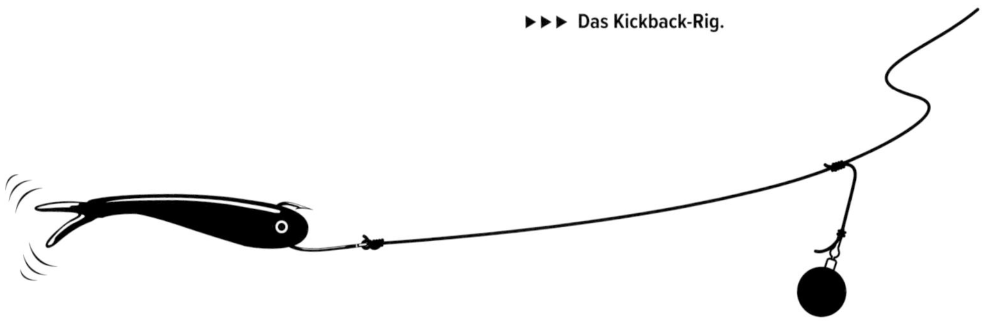

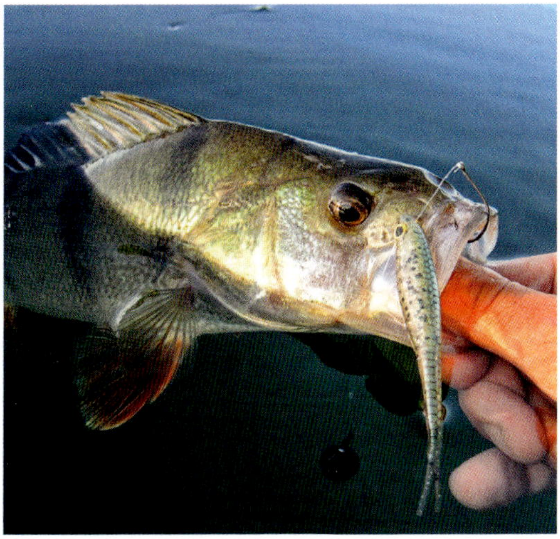

▶▶▶ Die Original-Montage mit einem der ersten Kickback-Barsche des Autors.

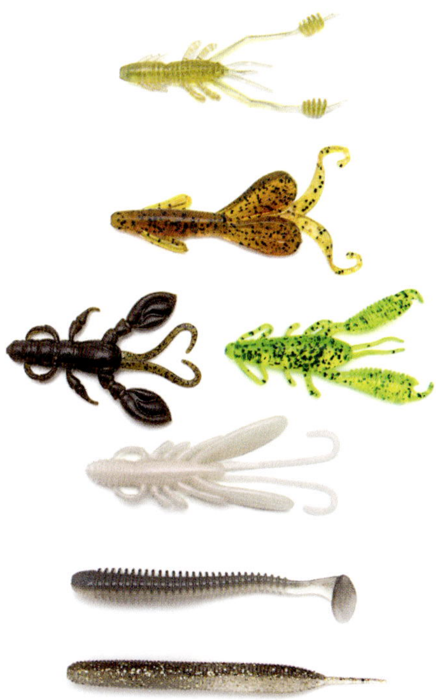

▶▶▶ Unter anderem mit diesen Ködern habe ich meine ersten Versuche gestartet. Von oben nach unten: reins Ring Shrimp, Little reins Hog, Ecogear Rock Claw und reins Ring Claw, Ecogear Bug Ant, Keitech Swing Impact und Keitech Sexy Impact.

modifizieren, dass ich ihr einen eigenen Namen verpassen kann, der dann die Runde macht.

Nun bin ich nicht nur hauptamtlicher Barschangler und Angel-Journalist, sondern auch Teamangler. In dieser Funktion führt mich mein Weg in die Angelläden der Republik, wo ich den Kunden mit Rat und Tat beiseite stehe. Oft genug baut man mir ein Testbecken auf, an dem ich dann Köder durchziehe oder Montagen erkläre. Ihr könnt euch ja sicher vorstellen, wie es sich anfühlt, wenn man 5 Jahre lang immer wieder das Dropshot-Rig erklärt, die Twitchbait-Führung der Crankbait-Führung gegenüber stellt und als Highlight des Vortrags ein Double-Jerk-Rig vorführt. Irgendwann wird's einem peinlich.

Auch wenn immer interessierte Nachfragen kommen, denkt man, dass man die Leute auch ein bisschen langweilt mit dem alten Kram. Und dann fängt man an, ein bisschen herumzuspielen. Da mal einen anderen Haken dran zu montieren. Dort das Vorfach zu verkürzen. Hier einen Seitenarm anzuknoten. Mal mit schwimmenden und mal mit sinkenden Ködern zu experimentieren. Abstände zu verändern. Und dann steht man irgendwann einmal am Becken und betrachtet die Zuckungen eines schwimmenden No-Action-Shads, der an einem 5-Zentimeter-Seitenarm mit Lippenköderung an einem feinen Haken hängt und immer wieder auf das an einem noch kürzeren Seitenarm angebrachte Dropshot-Blei zuschießt, um dann schräg nach hinten oben weggedrückt zu werden. Dass diese Montage Bisse bringen muss, war in diesem Moment allen am Testbecken versammelten Menschen klar.

Jetzt musste nur der Praxistest zeigen, ob die kurzen Seitenarme zu vielen Fehlbissen führen. Das Gegenteil war der Fall. Fast ist es so, als würden sich die Fische selber aufhängen.

Es folgten noch ein paar Köder-Experimente. Als dann wirklich feststand, dass man mit der Montage sowohl mit schwimmenden als auch mit sinkenden Ködern super fängt, war's Zeit, sich einen Namen auszudenken.

Bei der »Hibbel-Technik« war ich schon mal gescheitert, einem Führungsstil auch mit der Bezeichnung meinen Stempel aufzudrücken, so wie das Jörg Strehlow mit der »Faulenzer-Technik« getan hat. So gut die Technik auch ist, vom »Hibbel-Style« habe ich bislang nur von mir und meinem Shimano-Team-Kollegen Jochen Dieckmann gelesen, mit dem ich mich auf der Havel schon zu vielen Hibbel-Parties getroffen habe. Dieses Rig brauchte einen cooleren Namen, der am besten auch die Köderaktion beschreibt, diesen Kickback-Effekt also, der entsteht, wenn man den liegenden Köder ganz leicht abzupft.

Aha. Da haben wir's doch schon! »Kickback-Rig« klingt doch astrein. Das hört sich so an, als würde die Montage schon ewig existieren. Dieser Name hat das Potential, die Montage zu etablieren. Also raus damit! Es folgten ein Bericht auf Barsch-Alarm, ein Feature in der Fisch & Fang und eine Barsch-Orgie auf der DVD zum dem Sonderheft »Barsch«, das ich zusammen mit Georg Baumann für den Paul Parey-Verlag geschrieben habe.

Jetzt war es an den Barschfans da draußen, das System auf Mark und Bein zu testen und zu schauen, was sie damit machen. Es hätte gut sein können, dass das Kickback-Rig bald in Vergessenheit gerät oder als dietelsche Schnapsidee abgetan wird. Dafür waren System und Name aber zu gut. Immer wieder gab's Menschen, die das Rig in ihren Blogs vorgestellt haben. Immer mehr Angler haben kleine Details verändert und das Kickback-Rig auf ihre Bedürfnisse (oder die der Fische in ihren Gewässern) angepasst. Und so kommt's, dass es heutzutage extrem erfolgreiche Kickbacker gibt. Zwei aus der allerersten Generation möchte ich euch hier vorstellen: Dieter Bienentreu und Patrick Marrable. Dieter räumt seit Jahren mit dem Kickback-Rig im Rhein voll ab. Patrick hat sich die Krone des Barsch-King 2014 mit vielen großen Kickback-Barschen geangelt und ist nach wie vor im Club der Kickbacker. Die beiden haben sich bereit erklärt, ein paar Fragen zu beantworten.

★ *Johannes:* Wann und wo habt ihr zum ersten Mal vom Kickback-Rig gehört?

Dieter: Das weiß ich noch ganz genau. Es war am 20. Oktober 2011. Ich hatte in einem Rheinhafen das Kickback-Rig zum ersten Mal benutzt, nachdem ich es bei einem anderen Angler gesehen hatte. Den Tag vergesse ich nie, denn er bescherte mir bestimmt ein Dutzend Dickbarsche!

Patrick: Ich bin mir nicht mehr so sicher, ob es ein Freund war, der mir davon erzählte oder ob ich in einem Forum davon gelesen habe. Jedenfalls habe ich mir kurz darauf in einem Blog angesehen, wie das Rig dort gebunden wird und es ausprobiert. Das war Anfang 2013.

★ *Johannes:* Was hat euch dazu motiviert, das mal auszuprobieren?

Dieter: Natürlich Neugier! Ich probiere gerne und habe mir erhofft, dass man mit dem Rig auch vorsichtige Fische an den Haken bekommt. Und so war es dann auch.

Patrick: Ich wusste, dass besonders Barsche gut damit gefangen wurden und da war meine Neugierde geweckt. Das Jahr zuvor hatte ich mit dem Dropshotten angefangen und das Interesse an Rigs war geweckt. Klar, dass ich dann das Kickback-Rig ausprobieren musste.

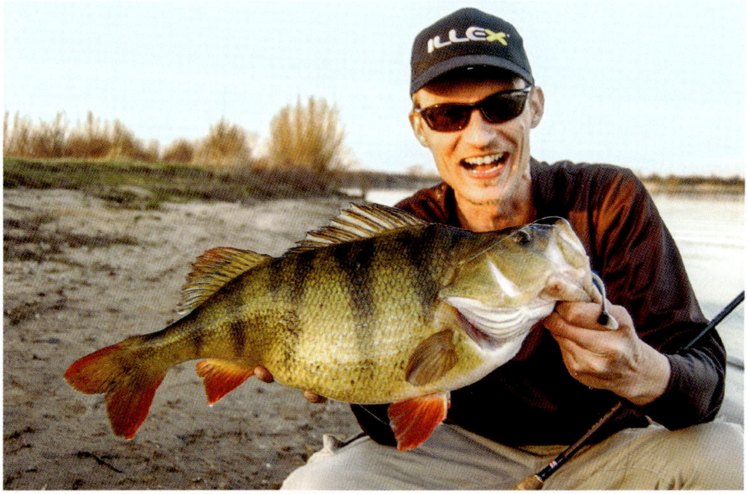

▸▸▸ **Barsch on the Beach: Patrick mit dem größten Barsch des Buches. Satte 53 Zentimeter misst die Strandbeauty.**

★ *Johannes:* Wie sahen eure ersten Montagen ganz genau aus?

Dieter: Zum Knüpfen der Montage diente ein etwa 1 Meter langes Stück Fluorocarbon. An das eine Ende knüpfte ich eine Schlaufe, die zum Einhängen in den Wirbel am Ende der Hauptschnur diente, und an das andere Ende eine große Schlaufe, die dann an einer Seite mittig durchtrennt wurde. Das kurze Ende wurde mit einem 25 Gramm-Birnenblei versehen, wobei an das längere Ende ein Öhrhaken der Größe 4 gebunden wurde. Als erste Köder dienten kleine Twister, die nur ganz vorne eingestochen wurden, damit sie beweglich und verführerisch wirken.

Patrick: Simpel ausgedrückt war es eine große, aufgeschnittene Schlaufe, die zwei unterschiedlich lange Arme ergab. An den kurzen Arm kam das Gewicht, an den langen Arm der Haken.

★ *Johannes:* Habt ihr seither Veränderungen vorgenommen?

Dieter: Ab und an variiere ich mal mit den Längen der jeweiligen Seitenarme – kommt drauf an, wie das Beißverhalten ist. Mein Standard sind 15 Zentimeter für den Bleiseitenarm und 45 Zentimeter für den Köderarm. Weitere Ideen sind, einen zweiten Haken einzubinden oder etwa anstatt des Bleies ein Bulletweight mit Glasperle einzusetzen, was durch das Klacken einen zusätzlichen Reiz auslöst.

Patrick: Ja, mich störte die Knotenverbindung der beiden Arme. Bei einem Hänger riss das Rig fast immer am Knoten und beides war weg, Köder und Gewicht. Deshalb band ich zwei einfache voneinander getrennte Vorfächer, welche die beiden Seitenarme ergaben. Also im Normalfall ein kürzeres für das Gewicht (etwa 25 Zentimeter) und ein längeres für den Haken (rund 1 Meter). Beide Vorfächer werden in einen Snap gehängt und nun reißt man bei einem unlösbaren Hänger im Normalfall nur Gewicht oder Köder ab. Auch bin ich dadurch deutlich variabler, was die Länge der Vorfächer betrifft. Da sie jeweils im Snap eingehängt sind, kann ich beliebig austauschen und kombinieren, natürlich auch bezüglich verwendeter Haken.

★ *Johannes:* Wie führt ihr das Rig?

Dieter: Eigentlich fast genau wie beim Jiggen. Eine oder zwei Kurbelumdrehungen oder auch zwischendurch mal leichtes Heranzupfen.

Patrick: Das kommt hauptsächlich auf die verwendeten Köder an. Kurz gesagt bei Shads mit Schaufelschwanz eher eine gleichmäßige Führung wie beim Jiggen, nur mit längeren Pausen, bei No-Actionbaits eher mit Rucken, die auch etwas stärker ausfallen können. Bei der dritten viel verwendeten Ködergruppe, den Creatures wie Craws, Worms und ähnlichem ist es eine Mischung aus kleinen Rucken, langsamen Einkurbeln (der Köder sollte über den Grund schleifen) und immer wieder Pausen. Auch gebe ich gerade diesen Ködern gerne mal ein paar Impulse, indem ich bei gespannter Schnur mit der Rutenspitze zittere. Am besten schaut man sich das Köderspiel im flachen Wasser an und experimentiert ein wenig.

★ *Johannes:* Wo setzt ihr das Kickback-Rig ein?

Dieter: Ich fische das Kickback-Rig meistens in Häfen oder Hafeneinfahrten, an Strömungskanten oder auch in der leichten Strömung, wo man den Köder schön lange auf der Stelle wedeln lassen kann!

Patrick: Am liebsten in stehenden Gewässern wie Seen oder Häfen, wenn die Fische weit draußen stehen. Der Vorteil des Rigs ist, dass man schwere Gewichte verwenden und den Köder trotzdem weitestgehend schwerelos anbieten kann. Hin und wieder kommt das Rig aber auch in Flüssen zum Einsatz, oder auch in der Nahdistanz. Letztendlich entscheiden die Fische, indem sie beißen oder auch nicht.

★ *Johannes:* Was sind eure Lieblings-Kickback-Köder?

Dieter: Als Köder dienen mir meistens kleine Gummifische, Gummiwürmer, Krebschen und andere diverse Gummiköder. Am liebsten sind mir Köder in etwa 8 Zentimeter Länge. Konkret verwende ich gerne kleine Kopytos in 7 Zentimeter Länge oder von Keitech die Easy Shiner in 3 Inch (7,2 Zentimeter). Etwa den Wakasagi oder Flash Minnow. Vorzugsweise die hellen Köder. Der Vibro Fat in 7,1 Zentimeter geht auch ganz gut. Aber der Renner zurzeit sind die beiden Skeletons in den Farben Pepper Tea und Chartreuse Pepper in 8 Zentimeter. Da vibriert der ganze Gummi samt Augen bei leichtestem Zug!

Patrick: Im Prinzip kann man fast alles am Kickback-Rig anbieten, aber bei den Shads sind es der Shockwave von Missile Baits und der Swing Impact von Keitech. Bei den No-Actionbaits der Kemnpa von Noike und der Sexy Impact von Keitech. Zu guter Letzt noch mein Lieblingscraw, der Lurefans Mini Force Craw. Wichtig ist mir ein relativ schmaler Kopf, damit ich den Köder per Nosehooking anbieten kann.

★ *Johannes:* Wie sieht die ideale Kickback-Rute aus? Kurze oder lange Rute? Weiche oder harte Spitze?

Dieter: Längere Ruten um die 3 Meter sind bei meiner Angelei von Vorteil, weil man mit ihnen den Köder gut auf Weite bekommt, denn in den Häfen stehen die Barsche oft weit draußen. Zu hart sollte die Spitze nicht sein, da Barsche ja schon mal gerne ausschlitzen!

Patrick: Da die besondere Stärke des Kickback-Rigs das Fischen in großer Distanz ist, verwende ich besonders gerne Ruten von 2,7 Meter Länge und einem Wurfgewicht von 10–40 beziehungsweise 20–50 Gramm. Wichtig ist, dass die Spitze nicht so hart wie beispielsweise beim Jiggen ist, sondern gerne etwas weicher, wie beim Dropshotten. Auch sollte die Rute gut federn, damit man weniger Aussteiger hat, aber gleichzeitig genug Rückgrat für bessere Fische hat. Ein nicht seltener Beifang sind Zander, und die auch in or-

▶▶▶ **Dieter fischt sehr erfolgreich in den Rheinhäfen mit dem Kickback-Rig.**

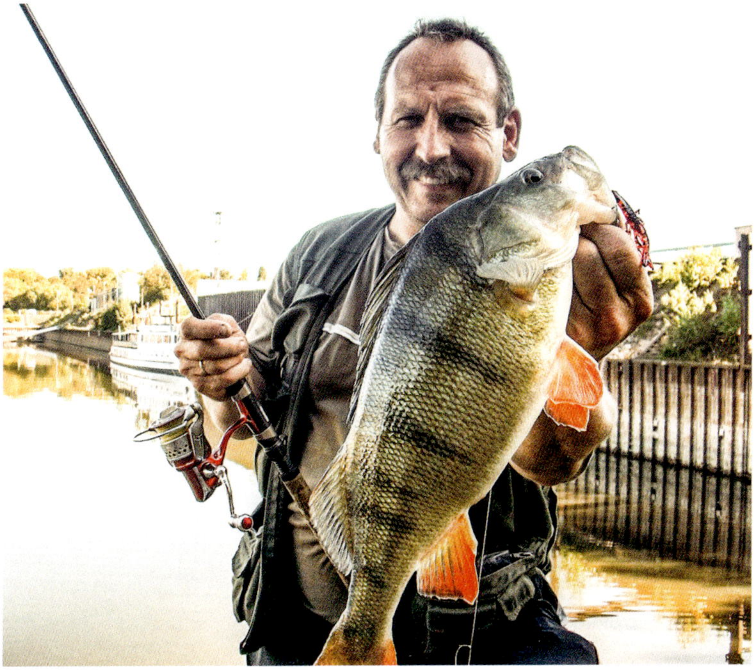

dentlichen Größen. Wenn man das Kickback-Rig eher in der Nahdistanz mit leichteren Gewichten verwenden will, sind Dropshot-Ruten optimal.

★ *Johannes:* Was waren eure größten Kickback-Erfolge?

Dieter: Der größte Barsch, den ich mit der Kickback-Methode gefangen habe, war genau 53 Zentimeter lang. Daneben gingen aber auch viele Zander auf das Rig, wobei der größte 86 Zentimeter maß! Beifänge waren außerdem Grundeln, kleinere Rapfen und kleinere Hechte.

Patrick: Unvergesslich bleibt ein Tag an einem See, wo, nachdem wir schon stundenlang an verschiedenen Gewässern geschneidert haben, das Kickback-Rig für eine klasse Barschserie sorgte. Innerhalb einer knappen Stunde fingen wir mehrere Barsche und alle über 40 Zentimeter. Darunter auch meine 2 größten bisher von 50,5–53 Zentimeter. Aber auch ein Streetfishing Event in Holland, wo ich innerhalb von 5 Stunden 102 fingerlange Barsche fing, ist mir noch lebhaft in Erinnerung. Und gegensätzlicher kann es nicht sein. Das eine Mal mit relativ kräftigem Gerät und 5-Inch-Ködern in der Distanz, das andere Mal am ultraleichten Tackle und mit Microködern von maximal 2 Zentimeter Länge in unmittelbarer Nähe.

★ *Johannes:* Vielen Dank, Dieter und Patrick! Das ist sehr aufschlussreich.

Halten wir also fest: Unsere Experten fischen beide eine relativ derbe Version des Kickback-Rig, um auf Weite zu kommen und den Köder dennoch frei flattern zu lassen. Wie viel Kickback-Effekt da noch erhalten bleibt, würde ich mir gern mal unter Wasser anschauen. Aber sei's drum. Diese Seitenarm-Montage fängt richtig fette Fische und ist auf jeden Fall eine Top-Option zum Uferangeln auf Distanz. Das »echte« Kickback-Rig hingegen ist eine Kitzel-Montage, an der der Köder kurz über Grund zucken soll. Die Riesenbarsche sprechen auf jeden Fall für die grobe Ausführung.

FINESSE-RUBBER-JIGS: RAUSCHANGRIFF AUF PICK-UP-BARSCHE

Schon mal was von der »Pick-Up-Community« gehört? Oder von »Pick-Up-Artists«? Nein? O.K. Das sind Männer, die mit auf die weiblichen Instinkte zugeschnittenen Verführungsstrategien auf attraktive Frauen zugehen, um sie final ins Bett zu bekommen. Sie gehen davon aus, dass ihre eigene Attraktivität nicht ans Äußere gekoppelt ist, sondern auf Alpha-Signalen beruht, die der Frau unmissverständlich vor Augen führen, dass sie zuschnappen muss, wenn sie den Typ nicht an eine andere verlieren will. So weit sind die Jungs vom Barsch-Angler gar nicht mal entfernt. Wir haben auch ein ganzes Arsenal an Ködern und Methoden, um die Objekte unserer Begierde aufzusammeln.

Apropos aufsammeln: Das Wegpflücken erlesener Leckerbissen ist auch eine bevorzugte Fressstrategie dicker Barsche. Besonders gern pirschen sie sich an Krebse heran, um sie vom Boden aufzusaugen. Wenn der Barsch-Artist auf den Krebs-Artist prallt, schlägt die Stunde der Feinschmecker-Baits. Bei beiden stehen Rubber-Jigs ganz weit oben auf der Hitliste.

▶▶▶ **Rubber-Jig-»Montage«.**

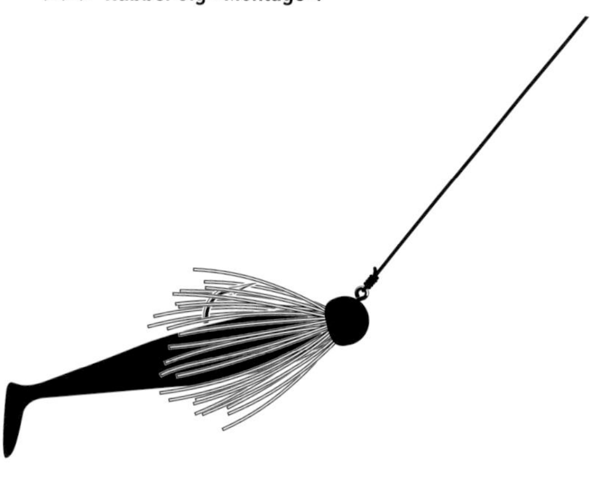

Barsch-Angler finden diese Rubber-Jigs sexy, weil auf den grazilen Haken feinste Tungsten-Köpfe sitzen, die von aufwändig kolorierten und schick geschnittenen Gummifrisuren umrahmt werden. Als Sahnehäubchen wird der Schenkel von einem eleganten Trailer verhüllt. Barsche werden nicht nur von diesem Paket aus optischen Reizen angezogen, sondern auch von den unverschämt verführerischen Bewegungen von Trailer und Fransen-Kleid zum Angriff animiert. Selbst im Ruhezustand strahlt diese vermeintlich leichte Beute noch so viel Energie ab, dass man (beziehungsweise Barsch) sie einfach mitnehmen muss.

Da liegt es doch nahe, sich einmal vertraut mit der hohen Kunst der Barschverführung zu machen, die nichts anderes ist als eine feinere Interpretation der Schwarzbarsch-Angelei mit Rubber-Jigs. Der entscheidende Kniff bei der Rubber-Pick-Upperei ist es, den Köder in exakt dem Maße zu bewegen, dass sich der Barsch dazu animiert fühlt, das dann auf dem Boden liegende Gespann aus Jig und Trailer aufzulesen. Das klingt zunächst einmal einfach und gemütlich. Anhand der heftigen Bisse spürt man aber die Dimension des Verlangens, das ein perfekt inszeniertes Köderspiel im Barsch auslösen kann.

Finesse-Rubber-Führung

Ganz klar: Die Fransen haben selbst im Mittelwasser eine gewisse Lockwirkung. Ich hatte auch schon viele Bisse, wenn ich den Köder eingekurbelt habe, um zu einem neuen Wurf in die heiße Zone anzusetzen. Dazu passt auch, dass das Einleiern knapp über Grund eine erfolgreiche Schwarzbarsch-Technik ist. Und auch das Schleifen kann manchmal Punkte bringen.

Alles gut und schön. Rubbern in Reinkultur ist für mich aber das Vorgaukeln eines Krebses im Rückwärtsgang. Wenn man es hinbekommt, dass die Barsche den Köder als flüchtenden Krebs wahr-

▶ ▶ ▶ Wenn Krebsfresser unterwegs sind, ist so ein Rubber-Jig genau die richtige Wahl.

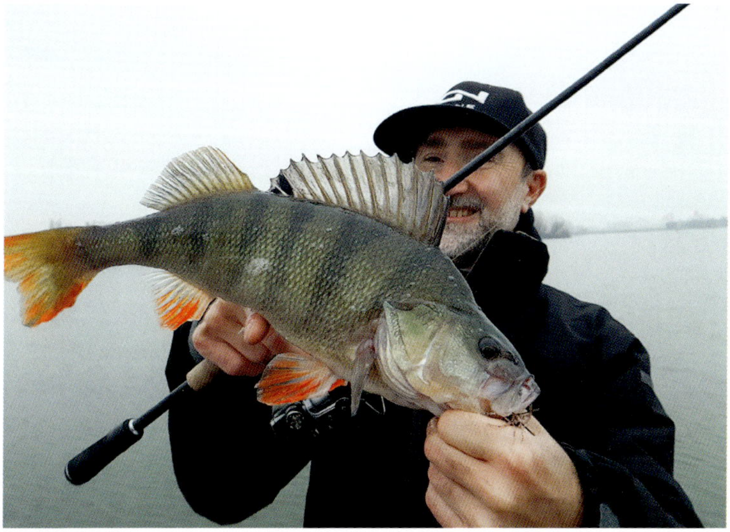

nehmen, gibt's die meisten und die stärksten Bisse. Ergo darf der Köder nicht zu weit vom Boden abheben. Er muss in kleinen Sprüngen über den Grund huschen. Und muss da auch mal verharren, um den Verfolgern tollkühn ins Auge zu schauen und ihnen zu signalisieren, dass er bereit ist, ihnen Paroli zu bieten. So machen es die Krustentiere in natura. Das macht Barsche heiß.

Und dann gibt's auch böse Bisse. Meistens in der Ablage, manchmal aber auch im Fallen. Je aktiver die Barsche sind, desto aggressiver müssen die Hüpfer ausfallen. Je passiver sie sich verhalten, desto dezenter müssen wir den Köder führen. Das geht von schnell aufeinander folgenden Doppel-Jig-Sequenzen (zwei heftige Aufwärtszupfer hintereinander) bis zum ultra-flachen Mini-Sprung mit sekundenlanger Verschnaufpause. Egal wie: Der Köder wird über die Rute beschleunigt und nicht über die Rolle gefaulenzt. Die Rutenspitze zeigt nach oben. So kann man den ruhenden Jig auch mal anschütteln, um zwar die Position zu halten aber Fransen und Trailer zu bewegen.

▶ ▶ ▶ Mit »Finesse« hat diese Rubber-Montage nichts mehr zu tun. Wenn man gezielt große Barsche fangen will, ist so ein XL-Rubber-Jig mit einem langen Trailer eine hervorragende Wahl.

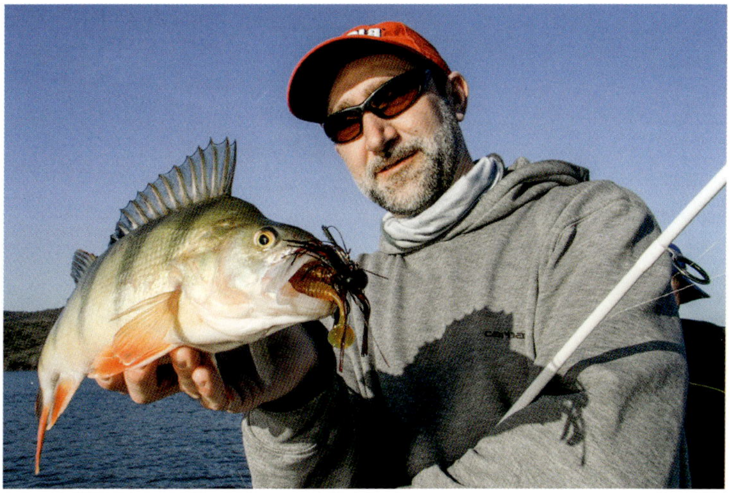

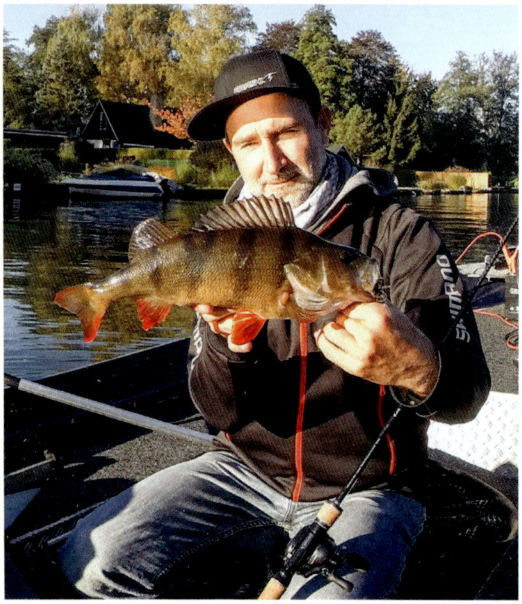

▶▶▶ **Stilecht bis ins letzte Detail: Mit BFS-Kombo, Flexfit-Kappe, flottem Jäckchen und einem prächtigen Herbst-Rubber-Barsch.**

Top-Finesse-Rubber-Jigs

Highend-Rubber-Jigs gibt's schon in Gewichten von unter 2 Gramm. Dann sitzen Fransen und Tungsten-Kopf aber auf einem kleinen Haken, auf den nur ein Mini-Trailer passt. Ich empfehle deshalb etwas größere und damit auch schwerere Jigs, wie den 4,2 Gramm schweren Guard Spin Jig von Keitech (2er Haken). Etwas schwerer und mit einem stärkeren Haken ausgestattet ist der Platon!! von reins. Er bringt 5,3 Gramm auf die Waage. Für tiefere Gewässer habe ich noch das in 7 und 9 Gramm erhältliche Rubber Jig Model II von Keitech (Hakengröße 2/0) in der Box. Natürlich braucht man diese Jigs in verschiedenen Farben. Sehr gut fange ich beispielsweise mit Klassikern wie Watermelon PP, Green Pumpkin, Wakasagi oder Cola. Manchmal darf's aber auch ein bisschen flashiger sein.

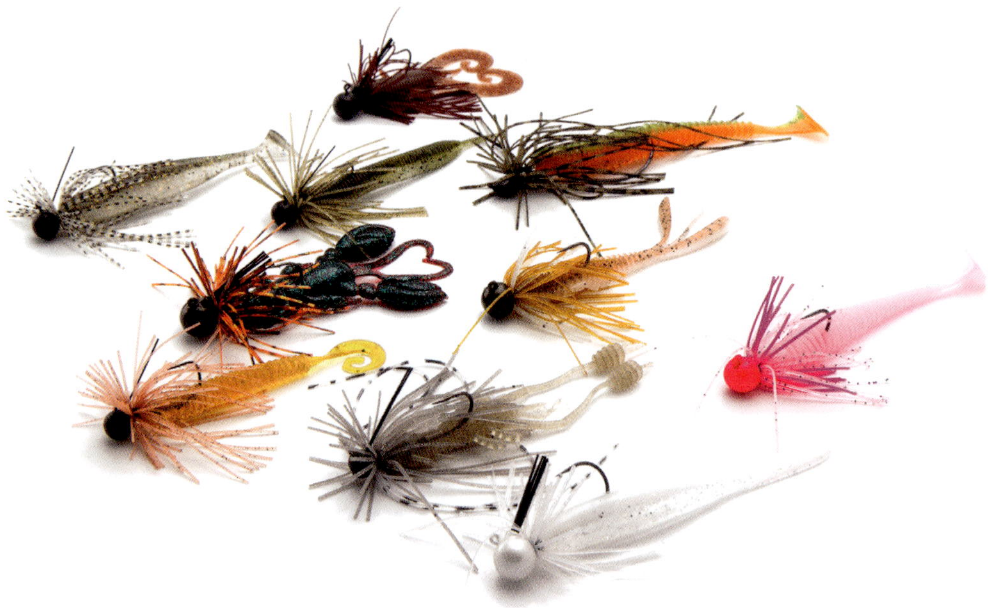

▶▶▶ **Eine Batterie an Finesse-Rubber-Jigs. Jigs von reins, Keitech und Tiemco mit den Top-Trailern: Keitech Litte Spider, Keitech Easy Shiner, Keitech sexy Impact, Keitech Swing Impact, Ecogear Rock Claw, reins G-Tail Staurn, Keitech Hog Impact, reins Ring Claw und Keitech Shad Impact.**

Top-Finesse-Trailer

So ein Fransen-Jig wird niemals blanko gefischt, sondern immer mit einem Trailer dekoriert. Das erhöht die Lockwirkung beträchtlich. Die Trailerform bestimmt nicht nur das Volumen, sondern nimmt auch Einfluss auf die Sinkgeschwindigkeit. Je voluminöser, desto langsamer der Sinkflug.

Als Hakendekoration kann alles dienen, was der Gummimarkt so an Kleingummis hergibt: Krebse, Creatures, Twister, Curly-Tails, Action-Shads oder No-Action-Shads. Ich mag unter anderem den reins G Tail Saturn in 2,5 Inch, den reins Rockvibe Shad in 2 Inch, den Keitech Easy Shiner in 2 Inch oder 3 Inch, den Keitech Sexy Impact in 2,8 Inch, den Keitech Swing Impact in 2 Inch und 3 Inch oder den Keitech Hog Impact in 3 Inch. Hauptsache weich. Hauptsache geflavourt. Und Hauptsache in tollen Farben.

Finesse-Rubber-Hardware

Richtig stilecht ist das Finesse-Rubbern mit einer Cast-Kombo. Das Zauberwort heißt »BFS«. Das Kürzel steht für »Bait Finesse-System« und kennzeichnet Cast-Besteck, das für allerfeinste Einsätze konzipiert wurde. Präzisionswerkzeug hat leider seinen Preis. Da man beim Casten nicht nur über den Hebel gehen kann, sondern von der Ladung der Rute lebt, braucht man eben einen Hochleistungsstab, der sich schon beim Anschwingen kleinster Gewichte auflädt und die Unterstützung einer Rolle, die schnell anspringt und bei geringem Zug sauber Schnur freigibt. Das erreicht man nur mit hochwertigsten Kugellagern, ultraleichten Präzisionsspulen und ausgeklügelten Fliehkraftbremssystemen.

Das optimale Wurfgewicht einer guten Rute ist klar definiert. Ober- und Untergrenze liegen recht nah beieinander. Für die präzise Rubber-Animation muss sich die Rute nicht nur gut aufladen, sie muss auch einigermaßen

» **VIDEO:** Rubber-Jig: Geheimwaffe für Dickbarsch

» **VIDEO:** Streetfishing: S'klappert, wo's rubbert – mit Rubber-Jigs auf Barsch

» **VIDEO:** Hecht & Barsch: Fransen-Jigs provozieren Eskalation!

steif sein, um zackige Sprünge zu ermöglichen. Alternativ tun es natürlich auch feine Spinnruten mit denselben Eigenschaften.

Finesse-Rubber-Situationen

Mit den feinen Rubber-Jigs arbeite ich bis in Wassertiefen von 4 bis 5 Metern alle Spots ab, an denen sich ein krebsvernichtender Barsch aufhalten kann: Seerosenfelder, Kies-, Muscheln- und Sandbänke, Faschinen, Stege, Löcher, Fähranleger, Spundwände, etc. Die Rubber-Jigs ziehen immer dann besonders gut Barsch, wenn die Fische einen langsamen Köder wollen und so gar nicht auf schnelle Systeme reagieren. Das ist im Winter oft der Fall, bei krassen Temperaturwechseln oder an überangelten Spots.

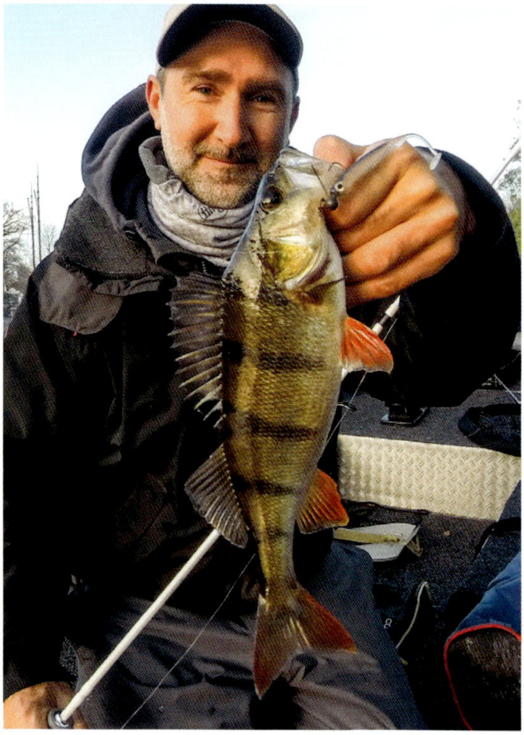

▸▸▸ **Original-Zitter-Gespann: Holofolien-Shad am superleichten Keitech-Mini-Tungsten-Jig.**

ZITTER-JIGGEN: MIKRO VIBRATION – MAXI EFFEKT!

Man muss nicht einmal das Lager wechseln und die Tremarella-Technik bei den Forellenanglern heranziehen – spätestens seitdem sich das Dropshot-Rig etabliert hat, wissen Deutschlands Barschangler, dass es Punkte bringen kann, wenn das Gummi zittert.

Den sich positiv auf die Bissfrequenz auswirkenden Zitter-Effekt, kann man sich auch beim Gummifischangeln mit dem Bleikopf zunutze machen. Es ist manchmal echt verblüffend, wie sich diese kleine Modifikation in Sachen Köderführung phasenweise auf die Bissfrequenz auswirkt. Die »Wackel-Technik« kommt aus Japan und ist mit schlanken Gummifischen assoziiert, die einen Folienkern oder viel Glitter auf den Flanken haben. Da sie beim Anschütteln kippen, schicken sie über ihre Flanken Lichtreflexe zu den Räubern, die so auf das zuckende und scheinbar schwächelnde Beutefischimitat aufmerksam werden.

▸▸▸ **Die Zitter-Jig-Montage.**

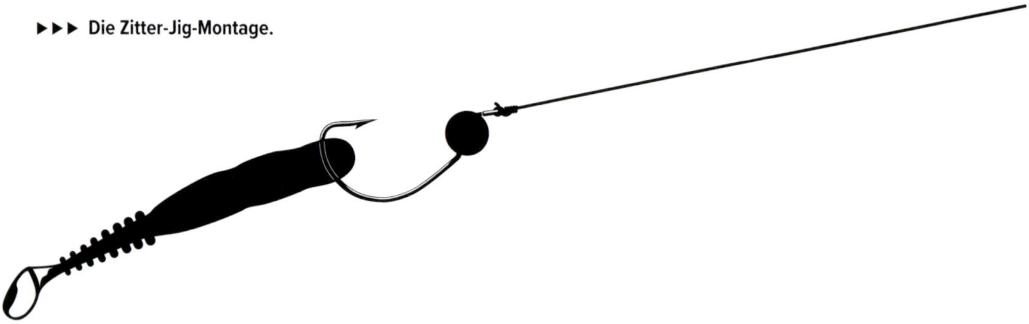

Kein Wunder also, dass ich mich beim Ausprobieren zuerst auf klassische Wackel-Köder mit Reflex-Potential konzentriert habe. Damit habe ich auch gut gefangen. Manchmal hat das Anzittern der Köder tatsächlich deutlich mehr Bisse gebracht. Der Durchbruch allerdings war eine Jigkopf- und Anköderungs-Modifikation: Seitdem ich Wacky- und Eigenbau-Jigs verwende und die Gummis einfach per Lippenköderung aufstecke, hat sich das Gummi-Zittern zu einer meiner liebsten Methoden entwickelt, wenn die Barsche herausgekitzelt werden wollen.

Das Zitter-Konzept

Der Grundgedanke ist den Köder nicht nur durch Heben und Senken ausbrechen zu lassen, sondern zusätzlich von einer Flanke auf die andere zu bewegen, indem man die Rutenspitze während der herkömmlich praktizierten Führungsvariante (Jiggen, Faulenzen oder Einkurbeln) wackeln lässt. Die Schüttelbewegung kommt nicht aus dem Unterarm, sondern aus dem Handgelenk. Anfangs ist das noch ein bisschen gewöhnungsbedürftig. Mit ein bisschen Übung hat man den Bogen aber dann doch recht schnell raus. So kann man jedem Gummifisch mehr Leben einhauchen.

Dadurch, dass der Jigkopf den Köder mit seinem Gewicht nach unten zieht, wird der Zittereffekt umso kleiner, je schwerer der Jigkopf ausfällt. Allerdings hebt die Tiefe den Einfluss des Blei- beziehungsweise Tungstengewichts ein wenig auf. In größeren Tiefen kann man also auch etwas schwerer fischen. Tungsten-Jigs sind bei gleichem Gewicht kleiner als Blei-Jigs und damit nicht nur unauffälliger sondern auch stromlinienförmiger. Mit ihnen kann man also ein paar Zentimeter Tiefe schinden.

Am besten funktioniert die Technik aber in Tiefen von 0,2 bis 4 Metern und bei wenig Strömung. Hier kann man richtig fein angeln und die Vorzüge des Zitter-Effekts mit der Finesse-Variante der Technik richtig ausreizen. Hier kommen dann Wacky- oder Eigenbau-Jigs zum Einsatz, mit denen man den Schwerpunkt (sprich den Jigkopf) vor den nur durch die Nase aufgespießten Köder auslagert, so dass sich der Flankeffekt intensiviert.

Zitter-Führung

Wenn man zum Beispiel im Sommer an Futterfischschwärmen angelt, kann man den Gummifisch gar nicht stark genug zucken lassen. Er muss schließlich auffallen im Silbergeblitze eines

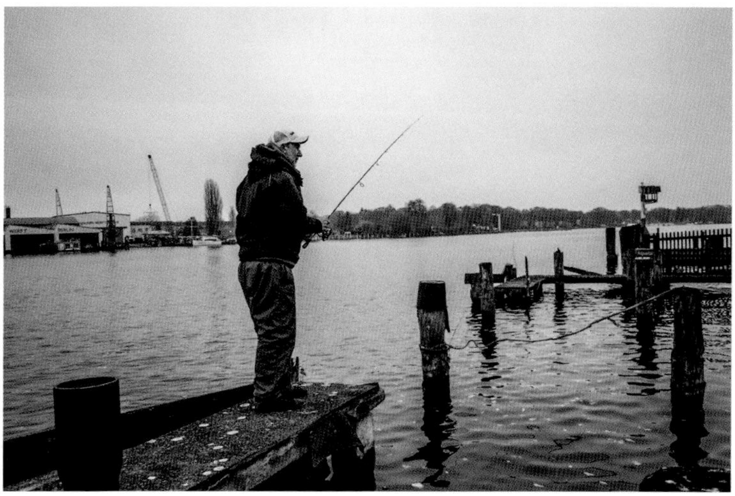

▸▸▸ **An klar definierten Hotspots zittert es sich am Zuversichtlichsten.**

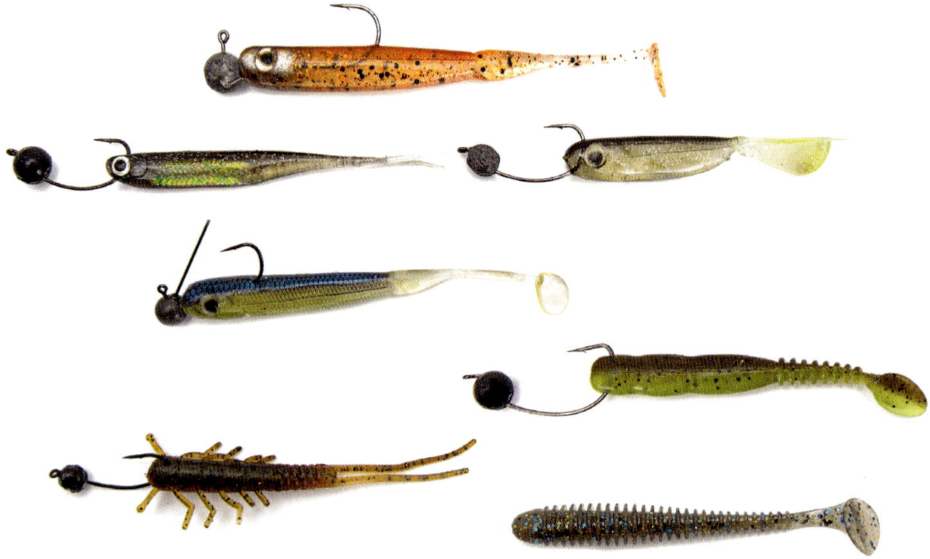

▶▶▶ Ein paar Zitter-Klassiker, an denen ihr euch orientieren könnt.

Weißfischschwarms. Außerdem sind die Barsche aktiv und reagieren manchmal erst auf eine zackige Köderpräsentation. Im Winter hingegen zittert man die Gufis am besten nur ganz dezent an. Ich habe Tage erlebt, an denen ich Barsch auf Barsch gefangen habe, indem ich das Zittern auf den am Grund liegenden Köder übertragen habe, um ihn dann kurz ruhen zu lassen. Oft liegt die Wahrheit zwischen diesen beiden Extremen.

Top-Zitter-Köder

Als ich mich in die Materie eingezittert habe, ging ich noch davon aus, dass der Köder beim Flanken Lichtreflexe aussenden muss, um die maximale Reizwirkung zu erzielen. Insofern war ich anfangs voll auf Köder mit Reflex-Folie oder viel Glitter fixiert, wie den Spoontail Shad von Nories.

Nun beißt es bei mir an der Spree aber oft am besten auf gedeckte Farben. Watermelon, Pumkinseed, Motoroil/Chartreuse, Bluegill Flash und so weiter. Darum habe ich dann irgendwann einfach mal einen 3er-Swing Impact (Keitech) in Bluegill Flash auf den Jig gesteckt und diesen ganz langsam über den Boden gezuppelt, immer mal abstürzen lassen, und ihn am Grund angezittert, bevor es wieder ein bisschen weiter ging. Zuviel für die Barsche an diesem Tag. Jetzt gab's Biss auf Biss. Nun glittert Bluegill Flash ja silbern, blau und golden. Die Technik funktioniert aber auch mit non-glittering Gummis ganz hervorragend. Einer meiner Top-Zitter-Köder ist unter anderem der Rockvibe Shad von reins in Green Pumpkin/Chartreuse Melon. Es ist es also mehr die zittrige Führung als das Flashen, das die Barsche verrückt macht. Wichtig ist aber die Gummiform: Die Zitter-Technik funktioniert am besten mit schlanken Action- und No-Action-Shads, die schon an leichten Jigs ins Rollen kommen und wild zucken, wenn man sie anruckelt.

Eigenbau-Zitter-Jig

So ein Zitter-Jig ist schnell gebastelt. Man nimmt sich einfach einen Widegap Offsethaken

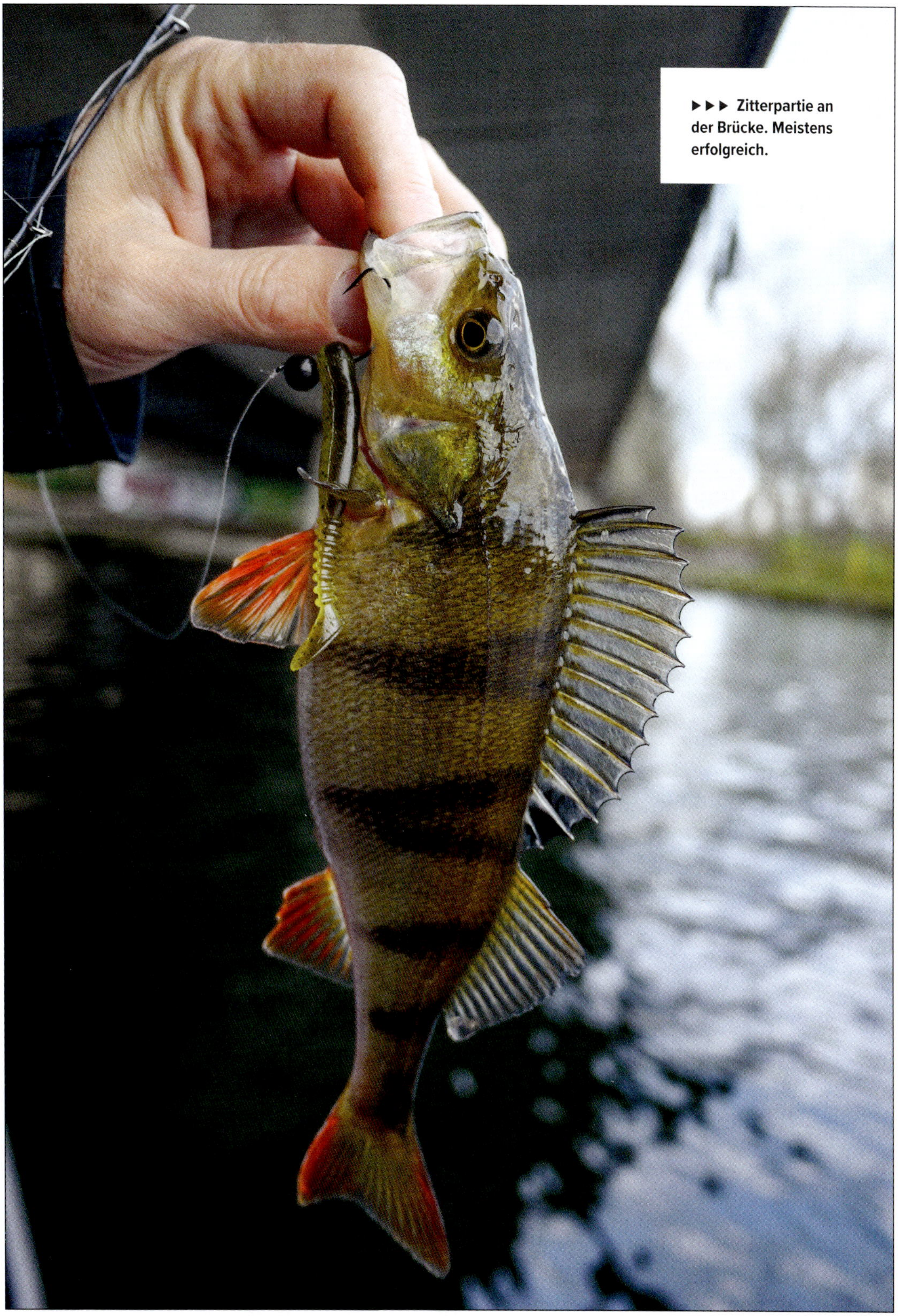

▶▶▶ Zitterpartie an der Brücke. Meistens erfolgreich.

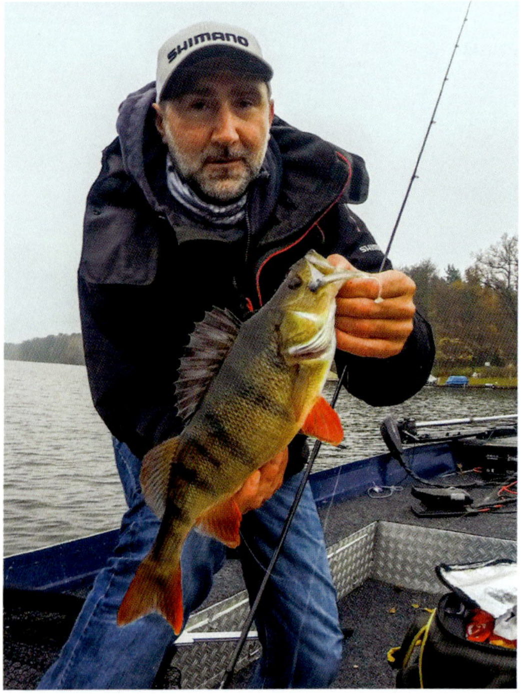

▶▶▶ **Spree-Barsch am Eigenbau-Zitter-Jig. Man erkennt's ein bisschen schwer, gebe ich ja zu.**

(Größe 2/0 bis 4) und klemmt ein Bleischrot (1 bis 5 Gramm) über den Knick. Dann hat man einen Jig mit einem weiten Bogen, der die Fische zuverlässig hakt. Die gleichen Haken verwende ich auch fürs Jighead-Wacky.

Zitter-Hardware

Je länger und schwerer die Rute, desto kürzer der Spaß an dieser Technik. Wie bei allen Finesse-Methoden angelt man auch die Wackel-Köder am besten mit feinem Geschirr. Kurze Ruten von 1,8 bis 2,10 Meter Länge lassen sich lange ermüdungsfrei schütteln. Die Spitzen müssen gar nicht mal so hart ausfallen. Ich fische gerne Ruten mit einer eingespleißten Vollcarbon-Spitze. Die ist weich, erleichtert den Fischen die Köderaufnahme und erlaubt es mir, sehr feine Schnüre zu fischen, die die Köder an den leichten Jigs tiefer halten. Ich empfehle eine 0,06er bis 0,08er geflochtene Schnur. Die Schnur sitzt am besten auf einer 1000er-Rolle, die einem Überpacen (und damit Ansteigen) des Köders durch den relativ geringen Schnureinzug entgegenwirkt.

Zitter-Szenarien

Es macht wenig Sinn, den Köder den ganzen Tag durchs Freiwasser zu schlackern oder große Areale grundnah abzuwackeln. Das ist einfach zu anstrengend. Die wacklige Führungsart ist eine Hotspot-Strategie mit der man Barsche unter Brücken, Booten oder Stegen herauszuppelt. Ideal eignet sich die Technik auch zum Abfischen von Spundwänden und Holzfaschinen in Kanälen. Hier stehen die Barsche oft direkt an den Wänden, so dass man mit einem Wurf entlang der Wand den Köder konsequent am potentiellen Hotspot hält.

SHAKY HEAD: SCHÜTTEL' DEINEN WURM!

Seine Laudatio zum 65. Geburtstag des Wiggle Worms hat Dave Precht (Chefredakteur vom Bassmaster Magazine) mit folgenden Sätzen geschlossen: »With the proliferation of plastics, the good old Texas rig has become an afterthought for many. ... Jigs and creature baits have earned the reputation for catching bigger bass in the same seasonal and cover situations we used to fish Texas rigs. And when weather or fishing pressure puts bass in a finicky mood, shaky heads or wacky rigs get more bites ...« Auf den Punkt gebracht: Das T-Rig ist da drüben so langsam out. Stattdessen wird in klassischen T-Rig-Situationen mit Creature Baits an Rubber-Jigs gefischt, weil diese Kombination die größeren Fische bringt. Und wenn die Schwarzbarsche mal abzicken, kitzelt man mit Shaky Heads und Wacky-Geschichten mehr Fische raus als mit dem Texas-Rig.

Nun stehe ich total drauf, Barsche mit extrem langsam hinter dem Bullet herschleichenden

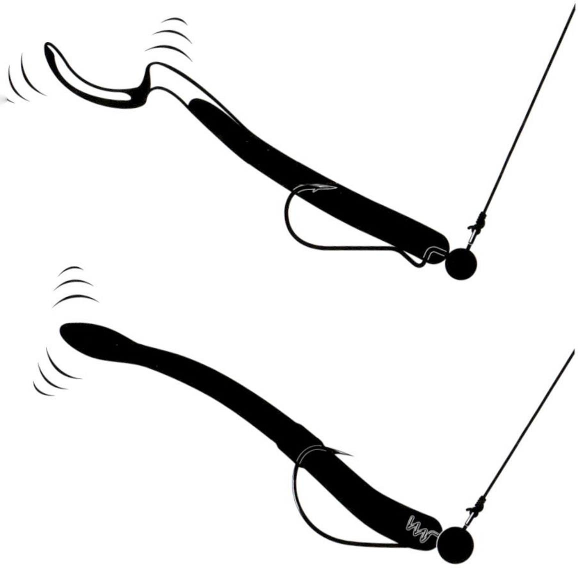

▶▶▶ **Unterschiedliche Shaky-Jigs.**

Würmern und Shads aus ihrer Passivität herauszuzuppeln. Und das lasse ich mir auch vom Bassmaster-Magazin nicht madig machen. ABER: So ein bisschen was muss an den Worten ja dran sein. Der Mann muss eigentlich wissen, was die Profis fischen und die Profis wären keine Profis, wenn sie keine Fische fingen. Unter anderem auch davon inspiriert, dass immer mehr Hersteller spezielle Shaky Head-Ruten an den Start bringen, habe ich mich vor einer Spanienreise im Frühjahr 2014 mit dem neuesten Shaky-Stoff richtig eingedeckt. Nachdem ich da unten am Lake Caspe mit dem T-Rig sehr gut gefangen habe, werde ich niemals von einer Wachablösung sprechen. Aber in ein paar Situationen hat der Shaky Head wirklich extrem gut gezündet und sich seither immer wieder als hervorragende Alternative erwiesen. Diese Spezial-Jig-Köpfe ermöglichen nämlich eine Art aktives Ansitzen mit Kunstködern, für das man erst einmal die Nerven entwickeln muss.

Die Shaky Heads und Shaky Worms wurden so konzipiert, dass man sie in der Ablage anzittern kann. Der Köder wird also am Platz gehalten und mit einem feinen Zittern aus der Rutenspitze in die Schnur in Schwingung versetzt – Passiv-Dropshotten am Grund sozusagen. Damit eignet sich diese Technik nicht dafür, große Wasserflächen abzuklappern. Es ist eine Kleinraumtechnik mit der man die Hotspots im Zeitlupentempo penetriert, um Fische aus der Reserve zu locken, die nicht sofort auf einen schnellen Köder reagieren und denen schon ein langsam gezupftes T-Rig zu schnell ist.

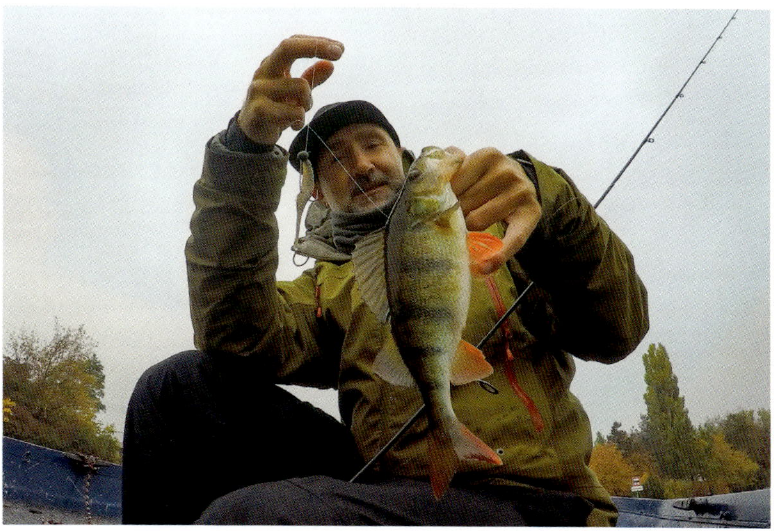

▶▶▶ **Shaky-Man mit Shaky-Barsch.**

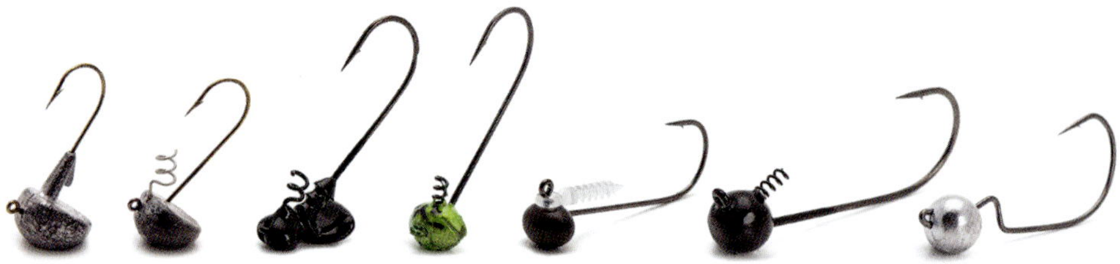

▸▸▸ **Shaky Heads haben entweder eine Auflagefläche oder kommen als Football daher. Aber auch runde Jigs kann man prima schütteln.**

Shaky Head-Features

Das Kern-Element dieser Technik ist – der Name verrät es ja schon – der spezielle Jighead, wobei es die unterschiedlichsten Ausprägungen gibt. Da man die Jigs ja konsequent und nonstop am Grund hält, erlauben es die meisten Jigs, den Köder weedless anzubringen. Statt des Offset-Knicks finden wir an vielen reinrassigen Shaky Heads eine Spirale. Aber Vorsicht: Je kleiner der Haken, desto weniger Sinn macht die Spirale. Denn wenn der Abstand von der Spirale zur Hakenspitze zu klein wird, hagelt es nur noch Fehlbisse. Für kleine Köder eignen sich also Jigs mit einem Offset-Knick deutlich besser.

Um den Wurm zu fixieren, verwendet man dann am besten einen Tropfen Sekundenkleber. Als Haken finden mehrheitlich langschenklige Straight Shank Hooks Verwendung, die sich zum Anködern langer Würmer beziehungsweise schlanker No Action-Shads eignen. Das optimale Verhältnis von Hakengröße zu Ködergröße beträgt beim Wurm etwa 1:3.

Die Öse liegt bei den meisten Shaky Jigs (zumindest bei den guten) eng am Kopf an. Das ist einerseits gut, da die Öse das Eindringen der Hakenspitze beim Anhieb nicht blockieren kann, andererseits kann sich so nicht ständig Gras einhängen. Die Öse steht bei vielen Shaky Heads auch nicht im 90-Grad-Winkel zum Hakenschenkel, sondern im 60 Grad-Winkel. Das begünstigt nicht nur den »Hookset«, sondern auch die Führung. Wenn man ein bisschen recherchiert, findet man erstaunlich viele Shaky Heads mit unterschiedlichen Features. Alternativen zu diesen Spezial-Köpfen sind herkömmliche Tip-Up Jigs, die man teilweise auch mit Spirale bekommt. Gerade in Kombination mit auftreibenden Würmern kann man auch langschenklige Jigs ohne Spirale und Offset-Knick verwenden. Dazu muss man sie dann wie folgt aufziehen: Hakenspitze auf der Unterseite des Wurmes (so es eine flache Seite gibt) einstechen und durchführen. Wurm Richtung Baitholder schieben. Wurm umdrehen. Aufstecken. Wurm leicht biegen und den Haken wieder auf dem Rücken herausführen.

Shaky Head-Köder

Die ganze Methode basiert auf dem Zusammenspiel eines schwimmenden Wurms und dem Kopf. Wenn man sich von dieser Vorgabe freimacht, wird man schnell entdecken, dass sich so ziemlich alle der üblichen Verdächtigen (Finesse-Baits) auch zum Shaken eignen, die ich euch in den anderen Finesse-Features vorgestellt habe. Ich habe vor allem auch gute Erfahrungen mit Krebsen gemacht.

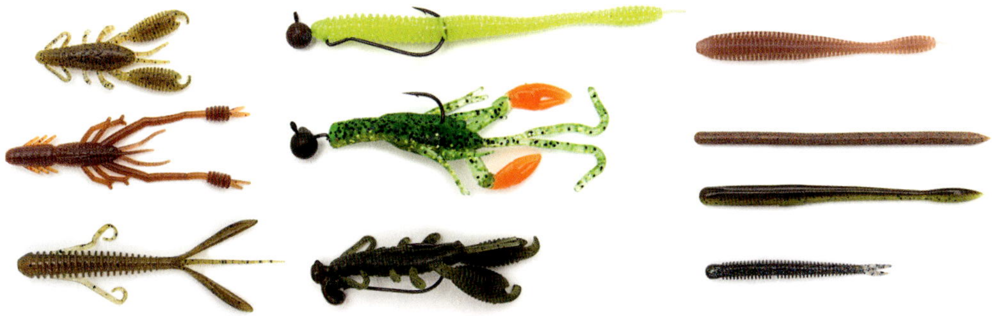

▶▶▶ **Ich shake genauso gerne Krebse wie Würmer: Crazy Flapper, Hog Impact, Ring Craw, G Tail Saturn und Bubbling Shaker.**

Shaky-Head-Hardware

Auch in den USA werden die Shaky Heads meistens mit Spinnruten präsentiert und nicht mit der Baitcaster. Diese sind zwischen 6 und 7 Fuß lang. Fast alle Spezial-Ruten haben eine schnelle oder extraschnelle Aktion, die sich mit einer Medium Power paart. So kann man den Wurm beziehungsweise den Shaky Head akkurat bearbeiten und mit feinen Schnüren fischen, ohne befürchten zu müssen, dass die Fische schon beim Anhieb abknallen. Hier in Deutschland sind zum Beispiel die 6 Fuß und 10 Inch langen G Loomis Shaky Rods erhältlich. Was die Schnur angeht: Die größte Köderkontrolle hat man mit geflochtener Schnur. Davor kommt ein Fluorocarbon-Leader. Wer hätte es gedacht. Das FC wird direkt an den Jig geknotet, damit sich die Schüttelbewegung direkt auf den Jig überträgt und nicht im Karabiner verloren geht.

Shaky-Head-Situationen

Wann macht es Sinn, am Grund zu dropshotten? Immer dann, wenn die Fische sich an einem Punkt konzentrieren und aus ihrer passiven

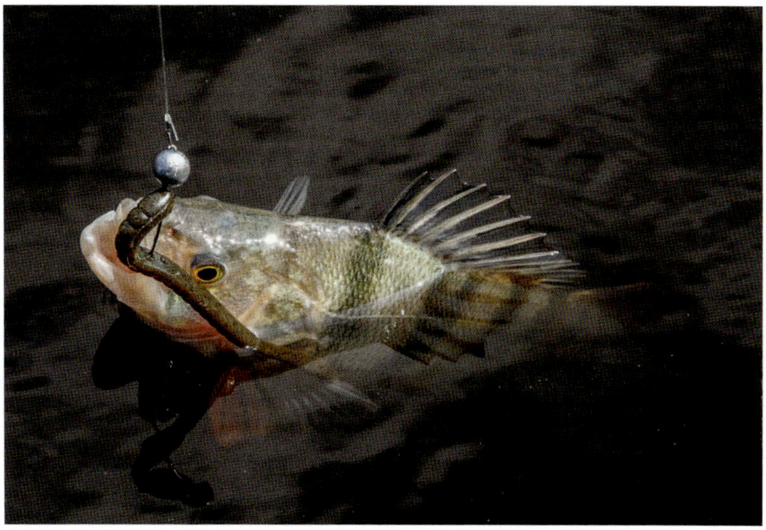

▶▶▶ **Nicht gerührt, sondern geschüttelt. Ganz klassisch mit schwimmendem Wurm.**

Grundhaltung herausgelockt werden müssen. Man fischt sie an Stegen, auf Kies oder Muschelbänken, unter Brücken, an Fähranlegern, am Kantenfuß, zwischen Booten etc. Im Prinzip ähneln sich die Finesse-Situationen so stark, dass man im letzten Finesse-Unterkapitel nicht mehr viel Neues erzählen kann.

★ Special: **SHAKYHEADDING AUF DISTANZ**

Noch ein kurzes Update in Sachen Shaky Head. Ich angle einfach viel damit und habe und so einigen Menschen mit einem Blitzkurs in Sachen Shaky Head zu großen Barschen verholfen. Mit dem Shaky Head gelingt es mir oft, Fische rauszukratzen, die sonst maximal auf ein geschliffenes C- oder T-Rig beißen. (Ok. Ned-Rig, Free-Rig, Jika-Rig, Schüttel-Jig ... die Liste der Passiv-Rigs wird immer länger.) Es geht um Entschleunigung und die macht mir extrem Spaß. Vor allem auch, weil man Fische fängt, die scheinbar gar nicht da sind. Ich angle auch vom Ufer damit und auch auf Distanz. Mein Shaky Head der Wahl ist der Keitech Football Shaky Jig. Ich liebe die Haken und die mag die schwarzen Tungsten-Köpfe sehr. Die Keitech Shaky Jigs gibt's allerdings nur in Gewichten von 1,8 bis 5 Gramm. Nun wird sich so mancher fragen, wie man damit auf Distanz angeln kann. Antwort: Mit dem richtigen Gerät.

Shaky-Head-Setup

Mein Longrange-Shaky-Setup mag dem einen oder anderen ungewöhnlich vorkommen. Ich fische nämlich eine L-Rute mit einer 3000er-Rolle. Konkret eine Expride 266 L-2 (Wurfgewicht bis 10 Gramm) mit einer 2500er oder 3000er Rolle. Die verhältnismäßig große Rolle (2500er und 3000er Modelle sind bei Shimano gleich groß) wähle ich, wegen des größeren Spulendurchmessers (im Vergleich zu einer 1000er, die optisch besser passen würde). Die Logik ist folgende: Je größer der Spulendurchmesser, desto größer die im Wurf ablaufenden Schnurklänge, desto weiter die Wurfweite. Um richtig weit werfen zu können, verwende ich die dünnst mögliche

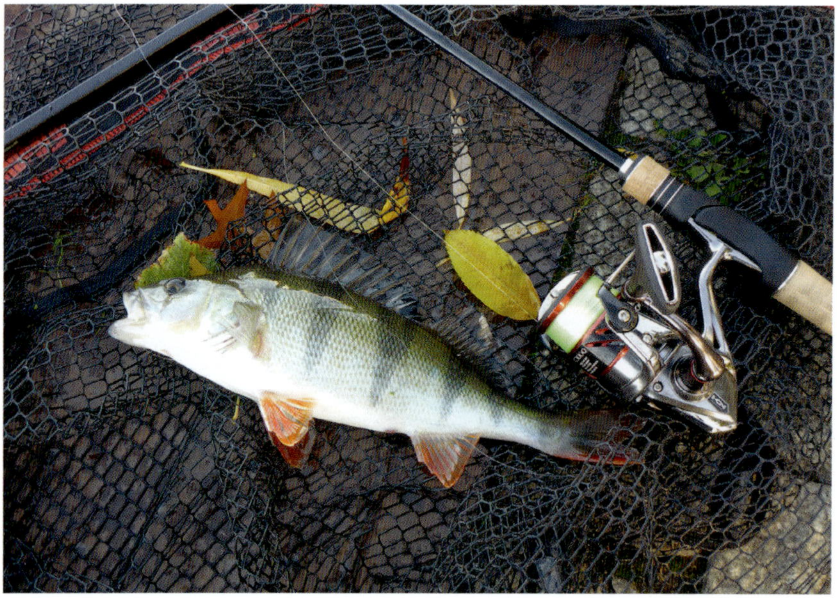

▸▸▸ Bisschen überdimensioniert? Eher zweckmäßig. 3000er Stradic an L-Expride.

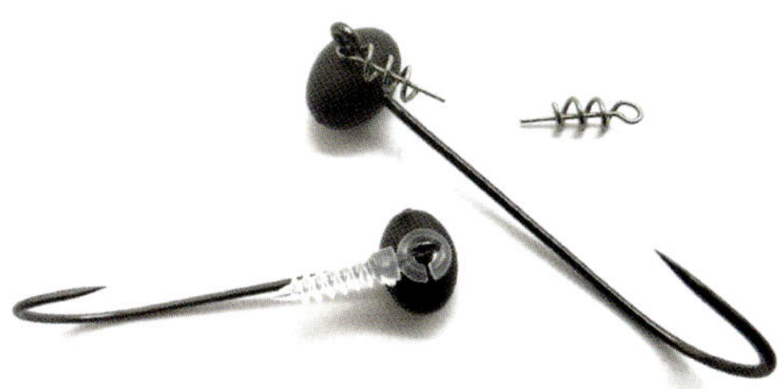

▶▶▶ Den EZ Lurekeeper hingegen feiere ich sehr ab.

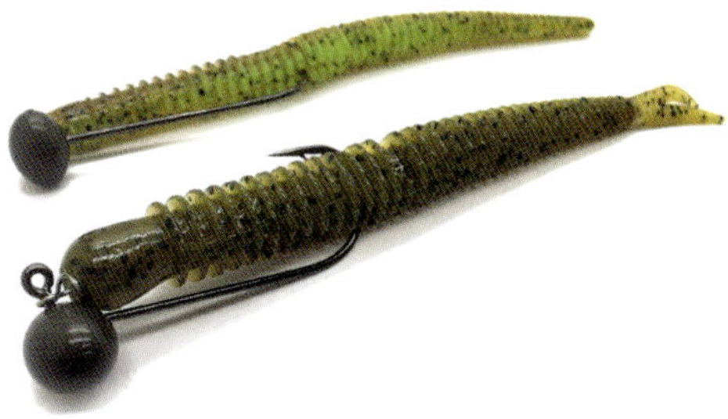

▶▶▶ Genauso wie meine Lieblingswürmer. (Der Rockvibe Shad war bei den Aufnahmen gerade im Einsatz.)

Schnur. Im Hause Shimano ist das die 0,07er Kairiki 8 der eine 0,06er Kairiki 4. Mit beiden Schnüren komme auf sehr gute Wurfweiten.

Keitech Shaky Football Jig-Tuning

Mir gefällt fast alles an dem Jig. Nur der Baitholder ist – gelinde gesagt – nicht besonders toll. Die Plastik-Schraube hält die Köder nicht wirklich und sehr filigrane Würmer platzen auch mal beim Aufziehen. Knallharte Ansage von Dr. Barsch an Keitech: Der Baitholder taugt nicht für unsere Barschköder!

Kein Problem. Ich rüste einfach um. Und zwar auf einen Camo EZ Lure Keeper. Die Teile braucht man ja sowieso zum Texas-Rig-Angeln (sie haben bei mir die Spirale mit offenem Öhr abgelöst). Man kann sie in die Jig-Öse drehen oder einfach über die Öse drücken. Die Größe S ist wie für diesen Zweck gemacht und hält den Köder super.

Distanz-Shaky-Köder

Wenn ich richtig weit rausfeuern muss, verwende ich lieber Würmer als Krebse, weil die wegen des geringeren Luftwiderstandes weiter fliegen. Konkret: Live Impacts in 4,5 Inch am 3/0er Shaky Head, 3,5 Inch, Easy Shaker am 2/0er Shaky Head oder 4er Rockvibe Shads am 3/0er.

Shaky Head-Führung

Der Köder wird über den Boden gezogen und manchmal angeschüttelt. Ganz dezent versteht sich. Viele Barsche kündigen sich durch ein Festhalten an. Dann kann man mit ihnen spielen, bis sie sich einhängen. Das sind oft keine vehementen Bisse. Eher ein stetiges Festhalten. Ich schlage dann nicht an, sondern kurble die Fische an den Haken. Durch den scharfen Haken des Keitech Shaky Heads geht das gut.

CHEBURASHKA: ZAUBERMURMEL, DIE AUS DER KÄLTE KAM.

Als Betreiber eines Online-Portals für Barschfreunde und andere Spinnangel-Experten habe ich mein Ohr eigentlich immer auf der Bahnschiene liegen und wenn ein neuer Trend-Zug anbraust, nehme ich ihn schon von weitem wahr. Den Cheburashka-Express habe ich nicht kommen hören. Er war auf einmal da. Inzwischen hat sich das System aus einer Vorschaltkugel, einem Drahteinhänger und dem Haken mit der großen Öse etabliert. Mit jedem Tag gewinnt die Cheburashka mehr Anhänger.

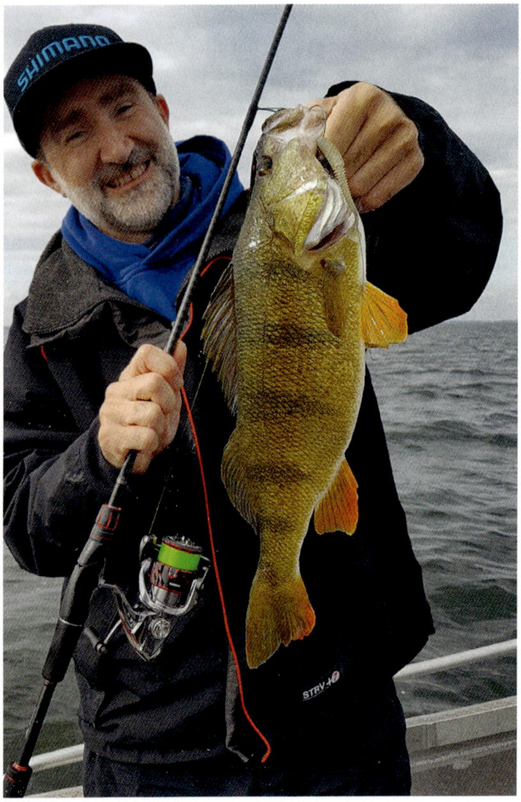

▶ ▶ ▶ **Am Bodden verhindert die Chebu, dass der Köder Schwimmgras sammelt, bevor er auf einen Barsch trifft.**

Den ersten Chebu-Barsch habe ich auf einem BA-Treffen am OHK gesehen. Ich war nicht nur live dabei, als Angelspass den 40er gehakt hat, ich habe ihn sogar fotografieren dürfen.

Es ist ja nicht so, dass es sowas noch nie gegeben hat. Irgendwo in einer Ecke meines Angellabors fahren auch noch ein paar Uralt-Systeme herum, die der Cheburashka sehr nahekommen. So richtig interessant wurde die Sache für die Finesse-Fans aber erst, mit der Entwicklung eines breit gefächerten Angebots lackierter und blanker Cheburashkas aus Tungsten oder Blei und einem optimierten Hakenprogramm. So haben japanische Hakenhersteller sogenannte »Bottom Jigging«-Offset-Haken mit einer großen Öse auf den Markt gebracht, um den in der Öse bammelnden Ködern maximalen Spielraum zu gewähren und sie vorm Krautfang zu bewahren. Aufgrund des freien Köderspiels, der Krautschlüpfrigkeit und der freien Kombinationsmöglichkeiten von Chebu-Gewicht und Hakengröße nimmt es kein Wunder, dass die Cheburashka dem herkömmlichen Bleikopf und dem gemeinen Texas-Rig einige Einsatzgebiete abknöpft hat.

Der Name ist System!

Che-Bu-Rasch-Ka. Schwierig auszusprechen, nicht? Der Begriff Cheburaschka kommt aus dem Russischen. Wenn man nach Cheburashka googelt, findet man sofort Hinweise auf eine Märchen-Figur – eine Art Maus mit riesigen Ohren und einem runden Kopf. Erst wenn man bei der Bildersuche weit genug nach unten scrollt, findet man Fotos vom flexiblen Vorschalt-Bleikopf-System. Von einem Bekannten, der mehrere Jahre in der Ukraine als Lehrer gearbeitet hat, wurde mir meine in der Fisch&Fang aufgestellte Theorie zur Entstehung des Namens bestätigt: Wenn man die Märchenfigur auf ihre Umrisse reduziert und dann mit dem Vorschalt-Bleikopf vergleicht, ist die Ähnlichkeit nicht von der Hand zu weisen. Ich habe mir sagen lassen, dass die Angel-Chebrushka unter russischen und ukrainischen Fischern genauso populär ist, wie die Märchenfigur bei Kindern. In hiesigen Fachkreisen spricht man von der »Chebu« (Tschebu), wenn man es sich einfach machen will.

Chebu-Montage

Als ich mir die Bilder vom Chebu-System angeschaut habe, habe ich mich erst einmal gefragt, ob das alles halten kann, wenn ein dicker Fisch kommt. Schließlich muss der Einhänger, den man zur Montage aus dem Kopf ziehen kann, ja eine Art offene Klammer sein. In diese wird auf der einen Seite der Haken gefummelt, um das Öhr, in dem später die Schnur bzw. das Stahlvorfach befestigt wird, durch die Kugel zu schieben. Ich habe mit vielen Anwendern gesprochen. In meinem Umfeld kam es noch nie dazu, dass ein Fisch den Draht aufgezogen hat. Auch großen Hechten hält der sich an seiner Öffnung überlappende Draht einer Qualitäts-Chebu problemlos stand.

Chebu-Vorteile gegenüber Bleikopf

★ Der »Gag« ist der Einhäng-Mechanismus. Dadurch dass man der Haken nicht ins Blei eigegossen ist, sondern frei in der Öse schwingt, bewegen sich die Köder noch ein bisschen besser. Viele Bisse spürt man nicht. Sie schnappen sich den Köder in der »Nachspielzeit« – also, wenn der Haken nach dem Aufprall der Chebu-Kugel abkippt. Ich gehe davon aus, dass das alles Bonus-Fische sind, die man ohne Chebu-Effekt womöglich gar nicht zu Gesicht bekommen würde.

★ Im Drill können die Fische den Haken nicht so leicht abschütteln, weil die Hebelwirkung im Gelenk verpufft.

★ Außerdem minimiert sich das Hängerrisiko, weil der Haken den Hindernissen nachgibt und sich so nicht einfach in Äste oder Steine festsetzt.

★ Montiert man die Chebu mit einem Offset-Haken, sammelt man nicht nur weniger Kraut ein, sondern bleibt auch nicht so einfach im Schilf oder Seerosen hängen. Man kann also mitten im Dschungel fischen, wenn die Fische dort stehen.

Chebu-Vorteile gegenüber Texas-Rig

★ Im Vergleich zum Texas-Rig laufen vor allem Fischimitate schöner. Diese legen sich am T-Rig gern auf die Seite. An der Chebu arbeiten sie genauso schön wie am Bleikopf.

★ Während man beim Patronenblei-Wechsel immer wieder neu knoten muss, kann man die Chebu im Einhänger fischen und das Gewicht ganz einfach austauschen. Der »Durchlaufmontagen-Effekt« entfällt allerdings. Insofern wird das T-Rig für mich immer seine Daseinsberechtigung haben, besonders wenn ich mit viel Gewicht angle und wirklich langsam fische, um Barschen und Zander die Zeit zu geben, den Köder vom Grund wegzusaugen.

★ Sind aber viele Hechte am Start, ist die Cheburaschka wieder vorne. Im Gegensatz zum Patronenblei kann man die Chebu ganz easy in ein Stahlvorfach klinken.

Eine kompakte Angelegenheit, diese Murmeln

Generell ist es komfortabel, dass man viel weniger Material mitnehmen muss. Eine kleine Dose mit Chebus in den passenden Gewichten und eine Vorfachtasche mit Haken in verschiedenen Größen und Formen ersetzen eine komplette Box mit Bleiköpfen in verschiedenen Gewichten und Hakengrößen. Das ist vor allem für Bellyboat- und »Lauf«-Angler ein riesiger Zugewinn. Chebu-Cracks lassen ihre Köder auf den Haken und

▸▸▸ Eine kleine Box und ein paar Haken – das ist schon praktischer, als eine Jigkopfsammlung.

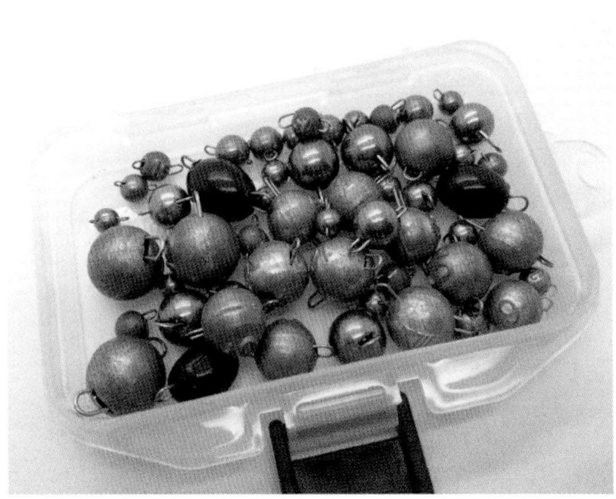

kombinieren diese dann mit den erforderlichen Gewichten. Die Köder können in kleinen Boxen zwischengelagert werden. Aggressive Gummis haben so keine Chance, die Bleiköpfe aufzuweichen.

Materialfrage: Chebus aus Blei oder Tungsten?

Ich ja ein großer Freund von Tungsten – wisst ihr. Warum? Tungsten hat eine größere Dichte, was dazu führt, dass gleichschwere Chebus aus Blei deutlich größer ausfallen als Tungsten-Murmeln. Das bedeutet: Mehr Wurfweite, weniger Wasserwiderstand und eine unauffälligere Montage. Dazu kommt eine bessere Rückmeldung. Durch die Materialhärte spürt man intensiver, ob man gegen einen Stein tockert, über Muscheln unterwegs ist oder weichen Grund abklopft. Einzig und allein, wenn ich mit superniedrigen Gewichten im Freiwasser arbeite (z.B. wenn ich die Chebu samt Mini-Shad über ein Krautfeld ziehe), verwende ich lieber Blei, damit der Köder stabil im Wasser läuft und sich beim Durchkurbeln nicht auf die Seite legt. Da hilft die größere Masse der Blei-Chebu. Wenn ich den Köder aber über den Grund zupfe, vertraue ich auch im UL-Bereich den kompakteren »Stealth«-Chebus aus Tungsten.

▸▸▸ **Mal mit offenem mal mit Offset-Haken.**

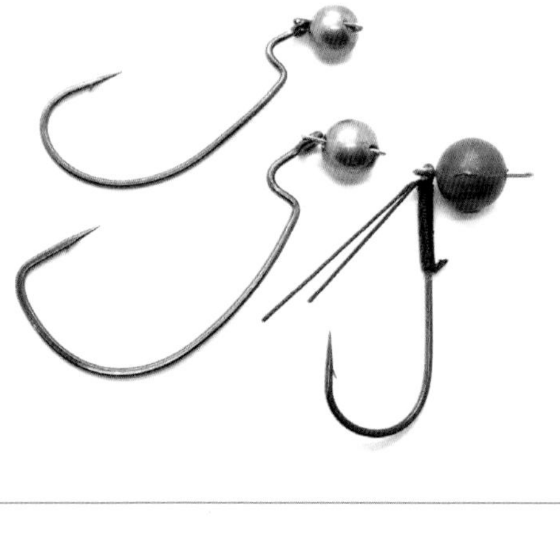

Keine Glaubensfrage: Matt vs. farbig.

Man fischt ja oft auch mal mit gedeckten Farben, zu denen einfach keine Hochglanz-Chebu passt. Und so gönne ich meinen Blei-Chebus vor ihrem ersten Einsatz eine Nacht in einem Cola-Bad. Das raubt ihnen den Glanz und sorgt für eine matt-oxidierte Oberfläche. Ich bin mir sicher, dass diese Maßnahme vor allem im klaren Wasser fangentscheidend sein kann. Auf der anderen Seite freue ich mich aber auch darüber, dass die Hersteller inzwischen auch lackierte Kugeln an den Start gebracht haben. So kann man die Köder im Trüben noch um ein auffälliges Köpfchen bereichern (purple-chartreuser Köder/chartreuse Chebu) oder Köder und Chebu zu einer farblichen Einheit verschmelzen (weiß/roter Köder, weißes Köpfchen).

Hakenwahl: Offset oder gerade Haken?

Wenn ich mit der Chebu gezielt auf Zander angle und dabei nicht im Holz fische, verwende ich lieber ganz normale »offene« Haken mit einem langen Schenkel, auf den ich die Köder aufziehe wie auf einen Jig. Ich habe das Gefühl, dass ich von Zandern mehr Fehlbisse auf Offset-Haken bekomme, als auf den langschenkligen offenen Haken. Das kann auch daran liegen, dass ich auf Zander oft schwerer Fische als auf Barsch, was schon allein durch die größeren Köder bedingt ist. Einen großen Köder muss ich mit mehr Gewicht ausstatten als einen kleinen Köder, um ihn ähnlich aggressiv zu präsentieren. Und jetzt schließen wir den Kreis: Der Offset-Haken gleitet aus dem Schlund und fasst im Maul. Der Köder muss also inhaliert werden, um zu greifen. Dadurch dass der Haken bei der Chebu mitsamt Kugelgewicht angesaugt werden muss, spielt das Gewicht eine Rolle im Gegensatz zu Durchlaufmontagen wie Texas-, Carolina oder Free-Rig. Es kann auch an der Zander-Maulform oder -Beschaffenheit liegen, dass am Gewicht fixierte Offsets nicht so gut fassen. Beim Barsch ist das anders. Erstens ist das Maul weicher, zweitens fische ich meist nicht so schwer.

Also angle ich auf Barsch lieber Offsethaken und bin damit unauffälliger und krautfrei unterwegs. Nur wenn ich mit großen Gewichten ab 14 Gramm angle und damit nicht im Kraut operiere (man muss in der flachen Krautzone auch nicht über 14 g fischen), kommt auch beim Barschangeln ein Haken mit offenem Bogen zum Einsatz. Übrigens: Wenn man gerade mal keine Offsets mit dem weiten Spezial-Öhr zur Verfügung hat, aber unbedingt »cheburashkieren« will, kann man auch mit Offsets oder Einzelhaken mit normalgroßem Öhr in den Draht hängen. Die haben dann evtl. nicht ganz so viel Spiel, fangen aber auch ihre Fische.

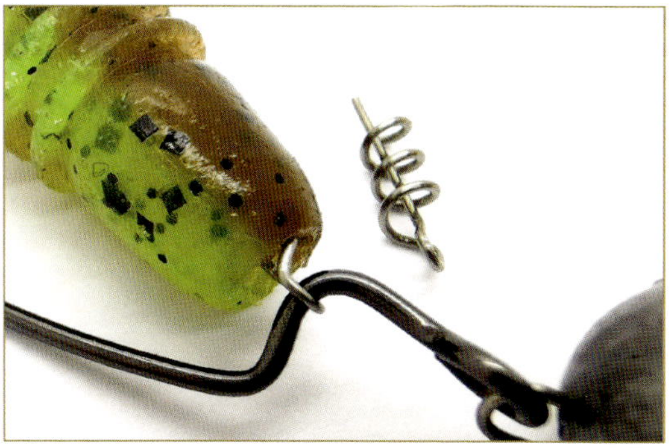

▶▶▶ **Die Spirale hält den Swing Impact sicher am Offsethaken.**

Anköderung

Während man die Gummis am Offsethaken genau wie beim Texas-Rig mit einer in den Offset-Knick eingehängten Spirale fixieren kann, rutschen die Köder selbst dann vom offenen Haken, wenn dieser mit kleinen »Wurmspikes« versehen ist. Hier muss man sich in Ermangelung professioneller Haken (schämt euch, ihr Hersteller) den Baitholder selber basteln. Dafür habe ich einen guten Tipp parat, den mir ein Mann aus meiner Community über Facebook weitergeleitet hat: Man aktiviert den Fliegebindestock und binde einen Baitholder aus dicker Monofiler (ca. 0,50 mm) auf den Schenkel. Mit ein bisschen Übung schafft man einen Haken in 2 bis 3 Minuten. Mir macht sowas zum Glück Spaß. Zum Glück? Ja. Ich fange mehr Fische durch solche Fleißarbeitsaktionen. Erstens flutschen beim Biss mehr Haken ins Fischmaul, wenn der Köder nicht abgezogen werde kann. Zweitens habe ich mehr »Nachbisse«, weil mein Köder nach einem Fehlschlag noch gerade auf dem Haken hängt und im Gegensatz zu einem quer am Haken sitzenden Gummi noch voll im Rennen ist.

Für jede Situation den perfekten Köder

Es gibt eigentlich kaum einen Gummiköder, der nicht gut an der Chebu läuft. Mit der Kugel könnt ihr alles anbieten, was ihr auf einen

▶▶▶ **Im Prinzip kann man jedes Gummi an der Chebu fischen. Es gibt nichts, was nicht fängt.**

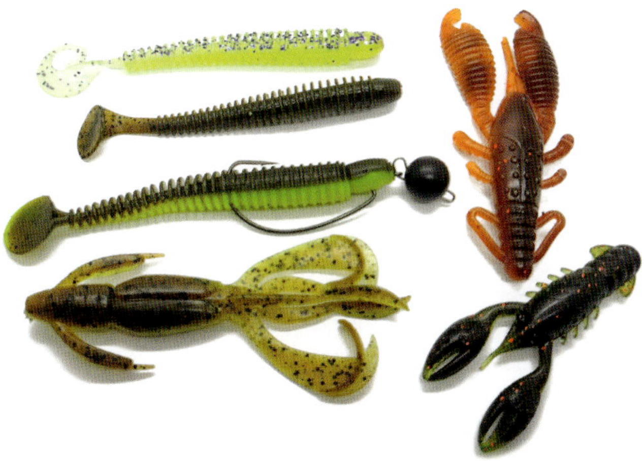

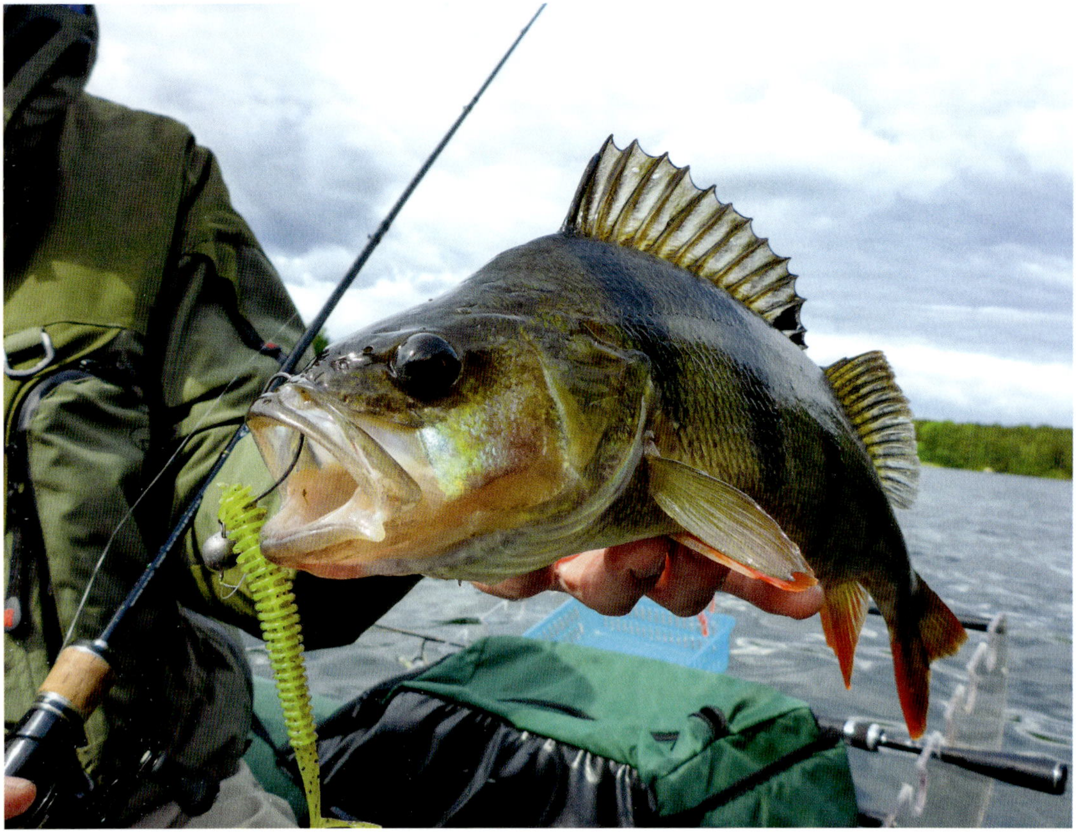

▶▶▶ Das Schöne bei der Offsetangelei ist, dass die Fische meist ganz vorn gehakt sind.

Jigkopf oder am Texas-Rig anbietet. Ich angle sie am liebsten mit ganz normalen Action-Shads, Würmern mit Teller oder Twisterlocke und natürlich mit Krebsen und Creatures.

Chebu-Führung: Mal zupfen, mal ziehen!

Die Einen fragen: Schleifst Du schon oder jiggst Du noch? Die Anderen schütteln die Chebu mit zwei bis drei aggressiven Zupfern vom Grund weg und lassen sie wieder fallen. Durch das Gelenk zappelt der Köder so natürlich ziemlich hektisch im Wasser. Das Gelenk sorgt aber auch dafür, dass der Köder bei langsamer Führung abkippt. Auftreibende Köder (z.B. Z-Man Krebse) steigen in den Stillstandphasen hoch und machen einen auf echten Krebs, der seine Abwehrhaltung einnimmt und die Scheren nach oben reckt. Sprich: Man kann mit der Cheburaschka alles machen, was man mit dem Bleikopf oder dem Texas-Rig veranstaltet: Faulenzen, Jiggen, Zuppeln, Ziehen, Zittern ... Alles macht Sinn. Nix fängt nicht.

Chebu-Tackle

Angelt das Gerät, mit dem ihr Barsche jiggt. Nehmt ne Baitcaster oder eine Spinning. Wenn ihr die Chebu aggressiv angeln wollt, muss die Rute hart sein. Wenn ihr sie über den Boden schleift, kann sich sogar eine Solid Tip-Rute gut machen, weil die Spitze beim Einsaugen mitgeht und die Barsche so keinen Widerstand spüren. Wie immer: Ich fische oft kurze Ruten, wenn ich viel mit dem Köder spielen will. Wenn es weniger auf eine ausgefuchste Präsentation denn auf Wurfweite ankommt, kann man aber auch mit einer langen Rute angreifen.

Chebu-Szenarios

Wenn ich Talsperren befische und da dann immer wieder in Kontakt zu Baumstümpfen, kompletten Bäumen oder Ästen trete, kommen für mich eigentlich nur die (Offset-)Chebu oder das Jika-Rig in Frage. Dadurch, dass der Haken abklappt, wenn er gegen ein Hindernis prallt, kommt man besser durch den Wald und löst auch mehr Hänger. Die Chebu ist auch ein toller Begleiter fürs Watangeln, auf langen lange Uferwanderungen oder Bellyboat-Touren. Man muss einfach weniger schleppen, weil man Haken und Bleigewichte frei miteinander kombinieren kann. Ich mag die Chebu auch am Bodden, wo man es oft mit Schwimmkraut zu tun hat. Von der Chebu lässt es sich oft abschütteln, so dass man mehr Würfe ausfischen kann als mit Texas-Rig, Carolina-Rig oder dem Jig. Und ansonsten? Leute. Ehrlich. Ihr könnt die Chebu überall angeln und überall hoffen, dass der Klapp-Trick den einen oder anderen Fisch überzeugt, der auf einen Jig nicht gebissen hätte. Das kann natürlich auch umgekehrt sein. Aber an sich ist die Chebu immer einen Versuch wert. Ich kann sie aus meiner Angelei nicht mehr wegdenken.

» VIDEO: **Cheburaschka Update 2020 – das musst Du wissen!**

SOFTJERKEN: SOMMER, SONNE, SOFTJERK!

In vielen Gegenden erobern Unterwasserpflanzen große Bereiche unserer Flüsse und Seen. Im Zuge der zunehmenden Aufklarung vieler Gewässer wird es immer »schlimmer« mit dem Kraut. Für den Angler ist das einigermaßen unkomfortabel. Für die Fische ist das natürlich nicht so schlecht. Denn die Krautzone hält immer eine Menge Futterfisch. Insofern ist sie auch ein Anlaufpunkt für patrouillierende Barschrudel – sofern sich diese nicht gleich in dieses Schlemmerparadies eingenistet haben. Das Problem: Selbst mit dem Texas-Rig kommt man hier an seine Grenzen. Grundnah operierende Systeme eignen sich mehr zum Unkraut jäten, denn zum Fische fangen. Auch Spinnerbaits eignen sich nicht wirklich fürs ganz dichte Kraut. Wer hier erfolgreich barscheln will, braucht eine Montage, bei der der Haken im Gummi versteckt ist und die gegebenenfalls auch mal auf dem Krautteppich liegen bleibt. Auf gut Amerikanisch: »It's Softjerk-Time!«

Über den Softjerk an sich

Als allererstes definieren wir aber mal schnell den Softjerk. Er ist nichts anderes als ein No-Action-Shad, den man offset anködert. Wenn man den Softplatstik-Köder anjerkt, bricht er von einer Seite zur anderen aus. Der ultimative Klassiker ist der Slug-Go von Lunker City, ein schlanke Stickbait mit V-Kiel, der nach hinten ausläuft. Mittig sind noch zwei Kerben ausgespart, die ihn besser abknicken – also wedeln – lassen. Wenn man den Slug-Go im Wasser von einer Seite auf die andere ausbrechen sieht, weiß man auch genau, was die Köderdesigner hier vorhatten: eine möglichst erratische Aktion soll er erzeugen, die den Räuber Aggressionsschweißperlen auf den Schädel treibt.

Generell mag ich lieber Pin-Tails (Nadelschwanz-Shads) als V-Tails (wie z.B. den Fin-S),

▶▶▶ Montierter Softjerk.

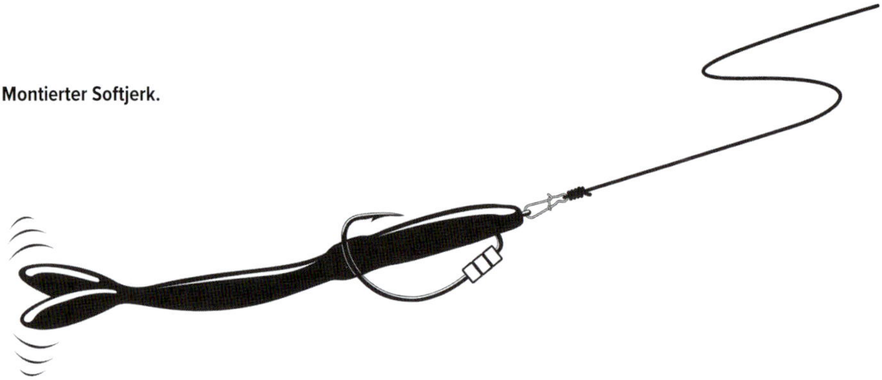

u.a. weil deren feines Schwänzchen so schön zittert in der Absinkphase. Topköder sind z.B. der BassAassassin Shad (5 Inch) oder der Shad Impact von Keitech (4 und 5 Inch).

Softjerk-Size matters!

Besonders häufig greife ich zum Softjerk, wenn in den Sommermonaten das Kraut wuchert. Das ist dann auch der Zeitpunkt, wo die Brut gedeiht und viele Menschen mit Mini-Ködern angreifen, um nah am Beutespektrum zu fischen. Beim Softjerken wird meines Erachtens aber die im Sommer greifende Brutfischfixierung ausgehebelt. Zu verführerisch sind die Köderbewegungen, als dass ein Barsch nein zu einer zuckenden Gummischlange sagen kann. Deshalb sind Softjerks mit die besten Köder, um beim Barschangeln im Sommer zu selektieren. Mit einem 5 Incher fängt man keine 20er. Mit einem 4er allerdings schon. Wer also wirklich selektieren will, sollte ruhig zum 5er greifen.

Softjerk-Montage

Weighted-Offset-Haken-Montage: Die Montage wird mit einem beschwerten Offsethaken komplettiert. Das einfachste und vielleicht auch beliebteste ist der Offsethaken mit angegossenem Bleikörper. Diese Haken gibt's inzwischen in vielen Größen und Gewichten, so dass sich alle Köder ab etwa

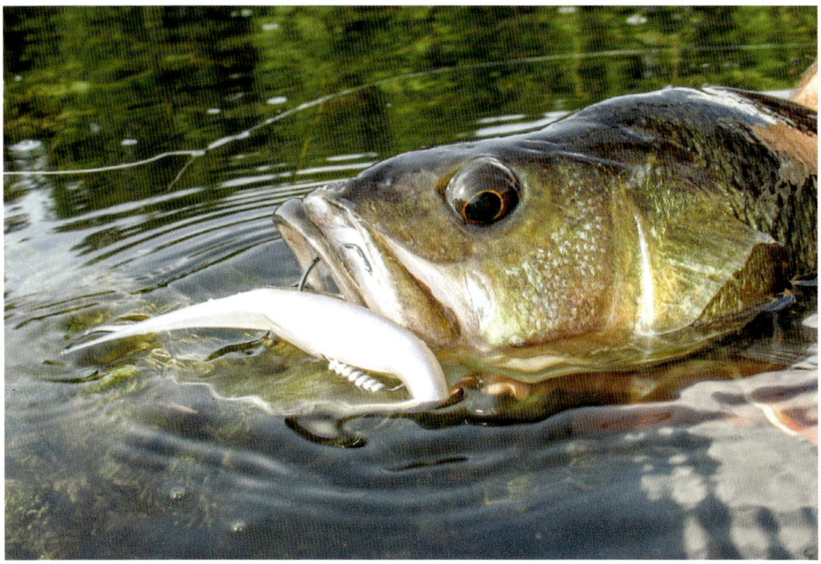

▶▶▶ Eigenbau-Haken mit Wickeldraht-Weight, V-Tail-Softjerk und schöner Krautbarsch. Das hat gepasst.

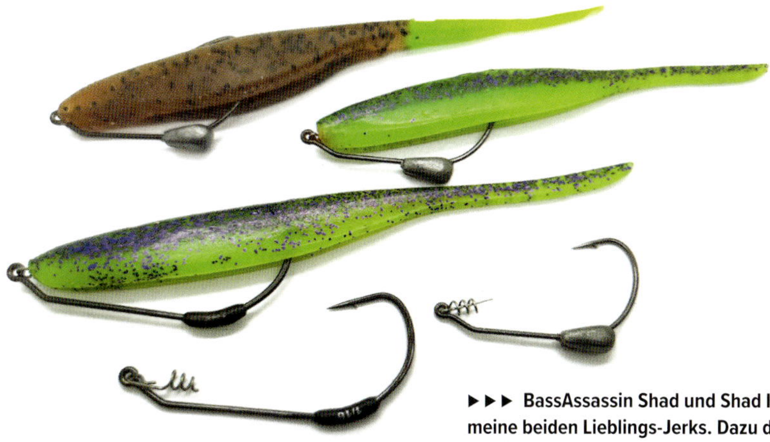

►►► **BassAssassin Shad und Shad Impact – das sind meine beiden Lieblings-Jerks. Dazu der Dropdead und der Makisasu.**

7 Zentimeter mit ihnen ausstatten lassen. Ich empfehle Haken mit einer Spirale im Öhr.

Bei herkömmlichen Modellen, bei denen das Blei unter dem Z-Knick sitzt, stellt sich zunächst die Frage, wie man den Köder auf den Haken bringen soll. Ich stand da anfangs auch wie der Ochs vorm Berg. Dabei ist es ganz einfach: Regulär einen Kanal mit der Hakenspitze stechen. Also die Nasenspitze mit der Hakenspitze einstechen und gleich unten am imaginären »Mund« wieder ausführen. Jetzt den Haken umdrehen und mit der Öse voran das »Z« einführen, so dass der Köder stabil auf dem Haken sitzt. Dann wird der Haken senkrecht (und möglichst gerade) durch den Bauch und Rücken gepiekt. Damit der Köder gleichmäßig läuft, sollte der Haken auf der Gießnaht beziehungsweise mittig austreten.

Die vorbebleiten Haken haben den Vorteil, dass das Gewicht auf dem Schenkel nie verrutschen kann. Insofern wird der Köder, der auf einen stabilen Kiel angewiesen ist, auch immer in der Spur bleiben. Der Nachteil ist, dass man immer wieder neue Haken verwenden muss, wenn man das Gewicht verändern will.

Nachrüst-Beschwerung: Die einfachste Alternative zum vorbebleiten Haken ist Bastel- oder Elektrolot aus dem Baumarkt – ein Bleidraht, den man straff um den Haken wickeln kann. Klar. Da gibt's auch Belly-Weights und andere Systeme. Die verrutschen aber meistens und kommen nicht an die einfache Wickel-Geschichte ran. Unauffällig und sehr gut geeignet sind Nailsinker. Diese Stifte aus Blei oder Tungsten werden in den Köder geschoben. Damit kann man den Schwerpunkt verändern und so verschiedene Sinkverhalten generieren, den Köder kopfüber stützen lassen (Gewicht nah am Kopf) oder vertikal abflattern lassen (Gewicht mittig im Schwerpunkt).

Softjerk-Adapter: Mit jedem Mal, wo wir einen Köder auf den Haken stecken beziehungsweise nach einem Fehlbiss wieder aufziehen, erweitert sich der Kanal an der Softjerk-Nase. Irgendwann ist ein Köder dann kaputt. Hier gibt's ein kleines Werkzeug, mit dem man den überflüssigen Materialverschleiß in Griff bekommt. Dem »Hitchhiker« seid ihr schon in vielen Kapiteln begegnet. Er hilft uns auch hier, länger Spaß am Köder zu haben. Wenn man den Softjerk auf die Spirale dreht und die offene Öse ins Hakenöhr klinkt, fungiert dieses geniale Kleinteil wie ein Adapter und spart uns auf lange Sicht eine Menge Geld.

100 Prozent krautfrei: Wer den Köder voll durchs Kraut schicken will, sticht die Hakenspitze nun wieder ein bisschen ein, so dass sie mit ganz wenig Gummihaut überzogen ist und wieder austritt. Im Fachjargon heißt das »tex skin on top«. Vor Fehlbissen muss man keine Angst haben. Beim Anschlag tritt die Spitze sofort aus und sucht sich sicheren Halt im Fischmaul.

Haken, die den Lauf verändern

Auf den meisten beschwerten Offsethaken ist das Bleigewicht so weit vorne am Knick angebracht, dass die Köder kopfüber heruntertrudeln. Dieses Sinkverhalten kann Bisse triggern. Noch fängiger sind Softjerks meines Erachtens, wenn sie horizontal fallen. Dazu muss das Gewicht in die Körpermitte verlagert werden, sich also Richtung Hakenbogen verschieben. Die Schwerpunktverlagerung Richtung Ködermitte bewirkt, dass der Köder im Fallen auf der Längsachse flattert. Und zwar richtig schön. Das hat sich beim Schwarzbarschangeln sehr gut gemacht, wenn man die Jungs aus den Büschen locken wollte. Oder auch wenn sie sich an Vertikalstrukturen (Felswände, Brückenpfeiler) aufhielten und auf Beute aus waren, die von oben zu ihnen runtersegelt. Na? Knackt es da in der Barschangler-Hirnrinde? Büsche, Stege, Brücken, Spundwände, Seerosenfelder, Schilfkanten ...

Hier stechen zwei Haken-Modelle hervor. Eines für 5-Incher und eines für die kleineren Softjerks. Beide sind mit einer Baitholder-Spirale ausgestattet, auf die man die Köder dreht und die den Softjerk sehr gut halten. Bedeutet? Nachbisse, weniger Köderverluste und auch kein Verrutschen im Wurf!

VMC Mystic Drop Dead Weighted: Das Besondere an diesem Haken ist das schwarz überzogene Gewicht, das anders als bei gängigen Weighted Offsethaken kurz vorm Bogen sitzt. Die VMC Mystic Drop Dead Weighted gibt's leider nur in großen Größen: 3/0, 4/0 und 5/0. Die beiden letztgenannten fallen raus. Einfach zu groß. Der 3/0er mit 2 Gramm ist aber perfekt für einen 5 Inch-Softjerk. Da beim Softjerken meines Erachtens aber die im Sommer greifende Brutfischfixierung außer Kraft gesetzt wird, setze ich sehr gern auf diese Größe. Zu verführerisch sind die Köder-Moves, als dass ein Barsch nein zu einem 5er Softjerk sagen kann. Zumindest kein Ü30er. Deshalb sind 5er Softjerks (z.B. der BassAssassin Shad oder der Shad Impact) mit die besten Köder, um beim Sommerbarscheln zu selektieren.

Decoy Makisasu Weighted Worm 130: Das Bleigewicht ist auf diesem Haken so locker angebracht, dass man es verschieben kann, um es dann mit einer Zange anzuzwicken und zu fixieren. Diesen Haken gibt's in 2/0, 3/0, 4/0 und 5/0. Der 3/0er ist eine hervorragende Alternative zum Drop Dead - der 2/0er für mich die beste Flatter-Lösung für 4-Incher. Konkret für den 4 Inch Shad Impact.

Haken-Gewicht

Wenn ihr auf herkömmliche beschwerte Haken setzt, findet ihr diese in vielen Gewichten. Natürlich ist es erst einmal verlockend, sich gleich 7 oder 10 Gramm an den Softjerk zu montieren. Er fliegt dann weiter und kann tiefer geführt werden. Gerade bei den filigranen Modellen geht aber viel Aktion verloren. Der Nadelschwanz vom Shad Impact vibriert in der Absinkphase ganz fein, wenn man ihn mit 3 Gramm fischt. Unter der Last eines mit 7 Gramm beschwerten Offsethakens biegt er sich so durch, dass diese Vibrationen gar nicht mehr entstehen können. Auf der anderen Seite kann man schwer bebleite Softjerks auch zum Jiggen missbrauchen. Man hat dann Köder mit einer ganz anderen Absinkphase als Gummis am herkömmlichen Jig:

▸▸▸ Ich sag's ja: Der große Softjerk sortiert im Sommer die Bullen aus dem Schwarm.

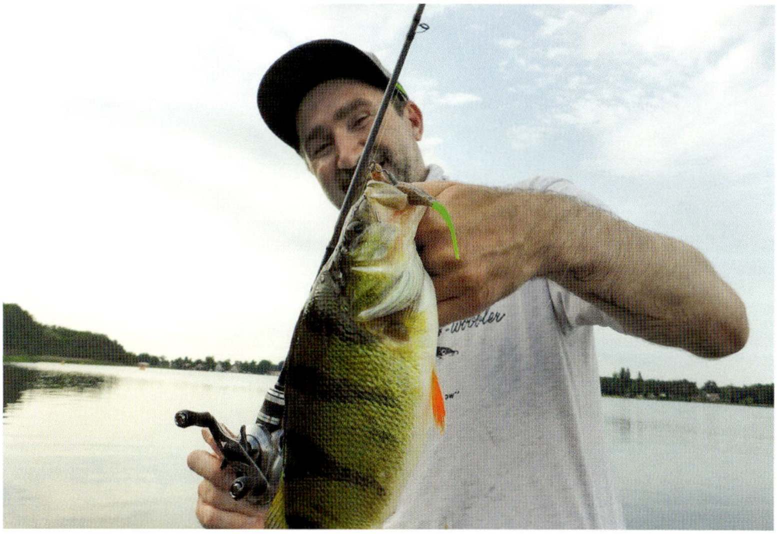

Weil Softjerks am Offsethaken in der Sinkphase trudeln, sticht ein leicht angejiggter Softjerk in der Absinkphase immer zur Seite weg und imitiert so viel mehr ein angeschlagenes Fischchen als ein auf einem Bleikopf fixierter Shad.

Köderführungsvarianten

Wo wir auch schon bei der Köderführung angekommen wären. Man kann Softjerks also durchaus jiggen. Klassisch aber ist der Walking-the-Dog-Wedellauf. Man führt den Köder an gespannter Schnur zu sich heran und zupft immer wieder von oben nach unten in die Schnur, so dass er von einer Seite auf die andere ausbricht. Wichtig sind aber immer wieder Spinnstops. In diesem Pausen sinkt der Köder ab und ist leicht zu greifen für die Verfolger. Man kann das auch ein bisschen mixen. Wenn Barsche auf 3 oder 4 Metern stehen, lasse ich den Köder zum Grund trudeln, um ihn dann ganz langsam ein

▸▸▸ Immer schön in die Lücken werfen, dann wird's was mit dem Krautbarsch.

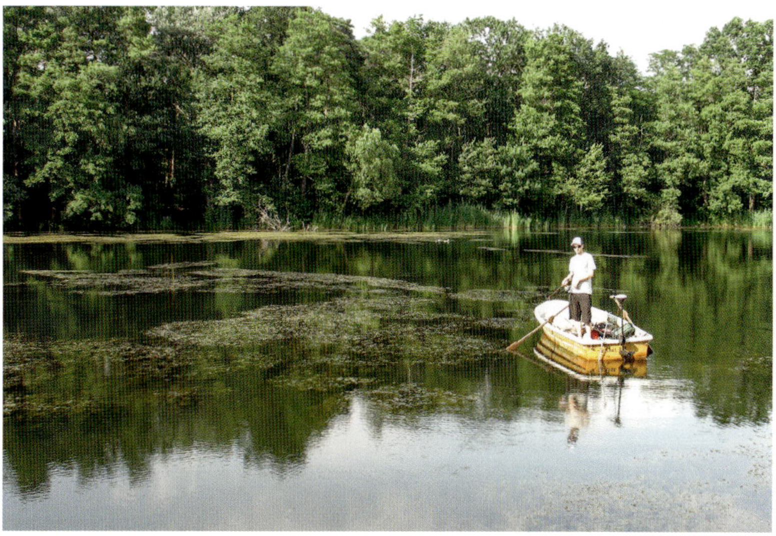

bisschen hochzuzupfen und wieder absinken zu lassen. Das gibt schöne Bisse auf einen ganz leichten Köder. Manchmal sieht man auch nur, wie es die Schnur wegzieht. Manchmal ballern die Barsche voll rein. Ein Traum ...

Softjerk-Geschirr

Am meisten Spaß macht mir das Softjerken mit einer leichten Baitcaster-Kombo. Die passt einfach gut zum Zupfen in die Schnur. Aber mit einer leichten Spinnrute geht's natürlich auch. Leicht deshalb, weil die Köder ja nicht so superschwer sind. Wichtig ist eine möglichst gut sichtbare geflochtene Schnur. Möglichst dünn sollte sie sein, damit der leichte Köder ungehindert abtauchen kann. Weil man viele Bisse nur sieht und nicht spürt, ist es von Vorteil, wenn man die Schnur gut sieht. Vor die 10er Haupschnur (Kairiki 4) kommen noch 2 m Fluorocarbon (20er bis 30er – je nach Hechtaufkommen). Und ans Fluorocarbon eine Titanspitze (1x7er Knot2Kinky mit 2,7 kg 5,4 kg Tragkraft).

Softjerk-Situationen

Softjerks sind nicht nur hervorragende Krautköder. Sie kommen überall zum Einsatz, wo Barsche und Hänger gemeinsam auf die Köder lauern. Mit Softjerks kann man Barsche aus den Seerosen kitzeln. Softjerks fangen zwischen Schilfhalmen und in den Kronen ins Wasser gestürzter Bäume. Ich habe aber auch schon sehr gut im Freiwasser mit ihnen gefangen. Üblicherweise hat das Softjerken im Sommer Hochkonjunktur. Aber gerade im Winter, wenn die Barsche auf ultralangsame Köder abfahren, ist ein ganz leicht bebleiter und nur sparsam angezupfter Softjerk eine Mega-Alternative zu anderen Finesse-Montagen und Twitchbaits. Zumindest im Flachwasser.

» VIDEO: Softjerken ist die Macht!

DAS EASY-TOP-RIG: WEIGHTLESS SHINERN

Das Easy-Top Rig sollte vielleicht Chris-Rig heißen, denn der dem Erfinder zustehende Ruhm gebührt meinem Angelvereins-Kamerad und Sportsfreund Chris. Er hat mir vor Jahren schon erzählt, dass er große Barsche fängt, wenn er einen 5er Easy Shiner an einem Offset-Haken über die Wasseroberfläche kurbelt. Na klar habe ich das damals gleich mal ausprobiert und war begeistert vom Blubber-Effekt, auf den ich später noch zu sprechen komme. Komischerweise ist das simple und zugleich geniale Rig dann aber wieder von der Agenda verschwunden. Es war so lange weg, bis ich es durch einen Zufall wieder ausgraben musste: Ich stand auf der Spree, hatte eigentlich nur eine kleine Box Wobbler dabei. Das hat anfangs sehr gut funktioniert. Doch dann wurde es zäh. Bei einem Wurf gegen den Wind verhedderte sich mein der Wobbler im Vorfach, so dass ich den Köder schnell einzog. Rumms. Da wurde das an der Wasseroberfläche trudelnde Objekt auch schon angegriffen. Hmmm. Ein paar Würfe später dasselbe Spiel. Die Barsche wollten also einen an der Oberfläche laufenden Köder. Hatte ich aber nicht dabei. Im hintersten Eck meiner Angeltasche fand ich ein Päckchen mit 3,5er Easy Shinern. Da war doch was? Bingo! Meine kleine Finesse-Schachtel hatte ich auch dabei. Und wenig später war das Easy-Top-Rig

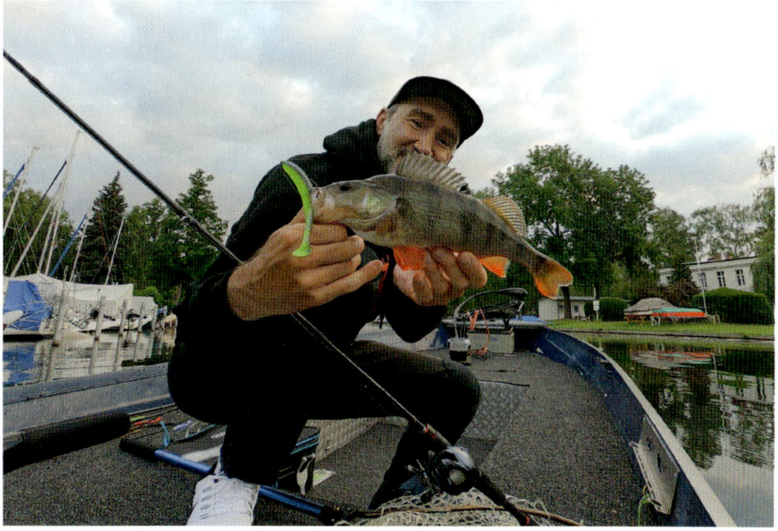

►►► Dieser Barsch stand unter einem Boot und hat sich voll auf den 4,5 Inch Shiner gestürzt.

auch schon montiert. Genau die richtige Medizin. Spree-Klassiker zwar im Format von 17 bis 25 cm. Aber so viele, dass man von einem Durchbruch reden konnte. Nicht von Zufall. Und so hat sich dieses einfachste aller Topwater-Systeme inzwischen bei mir etabliert – und bei allen, denen ich es am Wasser gezeigt habe auch!

Easy-Top-Rig-Montage

Die Dietel-Version des Easy-Top-Rig (ich reklamiere lediglich das Copyright auf den Rig-Namen) besteht aus einem Easy Shiner und einem CAMO EZ Lure Keeper Finesse-Haken. Mehr nicht. Das Ganze funktioniert mit den 3,5ern (Hakengröße 1/0), den 4ern (Hakengröße 2/0), den 4,5ern (Hakengröße 3/0) und den 5er Easy Shinern (Hakengröße 4/0).

►►► Montierte EZ-Top-Rigs in verschiedenen Größen bereit für den Barsch-Einsatz.

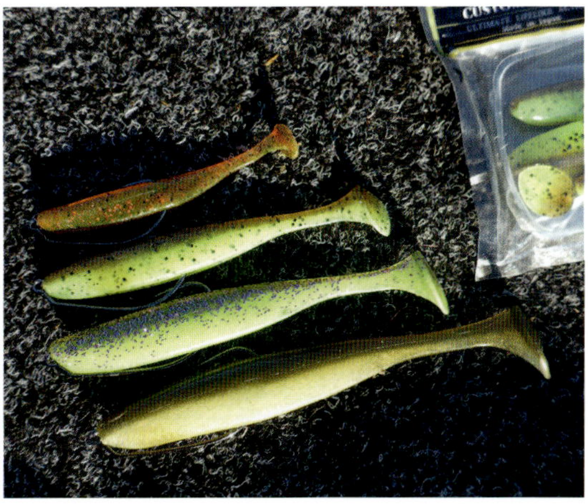

Warum der Easy Shiner im Namen steckt und kein anderer Gummifisch? Es gibt sehr wenig Gummifische, die so weich wie der Easy Shiner sind, so filigran geformt und ein gleich großes Paddel aufweisen. Die Kombination dieser Eigenschaften prädestiniert den Easy Shiner dazu, mit sehr wenig Gewicht gefischt zu werden. Selbst wenn man ihn ohne Gewicht langsam durchkurbelt, schlägt der Schwanzteller extrem zur Seite aus. Und wenn man die Montage über die Oberfläche kurbelt, entsteht der Easy-Top-Effekt. Namentlich erzeugt das auf die Oberfläche wippende Paddel eine Blasenkette und Blubbergeräusche.

Was den EZ Finesse-Haken (EZ steht ebenfalls für easy – insofern kann das Topwater-Rig gar nicht anders heißen) ausmacht? Er hat eine Spirale mit einem Spike, die den Köder sehr gut hält und uns länger Spaß an ihm haben lässt als alle anderen Baitholder-Konzepte. Er ist außerdem stabil, scharf, schlank und formtechnisch wie gemacht für den Easy Shiner.

Man würde nun denken, dass ein Gummifisch ohne Bleikopf nicht weit fliegt. Durch den relativ hohen Salzgehalt haben die Easy Shiner aber ein recht hohes Eigengewicht. Dazu kommt noch der Haken. Und durch die aerodynamische Form fliegen die Gummis dann auch ohne Jig ordentlich weit und vor allem auch zielgenau.

Montage-Gewichte:

★ *3,5er Easy Shiner*
mit 1/0 EZ Lure Keeper Finesse-Haken:
4,3 Gramm

★ *4er Easy Shiner*
mit 2/0 EZ Lure Keeper Finesse-Haken:
5,8 Gramm

★ *4,5er Easy Shiner*
mit 3/0 EZ Lure Keeper Finesse-Haken:
8,5 Gramm

★ *5er Easy Shiner*
mit 4/0 EZ Lure Keeper Finesse-Haken:
11 Gramm

Führung, Bissverwertung und Anhieb

Der Blubber-Effekt kommt nur zustande, wenn der Köder auf der Oberfläche läuft. Das geht entweder über Geschwindigkeit – also Rutenspitze flach zur Seite (so dass die Rute einen leichten Winkel zur Schnur bildet) und schnell kurbeln. Oder aber indem man den Köder mit nach oben weisender Rutenspitze langsam einkurbelt und ihn durch das Herausnehmen der Schnur an die Oberfläche zwingt. Man sieht die Fische dann oft hinter dem Köder herschwimmen. Manchmal hechten sie sich einem springenden Delphin ähnlich auf den Easy Shiner. Manchmal muss man sie aber auch zum Zupacken motivieren. Das funktioniert z.B., indem man mit der Geschwindigkeit runter geht bzw. die Rutenspitze absenkt und den Easy Shiner kurz unter der Oberfläche wedeln lässt. Auch Spinnstopps können den Impuls zum Zupacken auslösen. Oder Beschleunigungsmomente wie ein kleiner Twitch. Ich schlage nicht an, sondern lasse die Fische in die Schnur laufen. Durch den versenkten Haken und den Tintenfisch-Geschmack des Easy Shiner halten die Barsche den Köder lange fest und haken sich dann gegen den Zug selbst.

Hardware

Ich fische das Easy-Top-Rig gern mit der leichten Baitcaster, aber das klappt auch mit einer Spinning-Kombo ganz hervorragend. Für die 3,5er und 4er nehme ich eine BFS (Bait Finesse)-Kombo, also das leichteste, was man bekommen kann. Würde ich eine Spinnrute verwenden, nähme ich ein ML-Modell mit einem Wurfgewicht von 4 bis 12 Gramm. Speziell zum Oberflächenfischen macht sich Geflochtene besser, weil sie schwimmt. Durch jahrelanges Barschangeln, bei dem die Nachläufersichtung essentiell ist für ein paar Bonusfische, polarisieren meine Augen auch ohne Brille. Dem Normalsterblichen sei aber eine Polbrille empfohlen, die das Erkennen von Nachläufern erleichtert und eine entsprechende Reaktion in Sachen Köderführung erst möglich macht.

Easy-Top-Rig Einsatzgebiete

Das Easy-Top-Rig zieht auch Freiwasserbarsche nach oben. In allererster Linie befischt man damit aber Flachwasserzonen. An Bootsstegen kitzelt man die Barsche unter den Booten hervor. Selbiges geschieht, wenn man die Montage durch Seerosen, überm Kraut oder im Schilf fischt. Bei allen Gelegenheiten macht sich die

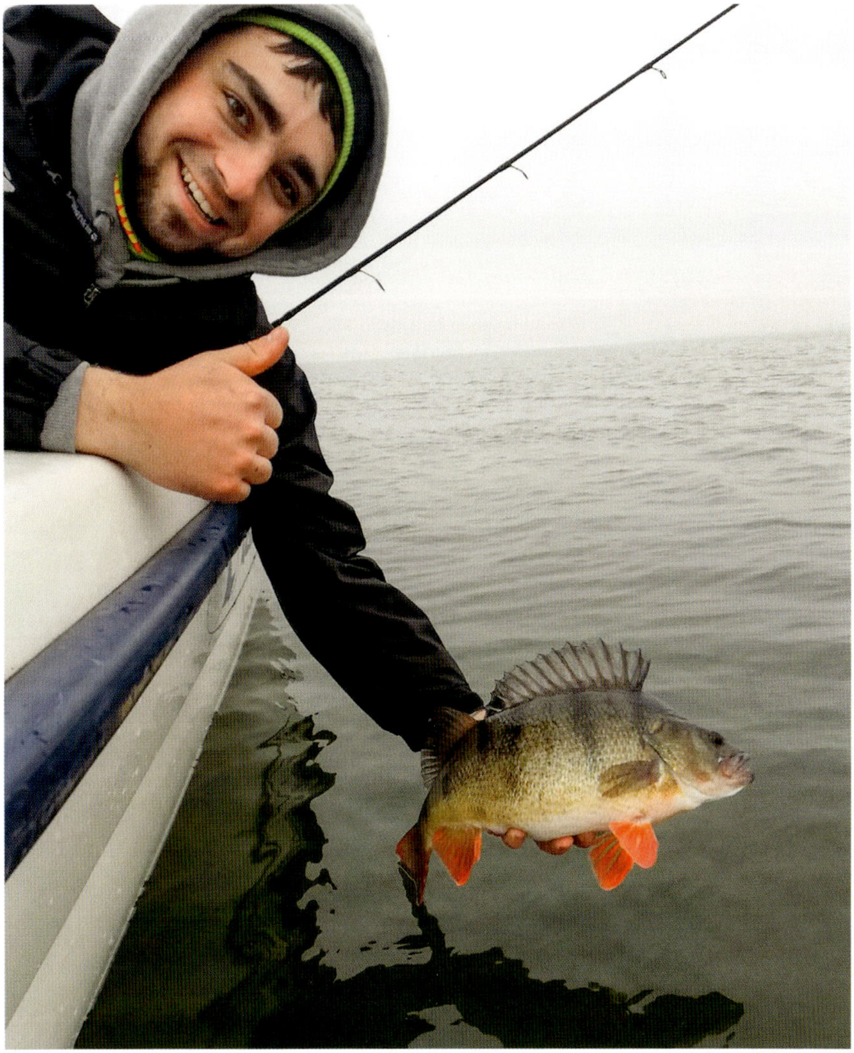

▶▶▶ Da strahlt er, der Erfinder! Hat aber ja auch allen Grund dazu.

Offset-Anköderung gut. An den Booten, weil man nirgends hängen bleibt, im Dickicht, weil der Köder sauber durch die Hindernisse durchkommt. Fischt das Rig einfach überall dort, wo ihr auch mit einem »normalen« Toppi angreifen würdet, also auch an Steinpackungen, über Sandbänken, auf oder an den Kanten von Barschbergen ...

Danksagung an den Erfinder

Und nochmal: Vielen Dank, Chris für diese Inspiration. So ein Erfindertum macht richtig gute Angler aus!

» VIDEO: **Easy-Top-Rig – Topwatermaschine für Barsch & Co.**

HARDBAITEN

Natürlich gab's schon immer Barschangler, die mit Wobblern auf ihren Lieblingsfisch losgegangen sind. Wahrscheinlich sind die Rapala Originals und die Floater immer noch ganz weit vorne, wenn es darum geht, die Wobbler zu ermitteln, die weltweit die meisten Flussbarsche gebracht haben. Auf ein ganz neues Level haben aber die Japan-Wobbler das Gewobbel auf die Gestreiften gehievt. Wer erst im neuen Jahrtausend eingestiegen ist, kann sich kaum vorstellen, dass es mal Zeiten gab, in denen es keine Squirrels, Pointer, Laydown Minnows, Trick Shads usw. gab. Diese Zeiten kann man sich auch nicht wirklich zurückwünschen. Zu viel Spaß macht das Hardbait-Fischen. Zu abhängig macht das Hardbait-Sammeln. Inzwischen gibt's so viele Wobbler bei uns, dass man kaum hinterherkommt, die spezifischen Laufeigenschaften jedes einzelnen Modells herauszufinden. Die muss man aber kennen, wenn man das Maximum aus dem Hardbait kitzeln will. Insofern können die Unterkapitel nur ein bisschen mehr als ein grober Leitfaden sein. Den Geist im Wobbler muss man selbst entfesseln.

▶▶▶ **Einer meiner ersten Suspender-Barsche aus der Müggelspree.**

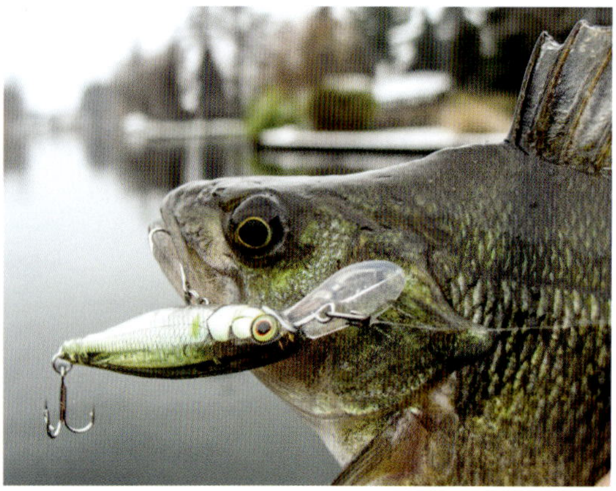

TWITCHBAIT: DIE MINNOW-MANIPULATION

Die Twitcherei ist bei uns noch gar nicht so lange populär. Ich glaube, dass man niemand unrecht tut, wenn man behauptet, dass es der damalige Illex-Frontmann Hiroshi Takahashi war, der den Twitchbait-Hype losgetreten hat. Auf Messen und in Videos hat er uns gezeigt, dass man mit einem schlanken Wobbler weit mehr machen kann, als ihn stur durchzukurbeln. Diejenigen unter uns, die sich von den Vorträgen animieren ließen, einen Squirrel zu erstehen, trugen dann die frohe Botschaft nach außen: »Leute, wir haben einen neuen Wunderköder!«

Noch gut erinnere ich mich an mein erstes Mal. Zusammen mit meinem Kumpel Tino stand ich an einem kleinen Kanal. Es war Winter und auf Gummi wollten die Barsche nicht beißen. Mehr

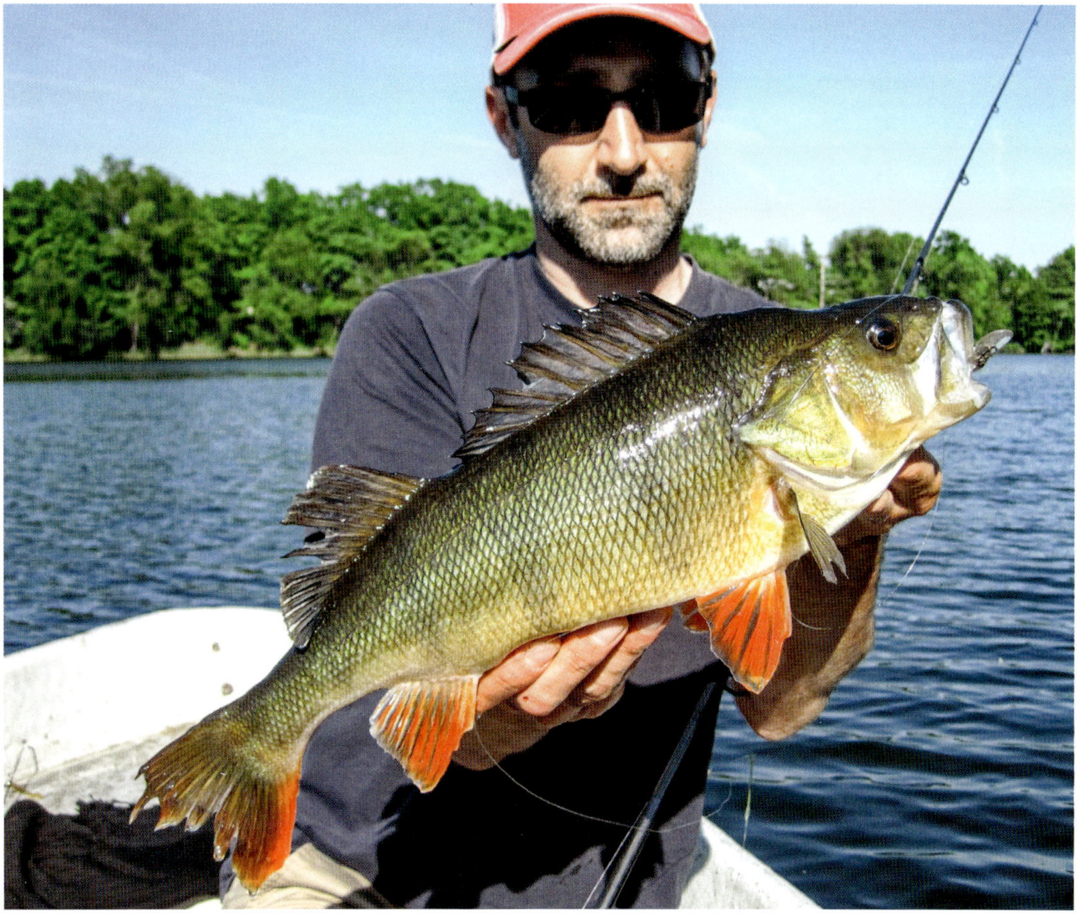

▶▶▶ Was wären wir ohne Wobbler?

aus Verzweiflung hingen wir jeder so einen dieser ultrateuren Köder ein und führten sie so, wie man uns das gesagt hat. Über die Rute und mit Pausen. Der Wahnsinn. Plötzlich fingen wir einen Barsch nach dem nächsten. Die hatten also alle Recht. Das sind wirklich Wunderköder.

Kein Wunder also, dass die Twitchbait-Fans der ersten Generation besonders heiß laufen, wenn auf der Verpackung das Zauberwort »Suspender« steht (der Squirrel ist so einer). Dem Wobbeleinsteiger sei noch mal kurz erklärt, worum es sich bei diesen Wobblern handelt: »to suspend« heißt im Englischen »schweben«. Suspender stehen deshalb so hoch im Kurs, weil sie nach dem Anzupfen auf der Stelle stehen bleiben, also weder auftreiben noch absinken.

Aber auch schwimmende Minnows (so nennt man die schlanke Form) haben ihre Vorzüge. Sie sind unter anderem beliebt, weil sie auftreiben, wenn man sie über einer Muschelbank abgerissen hat. Man kann sie einsammeln, wenn der Bügel beim Wurf umgeklappt ist oder wenn eine Perücke auf der Baitcaster dazu geführt hat, dass der Wobbler vogelfrei in Richtung anderes Ufer gepfiffen ist. Man kann sie außerdem wunderbar über Hindernisse führen. Versperrt zum Beispiel ein quer liegender Baumstamm den Weg, stoppt man kurz ab, lässt den Wobbler hochkommen und führt ihn langsam über die Barriere hinweg. Ein weiterer Vorteil: Im Sommer kann man den Auftrieb nutzen, um einen Kleinfisch zu imitieren, der an der Oberfläche nach Nahrung schnappt, indem man den Köder ganz langsam führt und immer wieder an die Oberfläche kommen lässt. Um es kurz zu machen: Twitchbaits sind eine Macht! Oder: Kein ultimatives Barschbuch ohne ausführliches Twitchbait-Kapitel!

Auftriebslehre

Wenn man sich das Schwebeverhalten der Suspender bei unterschiedlichen Wassertemperaturen anschaut, wird man feststellen, dass so ziemlich jeder Suspender eine andere Wohlfühltemperatur hat. Das liegt daran, dass die Wasserdichte mit der Temperatur korreliert. Mit 4 Grad hat es seine größte Dichte. Mit jedem Grad mehr, nimmt die Dichte ab. Das gilt auch für den Bereich von 4 bis 0 Grad. Auch der Salzgehalt beeinflusst die Dichte. Salzwasser ist dichter als Süßwasser. Je dichter das Wasser, desto? Größer der Auftrieb! Logo.

Ein Suspender, der bei 20 Grad Wassertemperatur schwebt, wird bei 8 Grad demnach gemächlich auftreiben. Umgekehrt wird ein Suspender, der bei 8 Grad schwebt, bei 20 Grad langsam sinken. Je nach Auftrieb können also auch Schwimmwobbler zu Suspendern werden. Insofern macht die ganz strenge Unterscheidung zwischen Suspender und schwimmenden Twitchbait eventuell nur bedingt Sinn – zumal es sich bei den schwimmenden Barsch-Minnows ja um recht kleine und schlanke Köder mit einem geringen Auftrieb handelt und ein kleiner Suspender so genau ausbalanciert sein muss, dass sich schon geringe Dichte-Divergenzen aufs Schwebeverhalten auswirken.

Wenn man wissen will, was der Wobbler macht, muss man sich das Sinkverhalten anschauen. Solange sie keinen Megaauftrieb haben, angle ich, sowohl mit offiziell als schwimmenden Minnows ausgewiesenen Wobblern gern, als auch mit Wobblern, die mit dem Prädikat »Suspender« deklariert sind. Auch mit Auftrieb kann man spielen. Den sinkenden Countdowns habe ich ein eigenes Kapitel gewidmet.

Top-Twitchbaits

Es ist wirklich kaum möglich, alle Mega-Barsch-Suspender aufzuzählen. Zu den beliebtesten zählen auf jeden Fall der Squirrel von Illex und der Pointer von Lucky Craft. Als ehemaliger Rapala-Teamangler werfe ich noch den X-Rap ein. Heute fische ich am liebsten den Laydown Minnow von Norries, den man flach (nach oben zupfen) und tief (nach unten schlagen) führen kann. Einer der besten Flachläufer, die ich kenne, ist der Flügel Flat von Shimano. Der saltoschlagende Trick Shad von Zipbaits ist ebenfalls eine Waffe. Von Shimano kommt der Flügel Flat, den ich mit seinem stockigen Lauf als einen der besten Flachläufer überhaupt einstufe. Ebenfalls von Shimano: Der Shallow Assassin mit Flashboot. Im transparenten Körper dieses Ultra-Flachläufers (30 cm Lauftiefe) ist eine Holo-Platte eingebaut, die zwischen zwei Federn nachschwingt, auch wenn man den Köder nicht bewegt. Auf der Rechnung haben muss man auch die Flashboot-Technologie von Shimano. Da zittert eine Holofolie im transparenten Körper! Dann gibt's noch tolle Minnows von Megabass, Imakatsu, Duo, Bassday, Tailwalk und wie sie alle heißen.

Farben und Größen

Wichtig ist nicht der Hersteller, sondern dass der Köder auf der richtigen Tiefe läuft, die passende Größe hat und die Barsche die Farbe mögen. Meine Lieblingsfarben sind Ayu, Wagasaki, Perch, Walleye, Ablette, Silver, American Shad, Herring ... – also Weißfisch-, Stint-, Barsch- und Kleinzander-Imitate. Und natürlich dürfen

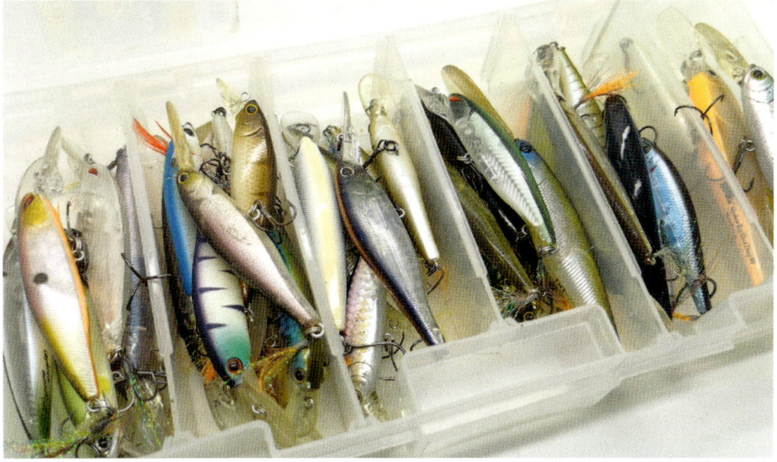

▸▸▸ **Eine Wertanlage: Ich habe für jeden Situation den passenden Twitchbait.**

Schocker nicht fehlen. Also Firetiger und andere UV-Farbmuster. Je kälter es wird, desto größer fallen meine Twitchbaits aus. Im Mai beißen die Fische auch mal gern auf einen 8-Zentimeter-Wobbler. Je mehr Fischbrut aufkommt, desto öfter gibt's Tage, an denen die Barsche nur auf kleine 5 bis 6 Zentimeter lange Wobbler beißen. Ich habe auch schon Ü45er auf 4-Zentimeter-Minnows gefangen. Im September sind dann 6- bis 7-Zentimeter-Modelle passend.

Ab Oktober werden meine Köder meistens größer. Viele Hersteller bieten 76er, 78er oder 79er Versionen ihrer Twitchbaits an. Aber auch ein 9-Zentimeter-Hardbait ist für einen sich im Fressmodus befindenden 30er Barsch überhaupt kein Problem. Um die größeren Fische aus den Schwärmen heraus zu sortieren, kann man auch mal 10 oder 12 Zentimeter lange Twitchbaits fischen. Sich allerdings stur auf eine Größe festzulegen und diese durchzufischen, greift zu kurz. Manchmal sind die Barsche wirklich voll in ihrem Beuteschema gefangen und verweigern alles andere.

Soft-Twitching: Wobbeln mit soften Ruten und/oder Mono

Wenn man Anleitungen zum Twitchen liest, stößt man in den Tackle-Tipps immer wieder auf harte Ruten, mit denen man die Köder perfekt animieren kann. Oft wird dazu geflochtene Schnur empfohlen. Ich habe solche Artikel selber verfasst. Inzwischen bin ich von der harten Twitcherei therapiert.

Als Barsch-Hardliner mit locker 200 Angeleinsätzen pro Jahr kann ich von der Kombination aus dehnungsfreier Schnur und hartem Twitchbait-Prügel eigentlich nur abraten. Zumindest wenn man nonstop twitcht. Der ganz direkte Draht zur Tauchschaufel ist gesundheitsschädlich. Ich bin davon weg, seit ich vom Dauer-Twitchen einen Tennisarm bekam und den Orthopäden aufsuchen musste. Ich habe also sprichwörtlich getwitcht, bis der Arzt kam. So konnte es nicht weitergehen.

Anstatt das Wobbeln aufzugeben, habe ich erst einmal etwas Druck herausgenommen und die Geflochtene durch Mono (auch Fluorocarbon) ersetzt. Inzwischen kombiniere ich die beiden sich dehnenden Schnurtypen sogar mit einer Rute mit Aktion (z.B. den L oder BFS Exprides von Shimano).

Und siehe da, das geht auch gut. Manchmal fange ich mit der sich dehnenden Klarsichtschnur sogar besser als die Kollegen mit Geflecht. Ob's wirklich an der durchsichtigen Schnur liegt? Oder

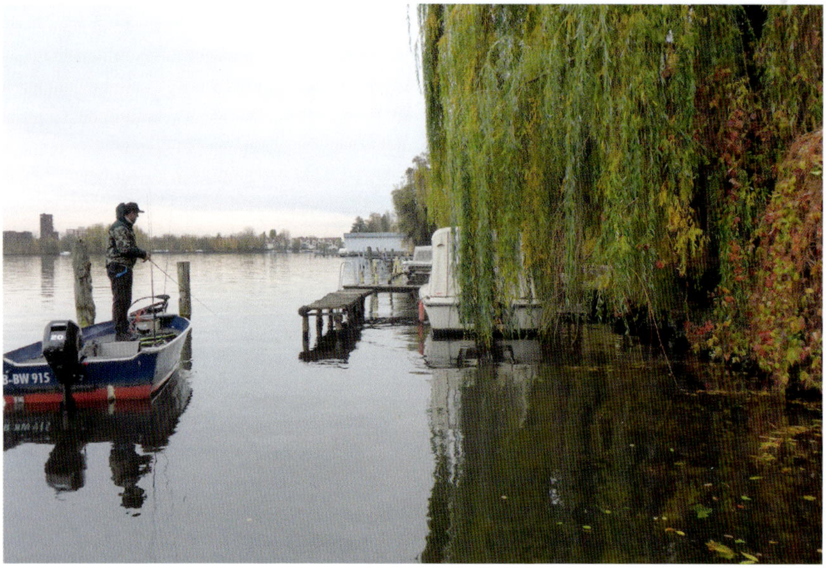

▶▶▶ **Rutenspitze absenken und dann immer wieder in die Schnur zupfen. Das macht sich besonders gut vom Boot.**

daran, dass Mono viel leiser ist als Geflecht? Oder doch an den abgepufferten Bewegungen des Köders? Vielleicht sind kurze Ausweichmanöver ja viel natürlicher als heftige Ausbrecher, in denen sich der Wobbler fast überschlägt vor lauter Panik. In jedem Fall aber reicht meistens die Andeutung einer Flucht schon aus, um den Schnappreflex beim Barsch auszulösen. Oft muss man auch so defensiv wobbeln (kurze Bewegungen mit langen Pausen), dass es überhaupt keine Rolle spielt, ob die Rute nun superhart, mediumhart oder etwas weicher ist und ob sich die Schnur dehnt. Für den Spaß am Dauertwitchen hingegen schon. Da macht sich der softe Ansatz besser. Schließlich gibt's auch im Drill Argumente für den Puffer. Die kurzen Barsch-Fights machen nicht nur mehr Spaß. Das nachgiebige Geschirr sorgt dafür, dass sich die Barsche beim Kopfschütteln das Pergament im Maul nicht aufreißen. Das ist erstens barschfreundlich. Zweitens schütteln sich auch weniger Fische ab.

Twitchbait-Führung

Die Basisköderführung besteht immer aus ein paar Twitches (Schläge mit der Rutenspitze) und Pausen. Standard sind zwei Twitches und eine kurze Pause von ein bis drei Sekunden. Manchmal kann die Kadenz entscheidend sein. Es ist also durchaus möglich, dass man bedeutend mehr fängt, wenn man den Köder drei- oder viermal antwitcht, um ihn dann stehen zu lassen. Oder eben nur einmal.

Auch die Länge der Pause kann entscheidend sein. Manchmal muss es nur eine Sekunde sein. Manchmal sind 30 Sekunden fängiger. Lange Pausen kann man natürlich nur einlegen, wenn der Köder wirklich stehen bleibt. So oder so: Die Pause ist der Bringer! Für den Barsch stellt der kleine Fisch dann eine sehr einfach zu greifende Mahlzeit dar. Viele Bisse kommen tatsächlich, wenn die Barsche ihre Beute leblos vor sich sehen.

Die Länge der Pause passt man dem Aggressionszustand, dem Stoffwechsel der Barsche und den Schwebeeigenschaften des Wobblers an. Je fauler beziehungsweise träger sie sind, desto mehr Sinn macht eine längere Pause. Ein 30-Sekunden-Break ist aber eine ziemliche Herausforderung. Um das durchzuhalten, muss man sich nicht nur sicher sein, dass der Wobbler exakt auf der Stelle stehen bleibt. Da hilft nur ein extrem ausgeglichenes Gemüt. Wer nicht so viel Muse aufzubieten vermag, kann den Köder im Stehen manipulieren. Um einen Suspender auf der Stelle vibrieren zu lassen, versetzt man die Rutenspitze mit einem Zittern aus dem Handgelenk minimal in Schwingung. Diese Vibration überträgt sich über die Schnur auf den Köder, der jetzt dasteht wie ein Fischchen, das seinem Henker vor Angst bibbernd in die Augen sieht.

Dezente Zupfer aus der Rutenspitze in die minimal erschlaffte Schnur lassen den Suspender minimal mit dem Kopf nicken beziehungsweise schütteln. Bei diesem Manöver kippt der Wobbler leicht, eventuell blitzen die Flanken kurz auf. So ein Mikro-Manöver kann den Biss auslösen.

Manchmal ziehe ich den Wobbler in der Pause auch ganz langsam zu mir heran, so dass er sich millimeterweise nach vorne bewegt. Dieser garantiert mir vor allem beim Wobbeln mit Mono die beste Bissausbeute. Durch die straffe Leine spüre ich selbst an sich dehnender Sehne schon kleinste Verzögerungen und alle anderen vorsichtigen Bissausprägungen. Und wenn die Fische richtig auf den Wobbler bügeln, sind die Bisse noch einmal so schön, als wenn sie in eine schlaffe Schnur preschen. Auftreibende Modelle hindere ich so außerdem am Steigen.

TWITCHBAITS IM BARSCH-EINSATZ

Genug der Theorie. Rein in die Twitchbait-Praxis! Klassische Minnow-Wobbler-Situationen sind für mich die Angelei an Futterfisch-Schwärmen, das Kanalangeln beim Stintzug (siehe das nachfolgende Special), das winterliche Flachwasser-Fischen, das Befischen flacher Buchten (am besten an der ersten Abbruchkante) oder Plateaus, Baumkronen, Krautfelder mit Wobbel-Freiraum, flach liegende Muschelbänke, Steganlagen beziehungsweise Anleger, Steinpackungen oder Steinfelder ...

Futterfischschwarm-Twitching

Wenn sich im Sommer die Futterfische zu großen Schwärmen zusammenschließen und im Oberflächenwasser chillen, kann man davon ausgehen, dass immer ein paar Barsche in der näheren Umgebung lauern – egal ob es sich um Maränen, Plötzen, Lauben oder Kleinbarsche handelt. Diese Fische stehen dicht an dicht und nutzen den anonymen Verbund dazu, den Barschen keine konkreten Einzelziele anzubieten.

Wer eine Chance haben will, dass der Wobbler innerhalb des Schwarmes wahrgenommen wird, muss auffallen. Sei es durch eine andere Farbe, eine andere Größe oder ein anderes Bewegungsschema. Hier angle ich oft sehr aggressiv. Bei Sonnenschein verwende ich gerne Wobbler mit einer silbernen Flanke, die Lichtreflexe abschickt, wenn die Sonnenstrahlen auf das Dekor treffen. Ab und an verwende ich jetzt auch mal einen Firetiger. Der fängt nicht nur an trüben Tagen und in trübem Wasser gut. Manchmal ist UV einfach unschlagbar.

►►► **Das ist kein Futterfischschwarm, sondern eine Horde raubender Dickbarsche. Die machen richtige Sicheln.**

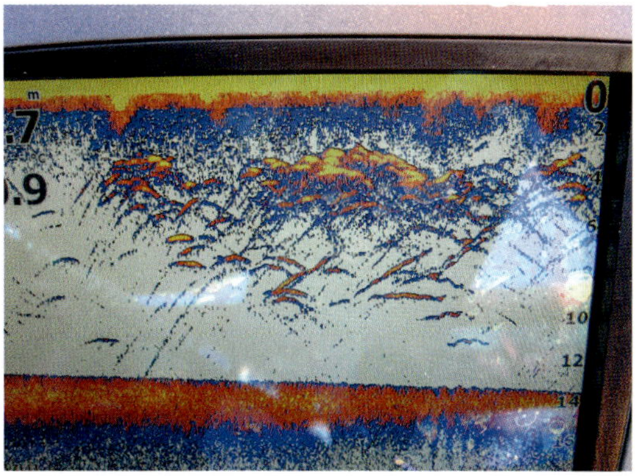

Bevor ich aber direkt an den Schwärmen twitche, angle ich erst die Umgebung ab. Sind Krautfelder, Bäume oder Stege in der Nähe, dann schaue ich mir erst die potentiellen Einstände an, von denen aus die Beutezüge angestartet werden.

Baumkronen abtwitchen

Auch wenn ich es schon ein paar Mal gesagt habe und Gefahr laufe, mit meinen Wiederholungen zu nerven: Der Barsch steht im Holz. Je dichter, desto sicherer. Insofern sind die Kronen ins Wasser gefallener Bäume absolute Superspots. Das Problem ist, dass man als Uferangler mit jedem Wurf Gefahr läuft, dem Wobbler im Holz zu verlieren. Ein teurer Spaß, wenn man einen Highend-Wobbler abreißt. Schmerzhaft wird's, wenn es mehrere Köder am Tag sind. Deswegen betreibe ich die Baumkronenangelei nur vom Boot aus. Wenn sich mal ein Köder verhakt hat, fahre ich an den Baum und hole ihn raus (unter die Spitze kurbeln und losrütteln). Ich parke mein Boot so, dass ich mit dem Wobbler gerade an die Krone herankomme. Wenn man die Äste sehen kann, kann man mit einem Schwimmwobbler um sie herumangeln, indem ich den Auftrieb nutze, um ihn über die Zweige steigen zu lassen. Dass man die ganze Krone abwirft – also die Spitze, die linke und die rechte Seite, versteht sich ja von selbst. Dass man die Fische schnell vom Baum wegzieht, sowieso. Man möchte ja nicht, dass sie sich im Geäst festsetzen. Nicht zuletzt lauern immer mehrere Barsche in einer Krone. Punkte, an denen sich die Barsche lange aufhalten befischt man am besten langsam und ausdauernd. Da im Holz auch immer mal ein Hecht steht, herrscht hier eigentlich Stahlpflicht.

Twitchen im winterkalten Flachwasser

Auch wenn es richtig kalt ist, stehen die großen Barsche manchmal sogar geballt im Flachwasser. Hier gibt's manchmal doch ein bisschen mehr zu fressen. Wenn die Sonne scheint, ist das Wasser hier zudem wärmer und auch der Wind kann einen Einfluss auf die Wassertemperatur haben. Jetzt ist oft die windabgewandte Seite gut, weil das Wasser hier nicht so verwirbelt wird und sich besser »aufheizen« kann. Idealerweise sucht man die Flachwasserbereiche mit dem Boot oder dem Bellyboat ab. Anhaltspunkte gibt es leider selten. Und so muss man die kompletten Buchten absuchen. Langsam allerdings. Wer seine Köder jetzt überpowert, hat seine Ruhe vor den Barschen. Vom Boot aus wirft man extrem nah ans Ufer heran. Die Barsche stehen manchmal direkt an der Böschung oder sogar unter unterspülten Ufern. Auch wenn das Wasser glasklar ist, ziehen Schockfarben jetzt manchmal richtig gut. Vielleicht weil sie der gemächlichen Führung zum Trotz das Potenzial haben, die aktiven Barsche aus einiger Distanz anzulocken? Gelbe Wobbler werden da oft unterschätzt. Firetiger nicht. Damit haben viele Barsch-Angler gute Erfahrungen gemacht. Jetzt wäre ein Moment, die Tiger aus dem Tank zu lassen beziehungsweise aus der Box zu befreien. Dass man die Strategie umstellt, wenn nichts beißt, muss ich euch nicht sagen.

Abbruchkanten-Twitcherei

An der ersten Kante steht eigentlich immer Fisch. Hier hat man's einfach schön als Fisch. Am Hang sammelt sich die Nahrung. Oft ist es nicht weit zum Kraut und man kann die Tiefe schnell korrigieren, ohne weit schwimmen zu müssen. Die Barsche rauben oft von unten nach oben. Bootsangler können deshalb ihren Wobbler erst aufs Flache schicken, um dann über die Kante ins Tiefe vorzustoßen beziehungsweise übers Tiefe. Die Bisse kommen dann häufig am Übergang. Natürlich macht es auch Sinn, die Kante parallel abzuwerfen. Ich würde auch immer ein Stück Flachwasser mitnehmen. Manchmal ziehen die Barsche auch hoch und jagen die kleinen Fische, die sich nicht über den Abhang hinaus wagen. Uferanglern bleibt ja nur die Möglich-

▶▶▶ Einfach ein tolles Bild, das Barsch und Wobbler abgeben.

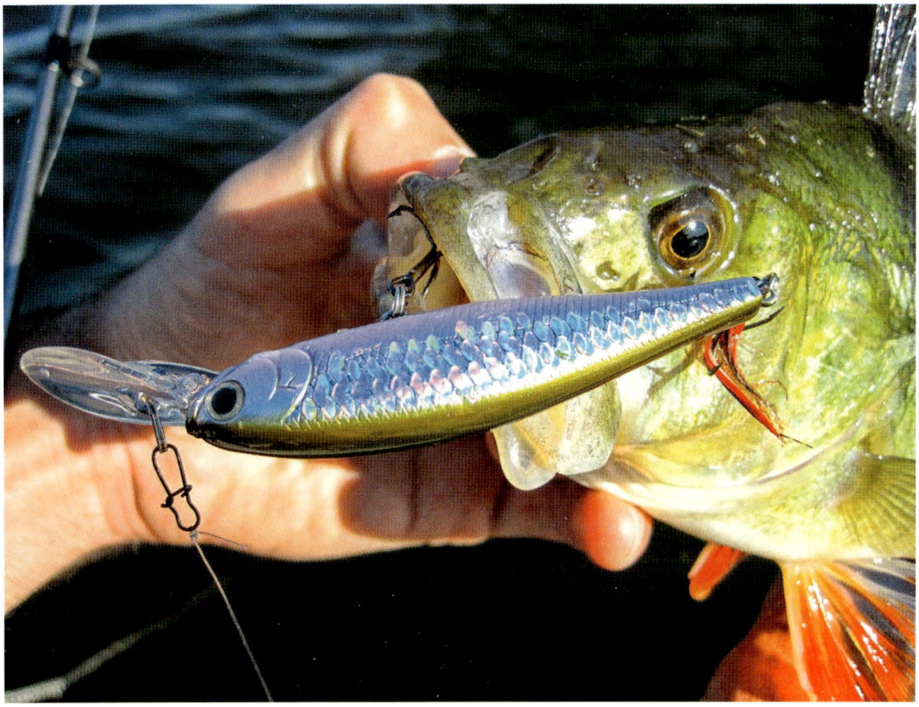

keit, vom Flachen aufs Tiefe zu werfen. Dann heißt es, den Köder möglichst schnell nach unten bringen und dann langsam an die Kante herantwitchen. Hierzu eignen sich schwimmende Tiefläufer gut, die man im Flachwasser dann einfach hochkommen lässt und ganz langsam oberhalb ihrer eigentlichen Lauftiefe führt.

Twitchen am Plateau

Auf flachen Plateaus und Barschbergen angle ich besonders gern im Sommer. Kunststück: Da wimmelt es hier auch vor Brutfisch, der im Kraut Schutz und Nahrung findet. Die Barsche kreisen drumherum beziehungsweise hängen sie tagsüber auch gern auf der Schattenseite ab. Eventuell kommen sie auch schon tagsüber hoch, um die Brut auseinander zu nehmen. Definitiv ist so ein Plateau morgens und abends immer einen Versuch wert. Wenn sich die Barsche auf Brutfisch eingeschossen haben, müssen die Wobbler recht klein ausfallen. Das geht dann nur mit ultrafeinem Gerät, also Spinnruten mit einem Wurfgewicht von maximal 10 Gramm, 0,04er bis 0,06er Geflecht und feinem Fluorocarbon von 0,20 mm und dünner. Tagsüber twitcht man am besten die Kanten mit tieflaufenden Wobblern ab. Mal vom Plateau runter, mal an den Ausläufern entlang.

Richtig kleine Tiefläufer sind selten. Da muss man suchen. Ich habe eine Schachtel mit ein paar verhältnismäßig tief laufenden Mini-Pointern und Maria-Wobblern. Wenn die Bruträuber aber richtig tief stehen, helfen nur kleine Countdown-Wobbler. Glücklicherweise sind die Barsche aber auch nicht immer zickig, so dass man ruhig mal mit größeren Twitchbaits anfangen kann. Bei Windstille suche ich die Schattenseite, also die Seite des Berges, die am weitesten von der Sonne entfernt ist. Bei Wind nehme ich die Seite, auf welche die leichte Strömung prallt. Hier ist oft am meisten los. Jetzt stelle ich das Boot abseits des Berges, so dass ich mit dem Wind aufs Flache werfen kann, um dann die Kante nach unten zu fischen.

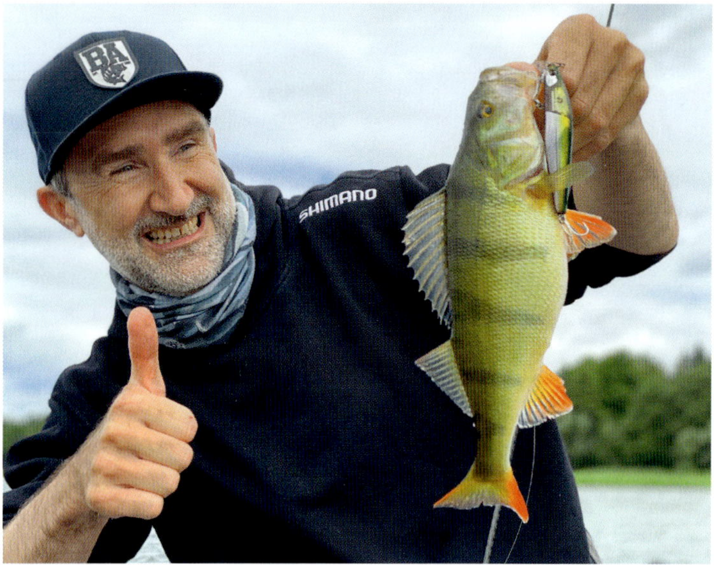

▶▶▶ Freude über ein neues Wobblerkonzept – Flash Boost im Shimano Shallow Assassin.

Je näher die Dämmerung rückt, desto größer die Vorfreude. Mit ein bisschen Glück fallen dann nämlich die Rudel ein. Mit sehr viel Glück sieht man sie sogar rauben. Anfangs an den Kanten, später über dem kompletten Plateau. Jetzt ist Mobilität angesagt und Wurfweite. Der Köder muss dahin, wo sich die Fische zeigen. Also Anker hoch und die Weitwurf-Wobbler ausgepackt. Solange sich nichts tut, drifte ich über das Plateau und werfe in alle Richtungen. Ich achte auf Strudel, auseinanderspritzende Fische und Platschgeräusche. Sollte sich irgendwo etwas tun, muss da auch der Wobbler hin. Meistens hängen die Fische dann schon bei den ersten paar Twitches. Habe ich mich einmal entschieden, einen Barschberg abzufischen, bleibe ich auch bis es dunkel ist. Gerade im Hochsommer kann in den letzten paar Minuten der Dämmerungsphase das passieren, wofür man den ganzen Tag geworfen hat.

Krautfeld-Twitchen

Wie bereits mehrfach erwähnt, bieten Krautfelder den Barschen zwei Dinge, die sie sehr gern mögen: Futterfisch und Deckung. Wenn

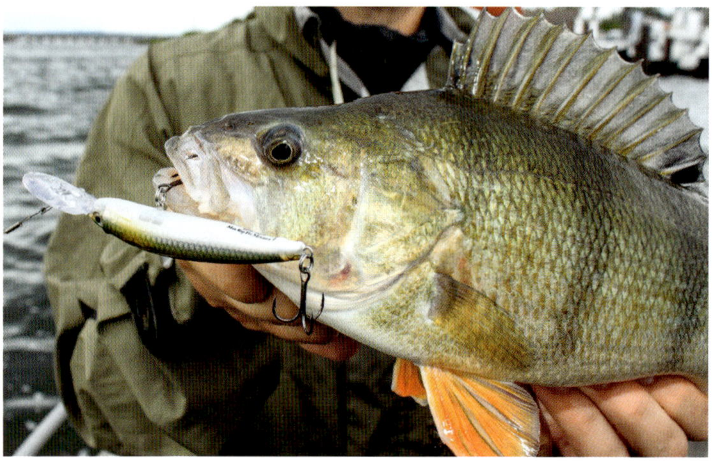

▶▶▶ Am Kraut muss man genau die richtige Lauftiefe finden. Wenn der Köder immer mal die Krautspitzen antickt, fängt er am besten.

im Sommer also das Kraut bis kurz unter die Decke ragt, sind das erstklassige Bereiche – auch wenn nicht überall ein Barsch steht. Krautfelder erstrecken sich aber ja auch oft über mehrere hundert Meter. Klar, dass man die Fische hier erst einmal suchen muss. Die Kollegen verstecken sich zwischen den Büscheln und Stängeln des Unterwasser-Dschungels. Wenn die Wobbler zu hoch über ihren Köpfen zucken, kommen sie nicht heraus.

Man muss also Köder finden, die exakt über der Grasnarbe laufen, wenn man Zugriff bekommen will. Manchmal ist das ärgerlich, weil die Pflanzen ja nicht immer gleich hoch wachsen. Als Bootsangler hat man es wieder deutlich leichter. Idealerweise fährt man die Felder von außen an und lässt sich an der Kante entlang treiben, um einmal längs der Kante zu werfen (mit Tiefläufern) und dann immer wieder aufs Kraut zu feuern.

Twitchen auf Muschel-, Kies- und Sandbänken

Auch auf Muschel-, Sand- und Kiesbänken ist oft was los. Tief liegende Muschelbänke sind immer ein Fischmagnet. Die haben mit diesem Kapitel aber nichts zu tun, weil man mit Twitchbaits nicht so tief runterkommt. Konzentrieren wir uns also auf die flach liegenden Bänke, also auf Erhebungen, die sich aufgrund ihres Bodenbelags von der Umgebung unterscheiden. Zwischen Muscheln leben auch immer eine Menge kleiner Tiere. Bachflohkrebse und andere Mini-Organismen sind hier häufig vertreten. Oder auch größere Krebse. Und natürlich viele Kleinfische, die hier auf Nahrungssuche gehen. Auch auf Sand- und Kiesbänken finden die Barsche oft mehr Kleinfische als anderswo. In Flüssen brechen die Erhebungen außerdem noch die Strömung, so dass angeströmte Bereiche entstehen, an denen sich Kleinfischfutter sammelt, aber auch strömungsberuhigte Bereiche, hinter denen es sich gut lauern lässt. Vor allem in den Dämmerungsphasen sind die Bänke »hot«. Im Sommer kann man sich sicher sein, dass die Barsche hier früher oder später aufschlagen.

Bei der Twitchbait-Wahl orientiert man sich im Hellen noch am Futterfischangebot. Da man hier ganz oft kleine Barsche vorfindet, spricht einigermaßen viel dafür, es erst einmal mit einem Barschdesign zu versuchen und auf ein Weißfisch-Imitat umzusteigen, wenn das nicht funktioniert. Je weniger Licht, desto mehr spricht für den Firetiger. Top-Plätze an den Bänken sind immer der Anfang und das Ende. Aber auch Einbuchtungen, härtere Kanten und andere Strukturveränderungen sind besonders interessant. Manchmal geht es wirklich darum, den Spot im Spot zu finden. Das bedeutet zunächst einmal: Viele Würfe. Schnelle Frequenz. Schnelle Köderführung. Hat man die Barsche gefunden, kann man an ein und der selben Stelle oft einen Fisch nach dem nächsten verhaften. Es kann aber gut sein, dass die schnelle Gangart nur am Anfang zieht. Macht aber nichts. Langsam wobbeln ist sowieso entspannter.

Wenn auf Flachläufer nichts geht, nimmt man Köder, die ein bisschen tiefer laufen als nötig, so dass sie beim Antwitchen auf den Grund stoßen. Sie tun das mit dem Kopf voraus und sehen dann aus wie ein kleines Fischchen, das nach Nahrung sucht. Wenn die Tauchschaufel dann noch ein bisschen Sediment aufwirbelt, ist die Täuschung perfekt. Jetzt kann man den Köder im Zeitlupentempo führen. Diese Technik zieht eigentlich das ganze Jahr über. Besonders gut funzt das »Bottom-Tapping« auch im Winter, wenn sowieso eine langsame Gangart angesagt ist und man Stellen hat, die man mit tieflaufenden Wobblern »abtappt«. Wenn man das mit Suspendern macht, kann man den Köder in Superzeitlupe führen und ihn lange stehen lassen, bis ein Barsch seinen Mut zusammengefasst hat und sich den Köder nimmt – ähnlich wie beim Deadsticking mit Gummis.

Steganlagen- und Anleger-Suspendern

Faul steht der Barsch unterm Steg. Genauso gern auch unterm Boot. Schön im Schatten. Meistens im Mittelwasser. Über ihm trampeln im Sommer die Menschen entlang, besteigen Segelyachten, Motorboote und Ausflugsdampfer. Die Sonne scheint. Das Wasser ist warm. Die Möwe kreist. Der Kormoran dreht draußen seine Runden. All das ficht ihn hier nicht an, unseren Freund im Kammschuppenpanzer. Er hat sich weit zurückgezogen unter die Planken. Alles, was sich außerhalb seines auf höchstens 1 Meter um ihn herum erstreckenden Wirkungsradius abspielt, nimmt er jetzt gar nicht wahr.

Direkt kann man die Fische hier nur ansprechen, wenn man Gummis unter die Stege skippt. Aus dem überdachten Unterschlupf hervor locken kann man sie oft mit extrem langsam geführten Twitchbaits, die man ganz nah an den Stegen entlangführt. Um möglichst lange Strecken abzuangeln, stellt man sich mit dem Boot an die Stegspitze. Als Uferangler versucht man es längs vom Ufer aus und wandert dann den Steg entlang, um an der Spitze Richtung Ufer zu werfen – also vom Tiefen ins Flache.

Gegenstrom-Twitchen

Barsche stehen auch gern mal in der Strömung. Im Sommer suchen sie durchströmte Bereiche unter anderem gerne auf, weil hier das Wasser sauerstoffreicher ist. Sie stehen zum Beispiel gern unter Wehren oder unterhalb von Schleusen. Aber auch unter Brücken ist oft ein bisschen mehr Zug drauf, weil Brücken oft über Flussverengungen gebaut wurden. Außerdem verengen auch massive Pfeiler das Wasser. Und wo immer dieselbe Menge Wasser weniger Platz hat, nimmt die Strömung zu.

Eine coole Twitchbait-Technik für das Angeln in der Strömung ist es, den Köder quer zur Strömung auszuwerfen und an gespannter Schnur abtreiben zu lassen. Gelegentliche Twitches provozieren die Bisse. Die Rollenhand hat weitgehend Sendepause und kommt nur zum Einsatz, wenn Strömungs-Unregelmäßigkeiten die Sehne erschlaffen lassen. Viele Bisse kommen in dem Bereich, in dem der Wobbler an langer Leine herumgedrückt wird.

» VIDEO: Der beste Barschwobbler der Welt?!

» VIDEO: Baitcaster 1x1: Twitchen auf XXL-Barsche

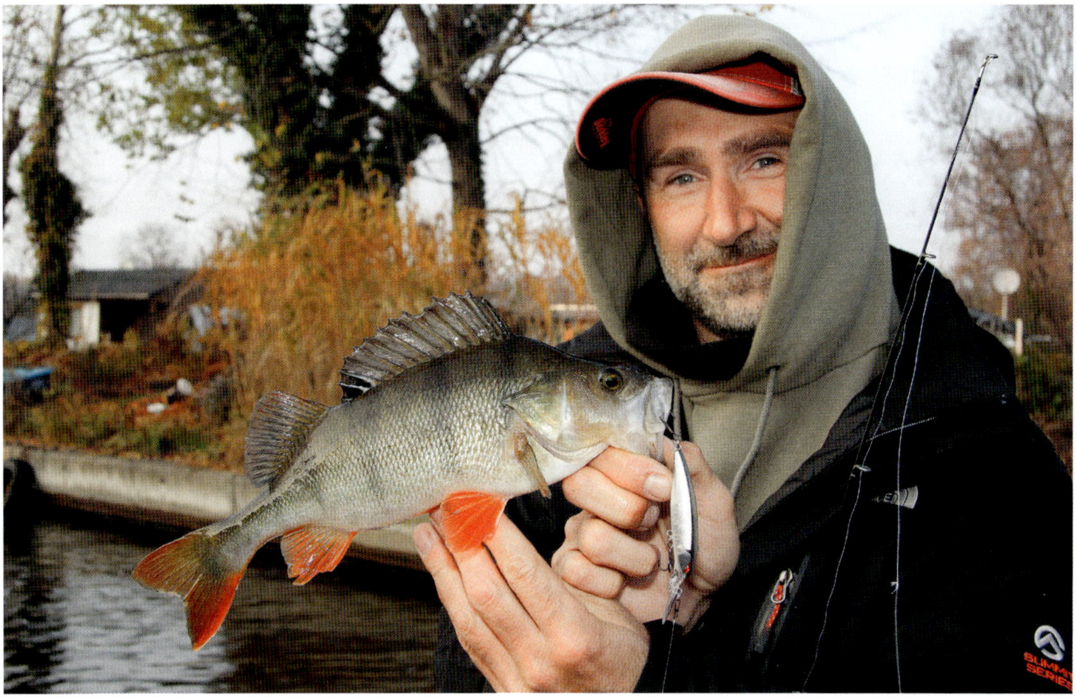

▶▶▶ **Besonders gut fangen weiße Minnows in der Stintzeit.**

★ Special:
OOSTINT – VERFOLGUNGSJAGD IM MITTELWASSER

Das Angeln bei uns in Berlin ist generell kein Zuckerschlecken. Zwar kommt man auch als Uferangler an viele Stellen gut heran. Doch werden Havel und Spree immer klarer. Die Zanderfänge sind seit Jahren rückläufig. Barsche und Rapfen preschen in die entstandene Lücke. Während die Rapfen durchaus zu kapitalen Größen heranwachsen, fängt man bis in den Herbst hinein aber nur ganz schwer richtig schöne Barschklopper. Wenn mal jemand einen Endvierziger an der Brücke X erwischt hat, ist das Stadtgespräch (zumindest in Anglerkreisen). Außerdem ist es nicht jedermanns Sache zwischen den vielen Touris mit der Rute herumzufuchteln und als exotisches Fotomotiv herzuhalten. Wer um die Museumsinsel herum seine Gerte schwingt, muss aus einem ganz besonderen Holz geschnitzt sein. Und – und das ist der größte Klotz, den man uns zwischen die Beine wirft – das Gewässersystem aus Dahme, Havel, den angeschlossenen Seenketten, Spree, den äußeren und inneren Kanälen ist riesig. Alles ist miteinander verbunden. Da können so schöne Steganlagen an der Spree stehen und förmlich nach Barsch stinken – wenn die Fische irgendwo in Brandenburg unterwegs sind, weil die Nahrungsbeschaffung dort einfacher ist, sind sie nicht in der Stadt.

Doch irgendwann ist immer Herbst. Und im Herbst wird alles gut für den Berliner Barschangler. In den Kanalsystemen von Havel und Spree wimmelt es vor Kleinfisch, kleinen Barsche und Weißfischen sowieso. Aber es kommt noch ein besonderes Highlight auf den Speiseplan. Und zwar ziehen jedes Jahr Binnenstinte (mal mehr, mal weniger) aus den großen Seen zu ihren Laichplätzen. Echt jetzt? Stinte in Berliner Kanälen? ‚Det hör ick jez aba sum ersten Mal, Alta!‘ Aber ja doch! Lass es Dir vom nach über 20 Jahren im großen B bestens assimilierten Schwaben sagen: Der Stintzug findet irgendwann im Oktober statt. Es gab Jahre, da haben die Möwen bis in den Dezember gestochen – mitten auf der Spree. Das habe ich zwar schon lange nicht mehr gesehen, aber ich kann mich noch gut dran erinnern, wie die weißen Vögel drauf gewartet haben, dass die Barsche die Stinte hochdrücken. Und dann im Sturzflug rein ins Gemetzel!

Da nicht jedes Jahr ein gutes Barsch- bzw. Stintjahr sein kann, warte ich immer mit Spannung auf den Septemberausklang bzw. den Oktoberanfang. Denn wenn ich jetzt vereinzelte Dickbarschrudel stelle, kann ich mir einigermaßen sicher sein, dass eine gute Barschsaison ins Haus steht. Nicht dass es in der Spree keine Kannibalen und Weißfischvernichterbarsche gibt. Aber wenn der Stint zieht, ist alles anders. Dann fangen wir teilweise 30er und 35er in Serie, wo sonst die 17er bis 23er Barsche dominieren. Das Stintbarsch-Angeln unterscheidet sich grundsätzlich vom Grundbarsch-Angeln. Die Stinte ziehen mitten durch die Kanäle. Und zwar nicht am Grund, sondern kurz darüber und im Mittelwasser. Klar kann man ab und an einen der Verfolger mit dem Gummifisch verhaften. Oder mit dem Dropshot-Rig. Im Großen und Ganzen ist jetzt aber Wobbel-Time.

Das Schöne ist: Berlin ist zwar die Hauptstadt dieser Republik. Die Seen und Flüsse drumherum sind aber auch nur ein Ökosystem. Und so lassen sich unsere Erfahrungen überall dahin übertragen, wo es Stinte, Lauben oder andere Beutefische gibt, die nicht stur am Grund stehen.

Stintbarsch-Wobbler-Profil

Die Wobbler müssen genau in der richtigen Tiefe laufen. Mal spielt sich alles einen Meter unter der Wasseroberfläche ab. Mal rauben die Barsche kurz über Grund (unsere Kanäle sind maximal 3 m tief). Die Stintverfolger-Rechnung ist ganz simpel: Je exakter man die tages- und tageszeitaktuelle Tiefe trifft, desto mehr Barschbisse. Ergo braucht man mehrere Wobbler, die die verschiedenen Tiefen bedienen. Wobei die dickbauchigen Cranks schon mal bis zum nächsten Frühjahr eingemottet werden können. Was man jetzt braucht, sind schlanke Suspender. Die Barsche beißen manchmal erst nach ein paar Sekunden auf den stillstehenden Köder (bei uns ist meistens keine Strömung). Oft fangen nur spezielle Farbtöne. Weiß ist manchmal gut. Ein Blauschimmer-Design ist aber oft noch besser. Meine drei Favoriten: Shimano Flügel Flat, Nories Laydown Minnow und Illex DD Squirrel 67. Arbeiten wir uns mal von einem Meter unter der Oberfläche bis kurz über den Grund.

Shimano Fluegel Flat (Tauchtiefe 50 cm bis 1,2 m): Für mich einer der besten Flachläufer auf dem Markt. Er zeichnet sich durch eine »stockige« Aktion aus, bricht fast wie ein Jerkbait von einer Seite auf die andere aus, wenn man ihn hart rannimmt. Bei softer Animation neigt sich das Maul sehr schön von einer Seite auf die andere. Zusätzlichen Reiz erhält der perfekt ausbalancierte Weitwurf-Suspender durch den Schwanzdrilling mit Feder-Glitter-Deko. Den tausche ich allerdings oft gegen einen selbst »gebundenen« Einzelhaken mit Crystal Flash aus der Fliegenfischerabteilung aus. Mit dem Flachläufer greift man am bestens früh am Morgen an, wenn die Barsche noch ganz dicht am Ufer stehen bzw. da entlangpatrouillieren.

Nories Laydown Minnow Deep (Tauchtiefe: 1,5 bis 1,8 m): Inzwischen eine lebende Twitchbait-Legende. Der aus Japan kommende Highend-Suspender ist mit seinen 6 Gramm (auf eine Länge von 6,6 cm verteilt) kein Flugwunder. Muss

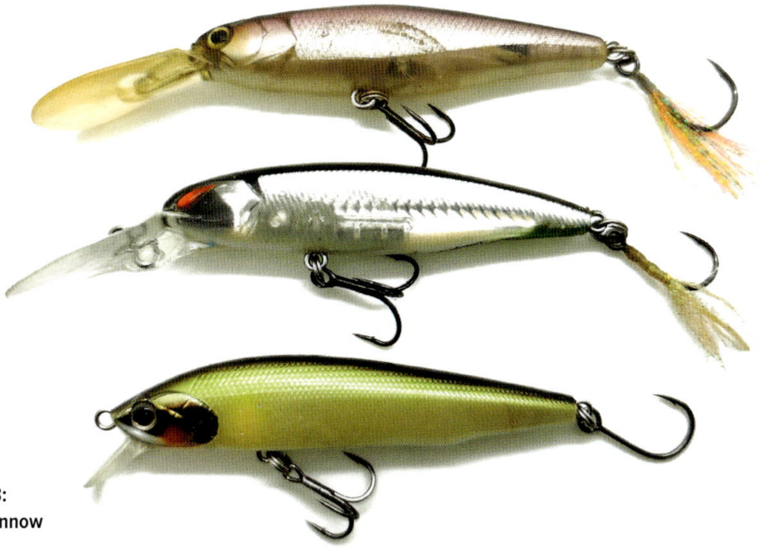

▶▶▶ **Meine Stint Top 3: Flügel Flat, Laydown Minnow und Squirrel.**

er aber auch nicht sein. Er performt so gut unter Wasser, dass ihm in Berlin ein Kanalstück gewidmet wurde. Es trägt den Namen »NoriesKanal«. In der Hauptstadt ist er zur Hochzeit oft ausverkauft. Dann hilft nur noch der Gang ins Internet. Durch meine enge Verbindung zu CamoTackle ist eine saisonübergreifende Bevorratung allerdings gewährleistet. Mein Farbtipp: Live Purple Wakasagi und Reflect Wakasagi. Wobei. Eigentlich sind alle Farben toll. Weil es sich hier um meinen Lieblings-Twitchbait handelt, singe ich euch hier ein Extra-Ständchen: »Ein Twitchbait, den jeder Barschangler auf der Pfanne haben muss, ist der Laydown Minnow von Nories. Der schwebende Twitchbait kommt für seine kleine Größe auch ganz schön tief runter. In den Berliner Kanälen kratzt er Barsche raus, die auf andere Wobbler nur zögerlich reagieren. An vielen Tagen fängt er die gesamte Wobbler-Prominenz in Grund und Boden, weshalb er sich gut als Gradmesser für die Fängigkeit eines Wobblers eignet. Wer mit dem Laydown Minnow mithalten kann, gehört in jede Barsch-Twitchbait-Hitliste hinein. Neben seinen Tieftauch-Skills gibt's noch ein paar andere Gründe, warum die Barsche den Nories-Wobbler so gern mögen. Erstens kommen die Schillerdesigns aus der Just Wakasagi-Serie sehr gut an. Zweitens stehen Barsche auf die roten Augen. Und drittens – und das ist sicher eines der herausragenden Merkmale des Laydown Minnow – steht der Wobbler absolut horizontal im Wasser. So kann man ihn ewig stehen lassen oder in der Strömung abtreiben lassen und sich dabei sicher sein, dass er nicht irgendwie schepps im Wasser steht, sondern so wie ein kleines Fischchen. Ein leichtes Zittern in die Schnur, ein kurzer Zupfer – und schon ist der Schnappreflex ausgelöst. Im Winter kann man ihn mehrere Sekunden stehen lassen und sich jederzeit auf einen Angriff freuen. Irgendwann kommt der bestimmt.«

Illex DD Squirrel 67 (Tauchtiefe 1,8 bis 2,0 m):
Der Squirrel ist ja bekannt unter Barschanglern. Die meisten fischen den 61er in Ayu. Um an die tiefraubenden Stintverfolger ranzukommen, braucht man aber auch den 67er und

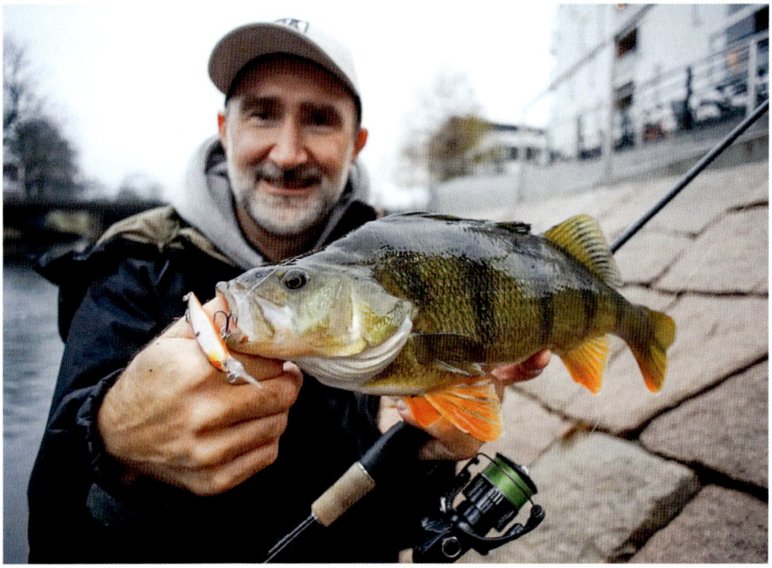

▶▶▶ **Das Kanal-Twitchen funktioniert na klar nicht nur in der Hauptstadt. Hier war ich in Schweden.**

den 79er. Trotz der langen Tauchschaufel fliegen diese beiden Modelle richtig gut. Und sie tauchen auch nochmal einen Tick tiefer ab als der Laydown Minnow. Das kann entscheidend sein. (Wer noch tiefer runter muss, nimmt den 79er, der bis auf 2,5 m kommt.) Mein Farbtipp: Bone und SG Wakasagi.

Weitere Top-Twitchbaits für unsere Kanal-Stint-Fans: Trickshad, Pointer, X-Rap, Rigge ... und da kommen immer wieder neue dazu. Also: Barschanglerauge sei wachsam!

Stintbarsch-Suspender-Tuning

Wie gesagt: Man fängt oft einen Barsch nach dem nächsten. Nicht nur die großen. Ich kann's nicht leiden, wenn ich diesen Fischen umständlich den Drilling herausfummeln muss. Man wundert sich ja oft, wie sie die drei Flunken in ihr kleines Maul bekommen und was sich ein 15 cm-Barsch überhaupt dabei denkt, wenn er einen 7 cm-Beutefisch angreift. Deshalb kommt der Enddrilling weg und wird durch einen Einzelhaken ersetzt (von Decoy gibt's spezielle Wobbler-Einzelhaken mit großem Öhr). Am Bauchdrilling klemme ich die Widerhaken an. So kann ich kleine Fische schnell lösen und hab auch noch ein bisschen Thrill im Drill. (Dazu kommt ein Kapitel am Ende der Hardbait-Sektion.)

Die besten Stintbarsch-Moves

Neben Lauftiefe und Wobblerdesign ist die Köderführung ausschlaggebend für das Ausmaß des Fangerfolgs (mal vorausgesetzt, dass Barsch da ist). Genauso wie man sich an die richtige Lauftiefe herantasten muss, muss man den Führungsstil ans Aggressionslevel der Barsche anpassen. So kann es sein, dass man die Barsche beim Rauben stellt und eine ruppige Führung genau die richtige Medizin ist. In den allermeisten Fällen aber beißt es nur richtig gut, wenn man den Köder defensiv führt. Meine Führungsklassiker sind:

Kadenz-Twitchen (positives Aggressionslevel): Die Basis-Twitchmethode. Man lässt die Rutenspitze zweimal in die schlaffe Schnur fallen und wartet dann kurz oder auch mal länger, bis zur nächsten Zupf-Einheit und ruckt den Wobbler wieder zweimal an. Pause. Zupf. Zupf. Pause. Usw. Wenn das nicht funktioniert, zupft man nur einmal oder eben dreimal.

Ziehen und wackeln (neutrales Aggressionslevel): Diese Methode habe ich beim Umstieg auf Mono für mich entdeckt. Ich wollte einfach den Köderkontakt halten und habe den Wobbler deshalb angezupft und dann ganz langsam zu mir hergezogen, so dass kein Schnurbogen entsteht und ich auch vorsichtige Anstubser registriere. Das mochten die Barsche manchmal richtig gern. Und dann habe ich angefangen, ein bisschen mit der Rutenspitze zu vibrieren, um diese Vibration auf den Köder zu übertragen. Ich weiß nicht, wie viel da ankommt. Ich weiß aber, dass das manchmal sehr gut funzt.

Zeitlupen-Twichten (negatives Aggressionslevel): Wenn die Barsche richtig faul sind oder einfach von ihrem niedrigen Stoffwechsel zur Zeitlupenpirsch gezwungen werden, fische ich extrem langsam. Extrem langsam heißt EXTREM LANGSAM. Also mit Pausen, die dem ungeduldigen und bissgeilen Angler in mir alles abverlangen, was ich an Ruhe aufbringen kann. 10 Sekunden können lang sein. 20 Pausen von Sekunden können einen fast zum Durchdrehen bringen (vor allem wenn es kalt ist). Aber die Belohnung ist oft ein satter Biss, der alles wieder gut macht.

Also: Gebt dem Wobbler mal eine Chance, wenn alles um euch rum im Herbst Winter mit Gummi angelt. Neben Barsche fängt man bei uns im Kanalsystem von Berlin City so auch immer mal einen Zander oder Rapfen. Viel Spaß!

» **VIDEO:** Diese Twitch-Tricks musst Du kennen!

» **VIDEO:** Streetfishing: Wobbler killt Fliege!

CRANKBAIT: KURBELN, BIS DER BARSCH KOMMT

Meine ersten Wobbelbarsche waren Crankbait-Barsche. Nur hat man damals den Begriff nicht gekannt. Man hat sich einfach ein paar Shad Raps und später auch Frenzys oder Hornets gekauft, die Dinger durchgekurbelt und manchmal voll gut damit gefangen. Manchmal auch nicht. Kaum vorstellbar, was? Nun ja. Das ist auch ein paar Jahre her. Einer der wenigen Vorteile eines grauen Bartes ist, dass man Storys aus der Vergangenheit zum Besten geben kann. Dann kam die weiche Welle, welche die Hardbaits erst einmal aus dem Fokus genommen hat – bis die Twitchbaits zum triumphalen Einzug in die Köderboxen ansetzten.

Genau mein Ding: Ausgeklügelte Köder, die man extrem variantenreich fischen kann. Logo muss man sich da reinfuchsen, möglichst alle Modelle ausprobieren und in der Lage sein, die individuellen Stärken aus ihnen herauskitzeln. Crankbaits? Brauch ich nicht. Total albern. Hallo? Natürlich braucht man auch Crankbaits! Denn während ich zu 100 Prozent auf Twitchbaits gesetzt habe, haben Crankbait-Fans ohne Ende Barsche gefangen. Nicht umsonst ist der Chubby einer der meistverkauften Illex-Wobbler. Auch die Griffons von Megabass haben eine riesengroße Anhängerschaft. Rapala hat dem Shad Rap eine ganze Latte an Crankbaits im Barschformat folgen lassen. Sicher nicht aus Spaß an der Freude, sondern aus Freude am Verkauf.

Wahrscheinlich gehen weltweit gesehen immer noch mehr und manchmal auch bedeutend größere Barsche auf durchgekurbelte Cranks als auf Minnows. Wenn man dann mal drin ist in der Crank-Materie, stellt man schnell fest, dass es auch hier immer Neues zu entdecken gibt.

Crankbait-Typologie

Wie bei den »Twitchbaits« leitet sich ihre Typisierung von der Köderführung ab. So bedeutet »to crank something« sinngemäß »etwas durchkurbeln«. Und genau dafür sind die Wobbler mit der großen Wasserverdrängung auch gemacht. Dieser Bedienkomfort ergibt sich aus der Kombination von voluminöser Körperform und breiter Tauchschaufel, die dafür sorgt, dass der Köder schon beim einfachen Einkurbeln lebhaft wobbelt. Damit sie maximale Aufmerksamkeit erregen, sind viele Modelle mit Rasseln geladen, die beim Einkurbeln gegen die Innenwände schlagen und viel Lärm machen.

Weil man mit den Cranks schnell fischt und viel Aufsehen bei den Fischen erzeugt, handelt es sich um hervorragende Suchköder (»Searchbaits«). Sie als reine Suchköder abzustempeln greift aber zu kurz. Wenn die Fische auf Krawall gebürstet sind, kann man die Radaubrüder sehr gut einsetzen, um ganz konkrete Plätze auszuangeln. Die meisten Crankbaits haben einen starken Auftrieb, sind also Schwimmwobbler. Wenn sie also mal an einer Muschelbank abreißen, treiben sie wieder auf. Allerdings sind Crankbaits eigentlich dafür gemacht, gegen Hindernisse zu tackern und mit Richtungswechseln und Schleifgeräuschen Bisse zu provozieren: Der massive Körper schirmt die Haken ab und bewahrt den Köder so davor, an Steinen oder Ästen hängen zu bleiben. Wie bei allen Wobblern gilt auch hier: Je länger die Tauchschaufel, desto tiefer geht's hinunter.

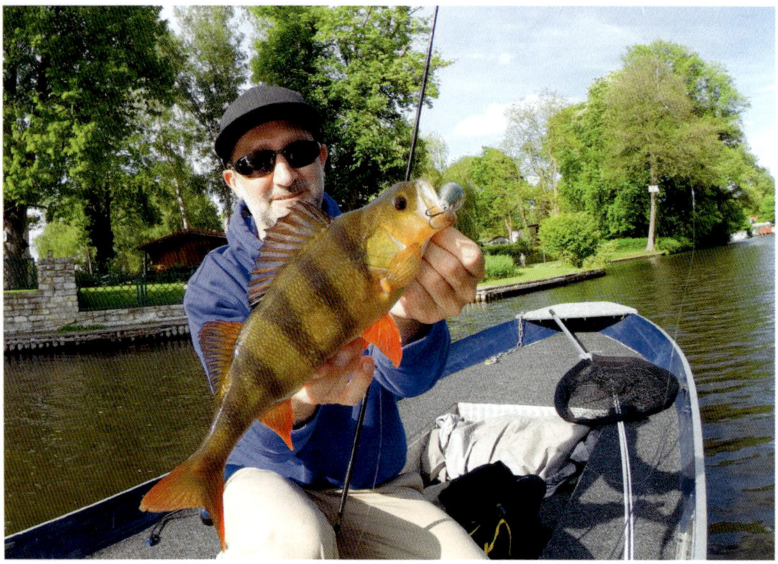

►►► Sind Dir die Cranks zu groß, denkst Du zu klein. So ein 12 Gramm-Crank ist auch für einen Mitelklasse-Barsch überhaupt kein Problem!

Wir unterscheiden drei verschiedene Crankbait-Typen: Tiefläufer besitzen eine lange Tauchschaufel und sind nicht nur dazu da, in großen Tiefen zu angeln, sondern werden auch dafür verwendet, den Gewässergrund abzuklappern. Dazu muss die Lauftiefe größer als die Gewässertiefe sein.

Markenzeichen der Medium Runner ist eine relativ kurze Tauchschaufel, die im 45-Grad-Winkel zum Wobbler steht. Medium Runner laufen etwa 1 bis 2 Meter tief und eigenen sich deshalb sehr gut für Flachwasserbereiche oder für das Angeln knapp unter der Oberfläche. Bei den Flachläufern zeigt die Tauchschaufel fast senkrecht nach unten. Deshalb erreichen sie keine großen Tiefen (0,1 bis 1 Meter) und sind zum Beispiel immer dann genial, wenn das Kraut bis kurz unter die Wasseroberfläche reicht oder die Fische an der Oberfläche auf die Jagd gehen.

Tauchschaufel-Konzepte

Wenn man sich die Tauchschaufeln genauer ansieht, unterscheiden sie sich nicht nur in ihrer Länge und im Winkel, in dem sie zum Körper stehen. Sie haben auch eine unterschiedliche Form. Da gibt's Modelle mit relativ schmalen Tauchschaufeln, welche mit quadratischen und andere mit geschwungenen »lips« beziehungsweise »bills«. Prinzipiell gilt: Je breiter die Schaufel, desto größer der Wasserwiderstand. Square Bill-Cranks (übersetzt: »Quadrat-Tauchschaufel-Kurbel-Wobbler«) laufen aber nicht nur hektischer – die breite Schaufel wehrt auch Halme, Stängel, Äste und Stämme ab. Mit den Square Bills kommt man also besser durch unsauberes Gelände. Modelle mit geschwungenen Schaufeln (z.B. die Scatter Cranks) brechen in unregelmäßigen Abständen unkontrolliert zur Seite aus, fangen sich dann wieder, um dann wieder auszubrechen. Das ist gewollt. Die Barsche sollen von den fluchtartigen Richtungswechseln zum Angriff motiviert werden.

Top Crankbaits

Den Chubby muss man wohl draufhaben, wenn man mit kleinen Cranks auf Barsche angelt. Die tieflaufende Version dieses kleinen Bullen dringt in für seine Größe erstaunliche Tiefen vor (2 Meter und tiefer). Ein weiterer Illex-Klassiker ist der etwas größere Cherry. Der Vorteil der Griffons von Megabass ist, dass sie unheimlich weit fliegen. Die kleinen Dinger sind die Langstreckenraketen unter den Mini-Cranks. Manche Modelle haben eine kleine Düse, die für eine, einem Kondensstreifen gleiche Kette aus feinen Luftblasen sorgt, was dann ja auch ins Raketen-Bild passt. Was Rapala-Wobbler angeht, kann ich den Max Rap Fat Shad empfehlen, der ebenfalls sehr weit fliegt, über 3 m abtaucht und suspended. Ganz einfach macht man es sich mit den Scatter Raps, bei denen die Tauchschaufel gebogen ist, so dass der Köder automatisch ausbricht. Auch Jointed Cranks wie der kleine Jointed Shad Rap können unwiderstehlich sein.

Shimano wartet mit einem komplett neuen Wobblerprogramm auf. Hier möchte ich euch den Kozak ans Herz legen, der mit seinem engen Lauf und ohne Rasseln sehr nüchtern daherkommt und vielleicht gerade deswegen ganz oft ganz weit vorne liegt in der Barschgunst. Der Gegenentwurf ist der Macbeth, ein klassischer Squarebill-Crank, der mir schon so manchen Angeltag gerettet hat. Aber Achtung: Die große Version ist ein Hechtmagnet. Den dürft ihr echt niemals ohne Stahl fischen.

Außerdem sollte man die Fat CBs von Lucky-Craft auf dem Plan haben. Oder die Storm Arashi-Cranks, die durch das »self tuning line tie«-Konzept auch bei höchster Geschwindigkeit die Linie halten. Die Öse bildet hier das Ende einer beweglichen Metallschiene, die unter der Tauchschaufel in den Wobbler-Körper läuft und in einem Gelenk sitzt.

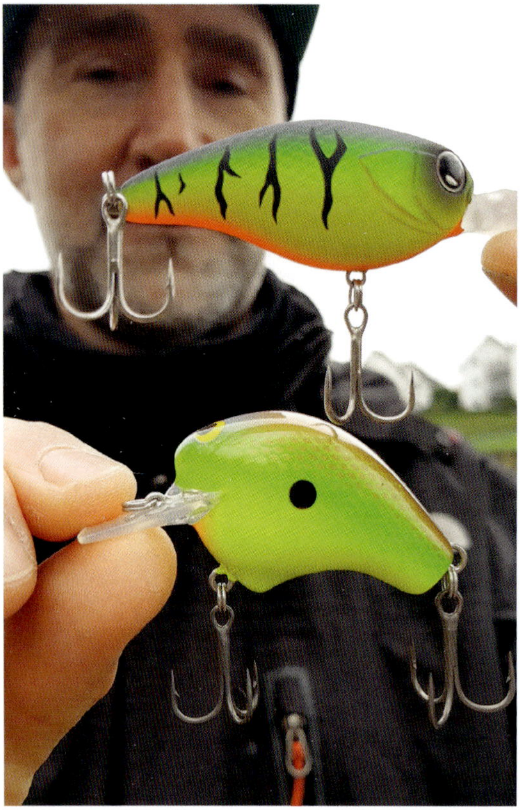

▶▶▶ **Schock-Köder in Schock-Farbe. Chartreuse liegt bei mir oft ganz weit vorne in der Gunst. Und bei den Barschen auch.**

Von diesem Basis-Set kann man sich dann weiter vorarbeiten ins Barsch-Crank-Universum. Wichtig ist aber schon, eine gewisse Auswahl parat zu haben. Manchmal müssen die Köder genau über der Grasnarbe laufen. Manchmal müssen sie auf dem Boden herumbrettern. Manchmal fressen die Barsche wirklich nur ein ganz bestimmtes Modell in einer bestimmten Farbe. Oft genug riechen die Barsche den Braten nach einer Weile auch, sodass ein Köderwechsel zwingend erforderlich ist. Wer dann kein Äquivalent aus dem Ärmel zaubern kann, ist angeschmiert.

Die Qualität zeigt sich beim schnellen Einkurbeln. Top-Cranks halten auch bei hohem Tempo die Bahn. Das ist auch nicht unwichtig, denn manchmal brauchen die Fische Speed. Nicht jeder Wobbler läuft kerzengerade, wenn er aus der Box kommt. Das kann kein Hersteller garantieren. Auch Hardcore-Hinderniskontakte wie Würfe gegen einen Brückenpfeiler sorgen schon mal dafür, dass sich die Öse verbiegt. Das kann man aber einfach korrigieren, indem man die Öse mit einer Zange wieder sauber ausrichtet.

Crankbait-Benefits

Crankbaits sind schnelle Köder, mit denen man die Fische ganz schnell aufstöbern kann, wenn sie nicht gerade völlig im Lethargie-Modus unterwegs sind. Sie sind ideale Köder zum Powerfishing. Weil sie weit fliegen und viele Turbulenzen erzeugen, manchmal extrem laut knattern und durch ihr großes Profil auch optisch auf Distanz wahrnehmbar sind, kann man erstens große Gebiete absuchen und zweitens einigermaßen darauf vertrauen, dass keine aktiven Fische unterwegs sind, wenn man einen Platz mit ein paar versetzten Würfen abcrankt. Selbst wenn sich kein Barsch einklinkt, stöbern sie die Burschen auf. Denn neugierig machen Cranks fast immer. Und so verzeichnet man auch dann Nachläufer, wenn die Fische eigentlich nicht fressen wollen. Dann kann mit einem langsamen Köder nachgefasst werden. Nachläufer nimmt man mit einer Polbrille besser wahr. Crank-Regel No. I lautet also: Niemals ohne Polbrille! Also für euch. Wie wir im Kapitel zum Thema Softjerk gelernt haben, bin ich bereits eine Evolutionsstufe weiter und verfüge über Polarisationsaugen. Spaß beiseite. Wenn man den ganzen Tag ins Wasser schaut, am besten noch auf eine gleißende Oberfläche, tut das den Augen nicht gut. Eine Polbrille ist schon echt eine sehr gute Investition.

Barsch-Crank-Setup

Richtig kleine Cranks fische ich mit einer weichen Spinnrute oder einer BFS Cast-Kombo. Größere Cranks (Modelle ab 10 Gramm) führe ich an

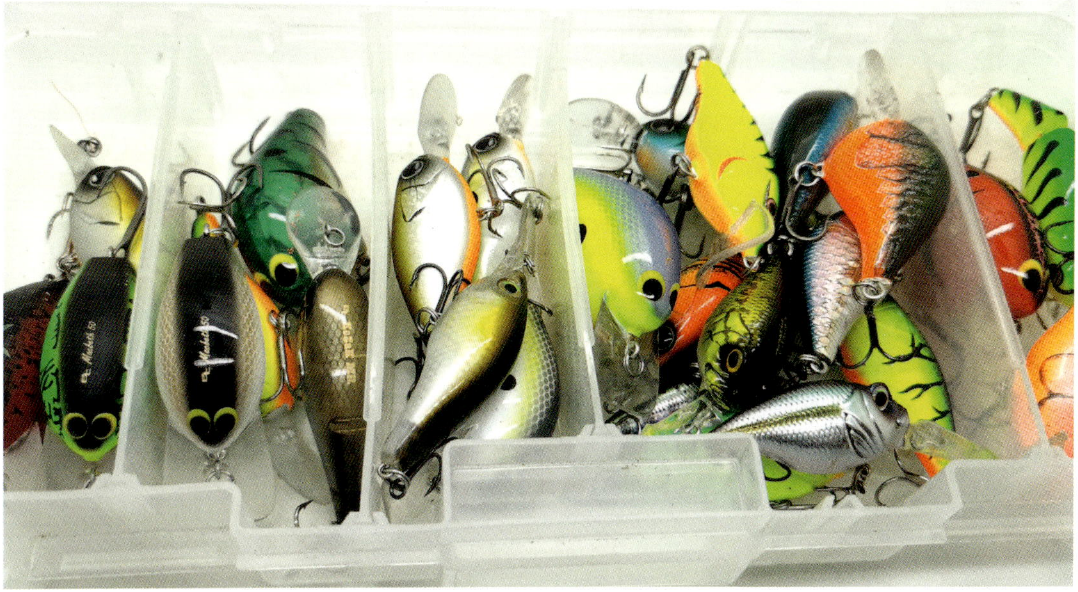

▶▶▶ **Eine Batterie voller Cranks. Da ist für jeden Barschbomber was dabei.**

stärkeren Ruten, wobei diese Köder bei einer montierten Stationärrolle zu sehr an der Spulenachse ziehen und somit auch die besten Rollen mit der Zeit platt machen. Ordentliche Cranks (Modelle ab 16 Gramm) müssen deshalb am Cast-Besteck serviert werden. Beim Einstieg in die Materie habe ich meine Scatter Raps mit einer Loomis Jig & Worm gefischt. Das ist eine recht harte Rute zum T-Rig-Angeln. Das ging schon irgendwie. Aber eigentlich nimmt man zum Crankbaitangeln weiche Ruten, um erstens die sich über einen harten Blank in den Arm hochschüttelnde Vibration abzupuffern und zweitens um eine bessere Bissausbeute zu erzielen. Die Fische sollen sich mehr oder weniger selber haken. Eine weiche Rute gibt ihnen mehr Spiel zum Ansaugen der bulligen Wobbler. Wenn ihr euch an US-Herstellern orientiert, werden Crankbait-Ruten auch als solche ausgewiesen. Da kann man nichts falsch machen. Ich habe inzwischen ordentlich nachgerüstet und mir ein ganzes Arsenal an Crankbait-Ruten zugelegt. Shimano führt Yaseis, Yasei Limiteds und Yasei BBs in mehreren Gewichtsklassen. Fürs klassische Barschwobbeln empfehle ich die Yasei Limited Perch Crankbait mit einem Wurfgewicht von 4 bis 16 Gramm. Damit operiere ich mit Wobblern in einer Range von 6 bis 12 Gramm und habe große Freude an den schönen Drills. Die lädt sich unheimlich gut auf und schleudert auch kleine Köder weit hinaus.

Bei den Baitcaster-Rollen ist zu beachten, dass Rollen mit einer relativ niedrigen Übersetzung (1:5,8 bis 1:6,5) mehr abkönnen als sehr hoch übersetzte Rollen. Wer also wirklich viel mit großen Cranks arbeitet, ist mit einer Highspeed-Rolle eher schlecht beraten.

Nicht ganz unwesentlich ist auch die Schnurwahl. Die einen fischen mit Mono, weil sie mehr trägt als Fluorocarbon und außerdem weicher ist. Die anderen nehmen zum Cranken am liebsten Fluorocarbon, weil sie die Abriebfestigkeit schätzen und die Tatsache, dass FC sinkt und die Köder so ein paar Zentimeter tiefer laufen lässt. Und die nächsten fischen

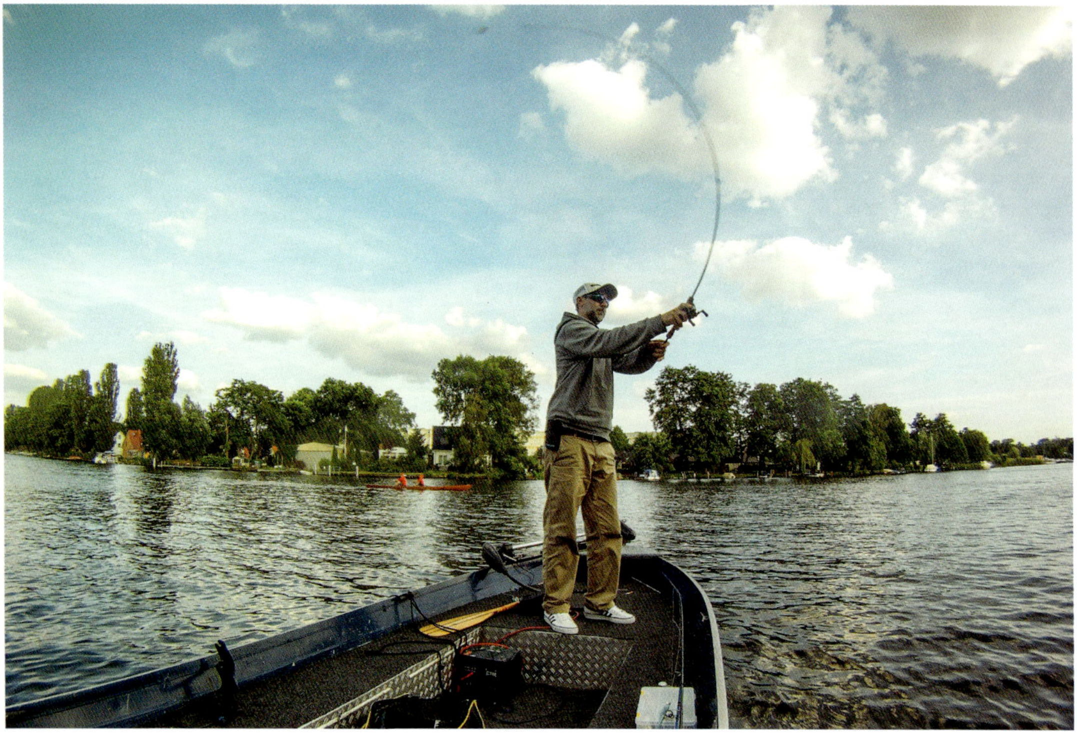

▶▶▶ Hier sieht man schön, wie sich die GLX Crankbait beim Wurf auflädt. So muss das sein.

nur mit Geflochtener, weil sie jeden Anticker und jeden Hinderniskontakt spüren wollen. Für jeden Schnurtyp gibt's also Argumente. Da muss jeder selber schauen, womit er das beste Gefühl hat und was die Angelsituation nahelegt.

Crankbait-Präsentation

Crankbaits fangen ihre Fische, wenn man sie einfach durchkurbelt. Oft machen aber auch bei diesem Köder kleinere oder größere Modifikationen des ursprünglichen Laufverhaltens das gewisse Etwas aus. So kann man den Auftrieb zum »Sweepen« nutzen. Dabei zieht man die Rute zur Seite weg, um den Wobbler nach unten zu ziehen. Während die Rutenspitze nach vorne wandert, hebt ihn der Auftrieb nach oben, so dass ein Sägezahnmuster entsteht. Als »Bouncen« bezeichnet der Amerikaner das Abklappern des Gewässergrundes mit einem tieflaufenden Wobbler. »Burnen« ist die Highspeed-Version des Einkurbelns. Ziel dieser Übung ist es, den Wobbler mit hoher Geschwindigkeit an den Barschen vorbei zu führen, so dass diese keine Zeit haben, sich für oder gegen das Zupacken zu entscheiden und aus einem Reflex beißen. Aber auch ein paar Twitches hier und da sorgen für Fluchtmomente, die für die Stachelfahnenträger immer ein Signal zum Zugriff sind.

CRANKBAITS IM BARSCH-EINSATZ

Soviel zur Theorie und jetzt ran an den Crankbait-Barsch. Der hält sich entweder im Freiwasser auf, sucht die Steinpackung nach Kleinfischen ab, patrouilliert vor Schilfgürteln und an Seerosenfeldern entlang, grast Kies-, Muschel- oder

Sandbänke ab oder steht fett im Kraut. Das Krautbarsch-Cranken ist aber ein Kapitel für sich. Nachdem ich die aufgeführten Situationen schon im Twitchbait-Kapitel beschrieben habe, kann ich die Spot-Beschreibung hier auslassen, um mich auf die Angeltaktik zum Spot konzentrieren.

Cranken im Freiwasser

Oft genug stehen die Fische nicht stur an den Strukturen herum, an denen wir sie vermuten. Nicht einmal am Futterfischschwarm im Freiwasser gibt's eine Barsch-Garantie. Oft kann man aber Zonen benennen, in denen man schon oft Barsche gefangen hat. Barsche wandern viel und vagabundieren von Ort zu Ort. Wenn man ihre Lieblingsplätze kennt, kann man sich ungefähr ausmalen, wie sie diese anschwimmen. An Tagen, an denen sonst nichts klappt, kann man versuchen, diese Routen abzuwerfen. Dazu benötigt man allerdings einen ziemlich festen Glauben an die eigene Watercraft.

Außerdem braucht man zum Freiwasserangeln natürlich ein Boot. Wo es erlaubt ist, lässt man sich dann einfach übers Wasser treiben. Dabei kommt es nicht auf große Präzision an, sondern auf einen guten Draht zu Petrus. Der muss einen Schwarm Barsche vorbeischicken. Sonst wird das nichts.

Dennoch ist das Freiwassercranken keine aussichtslose Angelegenheit. Oft ist der Wobbler das einzige Ziel, auf das die Barsche während ihres Platzwechsels stoßen. Oft sind es auch die größeren Barsche, die sich in kleinen Trupps durchs Freiwasser bewegen. Zur Angelstrategie gibt's nicht viel zu sagen. Je klarer das Wasser, desto unwichtiger ist, wie tief der Crank läuft. Man kann schon drauf vertrauen, dass sie ein paar Meter überwinden, wenn sie ihn fressen wollen. In trübem Wasser richtet sich die Lauftiefe nach der Gewässertiefe. Vielleicht sieht man ja auch immer mal ein paar Fische auf dem Echolot. Im Hochsommer kann man an Gewässern, an denen das möglich ist, versuchen, nah an die Sprungschicht zu kommen – mit tief laufenden Cranks. Hier stehen oft am meisten Fische. Ansonsten heißt es: werfen, werfen, werfen! Der Fleiß wird

▶▶▶ Doppelschlag im Mittelwasser. Hier hat's mir der Georg vorgemacht. Während wir am Grund mit Gummi nur kleine Barsche fingen, standen die besseren Fische im Mittelwasser und haben sich vehement über unsere Cranks gefreut.

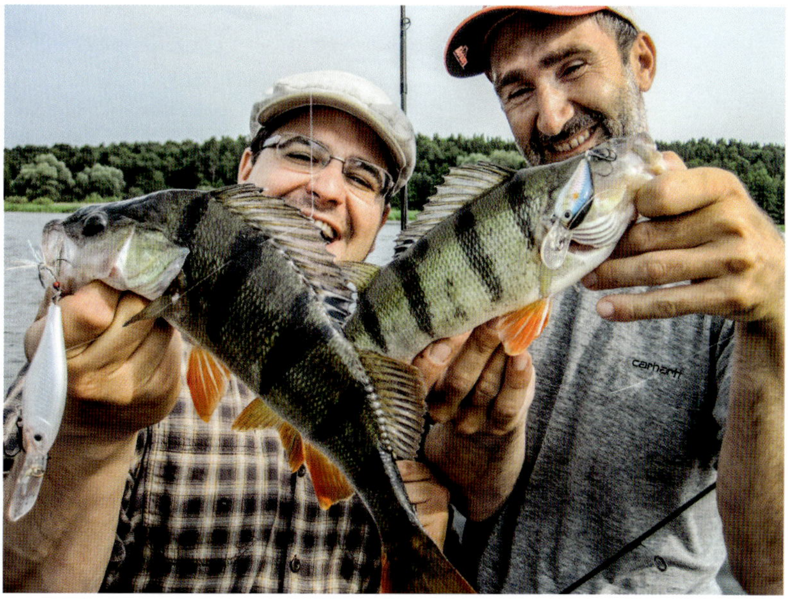

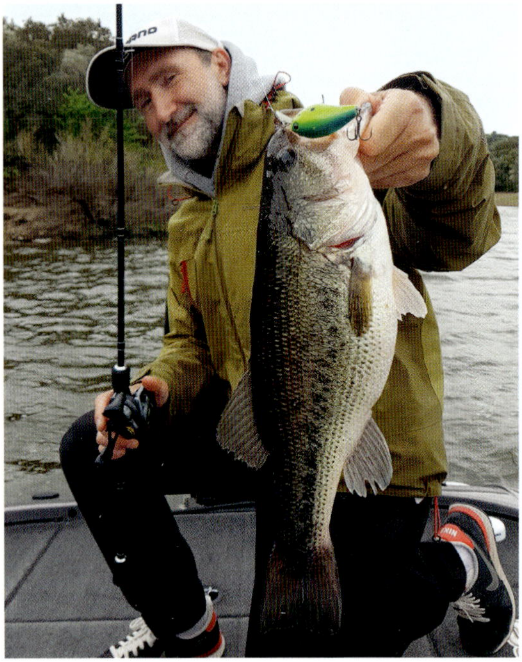

▶▶▶ **Bassangeln mit Cranks? Das schockt. Die brettern sowas von gnadenlos auf die bulligen Köder …**

dann mit guten Einzelfischen belohnt. Serien gibt's einigermaßen selten. Man hat ja keinen Anhaltspunkt, wohin der kleine Schwarm zieht. Auch beim zweiten Wurf braucht man also Fortune, wenn's mit dem Zweitbarsch klappen soll.

Je wärmer das Wasser, desto schneller kann man die Köder führen. Gelernt habe ich das Speedcranken beim Schwarzbarsch-Angeln. Bei einem Angelausflug in Frankreich mit Wobblerdesigner Patrick Sébile habe ich den Meister mit einer extrem schnellen Köderführung überzeugt. Während er das Ufer abwarf und sich hier und da einen Bass wegschnappte, habe ich mich den ganzen Tag aufs ultraschnelle Freiwasserangeln konzentriert. Anfangs wurde ich noch für die schnelle Führung kritisiert. Spätestens nach dem dritten schönen Bass war aber klar, dass die ersten Erfolge kein Zufall waren und dass der Sébilsche Crankster auch Bass fängt, wenn man ihn schneller führt, als sein Erfinder das gedacht hat. Wieder daheim habe ich die schnelle Gangart und das Freiwasserangeln adaptiert und seither immer wieder Barsche auf rasend schnelle Köder gefangen.

Cranken am Schilfgürtel und vor Seerosenfeldern

Um die Barsche abzugreifen, die an Seerosenfeldern und Schilfarealen entlang patrouillieren, muss man selber in Bewegung sein. Oft gibt's Anzeichen dafür, dass in manchen Zonen die Wahrscheinlichkeit für Barschkontakte höher ist als anderswo. An windstillen Tagen kann man zum Beispiel oft Kleinfisch-Signale wahrnehmen. Ein Platschen hier, kleine Ringe dort. Das sind die Bereiche, auf die man sich konzentrieren sollte. Hier angle ich am liebsten mit Square Bill-Cranks, mit denen man auch mal ganz nah ans Schilf oder in eine Lücke im Seerosenfeld werfen kann, ohne dass der Köder gleich an den Pflanzen hängen bleibt.

In den Flachwassergebieten ist es am besten, wenn der Wobbler kurz unter der Oberfläche läuft. So kann man ihn gut beobachten. Zum einen ist das toll, weil man die Attacken auch visuell mitbekommt. Zum anderen nimmt man Nachläufer so schon aus großer Distanz wahr. Deswegen fische ich auch gern Wobbler, die man gut sieht. Weiß im trüben Wasser. Oder Firetiger. Oder Silber.

Parallelwürfe fangen die Barsche, die sich unter den Seerosenblättern oder zwischen den Halmen aufhalten. Interessant ist aber ein 10 Meter breiter Korridor vor den Pflanzen. Schließlich suchen die Barsche weite Gebiete ab, bis sie einen Platz zum Jagdrevier erklären. Auch bei dieser Angelei fängt man oft nur wenige Fische am Stück.

Cranken auf der Steinpackung

Mit Gummis gibt's an der Steinpackung oft Hänger ohne Ende. Das ist extrem ärgerlich.

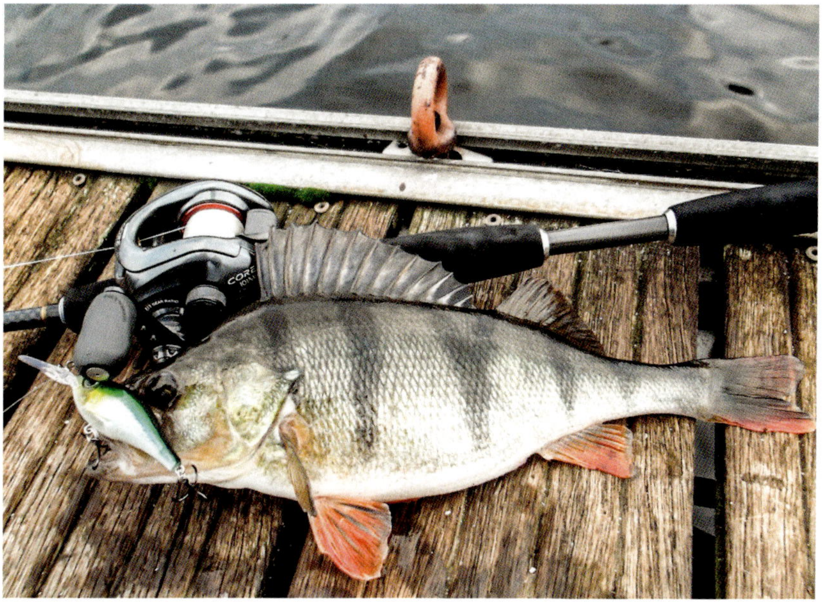

▸▸▸ Von Jochen auf die Planken gelegt: Stegbarsch auf Max Rap Fat Shad.

Diese Negativerfahrungen schrecken so manchen Angler davon ab, teure Wobbler an den Steinen zu servieren. Mit ihren Drillingen haben sie doch noch ein viel größeres Potenzial, sich in den Spalten zwischen den Brocken festzusetzen.

Das Gegenteil ist der Fall. Cranks schicken ja immer erst ihre Tauchschaufel gegen den Stein, die die Haken zusammen mit dem Körper abdeckt. Auch weil die Wobbler durch ihren Auftrieb meistens hochkommen, wenn man die Schnur lockerlässt und den Köder nicht mit Vollgas in die Packung gerammt hat, kann man mit den Wobblern viel komfortabler auf den Steinen herumfuhrwerken als mit Gummis. Tagsüber stehen die Fische oft am Kantenfuß. Jetzt sind Diagonalwürfe die richtige Medizin. Je dunkler es wird, desto näher rücken die Barsche auf die Steine. Am besten ist es dann, den Wobbler fast parallel zum Ufer zu werfen und ganz gemächlich über die Steine zu kurbeln. Schnelle Anhiebe sollte man sich sparen. Hier gilt mehr denn je: Erst durchziehen, wenn die Rute krumm ist. Sonst läuft man Gefahr, den Köder zu versenken bzw. die Schnur am Stein durchzuschlagen.

Cranken an Sand-, Kies- und Muschelbänken

Endlich wird gebounct! Bouncen ist das Pendant zum Bottom-Tapping mit dem Twitchbait. Nur in einer deutlich schnelleren Gangart. Damit der Crankbait über den Grund tackert, braucht man einen Köder, der – um es mal ganz plump auszudrücken – tiefer läuft als es tief ist. Beim Schaben über den Grund wirbelt der Köder Sedimente auf. Er erzeugt Schabegeräusche, bleibt manchmal stecken und wechselt immer mal kurz die Laufrichtung. Bouncen ist eigentlich das, was der US-Crack unter Cranken versteht. Wenn der Köder von einem Hindernis abprallt, gibt's die meisten Bisse. Um Bänke in größeren Wassertiefen abpoltern zu können, benötigt man Cranks mit langen Tauchschaufeln. Wichtig ist auch, dass der Köder seine maximale Tauchtiefe schnell erreicht. Wenn das nicht ausreicht, kann man sich hinknien und die Rutenspitze unter Wasser drücken. Mit dieser als »Kneeling'n'Reeling« bezeichneten Technik schindet man locker einen Meter. Fluorocarbon statt Mono bringt auch nochmal ein bisschen Tiefe. Mit dünner Geflochtener kitzelt man das Maxi-

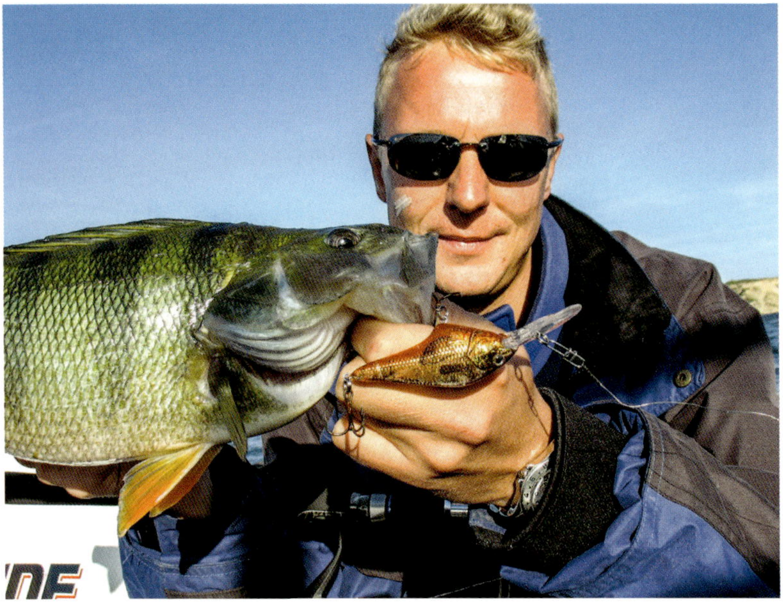

▶▶▶ **Au Backe! David war schon immer Crankbait-Fan. Hier mit einem Boddenbarsch, der Kupfer gut fand.**

mum an Tiefgang heraus. Auf Muschelbänken herrscht erhöhtes Wobblerverlust-Risiko. Wer sich nicht drauf verlassen will, dass der Köder nach einem eventuellen Schnurcut hochkommt, schaltet am besten ein dünnes Stahlvorfach vor.

Vollkontakt-Cranken an Steinen, Baumstämmen, Dalben etc.

Wie bereits erwähnt ist der Moment, in dem der Wobbler gegen ein Hindernis stößt und davon abprallt, auch der Moment, in dem es die meisten Bisse gibt. Spontane Richtungswechsel als Schlüsselreiz. Wann immer wir also ein Hindernis ausmachen, sollten wir den Köder da auch hinschicken. Am besten einen Square Bill-Crank, der eine große Chance hat, heil aus dem Szenario wieder rauszukommen – idealerweise mit einem Barsch am Haken.

Dalben werden in einem Winkel angeworfen, der den Köder zwangsläufig mit dem senkrecht stehenden Rundholz kollidieren lässt. Baumstämme werden überworfen. Anstatt dass man den Wobbler kurz vor dem Holzkontakt abbremst und auftreiben lässt, kurbelt man ihn in der Hoffnung flott durch, dass ein Barsch auf den Köder schießt, sobald er gegen den Stamm schlägt, beziehungsweise dass ein Barsch unter dem Stamm steht und den Köder nimmt, sobald dieser die hölzerne Barriere überwunden hat. Auch wenn große Felsen im Wasser sind, sucht man den Kontakt zum Stein.

Kraut-Cranken

Was jetzt kommt, habe ich aus dem Rheindelta in den Niederlanden. Seit ein paar Jahren angeln viele Hardbait-Barsch-Fans so aber auch am Bodden. Besonders im Sommer spielt sich das Barschangeln hier vermehrt in Flachwasserzonen ab – mitten im Kraut. Wenn ich von Kraut spreche, meine ich nicht die dichten Salat-Matten, sondern dicht beieinanderstehendes Stängelkraut.

Man sollte denken, dass das ein perfektes Einsatzgebiet für Softjerks ist. Doch Softjerks sind angesichts der Dimension dieser Riesen-Gras-Felder einfach zu langsam. Stattdessen angeln die Experten hier mit Crankbaits und fangen dabei dann regelmäßig ordentliche Barsch-Bullen.

Während die meisten Barschangler in Deutschland mit kleinen Crankbaits auf Barsch angeln, verwendet man zum Krautangeln auf Großbarsche nur die dicksten Dinger aus den Katalogen. Bullig müssen sie sein oder zumindest ein hohes Profil haben, damit sie für einen Großbarsch interessant sind. Der bullige Körper deckt auch die Haken ab und bewahrt die Köder davor, zu viel Grünzeug einzusammeln. Am besten sind Modelle mit einer breiten Tauchschaufel (Square Bill Cranks), die viel vom Kraut abhält. Die Wobbler sollten genau so tief laufen, dass sie Kontakt zu den Krautspitzen halten. Flachläufer, die nur über dem Kraut entlang zischen, werden nicht so gern genommen. Sicher fängt man auch an den Krautkanten. Wer aber richtig in die Krautfelder reingeht, fängt besser – auch wenn der Wobbler alle paar Meter stecken bleibt. Die Bisse kommen oft in dem Moment, in dem man die Wobbler mit ein paar heftigen Rucken vom Grünzeug freischlägt. Es ist also elementar wichtig, den Wobbler nicht einzuholen, wenn er Kraut gefangen hat, sondern versuchen, das Kraut vom Köder zu ballern.

Reinrassige Crankbait-Ruten sind ja relativ weich, damit die Fische den auf einer Linie eingekurbelten Köder leichter ansaugen können. Solche Ruten können wir zum Dschungel-Cranken nicht gebrauchen. Wenn sich die Rute schon vom bloßen Einkurbeln eines großen Cranks biegt, fehlt ihr die Power, die man braucht, um den Köder vom Kraut frei zu schlagen. Insofern kommen hier ganz normale (also schnelle und harte) Cast-Ruten aus der MH-Klasse (10–30 Gramm) oder sogar aus der H-Fraktion (bis ca. 40 Gramm) zum Einsatz. Die Power der Rute lässt sich allerdings nur durchsetzen, wenn die Schnur nicht nachgibt. Wenn viele Angler zum Cranken eine Monofile verwenden, mag das fürs Freiwasserangeln oder Bottom-Bouncen gehen. Für diese Disziplin hier

►►► Hacki mit Krautkanone. Man muss nur dran glauben, dann fängt man in dieser Situation mit grobem Geschirr dicke Murmeln.

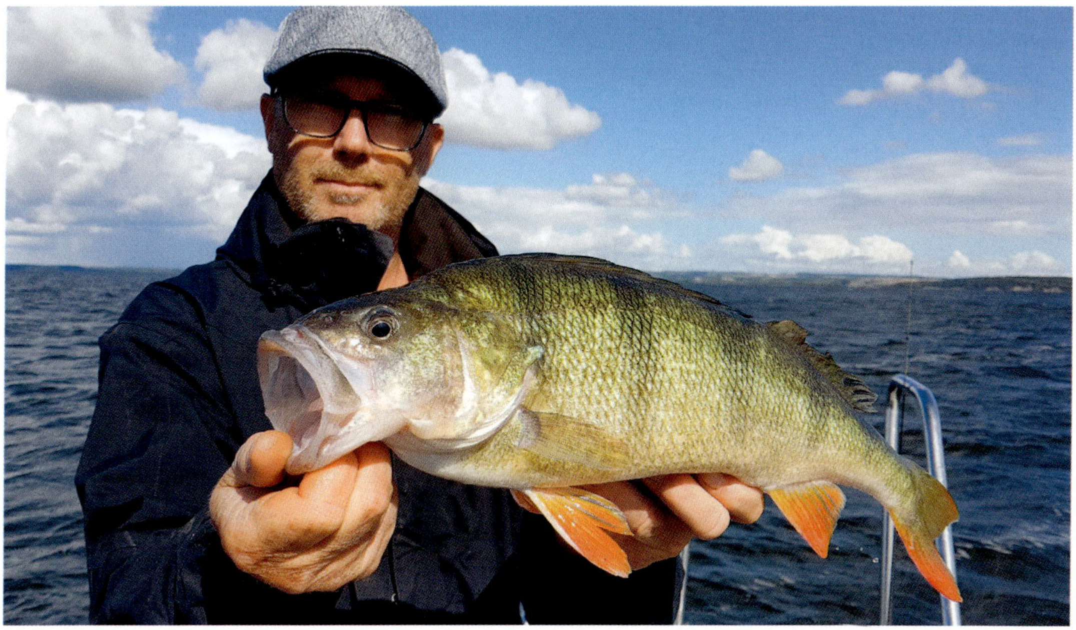

ist das nichts. Wir brauchen ZERO STRETCH! Eine 17er bis 20er rasiert die Halme beim Durchprügeln ab und ist stark genug, die heftigen Belastungen durch die Schläge wegzustecken.

Große Barsche sind nicht umsonst groß geworden. Bei ihnen handelt es sich um vorsichtige Burschen, denen man nicht lange Zeit geben darf, sich den Köder anzuschauen. Deshalb kann man die Köder gar nicht zu schnell durchs Kraut ziehen – zumal sie ja eh immer wieder stecken bleiben. Wer die fünf Kraut-Crank-Regeln berücksichtigt, darf sich auf echte Kracherbisse einstellen. Ein hechtsicheres Vorfach ist natürlich Pflicht. Denn Hechtkontakte sind eher die Regel als die Ausnahme.

» **VIDEO:** Sommerbarsche: Powerfishing mit dem Kugelblitz

» **VIDEO:** Crankbaits: Fette Köder - fette Barsche.

LIPLESS CRANKS: VIBRATION RULEZ!

Lipless Crankbaits sind bei uns noch lange nicht so populär wie in den USA. Dabei kann man die Dinger extrem variantenreich anbieten und mit nur einem Köder so viele Tiefenbereiche absuchen wie mit fast keinem anderen Hardbait. Einem Lipless Crank habe ich auch eines meiner tollsten Barsch-Erlebnisse zu verdanken. Und das lief so:

Zusammen mit meinem köderwahnsinnigen Kumpel Hoffi stehe ich auf dem wabbeligen Boden eines Faltboots. Wir sind auf einem kleinen Waldsee unterwegs und haben die Weichschale am Rande eines Barschbergs geparkt. Nach dem Motto »Nimm Du ihn, ich hab ihn sicher«, liegen unsere beiden Barschkellen im Auto. Naja. Wird schon nicht so schlimm sein. Tatsächlich beißt es auch nicht besonders gut. Und so teste ich ein bisschen meine Köder durch. Ich fische gerade den ersten Wurf mit einem alten Lipless Frenzy und frage mich, ob ich den Firetiger wie aktuell durchkurbeln soll oder ob ich ihn beim nächsten Wurf die Kante hinter segeln lasse, um ihn den Berg hoch zu jiggen.

Wumms. Da schlägt es auch schon ein. Der Connaisseur erkennt sofort: Das ist ein dicker Barsch. Ich hole ihn heran und sehe im glasklaren Wasser einen Super-Brandenburger vor mir. Der hat locker 45 Zentimeter. Im Wasser sieht er fast wie ein Fuffi aus. Genial.

Was ist das? Noch ein paar Schatten darunter? Zack. Tatsache. Und ehe ich meine Gedanken sortieren kann, um die Situation zu erfassen, sprintet doch glatt noch ein zweiter Dickbarsch auf den Köder zu und attackiert ihn sogar. Der will seinen Kollegen um die Beute erleichtern. Und? Bleibt auch noch hängen!

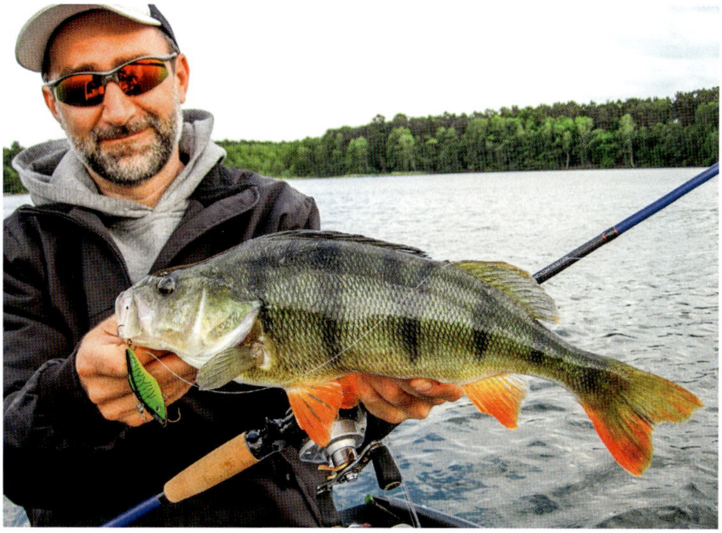

▶▶▶ Das ist einer der beiden Barsche, die den durchgekurbelten Firetiger attackiert haben. Vermutlich war der andere noch viel größer ...

Zwei Ü45er an einem Köder. Das hatte ich bis dato noch nicht. Also vorsichtig ranholen.

»Hoffi, Kescher!« Ach ja. Hatten wir ja vergessen. Und jetzt? Reinheben ist nicht. Zu schwer. Mit jeder Hand einen Barsch landen? Unmöglich. Zu wenig Raum um mich herum in dem kleinen Boot, zu wacklig der Stand. Außerdem gilt es ja noch die Rute zu bedienen. Und da sind ja auch noch zwei Drillinge und viele Stacheln im Spiel.

Und tschüss. Schon ist einer von beiden weg. Das Erlebnis nimmt mir keiner. Aber das Doppelbarsch-Bild hätte das Titelbild dieses Buches sein können. Was lernen wir daraus? Erstens: Niemals ohne Kescher wobbeln. Zweitens: So ein paar Lipless Cranks gehören in jede Hardbait-Box.

Das Lipless Crank-Konzept

Das Prinzip ist einfach, aber genial. Dadurch dass die Öse am Rücken angebracht ist, fungiert der »Vorderrücken« als Tauchschaufel.

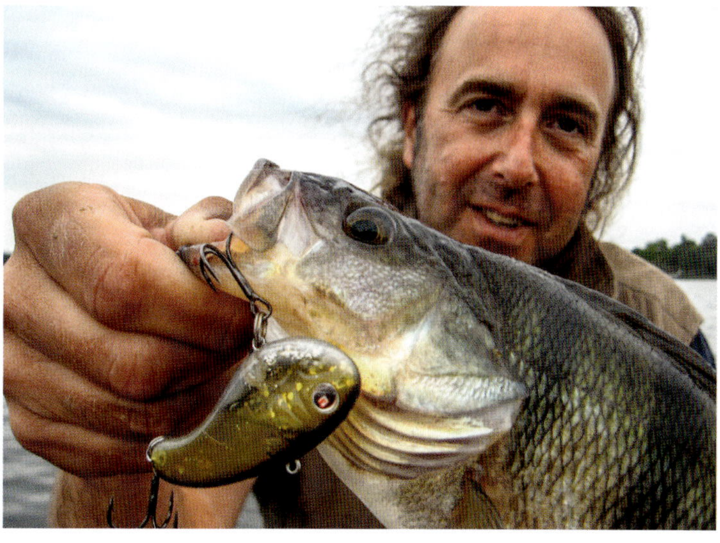

▶▶▶ Weite Würfe. Hektischer Lauf. Viele Barsche. Jochen ist Lipless-Fan.

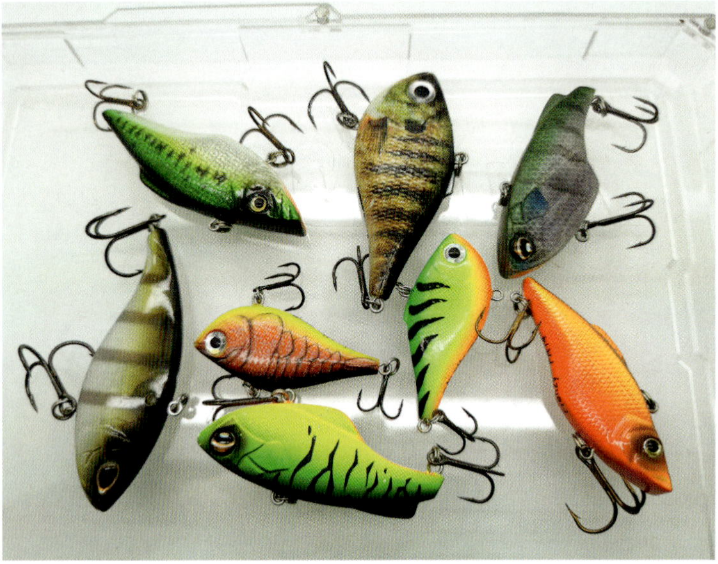

▶▶▶ So richtig setzen sie sich nicht durch in Deutschland. Dabei gibt's so schöne Lipless Cranks.

Beim Einkurbeln neigt sich der Kopf nach unten. Der breite Nacken verdrängt eine Menge Wasser, das an beiden Flanken entlang drückt. Druck und Gegendruck erzeugen eine Instabilität, die zu heftigen Vibrationen führt. Diese Köder sind sehr laufstabil. Sie halten die Spur in jeder Einholgeschwindigkeit.

Fast jeder Hersteller bietet einen dieser Wobbler ohne Tauchschaufel an. Unterschiede gibt's im Profil, der Breite, dem Gewicht und der Lautstärke. Natürlich auch in der Größe. Je schwerer die Köder sind, desto tiefer kann man sie anbieten. Je lauter sie sind, desto fängiger? Muss nicht sein! Zu laut kann auch zu laut sein und die Barsche davon abhalten, den Köder zu attackieren. Deshalb haben manche Designer ihre Lipless Cranks stumm gemacht.

Top-Lipless Cranks

Der Ur-Lipless Crank ist meines Wissens der Rat-L-Trap von Bill Lewis. Der ist auch echt kultig, für den Durchschnittsbarsch mit seinen 10 Zentimetern aber fast ein bisschen groß. Rapala hat auch eine lange Lipless Crank-Tradition. Sehr populär ist in den USA zum Beispiel der Rattlin' Rapala, den es als 5 und 7 Zentimeter langes Model gibt (11 beziehungsweise 16 Gramm schwer). Der 7 Zentimeter lange Rippin' Rap ist mit seinen 24 Gramm deutlich schwerer. Er ist speziell zum Rippen konzipiert worden, eignet sich aber generell zum Angeln im Tiefen. Als Ultra Light Rippin' Rap (4 Zentimeter lang und 5 Gramm leicht) fliegt er für einen kleinen Köder sehr weit und lässt sich auch aggressiv führen. Shimano schickt den Rattlin Sure Vibe ins Rennen. Diese Serie bietet eines der schönsten Barsch-Dekors, das ich kenne. Natürlich gibt's Lipless Cranks auch von Illex. Der TN 60 wiegt bei einer Länge von 6 Zentimetern 12,6 Gramm. Durch einen harten Tungsten-Kopf (»Out Metal System«) gibt's hier eine sehr feine Rückmeldung, wenn der Köder gegen den Grund läuft oder mit Hindernissen kollidiert. Der LV Max500 von Lucky Craft wiegt 23 Gramm bei einer Länge von 7,5 Zentimetern und ist speziell zum Powerfishing gebaut. Um noch ein paar Namen in die Runde zu werfen: Megabass 6th Sense Snatch 70, Duo Realis G-Fix Vibration Tungsten, Damiki Tremor, Fish Arrow Best Vibration, Yo-Zuri 3DB Series Vibe, Berkley Rattl'R, Nories Rattlin' Jetter ...

Lipless Crank-Präsentation

Während es an manchen Tagen darauf ankommt, den Köder möglichst schnell zu bewegen und Reaktionsbisse zu provozieren, kann es an anderen Tagen erfolgreicher sein, wenn man die Geschwindigkeit ganz weit herunterfährt, so dass man das Schlackern des Köders in der Kurbel spürt. Wenn man es nicht besser weiß, beginnt man mit einer mittleren Geschwindigkeit und holt den Köder gleichmäßig ein (»steady retrieve«). Auf diese Art sucht man sehr effektiv große Wasserflächen nach vagabundierenden Barschen ab.

Durch die hervorragenden Laufeigenschaften eignen sich diese Köder aber auch für eine schnellere Gangart (»Burnen«) – eine gute Option für den Sommer. Beim »Sweeping« zieht man die Rute von vorne zur Seite und lässt den Wobbler in kurzen Pausen zur Ruhe kommen, um währenddessen wieder mit der Rutenspitze nach vorne zu wandern und dann von neuem wieder massiv Druck in der Anzugphase aufzubauen.

Viele Angler setzen Lipless Cranks als Gummifisch-Ersatz ein und jiggen die Hardbaits recht aggressiv (»Ripping«), um sie an freier Leine fallen zu lassen. Die Köder können aber auch ganz sensibel gefischt werden. Eine ganz sachte »Lift'n'Fall«-Technik, bei welcher der Köder nur kurz anwackelt, um dann sachte auf dem Grund zu landen, hat schon so manchen müden Barsch überzeugt. Schwere Modelle kann man auch zum Vertikalangeln einsetzen.

Lipless-Crankbait-Situationen

Im Prinzip kann man mit den Lipless Cranks fast alles machen, was man mit »normalen« Cranks anstellt. Wenn man sie fallen lässt, erreichen sie große Tiefen. Wenn man sie aber direkt nach dem Aufprall einkurbelt, hat jeder Lipless Crank eine vorgegebene Lauftiefe, die sich aus Körperform, Ösenposition, Größe und Gewicht ergibt. Dadurch, dass diese Köder aber nun einmal sinken, ergeben sich noch ein paar zusätzliche Optionen für die Hardbait-Angelei im Tiefen und im Mittelwasser. So eignen sich die Lipless Cranks zum Absuchen tiefer Strukturen (Muschelbänke oder Steinfelder) oder weit ins Tiefe führende Abbruchkanten. Zum Lipless Barschbergin' stellt man sich beispielsweise an die Kante des Plateaus und wirft die Köder vom Berg weg ins Tiefe. Mit schweren Modellen wird dann der Grund beackert. Das kann man ganz gemächlich machen, wenn man die Barsche in einem passiven Gemütszustand wähnt. Dazu wird die Rute nur ganz sachte angehoben. Der Köder darf dann an gespannter Schnur zum Grund fallen, so dass er im Stillwasser auf seinen Drillingen landen kann und stehen bleibt.

Wenn man aber denkt, dass man die Fische zum Köder locken muss und wenn sie auch noch rauben, ist ein forsches Ripping angesagt. Dabei reißt man die Rute hoch, so dass der Köder aufheult und massive Druckwellen abstrahlt, bevor er an freier Leine zum Grund zurücktaumeln darf. Wenn sich am Grund nichts tut, wirft man weit ins Tiefe und zählt den Köder bis zum Grund hinunter. Dann wird langsam durchgekurbelt. Zunächst einmal dicht über Grund. Erfolg kein Biss, stoppt man den Sinkflug im nächsten Wurf ein bisschen früher und kurbelt den Köder ein bisschen weiter oben ein. Das kann man so durchexerzieren bis man an der Wasseroberfläche angekommen ist – es sei denn, man hat einen Biss verzeichnet. Dann muss der Köder natürlich beim nächsten Wurf wieder auf die Erfolgstiefe gebracht werden. Das ist Konzentrationssache. Denn nur wer weiß, wo der Erstbarsch im Mittelwasser gebissen hat, wird auch den Zweitbarsch fangen. Nach demselben Prinzip können natürlich alle Kanten und auch das Freiwasser abgefischt werden.

Eine andere Lipless-Spezialität ist das Vertikalangeln. Wenn die Barsche nicht mehr auf

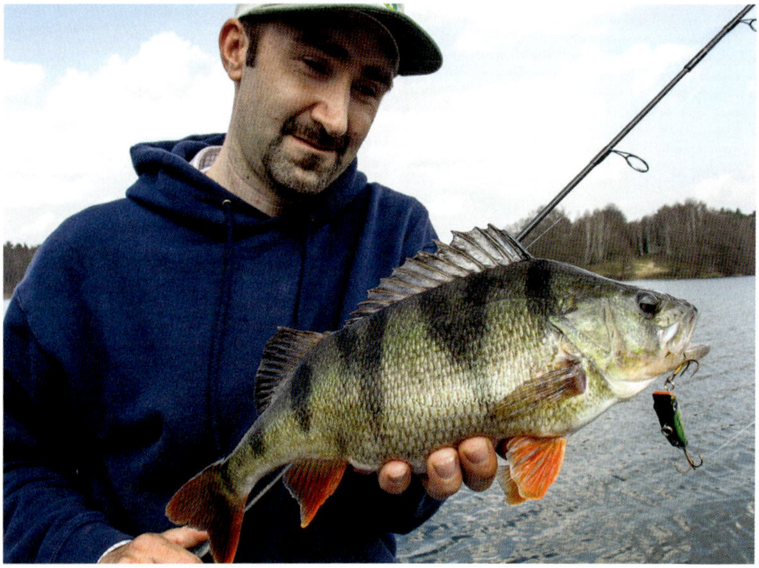

▶▶▶ Der kam auf den ganz langsam gejiggten Vibrationsköder in 6 Metern Wassertiefe.

Gummis beißen, kann so ein mehr oder weniger hart angerissener Hardbait nochmal richtig Stimmung in die Barschbude bringen. Wie man vertikal fischt, muss ich eigentlich nicht erzählen: Zur Suche lässt man sich treiben. Hat man einen Barschschwarm gefunden, wird das Boot abgebremst und der Schwarm entweder vertikal befischt oder – was oft noch besser geht – aus einiger Distanz angeworfen.

Wer mit Lipless Cranks vertikal angeln will, braucht natürlich schwere Modelle, die unten bleiben und einen direkten Köderkontakt ermöglichen. Durch das größere Volumen muss man immer etwas schwerer fischen als mit dem Gummifisch. Andere Lipless-Vertikal-Situationen sind das Abangeln von Stegen oder Spundwänden. Oder auch das Eisangeln.

SINKENDER KLASSIKER: DER COUNTDOWN LÄUFT!

Dies hier ist eine Hommage an den Rapala Countdown, der mir schon so viele Barsche ans Band gespielt hat, dass er hier ein eigenes Kapitel bekommt. Dass es noch andere sinkende Minnows gibt, die auch ihre Fische fangen, versteht sich von selbst. Die coolste Socke unter den Countdown Wobblern ist aber eben der Namensgeber der Köderkategorie höchst selbst.

Zugegeben: In Zeiten, in denen vor allem aus Japan immer realistischere Wobbler zu uns rüberkommen, mutet der seit Jahrzehnten nicht mehr überarbeitete Balsaholz-Wobbler ein bisschen oldschool an. Das macht aber auch seinen Charme aus. Das Countdown-Konzept ist seit seiner Einführung in den 1960er Jahren bei Fischen und Anglern gleichermaßen beliebt. Nicht umsonst zählt der Klassiker noch immer zu den meistverkauften Wobblern weltweit.

Vor allem die 3 und 5 Zentimeter langen Modelle sind im Sommer absolute Knaller-Köder. Es gibt Phasen, in denen ich mit praktisch sicher bin, dass kein Barsch am Platz ist, wenn ich den Countdown durchziehe und keine Bisse bekomme. Das spricht für ein grenzenloses Vertrauen, das dieser Wobbler mit enorm vielen Barschen und vielen tollen Beifängen (in erster Linie Rapfen und ein paar richtig schöne Zander)

▶▶▶ Der Biss kam in dem Moment, als der Wobbler die Kante vom Flachen in die Fahrrinne passierte.

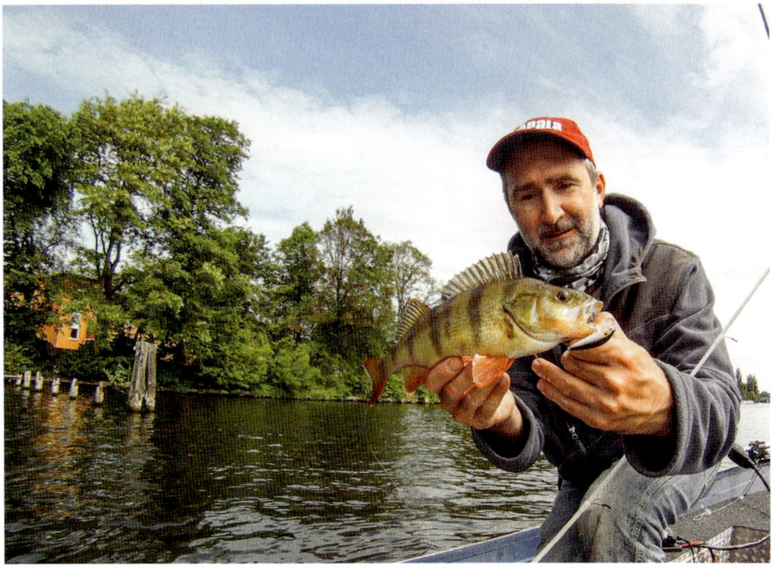

zurückgezahlt hat. Keine Frage: So ein 5-Zentimeter-Countdown in der Farbe S (Silver) gehört in jede Barschangler-Box – mindestens.

Der schrullige Balsa-Oldschooler sieht aus wie ein antiquirter Schwimmwobbler. Im Gegensatz zum Rapala Original Floater ist der Körper aber beschwert, so dass er nicht nur weit fliegt, sondern auch sinkt. Ein weiteres Plus: Dieser kleine Barsch-Rocker ist silent und damit einfach näher dran am Mini-Brutfisch als ein rasselndes Pendant. So ein kleiner Brutfisch ist einfach nicht besonders laut. Dazu hat er zu wenig Kraft. Dass ich dem Countdown ein eigenes Feature widme, liegt aber nicht nur an seiner Fängigkeit, sondern in erster Linie daran, dass das Countdown-Angeln eine eigene Wobbeldisziplin ist.

Das Countdown-Konzept

Wie bereits erwähnt: Im Gegensatz zu den exakt gleich aussehenden Original Floatern sinkt der Countdown. Daher ja auch sein Name. Man kann ihn zu den Fischen herunterzählen. Also: Auswerfen, sinken lassen und auf dem Niveau, auf dem man die Fische vermutet, durchkurbeln. Wenn man tief angeln will, muss man allerdings sehr dünne Schnüre verwenden und darf auch nicht zu schnell kurbeln. Gelegentliche Spinnstops müssen dann auch sein.

Natürlich kann man die Countdowns so sehr tief fischen. Gerade die großen Modelle (7, 9 und 11 Zentimeter). Die kleinen Versionen (2,5 Zentimeter, 3 und 5 Zentimeter) sind dazu meines Erachtens aber nicht gemacht. Mit denen fischt man im Flachwasser (optimal

▶▶▶ Der Klassiker in drei Größen und der klassischen Farbe S.

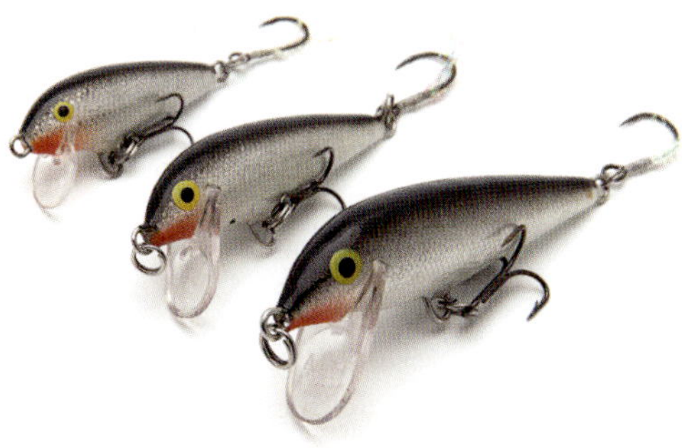

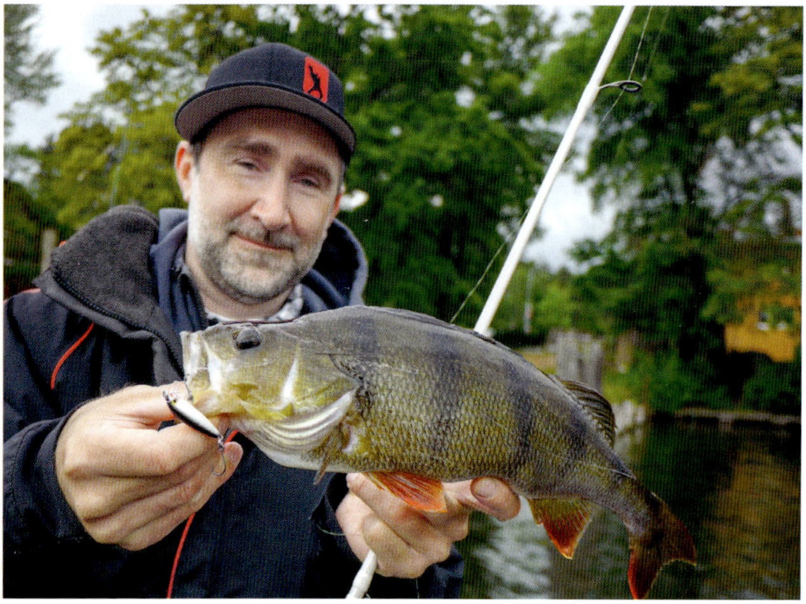

▶▶▶ **Mini-Köder – Maxi-Spreebarsch. Der kleine Hexer wieder mal voll im Geschäft.**

sind Tiefen von 0,5 bis 2,5 Meter) und probiert hier aus, ob die Fische am Grund, im Mittelwasser oder unter der Oberfläche stehen.

Die Countdown-Vorzüge

Neben der variablen Lauftiefe haben die Countdowns noch drei andere Eigenschaften, die den unscheinbaren Klassiker für seine Fans in die Liga der Spitzen-Wobbler hieven: Zum einen ist da das Laufverhalten zu nennen. Wenn man so einen kleinen Balsa-Wobbler durchs Wasser rennen sieht, muss man fast schon ein bisschen schmunzeln. »Agil« ist da kein Ausdruck. Schon die kleinsten Countdowns lassen die Rutenspitze zittern, dass es eine wahre Freude ist.

Mit dem hyperagilen Lauf paart sich ein sensationelles Sinkverhalten, mit dem sich auch so mancher Japan-Wobbler brüstet: Die Countdowns flattern beim Absinken auf ihrer Längsachse, so dass sie auch in den Sinkphasen wie ein lebendiges Fischchen wirken.

Und dann sind selbst die kleinen Versionen auch noch echte Weitenjäger. Obwohl sich während des Wurfes keine Tungsten-Kugeln im Wobblerbauch verlagern, um den Köder einseitig zu beschweren und ihn wie einen Dartpfeil auf sein Ziel zuschießen lassen, fliegen die Countdowns sensationell weit und landen auf dem Punkt genau.

Countdown-Gear

Der 3 Zentimeter lange Countdown wiegt 4 Gramm, der 5 Zentimeter lange Countdown bringt's auf 5 Gramm. Um die beiden Dinger richtig weit werfen zu können, muss man entsprechend auch seine Hardware auf Kleinzeug ausrichten. Ich fische sehr feine Spinnruten mit einem Wurfgewicht von 3 bis 15 Gramm oder sogar von 2 bis 7 Gramm, die sich auch bei leichten Gewichten schön aufladen und die auch genug Saft für einen ordentlichen Rapfen haben. So eine Rute kombiniere ich mit einer 1000er Rolle, auf der eine 0,04er oder 0,06er Nano-braid sitzt, die mir den einen oder anderen Meter Wurfweite herausschindet.

Countdown-Situationen

Ich fische den Countdown sehr gern im Flachwasser, besonders um Seerosen und Stege herum. Bei uns an der Spree fange ich auch sehr gut, wenn ich ihn ganz nah am befestigten Ufer entlangführe. Super ist er auch, wenn man Baumkronen abfischt. Damit er sich nicht in den Ästen verfängt, lässt man ihn nicht fallen, sondern stoppt die Schnur vor dem Aufprall und kurbelt direkt ein. Wenn die Barsche oben in den Ästen sitzen, kommt der Köder nicht weit. Manchmal verfolgen ihn die Fische aber auch ein paar Meter und schlagen dann erst zu.

SINKENDE STICKBAITS: BRINGS STÖCKCHEN!

Wenn mir jemand vor 15 Jahren so einen Stickbait in die Hand gedrückt hätte, um mich aufzufordern, damit ein paar Barsche zu fangen, wäre mir das wahrscheinlich als aussichtsloses Unterfangen erschienen. Die Pionierarbeit für die Stickbaiterei haben diesmal die Hechtangler, allen voran mein Kumpel Jürgen Haese und Uli Beyer geleistet. Hätten die Jungs nicht so großartig abgeräumt mit tauchschaufelbefreiten Ködern, die man durch's Wasser schlägt, hätten uns mal wieder die Amis oder Japaner zeigen müssen, wie man mit Stickbaits auf Barsch angelt. Vor allem dank Jürgens' Berichterstattung in der Fisch & Fang hatte ich aber schon einen ungefähren Plan, als die ersten Barsch-Stöckchen bei uns in die Läden kamen.

Trotzdem tun sich noch viele Angler schwer mit den schlichten Hardbaits. Ist ja auch verständlich. So ein Wobbler ist noch ein bisschen einfacher zu führen. Der fängt auch, wenn man ihn stumpf durchkurbelt. Das funktioniert mit Stickbaits eher selten. Wenn man aber mal erkannt hat, was in einem Stickbait drinsteckt, apportieren die Barsche das Stöckchen brav und artig – wobei natürlich auch das Stickbaiten nicht immer funktioniert. An manchen Tagen sind die Teile aber unschlagbar und für manche Situationen sind sie auch fast alternativlos.

Das Stickbait-Konzept

In diesem Kapitel geht's um die sinkenden Stickbaits. Den schwimmenden wurde ein separates Feature in der Oberflächenköder-Abteilung gewidmet. Sinkende Stickbaits zeichnen sich dadurch aus, dass sie nach dem Auftreffen auf der Wasseroberfläche relativ langsam zum Grund fallen. Die guten Modelle flanken im Sinken. Natürlich hat jedes Modell eine andere Sinkrate. Durch die schnittige Form brechen die Köder aus, wenn man sie anzupft. So ein Stick ändert schnell mal die Richtung, zischt unvorhersehbar nach oben oder unten, bricht mal nach rechts mal nach links aus. Dazu kommen noch hervorragende Wurfeigenschaften.

Top-Stickbaits

Wie gesagt, die guten Modelle flanken beim Absinken. Ich habe nicht so viele Sticks ausprobiert. Ich kann aber sagen, dass der Stick Shad von Sébile sehr gut funktioniert. Während meiner Zeit als Pure Fishing-Teamangler war der 72er nur in einer Farbe bei uns erhältlich. Schade eigentlich, weil ich mit den Testködern, die mir Patrick Sébile gegeben hatte, sehr gut gefangen habe, vornehmlich mit den ölgefüllten Glitter-Versionen.

Der erste sinkende Stickbait, mit dem ich in Kontakt kam, war der Water Monitor von Illex. An dieser Stelle möchte ich der Firma mal zur Namensgebung gratulieren. Selten beschreiben Ködernamen die Kernfunktion präziser. Der Flutter Stick Mad Flash von Storm bringt seine Funktionalität auch sauber auf den Punkt, braucht dazu aber vier Worte. Dafür läuft er umso schöner. Und es gab auch mal drei Größen (4, 7 und 10 Zentimeter). Leider hat er sich nicht so gut verkauft (ihr unterschätzt diese Köder!) und ist so nur noch in Restbeständen in den

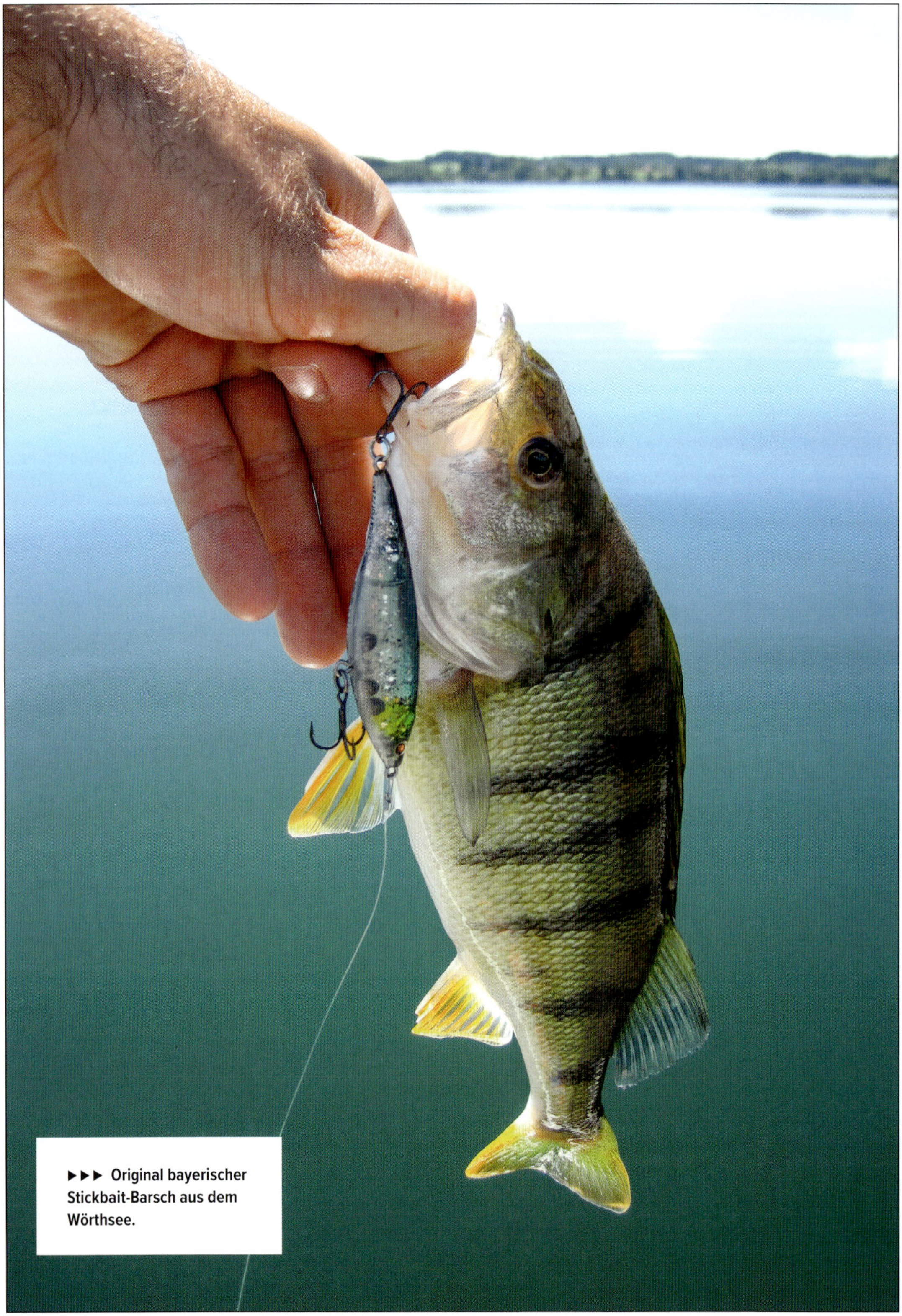

▶▶▶ Original bayerischer Stickbait-Barsch aus dem Wörthsee.

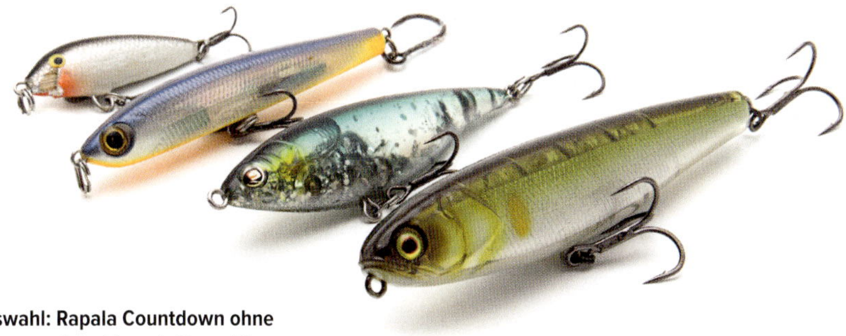

▶▶▶ Eine kleine Auswahl: Rapala Countdown ohne Schaufel (den muss man noch lackieren), Storm Flutterstick, Sébile Stick Shadd und Illex Water Monitor.

Angelläden. Womöglich findet ihr ihn auf den Resterampen. Sofort zuschlagen! Ein anderer Stickbait ist vor allem den meerforellenaffinen Barschexperten bekannt: der Spöket von Falkfish. Auch von diesem Köder weiß ich, dass er schon große Barsche gefangen hat. Wenn eine extrem langsame Fallgeschwindigkeit gefragt ist und ein großer Beutefisch imitiert werden soll, ist der 9 Zentimeter lange Subwalk von Rapala eine gute Wahl. Wer einen ganz kleinen Super-Finesse-Stick sucht und zufällig einen Rapala Original Countdown ohne Tauchschaufel in der Box liegen hat, in der die verunfallten Köder liegen, kann diesen sofort reaktivieren.

Köderführung Stickbaits

Die langsame Fallgeschwindigkeit macht diesen Ködertyp zu einem der vielseitigsten Köder überhaupt, weil man ihn sowohl im Oberflächenfilm als auch im Mittelwasser oder weiter unten anbieten kann.

Weil ein sinkender Stick auf seiner Längsachse wobbelt, wenn man ihn einfach fallen lässt, ist die Count-Down-Methode besonders erfolgreich. Hier zählt man die Sekunden mit, die der Köder braucht, bis er in der gewünschten Tiefe angekommen ist. Wenn Barsche da unten lauern, kommen die ersten Attacken schon in der ersten Absinkphase. Wenn nicht, zupft man den Stick mal regelmäßig, mal unregelmäßig aber immer wieder mit Spinnstops zu sich heran.

Im Sommer empfehle ich eine relativ hektische Führung mit ein paar aggressiven Zupfern hintereinander und langen Fallphasen. Die unkontrollierten Fluchtbewegungen sind im warmen Wasser meistens effektiver, als wenn ein Köder ganz regelmäßig läuft. Man kann Stickbaits aber auch ganz defensiv führen und über den Grund faulenzen. Eine andere Technik nennt sich »Pulls'n'Pauses«. Dabei zieht man den Stickbait mit einem kräftigen Seitwärtszug an, um ihn zu beschleunigen. In der folgenden Pause trudelt er dann wieder auf die Ausgangshöhe zurück. Wenn die Barsche an der Oberfläche aufschlagen, führt man das Barsch-Stöckchen im Oberflächenfilm mit regelmäßigen Jerks, denen eine kurze Sinkphase folgt.

Stickbait-Szenarios

Stickbaits sind ziemlich universell einsetzbar. Man kann so ziemlich alle Gewässertiefen mit ihnen befischen und so ist es ziemlich sinnfrei beziehungsweise auch unmöglich, hier alle Situationen aufzuzählen, in denen man das Stöckchen nach den Barschen auswirft. Sie fangen im Freiwasser ganz flach. Hier ein Beispiel für eine

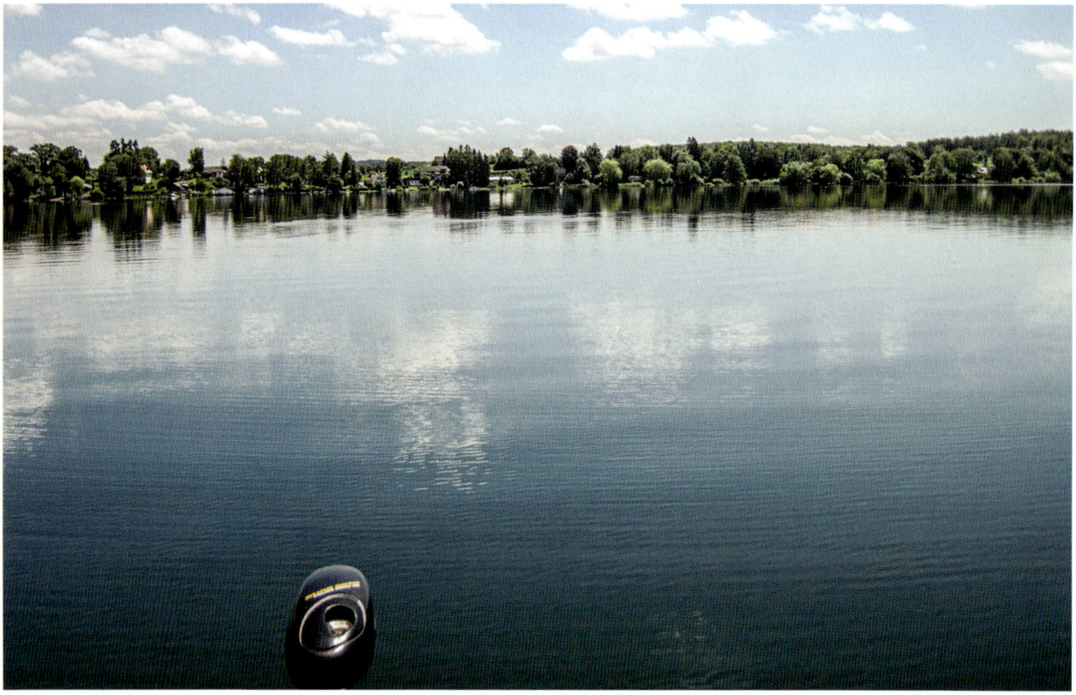

▶ ▶ ▶ **Nur schwer zu erkennen, aber da hinten raubt's! Also durchladen und abfeuern, den Stick.**

Premium-Stickbait-Situation: Im Juni 2013 war ich drei Tage lang zum Renkenfischen am Wörthsee eingeladen, hatte aber eine Barschflitsche dabei, weil mir bedeutet wurde, dass es hier auch richtig schöne Barsche gibt. Die sah man dann auch immer mal rauben. Sie tauchten urplötzlich auf. Mitten im Freiwasser über großen Wassertiefen. Nach ein paar Sekunden oder wenigen Minuten waren sie aber auch schon wieder weg.

Ein gezieltes Beangeln war also nicht möglich. Da musste alles passen. Vor allem aber musste die Rute mit einem Weitwurfköder geladen sein. Am ersten Tag kamen mein Gastgeber Walter und ich zwei Mal zu spät. Aber an den folgenden beiden Tagen waren wir präpariert. Und obwohl der Fokus ganz klar auf Renke lag und das auch ganz genial gelaufen ist, war es eine Barsch-Sequenz im Freiwasser, die der Bayern-Exkursion das Sahnehäubchen aufgesetzt hat.

Es war am Montag bei brütender Hitze, Windstille und blauweißem Himmel. Wir waren auf der Suche nach den Renken, die es an diesem Tag nicht so richtig ballen wollten. Nachdem im Bereich zwischen 12 und 20 Metern nix los war, wollten wir mal ganz ins Tiefe schauen. Unser Blick hängt am Echolot. Gleichzeitig schauen wir hoch. Da war doch was. Und tatsächlich: 50 bis 100 Meter von uns entfernt rauben Barsche.

Jetzt heißt es Gas geben und einen passenden Köder einklinken. Walter wählt einen 4er Easy Shiner, ich entscheide mich für einen Stickbait. Als wir die Stelle erreichen, sind die Barsche schon wieder abgetaucht. Mist. Walter wirft trotzdem mal ins verkrisselte Wasser und bekommt einen Fehlbiss auf etwa 3 Metern Tiefe. Dann fängt es ein paar Meter weiter wieder an zu rauben. Ich lade voll durch und treffe auch dank der Flugeigenschaften meines Köders voll in den wütenden

Pulk. Zwei kurze Twitches. Absacken lassen. Noch ein Twitch. Pause. Biss. Hängt. Kein Schlechter!

Im Gefolge war eine Wand aus Barsch zu sehen. Viele kleine und mittlere Fische. Darunter aber auch ein paar richtig große Eumel. Als sie das Boot sehen, drehen sie ab. Ob der Spuk nun vorbei ist? Wir schauen auf die Wasseroberfläche mit durchgeladenen Ruten im Anschlag. Da! 70 Meter weiter gibt's wieder kleine Detonationen an der Wasseroberfläche. Annähern. Durchladen. Schuss. Twitch. Twitch. Pause. Twitch. Pause. Biss. Sitzt. Diesmal ein kleinerer. Auch diesmal folgt der Schwarm bis kurz vors Boot, um dann das Weite zu suchen.

Walters 5-Incher verzeichnet bis jetzt nur Fehlattacken. Aber er bekommt die nächste Chance. Die Barsche rauben jetzt direkt in Wurfweite. Kaum ist der Köder durch die Kleinbarsch-Fraktion durchgesunken, haut er an. Und dann ist die Latte krumm. Mein Angebot an die hungrige Meute bleibt diesmal unbeantwortet. Im glasklaren Wasser sieht man Walters' schönen Fisch 4 oder 5 Meter unter uns den Kopf schütteln.

»Johannes. Da ist noch ein dickerer dabei, der sich das alles anschaut!«

»Ich seh's!«

Mein Stick wackelt schon hinunter und hat das Level von Walters' Barsch erreicht.

»Der Dicke kommt! Schnapp zu!«

Tut er nicht. Er dreht ab. Ein kurzer Twitch lässt ihn umdrehen und den Köder genauer inspizieren. Aus etwa 10 Zentimetern Entfernung. Er dreht nochmal ab.

»Er will nicht! Die Ratte!«

Twitch. Und dann geht's ganz schnell. Eine Umdrehung. Ein Aufreißen des Mauls und dann hängt er.

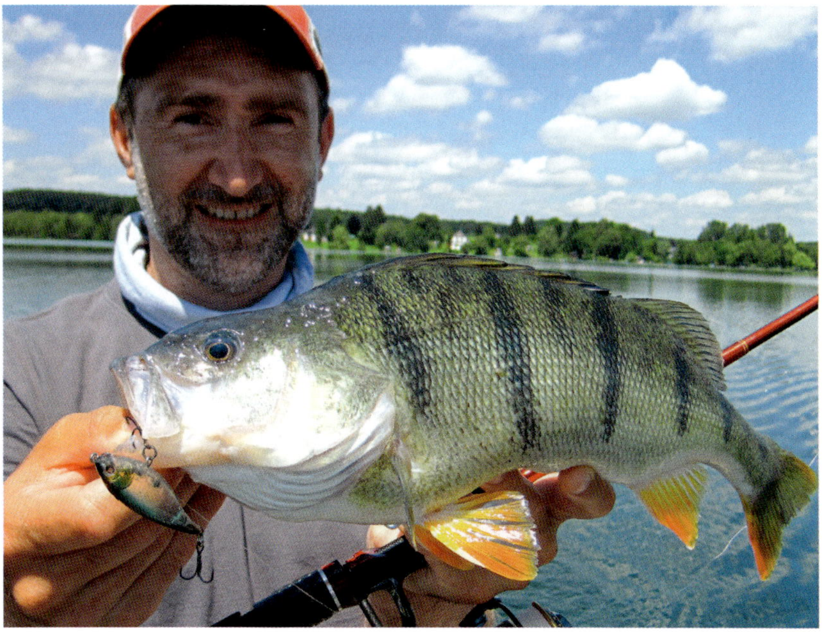

▸▸▸ Da ist er, der Wörthsee-Dickbarsch. Wenn man Fische auf Sicht fangen kann, ist das natürlich das Größte.

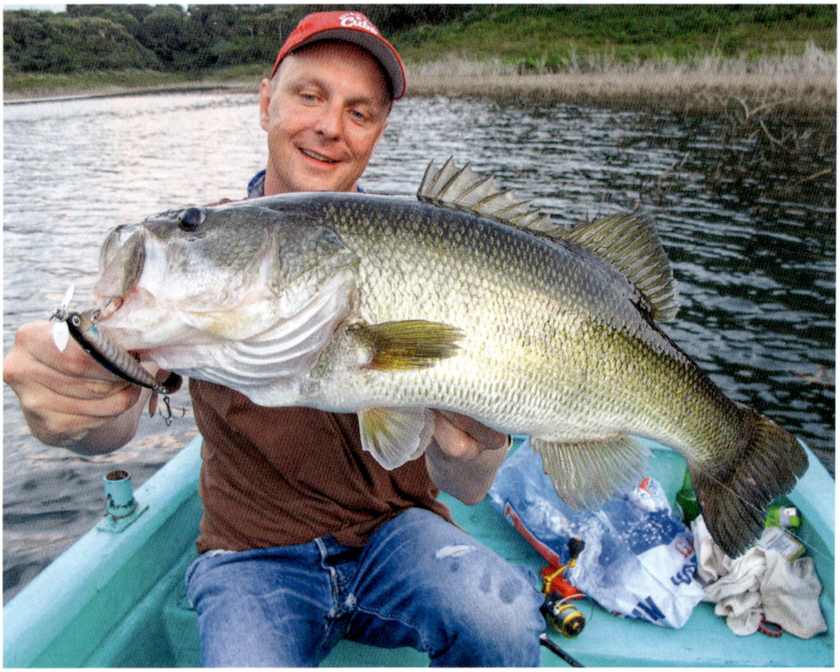

▶▶▶ **Barschbuch goes Kuba: David mit einem fetten Spybait-Bass, den er vor den Schilfhalmen herausgedreht hat.**

SPYBAITS: DER SPION, DEN SIE LIEBEN?!

Ein Trend, der den Autor hier ein bisschen auf dem falschen Fuß erwischt hat, ist das Thema »Spybaiting«. Obwohl das Köderkonzept so neu auch wieder nicht ist, hatte ich die mit zwei Propellern ausgestatteten Hardbaits bis kurz vor Abgabetermin nicht wirklich auf dem Radar. Weil ich aber glaube, dass diese Köder hierzulande irgendwann doch noch populär werden könnten, als sie es im Moment sind, möchte ich das Thema zumindest kurz anreißen.

Der Verdacht, dass wir bald alle auch ein paar Spybaits in der Box haben, basiert auf taufrischen Erfahrungen meiner Kumpels David und Veit, die gerade von einem Schwarzbarsch-Trip auf Kuba zurückgekommen sind und dort besonders gut auf Spybaits gefangen haben. Da die meisten Schwarzbarsch-Konzepte auch auf Flussbarsch ziehen, gehe ich davon aus, dass wir ihre Erfahrungen übertragen können.

Ich betone aber, dass ich mich hier auf die Schilderungen Dritter und Internet-Recherchen berufe. Allerdings kann es gut sein, dass demnächst mal ein Artikel in der Fisch & Fang oder auf barschalarm.de erscheint, in dem ich von meinen ersten Spybait-Barschen erzähle. Dieser Ködertyp ist vielversprechend und die Angelei sehr sensibel. Und angeblich fängt man mit diesen Ködern genau die großen Fische, die sonst nichts mehr nehmen. Klingt gut, oder? Ein kleines Spybait-Sortiment habe ich jedenfalls inzwischen bei mir herumliegen. Ich bin sehr gespannt auf diese Angelei und noch mehr auf die Fangergebnisse.

Das Spybait-Konzept

Warum heißt ein Spybait »Spybait«? Ein »Spy« ist ein Spion, ein »Spybait«, also ein Spionage-Köder. In Japan nennt man die Technik »technique oft the silent capture«, also »Technik des leisen Fangens«. Mit diesen Ködern schleicht man sich also an die Fische heran. Wie ein Spion mischt sich der Hardbait unters Fischvolk, um sich so lange unauffällig zu verhalten, bis ein Räuber zuschlägt. Ein Spybait imitiert also keinen verwundeten Fisch, sondern einen kerngesunden. Entwickelt wurden diese Köder von japanischen Angelprofis und den angeschlossenen Köderdesignern, um vom Angeldruck verprellte Schwarzbarsche mit einer extrem subtilen Herangehensweise und extrem natürlichen Ködern doch noch an den Haken zu bekommen.

Spybaits sind langsam sinkende Minnows ohne Tauchschaufel, an denen vorne und hinten ein Propeller vor dem Drilling hängt. Beim langsamen Einkurbeln drehen sich die Blätter und senden feine Druckwellen und Lichtreflexe aus. Der Wobblerkörper neigt sich von einer Seite auf die andere. Dadurch blitzen die Flanken ein bisschen auf. Wenn man den Köder fallen lässt, flattern gute Spybaits so wie es gute sinkende Stickbaits machen.

Top-Spybaits

Eigene Erfahrungen kann ich hier noch nicht in die Waagschale werfen. Veit und David haben sehr gut mit den Tiemco Stealth Peppers gefangen. Die Firma Duo war auch ganz vorne mit dabei, als es galt, die Spybait-Technik mit einem Highend-Köder zu pushen. Der heißt (G-Fix) Spinbait. Von Megabass kommt der X-Plose. Das Modell von Lucky Craft heißt Screw Pointer. Jackall nennt seinen Spybait iProp. Die üblichen Verdächtigen sind also mit einem Spybait am Start. Auch diese Tatsache sollte als Indiz dafür taugen, dass wir bald mehr von diesen Ködern hören.

Köderführung Spybaits

Das Spybaiting ist eine Finesse-Technik. Die Köder wiegen nicht viel. So ein 7 Zentimeter langer Stealth Pepper von Tiemco bringt gerade mal 5 Gramm auf die Waage, der Fast Sinker 6 Gramm. Dieses Gewicht muss ausreichen, den Köder auf Tiefe zu bringen und dann muss er allem nach oben drückenden Wasserwiderstand zum Trotz auch da unten bleiben. Das kann nur bedeuten, dass man diese Köder extrem langsam führen muss.

Das bestätigten mir auch Veit und David, die sagen, dass die ultralangsame Angelei eine riesige Herausforderung darstellt. Man will eigentlich ständig schneller kurbeln. Darf man aber nicht. Natürlich sollte man diese Köder auch mal fallen lassen, um das Flattern im Sinkflug zur Geltung zu bringen. Viele Bisse kommen anscheinend auch beim Spinnstop.

▸▸▸ Sieht schon cool aus, so ein Spybait. Hier der Stealth Pepper 70S von Tiemco.

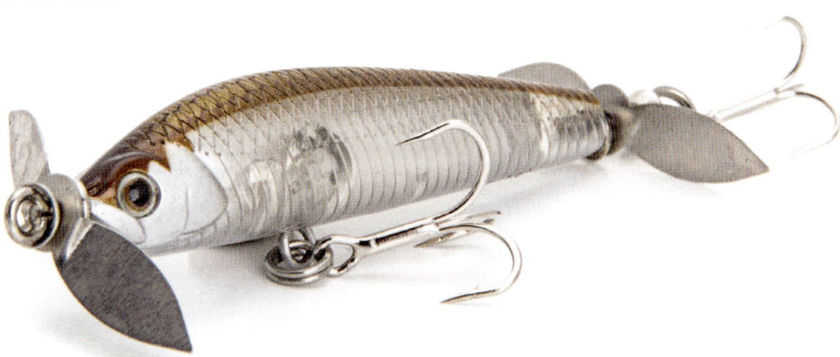

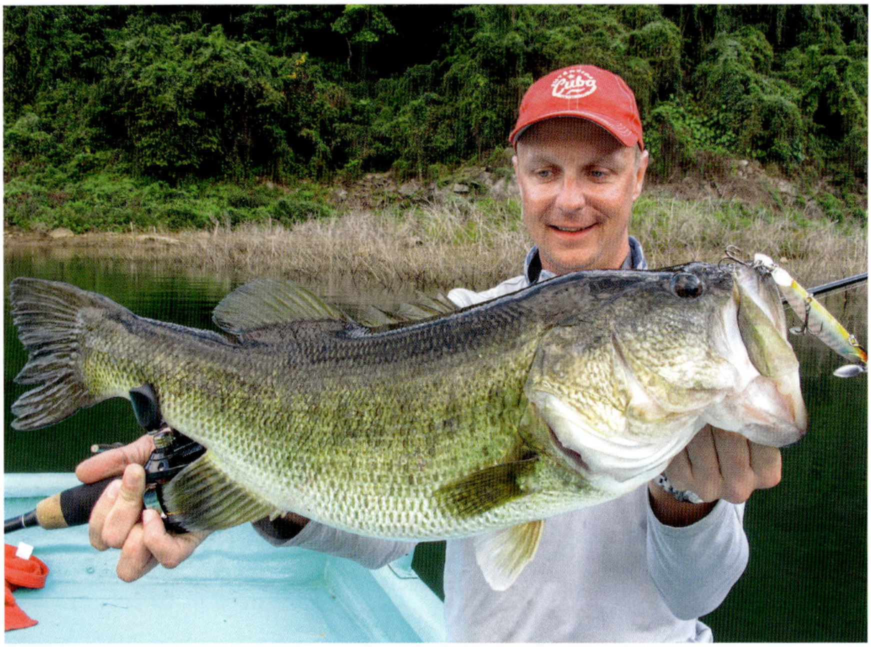

▶▶▶ Nochmal eineinhalb Kubaner. Diesmal war der gelbe Spybait erfolgreich.

Das Spybaiting wird in amerikanischen und japanischen Youtube-Clips als Technik beschrieben, um »suspended bass« zu fangen, also Schwarzbarsche, die sich um irgendwelche Strukturen herum im freien Wasser aufhalten.

Sehr zu empfehlen ist die Technik, wenn man Futterfischschwärme gefunden hat. Dann muss der Köder auf Höhe der Kleinfische laufen. David und Veit haben viele Bass aus Baumkronen herausgekitzelt, indem sie den Köder an die Äste geworfen und dann direkt unter der Oberfläche eingekurbelt haben. Das funktioniert natürlich nur, wenn man die Schnur schon im Wurf streckt und den Köder dann mit dem Auftreffen einholen kann. Sonst sinkt der Spybait ab und hängt in den Ästen.

Spybait-Gear

Dicke Schnur drückt die Köder nach oben. Insofern ist auch bei dieser Finesse-Technik feinstes Material angesagt. Dünne Geflochtene also. Oder dünnes Fluorocarbon. Dadurch, dass FC sinkt, kann man die leichten Köder ein bisschen tiefer führen. Die Amis nehmen Schnüre mit einer Tragkraft von 2 bis 3 Kilogramm.

Derart feine Leinen setzen sensibles Gerät voraus. Manche Profis empfehlen sogar Glasfaserruten. In jedem Fall darf die Rute nicht zu steif sein. Sie muss Bisse und Fluchten sofort abfedern. Die Bremse der Rolle muss sofort anlaufen.

Soweit zur Theorie. Wie gesagt: Erste Praxisberichte folgen bald.

»ABRÜSTUNG« AUF EINZELHAKEN

Wenn man einen Barschschwarm gestellt hat, bringen Twitch- und Crankbaits manchmal einen Fisch nach dem anderen ans Band. Selektiv sind die relativ kleinen Hardbaits natürlich nicht. Weil ich Schusshechte oder Minibarsche schnell vom Haken lösen will, habe ich mich dazu entschlossen, die Enddrillinge von meinen Kleinwobblern abzuschrauben und auf Einzelhaken umzurüsten.

Diese ermöglichen nicht nur ein schnelleres Abhaken, sondern verringern auch die Gefahr, dass man beim Landen oder Lösen selber mal am Haken hängen bleibt. Und die Fehlbissquote ist in der Praxis weit weniger hoch als man als Theoretiker denkt. Die meisten Bauchdrillinge habe ich übrigens von den Widerhaken befreit. Das halte ich ebenfalls für eine gute Maßnahme. Aber eins nach dem anderen.

Wenn irgendwann mal alle Barschangler vom Enddrilling weg sind, haben wir für die Barsche und Hechte schon viel erreicht. Außerdem sind die soliden Einzelhaken auch stabiler als so mancher dünndrahtige Drilling.

Abrüstungstipps

Der Hakentausch ist bei kleinen Ködern eine ziemlich fummelige Angelegenheit. Ohne eine feine Sprengringzange wird man verrückt dabei (ich empfehle die Zange von Stonfo). Bei Mini-Sprengringen hilft manchmal sogar nur ein Seitenschneider.

Wer alte Ringe knackt, braucht natürlich ein paar neue Sprengringe. Ein Schaumkissen für die ausgewechselten Drillinge zur Aufbewahrung derselben macht sich auch nicht schlecht. Und dann benötigt man natürlich Einzelhaken mit einem entsprechend großem Öhr.

Weil ein nach oben ausgerichteter Haken weniger Kraut einsammeln kann, ist es besser, wenn der hintere Hakenbogen nach oben zeigt.

Ein kleiner Trick: Wer es sich nicht schwerer als nötig machen will, dreht immer nur einmal an dem Ring. Man kann gleichzeitig den Sprengring in die Öse drehen und den Drilling in den Ring zwirbeln. Man kann auch gleichzeitig einen Haken raus- und einen neuen in den Sprengring reindrehen.

▶▶▶ **Kein Hakenstress! Weder für den Barsch noch für den Angler.**

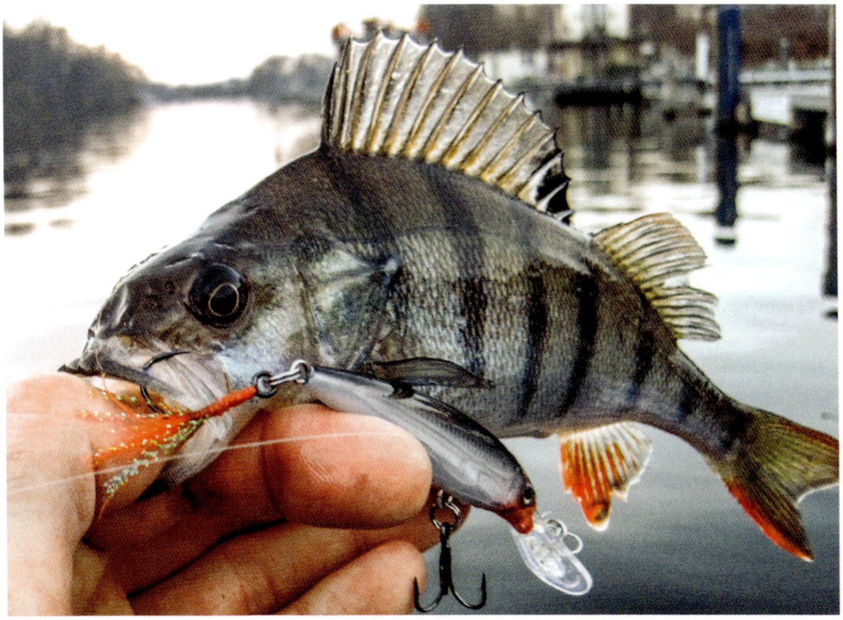

▶▶▶ **Ich spiele gern mit den Farben der Austauschhaken, weil ich wirklich das Gefühl habe, dass an manchen Tagen ein bunter Endhaken besser fängt als ein weißer und umgekehrt …**

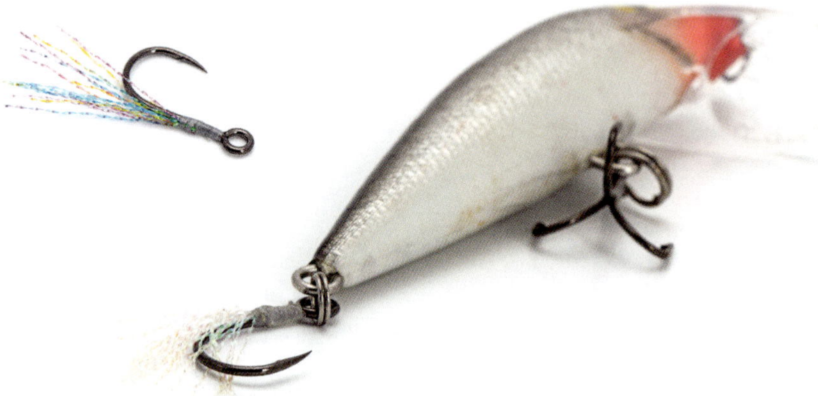

Natürlich wiegt ein Einzelhaken weniger als ein Drilling. Deshalb verändert sich auch das Schwimmverhalten des Wobblers ein klein wenig. Aus langsam sinkenden Ködern werden ultralangsam sinkende Wobbler oder gar Suspender. Und Suspender treiben minimal auf, während Schwimmwobbler noch etwas mehr Auftrieb erhalten. Meistens hat das aber kaum Auswirkungen auf das Beißverhalten, da man eh schneller angelt, als dass ein minimal stärkerer Auftrieb zu Buche schlagen kann.

Eine Ausnahme ist das ultralangsame Suspendern im Winter. Hier kann man sich aber ganz einfach helfen und ein kleines Schrotblei platt klopfen, um es mit Epoxid-Harz so an den Bauch zu kleben, dass der Wobbler in der Twitchpause horizontal im Wasser steht. Auch um den Haken gewickelter Bleidraht sorgt dafür, dass der »natürliche« Auftrieb eines Wobblers erhalten bleibt.

ANGELHAKEN-TUNING – WIE MAN BLANKE HAKEN »FEDERT«

Fast alle meine Einzelhaken sind mit ein paar Glitterfäden (Crystal Flash aus der Fliegenbindeabteilung) bestückt. Das verleiht jedem Wobbler einen individuellen Feinschliff und hilft dabei, die Aufmerksamkeit auf den Endhaken zu richten. Ich glaube fest daran, dass diese Maßnahme einen Hardbait interessanter für die Barsche macht. Wie beim Stahlvorfach-Basteln gilt es aber auch hier erst ein bisschen zu investieren, bevor man richtig loslegen kann. Bedeutet in diesem Fall, dass man sich einen Bindestock, ein Dekomaterial, Wickelgarn und Lack kaufen muss.

Wenn man das Gewicht ausgleichen will, das man bei der Umstellung vom Drilling auf den Einzelhaken verliert, kann man sich Bleidraht oder

Kupferdraht kaufen, der dann unter die Grundwicklung um den Haken gedreht wird, wobei ich Slow Floater auch gut finde und meistens auf den Draht verzichte. Der erste Versuch hat mich allerdings ein paar Nerven gekostet. Vor allem der Abschlussknoten mit diesem Teufelswerkzeug namens Whip Finisher gestaltete sich schwierig. Es sieht so einfach aus, erfordert aber ein bisschen Geschick und Mitdenken. Das hat man aber bald drauf und dann braucht man für so einen Haken keine drei Minuten.

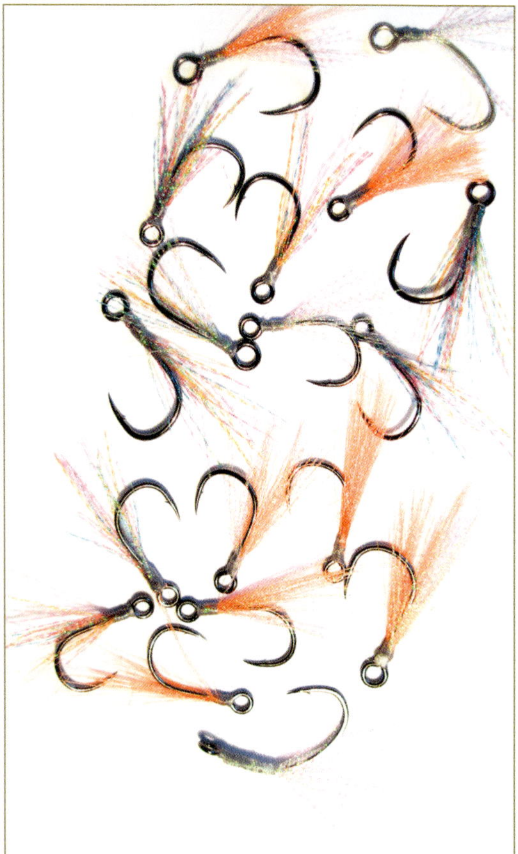

▶▶▶ Ich tune meine Einzelhaken mit Crystal Flash. Eine Fleißarbeit, die sich lohnt.

Die einzelnen Schritte:

★ Faden anlegen und Grundwicklung erstellen

★ Je nach Lametta-Stärke und Hakengröße 6 bis 12 Glitterfäden auflegen und über das Öhr herausstehen lassen

★ So abmessen, dass der Faden bei halber Länge noch etwas über den Haken herausschaut

★ Glitterfaden anlegen, mittig anbinden und Richtung Hakenbogen wickeln

★ Den hinteren Strang (der übers Öhr hinaus steht) der Glitterfäden umlegen und nach vorne wickeln

★ Abschlussknoten mit dem Whip Finisher oder halben Schlägen legen

★ Lack drüber, fertig

▶▶▶ Einen Bindestock braucht man meines Erachtens auch als Spinnangler.

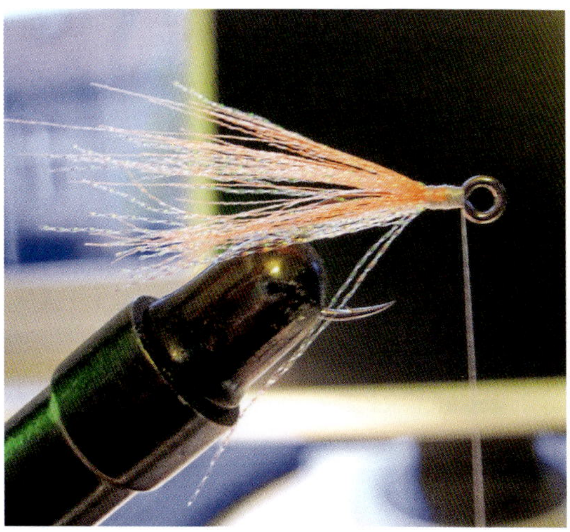

Dass man auch Spinner, Blinker, Cicaden, Jig-Spinner und so weiter abrüsten kann, versteht sich ja von selbst. Bei Twitchbaits, wo man mit Drillingen viele Fische auch von außen schratzt, halte ich diese Maßnahme für besonders angesagt.

TOPWATERN

Die meisten Spinnangler sind sich einig: Das Angeln mit Oberflächenködern ist das Tüpfelchen auf dem i, die Oberüberdisziplin. Nicht weil es so schwer ist, einen Fisch an die Oberfläche zu locken, sondern weil die Bisse auf einen Oberflächenköder jedes Mal aufs Neue Adrenalinausstöße produzieren.

Mit dem Einstieg tun sich viele Leute allerdings schwer. Man braucht schon ein bisschen Vertrauen in den Köder und vor allem in den Fisch, um so ausdauernd mit einem Popper oder Stickbait zu angeln, wie man das mit einem Gummifisch oder Wobbler tut. Die gute Nachricht für die Leser dieses Buches: Der Barsch macht da prima mit. Neben dem Rapfen gibt's wohl keinen Fisch in unseren Gewässern, der so gern auf Toppies losgeht.

FINESSE-STICKS: TOPWATERN LIGHT

Urlaub in Schleswig-Holstein. Ich komme an den Steg und steige in mein Boot. Mein Blick schweift übers Wasser – auf der Suche nach einem diffusen Gewusel, das auf die Distanz aussieht wie ein Mückenschwarm, der über der Oberfläche tobt. Sobald man näherkommt, erkennt man die Möwen. Noch ein wenig dichter dran, steigt einem der Geruch von Gurke in die Nase.

Bingo! Eine Barsch-Bonanza: Über 15 bis 20 Metern Wassertiefe drücken die Barsche die Stinte an die Oberfläche und lassen sich von den Seeschwalben assistieren, die mit ihren Angriffen von oben für Chaos sorgen und immer wieder Einzelstinte aus den schwer zu fassenden Wolken isolieren.

Ich bin schon ein paar Tage hier und habe so ziemlich alle meiner 963 Köder aus der Urlaubsbox ausprobiert. Die Erkenntnis: Die Fische fressen hier sehr selektiv. Wenn man kein Stint- oder Barsch-Imitat montiert, hat man so gut wie keine Chance auf einen Biss. Im Prinzip habe ich nur mit drei Ködern gut gefangen: Einem überbleiten 10 Zentimeter-No-Action-Shad in Barschfarbe, den ich unter den Stintschwärmen durchs Freiwasser gehibbelt habe. Einem 5 Zentimeter-No-Action-Shad in der Farbe Smelt, den ich zwischen den Stinten geführt habe und auch mal durch den Schwarm sinken ließ. Und – jetzt sind wir beim Thema – einem kleinen Stickbait, der alles andere in Grund und Boden geangelt hat, wenn die Barsche geraubt haben.

Die ultraleichte Stickbaitangelei mit kleinen Ködern und feinen Ruten ist eine der schönsten und auch erfolgreichsten Angelmethoden auf oberflächenaktive Barsche. Was ich in Schleswig-Holstein bis zum Exzess betrieben habe, lässt

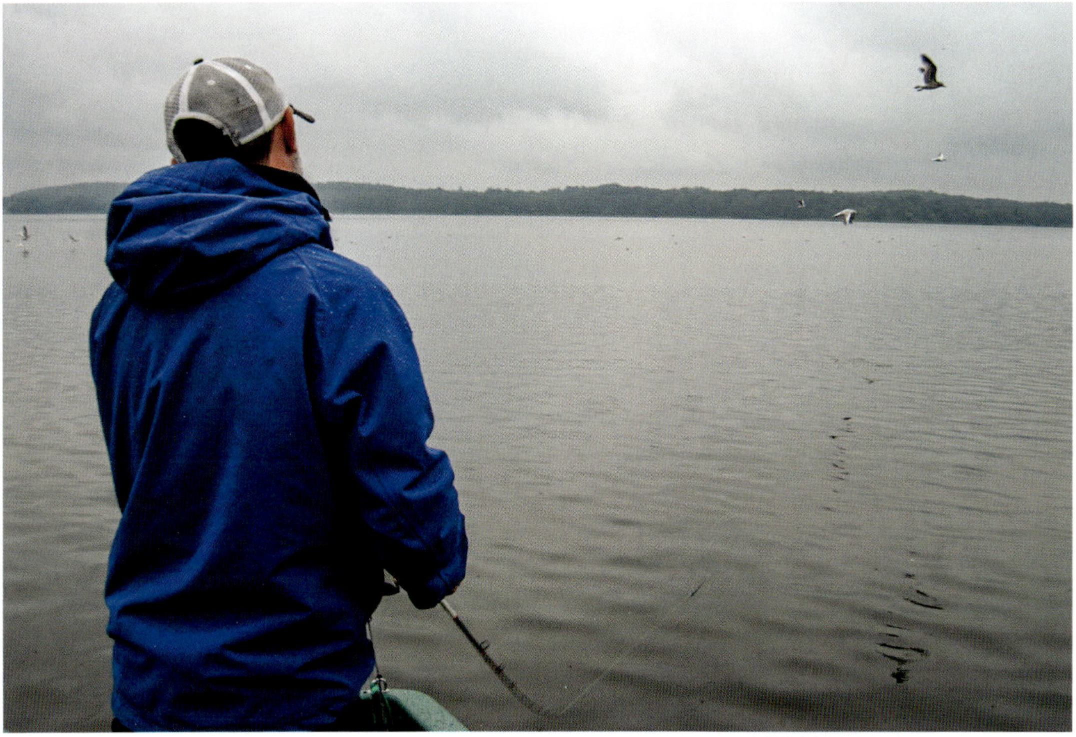

▶▶▶ **Je näher der Köder am Boot ist, desto heftiger erschrickt man, wenn die Oberfläche »explodiert«.**

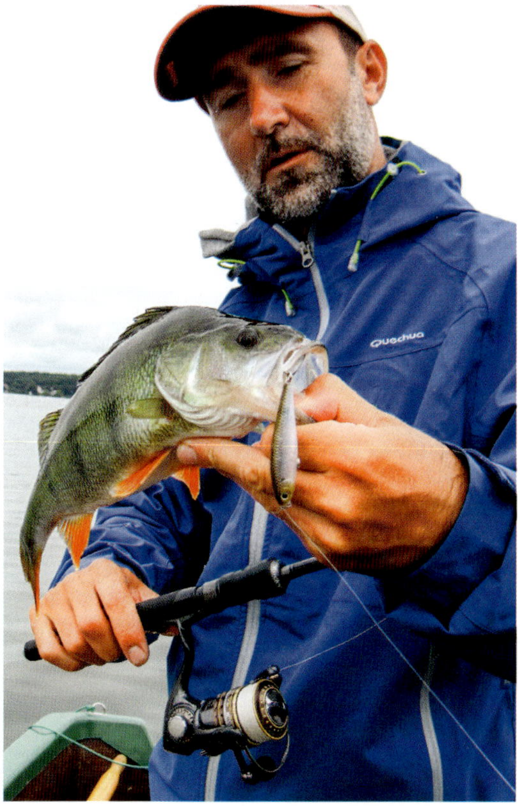

sich an kleineren Gewässern mit einem übersichtlicheren Barschbestand mit an Sicherheit grenzender Wahrscheinlichkeit nachspielen.

Für große Sticks braucht man aggressive Alpha-Barsche von Format, ein kleiner Stick passt aber Barschen aller Größenordnungen ins Konzept. Wenn man sich da mal rangetraut hat, wird man sehen, dass Barsche die Oberfläche wirklich gerne durchbrechen und auch regelmäßig – viel öfter jedenfalls als man ihnen das zugetraut hätte. Ab den ersten regelmäßigen Fängen haben's andere Köder verdammt schwer im Sommer.

Eine den Köder verfolgende Stachelflosse ist einfach ein herrlicher Anblick (der Weiße Hai

▶▶▶ **Ja warum schaut er denn so bescheuert drein? So schlecht ist der Barsch doch auch nicht.**

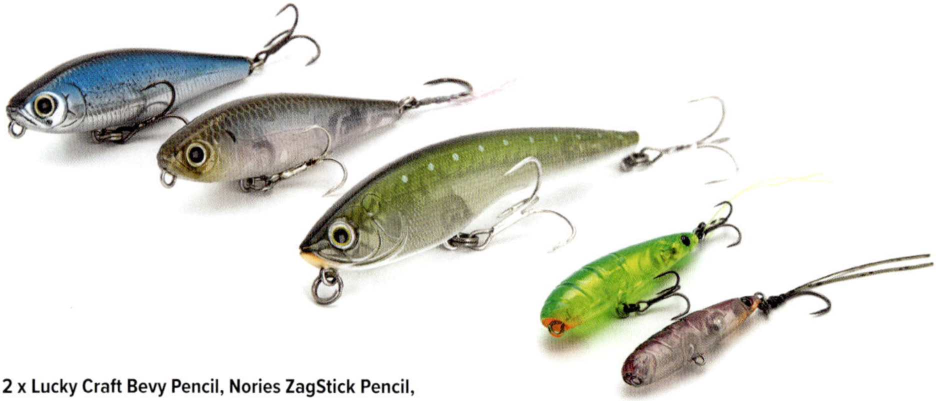

▶▶▶ **2 x Lucky Craft Bevy Pencil, Nories ZagStick Pencil, Ecogear PX 55F, Ecogear PX 45F (abgerüstet).**

lässt grüßen). Regelrecht lachen muss ich, wenn sich zwei Barsche auf einmal mit einem Delfinsprung auf den Köder stürzen. Und manchmal fließt sogar richtig Adrenalin durchs Blut, zum Beispiel wenn der Stickbait kurz vor dem Herausnehmen noch attackiert wird.

Top Finesse-Sticks

Zunächst einmal zu den Ködern selbst. Für mich gibt's eigentlich nur drei Finesse-Modelle, die man haben muss. Zum einen den 6 Zentimeter kurzen Bevy Pencil von Lucky Craft. Der fliegt astrein, läuft extrem gut und fängt wie Hulle. Und dann die noch kürzeren Ecogear-Garnelen PX 45F und PX 55F, die ebenfalls extrem gut fliegen und zudem noch mit zwei Silikon-Fühlern reizen. Last but not least den ZagStick Pencil von Norries. Der ist mit einer Länge von 7,5 Zentimetern der längste im Quartett, wiegt aber nur knapp 5 Gramm und lässt sich deshalb auch an ganz leichtem Gerät fischen. Ihm habe ich schon ganze Youtube-Folgen gewidment. Deshalb hole ich hier etwas weiter aus: Wenn man sich den Köder anschaut, sieht man sofort, dass bei der Köder-Konzeption Menschen mit Liebe zum Detail am Werk waren: Grätenmuster, holographische Designs, 3 D Augen ... Die größten Unterschiede zum konventionellen Stickbait sind die Körperform und das schlanke Profil. Das Zusammenspiel von Form und niedrigem Gewicht ergibt bei entsprechender Animation einen wirklich unwiderstehlichen aktiven Lauf, der exakt ein flüchtendes Beutefischchen imitiert und dem kein Barsch der Welt widerstehen kann, wenn er sich zum Rauben in Richtung Gewässeroberfläche orientiert. Trotz seines niedrigen Eigengewichts von 4,7 Gramm verfügt der Zag Stick Pencil über sehr gute Flugeigenschaften. Durch das niedrige Gewicht und einen entsprechend leisen Aufprall auf die Wasseroberfläche eignet sich dieser Toppie zum ganz gezielten Beangeln von konkreten Spots wie Baumkronen, Stegen oder Bootsanlegern, weil er die Fische nicht verscheucht. Man kann ihn deshalb außerdem an sehr feinem Gerät fischen und so noch mehr Spaß aus der Topwater-Nummer ziehen.

Alle genannten Köder gibt's in tollen Farben. Andere Mini-Sticks natürlich auch.

Abstand halten!

Das A und O ist die Einhaltung der richtigen Distanz und ein vorausschauendes Angeln. Man darf die raubenden Barsche nicht vergrämen. Deshalb parkt man das Boot so weit wie möglich von der Jagd-Szene entfernt – so dass der Köder ein paar Meter innerhalb des Kesseltreibens Strecke macht.

Egal wie windig es ist: Wer ankert braucht das Glück, dass die Barsche die Position halten. Im Normalfall aber scheuchen sie die Stinte durchs Wasser und sind dabei ganz schön schnell. Mit Hilfe der Vögel kann man ungefähr erahnen, in welche Richtung sich der Zug bewegt. Wenn man ihnen auf der Fährte bleibt, kann man den Barschrausch oft über viele Minuten, manchmal sogar über Zeiträume von einer halben Stunde oder noch länger, ausleben.

Ein bisschen Distanz zu wahren, ist elementar beim Befischen von raubenden Rudeln. Abstand hält man aber auch am besten, wenn man klar umrissene Hotspots beangelt, an denen sich die Barsche nicht zeigen.

Finesse-Stick-Köderführung

Neben dem Köder ist natürlich auch die Köderführung nicht ganz unerheblich. Es gibt Momente, in denen er ganz schnell laufen muss. Oft genug reicht aber eine mittlere Gangart völlig aus.

Wenn man sich so einen vom Schwarm isolierten Stint (oder andere angeschossene Futterfische) mal anschaut, wirkt der zunächst einmal recht orientierungslos. Auf der Suche nach dem schützenden Schwarm schaut er mal einen halben Meter nach rechts, biegt dann verzweifelt nach links ab, um dann ein bisschen geradeaus zu schwimmen, stehen zu bleiben, weiter zu schwimmen und so weiter. Genau so soll unser Köder laufen.

Allerdings gibt's während einer Möwenjagd ein Problem, das die Köderführung beeinflusst. Es hat weiße Federn und stellt sich gern über den Köder in die Luft, um ihn gelegentlich zu attackieren.

Die Vögel muss man also auch im Blick haben und den Köder gegebenenfalls immer mal beschleunigen, wenn der gefiederte Interessent Anstalten macht, sich auf den Stickbait zu stürzen.

»Zweitbisse« provozieren

Die Bisse sind immer wieder toll. Je größer der Barsch, desto unvermittelter und heftiger die Attacke. Fehlbisse gehören beim Topwatern mit dazu. Beziehungsweise gehören die immer dazu – nur beim Topwatern kann man sie sehen und dann besser darauf reagieren.

Man hat hier zwei Möglichkeiten, von denen eine oft zur Zweitattacke führt: Den Köder stehen lassen oder beschleunigen.

Weniger Haken – mehr Bisse!

Wenn's mal richtig gut beißt und keine Ausnahmefische zu erwarten sind, sind die Drills weit weniger spannend als die Bisse. Deshalb habe ich

▶▶▶ Komplett abgerüstet: Bauchdrilling weg. Enddrilling gegen Einzelhaken ausgetauscht. Das gibt viele Fehlbisse. Wenn's richtig beißt, ist das beim Oberflächenfischen gerade gut.

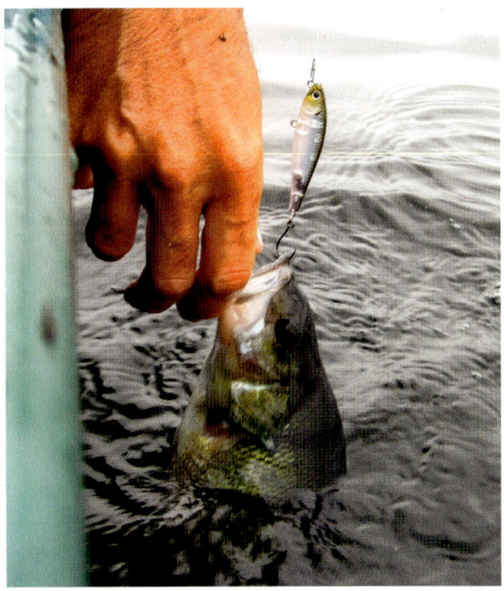

meine Mini-Sticks im Verlauf der Holsteiner Angelsession immer weiter abgerüstet. Erst wurden die Drillinge gegen Einzelhaken ausgetauscht. Dann habe ich komplett auf den Bauchhaken verzichtet. Der Rekord waren sieben Fehlbisse bei einem Durchzug. Mit Doppeldrilling wäre evtl. schon nach dem ersten Biss Schluss gewesen.

Finesse-Stick-Geschirr
Damit der kleine, leichte Köder möglichst weit fliegt, muss man mit dünner Schnur angeln. Ich verwende hierzu eine 0,06er oder 0,08er Geflochtene, die zudem den Vorteil hat, dass sie schwimmt. So kann ich den Köder immer direkt ansteuern und ein Maximum an Hektik in den Lauf bringen.

Ganz wichtig sind Ruten mit kurzem Griffstück. Es nervt echt, wenn bei jedem zweiten Schlag in die Schnur das Griffende gegen den Arm schlackert. Natürlich kommt vor die Geflochtene noch ein Stück Fluorocarbon. Auf Stahl kann man verzichten. Ich hatte auf den kleinen Stickbaits noch keine einzige Hechtattacke.

Finesse-Stick-Szenarios
Dass kleine Stickbaits im Beutefisch-Format und -Dekor fangen, wenn die Barsche an der Oberfläche rauben, ist ja fast schon logisch. Aber es gibt noch viele andere Situationen, in denen man die kleinen Dinger auspacken kann. Das gilt zum Beispiel, wenn man Brutfischschwärme unter der Oberfläche ausmachen kann. Oder wenn im Sommer die Kleinfische morgens und abends auf Insektenjagd gehen und sich das ganze Fischleben Richtung Oberfläche verlagert.

Über Barschbergen sind die kleinen Sticks ebenfalls eine Macht. Sehr gut fängt man auch an Stegen, an Bojen, Pontons, Booten und anderen Schattenspendern, an denen man die Sticks so nah wie möglich vorbeiführt. Auch in den schattigen Bereichen von Vertikalstrukturen wie Brückenpfeilern, Spundwänden, Mauern und so fort fangen Stickbaits gut. Wenn das Kraut bis kurz unter die Wasseroberfläche ragt, sind Finesse-Stickbaits großartige Köder, die die Barsche aus dem Gestrüpp herauslocken.

Apropos Gestrüpp: Sticks sind hervorragende Baumbarsch-Baits, mit denen man erstens nicht hängen bleibt, zweitens sind es Barsche gewohnt, dass immer mal ein Tier aus den über Wasser hängenden Ästen auf die Oberfläche fällt und entsprechend darauf konditioniert, Oberflächenfutter anzunehmen. Das trifft auch auf Barsche zu, die unter überhängenden Weiden, Sträuchern oder anderer den Ufersaum zierenden Vegetation stehen. Mit den kleinen Toppies angelt es sich auch gut in Schilflücken und zwischen Seerosen ...

» VIDEO: **Der beste Toppi der Welt – das Wasser explodiert!**

POPPER: DER FOPP MIT DEM PLOPP

von Jochen Dieckmann

Es ist Sommer, Abenddämmerung. Mit meinem Angelboot stehe ich vor einer großen Krautbank. Ich erwarte mit Spannung den abendlichen Angriff der Barsche auf die sich im Kraut tummelnden Kleinfische. Einzelne kleine Barsche habe ich schon auf flach laufende Wobbler und Stickbaits gefangen,

▶▶▶ **Jochen sagt: »Im letzten Schummerlicht muss ein UV-Popper ans Band!«**

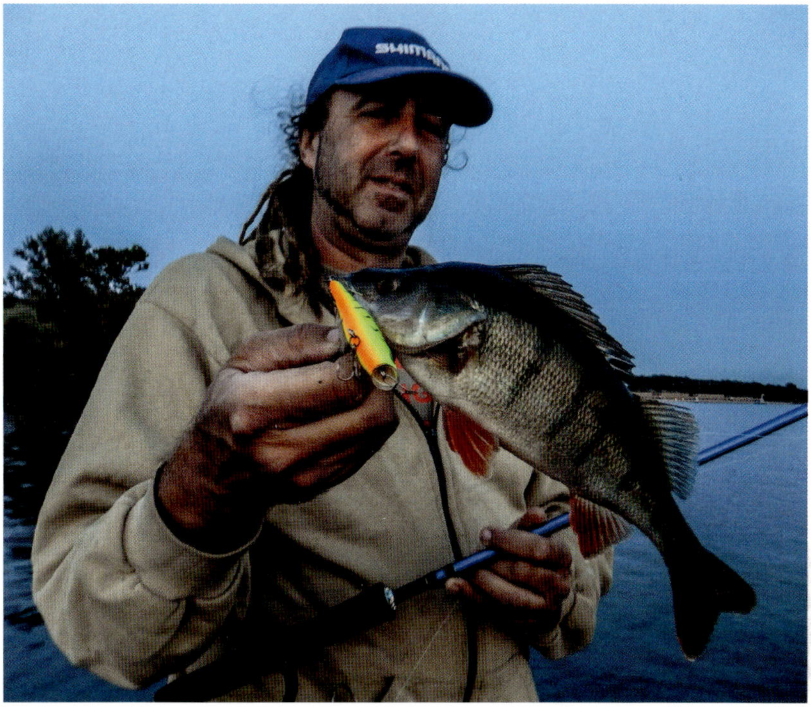

aber so richtig läuft`s noch nicht. Mit fortschreitender Dämmerung beißt es dann aber immer besser.

Jetzt wird es Zeit für den Popper. Ich hänge einen Klassiker ein, den Rapala Skitter Pop im Froschdesign. Die ersten beiden Würfe bringen noch keinen Biss, aber beim dritten Wurf verfolgen gleich mehrere Barsche den Köder, allerdings bleibt keiner hängen. Vor Aufregung führte ich den Köder wahrscheinlich zu schnell. Beim nächsten Wurf reiße ich mich zusammen, gebe dem Popper die Pausen, die er braucht, um richtig laut zu ploppen und dabei eine heftige Wasserfontäne nach vorn zu werfen. Dabei macht der Skitter Pop nur langsam Strecke.

Als ich mich gerade an den richtigen Rhythmus gewöhnt habe, wird der Köder in der Stehpause heftig unter Wasser gerissen! Anschlag, der Fisch hängt. Darauf folgt eine absolut tolle Barsch-Skitter Pop-Serie. Adrenalin pur! Die Räuber beißen wie entfesselt, ich fange Fisch auf Fisch.

Sommerzeit ist Popperzeit!

Angeln mit Oberflächenködern ist ganz klar auch für mich die Krönung beim Spinnangeln. Zunächst hatte ich aber, wie offenbar viele Angler, einige Berührungsängste zu überwinden. Mittlerweile bin ich überzeugt: Diese Spezialität funktioniert viel öfter, als ich ihr zuerst zugetraut habe.

Mein Vertrauen zu Poppern entwickelte sich endgültig im vergangenen Sommer, als sich die Sandbänke in der Havel mit dichten Krautfeldern bedeckten und deswegen bis in den Herbst hinein sehr zuverlässige Fischeinstände darstellten. Besonders in den Abendstunden fielen dort die Barschschwärme ein, die sich in oft sehr aggressiver Weise über die Kleinfische hermachten. Idealbedingungen, um sich mit diesem Spektakel näher zu beschäftigen.

Poppen heißt locken

Wer mit Poppern erfolgreich sein will, braucht gar nicht unbedingt direkt an der Oberfläche raubende Fische. Vielmehr ist es möglich, mit Poppern überhaupt erst eine Oberflächenjagd zu initiieren. Wie funktioniert das? Das Ploppgeräusch ähnelt wahrscheinlich dem Geräusch von bereits erfolgreich raubenden Fischen. So ermuntert man die noch nicht aktiven Räuber dazu, es ebenfalls an dieser Stelle zu versuchen. Ich hatte jedenfalls ganz oft den Verdacht, dass die Barschdichte auf meinem Angelplatz nach ein paar Würfen mit dem Popper deutlich zunahm. Ganz sicher rufen Popper wie kein anderer Köder Futterneid hervor. Einen weiteren Vorteil des Poppers sehe ich in der stark verzögerten, langsamen Köderführung. Damit bleibt man extrem lange in der bissträchtigen Zone. Der größte Vorteil aber ist der Spaßfaktor bei dieser Angelei!

Das »Ploppen« und die Bugwelle erreicht man durch eine eher moderate Köderführung: Einem nicht zu heftigen Zupfer (Twitch) sollte eine deutliche Pause folgen, in der das Hinterteil des Poppers wieder komplett absinken kann. Meiner Erfahrung nach bekommt man das beste Ploppen, wenn der Maulteller durch die Verzögerung des sich wieder in die Waagerechte stellenden Hinterkörpers zusätzlich gebremst wird. Die Bisse kommen zudem fast immer in der Stehphase, wenn der Köder wieder komplett steil im Wasser steht, also wenn nur noch der vorderste Kopf mit dem Maulteller zu sehen ist.

Popper-Besteck

Das Angeln mit Poppern erfordert eine 1,80 bis 2,10 Meter lange nicht zu harte Spinnrute mit einem Wurfgewicht von 5 bis 30 Gramm und eine robuste Rolle der Größe 2500, bespult mit 0,10 bis 0,12 Millimeter Geflechtschnur. Daran binde ich ein 0,25 bis 0,30 Millimeter starkes Fluorocarbon-Vorfach von etwa einem Meter Länge.

Bei Hechtgefahr ist natürlich ein Stahlvorfach Pflicht, allerdings wirkt sich das stark sinkende Material manchmal nachteilig auf den Köderlauf aus. Deshalb verwenden manche Angler auch eine dicke aber geschmeidige Monofile.

Wer mag, kann selbstverständlich auch eine Baitcast-Kombo verwenden. Es gibt spezielle Ruten für diese Angelei, sehr zu empfehlen finde ich die Shimano Yasei »Twitch'n'Topwater«. Diese Rute hat neben einer sehr straffen

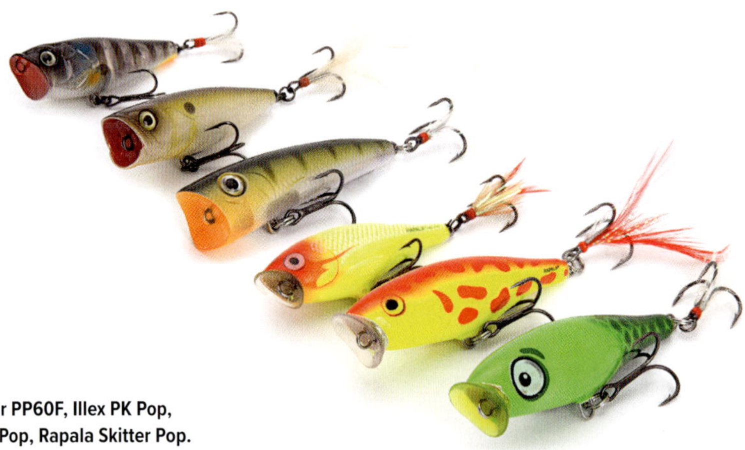

►►► Ecogear PP60F, Illex PK Pop, Rapala X-Rap Pop, Rapala Skitter Pop.

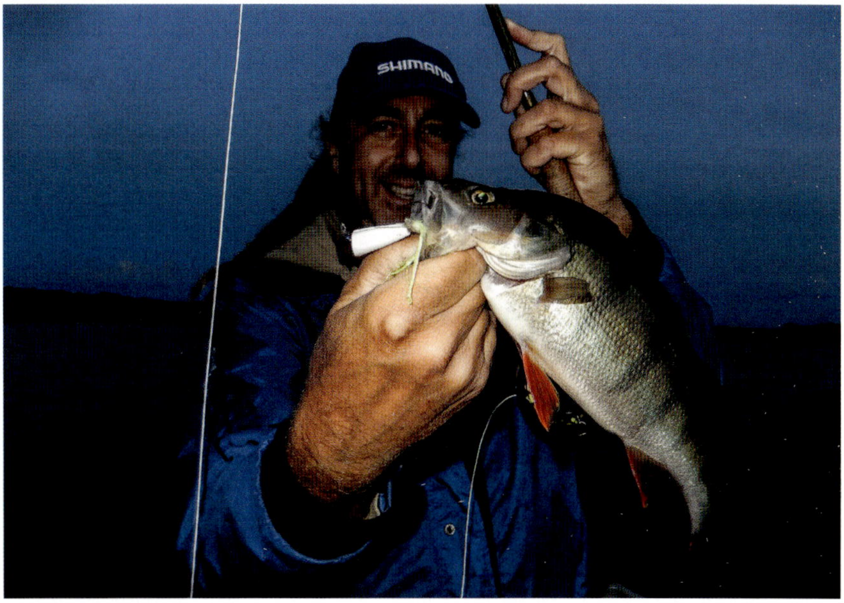

▶▶▶ Poppern mit der Fliegenrute macht mindestens genauso Spaß wie mit der »Spinne«.

Spitze auch eine zusätzliche semiparabolische Spitze zum Angeln mit Poppern, Twitch- und Crankbaits, und ist 2,0 Meter lang. Als Rolle empfehle ich eine 2500er Rarenium mit einer stabilen 5,0:1 Übersetzung. Jeder Hersteller hat im Prinzip ein paar Popper im Programm, ich aber schwöre auf den Klassiker – den Skitter Pop von Rapala. Ich variiere zwischen den Größen von 5, 7 und 9 Zentimeter. Es gibt außer den üblichen Farben wie Firetiger & Co. auch einen UV- wirksamen Köder (»Ghost UV«), der mir neben dem Firetiger immer wieder gute Erfolge in der letzten Dämmerung brachte.

Poppen mit der Fliegenrute

Auch Fliegenfischer müssen auf den Kick des Popperangelns keinesfalls verzichten. Im Fliegenfischerbedarf gibt es tolle Popperkörper aus Styropor in verschiedenen Größen. Auch damit habe ich im vergangenen Sommer auf spektakuläre Weise viele Barsche gefangen. Wichtiger Bindetipp: den Popperstreamern unbedingt Augen verpassen. Die Fliegen sind einfach zu binden und passen je nach Größe zu den Rutenklassen 6 bis 8, wie auch WF-Schwimmschnüre oder Schussköpfe.

Popper-Situationen

Mit Poppern kann man die Barsche aus großen Tiefen hochholen, was sie von den Finesse-Stickbaits abhebt. Mehr noch: Man kann die Barsche mit Lärm und Beständigkeit an den Angelplatz heranziehen, also erst eine Barschjagd inszenieren und dann initiieren. Das hat schon rein theoretisch etwas Außergewöhnliches. Ansonsten hat Johannes die klassischen Plätze im Kapitel »Finesse-Stickbaits« aufgeführt.

» VIDEO: Beste Angelaction – die Fische eskalieren an der Oberfläche!

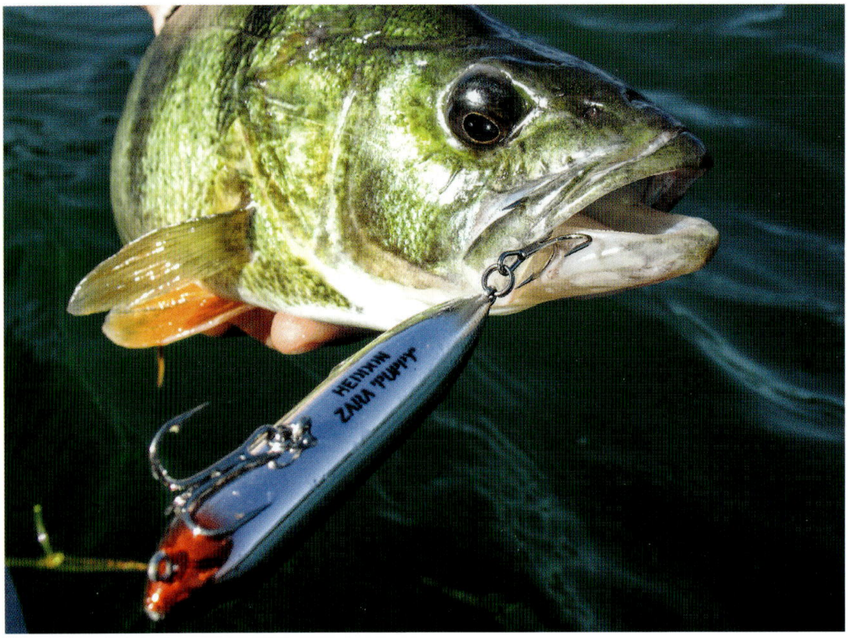

▶▶▶ **Adrenalin pur, wenn ein dicker Barsch auf einen großen Stickbait rauscht und ihn wegschmatzt.**

TOPWATER XL: MAXI-TOPPIES FÜR ALPHA-BARSCHE

Es gibt immer ein paar Barsche, die tollkühner sind als der Rest. Diese attackieren nicht nur als erste – sie trauen sich auch an Köder ran, die der Rest des Schwarms nur interessiert verfolgt. Ich nenne die Jungs (eigentlich sind's ja meistens Mädels) »Alpha-Barsche«. Von Mai bis September lassen sich diese Fische oft gut mit relativ großen beziehungsweise lauten Oberflächenködern beangeln. Warum ausgerechnet Toppies für die Alpha-Barsche? Mit diesen Ködern macht man eine Menge Krach und ist somit in der Lage, Fische aus größeren Distanzen anzulocken. Außerdem – Jochen hat's ja auch geschrieben – imitiert man mit diesen Ködern auch immer ein Jagd-Szenario und dreht so am Futterneid-Rädchen.

▶▶▶ **Lucky Craft Gunfish, Illex Bonnie, Lucky Craft Sammy und noch einmal der Gunfish.**

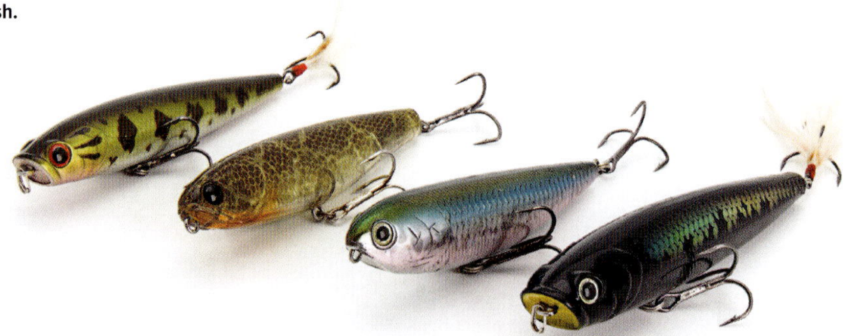

Premium-Alpha-Toppies

Unter »groß« verstehe ich Popper von über 9 Zentimeter Länge und Stickbaits von 9 bis 15 Zentimeter. Als reinen Stickbait führt wohl echt kein Weg am Sammy von Lucky Craft vorbei. Mein Liebling unter den Großbarsch-Topwater-Baits ist aber der Gunfish von Lucky Craft. Der ist ein Hybride aus Popper und Stickbait, spuckt Wasser, macht Lärm, kreuzt zackig von links nach rechts und fliegt wie eine Rakete. Noch lauter ist der Pike Pop von StrikePro, mit dem man enorm viel Krach macht.

Turn up the Volume!

Die Köderführung ist identisch derer beim Fischen mit Finesse-Sticks oder kleineren Poppern: Walking the Dog, Twitch'n' Pause, Pull'n'Pause ... Die ersten Würfe führe ich immer so aus, als wären Barsche präsent. Ich übertreibe es also weder mit der Geschwindigkeit noch mit der Lautstärke. Wenn sich da nichts tut, lasse ich die relativ schweren Baits in hohem Bogen aufs Wasser klatschen, um sie dann extrem ruppig zu führen. Ziel ist es, die Barsche von weitem anzulocken. Wenn man einmal beobachtet, auf welche Entfernung die Kleinfische auseinanderspritzen, wenn man an einem windstillen Tag die Zange auf den Bootsboden fallen lässt, kann man erahnen, wie weit der Einflussbereich eines lauten Poppers reicht.

Topwater-Prime-Time

Natürlich kann man den ganzen Tag mit Toppies erfolgreich sein. Am heißesten sind aber die Dämmerungsphasen. Jetzt platschen die Kleinfische an der Oberfläche, so dass die Barsche von vornherein im Oberflächenmodus sind und nicht erst künstlich motiviert werden müssen. Außerdem spielen uns die Lichtverhältnisse in die Karten. Im diffusen Licht werden Köder weniger kritisch beäugt – jetzt sind Bewegungen, Luftblasen und Geräusche wichtiger, alles Stärken großer Topwater-Baits.

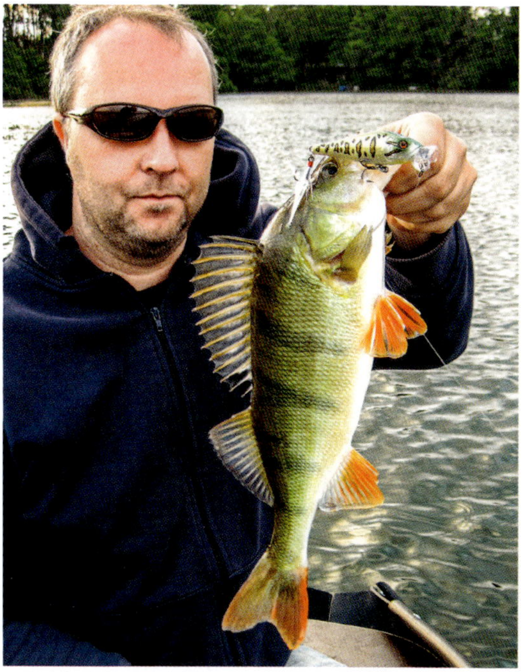

▸▸▸ Der Pike-Popper macht am meisten Krach von allen. Den Lärm fand dieser vom koederwahnsinnigen Hoffi gepoppte Barschrocker richtig gut.

Auch wenn Toppies am schönsten laufen, wenn die Wasseroberfläche ganz plan da liegt, habe ich die Erfahrung gemacht, dass eine leicht gekräuselte Oberfläche von Vorteil ist. Ich habe auch schon bei Ententeich richtig gut gefangen. Top-Alpha-Topwater-Bait-Wetter ist für mich aber bei Windstärke 2 bis 3.

Ein bisschen »Wellengang« kann einen großen Stick oder Popper nicht am Laufen hindern. Im Gegenteil. Er bricht dann ein bisschen unkontrollierter aus, sucht sich seinen Weg über die Mikro-Kämme, fällt in die kleinen Täler, schneidet in die sachten Wellen. Die Fische haben bei diesen Konditionen keine klare Sicht auf den Köder und schlagen beim Angriff mit doppelt Schmackes drauf.

Große Oberflächenköder funktionieren aber auch bei stärkerem Wind. Bei einem Barsch-

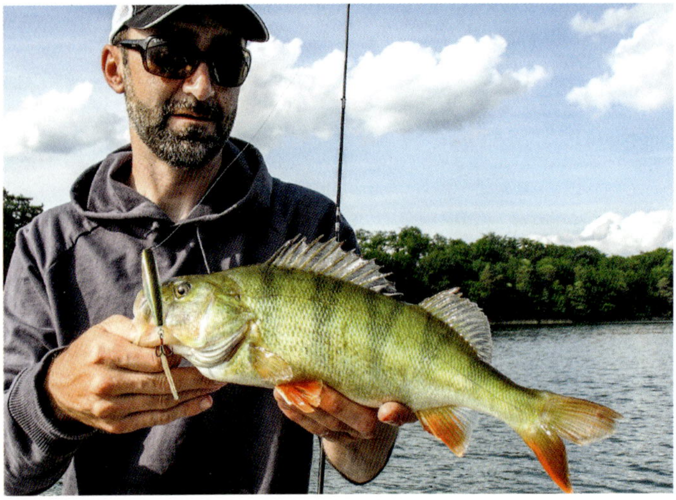

▶▶▶ **Dank der Polbrille konnte ich beobachten, wie dieser Barsch den Köder im glasklaren Wasser ein paar Meter verfolgte, bis er dann ein paar Meter vorm Boot doch noch draufgescheppert ist. Weltklasse!**

Alarm-Treffen am Wandlitzsee kamen zum Beispiel die größten Barsche bei Windstärke 5 auf große Stickbaits. Keine Ahnung, was die Fänger dazu bewogen hat, mitten auf dem See die längsten Stickbaits rauszukramen, die die Box hergab. Der Erfolg gab ihnen aber recht.

Heavy-Topwater-Gear

Ich fische Toppies am liebsten mit der Baitcaster. Das ist erstens entspannter, weil ich nicht ständig den Bügel umklappen muss. Zweitens macht das Werfen mehr Spaß. Schließlich sind die Stickbaits und Popper schon allein von der Form her aerodynamisch angelegt – von den Weitwurfsystemen im Inneren ganz zu schweigen. Drittens ist eine ruppige Topwater-Führung, speziell von Poppern, ein harter Sport für eine Stationärrolle. Die ständigen Schläge gegen einen Widerstand sind Gift für Achse und Getriebe. Das können Multis besser ab.

Ich verwende Ruten mit einem Wurfgewicht zwischen 20 und 30 Gramm. Auf der Baitcaster sitzt eine 12er oder 13er Geflochtene. Wie immer platziere ich ein FC-Vorfach zwischen Köder und Hauptschnur. In dem Fall ein 30er. Wenn viel Hecht da ist, muss man natürlich etwas dagegen tun. Hier würde ich zu starkem Fluorocarbon raten. Mit Stahl fische ich Toppies ungern, weil es in den Pausen so doof durchhängt.

Allerdings muss ich sagen, dass ich noch nicht eine Hechtattacke auf einen meiner großen Oberflächenköder hatte, wenn ich ihn über tiefem Wasser gefischt habe. Das mag Zufall sein. Wegen mir kann das auch gern so bleiben. Ich denke aber, beim Freiwasserangeln ist die Hechtgefahr recht gering. Außerdem kann man mit guter Aussicht auf eine Fehlattacke versuchen, dem Hecht den Köder durch einen verfrühten Anhieb vorzuenthalten.

XL-Toppie-Situationen

Die großen Toppies sind natürlich auch dazu geeignet, die typischen Barschspots abzuangeln: Seerosenfelder, Krautfelder, Löcher im Schilf. Wenn ein großer Barsch im Ruhezustand im Flachwasser steht, muss man allerdings einkalkulieren, dass ihn der Aufprall eines 20 Gramm-Baits auch mal verscheuchen kann. Klar definierte Flachwasserspots befische ich deshalb lieber mit einem leichteren Köder, der leise landet – zumindest solange, bis man die Barsche in Stimmung gebracht hat. Sind sie erst einmal im Rausch, kann man sie nur schwer erschüttern.

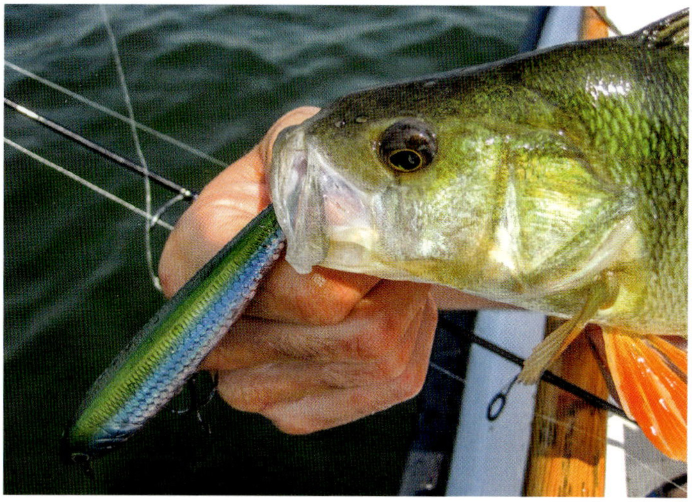

▶▶▶ **Übergriff auf Maxi-Stick: Auf einen großen Sammy fängt man selten kleine Barsche.**

Trotzdem sind große Oberflächenköder für mich in allererster Linie Suchköder zum Angeln über tieferem Wasser. Wenn man richtig Krach macht, zwingt man die Fische dazu, den Köder wahrzunehmen. Tut sich an den Scharkanten und Plateaus nichts, klinke ich also einen lauten Topwater Lure in den Karabiner und befische die Umgebung – in der Hoffnung, auf ein Barschrudel zu treffen, das sich zum Angriff formiert hat oder aus irgendeinem anderen Grund an den Strukturen entlang patrouilliert.

Eine Paradedisziplin für große Oberflächenköder ist zum Beispiel das Abscannen des Bereichs um einen Barschberg. Hier stellt man sich an die Kante und wirft soweit ins Freiwasser wie nur möglich. Natürlich kann man jetzt nicht damit rechnen, sofort Kontakte zu bekommen. Aber mit jedem neuen Wurf steigt die Wahrscheinlichkeit, dass die Fische den Köder lokalisieren.

Auch auf Landzungen und vor den Abbruchkanten hatte ich schon gute Erfolge, wenn ich das offene Wasser einigermaßen ausdauernd penetriert habe. Wenn sich in der Nähe der Strukturen keine Barsche blicken lassen, geht's weiter in den See. Hier suche ich zunächst einmal Futterfischschwärme und versuche dort mein Glück.

Sollte diese Strategie keinen Erfolg bringen, lasse ich mich einfach übers Wasser treiben, schaue mir dabei die Landschaft und die Bilder auf dem Echolot an, erfreue mich an der Aktion meiner Köder und an der Performance meiner Hardware – wohl wissend, dass sekündlich der Biss aus dem Nichts kommen kann.

Klar ist es schon ein mutiger Ansatz, den Köder im Niemandsland anzubieten. Wenn die konkreten Spots aber keine Fische ausspucken, ist das Freiwasser-Topwatern eine der besten Optionen, doch noch an einen Alpha-Barsch zu kommen.

» **VIDEO:** **Hols Stöckchen: Mit Stickbaits auf Barsch**

BLECHBAITEN

Blechköder sind nicht jedermanns Sache. Spinner gelten beispielsweise als mega-antiquiert und auch Zocker werden mit einem prolligen Barschgeplumpse assoziiert. Geblinkert wird schon lange nicht mehr.

Ist aber nicht gerade die Angelei mit den Oldschool-Ködern die hohe Schule des Angelns? Könnte es nicht eine Herausforderung darstellen, mit Blinkern und Spinnern genauso gut zu fangen wie mit Highend-Wobblern und Aroma-Gummis? Ich finde schon. Und trotzdem kann ich mich nicht rühmen, extrem viele Großbarsche auf Blinker gefangen zu haben. Das will ich aber ändern. Schon allein um die nächste Auflage dieses Werkes um ein schönes Oldschool-Kapitel bereichern zu können.

In diesem Buch hier möchte ich mich aber mal auf die Dinge beschränken, die ich regelmäßig und einigermaßen erfolgreich praktiziere. Das ist das Angeln mit (Bleikopf-) Spinnern, Cicadas und vor allem mit Jig-Spinnern. Das Thema »Spinnerbait« greife ich mit dem Kapitel über den »Barsch-Helikopter« auf.

SPINNER: OLDIE BUT GOLDIE

Barsch und Spinner – das war schon immer gut und wird auch gut bleiben. Ergo darf auch im ultimativen Barschbuch ein Kapitel übers Barsch-Spinnern nicht fehlen. Für mich war der Spinner der erste Kunstköder, den ich mir selbst gekauft habe. In Ermangelung an für einen Schüler bezahlbare Alternativen habe ich damit unter anderem auf Döbel, Barsche, Hechte, Forellen gefischt und auch gefangen.

Heute steigen die frisch gebackenen Angelschein-Absolventen gleich mit Easy Shinern ein und sind dann bald beim Rubber-Jig. Die Spinner-Phase lassen sie meist aus. Durchaus nachvollziehbar.

Da ist zum einen dieses Oldschool-Image, das so manch‘ deutschsprachigem US-Japaner mit der ersten zarten Andeutung von Bartflaum vor diesem Köder zurückschrecken lässt. Und dann gibt's noch ein praxisrelevantes Problem, das auch spinnererprobte Angel-Veteranen wie mich nur im Notfall auf den Spinner zurückgreifen lässt. So richtig prall ist das mit dem Drall halt nicht. Wer steht schon auf Mono-Perücken oder verdrehtes Geflecht?

Das Spinner-Prinzip jedoch ist eine Waffe. Und wenn einem Köder das Prädikat »oldschool« anhaftet, ist das auch ein Indiz für besondere Qualitäten. Solche Konzepte haben sich über lange Zeit durchgesetzt und besitzen immer noch eine große Anhängerschaft. Dafür muss es Gründe geben.

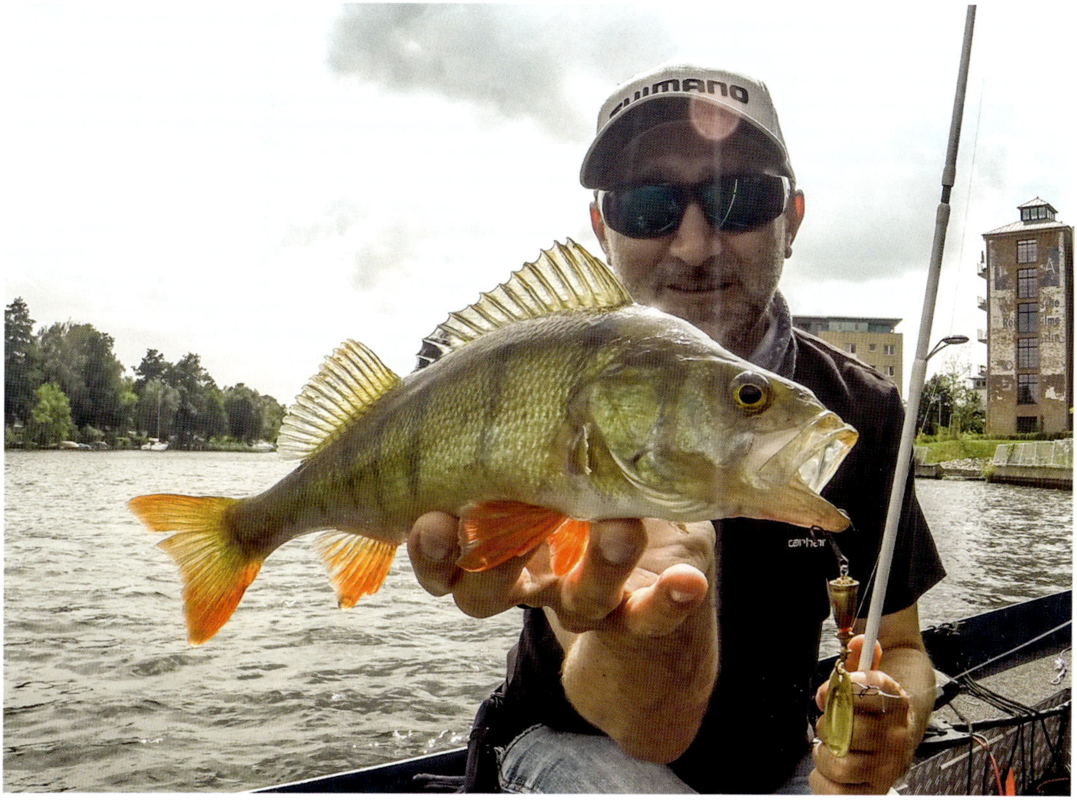

▶▶▶ **Eigentlich echt ein cooler Köder. Wenn da nur der Drall nicht wäre.**

Das Spinner-Konzept

Der seit vielen Jahrzehnten anhaltende Erfolg des Rotations-Prinzips beruht auf zwei Komponenten. Zum einen senden diese Köder eine brutale Druckwelle aus. Zum anderen schickt das schnell um den Metallkörper kreisende Blatt Lichtblitze in alle Richtungen aus. Diese Kombination von Schlüsselreizen bringt an manchen Tagen mehr Fisch als Gummis und Hardbaits zusammen. Dass Spinner entgegen des oft zitierten verbreiteten Slogans nicht immer gehen, weiß jeder, der sich intensiv mit dem Spinnangeln auseinandersetzt. Kein Köder geht immer.

Top-Spinner

Es gibt viele Spinner. Fast jede Firma bietet ein paar Modelle an. Und dennoch haben sich über die Jahre nur wenige Spinner-Typen zu echten » Marken« entwickelt. Bei vielen Spinner-Experten steht der Mepps ganz weit vorne auf der Beliebtheitsskala. Seine Fans jubeln ihn vor allem deshalb hoch, weil er schon beim leisesten Zug anspringt. Und natürlich weil sie mit dem Mepps immer ihre Fische fangen. Mein Lieblingsdesign war hier schon immer das rote Mepps-Logo auf weißem Blatt. Oft darf es aber auch Neon sein oder Orange.

Ich selber war schon immer ein Vibrax-Fan. Diese Spinner mit der Geräuschkapsel fliegen noch ein bisschen weiter. Außerdem gibt's von Vibrax ein Barschdesign mit Federdrilling. Mit dem Vibrax Firetiger habe ich früher sogar auf Zander geangelt und gefangen. Barsche mögen den auch.

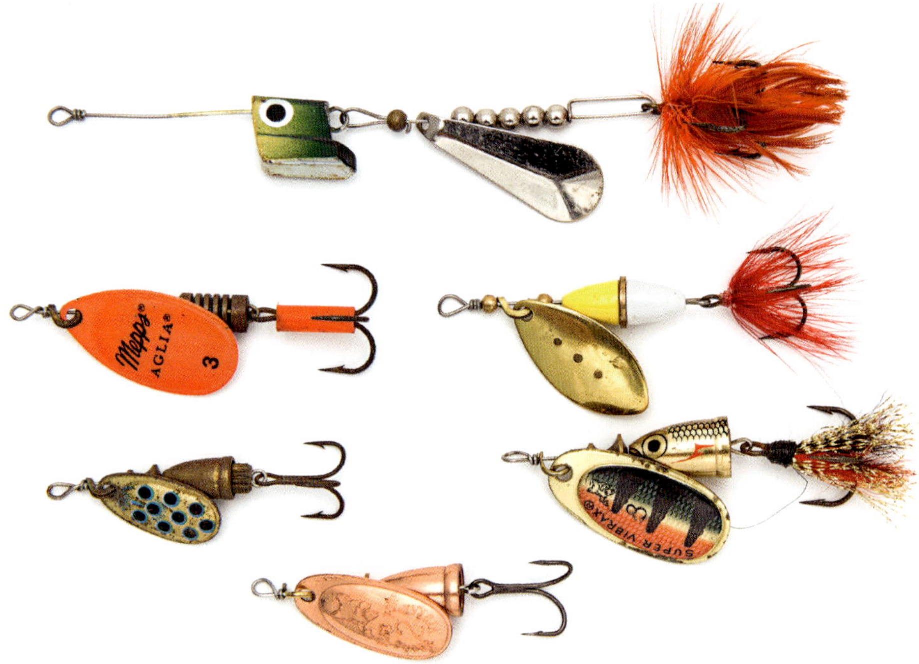

▶▶▶ **Eine kleine Auswahl aus meinem Spinner-Universum.**

Auch die Abu Droppen und Reflex-Spinner haben eine breite Anhängerschaft. Ein paar gängige Designs habe ich ja bereits genannt. Da hat jeder so seine Vorlieben. Manche schwören auf Schwarz mit gelben Punkten. Kupfer, Silber und Gold sind oft auch gut.

Übrigens: Während wir Angler Streifen, Punkte und Fischdekore nicht mehr als solche erkennen, wenn sie einmal rotieren, nehmen Barsche die Feinheiten der Designs wahr. Amerikanische Studien haben belegt, dass Schwarzbarsche die Bewegungen in Einzelbilder zerlegen und so besser auf Richtungs- und Kontrastwechsel reagieren können.

Spinner-Führung

Spinner sind deshalb so beliebt, weil sie sich leicht führen lassen. Nach dem Auswerfen kurbelt man sie einfach ein. Im Fließwasser kann man sich entscheiden, ob man stromauf oder stromab spinnt. Mit der Strömung muss man sehr schnell kurbeln, damit das Blatt propellert. Im Gegensatz dazu kann man extrem langsam kurbeln, wenn man den Spinner gegen die Strömung zieht. Der Wasserdruck allein sorgt schon dafür, dass sich der Rotor in Bewegung setzt.

Oft ist es aber am besten, wenn man den Köder schräg stromab in Richtung gegenüberliegendes Ufer wirft. Indem man den Köder von der Strömung herumdrücken lässt, kommt man besser in die Vertiefungen hinein, in der die Fische oft stehen. Durch den Gegendruck laufen Spinner bei mittlerer Geschwindigkeit nicht viel tiefer als 1 Meter. Das prädestiniert den Klassiker unter den Klassikern zum Angeln überm Kraut.

Spinner sind auch gute Köder, wenn man im Sommer in flachen Buchten barschelt. Oder über Barschbergen nach Abnehmern sucht.

Bleikopf-Spinner kann man nicht nur tiefer anbieten. Man kann sie auch wie einen Gummifisch über den Boden hüpfen lassen. Auch hier kommen dann viele Bisse in der Absinkphase. Man kann Bleikopfspinner aber auch ganz langsam über Grund einkurbeln und die Fische einsammeln, die den Zugriff auf gejiggte Köder verweigern.

Spinner machen generell neugierig. Das bedeutet aber leider nicht, dass sie permanent angegriffen werden. Nachläufer sind hier ein häufig auftretendes Phänomen. Die den Köder in einem gewissen Sicherheitsabstand begleitenden Barsche kann man jedoch relativ oft mit dem Klapptrick an den Haken spielen. Dabei nimmt man mit einem Spinnstop abrupt die Geschwindigkeit heraus. Die Verfolger rücken so automatisch ein paar Zentimeter näher an den durchsackenden Köder heran. Wenn dann die Druckwelle neu startet, ist das oft zu viel Reiz auf zu kurze Distanz, als dass man beziehungsweise Barsch eine Reaktion verweigern könnte.

Gegenmaßnahmen gegen den Drall

Ein kugelgelagerter Wirbel zwischen Hauptschnur und Vorfach nimmt viel vom Drall weg. Sogar wenn man mit Mono angelt, kann man sich deshalb überlegen, ob man nicht ein etwa 1 Meter langes Vorfach aus Fluorocarbon zwischen Köder und Hauptschnur schaltet, das den meisten Drall aufnimmt und die Hauptschnur vor Perücken schützt.

Ein anderer Trick ist, ein Stück Tesafilm in einiger Entfernung vor dem Spinner auf die Schnur zu klemmen. Dieses Fähnchen wirkt wie ein Kiel und lässt die Schnur gar nicht erst rotieren. Bei kleinen Spinnern reicht sogar ein 2 Zentimeter langes Stück Schnur, das man vom direkt

▶▶▶ **Für Tiefgang und gegen Drall: Selfmade-Bleikopfspinner aus einem Vorschalt-Jig und einem Vibrax Perch.**

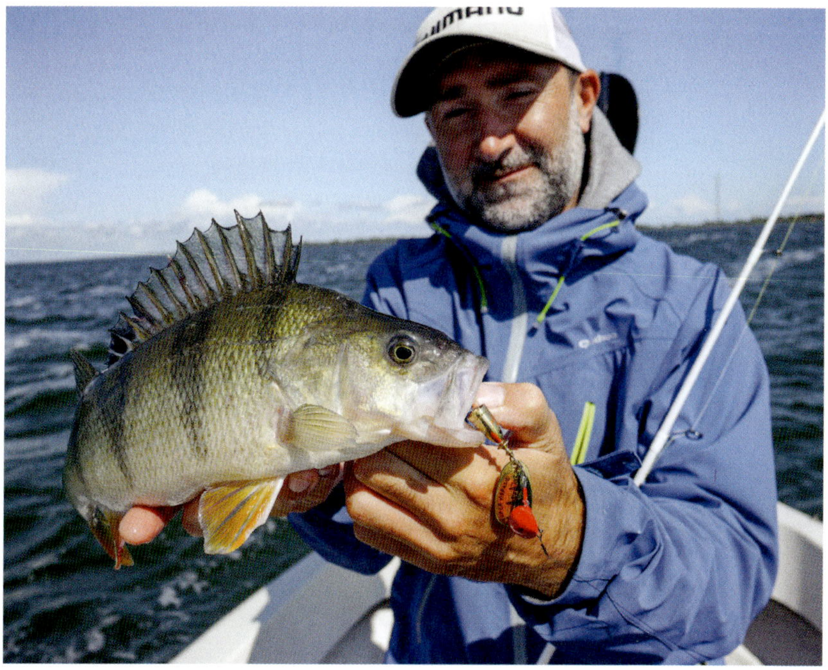

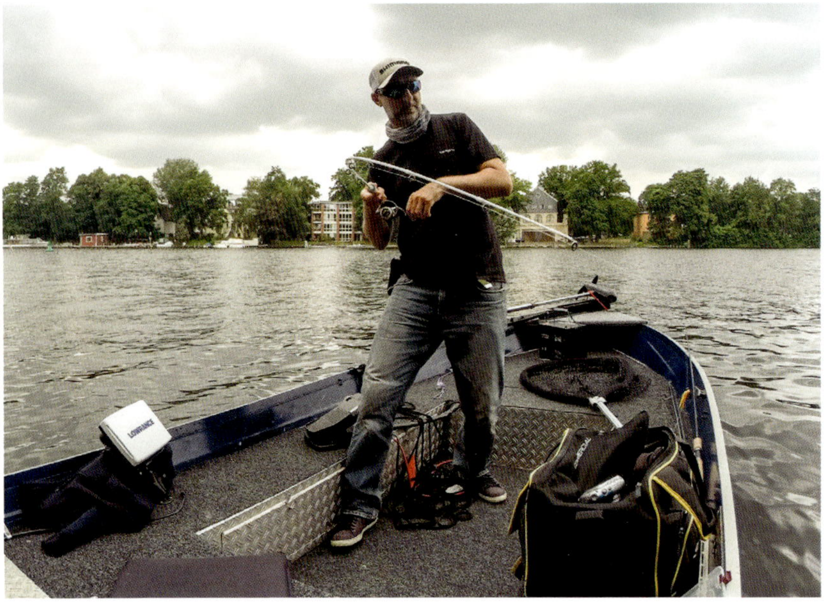

▶▶▶ **Und es hat Zoom gemacht: Weil der Anzugwiderstand die Schnur auf Spannung hält, sind Spinnerbisse besonders intensiv. Der Ausfallschritt war dennoch ein bisschen overdosed.**

angeknoteten Spinner abstehen lässt. Vorschaltbleiköpfe bringen nicht nur Tiefe, sondern Verhindern auch die Rotation des Spinnerkörpers.

Klassische Klassiker-Situationen

Wie bereits erwähnt, sind Spinner ein Top-Köder zum Angeln überm Kraut. Ich verwende sie auch gern, wenn ich über Altholz fische, weil ich ihnen immer zutraue, einen Fisch aus einiger Distanz anzulocken und deshalb nicht so hart ans Holz muss, wie mit anderen Ködern. Deshalb angle ich auch gern an Stegen mit dem Spinner. Ein 5er Mepps oder Vibrax hat schon manch trägen Barsch aus dem Schatten vorgeholt.

Sehr gut funktioniert auch das Abfischen von Spundwänden und Mauerwerk. Auch Holzpflockreihen (Wellenbrecher) sind ein ideales Einsatzgebiet für Spinner. Mit Bleikopfspinnern fische ich gern tiefe Regionen ab, zum Beispiel die tiefen Bereiche vor einer Schilfkante oder vor einem Barschberg.

Am Bodden habe ich auch sehr gute Erfahrungen beim Abspinnern der Fahrrinne gemacht. Dabei muss man sagen, dass es die Spinner schwer haben, seit es in meinen Boxen vor Jig-Spinnern nur so wimmelt. Aber es gibt immer wieder Situationen, wo ihre Größe und der Auftrieb von Vorteil sind. Ich bin mir sicher, dass ihr immer mal ein Einsatzgebiet für einen Spinner findet. Es kann auf keinen Fall schaden, ein paar Modelle in der Hinterhand zu haben.

SPINNERBAIT: DIE ZWEIBLÄTTRIGE BARSCH-MASCHINE

Noch vor allen großen Barschen, die auf Spinnerbait herausgedrexelt habe, ist ein Barsch, den ich nicht gefangen habe mein wohl prägendstes Spinnerbait-Barsch-Erlebnis. Ich habe ihn auf der WPC 2018 nach kurzem Fight verloren. Dennoch ist diese kurze Begegnung eines der WPC-Bilder, das mir am längsten erhalten bleiben wird. Zu geil auch der Biss: Ich schmeiße an die Steine einer Buhne, kurble an, bekomme einen Fehlbiss und beschleunige kurz. Peng. Ein Knallbiss knapp unter der Oberfläche. Ein riesiger Barsch schüttelt sich. Ich sehe die Flanke im aufschäumenden Wasser. Der Spinnerbait wild außerhalb des Wassers hin- und hergerüttelt. Plötzlich fällt der Druck ab. Der Barsch dreht ab. Neeeeeeein! Wichtige Punkte weg. Aber ein Bild fürs Leben ins Hirn gebrannt. Und am Ende sind wir Dritter geworden. Auch ohne diesen Fisch. Wobei: Einen wichtigen Fisch hat mir dieser Köder in diesem Wettkampf schon gebracht. Allerdings keinen Barsch, sondern einen 80er Hecht.

Dass Spinnerbaits in Holland der ganz heiße Scheiß sind, haben mir Konkurrenten auf der WPC 2015 erzählt. Sie haben mir sogar teilweise Spinnerbaits geschenkt. Und das vorm Wettkampf! Damals hatte ich aber kein Vertrauen in die Dinger und habe meine Barsche lieber gewobbelt oder mit Gummi bezirzt. (Es hat auch so zu einem tollen 5. Platz gereicht.) Auf einer Rheindelta-Tour im selben Jahr habe ich dem eigentlich überdimensionierten Vibrashaft von Stanley (14 Gramm) eine Chance gegeben und dabei erst das brutale Dickbarsch-Potential entdeckt, das in dieser Vibrations- und Flash-Maschine steckt. Und deshalb musste hier unbedingt ein Spinnerbait-Kapitel kommen.

Köderbeschreibung

Als Spinnerbait bezeichnet man die V-förmigen Drahtgestelle, an deren einem Schenkel ein meist fischkopfähnliches und von einem Skirt aus Gummifransen ummantelten Bleigewicht vor einem fest fixierten Haken sitzt, während am oberen Schenkel ein bis zwei Spinnerblätter angebracht werden. Die Öse sitzt im Knick. Durch die Drahtarme ist der Haken abgedeckt, so dass man dieses Konstrukt spielend durch Hindernisse manövrieren kann, ohne Gefahr zu laufen, dass der Köder hängen bleibt bzw. Kraut aufsammelt. Wenn man den Köder anzieht oder fallen lässt, fangen die Spinnerblätter an zu rotieren. Sie verursachen große Turbulenzen unter Wasser und reflektieren in alle Richtun-

▶▶▶ **Ich habe anfangs auch nicht dran geglaubt, dass Barsche solche Monsterköder weghauen.**

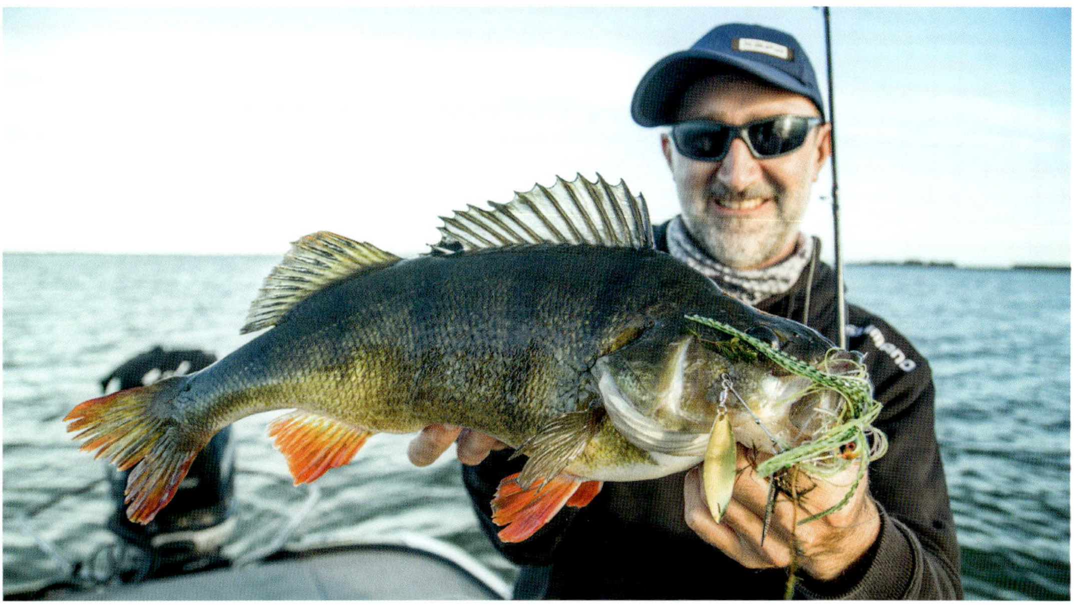

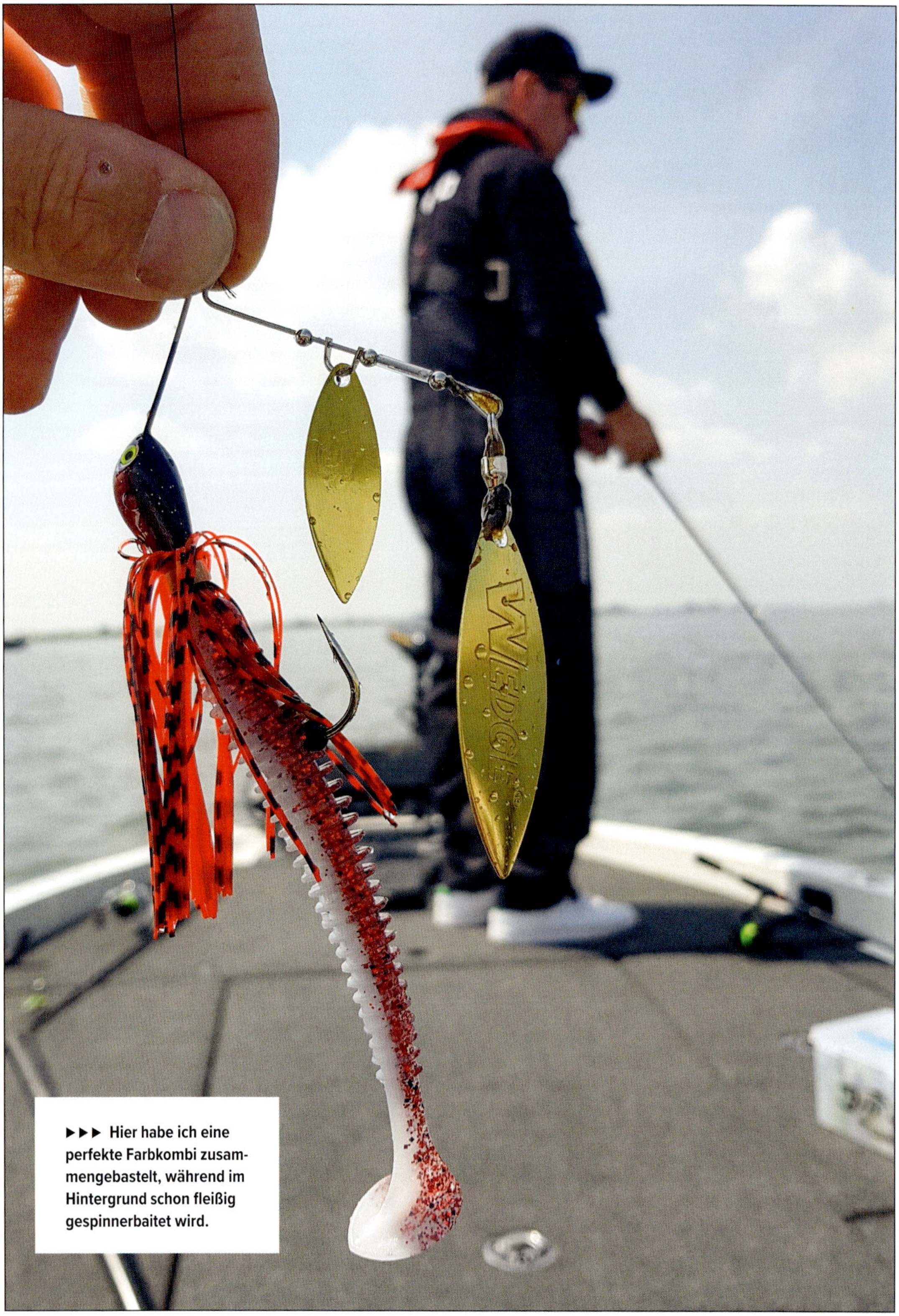

▶▶▶ Hier habe ich eine perfekte Farbkombi zusammengebastelt, während im Hintergrund schon fleißig gespinnerbaitet wird.

gen. Ein Spinnerbait soll den Raubfischen einen ganzen Futterfischschwarm vortäuschen. Man unterscheidet ein- von zweiblättrigen Spinnerbaits. Außerdem haben die Blätter verschiedene Formen. Das Colorado-Blatt (amerikanisch Colorado Leaf) ist fast rund, verdrängt deshalb viel Wasser und eignet sich für eine langsame Gangart. Das Willow Leaf ist schmaler und kann schneller geführt werden. Dazwischen ist das ovale Indiana Leaf angesiedelt. Eine große Bedeutung kommt auch dem Skirt zu, den es in den verschiedensten Farbkombinationen gibt.

Niemals ohne Trailer?

Ich würde sagen: JA! NIEMALS ohne. IMMER mit. Aber ich kenne Bassangler, die mir vom Trailer abgeraten haben wegen der Fehlbisse trotz Assist-Hook. Und ich kenne Barschangler, die die großen Spinnerbaits blanko fischen. Teilweise sogar blanko aber mit Angsthaken. Ich glaube aber voll an die Magie des Trailers und ich fische mein Spinnerbait/Trailer-Gespann in dem Glauben, dass ich mehr Bisse bekomme als auf einen ungetrailerten Spinnerbait. Nicht nur dass die Gummi-Deko zusätzlich Druck macht und verführerisch wedelt – der Trailer schüttelt auch den Spinnerbait ein bisschen durch, lässt ihn leicht flanken. Ich bin mir sehr sicher, dass die Raubfische das gut finden. Top-Trailer sind meines Erachtens der Fat G-Tail Grub (reins), der Fat Swing Impact (Keitech) und EZ Swimmer (Gambler). Ich kenne auch Leute, die auf Doppelschwanztwister oder Action-Krebse schwören. Ich versuche immer schöne Farbkombinationen zu erzeugen. Entweder einen Hell-/Dunkel-Kontrast oder ein Ton-in-Ton-Gemenge.

Tricks & Tücken bei der Trailer-Wahl

Am Anfang haben meine Kumpels und ich viel und sehr erfolgreich Twister auf den Spinnerbait gesteckt. Barsche lieben dieses Geflatter. Allerdings verhakt sich der Twisterschwanz beim Wurf sehr gern in den Haken (besonders, wenn man mit einem Assist-Haken – dem Pendant zum Zusatzdrilling – fischt). Deshalb ist es komfortabler, Gummifischen mit und ohne Schaufelschwanz zu verwenden. No Action-Shads lassen den Köder gerade laufen. Er läuft auch etwas tiefer, als wenn ich einen Gummifisch mit Schaufelschwanz montiere. Je größer der Teller, desto größer der Wasserwiderstand, desto flacher wird der Spinnerbait laufen. Den Twister gebe ich dennoch nicht komplett auf. Dieses diffuse Flattern ist manchmal eben echt der Hit. Da muss man den einen oder anderen Leerwurf in Kauf nehmen.

Assist-Hook für Schwanzbeißer

Der Bass-Spinnerbait ist ein XL-Barschköder. An Cranks hängen zwei Drillinge, an Twitchbaits auch – zumindest kommen sie so aus der Verpackung (wir fischen sie dann ja mit getuntem Einzel-Endhaken). Und so habe ich an sich keine moralischen Bedenken, wenn ich auch dem Spinnerbait eine »Angstversicherung« verpasse. Im Fachjargon nennt sie sich »Assist-Hook«. Dabei handelt es sich um einen Einzelhaken mit quer stehendem Öhr. Er wird einfach auf den Haupthaken gesteckt. Bei den meisten Modelle ist vorgesehen, einen Plastikschlauch über das Öhr zu ziehen, bevor man den Zusatzhaken dann auf den Haupthaken spießt. Das System leiert mit der Zeit aus. Dann verdreht sich der Assist-Hook schon im Wurf und verliert seine Wirkung. Deshalb arbeite ich auch hier mit Schrumpfschlauch, den ich über den Originalschlauch ziehe. Nach dem Motto: »Doppelt gemoppelt, hält besser!« Den Schrumpfschlauch mache ich erst richtig heiß, wenn der Trailerhaken auf dem Haupthaken sitzt. Das hält dann bombenfest.

Spinnerbait-Führung

Spinnerbaits können in allen Geschwindigkeiten angeboten werden. Sie fangen schon, wenn man sie einfach nur einkurbelt. Aber das ist noch

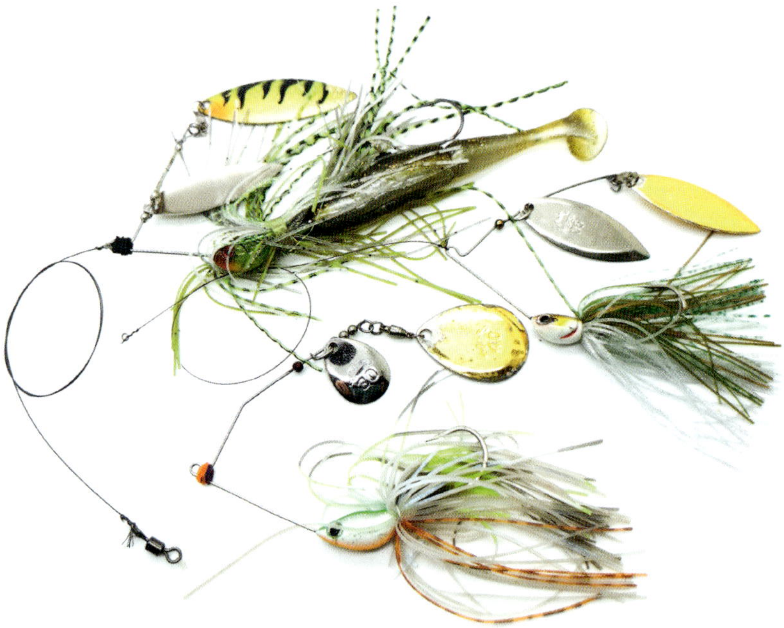

▶▶▶ **Meine Lieblings-Spinnerbaits kommen von Nories und Stanley.**

viel mehr drin: Populär ist es z.B. den Köder mit zum Himmel gerichteter Rutenspitze unter der Wasseroberfläche entlang flitzen zu lassen (»burnen«). Wenn man sie durchs Wasser rippt, also mit einem seitlichen Zug beschleunigt, um dann kurz abzustoppen, während man die Rutenspitze wieder nach vorne bewegt und Schnur aufnimmt. Dabei kommt das Skirt so richtig schön in Wallung. Auch Sinkflüge haben eine große Lockwirkung. Das gilt auch für Hinderniskontakte. Viele Bisse kommen in dem Moment, in dem der Spinnerbait gegen ein Holz oder einen Baum prallt und seine Richtung ändert.

Hardware

Ich fische die sperrigen Gespanne aufgrund des großen Einzugwiderstandes ausschließlich mit der Baitcaster. Und zwar mit MH-Ruten (Poison Adrena, Expride oder Zodias) mit ca. 30 Gramm realem Wurfgewicht. Auf den Rollen (201er Curado, 151er Metanium DC) sitzt meistens relativ dicke Geflochtene (bei mir 15er PowerPro) und vor das Stahlvorfach (11 kg 1x7 Titan) ist ein ca. 2 m langer FC-Leader geschaltet (35er Fluorocarbon). Das macht Sinn und noch mehr Spaß. Sinn machen auch DC-Rollen. Denn die Köder sind sehr voluminös und haben einen großen Windwiderstand. Wirft man gegen den Wind, hilft die Digital Control, Perücken zu vermeiden.

Fluorocarbon ist auch eine Option!

Bass-Angler – und die sollten es ja wissen – bespulen ihre Spinnerbait-Kombos mehrheitlich mit starkem Fluorocarbon. Kann man machen. Eine unsichtbare und lautlose Schnur ist immer gut. Durch die Dehnung wirft sich der Spinnerbait schöner. Beim Laden der Rute im Rückschwung lädt sich auch die Schnur und leistet so einen

Beitrag zum Katapult-Effekt. Außerdem springen weniger Fische ab – ebenfalls der Dehnung geschuldet. Ich wechsle hin und her, fische die Teile mal mit Geflecht, mal mit FC. Der Vorteil von geflochtener Schnur beim Spinnerbaiten ist, dass man den Druckabfall bei einem Anschieber besser spürt und man so mit einem Beschleunigungsmanöver den finalen Biss triggern kann. Außerdem lässt sich auf dem Weg zur Rutenspitze eingesammeltes Kraut besser vom Haken schütteln, wenn die Schnur keine Dehnung aufweist.

Spinnerbait-Szenarios
Aufgrund des geringen Tiefgangs handelt es sich beim Barsch-Spinnerbait um einen Flachwasserköder. Klassische Anlaufstellen für den angehenden Spinnerbaiter sind Krautfelder, Schilfinseln oder Schilfgürtel, Seerosenfelder, verholzte Gewässerbereiche, Steinfelder und Steinpackungen, Steilufer und andere Strukturen, gegen die man das Drahtgestell ballern lassen kann.

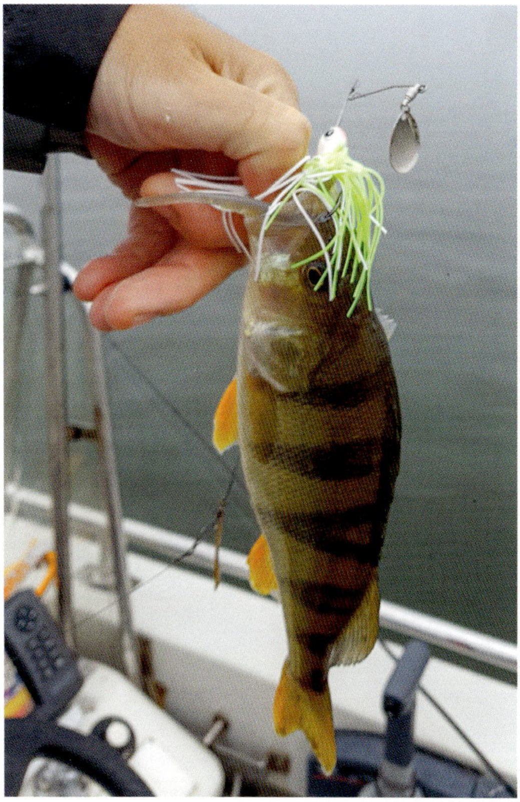

▶▶▶ **Kleinere Spinnerbaits kommen oft nur mit einem Blatt daher.**

★ Special:
SPINNERBAIT LIGHT

Jetzt ist es aber halt so, dass in diesem Rheindelta brutal große Barsche herumschwimmen und dazu viele Hechte. Dass sogar die Zander gern auf Spinnerbaits ballern, macht es einfach, so große Wummer in den Karabiner zu schrauben. Das ist nicht überall so. Und deshalb fische ich hier in der Spree kleinere Spinnerbaits. Ich mache das schon seit Jahren und habe seit Jahren gute Erfolge damit. Davon zeugen diverse Artikel über das Angeln mit dem Heli-Snap, einem Karabiner-Drahtgestell mit einfachem Rotor. Die Zeit schreitet voran und der Barsch ist voll drin im Fokus der Köderhersteller. Und damit gibt's auch immer mehr barschspezifische Köder. U.a. auch Spinnerbaits.

Auch hier gilt: Mach's mit!
Auch ein Mini-Spinnerbait wird niemals blank gefischt. Auf den Haken kommt immer ein Trailer. Ich empfehle einen Fat G Tail Grub, einen No-Action-Shad (Shad Impact) oder einen kleinen Action-Shad/Wurm (Fat Swing, Swing Impact).

Mini-Spinnerbait-Gerät
Klar. Die kleinen Spinnerbaits machen nicht so viel Druck, dass man mit ihnen eine Barsch-Station platt angeln kann. Stilecht mit der Baitcaster macht es aber noch mehr Spaß. Ideale Rute sind z.B. die Expride BFS (altes Modell) oder die Zodias BFS, die mit 12 Gramm Wurfgewicht angegeben sind, aber auch die paar Gramm mehr können. Dazu eine schone leichte Rolle (der Shimano-Mensch empfiehlt natürlich die Aldebaran)

und dann kann man sich überlegen, ob man 20er bis 25er FC aufzieht oder eine 10er Geflochtene.

Mini-Spinnerbait-Führung

Spinnerbaiten ist furchtbar einfach: Hindernisse suchen, Hinderniskontakt aufnehmen. Ansonsten durchkurbeln und beim Fehlbiss ein bisschen beschleunigen. Die Köderführungsoptionen habe ich ja oben schon beschrieben.

Für alle, die sich nicht an die dicken Spinnerbaits rantrauen bzw. die Gewässer befischen, in denen die Teile keinen Sinn machen, ist das Mini-Spinnerbaiten ein guter Einstieg in eine spannende Angelei. Manchmal fängt man mit dem Spinnerbait halt wirklich mehr als mit dem Wobbler oder Gummifisch. Manchmal kommt man an Stellen ran, die man mit anderen Ködern nur schwer befischen kann. Und manchmal steht da dann ein besonders schöner Barsch.

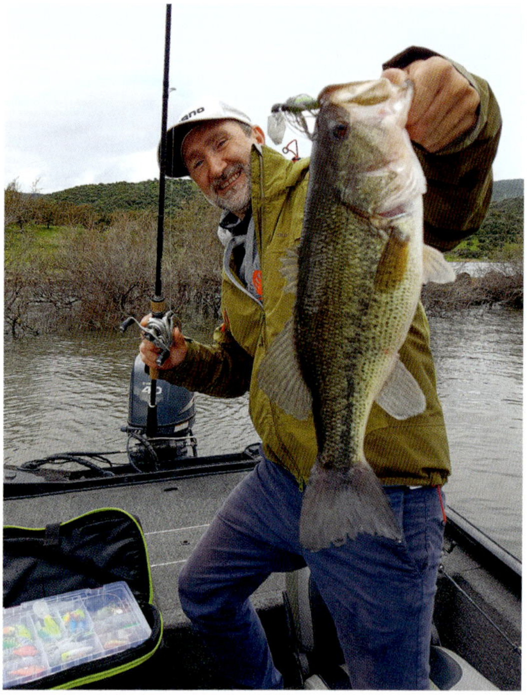

▶▶▶ **Aus der Bassangelei ist der Chatterbait nicht mehr wegzudenken.**

Mini-Spinnerbait-Einsatzgebiet

Auch die kleinen Spinnerbaits funktionieren am besten im bzw. überm Kraut, in Seerosen oder eben an Steinpackungen, wo sie meist auf den ersten Kurbelumdrehungen zünden – oder eben nicht. Hinderniskontakt ist nicht unbedingt nötig, aber förderlich. Und wenn man schon so einen Hänger- und Krautschutz zur Verfügung hat, sollte man den auch ausnützen und fleißig gegen die Steine oder Hölzer bouncen bzw. durchs Grünzeug durchgehen.

CHATTERBAIT: DER SPINNER DER NEUZEIT!

Chatterbaits sind derzeit in aller Munde. Die einen feiern diesen Köder als Allzweckwaffe. Bei anderen überwiegt noch die Sorge, dass sich dieser Schwarzbarsch-Köder als Flop erweisen könnte, wenn man ihn auf Barsche oder Hechte einsetzt. Sogar in meinem Forum Barsch-Alarm, wo sich viele Experten herumtreiben, ist das Publikum geteilter Meinung. Die einen halten die Teile für ultimative Waffen, die man am besten geheim halten sollte. Die anderen empfinden die Jigs mit dem Blechplatten-Vorbau als komplett überbewertet. Sind sie natürlich nicht! Im Gegenteil. Man sollte dem Erfinder ein Denkmal bauen. Auf dieses Köderkonzept muss man erstmal kommen. Dazu gehört eine ordentliche Portion Genie mit einem kräftigen Schuss Wahnsinn. Also, volle Konzentration bitte! Vorhang auf zum Chatterbait-Tutorial. We proudly present den Spinner der Neuzeit. Wir sind unter uns. Deshalb kann ich es ja sagen: Idiotensicher! Und: Extrem vielseitig einsetzbar!

Was die Chatterbaitangelei ausmacht, sind die grandiosen Bisse. Wenn man die Köder schnell oder an steil aufgerichteter Rute (dann langsam) führt, laufen sie sehr flach. Interessierte Barsche kündigen sich durch eine Bugwelle an und lassen das Wasser dann explodieren, wenn sie zuschlagen. Aber auch »Unterwasserbisse« sind spektakulär, weil oft sehr hart. Das Vibrationsmonster macht eben aggro. Spektakulär ist auch die Beifang-Quote. Leute. Ohne Stahl könnt ihr eigentlich nicht chattern. Euer Köder läuft permanent Gefahr, von einem bezahnten Maul umschlossen zu werden.

Chatterbait-Prinzip

Das Prinzip ist einfach. Wenn man mal darauf gekommen ist, fragt man sich, warum es das noch nicht früher gab. In der Öse eines Jigs sitzt eine Metallplatte, in deren Mitte ein Karabiner oder eine andere Einhängevorrichtung angebracht ist. Und zwar an der Unterseite. Zieht man den Köder durchs Wasser, richtet sich die Platte auf und drückt gegen die Wassersäule. Sie möchte natürlich umkippen, wird aber vom Jig stabilisiert. Durch das Spiel in der Öse vibriert die Platte in einer Intensität, die kein anderer Köder erreicht. Diese Vibrationen übertragen sich auf den Trailer, den wir auf den Haken gezogen haben. Dazu kommen Lichtblitze, die die Platte durchs Wasser schickt. Und weil das alles noch nicht genug ist, hat der Erfinder befunden, dass es noch ein Fransenrauschen braucht, um die Reizüberflutung perfekt zu machen. Ergo tragen viele Chatterbait-Jigs ein Kleid aus Gummi- bzw. Silikonfäden.

Chatterbaits gibt's in vielen Größen. Wie eingangs erwähnt, handelt es sich um einen Köder aus der Schwarzbarschangelei. Und diese zum Fressen geborenen Fische heißen nicht umsonst Largemouth Bass. Da passt einiges rein. Da nehmen sich unsere Barschmäuler kleiner aus. Dennoch – an Gewässern mit Großbarsch-Potential fangen auch die größten Modelle zuverlässig große Barsche. (Über Hechte müssen wir nicht reden. Nur übers Thema Hechtsicherheit. Später.) Speziell für Barsche gibt's aber auch Finesse-Chatterbaits, mit denen die Amis und Japaner eigentlich auch Schwarzbarsche ansprechen wollen, wenn diese auf Diät sind. Die passen dann auch für den 20er Spreebarsch.

Erstmal zum Gewicht: Generell läuft ein Chatterbait (natürlich) umso tiefer, je schwerer er ist. Bzw. kann man ihn schneller führen, wenn er mehr wiegt. Zum Flachwasserangeln verwende ich meistens Gewichte von 14 Gramm

▸▸▸ Wenn man diese Köder mal für sich entdeckt hat, will man sie zum Barschangeln nicht mehr missen.

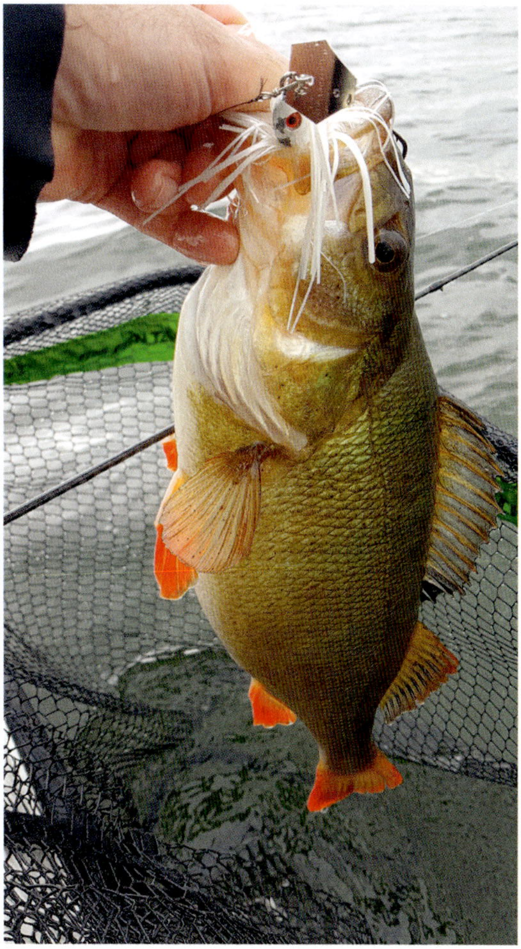

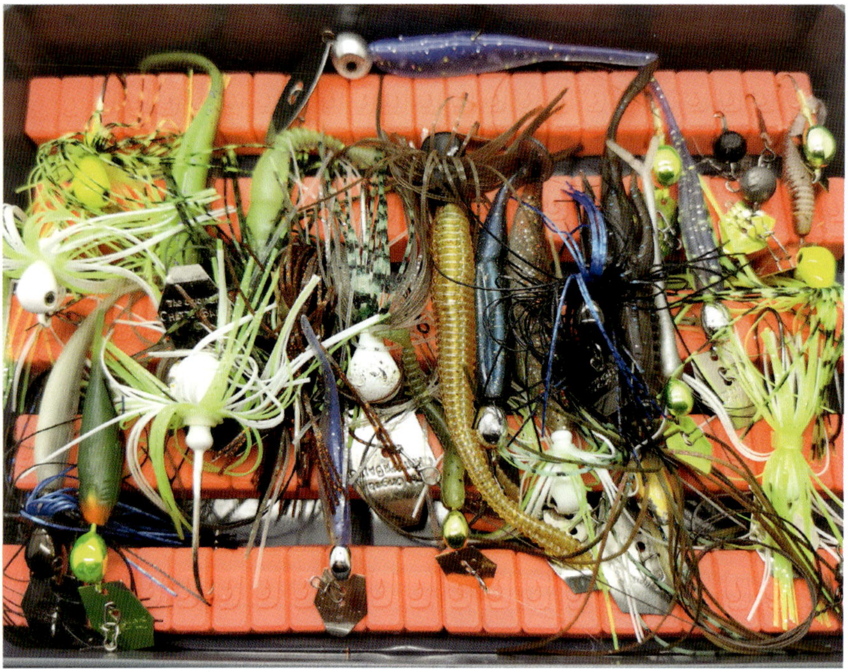

►►► Ein Blick in einer meiner Chatterbait-Boxen gefällig? Here you go. Ich hab' noch viel mehr davon im Waffenschrank!

(1/2 Oz.) für Dickbarsch und 7 Gramm (1/4 Oz.) bzw. 10 Gramm für Durchschnitts-Barsch. Für die City (und den Forellenbach) habe ich aber auch Mini-Eigenbau-Chatterbaits, die ich mit einem 3-Gramm-Jig ausstatte.

Hinsichtlich der Chatterbait-Größe gilt: Je größer das Blatt, desto größer der Widerstand, desto mehr Vibration, desto höher steigt der Chatterbait. Beim Einkauf gilt es neben dem Gewicht und der Blattgröße auch die Hakengröße zu beachten. Die Chatterbaits aus Japan und den USA sind fürs Bassangeln konzipiert. Die BlackBass haben riesige Mäuler. Da ist ein 5/0er Haken kein Problem. Solche Chatterbaits fische ich nur auf Barsch, wenn ich es gezielt auf sehr große Barsche abgesehen habe.

Die Platte muss wackeln – SOFORT!

Das wichtigste Qualitätsmerkmal neben scharfen Haken und einem sexy Skirt ist die sofortige Anspring-Bereitschaft. Die Blade muss bei der ersten Kurbelumdrehung nach dem Eintauchen anspringen. Wenn ein Chatterbait erstmal einen Meter laufen muss, bis er vibriert, eignet er sich erstens nicht zum Abangeln von Steinpackungen und anderen Strukturen, wo der erste Meter am Hindernis entscheidet. Zweitens kann man solch träge Chatterbaits nicht jiggen. Hier macht nur Versuch klug. Bzw. macht es einfach Sinn, auf Markenprodukte zu setzen: Z-Man, Picasso, Nories, Deka, Illex ...

Nie ohne Trailer!

Chatterbaits werden niemals blanko gefischt. Auf den Haken kommt immer ein Gummitier. Hier gibt's eigentlich keine Limits. Zu bullig dürfen sie nicht ausfallen, damit der Chatterbait eine Chance hat, sofort anzuspringen, wenn man ihn ankurbelt. Am besten nehmen schlanke und weiche Gummis die Chatterbait-Vibrationen auf. Wenn man das berücksichtigt, funktionieren Twister, Gummiwürmer, No Action-Shads, Action-Shads, Krebse oder Doppelschwanztwister. Ich verwende am liebsten einen Shad Impact. Der butterweiche No Action-Shad mit dem Nadelschwanz vibriert hochfrequent und ist sowohl form- als auch materialtechnisch das perfekte Produkt, um die Vibration des Chatterbaits bis ins letzte Trailerende zu transportieren. Meine erste Alternative ist ein Swing Impact, den ich anfangs um die beiden Tellerhälften erleichtere, so dass nur ein Hammerschwanz stehen blieb. Das sieht auch schön aus, läuft aber deutlich weniger aggressiv. Lässt man den Schwanzteller dran, steigt der Köder aufgrund des Wasserwiderstandes ein paar Zentimeter nach oben. Wer also richtig flach Chattern will, nimmt am besten einen Action-Shad als Trailer. Merke: Je größer der Schaufelschwanz, desto größer der Wasserwiderstand, desto höher steigt der Chatterbait. Eine Alternative zum Pintail (Nadelschwanz-Shad) sind Gummiwürmer. G Tail Saturns zum Beispiel oder Get Ringer.

Kleiner Tipp am Rande: Ich sichere die Gummis mit einer Gummiperle, die ich über den Haken stülpe und auf den Trailer presse, gegen das Herunterziehen und habe so viel länger etwas von den zusätzlichen Attraktoren, als wenn ich mir diesen Schritt sparen würde – gerade bei den weichen Keitechs macht das richtig viel Sinn!

Hechtsicher chattern

Chatterbaits werden einfach an die Schnur geknotet. Und zwar vorne an dem Karabiner, der bei den meisten Modellen im Metallblatt sitzt. Das »Problem«: Hechte lieben auch kleine Chatterbaits. Und so fische ich sie nie ohne Stahl. Da ich es überhaupt nicht leiden kann, wenn ich einen Köder mit einem Doppelkarabiner ausstatte, bekommt jeder Chatterbait sein individuelles Vorfach. Ich verwende hier 1x7 Titan (Knot2Kinky – dazu später mehr) und knote es direkt an. Jetzt bekommt es der eine oder andere Barschcrack sicher mit der Verprellungsangst zu tun. In echt verhält es sich aber so, dass ein Chatterbait mal so rein gar nichts imitiert, was die Barsche im echten Leben fressen. Das Angebot ist ein reinrassiger Appell an die Reflexe. Ob vor der Blechplatte noch ein dünner Stahlfaden durchs Wasser schwimmt oder nicht, ist komplett irrelevant und hat keinerlei Auswirkungen auf die Beißfrequenz. Sage ich jetzt einfach mal so, ohne wissenschaftliche Daten liefern zu können. Viele erfolgreiche Sessions im glasklaren Wasser geben mir aber das Gefühl, dass ich mit dieser Einschätzung nicht allzu falsch liegen kann. Und wenn – es wird immer wieder Hechte geben, die sich einmischen. Auch beim Barschangeln. Die will doch wohl hoffentlich niemand hier vorsätzlich verangeln?!

Chatterbait-Führung

Ich spreche nicht ohne Grund vom Spinner der Neuzeit. Der Chatterbait macht ebenfalls viel Druck und lockt mit Lichtreflexen. Nur hat man noch die Wahl, welchen Trailer man auf den Haken steckt und – ganz wichtig – es kommt nicht zu Schnurdrall, weil der Jig den Köder in der Spur hält. Chatterbaits fangen super, wenn man sie ganz stupide durchkurbelt. Wenn ihr die Teile ausprobiert, werdet ihr merken, dass sie großes Interesse generieren. Sie werden angestupst, verfolgt, halbherzig oder fulminant attackiert. Wenn die finale Attacke ausbleibt, hilft oft ein einfacher Trick, den ihr sicher auch vom Blinkern kennt: Gas geben. Erstens triggert das den Schnappreflex. Zweitens steigt die Reizdosis in Form einer heftigen Druckwelle auf die Seitenlinie sprunghaft an. Sollten die letalen Bisse ausbleiben, kann aber auch ein Spinnstop helfen. Bisse provoziert man außerdem durch generelle Geschwindigkeitswechsel und Twitches aus der Rutenspitze, die den Köder ausbrechen lassen. Man kann Chatterbaits aber auch Jiggen und Faulenzen. Oder durchs Mittelwasser zupfen. Alle Alternativführungen können echte Bringer sein, wenn das Durchkurbeln nicht funktioniert. Beim Durchkurbeln schlage ich nicht an. Dazu reagie-

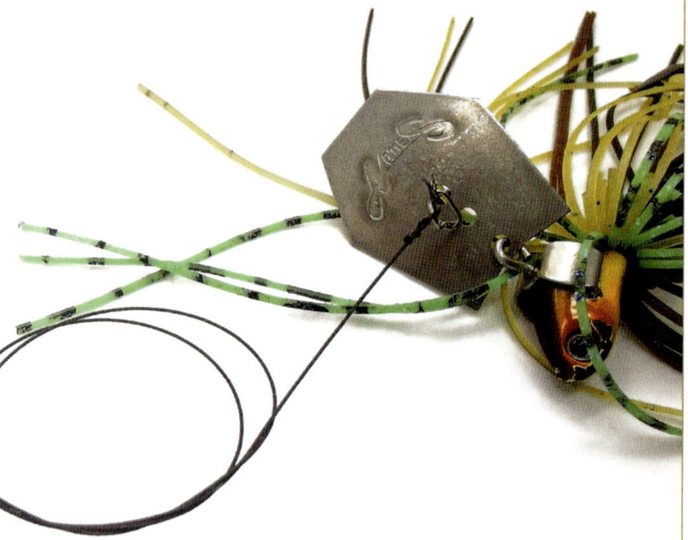

▶▶▶ Das Titanvorfach knote ich direkt in den Karabiner. Bedeutet: Jeder Chatterbait hat sein eigenes Titanvorfach.

re ich zu langsam. Die Bisse kommen aus dem Nichts wie ein Blitz. Beim Jiggen ist ja klar, dass der Biss meistens in der Absinkphase kommt. Außerdem ist kein Zug auf dem Köder, der ihn beim Reinlaufen selber hakt. Deshalb schlage ich da dann auch an, wenn es in der Rute zuckt.

Chatterbait-Hardware: Mach's mit Multi!

Ganz klare Sache: Dieser Köder hat einen riesigen Einzugswiderstand, der Gift für die Getriebe von Stationärrollen ist. Deshalb fischt man bitte nur wirklich kleine Chatterbaits mit der Stationärrolle. Die Rute darf im Zweifelsfall auch gern etwas stärker ausfallen. Ein 14 Gramm-Chatterbait wiegt erstens nicht nur 14 Gramm, sondern deutlich mehr, da die Amis nur das Jigkopf-Gewicht angeben (was Sinn macht, denn das bestimmt zum großen Teil die Lauftiefe). Zweitens baut der Chatterbait ja – wie mehrfach erwähnt – massiv Druck auf. Wenn die Rute schon unter dem Druck des Köders krumm ist, haben wir wenig Power für eine gute Bissverwertung. Für 14 Gramm sind MH-Ruten (meine Shimanos haben ein WG von 10 bis 30 Gramm bzw. 10 bis 28 Gramm) also nicht überdosiert. Die 3,5 Gramm schweren Z-Mann Chatterbaits fische ich am liebsten mit einer BFS-Castrute (Wurfgewicht 4 bis 12Gramm) oder einer ML (5 bis 15 Gramm).

Die richtige Schnur zum Chatterbaiten

Beim Bassangeln habe ich beste Erfahrungen mit Fluorocarbon als Hauptschnur gemacht. Die Dehnung entschärft die Vibration beträchtlich. Das ist sehr angenehm. FC ist außerdem unsichtbar, hat keinen Auftrieb und ich mag die Elastedrills. Allerdings bin ich hier schon der Meinung, dass man den einen oder anderen Fehlbiss mehr verzeichnen muss, weil das alles so schnell geht, dass man gar nicht rechtzeitig anhauen kann. Die Fische müssen sich mehrheitlich selber haken. Aufgrund der Dehnung klappt das mit Fluorocarbon nicht bei jedem Biss. Fischt man mit Geflecht, ist man früher dran und selbst wenn man nicht anschlägt, ist die Chance groß, dass die Barsche hängen bleiben, weil sie sich selbst anschlagen. Das Gegenargument (also pro FC) ist: Durch die Dehnung können die Fische den Köder widerstandslos einsaugen. Was toll für

Bassangler ist, weil die Bass einen Köder länger halten – dem Barschangler aber wenig bringt, wenn der Fisch den Köder wieder ausspuckt, bevor der Anschlag kommt. Dennoch würde ich meinen, dass es beim Barschangeln ein bisschen Geschmackssache ist. Randnotiz: Nicht so beim Hechtangeln. Wer hier mit Mono oder FC zuwerke geht, wird deutlich mehr mit Fehlbissen und Aussteigern zu tun haben als ein PE-Mensch.

Chatterbait-Situationen

Der Chatterbait lohnt überall einen Versuch, wo er performen kann. Im Flachwasser sowieso. Aber eben auch in tieferen Zonen, wenn es gelingt, den Köder zum Grund zu bekommen, um ihn da zu jiggen oder diagonal durch die Wassersäule zu kurbeln. Ich fische ihn am liebsten überm Kraut, an Seerosenfeldern, am Schilfgürtel, an der Steinpackung, in Buhnenfeldern, auf Plateaus, an der ersten Abbruchkante usw. Man sagt, der Chatterbait sei ein Sommerköder. Das stimmt so pauschal überhaupt gar nicht. Man kann ihn sehr defensiv über den Grund zupfen und so auch träge Fische einsammeln. Ihr könnt ihn aber auch bei eisigen Temperaturen kurbeln. Lasst euch nicht verunsichern von allen, die denken, dass ein Searchbait im Winter keine Barsche fangen kann. Ein Reaktionsbiss ist immer drin!

» VIDEO: Chatterbait und Barsch? Das passt!

BLADE-BAIT: FLATTER-FLASHER FÜR ALLE WASSERSCHICHTEN

Gleich vorab: Inzwischen formieren diese Köder unter dem Namen Blade-Bait. Das macht ja auch Sinn, denn mit der Klinge auf dem Rücken sieht eine Cicada ja ein bisschen aus wie ein Messer. Ursprünglich nannte man diese Köder aber Cicada und in diesem Kapitel bleiben wir mal oldschool. Also rein in die Materie:Wenn man im Internet nach Zikaden googelt, erfährt man, dass es sich bei dem Vorbild für die Blech-Cicadas um ein Pflanzen aussaugendes Insekt handelt. Die Familie umfasst die Rundkopf- und die Spitzkopfzikaden. Weltweit gibt's mehr als 40.000 Unterarten. Die kleinsten Zikaden werden nicht einmal 2 Millimeter groß. Die größten so ungefähr 7 Zentimeter (Kaiserzikaden).

Zikaden leben praktisch überall, wo es Pflanzen gibt. Von den Salzwiesen der Ost- und Nordsee über die Hochgebirge bis in tropische Gefilde. Sie bewegen sich zu Fuß vorwärts und saugen mit ihren Rüsseln mehr zuckerhaltigen Saft aus den Pflanzen, als sie verwerten können. Ihre natürlichen Feinde sind Spinnen, Raubwanzen, Ameisen und Vögel. Ja wie? Keine Barsche? Das verwundert dann ja doch. Schließlich sind Cicadas grandiose Barschköder. Das liegt dann aber wohl eher an den Laufeigenschaften der Zikaden-Form als an der täuschend echten Imitation der namensgebenden Insekten. Ich habe ein Faible für abstrakte Konzept-Köder. Irgendwie ist es doch auch cool, wenn die Form nur der Funktion folgt und die Fische trotzdem zuschnappen. Manche Wobbler und Gummis sind ja so nah am lebenden Vorbild dran, dass man gar nichts mehr falsch machen kann.

Allerdings fällt es auch beim Cicada-Fischen schwer, mit der Präsentation komplett daneben zu liegen. Zu heftig ist die Vibration, die schon

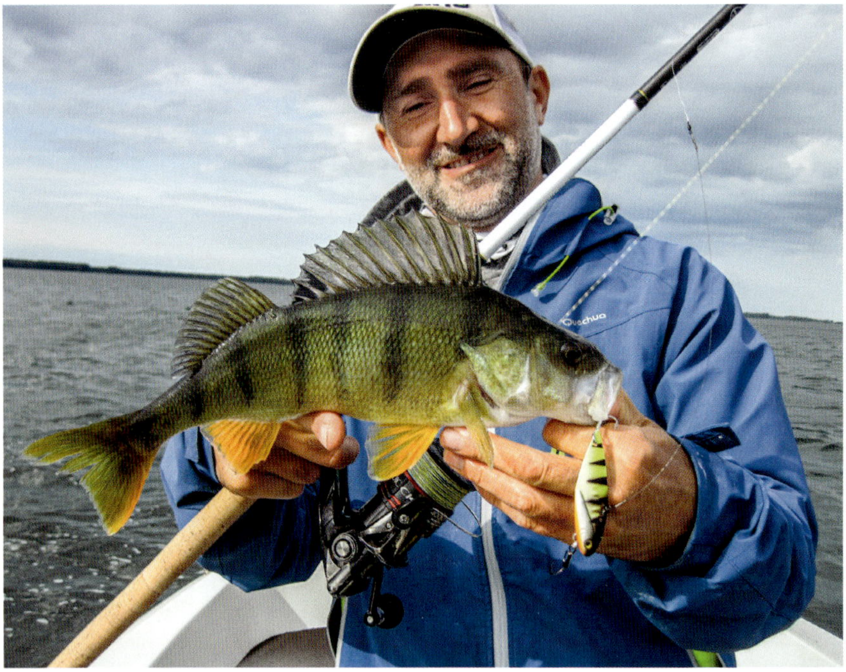

►►► Mit dem Barsch-Design macht man nichts verkehrt – auch wenn barschfarbene Insekten selten sind.

beim bloßen Einkurbeln entsteht, als dass man nicht schon jetzt Barsche fängt. Wenn man sich mal anschaut, wie die Köder laufen und was man alles damit machen kann, drängt sich der Vergleich mit einem Lipless Crankbait auf. Mit dem kleinen Unterschied, dass Cicadas noch weiter fliegen und schneller größere Tiefen erreichen.

Das Cicada-Konzept

Cicadas reizen durch hochfrequente Vibrationen und Flashes, die von den Flügelflächen zur Seite weggeschickt werden. Die Mikro-Ausschläge kommen durch die Kombination aus schmaler Flügelfläche und dem voluminösen und schweren Bauch zustande: Der Rücken bietet beim Beschleunigen weniger Widerstand als der Bauch. Dadurch wird der Köder durchgeschüttelt. Die Öse ist im Flügel angebracht, so dass der Köder den Kopf nach unten ausrichtet, wenn man ihn einholt.

Apropos Aufhängung: Die meisten Modelle besitzen mehrere Bohrungen im Flügel. In welchem Loch man die Cicada mit der Schnur verbindet, hängt damit zusammen, was man machen will. Für eine flache Präsentation ist immer die vordere Öse ideal. Die hinteren Ösen optimieren den Köderlauf bei vertikaler oder tiefer Präsentation.

Top-Cicadas

Ich fische hauptsächlich Cicadas Spinmad und Ecogear. Sicher gibt's noch mehr gute Cicada-Hersteller. Mir würden die beiden aber wohl ausreichen. Die Spinmad-Cicadas gibt's in vielen verschiedenen Gewichten. Hier fische ich sehr gern das 18-Gramm-Modell.

Die Ecogear-Variante ist ein echter Japan-Bait: Ganz sauber gearbeitet und in tollen Farben erhältlich. Interessant sind auch die Reef Runner-Modelle, die mit einer das Licht gut streuenden Folie beklebt sind.

Ich habe auch ein paar Luhr Jensen-Cicadas. Wenn man sich ein bisschen umschaut, wird man viele Köder finden, die auf dem Cicada-Prinzip

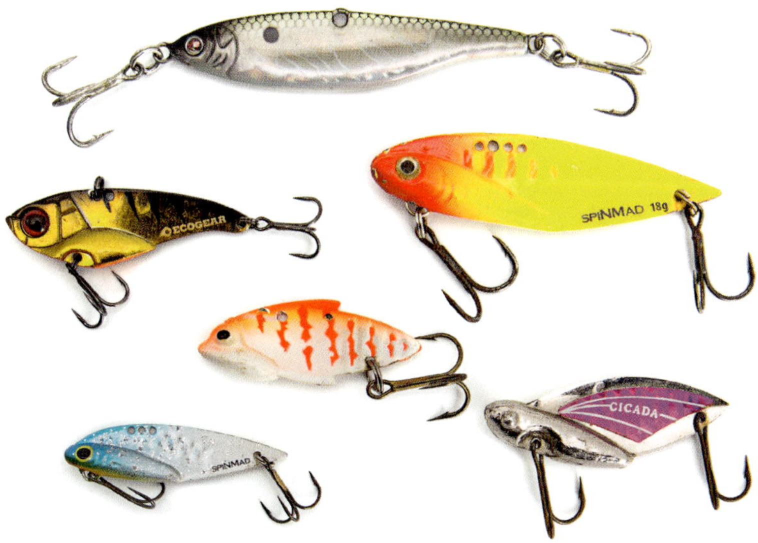

▶▶▶ **Eine schöne Auswahl an Blade-Baits: Sébile Vibrato. Ecogear VX35, Spinmad Cicada, Cicada von Luhr Jensen, Rattlin' Ripple Tail, Spinmad Cicada und die Reef Runner Cicada.**

aufbauen, sich aber von der klassischen Grundform abheben. Dazu gehört der Live Forage von Northland. Oder der Vibrato von Sébile.

Haken-Tuning

Relativ viele Cicadas kommen mit einem offenen Doppelhaken. Ich vermute mal, dass der Zwilling weniger Hänger produzieren soll. Außerdem wären sechs Haken an einem 7-Zentimeter-Köder auch ein bisschen viel. Ich habe schon zu viele große Hechte auf kleines Zeug (auch auf Cicadas) gefangen, als dass ich den offenen Haken mein Vertrauen schenken möchte. Also entweder gegen Drillinge austauschen. Oder starke Drillinge von einem Schenkel befreien und via Sprengring an die Cicada ankoppeln.

Cicada-Führungsstile

Stehen die Fische senkrecht unter dem Boot, am Steg oder unterm Eisloch kann man Cicadas wie einen Zocker führen und immer wieder kurz anheben und dann fallen lassen. Ganz wichtig ist dann eine kurze Pause zum Auspendeln, während der viele Bisse kommen. Manchmal stehen die Fische nicht direkt am Grund, sondern kurz darüber oder sogar im Mittelwasser. Entsprechend macht es natürlich Sinn, etagenweise nach oben zu rücken, wenn sich unten nichts tut.

Wenn die Fische flach stehen, kurbelt man die Cicade kurz unter der Wasseroberfläche ein. Wenn man raubende Fische ausmacht, überwirft man das Getümmel und kurbelt den Köder mehr oder weniger rasant ein. Gelegentliche Twitches erhöhen die Reizwirkung. Die Bisse kommen dann ultrahart und vor allem zuverlässig. Nicht nur, weil er wie ein hektisch fliehendes Fischchen aussieht, sondern da die Räuber die von der Cicada ausgehenden Turbulenzen

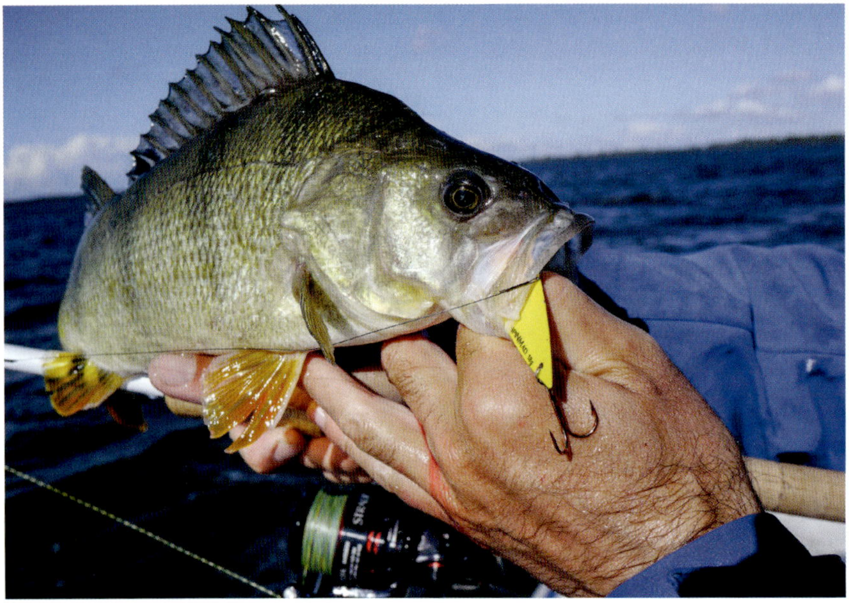

▶▶▶ Hat der sich die Cicada aber weggehauen ...

auch im wildesten Jagdszenario sehr gut orten können. Deshalb verwenden eingefleischte Cicada-Cracks sie auch zum Schleppen.

Wenn man Cicadas nach dem Auswerfen absinken lässt, flattern sie zum Grund. Der Taumelsinkflug ist dabei schon so attraktiv, dass der Köder manchmal gar nicht bis zum Grund kommt und schon vorher abgeräumt wird. Ist er unten angekommen, führt man ihn entweder linear – also mit konstantem Zug – nach oben oder lässt ihn stufenweise steigen, indem man ihn anzieht und dann wieder ein Stückchen absacken lässt.

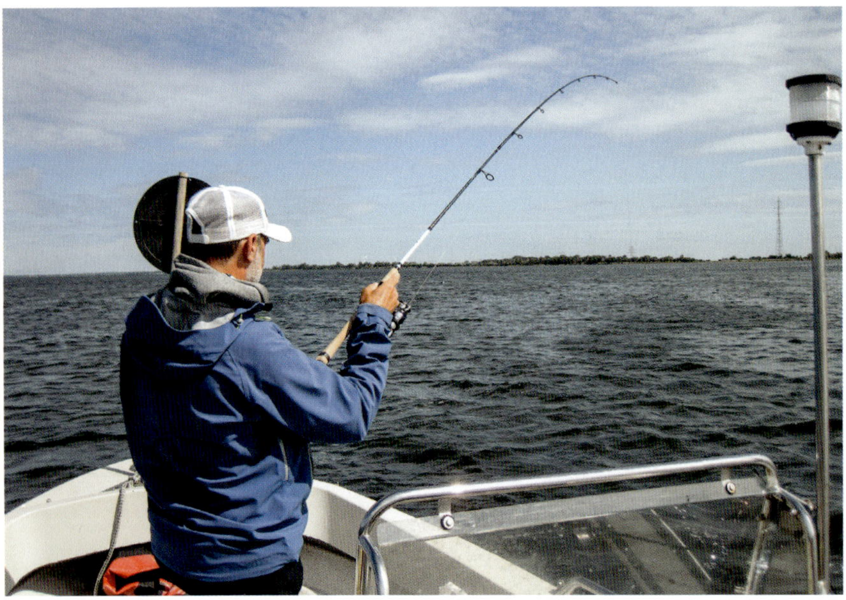

▶▶▶ Die unendlichen Weiten des Boddens lassen sich mit einer Cicada und einer etwas längeren Spinnrute gut und schnell nach Barschen abklopfen.

Möchte man den Grund abklopfen, kann man die Cicada aber auch wie einen Gummifisch jiggen. Das ist meines Erachtens die effektivste Köderführung. Und ob man's glaubt oder nicht: Es gibt Tage, da angelt man mit diesem Ding aus Blech jeden Gummifischangler an die Wand. Besonders im Sommer, wenn die Barsche auf eine richtig ruppige Köderführung stehen, kann man mit einer schweren Cicada aggressiver fischen.

In tiefen Gewässern lasse ich die Cicada mit geöffnetem Rollenbügel absinken, so dass sie mehr oder weniger vertikal fällt und über eine längere Distanz am Boden operiert beziehungsweise diagonal nach oben durchläuft.

Cicada-Situationen

Letzten Sommer habe ich am Bodden viel mit Cicadas gefischt, als es galt, weite Gebiete nach einzelnen Barschtrupps abzusuchen. Da war's auch immer recht windig, so dass man mit einem Weitwurfgeschoss aus Blech am besten beraten war.

Cicadas sind immer dann gut, wenn man unterschiedliches Terrain mit nur einem Köder beangeln will. In meinem Fall war das die tiefe Fahrrinne. Die Kante zur Rinne und der an die Rinne anschließende Flachwasserbereich. Wenn man in tiefen Gewässern nicht weiß, auf welcher Höhe sich die Barsche aufhalten, hat man mit diesem Köder die Möglichkeit, die komplette Wassersäule abzufischen.

Viel habe ich auch an Anlegern gefangen, wenn die Fähren ablegen. Da kommt man dank der Weitwurfeigenschaften gut ins aufgewühlte Wasser – auch wenn man das Boot nicht zu nah ranstellen darf. Ach, was schreibe ich. Probiert's einfach mal selber aus. Ich bin mir sicher, dass jeder Barschangler mal in eine Situation kommt, in der dieser abgefahrene Köder richtig rockt.

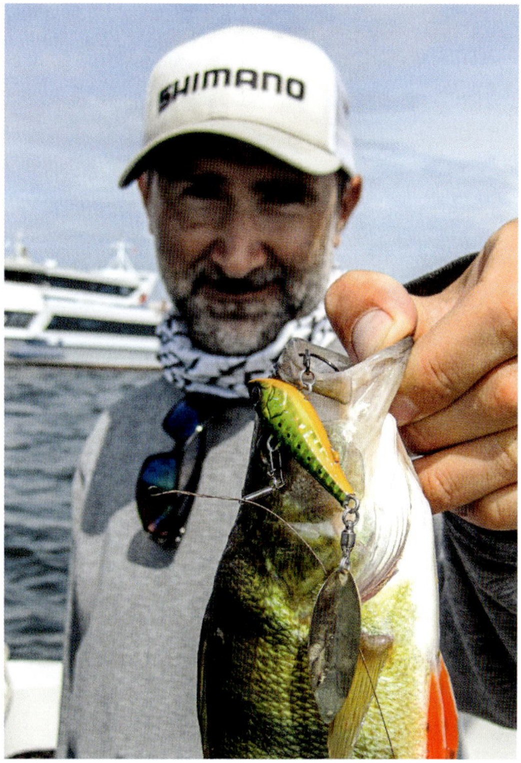

▶▶▶ **Die Highend-Version des Jig-Spinners mit einem mittleren Fahrrinnen-Barsch: Tiemco Ocean Spin.**

JIG-SPINNER: KÖDER-CHARTBREAKER AUS DER BLECHBRIGADE

Sie bestehen aus Blech und damit haben es Jig-Spinner in Zeiten von Japan-Wobblern und -Gummis schwer, den Weg in die Köderboxen der Experten zu finden. Und auch wenn ich noch so viel mit dem Zeug gefangen habe, bin ich immer wieder auf Menschen gestoßen, die sich den wirbelsturmentfachenden Wunderködern aus Metall total verschließen und sich schlichtweg weigern, so ein Blechding in den Karabiner zu klinken. Bei mir stehen die Jig-Spinner aber total hoch im Kurs. Seit ich die Hybriden aus Jig und Spinner in der Saison 2014 für mich wiederentdeckt habe, sind sie nicht mehr aus meiner Barschangelei wegzudenken.

Überzeugt vom Spinner-Prinzip

Zunächst einmal möchte ich euch darlegen, wie es zur Jig-Spinner-Renaissance kam. Ich hole mal ein bisschen weiter aus: Am Spinnangeln mag ich besonders den Grundgedanken, mit einem Ding aus Gummi, Holz, Plastik oder Blech, einen Fisch zu überlisten. Gummifische und Wobbler kommen extrem nah an das natürliche Vorbild ran. Da liegt es nahe, dass die Raubfische zuschnappen. Je abstrakter die Köder werden, desto abgefahrener finde ich es, wenn ein Fisch draufballert. Ich muss nicht immer gleich den bewährtesten Köder am Gewässer X auf Zielfisch Y dranhängen, sondern fange auch sehr gern mit unpopulärem Zeug. Beispielsweise habe ich in diesem Frühjahr zum ersten Mal so richtig intensiv auf Forellen geangelt und enorm gut mit Countdown-Wobblern und Floatern gefangen. Fast schon zu gut. Irgendwann hatte ich dann mal Spinner dabei und die haben mir viel Spaß gemacht, weil es so viele Fehlbisse auf Sicht gab. Wenn auch die Bissausbeute mager war, so war es echt beeindruckend wie die Fische auf das Drehmoment, die Lichtreflexe und die Druckwelle anspringen. Diese Angelei hat mir das enorme Potenzial des Spinner-Prinzips noch einmal vor Augen geführt und den Weg zum Experimentieren mit den Jig-Spinnern geebnet.

Batzen-Ballern in Spanien

Kurz vor der Forellensaison, die bei uns in Brandenburg Mitte April losgeht, war ich zusammen mit Dori Baumgartner und einer Gruppe süddeutscher Angler bei Jürgen Stegherr in Mequinenza. Mit Jürgen war ich mehrfach Barschangeln. Während ich die Barsche meistens mit dem T-Rig und Rubber Jigs herausgekitzelt habe, hat er sie ganz aggressiv mit seinem »Ebro-Batzen« bejiggt. Da habe ich seit langem mal wieder einen Jig-Spinner im Einsatz gesehen und mich von der Fängigkeit überzeugen können. Nicht nur, dass Jürgen da in manchen Situationen mehr Barsche gefangen hat als ich mit meinen subtilen Methoden. Er hatte auch viele Beifänge. Auch Dori und unser Kumpel Andi Weick haben super mit den Batzen gefangen. Mir war das damals noch ein bisschen zu derb. Aber diese Erlebnisse haben die Jig-Spinner auf jeden Fall wieder auf mein Köder-Radar gebracht.

Fahndungserfolg an der Möhnetalsperre

Und als ich im Juli des selben Jahres meine Köderboxen fürs Barsch-Alarm-Treffen am Möhnesee packte, habe ich ein paar von den alten Blech-Teilen, die seit geraumer Zeit in den hinteren Ecken meines Waffenschranks vor sich hinschlummerten, mitgenommen. Schließlich ist auch »die Möhne« eine tiefe Talsperre und in solchen Gewässern braucht man Köder, die sich variantenreich führen lassen, wenn die Barsche nicht an der Oberfläche rauben. Das taten sie während des Treffens leider nicht. Und nachdem ich keinen Erfolg beim Speedjiggen mit überbleiten Gummis im Mittelwasser und beim Freiwasserdropshotten hatte, griff ich dann mal zu einem alten Jig-Spinner.

Manchmal braucht ein Köder eben das Glück, schnell attackiert zu werden, um oben auf die Köder-Hitliste zu gelangen. In diesem Fall bekam ich die ersten Bisse bei den ersten Würfen. Es waren kurze Zuppler in der Absinkphase. Wenn man den Köder dann aggressiv auf dieser Höhe durchs Wasser riss, schossen die anscheinend ja so trägen und lustlosen Barsche und Hechte wie wild aufs Blech.

Im Verlauf des Treffens angelte ich daraufhin viel mit den Batzen (der Begriff gefällt mir) und fing Barsche, nachdem ich den Köder absacken ließ und diagonal durchkurbelte, ebenso wie beim Jiggen am Grund und im Mittelwasser. Und so waren die Jig-Spinner plötzlich voll auf Sendung.

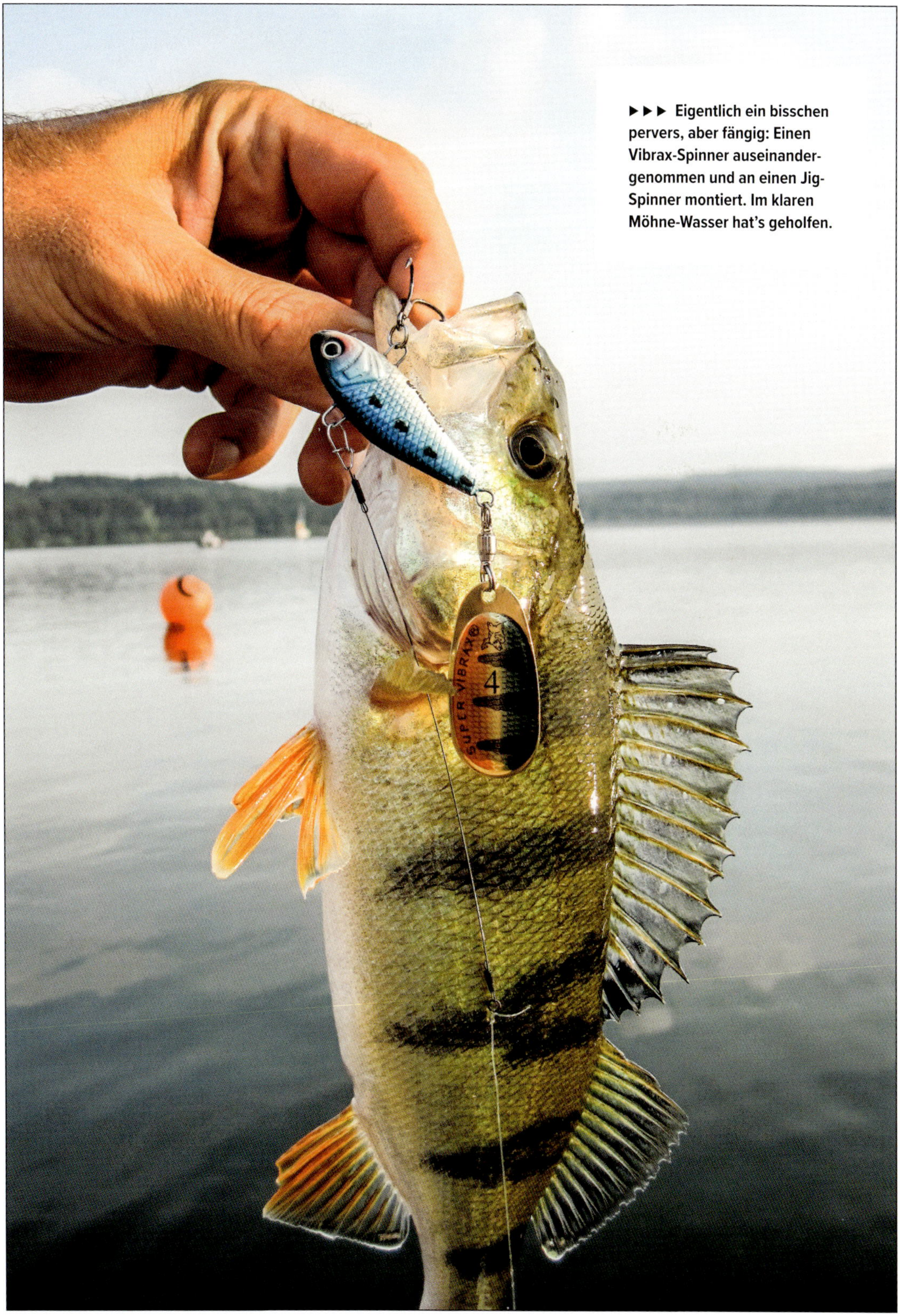

▶▶▶ Eigentlich ein bisschen pervers, aber fängig: Einen Vibrax-Spinner auseinandergenommen und an einen Jig-Spinner montiert. Im klaren Möhne-Wasser hat's geholfen.

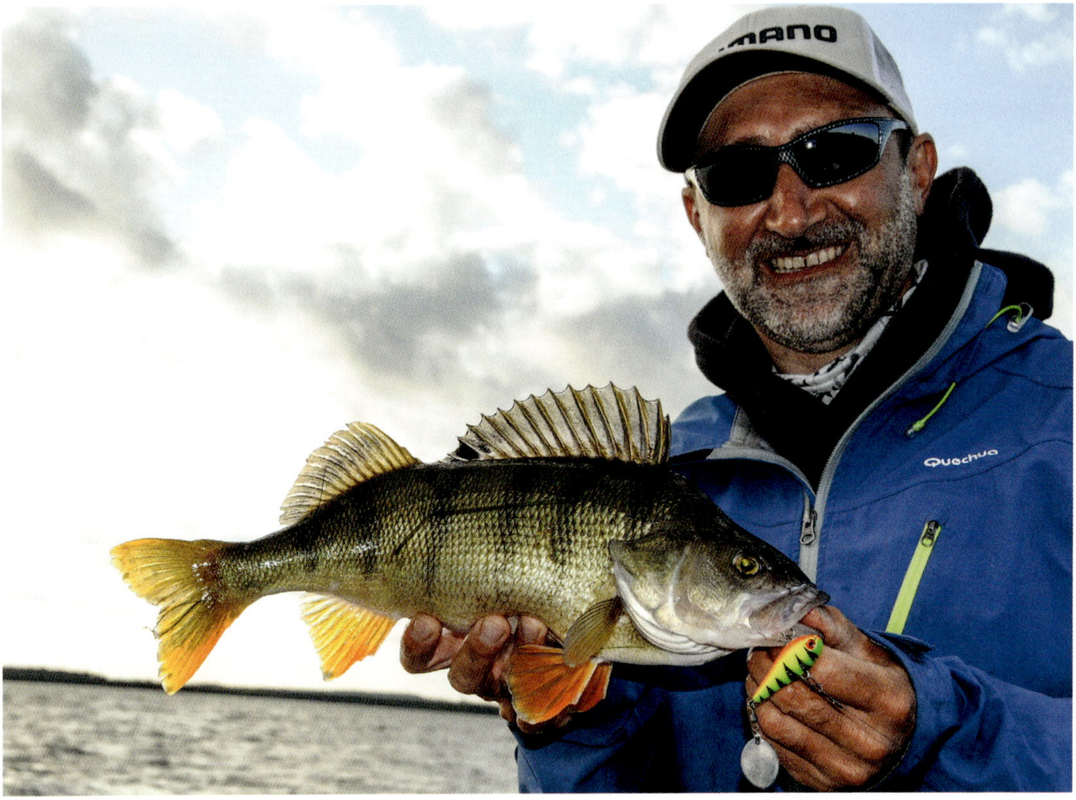

▶▶▶ **Bodden-Barsch, der eine Dickbarsch-Orgie auf Blech eingeleitet hat.**

Endgültiger Batzen-Durchbruch am Bodden

Klar, dass ich mein Sortiment ausbaute, was auch gut war. Denn als ich im August auf dem Schaproder Bodden und den Anschlussgewässern unterwegs war, hatte ich viel mit starken bis stürmischen Winden zu kämpfen. Da konnte das kompakte Blech eine weitere Stärke ausspielen. Nämlich seine überragenden Wurfeigenschaften. Man kann die Teile auch gegen den Wind sehr weit schmeißen. Der Anzugwiderstand hält beim Führen schließlich die Schnur auf Spannung, was die Bisserkennung auch bei Seitenwind deutlich vereinfacht.

Schon am ersten Tag, als wir vom driftenden Boot auf Barsch und Hecht angelten, hat sich gezeigt, dass die Blech-Dinger in der Lage sind, jeden Gummifisch in Grund und Boden angeln. Und im Laufe meines Aufenthalts konnte ich nicht nur das komplette Team-Bodden-Angeln von den Ködern überzeugen, sondern auch Gäste wie Stephan Peschel von Camo-Tackle (der mit dem Nories-Modell einen meiner Lieblings Jig-Spinner vertreibt), die Shimano Shad Invaders (unser Jugend-Raubfisch-Team) und jeden anderen Angler, der mit mir an Bord war.

Beim von Mathias Fuhrmann und Shimano organisierten Stachelritter-Cup fiel der größte Barsch (ein 49er) auf einen Jig-Spinner herein. Und bei einem Fisch & Fang-Dreh haben Jürgen Haese und ich derart gut mit den Jig-Spinnern gefangen, dass sie von Chefredakteur Henning

Stühring zum neuen Trend erklärt wurden, der in der Dezember-Ausgabe 2014 in einem mehrseitigen Special plus XXL-Videobeitrag auf der Fisch & Fang-DVD abgefeiert wurde. Diese Reportage ist eingeschlagen wie eine Bombe. Seither wird gejigspinnert, dass die Rollen nur so ächzen. Kaum ein Barsch-Angler, der nicht ein paar Jig-Spinner in der Tasche hat. Inzwischen kam dann auch der letzte Hersteller auf den Trichter und hat die wiederentdeckte Wunderwaffe in sein Sortiment aufgenommen. Ein bisschen schade, dass ich keine Provisionen bekomme. Schön ist aber, dass ich mit diesem Bericht viele Barschangleraugen zum Strahlen bringen konnte.

Das Jig-Spinner-Konzept

Im Gegensatz zum Spinner, mit dem man aufs Flachwasserfischen und das Bearbeiten der oberen Wasserschichten limitiert ist, ist der Jig-Spinner ein extrem dynamischer Köder, mit dem man unheimlich viel anstellen kann. Da gibt's eigentlich keine Limits. So kann man das Wasser in allen Schichten und auf große Distanzen abscannen. Dazu kommt eine aus mehreren Komponenten zusammengekoppelte Lockwirkung. Die Anziehungskraft der Druckwelle addiert sich zusammen mit den hektischen Fluchtbewegungen, welche die Räuber ganz oft brauchen, um aggressiv zuzuschnappen und den Lichtreflexen, die das Spinnerblatt aussendet, zu einem unwiderstehlichen Reiz-Konglomerat. Und so wundert es nicht, dass die Bisse oft unheimlich hart ausfallen, weil die Räuber das blitzartig angekurbelte Metall extrem aggressiv attackierten.

Top-Jig-Spinner

Für den uncoolsten Namen eines Köders seiner Kategorie kann sich der vielleicht beste Jig-Spinner der Welt mit guten Chancen bewerben. »IN THE BAIT: BASS« ... Oh Mann. Und das von Nories, wo doch sonst alles so perfekt ist – vom Ködernamen bis zur Hakenspitze. Nützt aber nix. Diesen Namen muss man sich irgendwie ins Hirn prügeln als ambitionierter Metaller. Für mich ist »IN THE BAIT: BASS«

▶▶▶ **Mein Favorit von Nories in den 3 verschiedenen Grammierungen. Die Größe ist ja fast identisch.**

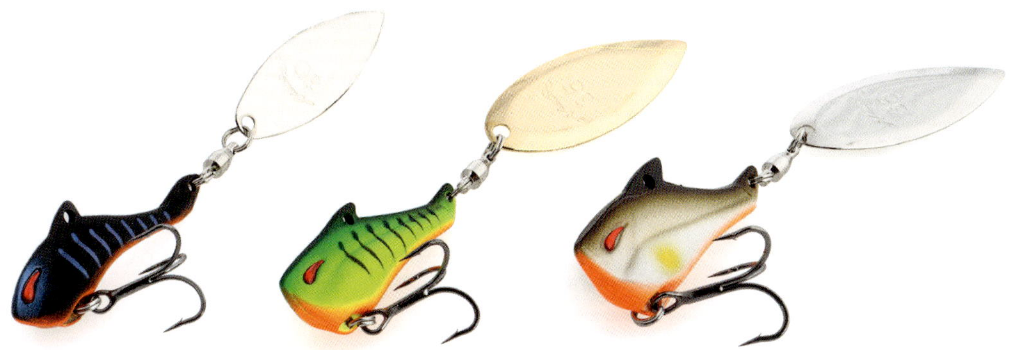

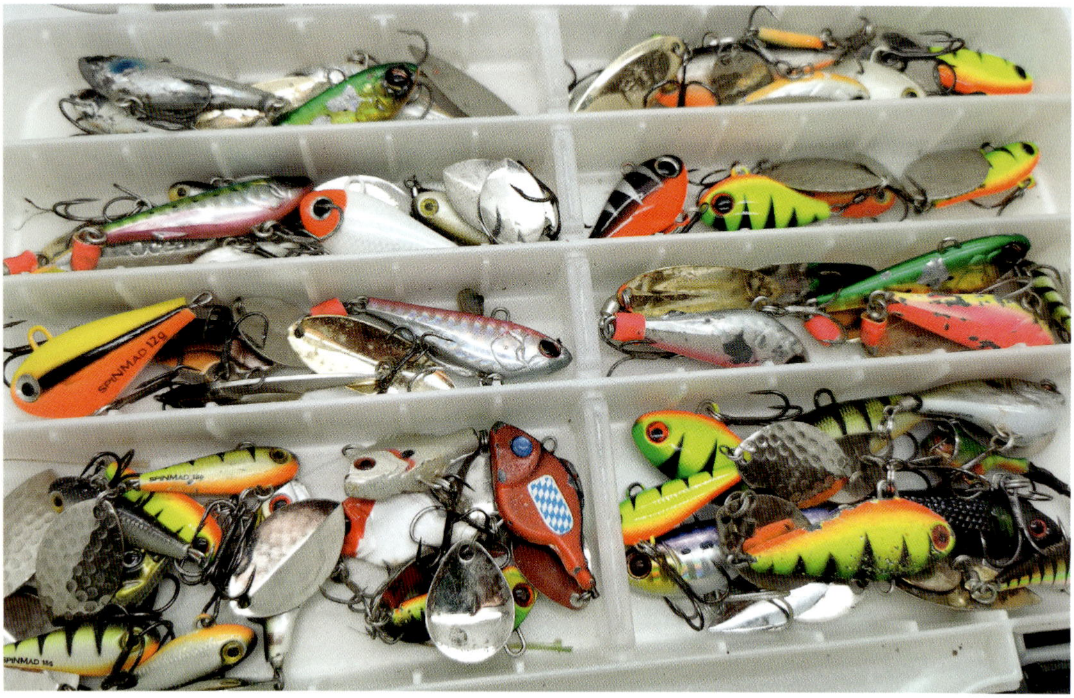

▶▶▶ **Ganz schön was los in meiner Jig-Spinner-Box. Dafür braucht man fast schon einen Packesel.**

der beste Jig-Spinner seiner drei Gewichtsklassen. Und das kann ich auch begründen:

★ Durch das längliche Willow Leaf wirkt der an sich kompakte Köder größer und zieht so auch größere Fische an. Das schlanke Blatt hat einen geringeren Anzugswiderstand als ein rundes Blatt. Das fischt sich auf lange Sicht deutlich angenehmer.

★ Das Design ist genial: tolle Farben, krasse Augen, aerodynamischer Körperbau mit klarem Schwerpunkt.

★ Die Dekore sind sehr schön abgestuft. Da ist alles dabei. Es gibt natürliche bzw. unscheinbare Farben, Chrome-Designs und UV-Bomben, Modelle mit orangenem Bauch, welche mit Streifen (u.a. einen Barsch) und zwei Firetiger (Gelb und klassisch Chartreuse). Die Blade-Farben (Gold, Silber, Matt) passen perfekt zum Dekor.

★ Jede Größe (7, 12 und 18 Gramm) hat ihre eigene Körperform, die perfekt zum Gewicht passt und den Köder schön durchschütteln lässt.

★ Alle Köder sind aber annähernd gleich lang (7 Gramm: 90 mm/12 Gramm: 95 mm/ 18 Gramm: 96 mm). »Erheblich leichter« bedeutet also nicht automatisch »dramatisch kleiner«. Nur bei der 7 Gramm-Version hängt ein etwas kleineres Blatt (30er statt 35er) dran, damit der Köder seine Spur hält und nicht vom eigenen Blattdruck »erschlagen« wird. Der Größenunterschied zu den beiden anderen Versionen beträgt aber auch hier nur 5 bzw. 6 mm.

★ Der Köder ist perfekt verarbeitet: stabile

Sprengringe, kugelgelagerte Wirbel vorm Blade, der Lack sitzt, die roten Aggro-Augen kleben, alles ist voll beweglich und hält auch.

★ OBWOHL recht groß dimensioniert wurde, verfängt sich der rattenscharfe Drilling relativ selten am Köderrücken.

★ Das Teil ist bleifrei.

Es gibt natürlich viele und auch sehr gute Alternativen. Die beiden gängigsten sind a. die Jig-Spinner von Spinmad. Hier gibt's die volle Bandbreite von 4 bis 35 Gramm in eher klassischen Farben. Der Lack ist megaresistent und hält vielen Hechten und Barschen stand. Der Klassiker ist der ASP von SPRO, der wesentlich hochrückiger ist als die bisher genannten Modelle. Nicht unerwähnt bleiben darf der Dera Coup von Illex, der u.a. durch die Perch Pro Fans gewonnen hat.

Jig-Spinner-Führung

Sind die Barsche im Freiwasser verstreut, lasse ich den Köder an straffer Schnur absinken – entweder bis zum Grund oder bis auf das Niveau, auf dem mir mein Echolot Fischkonzentrationen angezeigt hat. Da das Blatt auch in den Absinkphasen rotiert, magnetisiert der Köder schon

▶▶▶ Einer meiner ersten Barsche beim Testen von IN THE BAIT BASS – das schafft na klar Vertrauen in den Köder.

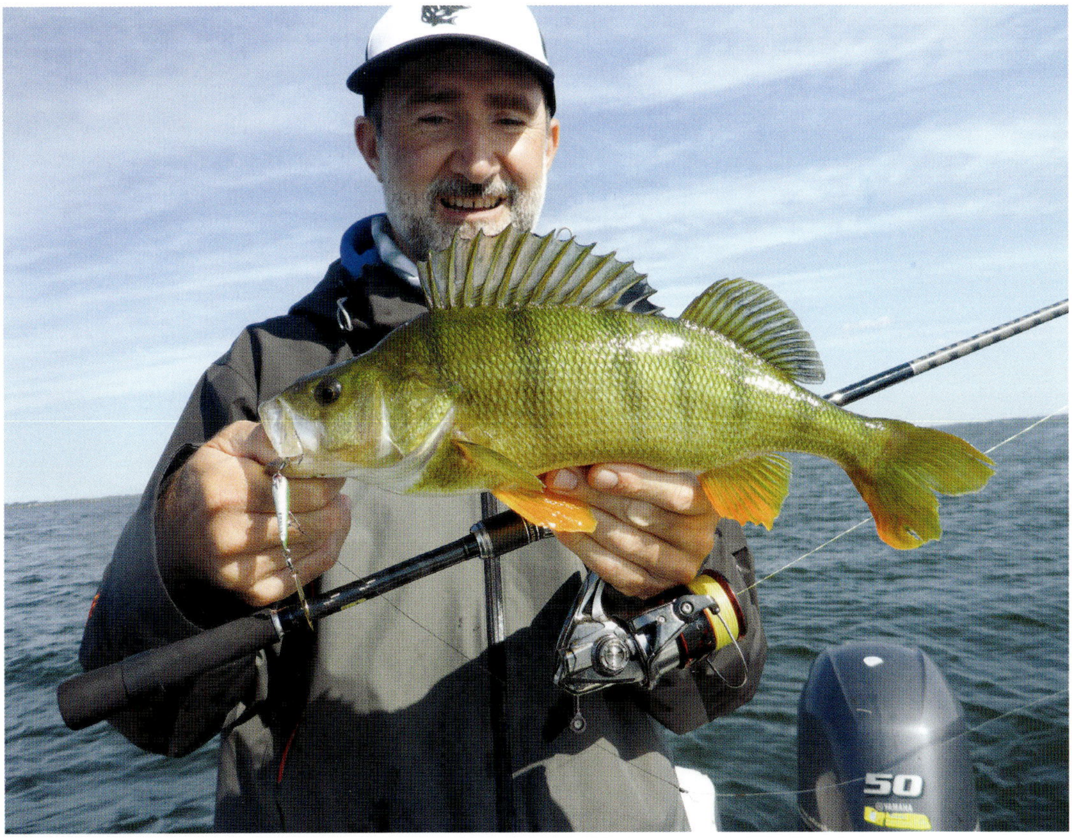

im Sinkflug Barsche. Die Interessenten machen sich meistens durch kurze Anticker bemerkbar. Sobald man einen Fehlbiss registriert, muss man den Tauchgang natürlich abbrechen und den Köder ein bisschen höher kurbeln. Und zwar recht hektisch. Er muss den Barschen ein flüchtendes Kleinfischchen vorgaukeln. Dann kommt es zu einer heftigen Attacke.

Wenn nichts passiert, bis der Köder die gewünschte Tiefe erreicht hat, jigge ich den »Blech-Batzen« erst einmal auf demselben Niveau, um ihn dann wieder das Wasser abscannen zu lassen. Dabei sind drei verschiedene Herangehensweisen erfolgreich. Oft fängt eine besser als die andere: a) das einfache Durchkurbeln auf einer geraden Diagonalen, b) eine wellenförmige Präsentation, bei der ich Spinnstops in den Kurbelprozess einbaue und c) eine hektische Sägezahnmuster-Präsentation, bei der ich den Köder auf seinem Weg nach oben immer wieder mit der Rute animiere, um ihn dann kurz frei fallen zu lassen.

Stehen die Fische über Grund, führe ich die Batzen wie einen überbleiten Gummifisch. Je wärmer es ist, desto ruppiger kann man die Jig-Spinner behandeln. Wer mehr Bisse haben will, muss sie sogar aggressiv durchs Wasser ballern. Wenn man sie nach dem schnellen Absinken zackig anreißt, kommt dann die volle Reizdosis ins Wasser: eine harte Druckwelle, extrem viel Flash und eine rasante Fluchtbewegung. Das ist zwar wirklich anstrengend, wenn man das über Stunden oder gar Tage macht, bringt aber mit Abstand die meisten Barsche.

Jig-Spinner-Tuning

Bei Modellen mit einem offenen Zwillingshaken demontiere ich diesen und ersetze ihn durch

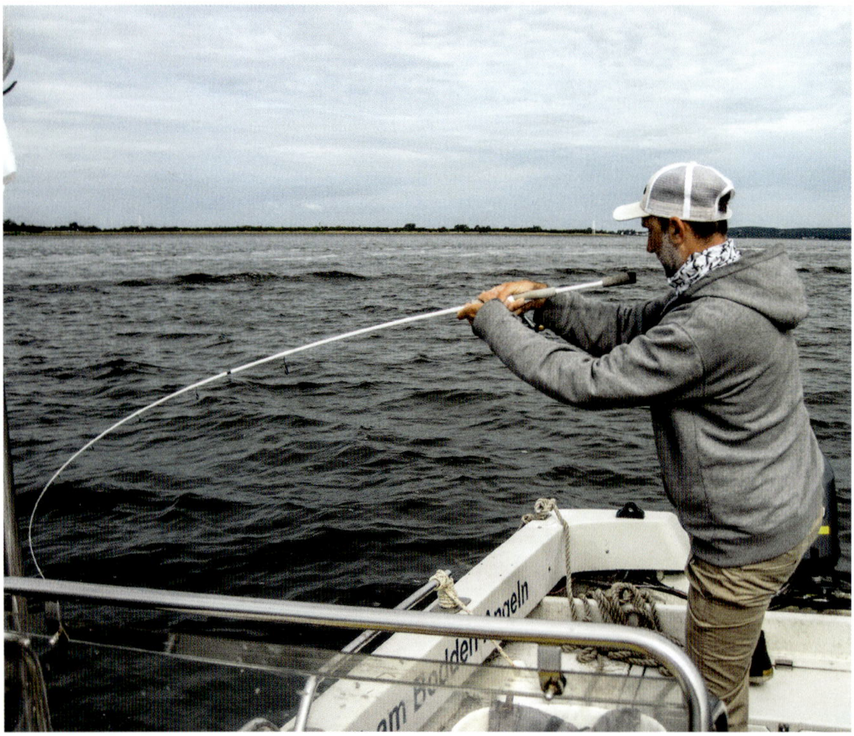

▶▶▶ Kurz vor der Landung kommt's auf die Rutenaktion an. Hier hat sich schon so mancher Barsch freigeschüttelt.

einen Drilling. Ich kann das Gefühl nicht leiden, dass die Fische diesen Haken voll leicht aufbiegen können – auch wenn es mir noch nicht passiert ist. Aber so bin ich halt. Ein Tackle-Optimierungsnerd erster Güte. Bei Krautgang entferne ich davon wieder eine Flunke. Mit Einzelhaken wird's leider problematisch, da sich diese immer um den Körper »wickeln«.

Jig-Spinner-Tackle

Ich fische das Blech ausschließlich mit der Stationärrolle. Die unten sitzende Rolle erleichtert die aggressive Köderführung. Wie bei allen Ködern mit einem hohen Einzugswiderstand kommt dabei aber mächtig Zug auf die Rolle. Schlecht fürs Getriebe und die Achse. Die Rollenachse kann man entlasten, indem man den Köder mehr mit der Rute anzieht, als ihn über die Rolle zu beschleunigen. Die Rolle nimmt dann mehr oder weniger nur noch die freie Schnur auf. Wichtig ist auch eine nicht zu harte Rute. Eine etwas weichere Spitze vermindert die Fehlbissrate und sorgt auch dafür, dass die Fische den schweren und oft frei vorm Maul baumelnden Köder nicht so leicht abschütteln können.

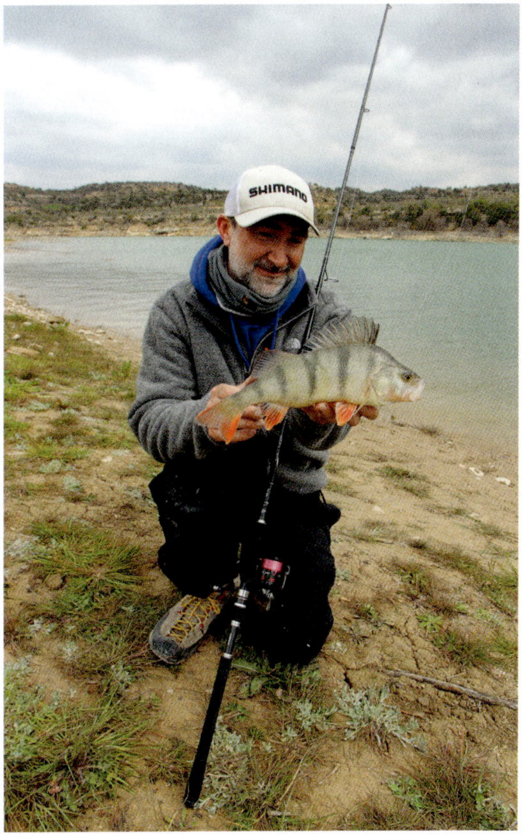

►►► **Flugwunder: Auch zum Distanzangeln vom Ufer sind Jig-Spinner eine Macht.**

Jig-Spinner-Situationen

Jig-Spinner sind extrem vielseitig einsetzbar. Man kann sie einkurbeln und jiggen. Es gibt schwere und leichte Modelle. Dementsprechend kann man sie auch überall fischen. Natürlich muss das Gewicht zum Spot passen. Top-Situationen sind Futterfisch-Ansammlungen im Freiwasser oder das Suchen versprengter Freiwasser-Barsche. Auch zum Driftfischen überm Kraut kann man sich kaum einen besseren Köder vorstellen. Vor allem wenn es windig ist, gibt es keinen Köder, den man besser kontrollieren kann – selbst wenn man der Drift voraus angelt. Überhaupt sind die Jig-Spinner geniale Windköder, da sie den Schnurbogen durch den Anzugwiderstand automatisch strecken und auch gegen den Wind weit fliegen. Apropos »weit fliegen«: Durch die hervorragenden Flugeigenschaften sind Jig-Spinner prinzipiell eine Top-Lösung, wenn man große Gebiete absuchen muss oder weit entfernte Punkte anfischen will. Insofern sollten speziell Uferangler eine Batterie Jig-Spinner ihr Eigen nennen.

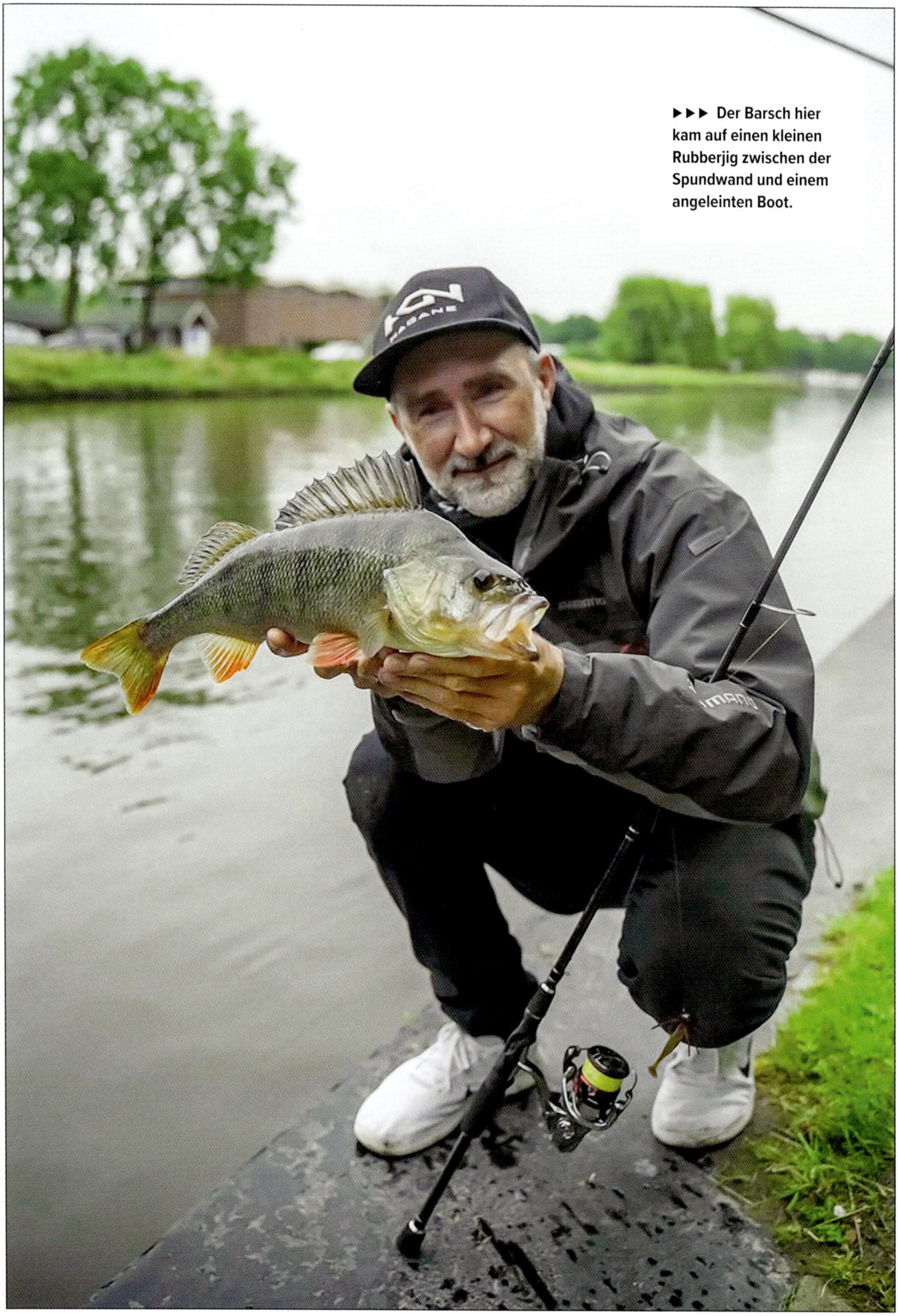

▶▶▶ Der Barsch hier kam auf einen kleinen Rubberjig zwischen der Spundwand und einem angeleinten Boot.

ULTRALIGHT-FISCHEN

Warum eigentlich Ultralight-Fischen?
Was jetzt kommt, ringt manchen Angeln noch ein müdes Lächeln ab: Köder von 2 bis 5 Zentimetern Länge, Bleiköpfe im Gewicht von 0,8 bis 3 Gramm, Schnüre mit 2 kg Tragkraft, Ruten mit Wurfgewichten von 1 bis 6 Gramm und dazu 1000er Rollen. Nein. Das ist nichts für ausgewiesene Großfischjäger! Im Schnitt fängt man beim UL-Angeln eher kleine und mittlere Fische. Und trotzdem investieren die Hersteller Jahr für Jahr immer mehr Entwicklungszeit, um die Fans der feinen Angelei mit immer besserem Gerät zu versorgen. Jenseits von allen anglerischen Optionen, die das feine Tackle eröffnet, üben die modernen UL-Ruten, die superleichten Minirollen und die filigranen Köder eine Faszination auf den technikaffinen Teil der Spinnangler-Community aus, die die UL-Anhängerschaft jährlich wachsen lässt.

Phasenweise ist das Kleinköderangeln der einzige Schlüssel zum Fisch – auch zu den großen Exemplaren. Doch die meisten UL-Fans eint eine Abkehr vom Ehrgeiz, unbedingt große Fische fangen zu müssen. Hier geht's nicht darum, die letzten Energien zu mobilisieren, um im Winter den kapitalen 1 Uhr-Nachtzander zu erwischen oder sich den Arm auszukugeln, um den 20-kg-Hecht mit einem halben Meter Gummiwurm am Stück klarzumachen. Es geht in erster Linie um Spaß. Was da beißt, ist erstmal sekundär. Aber auch spannend. Denn mit der UL-Rute und kleinen Gummis lässt sich so gut wie jeder Fisch fangen, weil fast alle Fische Fischlarven, Minikrebse und Insekten fressen, die wir mit kleinen Twistern, Creatures, Krebsen, Action- oder No Action-Shads, Wobblern, Poppern, Blinkern oder Spinnern imitieren. Das geht bei den Raubfischen vom Minibarsch bis zum kapitalen Wels und bei den Friedfischen von der Laube bis zum Großkarpfen. In Gebieten, in denen die jeden grundnah präsentierten Köder attackierende Grundel den Spinnanglern das Leben schwermacht, drehen viele Angler den Spieß um und kaufen sich ultrafeine Grundelruten, um diese invasive Spezies mit kleinen Gummis zu beangeln.

Es ist aber nicht nur die Freude am feinen Gerät und das extreme Zielfisch-Spektrum (das es ja eigentlich nicht gibt, weil ja alles beißen kann), die den UL-Hype pushen. Vielen Anglern ist es wichtiger WIE sie die Fische fangen als deren Größe. Da eröffnen sich auf dem Finesse-Sektor unzählige Möglichkeiten, die Köder zu montieren.

Nicht nur dass sich die Angler immer neue Montagen ausdenken. Auch die Accessoires werden immer besser. Wo man früher mal die Wahl zwischen einem Stabblei und einer Kugel hatte, gibt's jetzt Dropshot-Bleie in allen möglichen Formen und Farben. Aus Blei oder Tungsten. Dazu die verschiedenen Hakenformen, mit denen man sich auf jeden Ködertyp einstellen kann – wenn man das will. Unglaublich groß ist aber auch das Angebot an Finesse-Jigs, die unterschiedliche Köderführungsstile unterstützen, so dass das Finesse-Jiggen zu einer wesentlich präziseren und auch überzeugenderen Angelegenheit wird, als das schlichte Faulenzen oder Anreißen eines 15-Gramm-Kopfes. Wer sich in die Materie reindenken will, kann das bis ins letzte Detail tun und wird immer wieder neue kleine Features in den Angelläden und Online-Shops finden, die die Sache weiter optimieren.

Ein Freudenquell für den Finesse-Spezi ist auf jeden Fall auch der Zukauf von neuen Ködern. Nicht nur dass hier unsere Sammelleidenschaft befeuert wird. Schon allein die Sortimente der japanischen Gummigießereien Keitech und reins bieten so viele verschiedene Ködertypen, die es auszuprobieren gilt, dass man erstmal eine Weile zu tun hat, bis man die allerbesten Köder fürs Hausgewässer oder eine spezielle Methode herausgefunden hat.

Neben dem Spaß am Spielzeug gibt's aber auch zwei angelpraktische Gründe für den Siegeszug der Filigranfischerei. Beide korrelieren zumindest teilweise und sind eigentlich eher unerfreulich. Ich meine die Aufklarung der Gewässer und den Rückgang der Fischbestände. Während sich Naturschützer und so ziemlich alle Wassersportler an den immer größeren Sichttiefen und der Verbesserung der Wasserqualität erfreuen, hat der niedrigere Nährstoffgehalt zur Folge, dass den Jungfischen weniger Plankton zur Verfügung steht. Schwarzseherisch könnte man die These in den Raum stellen, dass die Entnahme von Fischen durch Angler, Fischer und sonstige Fressfeinde immer größere Auswirkungen auf unsere Bestände haben wird, weil nicht mehr so viel Fisch nachkommt. Was zu beweisen wäre. Fakt ist aber, dass die Raubfische im klaren Wasser besser sehen und die Zeiten vorbei sind, in denen man einen knallgelben Twister am grünen Stahlvorfach mit der Aussicht auf einen Fangerfolg präsentieren konnte. Je klarer das Wasser, desto dramatischer wirken sich eine lebensechte Präsentation, lebensechte Köder und dünne Schnüre auf das Fangergebnis aus. Meine Kumpels aus der Schweiz fischen seit Jahren nur noch ultralight in ihren klaren Alpenseen und fangen beispielsweise mit einem in 18 Meter Tiefe hinterm 10 Gramm Tungsten Bullet Weight angebotenen Yamamoto-Wurm in Green Pumpkin oder mit mattlackierten 7 Gramm Straight Head Jigs und geflavourten No Action-Shads Fische, von denen die meisten Bergseefischer nur noch träumen.

In Großstädten und angeltouristisch erschlossenen Gebieten kommt zum klaren Wasser noch der große Angeldruck. Spinnfischen ist modern. Weil man sich mal eben eine Rute und ein paar Köder schnappen kann, um nach Feierabend oder vor der Arbeit die Hotspots abzulaufen, gibt's immer mehr Spinnfischer. Irgendwann sind das sicher mehr als Ansitzangler. Wenn den Fischen auf ihren bevorzugten Standplätzen Tag für Tag die Bleibomben um die Ohren fliegen, dauert es nicht lange, bis sie die Köder meiden oder gänzlich flüchten. Jetzt braucht man ein Arsenal an Methoden und Ködern, die man nacheinander austestet und wechselt, sobald System A oder Köder B nicht mehr funktioniert. Klingt spannend, oder?

UL-Gerät – XXL-Funfaktor

Wie ich eingangs schon erwähnte, gibt es Menschen, denen man nur einmal so eine UL-Kombo

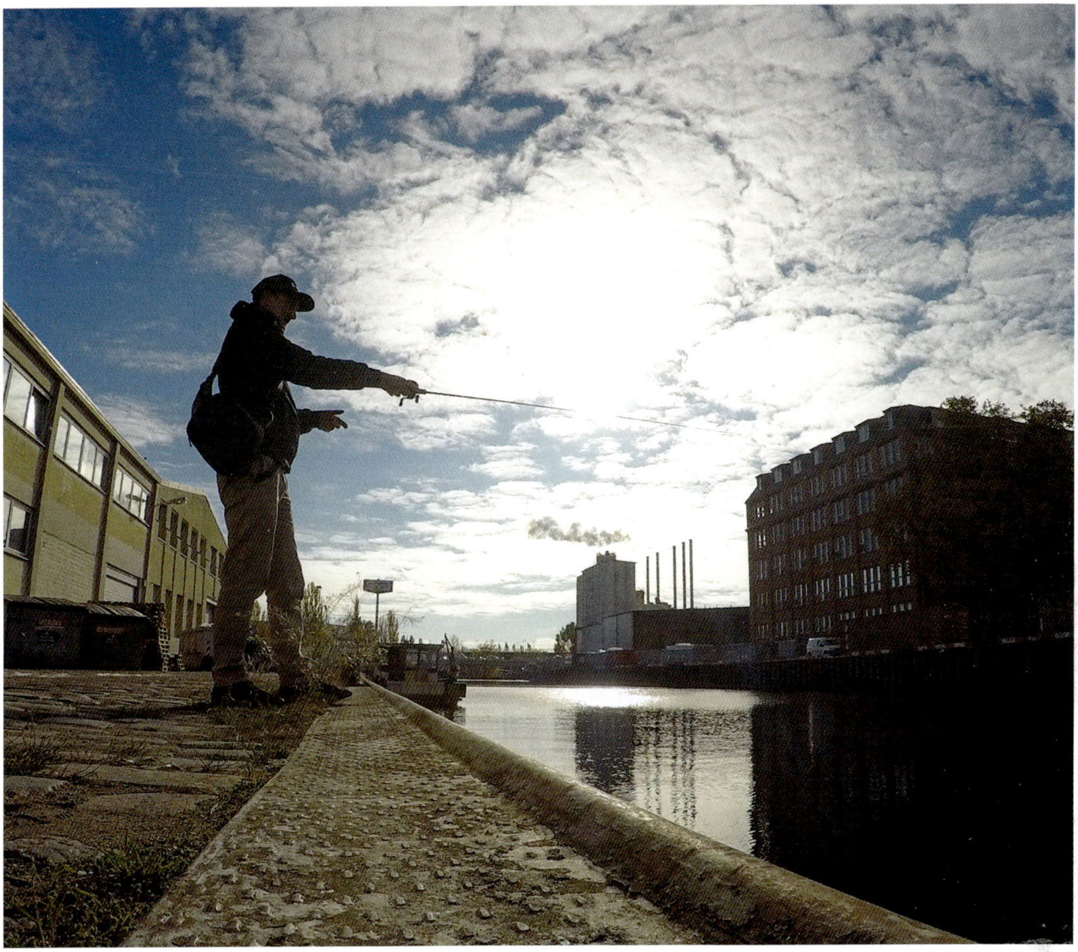

▶▶▶ **Besonders großer Beliebtheit erfreut sich das UL-Angeln beim Streetfishing**

in die Hand drücken muss, um sie »brennen zu lassen«. Es ist fast schon gemein, was die Hersteller mit uns anstellen. Ruten, die keine 100 Gramm mehr wiegen. Megaleichte und hochübersetzte Mini-Stationärrollen, die einem das Gefühl vermitteln, mit einem Mikado Stab zu fischen. Und Schnüre, die so dünn sind, dass man auch zum 0,8 Gramm-Jigkopf einen direkten Draht hat. Beim UL-Fischen muss das Gerät allerdings besonders gut aufeinander abgestimmt sein, damit einerseits die Wurfweite stimmt, man andererseits die feinen Schnüre nicht schon beim Anhieb durchballert und der Schnureinzug zur Angeltechnik passt.

UL-Ruten

Die Anforderungen an eine UL-Rute sind erstens, dass sie leichte Köder weit werfen können muss. Zweitens wollen wir ein gutesKödergefühl, obwohl der fast nichts wiegt. Drittens muss die Rute das Angeln mit feinsten Schnüren unterstützen. Stichworte sind Solid Tip, Micro Guides und Blanks mit moderater Aktion. Zum Gummifischangeln und für fast alle Finesse-Methoden empfehlen sich sogenannte Solid Tip-Ruten, bei denen eine filigrane Vollcarbon-Spitze eingespleißt ist. Diese Spitze lädt sich erstens gut auf, und gibt leichten Ködern zusätzlichen Schub. Zweitens puffert sie beim Anhieb den ersten Druckpunkt

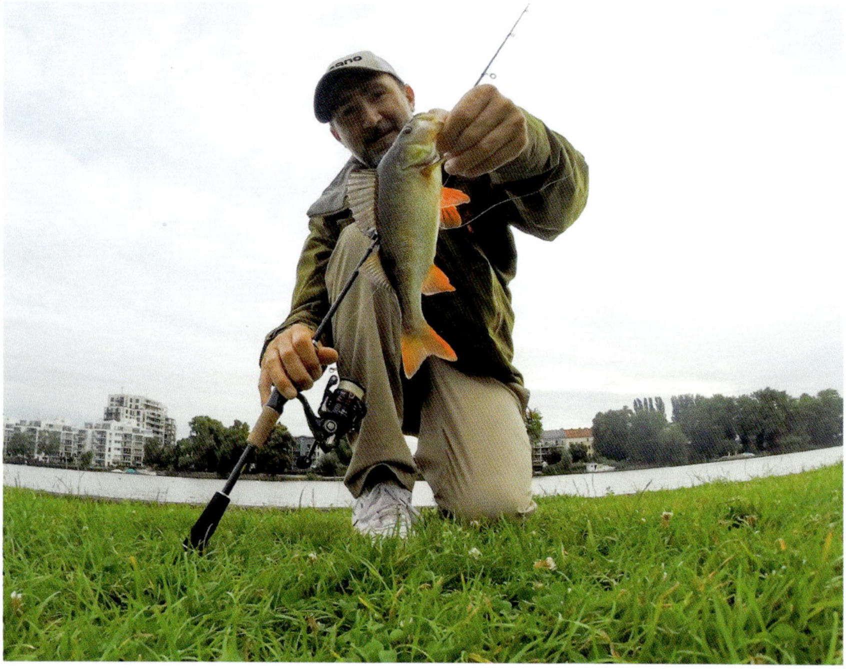

▶▶▶ Am feinen Gerät machen solche Hauptstadt-Barsche richtig Laune.

ab, so dass man mit feineren Schnüren fischen kann. Drittens setzt sie vorsichtigen Fischen beim Biss minimalen Widerstand entgegen, was sich positiv auf die Bissverwertung auswirkt. Viertens leitet eine Carbonspitze die Bisse 1:1 an den »Restblank« weiter, so dass man auch vorsichtige Zugriffe sehr gut spürt. Forellenangler fischen Solid Tip-Ruten auch zum Spinnern, weil sie im Drill so schön mit den Fischen mitgehen und weil mehr Fische hängen bleiben, wenn die Spitze beim Biss auf den linear geführten »Zugköder« gleich nachgibt. Natürlich kann man auch kleine Cranks sehr gut mit einer Solid Tip-Gerte anbieten. Bei Twitchbaits, Poppern oder kleinen Sticks gibt die Spitze aber zu viel nach, so dass die Köderaktion nur halb so schön ausfällt wie sie es tun könnte. Insofern braucht man als UL-Angler mindestens zwei Ruten, wenn man perfekt ausgestattet ans Wasser stürmen möchte. Eine Solid Tip-Rute für die Gummi-Applikationen und eine filigrane Rute mit Micro Guide-Beringung für Hardbaits. Die kleinen Ringe halten nicht nur die Schnur nah am Blank und sorgen dafür für ein besseres Ködergefühl. Die kurzen Stege und das niedrige Gewicht haben nahezu keinen Einfluss auf den Blank, so dass die Ruten maximale Sensibilität versprechen. Dafür sorgen auch neuartige Rollenhalter wie z.B. die aus dem harten Ci4+ Material, das die Bissenergie vom Blank in die Rutenhand weiterleitet.

UL-Rollen

Wer eine leichte Rute fischt, will auch eine leichte Rolle. Die kleinen Dinger aus der 1000er Fraktion haben meistens einen relativ kleinen Schnureinzug. Das kann bei Zeitlupenpräsentationen wie z.B. dem Dropshotten oder dem Texas-Rig-Fischen im Winter gewollt sein. Zum sommerlichen Jiggen mit agilen Straight Heads ist ein größerer Schnureinzug aber besser. Weil die Rutenberingung meistens für eine kleine Rolle konzipiert ist, ist es besser mit der Übersetzung nach oben zu gehen als eine 2500er Rolle zu verwenden. Fischt man zu großen Rollen, kommt es zu einem Schnurwinkel zwischen dem enganliegenden Führungsring bzw. einem nah an der Rolle liegendem Leitring. Beim Durchkurbeln ist das ein Störfaktor. Wer also viel Schnureinzug haben will, sollte sich nach kleinen Rollen mit einer großen Übersetzung umsehen.

UL-Schnüre

Die Schnur ist ein Kernelement der UL-Fischerei. Sie stellt die direkte Verbindung zum Köder her und muss die Fische halten. Je dünner und geschmeidiger sie ist, desto direkter der Köderkontakt. Allerdings tragen dünne Schnüre dann oft nicht mehr als 2 oder 3 kg. Achtung: Bei der Tragkraftangabe handelt es sich um die lineare Tragkraft. Am Knoten trägt sie noch etwas weniger – wobei sich die Knotentragkraft von Schnur zu Schnur genauso unterscheidet wie die lineare. Das trifft auch auf die Abriebfestigkeit zu. Die entscheidenden Parameter sind also: Abriebfestigkeit, Knotentragkraft und Geschmeidigkeit. Gute Schnüre bekommt man meistens nicht geschenkt. Wobei man mit einer 0,06er Kairiki 4, die von den meisten Anglern als gut und günstig eingestuft wird, eine preiswerte Alternative zu teuren Japanschnüren hat. Eight Braids (8 Fäden) sind noch ein bisschen geschmeidiger und oft auch leiser. Ich empfehle hier die Kairiki 8 in 0,07 mm – ein sehr feiner Faden, der auch große Fische sicher nach Hause bringt. Allerdings gibt's auch viele Finesse-Angler, die lieber mit Fluorocarbon als Hauptschnur fischen. Der Vorteil ist, dass das Material sinkt und leiser ist. In Stärken von 0,14 bis 0,18 mm ist auch FC einigermaßen geschmeidig. Der Nachteil sind allerdings geringere Wurfweiten, eine niedrigere Tragkraft und für viele Geflecht-Fans auch die Dehnung.

UL-Leader

Wenn ich mit einer dünnen Geflochtenen fische, schalte ich immer noch ein Stück Fluorocarbon zwischen Hauptschnur und Köder. Erstens als Trennung zwischen dem gut sichtbaren Geflecht und der Fangmaschine im Karabiner. Zweitens als Schutz vor Abrieb. Dieses Stück ist meistens zwischen 1 und 2 m lang, kann aber auch länger ausfallen, wenn ich besonders klareres Wasser befische. Stärke: 0,14 bis 0,21 mm – je nach Zielfisch, Methode und Angelsituation.

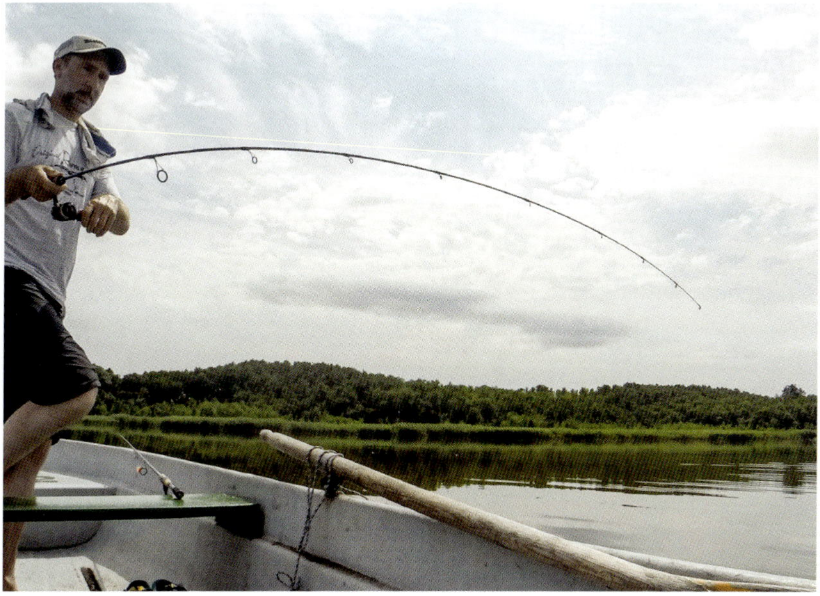

▸▸▸ Die Taftec-Spitze meiner Expride puffert die Fluchten schön ab, so dass man wirklich sehr feine Schnüre fischen kann.

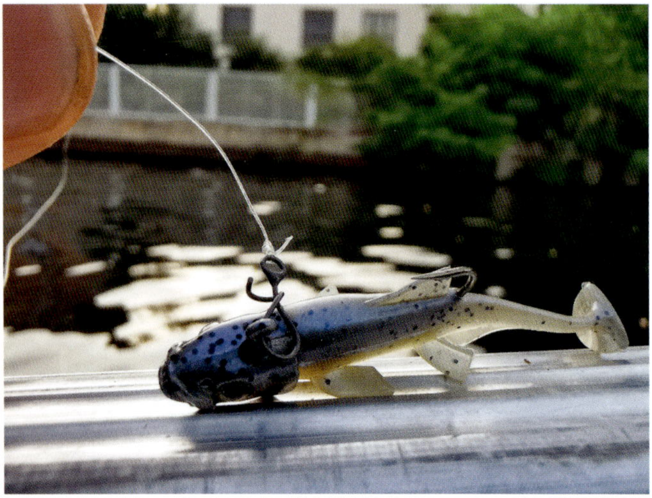

►►► Der Spiral-Snap ist unauffällig, sicher und sehr stabil.

UL-Snaps & Kleinteile

Wenn man fein angelt, kommt's auf die kleinen Details an. z.B. auf die richtigen Einhänger. Wenn der Karabiner halb so groß ist wie der Köder, ist das suboptimal. Beim Befischen einer konkreten Wassertiefe, binde ich Jigs deshalb oft direkt an. Wenn ich viele Köderwechsel vornehme, verwende ich den V Snap von Decoy (extrem hohe Tragkraft auch in den kleinsten Größen). In der V-förmigen Öse schwingen Wobbler noch etwas intensiver als in einem runden Karabiner. Das ist beim Twitchen nicht so wichtig. Aus kleinen Cranks kitzelt so ein V-Snap aber noch ein bisschen mehr Verführungspower. Genial sind auch die noch unauffälligeren Spiral Snaps – ebenfalls von Decoy. Hier dreht man die Öse in ein offenes aber unnachgiebiges System ein. Das sind die kleinesten und sichersten mir bekannten Einhänger. Weitere wichtige Kleinteile sind Dropshot-Bleie. Wer aufs Ganze geht, verwendet solche aus Tungsten, die durch ihre Kompaktheit weiter fliegen und durch ihre Härte eine größere Rückmeldung versprechen, so dass man sofort erkennt, ob man über Muscheln, Steinen oder Schlamm unterwegs ist. Zum Texas-Rig-Fischen und Carolina-Rig-Angeln verwende ich nur Bullets aus Tungsten. Besonders beim T-Rig, wo das Bullet optisch eine Einheit mit dem Köder bildet, gern auch in Farbe (rot oder schwarz). Des Weiteren braucht man noch Glasperlen, Gummiperlen (als Knotenschutz für dünne Schnüre) und einen Schwung guter Haken.

DIE UL-JIGGING-EVOLUTION

Bevor ich auf den aktuellen Stand in Sachen »Ultra Light-Gummifischeln« zu sprechen komme, möchte ich einen kurzen Ausflug in die Vergangenheit unternehmen, der uns vor Augen führen soll, in welch‘ wunderbarer Angelwelt wir heutzutage leben. Also:

Schon während ich als 12jähriger unter der Leitung eines Kumpels von meinem Opa meine Ausbildung zum Friedfischangler genoss, hat mich das leichte Spinnfischen auf Barsch fasziniert. Zunächst einmal rein theoretisch. Als ich also Mitte der 1980er-Jahre im letzten Jahrhundert das im Vorwort erwähnte Blinker-Sonderheft »BARSCH« erstand, war ich voll auf Sendung. Ab jetzt nur noch Barsch! Ganz besonders fasziniert hat mich das Kapitel »Jigs und Twister« von Klaus Schmidt.

Das leichte Gummifischangeln auf Barsch war damals eine neue Disziplin für die man Spezialgerät benötigte. In meinem Exemplar sind die entsprechenden Passagen mit wackeliger Kinderhand unterstrichen. Der Autor empfahl eine 2,4 bis 3 Meter lange Rute, mit der die »charakteristischen kleinen Ruckbewegungen« am besten gelingen. Diese sollte eine weiche (Vollglas-) Spitze haben, weil man »damit die Bewegungen des Köders im Wasser besser verfolgen kann«. Dazu passte eine Stationär- oder Kapsel-Rolle mit 18er bis 22er Schnur, denn »damit kann man die für den Barschfang gebräuchlichen leichten Jigs (2–10 Gramm) gut werfen«.

Am Wasser habe ich dann gelernt, dass es auch mit meiner 1,8 Meter langen Rute geht und die allerersten Barsche habe ich dann auch nicht beim Jiggen gefangen, sondern beim Durchkurbeln kleiner Twister, die schnell zu meinen Lieblings-Barschködern wurden.

Einen richtig kräftigen Schub ins UL-Gummifischangeln brachten dann Roland und Micha, die in ihren Videos stundenlang einen Barsch nach dem nächsten mit kleinen Attractoren und Turbotails vor laufender Kamera fingen. Genialerweise hatte die Blechpeitsche ein Wurfgewicht von 5 bis 100 Gramm, so dass das Profiblinker-Team auch die kleinen Profiblinker-Jigs damit genauso präsentieren konnte wie die großen Gummis beim Wallerfischen.

Die Profiblinker-Jigs waren eine wirklich bahnbrechende Erfindung fürs UL-Jiggen. Denn plötzlich gab es 5 Gramm-Köpfchen mit kleinen Haken, so dass man auch mit kleinen Jigs weit werfen und tief angeln konnte.

Eine konsequente Weiterentwicklung dieser Jigs trieben meine Kumpels Jochen und Veit voran, die bei Angeljoe in Berlin-Lichtenberg vorsprachen, ob es nicht möglich sei, noch schwerere Mini-Jigs zu gießen, so dass man mit denen auch die tiefen Stellen der Havel mit Mini-Kopytos beangeln konnte. Die ersten Modelle kamen mit Knubbel, die Jochen und Veit abknipsten, damit die kleinen Gummis nicht vom Bleifortsatz gesprengt wurden. Die Bleireste wurden wieder bei Angeljoe abgegeben,

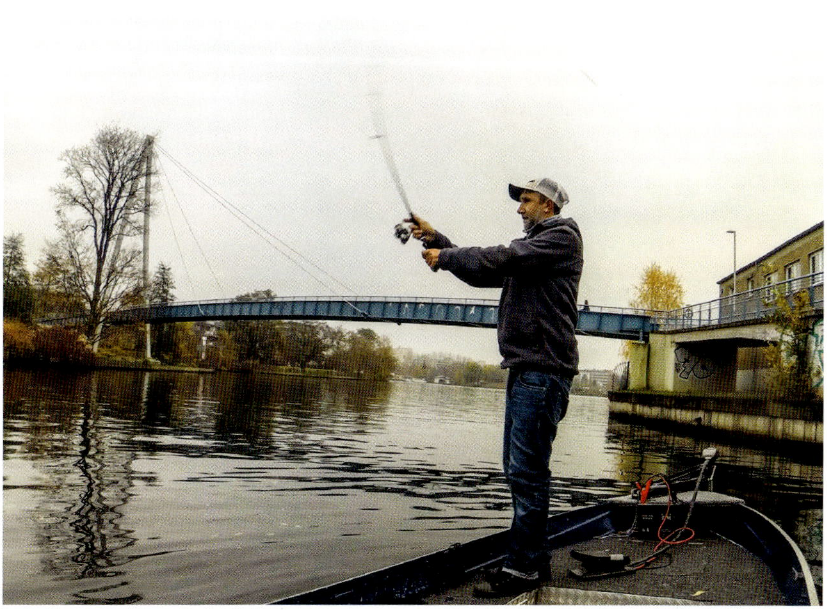

▸▸▸ **Wer die kleinen Jigs weit werfen will, braucht Ruten, die sich gut aufladen. Das macht diese Rute sehr gut.**

damit daraus neue Jigs entstehen konnten. Wenig später waren dann deutschlandweit »Barsch-Murmeln« ohne Knubbel erhältlich.

Jochen war es meines Wissens auch, der den Easy-Clips von Mustad und ihren gleichförmigen Geschwistern den Weg aus der Fliegenfischerecke in die Spinnangel-Boxen geebnet hat. In Zeiten, in denen es die kleinen Decoy-Snaps und ihre Verwandten noch nicht bei uns zu kaufen gab, waren die kleinen Dinger die beste Möglichkeit, die kleinen Jigs schnell zu wechseln.

Inzwischen hat sich die Situation aber »ein bisschen« geändert. Will man heutzutage ganz fein auf Barsch jiggen, steht einem ein ganzes UL-Tackle-Universum zur Verfügung, aus dem ich im Folgenden Einiges vorstellen will.

Premium Finesse-Jigs

Nichts gegen die Barsch-Murmel mit VMC-Haken. Als rustikaler Vorläufer des heutigen Finesse-Jigs hat sie immer noch ein Alleinstellungsmerkmal. Und das ist ihr Gewicht. Ich kenne auch heute noch keinen Highend-Finesse-Jig mit einem 4er oder 6er Haken, der es auf 12 oder 15 Gramm bringt.

Solche Mini-Barsch-Bomben habe ich seinerzeit unter dem Label »DTL« mit Cebbra auf den Markt gebracht. Und ich bin mir ziemlich sicher, dass ihr auch nachdem dieses Programm eingestellt wurde, noch Hersteller beziehungsweise Angelläden findet, die ihre Bleigießer anweisen, wirklich schwere Mini-Jigs für die Barsch-Spezialisten zu gießen, die ihre Fische in großen Tiefen mit kleinen Ködern fangen müssen.

Finesse-Jigging-Cracks stehen zumindest für die Angelei in »normalen« Tiefenbereichen inzwischen aber deutlich hochwertigere und sorgfältig ausgetüftelte Jigs zur Verfügung. Ich kann da natürlich nicht alle aufzählen, zumal es mir wichtig scheint, die Vorzüge des jeweiligen Jigs herauszustellen:

Decoy Vilolence Jighead: Erhältlich in Hakengröße 6, 4 und 3 mit feinem Widegap Offset-Haken ausgestattet. Durch den spitz zulaufenden Kopf ist dieser Jig ein Krautschlüpfer vor dem Herrn und insofern sehr gut geeignet, um die Barsche in, über und an Krautfeldern zu befischen. Da reichen dann auch die niedrigen Gewichte von 0,9 Gramm, 1,8 Gramm, 2,5 Gramm und 3,5 Gramm völlig aus.

Decoy Chinu Head SV-30: Der Bär unter den Finesse-Jigs. Diesen Jig zeichnet ein ultrastarker 2er oder 4er Haken aus, den auch große Fische nicht aufbiegen. Ideal also, wenn man zum Beispiel auf Barsche im Rapfenland jiggt oder im Baum die Barsche knallhart aus dem Holz ziehen muss und so fort. Am Schenkel ist ein Baitholder-Haken angebracht. Den 2er gibt's in 1,8 Gramm, 2,5 Gramm und 3,5 Gramm, den 4er nur in 1,8 Gramm und 2,5 Gramm.

Decoy Rock Magic: Ein kleiner Rundkopf mit Weedguard und einer Baitholder-Nadel, den man in Hakengröße 4 und 6 bekommt. Den 4er gibt's in 1,8 Gramm, 2,5 Gramm und 3,5 Gramm, den 6er in 1,8 Gramm und 2,5 Gramm.

Decoy Tankhead: Der Tankhead besitzt den gleichen starken Haken wie der Chinu HEAD. Dieser ist aber in einen Football-Kopf eingegossen. Ebenfalls mit kleinem Baitholder-Haken. Hakengröße: 2 und 4. Den 4er gibt's in 2,5 Gramm, 3,5 Gramm und 5 Gramm, den 2er in 3,5 Gramm, 5 Gramm und 7 Gramm.

Keitch Tungsten Mono Guard Round Jig: Ziemlich teuer, aber auch verdammt gut. Tungsten-Jigs fliegen weiter und sinken schneller als gleichschwere Bleiköpfe (weniger Volumen = weniger Luft- und Wasserwiderstand). In diesem Keitech-Tungstenkopf sitzt ein sauscharfer Haken, der von einem Mono-Weedguard abgedeckt wird, so dass er nicht so leicht am Kraut hängen bleibt. Hakengrößen 2, 3 und 4. Gewichte: 0,9 Gramm, 1,3 Gramm, 1,8 Gramm und 2,7 Gramm.

Keitech Tungsten Fine Guard Jigs: Die tropfenförmigen Fine Guard-Jigs gibt's in Größe 2 und 3. Hier werden die Haken von mehreren kleinen Fiberglas-Weedguard protegiert, so dass man mit diesen Jigs mit relativ kleinem Hängerrisiko im Holz fischen kann. Gewichte: 1,3 Gramm, 1,8 Gramm, 2,7 Gramm und 3,5 Gramm.

Ultra Light Lunker Grips: Die kleinsten Lunker Grips in Hakengröße 4 und 6 wurden von Lunker City speziell für die kleinen Fin-S gebaut. Sie eignen sich aber auch hervorragend für jeden anderen No-Action-Shad oder kleine Creatures wie die Lunker City Hellgies. Markenzeichen sind der feine gerippte Baitholder-Knubbel und ein scharfer, starker Haken. Die schnittige Fischkopfform eignet sich sehr gut zum Twitchen. Diese Jigs sind aber auch genial für Mikro-Swimbaits.

Illex Straight Head Jig: Die Dreikant-Jigs verfügen über eine große Auflagefläche. Dadurch pfeifen die Gummis wild durchs Wasser. Schon wenn man sie leicht antwitcht, flitzen sie von einer Seite zur anderen und treiben die Barsche so in den Wahnsinn. Ein bisschen gewöhnungsbedürftig ist allerdings die Aufhängung. Es nervt schon ein wenig, den Karabiner da reinzufummeln. Und die Köderaufhängung hätte man vielleicht auch etwas geschickter gestalten können, da man die Gummis kleben muss, wenn

▶▶▶ Eine satte Batterie an UL-Jigs. Damit kann man arbeiten, denke ich ...

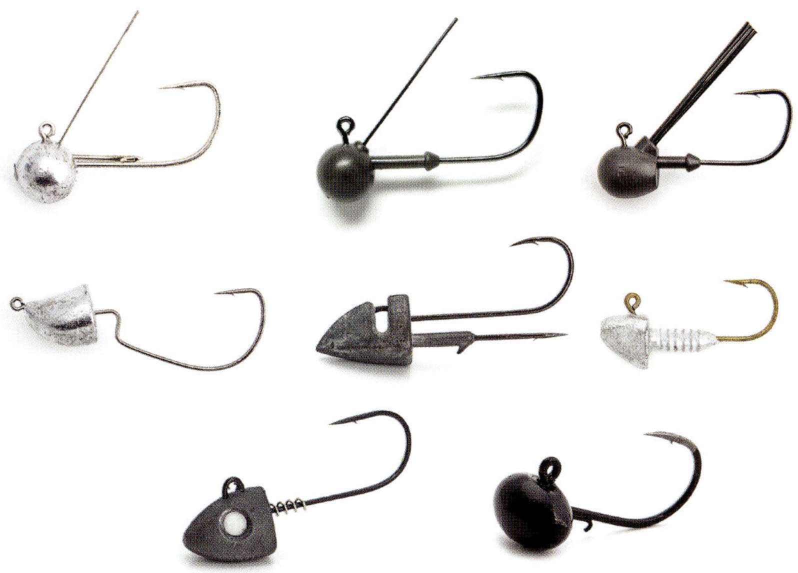

sie nicht schnell von der Nadel gezerrt werden sollen. Das sensationelle Laufverhalten, das die Gummis auch wegen der Aufhängung unter dem Haken an den Tag legen, gleicht diese Defizite aber aus. Wäre ich Illex-Entwickler, würde ich mir da trotzdem was einfallen lassen. Gewichte: 1 Gramm, 2 Gramm, 3,5 Gramm, 5 Gramm und 7 Gramm. Die Hakengröße ist anscheinend nicht definierbar. Es sind jedenfalls langschenklige Hayabusa-Haken, alle unterschiedlich groß.

Maria BEAK HEAD II: Ebenfalls ein Dreikant-Jig mit einer großen Auflagefläche nur mit »normaler« Öse. Auch hier flitzen die Gummis von einer Seite zur anderen, wenn man sie ruckhaft führt. Am Schenkel ist eine feine Baitholder-Spirale angebaut. Die Teile sind super, aber nicht gerade einfach zu beziehen. Hakengrößen: 8, 6, und 4. Gewichte beim 4er: 1 Gramm, 1,5 Gramm, 2 Gramm und 3 Gramm. Den 8er gibt's in 0,5 Gramm, 0,8 Gramm, 1 Gramm, 1,25 Gramm und 1,5 Gramm. Den 6er in 0,8 Gramm, 1 Gramm, 1,25 Gramm, 1,5 Gramm und 2 Gramm.

Premium-UL-Jig-Softbaits

Natürlich kann man alle kleinen Gummis auf die Finesse-Jigs stecken. Klassiker sind dann wirklich der kleine Attractor und die beiden kleinsten Größen des Turbotails. Und natürlich die Mini-Kopytos. Die fangen alle immer noch. Und teilweise richtig gut, was unter anderem auch an dem immer noch genialen Farbangebot liegt. Hier wird's erst recht unmöglich, alle Super-Mini-Gummis aufzuzählen. Deshalb nur eine kleine Auswahl:

Kopyto 1": Kompakter Körper, zarte Wurzel, massiver Teller. So macht der kleinste Kopyto seit mehr als einem Jahrzehnt die Kleinfischjäger schwach und so die Produktion nicht irgendwann eingestellt wird, wird er das auch in 50 Jahren noch tun. Zu einem großen Teil auch dank der tollen Farben.

Lunker City Fin S 2,5": Der Klassiker unter den No-Action-Shads besticht durch seine harte Mische und die vielen genialen Lunker City-Farben.

Lunker City Fin S Shad 1,75": Bulliger Körper mit feinem Schwanz und V-Tail.

Lunker City Hellgies 3": 3 Inch/Zoll sind eine Ansage im Finesse-Programm. Aber die filigranen Hellgies wirken nicht so »massiv« wie die 3 Inch nahelegen. Viele Finesse-Angler kennen die Libellenlarven-Imitate vom Dropshotten und T-Rig-Fischen. Am Jig sind sie aber mindestens genauso erfolgreich.

Keitch Swing Impact 2": Schlank, Shrimp-Aroma-geflavourt mit geripptem Körper und relativ großem Schaufelschwanz. Tolles Farbspektrum, gerade an gedeckten Farben. Aber auch schöne Schocker.

Keitch Easy Shiner 2": Der wohl beliebteste Keitech-Köder ist tatsächlich auch in einer filigranen 2 Inch-Variante am Start. Einer der feinsten Kleingummis überhaupt. Schlanke Fischsilhouette mit relativ großem Schaufelschwanz an langer und feiner Wurzel. Ansonsten gilt alles, was für den Swing gilt. Vor allem: tolle Farben, leckeres Aroma.

Keitech Little Spider 2": Auch die Little Spider gibt's jetzt als 2 Inch-Version! Die altbewährte Form wurde mit einer neuen Mischung gegossen. Mit den beiden Flatterschwänzen ein Top-Köder für Kleinkrebsfresser.

reins Rockvibe Shad 2": Die kleine Wurst mit der agilen Minischaufel sinkt schnell und sendet hochfrequente Vibrationen aus. Ebenfalls mit ordentlich Flavour gepimpt. In diesem Fall ist es bei Fischen beliebtes Tintenfisch-Aroma.

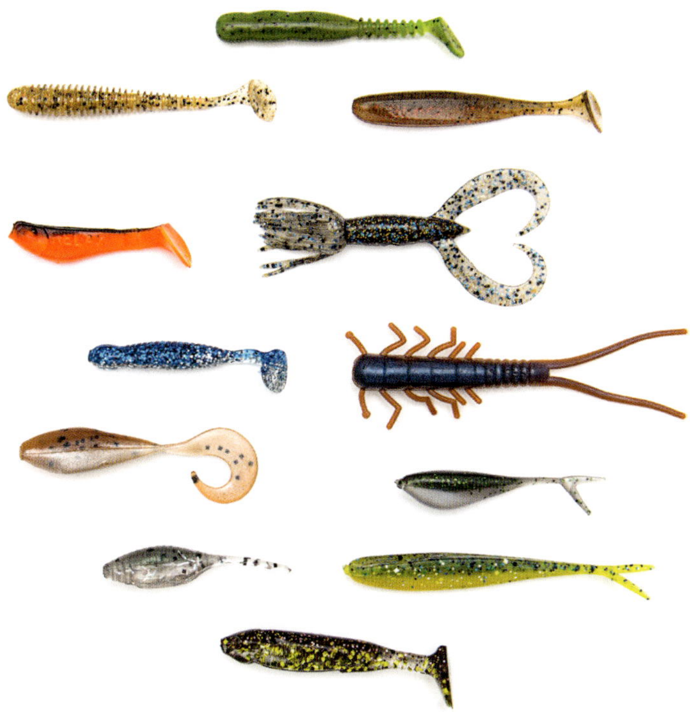

▸▸▸ **Die müsst ihr kennen: reins Rockvibe Shad, Keitech Swing Impact, Mini-Kopyto, Ecograr Grass Minnow, BassAssassin Curly Shad, BassAssassin Tiny Shad, Keitech Easy Shiner, Keitech Little Spider, Luker City Hellgie, Lunker City Fin S Shad, Lunker Cityund BassAssassin Crappie Dapper.**

Ecogear Grass Minnow 1,75": Wieder so eine schlanke Wurst mit einer Schaufel. Die Form ist echt beliebt. Bei Herstellern wie bei Fischen.

BassAssassin Tiny Shad 1,5": Ein Mini-Pintail, den man in tollen Farben und einer zähen Mischung bekommt. Sieht eher aus wie eine kleine Kaulquappe als ein Fischchen. Fängt aber auch sehr gut.

BassAssassin Crappie Dapper 2": Eine schlanke Wurst in einer soliden Mischung in tollen Farben. Da ist eine Fanggarantie drauf.

BassAssassin Curly Shad 2": Shad mit Twister-Locke. Läuft superagil und gefällt nicht nur Barschen und Forellen. Mit dem Teil habe ich unter anderem schon mal einen recht dicken Karpfen gefangen.

Finesse-Jigging-Hardware

An der Köderführung hat sich natürlich nichts geändert. Trotzdem findet man heute nur noch wenige Angler, die zum Barscheln 2,4 bis 3 Meter lange Ruten einsetzen. Zu lang zum UL-Jiggen! Gebräuchlich sind heute Ruten in 1,8 bis 2,25 Meter, mit denen sich die Zupfer auch gut realisieren lassen und zwar ganz lässig aus dem Handgelenk.

Inzwischen ist es möglich, so feine Kohlefaserruten zu bauen, dass man auch mit denen »die Bewegungen des Köders im Wasser« verfolgen kann. Extra-schnelle UL-Blanks haben zudem eine grandiose Bissübertragung. Gerade im Zusammenhang mit feinsten geflochtenen Schnüren, die nicht mehr auf Kapselrollen sitzen, sondern auf 1000er Hochleistungs-Mini-Rollen, die kaum etwas wiegen.

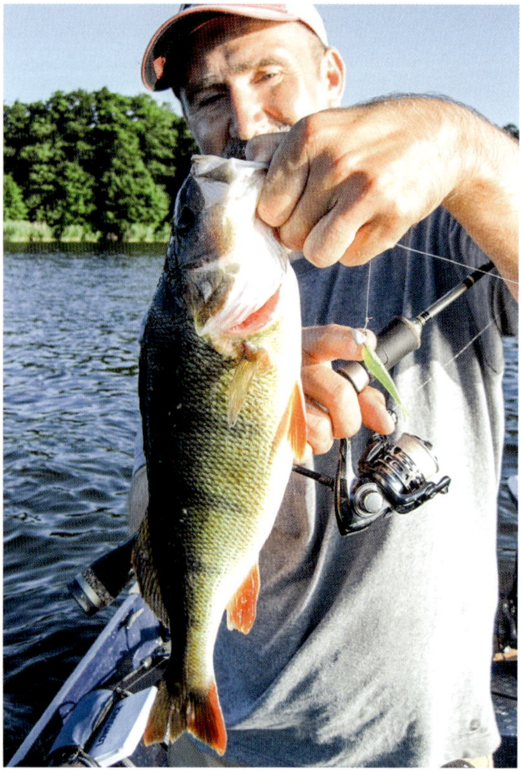

►►► Es muss nicht immer Naturfarbe sein. Chartreuse war mal en vogue, ist jetzt aber ziemlich out. Die Barsche mögen's immer noch.

Ich war übrigens nie im Besitz einer Rute mit eingegossener Finesse-Spitze. Zum »normalen« Twistern ist das nicht nötig. Seit einiger Zeit fische ich vielmehr Ruten mit eingespleißten Vollcarbon-Spitzen. Die superdünnen Taftec-Spitzen der Expride und der Diaflash sind einerseits so straff, dass sie volles Feeling ermöglichen. Andererseits puffern sie den Biss ab. Das gibt dann kaum mehr Fehlbisse.

Außerdem kann man mit diesen Ruten mit allerfeinsten Schnüren fischen, also mit 0,06er Geflochtener (Kairiki 4) oder 12er bis 14er Mono/Fluorocarbon. So kann ich kleine Jigs weiter werfen und tiefer fischen. Außerdem laufen die Köder an den leichten Jigs natürlicher. Um es mal drastisch auszudrücken: Nur mit einer wirklich dünnen Schnur kann ich die Vorteile der Premium-Finesse-Jigs zur Geltung bringen.

Als Einhänger kann ich nach wie vor den Easy Snap beziehungsweise auch die Weiterentwicklungen (wie den Decoy Spiral Snap) empfehlen – wenn ihr überhaupt einen Einhänger fischen wollt. Noch unauffälliger ist ein Knoten. Der sammelt im Gegensatz zum Snap auch kein Kraut ein.

UL-Jig-Führung

Dass die Köderführung nicht wesentlich anders ist als beim »normalen« Gummifischangeln muss ich nicht sagen. Ich fische hier allerdings fast ausschließlich über die Rute und nehme die Schnur dann mit der Rolle auf.

UL-Jigging-Situationen

Sofern man keine schweren Barsch-Murmeln fischt, ist die ultrafeine Jiggerei eine Flachwasser- beziehungsweise oberflächenorientierte Angelegenheit. Mit UL-Jigs kann man vor oder über Krautfeldern fischen. Sehr gut lassen sich auch Stege und Baumkronen abangeln. Auf flachen Sandbänken sind die Teile genauso Abräumer wie auf dem Barschberg ...

HARDBAITS XS: MIKRO-WOBBLER FÜR BRUTRÄUBER

Neben ultraleichten Jigs fische ich im Sommer auch gern mal mit Mini-Wobblern auf die Bruträuber. Nicht nur, weil man manchmal nur auf kleine Köder fängt, sondern weil ich einen Hang fürs Filigrane aus meiner Kindheit ins Erwachsenenalter herübergerettet habe. Was das kleine Batmobil oder der Aston Martin von James Bond mit dem Schleudersitz damals für mich waren, sind es heute Wobbler, Jigs und andere Kleinköder in Größen von 2 bis 5 Zentimeter. Es ist doch faszinierend, dass es heutzutage Tackle gibt, mit dem sich solche Miniwobbler fischen lassen. Und noch faszinierender ist es, dass auf diese Miniatur-Meisterwerke der Wobbler-Ingenieurskunst manchmal auch große Barsche beißen. Auch in der Mini-Wobbler-Abteilung haben wir die Auswahl zwischen schwimmenden Versionen, sinkenden Modellen und Suspendern. Jede Variante hat ihre eigenen Vorzüge.

Countdown Lures

Damit kleine Balsa- oder Plastik-Körper untergehen, verpassen ihnen die Designer einen schwereren Kern als Schwimmwobblern oder Suspendern. Mehr Gewicht bedeutet auch immer mehr Wurfweite. Deshalb haben Sinkwobbler einen größeren Wirkungsradius als Suspender und die meisten schwimmenden Mini-Minnows. Außerdem kann man sie auf das Niveau herunterfallen lassen, auf dem sie arbeiten sollen. Mit einem Gewicht von 4 Gramm ist so ein kleiner Countdown natürlich kein Tiefseetaucher. Wenn man mit der Einholgeschwindigkeit runter geht, kann man ihn im Stillwasser verhältnismäßig tief anbieten. Ich fische diese Wobbler gern in Wassertiefen von 0,5 bis 2 Metern und kurble sie wie einen Crankbait durch, um immer mal einen Spinnstop einzulegen, bei dem der Köder dann ein bisschen absinkt. Sehr gut machen sich die Countdowns aber auch im Fließwasser, wo man sie hervorragend mit der Strömung fischen kann, um ein bisschen tiefer runter zu kommen.

Lipless Cranks

Am weitesten fliegen Lipless Cranks, die erstens mit Rasseln gefüllt sind und deshalb mehr Gewicht mitbringen. Dadurch, dass der Rückenbereich vor der Öse als Tauchschaufel fungiert, haben sie zudem weniger Luftwiderstand. Dadurch kann man mit den Lipless Cranks nicht nur ein größeres Terrain abfischen als mit der tauchschaufeltragenden Konkurrenz. Man kann sie auch in den verschiedensten Wassertiefen fischen und kommt noch tiefer runter als mit den Countdowns. Diese Wobbler eigenen sich für viele Führungsarten, können durchgekurbelt, gejiggt oder sogar vertikal (an Stegen) angeboten werden.

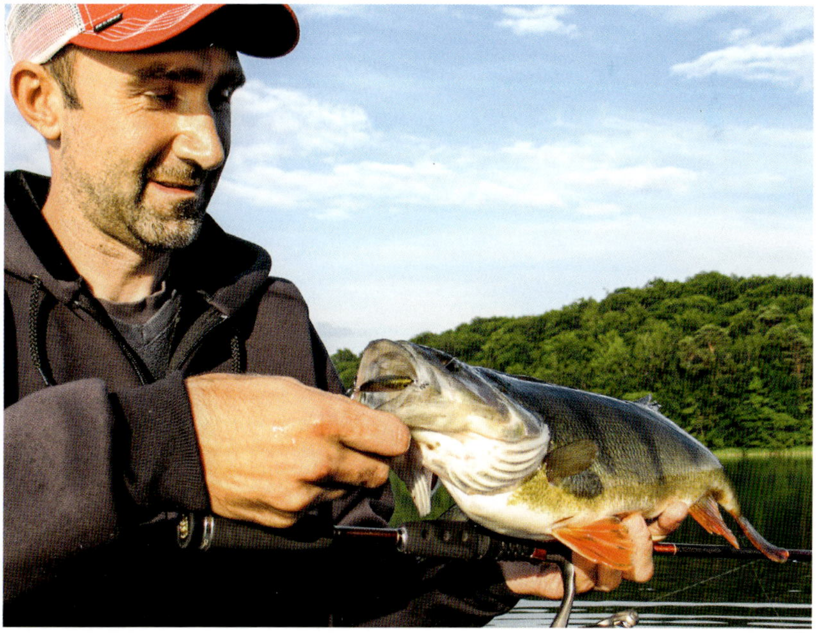

▶▶▶ Flachlaufender Mini-Suspender als Rachensperre. An den Biss kann ich mich noch gut erinnern: Der kam auf Sicht ganz kurz vorm Boot.

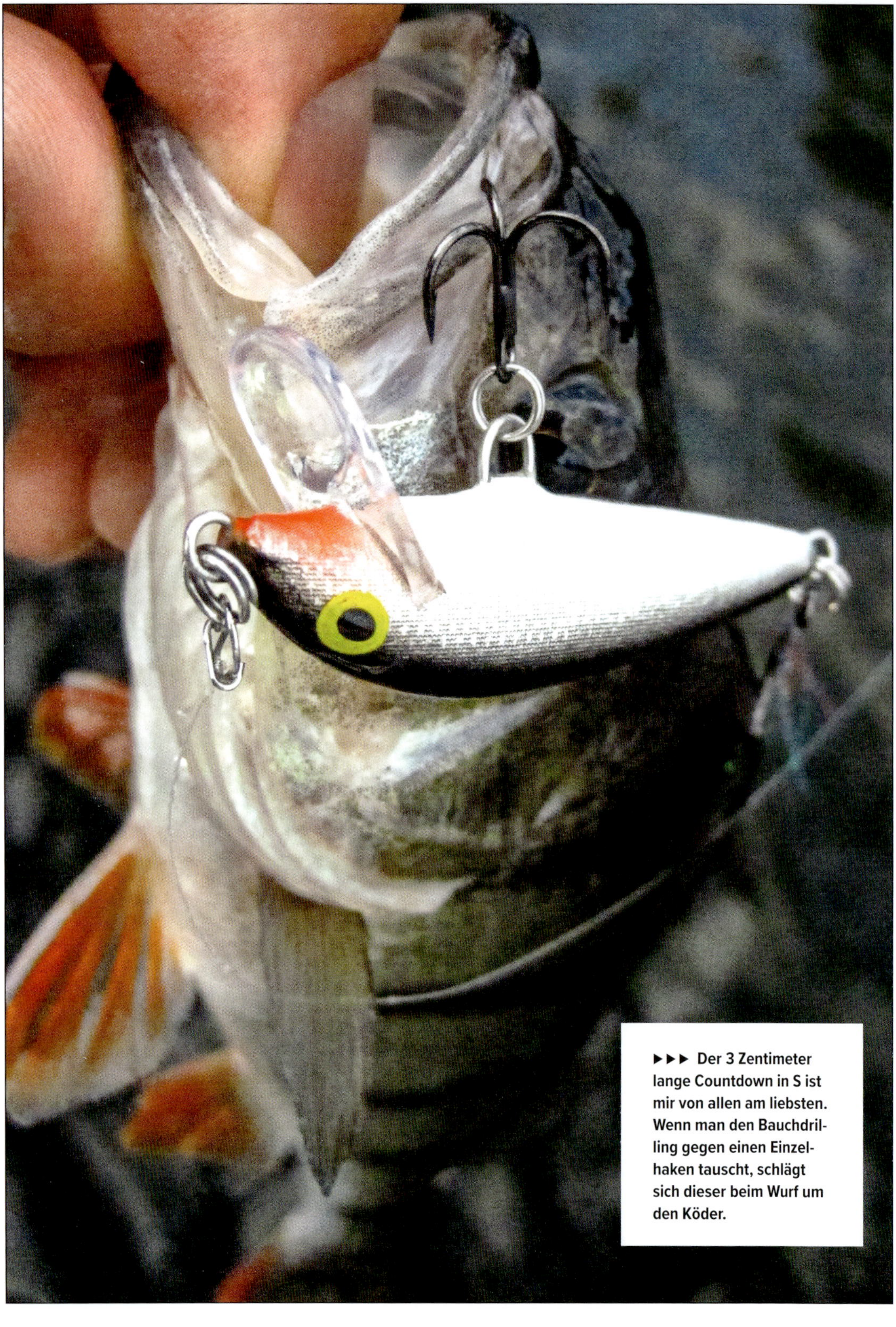

▶▶▶ Der 3 Zentimeter lange Countdown in S ist mir von allen am liebsten. Wenn man den Bauchdrilling gegen einen Einzelhaken tauscht, schlägt sich dieser beim Wurf um den Köder.

▶▶▶ Es sind nicht immer die ganz großen Barsche, die man mit Kleinstwobblern fängt. Aber anders kommt man an die dicken Brutbarsche manchmal eben nicht heran.

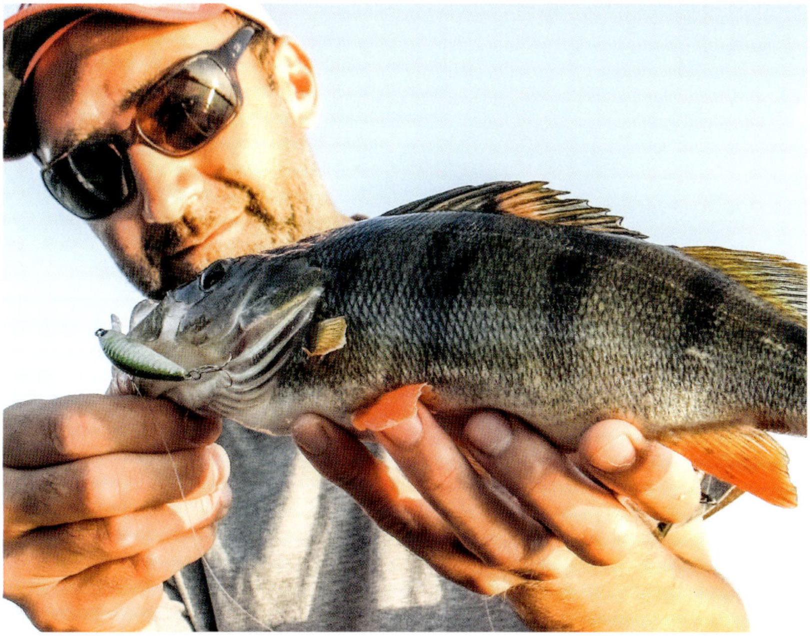

Cranks
Die kleinen Crankbaits bringen mehr Volumen mit und sind massebedingt oft relativ schwer. Durch ihre kompakte Form kommen sie schon fast an die Wurfweiten der Sinker heran. Ihre Tauchschaufeln führen manche Modelle auf Tiefen bis 2,5 Meter herunter. Mit ihnen klappert man das Freiwasser ab oder lässt sie über den (Kies- oder Sand-) Grund rattern.

Schwimmende Minnows
Die schlanken Minnows laufen weniger aggressiv, sind optisch dafür näher am Brutfisch dran. Mit ihnen lässt es sich gut in Seerosen angeln oder in verholzten Bereichen. Wann immer sich zum Beispiel ein Ast über einen Schnurkontakt ankündigt, lässt man sie auftreiben und umschifft so das Risiko eines Hängers. Durch das recht geringe Gewicht ist die Wurfweite aber limitiert. Auf die kommt es aber auch nicht immer an. Beispielsweise kann man die kleinen Schwimmwobbler am Bach auch mit der Strömung treiben lassen, um hier Spots zu befischen, an die kaum ein anderer Kunstköder herankommt. Dazu gehören die Schattenbereiche unter überhängenden Büschen oder die Trutten-Tunnel unter einem umgestürzten Baum.

Suspender
Brutfische stehen oft nahezu regungslos unter der Wasseroberfläche. Sie sind rein physisch nicht in der Lage, sich schnell zu bewegen. So einen kleinen ahnungslosen Brütling imitiert man am besten mit einem Suspender, den man sehr lange auf der Stelle stehen lässt und genau im Brutfisch-Rhythmus bewegt. Also nicht hektisch durchs Wasser rupfen, sondern mit ganz sachten Bewegungen aus der Rutenspitze animieren. Wenn es dann um den Wobbler herum raubt, mimt der Suspender dann den einzigen doofen Brutfisch, der perplex stehen bleibt. Die Wahrscheinlichkeit ist dann sehr hoch, dass er aufgesammelt wird. Das sind dann sehr schöne Bisse.

Top-UL-Wobbler
Bei den Countdown-Lures liegen die Rapalas ganz weit vorn. Sowohl der agil wobbelnde Oldschooler als auch der stylische X-Rap Count-

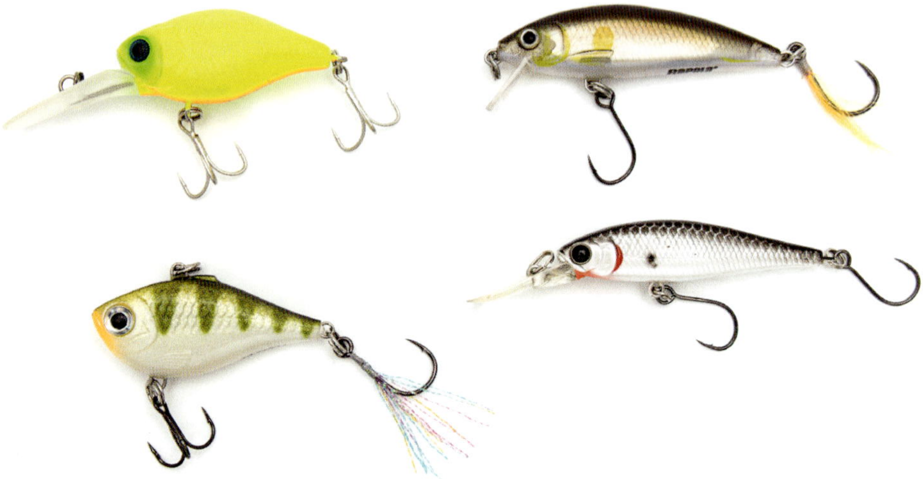

▸▸▸ **Vier Miniwobbler, je einer aus jeder Kategorie: Der Chubby als Crank-Vertreter, X-Rap (Countdown), Ultra Light Rippin' Rap (Lipless) und Pointer 48 (Twitchbait).**

down, der flacher ist und mehr flankt. Tolle Mini-Lipless Cranks kommen ebenfalls von Rapala (Ultralight Rippin' Rap) oder auch von Illex (TN 50 und Chubby Vib 40). Spätestens seitdem der Rapala Ultralight Crank nur noch schwer erhältlich ist, führt bei den Cranks wohl kein Weg am Chubby vorbei, wobei man als UL-Cranker auch die Megabass Griffons auf dem Plan haben muss. Als Mini-Suspender kann ich die kleinen Pointer von Lucky Craft empfehlen. Oder die Tiny Fries von Illex. Maria hat mit dem MS-1 D45SP einen schönen Mini-Tiefläufer.

Haken-Tuning

Die Drillinge kleiner Wobbler sind oft sehr weich. Wenn da ein Rapfen einschlägt, zieht er den Haken direkt beim Anbiss glatt. Unter anderem deshalb tausche ich Drillinge gegen Einzelhaken aus. Viel wichtiger aber: Die Fische können schneller vom Haken gelöst werden. Mit den Kleinwobblern hakt man oft auch kleine Barsche. Diese müssen schnellstmöglich wieder zurück ins Wasser (siehe auch »Abrüstung auf Einzelhaken«).

Rapala-Knoten

Die meisten Wobbler von 3 Zentimeter und größer laufen sehr gut, wenn man sie in kleine Finesse-Snaps einhängt. Bei Suspendern muss man dabei allerdings aufpassen, dass sie nicht aus der Balance geraten. Deshalb entfernt man hier am besten den Spreng-ring. Die Alternative zum Snap ist der Rapala-Knoten oder eine vereinfachte Variante davon, die man als Finesse-Wobbelnder eh kennen muss, weil sich die Kleinsten unter den Kleinen im Snap schwertun, ihre Laufeigenschaften zu entfalten.

Finesse-Wobbel-Hardware

Wer effektiv mit den Mini-Wobblern arbeiten will, muss dünne Schnüre fischen, die erstens für

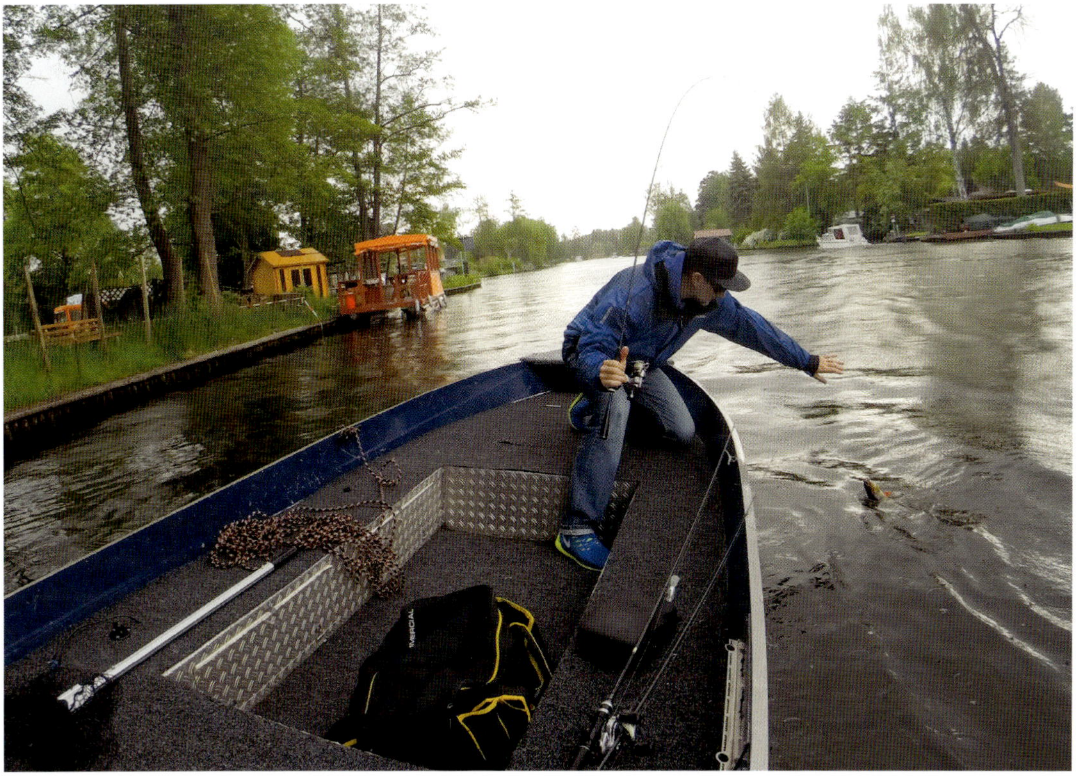

▶▶▶ **Bei heftigem Wind haben die Barsche voll gut auf einen kleinen Lipless-Wobbler gebissen.**

Wurfweite sorgen und zweitens den Lauf nicht stören. Mit dünn meine ich wirklich dünn. Also 0,12er bis maximal 0,16er Monofile oder 0,06er Geflochtene. An die dünnen Geflechte kommt ein 17er Fluorocarbon-Vorfach, das ich mittels FG-Knoten an der Hauptschnur befestige und daran dann den Einhänger. Wer so fein fischen will, braucht eine Rute, die rasante Einstiege von Rapfen, das Kopfschütteln von Barschen oder die Sprünge von Forellen abfedert. Schnur und Rute müssen hier zusammenspielen. Deshalb ist eine weiche Rutenspitze unerlässlich. An einem 2 bis 7 Gramm-Stöckchen machen dann schon 25er Barsche richtig Laune. Und wenn mal ein richtig dicker Barsch an der Sehne zottelt, wird's richtig spannend. Mit Geduld und einer gut eingestellten Bremse bekommt man aber auch am Finesse-Gerät jeden Fisch gebändigt.

UL-Wobbel-Situationen

Ein paar Spezialdisziplinen wurden ja schon in den Köderbeschreibungen genannt. Auch mit den Hardbaits angelt man hauptsächlich flach beziehungsweise oberflächennah. Topspots für Miniwobbler sind Stege, Seerosenfelder, Brücken, flache Buchten, Bootsanleger, die Steinpackung, Spundwände, Pontons ...

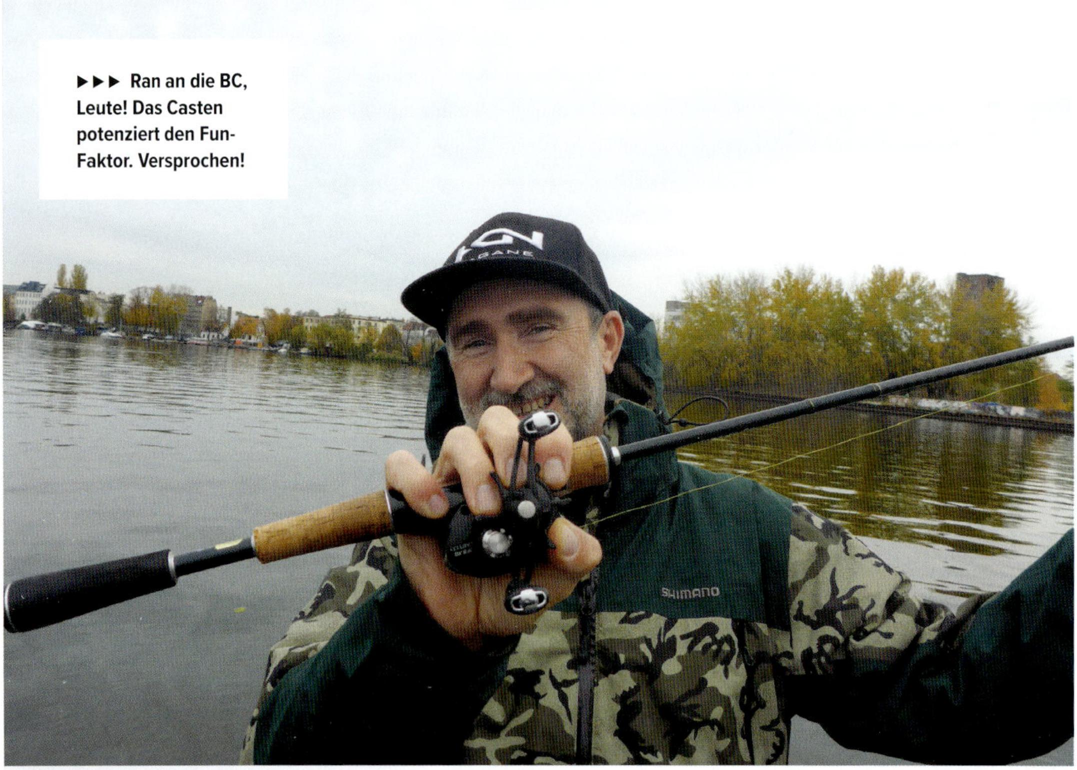

▶▶▶ **Ran an die BC, Leute! Das Casten potenziert den Fun-Faktor. Versprochen!**

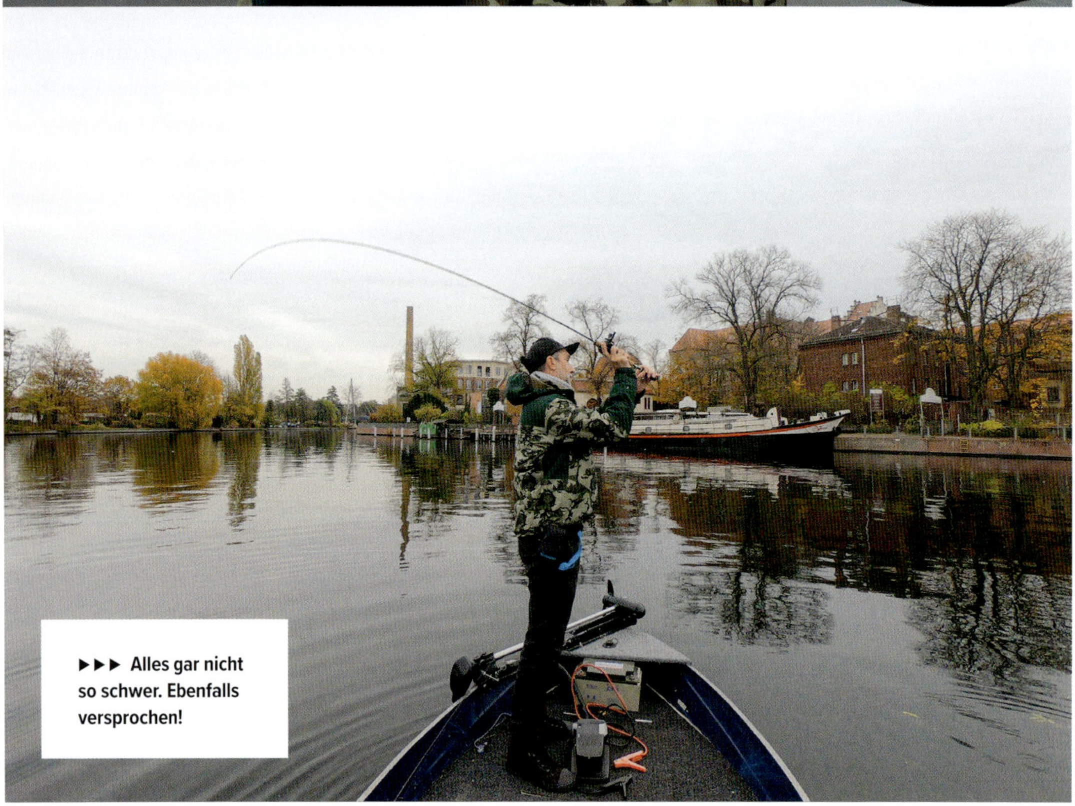

▶▶▶ **Alles gar nicht so schwer. Ebenfalls versprochen!**

BARSCHANGELN MIT DER BAITCASTER

Es soll ja immer noch Menschen geben, die gehörigen Respekt vor Baitcastern haben und sich den Multirollen konsequent verweigern. Der Hauptgrund für diese unumstößliche Hemmschwelle ist wohl die Angst vor Schnurtüddeln. Besonders das Werfen mit wenig Gewicht soll sehr schwierig sein - hört und liest man immer wieder. Das war sicher auch einmal so. Selbst geübte Werfer mussten bis vor einigen Jahren noch ihre Rollen tunen, um auch mit sehr niedrigen Ködergewichten die Spule in Rotation zu versetzen. Das ging sogar soweit, dass sie nachträglich die serienmäßigen Kugellager gegen Keramikkugellager getauscht haben. Weiterhin musste die Spulen- und die Fliehkraftbremse komplett aufgedreht werden, um akzeptable Wurfweiten zu erzielen. Diese Voraussetzungen machten die Baitcasterrollen für Einsteiger zu unzähmbaren Wildpferden - Perücken-Alarm bei jedem Wurf. Diese Zeiten sind jedoch vorbei.

Bevor es hier explizit ums Werfen mit leichten Ködern geht, möchte ich auf einige grundsätzliche Unterschiede hinsichtlich Multi- und Stationärrolle eingehen. Die Vorteile der Multi gegenüber der Stationärrolle kommen besonders beim feinen Fischen zum Tragen: Beim Werfen mit der Multirolle fliegt die Schnur nicht unkontrolliert von der Spule. Vielmehr gibt die Rolle durch Rotation der Spule Schnur frei. Durch den linearen Schnurabzug fliegt der Köder der Schnur also immer voraus. So können sich die Drillinge insbesondere von leichten Wobblern beim Wurf nur schwer in der Schnur verfangen. Die bedeutet in der Praxis: Weniger Leerwürfe beim Wobbeln, mehr Fisch.

Auch das Bügelumklappen zur Schnurfreigabe entfällt. Die Schnur wird per Knopfdruck freigegeben. Wettkampfangler rechnen das dann in Zeit beziehungsweise die zusätzliche Anzahl der Würfe um, die sie pro Stunde machen können. Auch Barschangler schätzen es, wenn sie ein paar Würfe mehr am Tag heraushauen, um vielleicht einen Schwarm zu finden, der den Angeltag zum Volltreffer macht. Anstatt den Wurf mit einem Bügelumklappen zu beenden, dreht man einfach an der Kurbel und hat direkt nach dem Einwurf Kontakt zum Köder. Auch wegen des linearen Schnurabzugs ist der Köder nach dem Auftreffen auf die Wasseroberfläche sofort startklar. Das macht sich immer dann gut, wenn man Wände, Pfeiler, Felsen oder Ufer abwirft – Spots, an denen sich die Räuber besonders gern verstecken.

Die Flugphase des Köders ist mit der Multi stets unter Kontrolle, denn der Daumen hat jederzeit Einfluss auf den Schnurabzug. Wenn der Köder einen guten Kontrast zum Hintergrund bildet, kann man ihn perfekt abstoppen und so zentimetergenau vor potentiellen Unterständen wie ins Wasser gefallene Äste, Felsen, Boote und ähnliches platzieren. Beim Barschangeln gilt die Maxime: Je dichter ich an den Unterstand herankomme, desto größer ist die Chance, einen Fisch herauszulocken.

Die Baitcaster ermöglicht auch viele Würfe, die man mit der Stationärrolle nicht hinbekommt. Mit der Multi fällt es viel leichter, aus dem Handgelenk einen flachen Wurf unter überhängende Bäume oder niedrige Brücken anzusetzen. Überhaupt benötigt man nicht so viel Raum beim Wurf. Wenn man die Rute mit einem Rückschwung oder einer Rotation des Köders um die Rutenspitze auflädt, kann man sogar vor dem Körper werfen. Zu den Trickwürfen zählen hier auch das sogenannte Skipping. Hier schlittert der Köder über die Wasseroberfläche, ähnlich wie ein flacher Stein, den man in Sprüngen über das Wasser flutschen lässt. Logisch, dass so auch unter extrem dicht über der Wasseroberfläche hängende Äste oder unter Stege geworfen werden kann. Beim Pitchen wiederum lässt man den Köder aus der Hand starten, um ihn ganz dicht über der Wasseroberfläche auf ein nahegelegenes Ziel segeln zu lassen. Durch die totale Kontrolle über den Flug kann der Köder nahezu lautlos ins Wasser tauchen.

Wer bremst gewinnt

Die Baitcaster-Fans lieben auch das unmittelbare Drill-Feeling. Da die Schnur nicht durch einen Bügel umgelenkt wird, hat man einen sehr direkten Kontakt zum Fisch. Gut, wenn man einen Großbarsch an der Rute hat, noch besser, wenn ein Hecht am anderen Ende zieht. Auf spontane Fluchten großer Fische kann man sehr gut reagieren, indem durch Knopfdruck die Schnur freigegeben wird und man dann mit dem Druck des Daumens auf die Spule bestimmt, wie schnell der Fisch Schnur abziehen darf. Meistens reicht es aus, die Sternbremse zu lockern und dann mit dem Daumen die Bremskraft zu dosieren.

Bevor es soweit ist, müssen Einsteiger sich aber erst einmal mit den verschiedenen Bremssystemen einer Baitcaster (s. a. Infokasten) vertraut machen und üben. Der Bewegungsablauf beim Werfen unterscheidet sich hier deutlich von dem mit der Stationärrolle. Während der Köder mit der Stationärrolle durch ruckartiges Aufladen der Rute beschleunigt wird, muss die Rute mit der Multi immer durch eine gleichmäßig fließende Bewegung ihre Kraft entfalten. Um die Rute schon vor dem Abschuss aufzuladen, schwingt man erst nach hinten, um sie dann sauber und flüssig wieder nach vorne zu beschleunigen.

Ein Einsteiger nimmt sich zum Üben erst einmal einen nicht allzu leichten Köder oder auch ein simples Birnenblei. Ideal sind sieben bis zehn Gramm. Ein Köder sollte schön kompakt sein und wenig Luftwiderstand haben. Am besten eignet sich ein Gummifisch am Bleikopf. Zuerst wird die Spulenbremse so eingestellt, dass der Köder bei offener Fliehkraftbremse kontrolliert Schnur abzieht, wenn man den Freilauf betätigt.

Dazu hält man die Rute waagerecht, der Köder oder das Blei baumelt unter der Spitze. Dann gibt man die Schnur frei. Jetzt sollte das Gewicht nicht zum Boden fallen, sondern an straffer Leine gleichmäßig nach unten gleiten. Nach dem Auftreffen auf dem Boden muss auch die Spule stoppen, darf also nicht mehr rotieren beziehungsweise »nachlaufen«. Ist diese Einstellung der Spulenbremse durch Probieren erreicht, wird die Fliehkraftbremse eingestellt. Ihre Brems-

▶▶▶ **Appetizer: Direktes Feeling im Drill. Mit der BC kitzelt ihr noch mehr Thrill aus dem Angeltag.**

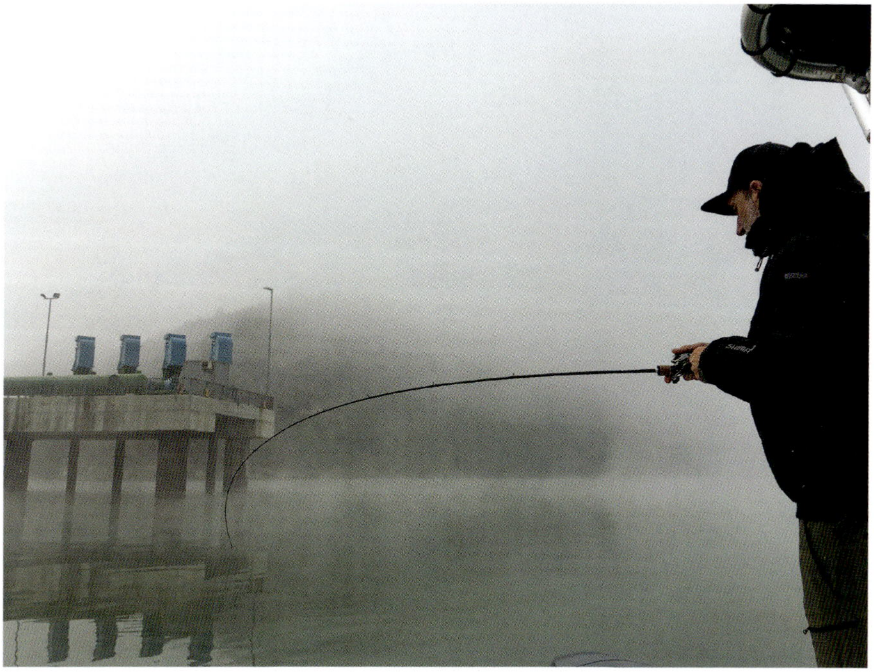

wirkung sollte zunächst relativ hoch gewählt werden. Die Rolle ist dann bereit für den Wurf.

Im zweiten Schritt des Trainings lockert man beide Bremssysteme schrittweise und findet so die geeignete Einstellung für sich heraus. Leider gibt es keine Standardeinstellungen. Jeder Angler muss das für sich selbst herausfummeln. Die richtigen Bremseinstellungen sind unter anderem abhängig von Ködertyp, Schnurtyp, Schnurstärke, Schnurfüllung, der Rolle an sich und auch vom Wurfstil.

Aerodynamische Köder bedürfen weniger Bremsung als voluminöse und unförmige Köder. Wirklich leichte Köder kann man erst vernünftig werfen, wenn man die Bremsen etwas mehr öffnet. Beim Pitchen müssen die Bremsen fast voll offen sein, damit locker Schnur abläuft und eine nennenswerte Wurfweite erzielt werden kann. Wenn man die Rute voll aufladen will, muss die Spulenbremse etwas fester gezurrt werden, damit sich die Spule in der ersten Wurfphase nach dem Abschuss nicht sofort überdreht.

Auch das Zusammenspiel von Spulen- und Fliehkraftbremse kann individuell gestaltet werden. Manche Angler haben die Spulenbremse weit zu und die Fliehkraftbremse ziemlich offen, während andere mehr mit der Bremswirkung der Fliehkraftbremse arbeiten. Absolute Könner öffnen beide Bremsen und setzen voll auf den Daumen.

Die Bremssysteme

Eine Baitcaster hat mehrere Bremsen. Eine Fliehkraftbremse, eine Sternbremse und eine Spulenbremse. Jede dieser Bremsen hat eine unterschiedliche Funktion. Sobald man verstanden hat, welche Funktion hinter welchem Rädchen sitzt, kann man stressfrei mit der Baitcaster umgehen. Wenn man sich vorsichtig herantastet und ein paar Grundregeln beachtet, ist man viel schneller baitcasterfit, als man das glaubt. Gerade die hochwertigen Rollen, die wir zum Finesse-Casten benötigen sind so gutmütig, dass man sich schon anstrengen muss, um konsequent Perücken zu werfen.

Sternbremse: Sie regelt den Schnurabzug bei geschlossener Spule und ist das Pendant zur Front- oder Heckbremse bei der Stationärrolle. Sie hat überhaupt keinen Einfluss auf den Wurf, sondern ist ausschließlich für den Drill zuständig.

Spulenbremse: Diese Bremse sitzt neben der Sternbremse und dient dazu, den Schnurabzug am Anfang des Wurfes zu regulieren. Sie verhindert, dass es beim Abschuss zum Schnurstau kommt. Dreht man sie ganz zu, gibt die Spule auch unter Gewaltandrohung kaum Schnur frei. Zwar kann die Spule dann nicht überschlagen und am Anfang des Wurfes keinen Tüddel produzieren. Aber wir erreichen so auch keine befriedigenden Wurfweiten. Am besten tastet man sich beim Üben durch schrittweises Lösen der Bremsen langsam vorwärts.

Fliehkraftbremse: Die Fliehkraftbremse sitzt auf der anderen Seite und liegt an der Spule an. Sie reguliert das Drehmoment im Flug und sorgt dafür, dass die Spule nicht schneller dreht als Schnur abgezogen wird. Bei der mechanischen Fliehkraftbremse wie zum Beispiel von Shimano (Aldebaran BFS Limited) kann man Pins (kleine Plastik-Stifte an der Spule) aktivieren und deaktivieren. »Aktivieren« bedeutet, dass man ihre Bremskraft nutzt, indem man sie lockert, so dass sie während des Wurfes an der Innenseite der Seitenplatine reiben. »Deaktivieren« bezeichnet logischerweise den umgekehrten Vorgang. Man drückt die Pins fest, so dass sich die Spule schneller drehen kann.

Magnetbremse: Bei der neusten Aldebran-Generation (BFS XG) muss man nicht mehr unter die Platine. Hier reguliert man eine Magnetbremse über ein Rädchen. Stufe 6 ist die maximale Bremseneinstellung. Stufe 1 die niedrigste.

Achtung: Ungeübte Werfer werden schnell feststellen, dass die Fliehkraftbremse massiven Einfluss auf die Perücken-Vermeidung oder eben auch auf die Tüddel-Produktion hat. Ein Pin mehr oder weniger – bzw. eine Ziffer höher oder niedriger – entscheidet am Anfang der Baitfinesse-Kariere über Baitcast-Euphorie oder Baitcast-Depression.

Daumenbremse: Eine der wichtigsten Bremsen ist nicht in der Rolle verbaut, sondern an der Hand des Anglers. Der Daumen der Rollen-

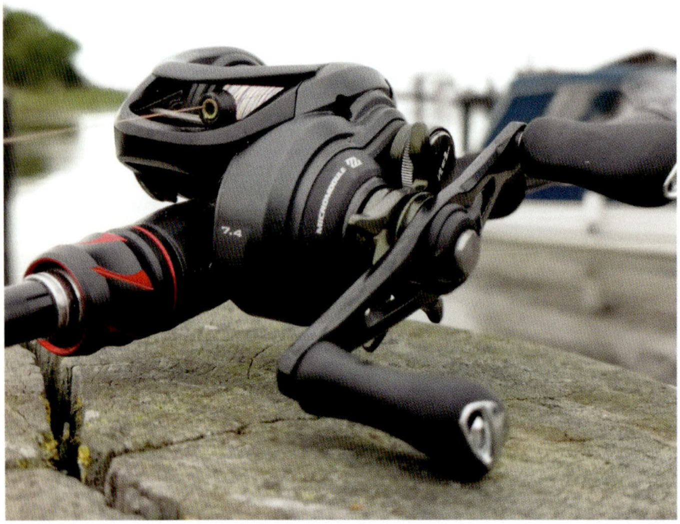

►►► Auf der einen Seite der BC befinden sich die Stern- und die Spulenbremse.

▸▸▸ Zum Verändern der Fliehkraftbremse muss man an die Pins.

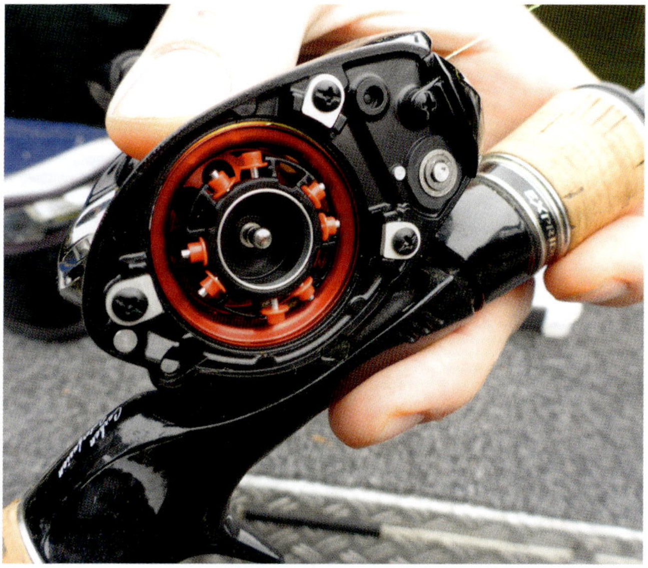

▸▸▸ Die Magnetbremse der Aldebaran BFS XG sitzt auf der Innenseite der Platine.

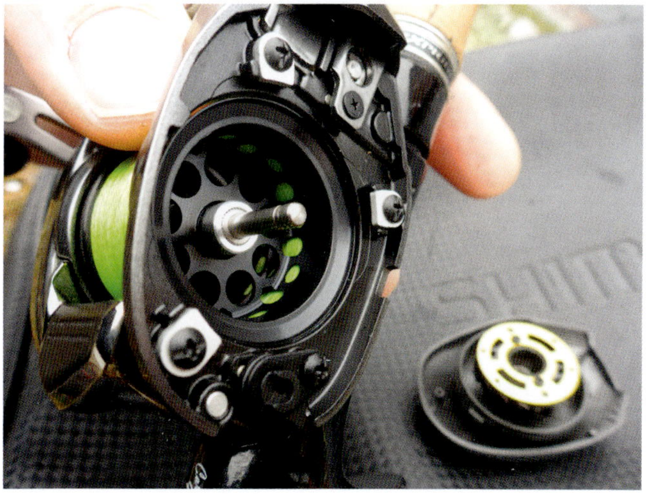

hand bleibt während des kompletten Wurfes in Kontakt mit der Spule. Ganz wichtig: Bevor der Köder aufs Wasser auftrifft, muss man die Schnurfreigabe durch erhöhten Druck auf die Spule stoppen. Sonst läuft die Spule weiter, wenn schon keine Schnur mehr abgezogen wird und dann gibt es die berüchtigten Vogelnester.

Die 3 Basic-Wurftechniken

Im Prinzip kommt man als Einsteiger mit drei verschiedenen Würfen nahezu überall klar. Dies sind der Überkopf-, der Seit- und der Unterhandwurf. Der einfachste Wurf mit der Baitcaster ist der Wurf von der Seite. Als Rechtshänder führt man die Rute dabei auf die rechte Seite und lässt sie dann auf gleicher Höhe horizontal nach vorne schwingen. Wichtig: Die Schnur muss ein bisschen früher freigegeben werden, als man das von der Stationärrolle gewohnt ist.

Der Überkopfwurf funktioniert auch nicht anders als der Seitwurf. Mit ihm kann man aber größere Weiten erzielen, wenn man fit ist. Die Rute nach hinten schwingen und mit einer fließenden

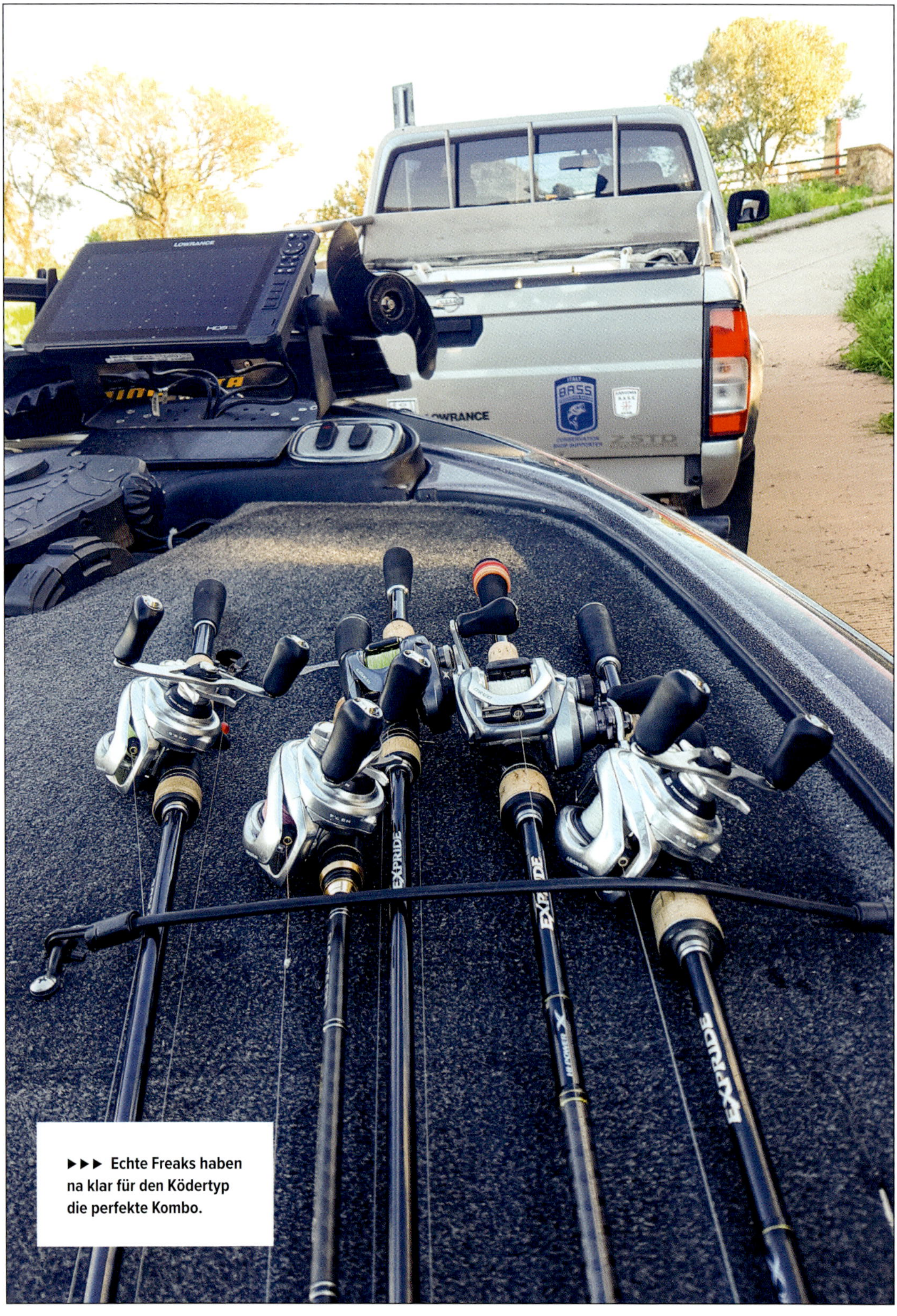

▶▶▶ Echte Freaks haben na klar für den Ködertyp die perfekte Kombo.

▶▶▶ Mit einer relativ schweren Kombo (M-Klasse: 7 bis 21 Gramm) lassen sich z.B. Rubberjigs ab 7 Gramm sehr gut werfen.

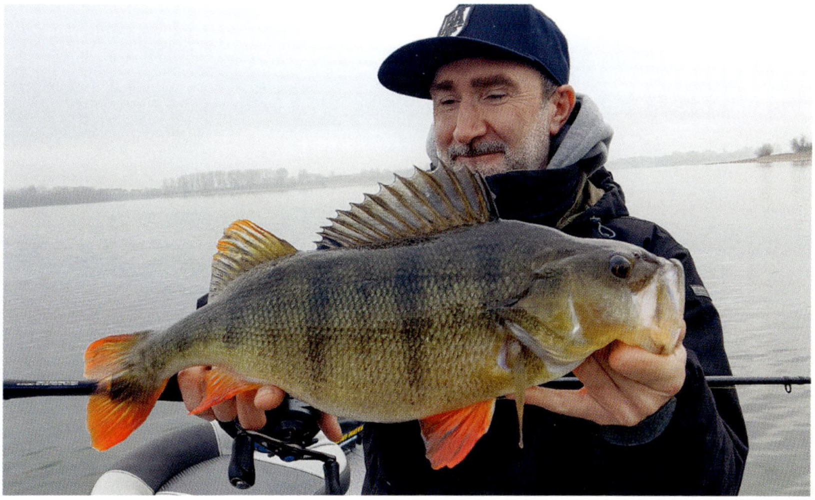

Bewegung wieder nach vorne beschleunigen. Auf etwa 11.30 Uhr die Schnur freigeben, den Daumen leicht auf der Spule lassen und vor dem Auftreffen des Köders fest anpressen.

Zu den exakten Abläufen finden sich im Internet diverse Videos, wie auch zu den eingangs erwähnten Trickwürfen. Einsteiger werden bei den ersten Würfen feststellen, dass der Köder nach links zieht (Rechtshänder, Seitwurf) oder von oben ins Wasser kracht (Überkopfwurf). Das liegt dann zum einen daran, dass man mit der Multi etwas früher Schnur freigeben muss, als mit der Stationärrolle und zum zweiten aber auch an den relativ fest eingestellten Bremsen. Und trotzdem legt man erstmal so los, um sich ein Gefühl für das Baitcast-System zu erarbeiten, ohne sich mit Perücken zu frustrieren.

Die BC-Paradedisziplinen

Hat man sich die Grundlagen erarbeitet, kann es endlich losgehen. Wie bereits angedeutet, macht insbesondere das feine Fischen mit Baitcastern nicht nur jede Menge Spaß, es garantiert auch mehr Erfolge am Wasser. Für mich gibt es hier gleich mehrere Paradedisziplinen. Ich liebe beispielsweise die kleinen Rubber-Jigs und die Barsche lieben sie ebenfalls. Oft kann man mit den kleinen Fransendingern die größeren Fische aus den Gewässern herauskitzeln. Sie sind schön kompakt und fliegen an der Baitcaster ganz hervorragend. Im Zusammenspiel mit einem schlanken Trailer arbeiten die Tentakeln auch im Stillstand für uns. Es kommt oft auf ganz dezente Köderbewegungen an. Mal ein kurzer Sprung. Mal ein Ziehen über den Grund. Mal ein Wackeln. Ich finde, dass sich das besonders gut macht, wenn die Rolle oben auf der Rute sitzt.

Auch beim Angeln mit dem Shaky Head kommt es darauf an, den Köder nur minimal zu bewegen, Dropshotten am Grund sozusagen. Der Sichelschwanz eines Gummiwurms, der Pintail eines No-Action-Shad oder die kleine Schaufel eines Action-Wurms soll spielen, während der Köder am Boden liegt. Auch das bekommt man super mit der Baitcaster-Kombi hin.

Cranks fliegen ebenfalls super an der Baitcaster. Die Würfe sind präziser als mit Stationärrolle und es kurbelt sich schöner. Gerade wenn man mit diesem Ködertyp die Fische sucht, kitzelt man an einem Angeltag eine ganze Menge mehr Würfe raus als mit der Stationärrolle. Durch die guten Flugeigenschaften sind kleine Cranks ein idealer Einstiegsköder für die BFS-Angelei.

Das Texas-Rig ist eine kompakte Angelegenheit. Blei, Perle, Haken und Köder bilden eine geschlossene Einheit – das fliegt gut. Ich fische das T-Rig am liebsten an der Baitcaster, weil ich die Animation damit als komfortabler empfinde. Beim flachen Zupfen, muss ich das Handgelenk nicht großartig anwinkeln und auch beim Ziehen habe ich die Rute ganz locker in der Hand – American Style eben. Der ist nicht immer genau mein Ding, in diesem Fall aber schon.

Ich suche die Fische auch sehr gern mit durchgekurbelten Gummifischen. Diese einfache Führungsvariante der Gummis wende ich aber auch an Stegen an, wenn die Barsche unter Booten an Stegen stehen. Mit der Baitcaster kann ich den Kunstköder ganz dicht an die Bordwand werfen, um ihn dann längs am Boot vorbeilaufen zu lassen.

Auch das Twitchen geht mit der Baitcaster einfach leichter von der Hand als mit der Stationärrolle. Ich muss das Handgelenk beim Schlagen von oben nach unten nicht überdehnen. Der entscheidende Vorteil ist aber die Tatsache, dass der Köder immer der Schnur voraus fliegt und sich die Haken nicht in der Schnur verfangen können. Das fängt vor allem dann mehr Fisch, wenn man raubende Barsche anwobbelt. Nichts ist ärgerlicher als ein im Vorfach verwickelter Twitchbait, wenn drumherum die Barsche jagen. Der Spuk ist ja leider oft schneller vorbei als man eingeholt, enttüddelt und wieder ausgeworfen hat.

Das Gerät muss passen

Wer nicht weniger als sieben Gramm werfen will, findet auf dem Markt schon viele gute Multis um die 100 Euro. Wenn es aber darum geht, stressfrei niedrige Gewichte von fünf Gramm und weniger zu werfen, müssen absolute Präzisionswerkzeuge an den Start. Das macht die Sache leider zwangsläufig teuer und auch die Auswahl der entsprechenden Modelle ist auf dem deutschen Markt sehr begrenzt. Allerdings kommen so langsam auch günstigere Modelle an den Start als die Aldebaran BFS XG, die von Experten als eine der Finesse-Baitcaster eingestuft wird, mit der man die leichtesten Gewichte schmeißen kann. Die Curado BFS zum Beispiel dürfte so um die 200 Euro kosten. Immer noch viel Geld. Aber die Spaßsteigerung ist diese Investition definitiv wert.

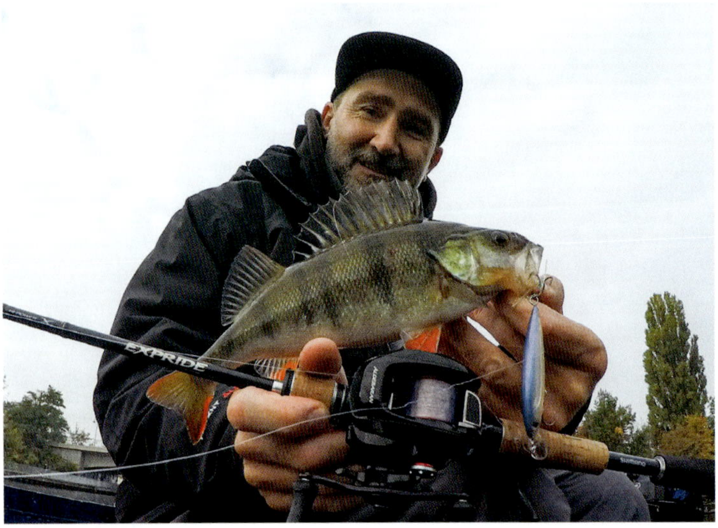

►►► **Wer kleine Twitchbaits stressfrei casten will, kommt nicht an einer BFS-Kombo vorbei.**

Beim Baitcasten mit niedrigen Gewichten ist aber auch das Zusammenspiel der Rolle mit Rute, Schnur und Köder extrem wichtig. Daher muss das Gerät präzise aufeinander abgestimmt werden. Beim Angeln mit der Stationärrolle kann man über den Hebel einer schweren und längeren Rute auch einen fünf Gramm schweren Köder noch einigermaßen werfen, Führung und Bisserkennung sind allerdings alles andere als eine feine Sache. Bei Shimano sind Baitcaster-Rollen und -Ruten für das feine Fischen mit dem Kürzel BFS gekennzeichnet. Die Abkürzung steht für »Bait Finesse System«.

An dieser Stelle kommt mir die legendäre Blechpeitsche mit einem Wurfgewicht von fünf bis 100 Gramm in den Sinn und ich muss darüber schmunzeln. Gerade beim feinen Baitcasten sind die Wurfgewichtsspektren der Ruten viel enger abgesteckt. Und das, weil beim Werfen viel mehr über die Ladung der Rute geht, als über ihren Hebel. Die passende Rute muss sich also schon mit ein paar Gramm aufladen lassen. Gleichzeitig soll sie im Wurf aber auch beschleunigen und beim Angeln einen guten Kontakt zum Köder herstellen. Das funktioniert nur, wenn minimales und maximales Wurfgewicht eng beieinander liegen. Eine Rute, mit der man zwei Gramm gut werfen kann, geht bei zehn Gramm schon fast in die Knie. Man sollte also möglichst genau wissen, was man mit der Kombo werfen will, bevor man zum Kauf schreitet.

Geflecht, Mono oder doch besser Fluorocarbon?

Auch bei der Schnur hat man mal wieder die Qual der Wahl. Geflecht hat keine Dehnung und überträgt Ködervibrationen am besten. Auf der anderen Seite klemmen sich dünne Geflechte auch mal in unteren Lagen auf der Spule ein, besonders die geschmeidigen achtfach Geflochtenen. Solch ein Schnurklemmer sorgt beim nächsten Wurf für die gefürchtete Perücke und im schlimmsten Fall macht der teure Wobbler den Abflug.

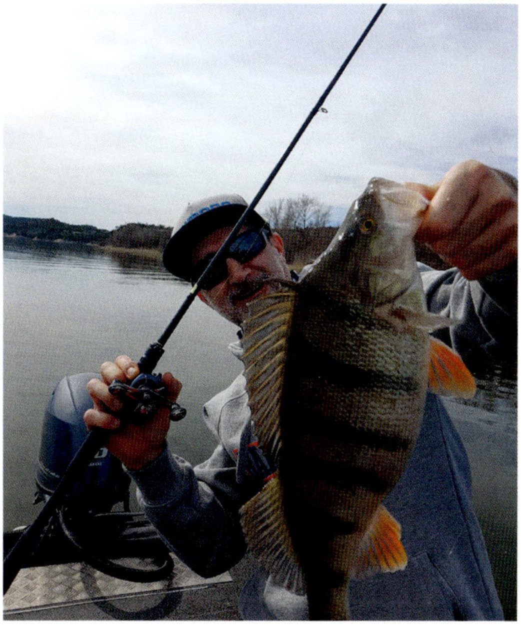

▶▶▶ **Vollkontaktangeln im Holz. Das ist auch besser mit der BC. Das Hängerlösen geht nicht so auf die Achse.**

Unter anderem daher blüht der Fluorocarbon-Markt zurzeit auf. Fluorocarbon ist zwar etwas dicker als Geflecht, klemmt sich deshalb aber auch nicht ein. Das Material ist abriebfest und hat eine relativ geringe Dehnung. Das macht »FC« sensibler als Mono aber auch störrischer. Anfängern springt daher bei zu loser Bremseinstellung die Schnur schnell mal von der Rolle. Mono wirft sich für Einsteiger am besten. Die Dehnung unterstützt nicht nur beim Werfen, sie sorgt auch dafür, dass die Köder nicht alleine absegeln, wenn es doch mal zu einer Perücke kommt.

Meine Schnurtipps für Einsteiger: Wenn ihr auf große Distanz angelt, nehmt eine Geflochtene, aber keine 8-Braid, sondern zum Beispiel eine Kairiki 4 in der Stärke acht oder zehn. Die ist nicht ganz so steif wie die PowerPro, die man auch

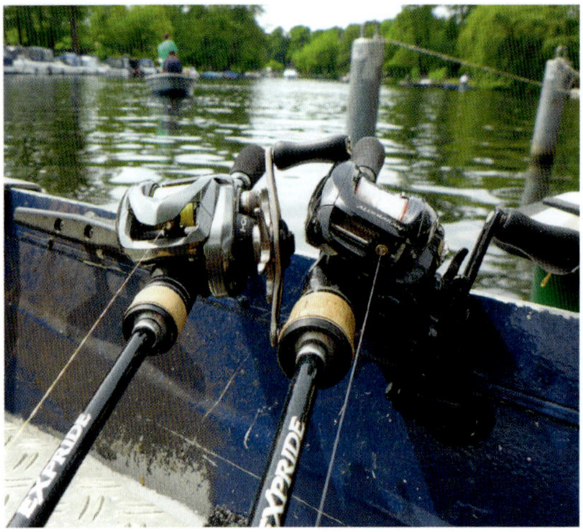

▶▶▶ **Gummis am Jig und die Rigs. Mono/Fluorocarbon zum Wobbeln. So mach' ich das.**

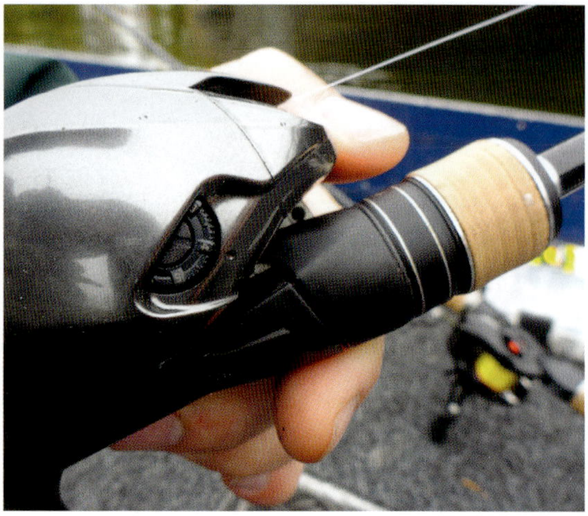

▶▶▶ **Die Magnetbremsen-Einstellung erfolgt bei Aldebaran BFS XG über das Rädchen. Je größer die Zahl, desto größer die Bremskraft.**

sehr gut nehmen kann, und etwas leiser. Steifes Geflecht fliegt gut von der Spule und eventuelle Tüddel bekommt man meistens auch gelöst. Wenn ihr viel auf der Halbdistanz unterwegs seid und gern mit dem Texas-Rig, Shaky Head oder Rubber-Jigs angelt, versucht es mal mit 16er bis 20er Fluorocarbon. Wenn man sich an die Dehnung gewöhnt hat, macht das mega Spaß. Außerdem muss man nicht immer wieder die Hauptschnur mit dem FC-Vorfach verbinden, weil man es ja durchgehend fischt. Wenn ihr überwiegend mit Wobblern angelt, empfehle ich euch eine 20er Monofile. Die verzeiht die meisten Fehler und beugt außerdem einem »Twitcharm« vor.

Das Bespulen der Rolle ist ein bisschen kompliziert. Zuerst fädelt man die Schnur durch die Rutenringe. Dann durch die Schnurführung der Rolle. Dann nehme ich die Spule raus und fixiere die Schnur mit einem Gleitknoten, um sie dann wieder in Position zu bringen und die Seitenplatine zu schließen. Wenn ich Geflecht aufziehe, kommen immer ein paar Meter Mono drunter, so dass die Schnur unter Zug nicht auf der Spule rutscht. Und später ist immer darauf zu achten, dass die Schnurwicklungen stets der Stellung der Schnurführung entsprechen. Hier sollte die Schnur keinen Winkel bilden. Ist das dennoch einmal der Fall, einen weiten Wurf machen und wieder sorgfältig aufspulen.

Auch die richtige Köderwahl erleichtert Neulingen den Einstieg. Die Köder sollten nicht zu viel Luftwiderstand haben. Kompakte Köder fliegen lässiger. Ich empfehle: Rubberjigs, Twitch- und Crankbaits aus Plastik, am besten solche mit beweglichen Kugeln im Inneren oder anderen Mechanismen, die den Schwerpunkt beim Wurf in Flugrichtung verschieben. Cicadas, Jig-Spinner, Gummis am Bleikopf, kompakte Spinner bis maximal Größe drei, das Texas-Rig oder beschwerte Softjerks eignen sich ebenfalls. Schlecht fliegen zunächst alles Systeme, bei denen wir ein langes Pendel haben. Das Dropshot-Rig oder das Carolina-Rig sind für den Einsteiger zunächst nicht geeignet.

Noch ein paar ganz konkrete Tipps zum Umgang mit der Aldebaran BFS XG bzw. dem Vorgängermodell (Aldebaran BFS Limited): Mit geflochtener

Schnur aktiviere ich zwei von acht Pins der Fliehkraftbremse bzw. stellt das Rad auf Stufe 2, mit Mono- oder Fluorocarbon vier bzw. Rädchenstellung 4. Bei Geflecht drehe ich die Spulenbremse so fest, dass die Spule ein bisschen Spiel zu den Seiten hat, wenn man den Daumen drauflegt und sie im Rahmen hin und her schiebt. Bei Mono und erst recht bei Fluorocarbon drehe ich sie etwas fester zu, so dass die Spule so gerade eben kein Spiel mehr nach links und rechts hat. Dazu die Spulenbremse komplett aufdrehen und dann beim Zudrehen den Punkt finden, an dem nichts mehr wackelt, wenn man mit dem Daumen versucht, die Spule hin und her zu schieben.

Merke: Je schwerer die Köder, desto einfacher wird es. Ab 7 Gramm braucht man auch kein BFS-Geschirr. Wenn ihr die Fotos in diesem Buch betrachtet, werdet ihr feststellen, dass ich meine Barsche mit »ganz gewöhnlichen BCs« präsentiere. Mir macht der Umgang mit den Low Profile-Multis wahnsinnig Spaß. Ich begreife ihn als eine Erweiterung meines Hobbys. Damit möglichst viele Angler den Zugang zum Baitcasten finden, habe ich viele Videos dazu gedreht, die euch dabei unterstützen sollen, die richtigen Einstellungen zu finden, perfekte Kombos zusammenzustellen und so mit dem nötigen theoretischen Rüstzeug in die Cast-Materie einzusteigen.

» VIDEO: Baitcaster 1x1: BFS (Bait Finesse) – Casten mit Kleinködern

» VIDEO: Baitcaster 1x1: Nie mehr Perücken mit der Baitcaster!

» VIDEO: Baitcaster 1x1: Einsteigerkombo, Bremseinstellungen und Wurftechniken

» VIDEO: Baitcaster 1x1: Skipping für Einsteiger

LIGHT-SCHLEPPEN

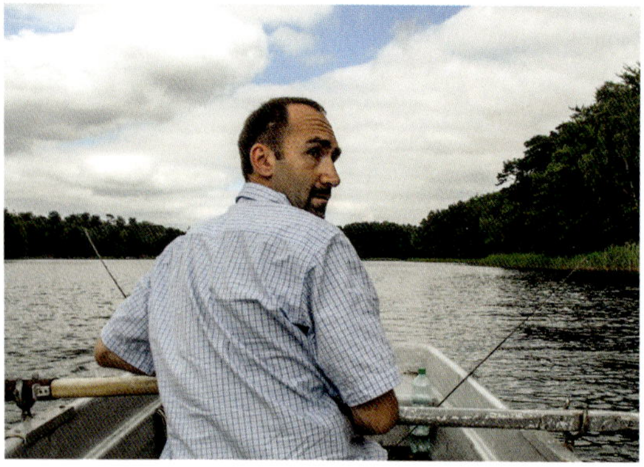

▶▶▶ **Immer schön an der Schilfkante entlang, Johannes. Dann wird's auch was mit den Barschen!**

Barsche sind Vagabunden. Sie wechseln ihre Einstände oft mehrmals am Tag, ziehen den Beutefischen hinterher und sind deshalb nicht immer ganz so einfach zu lokalisieren, wie wir Angler das gerne hätten. Und dann gibt's da auch noch die »toten Phasen« zwischen den Beißzeiten, in denen man sich die Arme müde werfen kann und trotzdem keinen Barsch zu Gesicht bekommt. Zumindest nicht am Köder.

Nachläufer hingegen kann man auch während der Fresspausen immer wieder beobachten. Die würden eventuell sogar zuschnappen, wenn sie dem Köder noch ein paar Sekunden länger folgen könnten. Aber da wird er ja schon rausgehoben.

Um die Fische aufzuspüren und ihnen einen Köder so lange präsentieren zu können, dass sie auch in »neutralem« Aggressionszustand irgendwann zuschnappen, ist das Schleppfischen die effektivste Methode. Wenn man die Rute in der Hand hält und den Köder animiert, hat das auch eine aktive Komponente, die man nicht unterschätzen sollte. Auch beim Schleppen kann man viel falsch und einiges richtig machen.

Schleppköder

Die meisten Schlepper verwenden Wobbler als Köder, in erster Linie Cranks. Das macht ja auch Sinn, weil Crankbaits dank ihrer heftigen Köderaktion auch dann gut fangen, wenn sie kerzengerade laufen. Sehr gut funktionieren der Chubby und der Cherry von Illex. Besonders zum Schleppen ist aber das Scatter-Lip-Konzept ein echter Bringer. Dank der gewölbten Schaufel brechen die Köder unregelmäßig aus und animieren so stier hinter dem Hardbait herlaufende Barsche zum Biss.

Sehr gern nehme ich auch Jointed Wobbler (Shad Raps) zum Schleppen, die noch agiler laufen als ein herkömmlicher Crankbait. Aber auch mit Twitchbaits fängt man beim Schleppen seine Fische. So ein geschleppter Squirrel oder ein Laydown Minnow imitiert perfekt ein schlankes Beutefischchen und

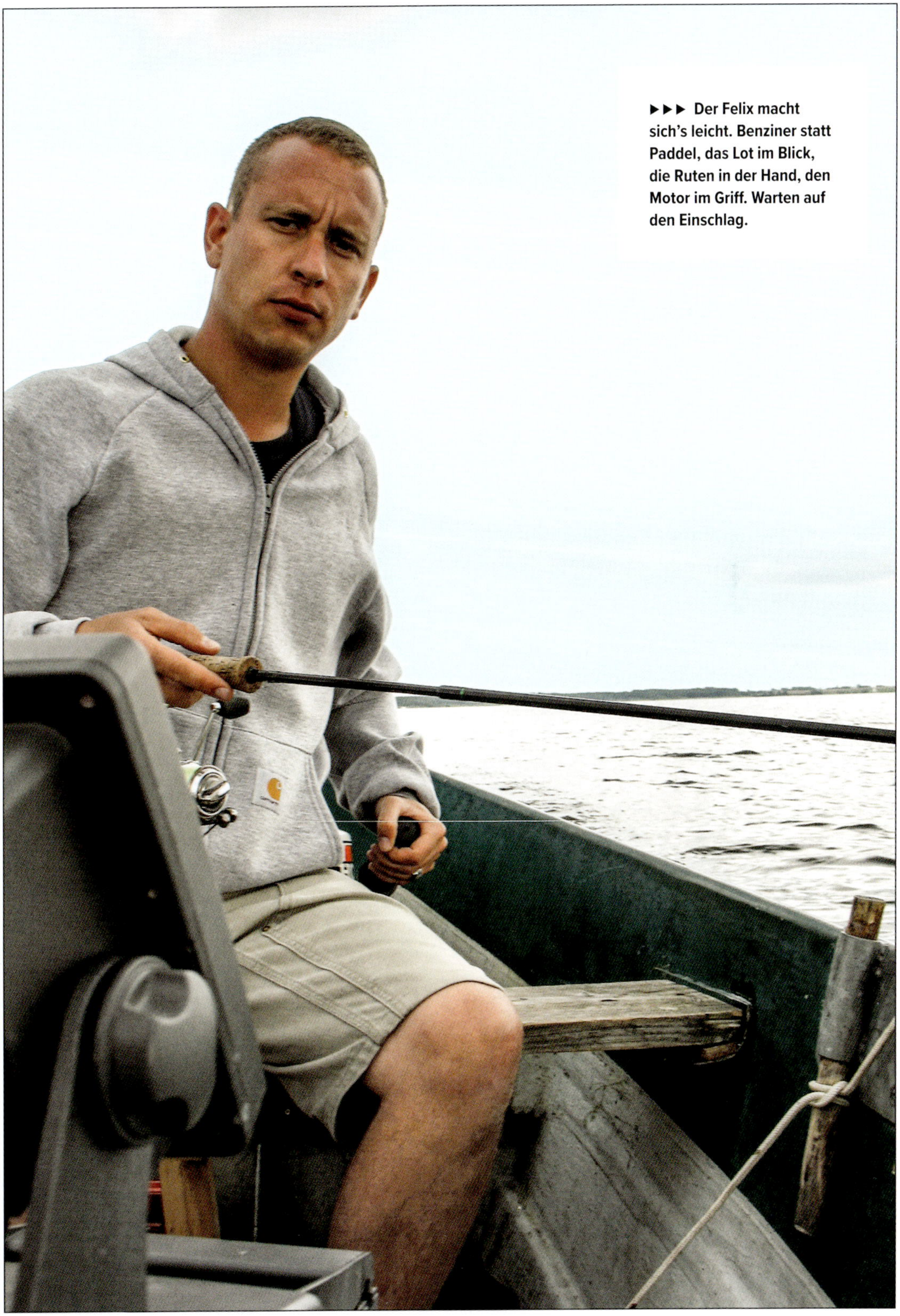

▶▶▶ Der Felix macht sich's leicht. Benziner statt Paddel, das Lot im Blick, die Ruten in der Hand, den Motor im Griff. Warten auf den Einschlag.

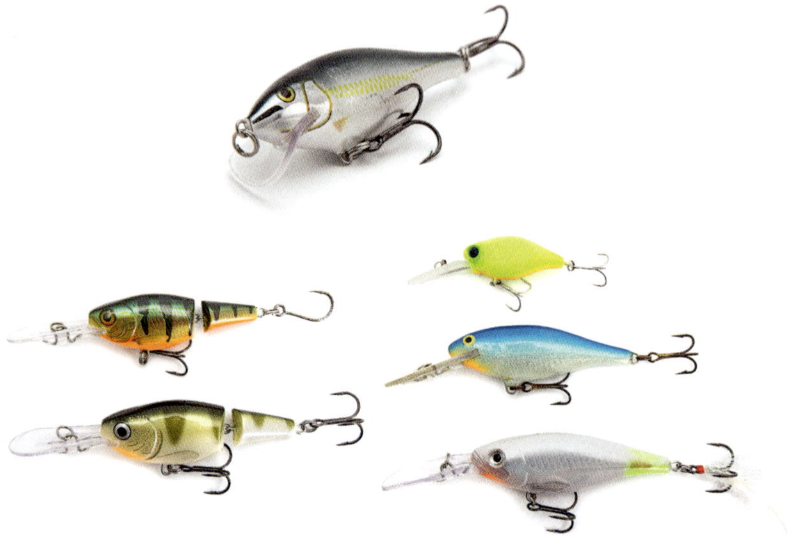

▶▶▶ Ich war mal voll auf Rapala, kann man sagen: Scatter Rap Shad, Jointed Shad Rap, Chubby, Shad Rap, Suspending X-Rap Shad.

kann dann ja auch immer mal angetwitcht werden. Das Gute an Suspendern ist auch, dass man sie in voller Fahrt kurz stehen lassen kann (mit der Rute Richtung Köder gehen).

Außerdem kann man auch mit Action-Shads, Jig-Spinnern, Cicadas, Spinnern oder Blinkern schleppen. Mit Gummifischen kommt man sogar tiefer runter als mit den meisten Wobblern, wenn man entsprechend schwere Jigs wählt. Bei Spinnern und Blinkern muss man aufpassen, dass sie die Schnur nicht komplett verdrallen. Hier tun Vorschaltbleiköpfe und andere Drallvermeidungsstrategien Not.

Strukturen abklappern

Barsche stehen an manchen Tagen drauf, wenn der Wobbler über den Grund ballert. Dazu verwendet man einen kleinen Crankbait oder Jointed Wobbler, dessen Tauchtiefe die Gewässertiefe auf der Schleppstrecke übersteigt. Meistens steht die Tauchtiefe ja auf der Verpackung.

Mit der Lauflänge der Schnur kann man die Lauftiefe anpassen. Je kürzer die Leine zwischen Boot und Wobbler, desto geringer die Tauchtiefe. Je länger der Abstand zwischen Rutenspitze und Köder, desto tiefer taucht er ab.

In Flüssen wirkt sich auch die Strömung auf die Tauchtiefe aus. Da der Druck auf die Schnur kleiner wird, wenn man mit der Strömung fährt, läuft der Wobbler so ein bisschen tiefer. Schwimmwobbler haben den Vorteil, dass sie manchmal wieder hochkommen, wenn man sie auf einer Muschelbank abreißt. Allerdings funktioniert das nur, wenn die Schnur durchscheuert. Wenn der Drilling in einem Baumstamm steckt, treibt der Wobbler natürlich nicht nach oben ...

Natürlich kann man auch mit dem Boot nicht jedes Gewässer komplett abgrasen. Mehr Sinn macht es, sich auf strukturreiche Zonen zu konzentrieren. Die Wahrscheinlichkeit ist groß, dass sich hier Barsche aufhalten. Am besten sucht man sich dann auch noch harten Grund. Buhnenfelder, kiesige Bereiche, die Zonen rund um Brücken, Berg- und Talbahnen, Sandbänke, Rinnen und steile Scharkanten stehen eigentlich an jedem Gewässer für gute Fangaussichten.

In Flüssen stehen die Fische zum Beispiel gern im Strömungsschatten kleiner Erhebungen. Wenn man hier mit der Strömung schleppt, pflügen die Wobbler den Hang hinauf, so dass sie von den Barschen auch dann wahrgenommen werden, wenn sie faul am Boden kleben.

Hat man das Echolot im Blick, kann man oft schon vorhersehen, wann ein Barsch den Köder nimmt. Wenn ich über eine Struktur fahre, auf der ich Barsche sehe, animiere ich den Köder oft noch ein bisschen aus der Hand. Wenn ich den Zug von der Rute nehme, bleibt er kurz stehen. Ziehe ich die Rute nach vorne, gibt er Gas und simuliert eine Fluchtbewegung. Beide Bewegungen können einen Angriff initiieren.

Kanten abscannen

Barsche stehen oft am Fuß der Scharkante. Solche Kanten finden wir nicht nur am Ufer, sondern rund um die Barschberge. Hier machen sie gern mal Pause, um sich auf Beutezüge im Flachwasser vorzubereiten, chillen zum Verdauen oder lauern auch auf Beute, die sich vom Flachen über die Kante ins Tiefe wagt.

Wenn man diese Kanten parallel abfährt, stehen die Chancen gut, den einen oder anderen Barschtrupp ausfindig zu machen. Jetzt muss der Wobbler nicht unbedingt über den Grund laufen. Die Barsche richten ihre Aufmerksamkeit oft nach oben. Da muss dann auch die Musik spielen beziehungsweise der Wobbler laufen.

Ein tolles Tool ist hier natürlich der Kartenplotter eines Echolots. Mit ihm kann man den Kantenverlauf ausmachen und ihn dann exakt abschleppen. Interessant ist, dass sich die Fische an den Kanten oft in ganz bestimmten Tiefen aufhalten. Mal stehen sie am Kantenfuß, mal direkt an der Scharkante. Eine allgemeingültige Regel aufzustellen, fällt wie immer schwer. In der Tendenz kann man aber sagen, dass sie umso tiefer stehen, je mehr Licht ins Wasser fällt. Es macht Sinn, die weiter von der Kante entfernte »äußere Rute« mit einem tiefer laufenden Wobbler auszustatten als die Rute, die zum Ufer weist.

Plateau-Kontrolle

Kleine Plateaus und Barschberge kann man mühelos abwerfen. Auf großen Plateaus stehen die Fische aber entweder wild verstreut oder an speziellen Punkten – zum Beispiel an Steinhaufen oder über Muschelbänken. Man kann sich natürlich über diese Gebiete treiben lassen. Wenn aber kein Lüftchen weht, macht es Sinn, den E-Motor zu starten und eine Mischung aus Schleppfischen und aktivem Wobbeln zu praktizieren.

Das Mittel der Wahl sind jetzt Suspender oder langsam auftreibende Minnow-Wobbler, die man bei niedriger Schleppgeschwindigkeit durchs Wasser twitcht. Der Vorteil gegenüber dem aktiven Abwerfen ist, dass man die Köder die ganze Zeit im Wasser hat und ganz systematisch in sauberen Bahnen über die Plateaus hinwegfährt.

Freiwasser-Schleppen

Gerade im Sommer halten sich viele Barsche im Freiwasser auf. Diese Fische mit einem Wurfköder zu erwischen stellt Fortuna vor eine große Herausforderung und ist eine ermüdende und im Extremfall auch stark frustrierende Barschangel-Disziplin.

Dummerweise sind es eben oft die großen Barsche, die sich an die Fährte von Futterfisch-

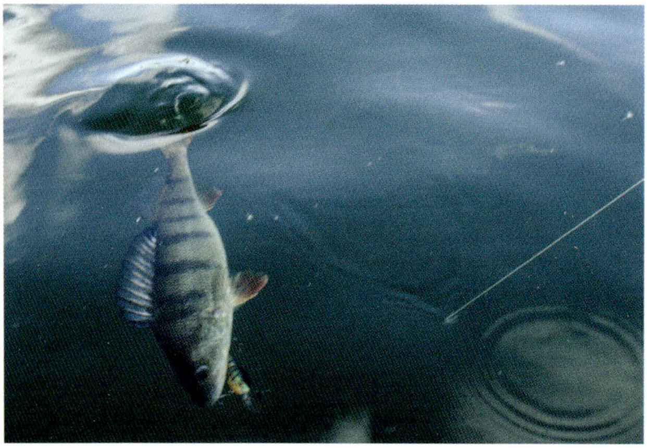

►►► Barsch am Jointed Shad Rap in Perch – so einen Zweiteiler hat so ziemlich jeder Barsch-Schlepper.

schwärmen heften. Zudem liegen die beiden Dämmerungsphasen, die im Allgemeinen die Hauptfressphasen darstellen, im Sommer weit auseinander. Insofern liegt es nahe, sich mal eine Auszeit zu gönnen und ein paar Wobbler durchs Freiwasser zu schicken. An tiefen Gewässern macht es Sinn, die Köder noch weiter herunter zu bringen, als es die Tauchschaufel tut. Ein einfaches System dazu ist ein Vorschaltblei.

Schlepp-Knowhow

Zum Freiwasserschleppen in »sauberen« Gewässern würde ich immer mit Mono antreten, weil mehr Fische hängen bleiben und weniger Fische ausschlitzen. Wenn man aber hart am Grund, in der Nähe von Krautfeldern oder in Gewässern mit Treibkraut schleppt, empfiehlt sich geflochtene Schnur. Nur mit direktem Köderkontakt spürt man, ob sich Gras in den Drillingen des kleinen Wobblers verfangen hat beziehungsweise ob er schön über den Grund tackert. Stehen die Fische in Grundnähe, hält man die Spitze knapp über dem Wasser, um tiefer hinunter zu kommen. Wer in Flüssen angelt, hat die Möglichkeit, die Strömung für sich zu nutzen. Denn wenn man mit der Strömung fährt, taucht der Wobbler weiter ab. Je tiefer also das Gewässer, desto wichtiger ist es, mit der Strömung zu schleppen. Auch die Lauflänge der Schnur, die sich zwischen Boot und Köder befindet, hat einen großen Einfluss auf die Tauchtiefe des Wobblers. Je mehr Schnur man herauslässt, desto tiefer gelangt man.

Über hängerträchtigem Grund empfiehlt es sich beim Schleppbouncen dringend, auf Schwimmwobbler zu setzen. So hat man die Chance, den Köder wieder aufzusammeln, wenn man ihn nach einem Hänger oder einem Anstieg abreißt. Da man Strukturveränderungen aber auf dem Echolot im Voraus sieht, kann man zumindest die Köderverluste an den Kanten minimieren, indem man die Rute schnell in den Himmel hält, wenn es abrupt flacher wird. Den Reiz eines Wobblers kann man erhöhen, indem man ihn abwechslungsreich präsentiert. Deshalb sollte man ruhig auch mal mit der Bootsgeschwindigkeit variieren. Tendenziell kann man schon ein bisschen Gas geben. Barsche sind recht flink.

Damit sich große Barsche nicht direkt nach dem Biss losschütteln, benötigen wir einen Winkel zwischen Rute und Schnur. Die Rute wird also nicht in einer Linie nach hinten rausgehalten, sondern im 90-Grad-Winkel zum Boot postiert. Die Bremse muss viel weicher eingestellt sein als beim Werfen. Weil der Barsch direkt gegen das fahrende Boot zieht, ist der Zug nach dem Biss viel größer. Wer die Bremse zudreht, wird gute Fische unweigerlich abreißen. Wenn ein Fisch beißt, wird deshalb auch nicht angeschlagen.

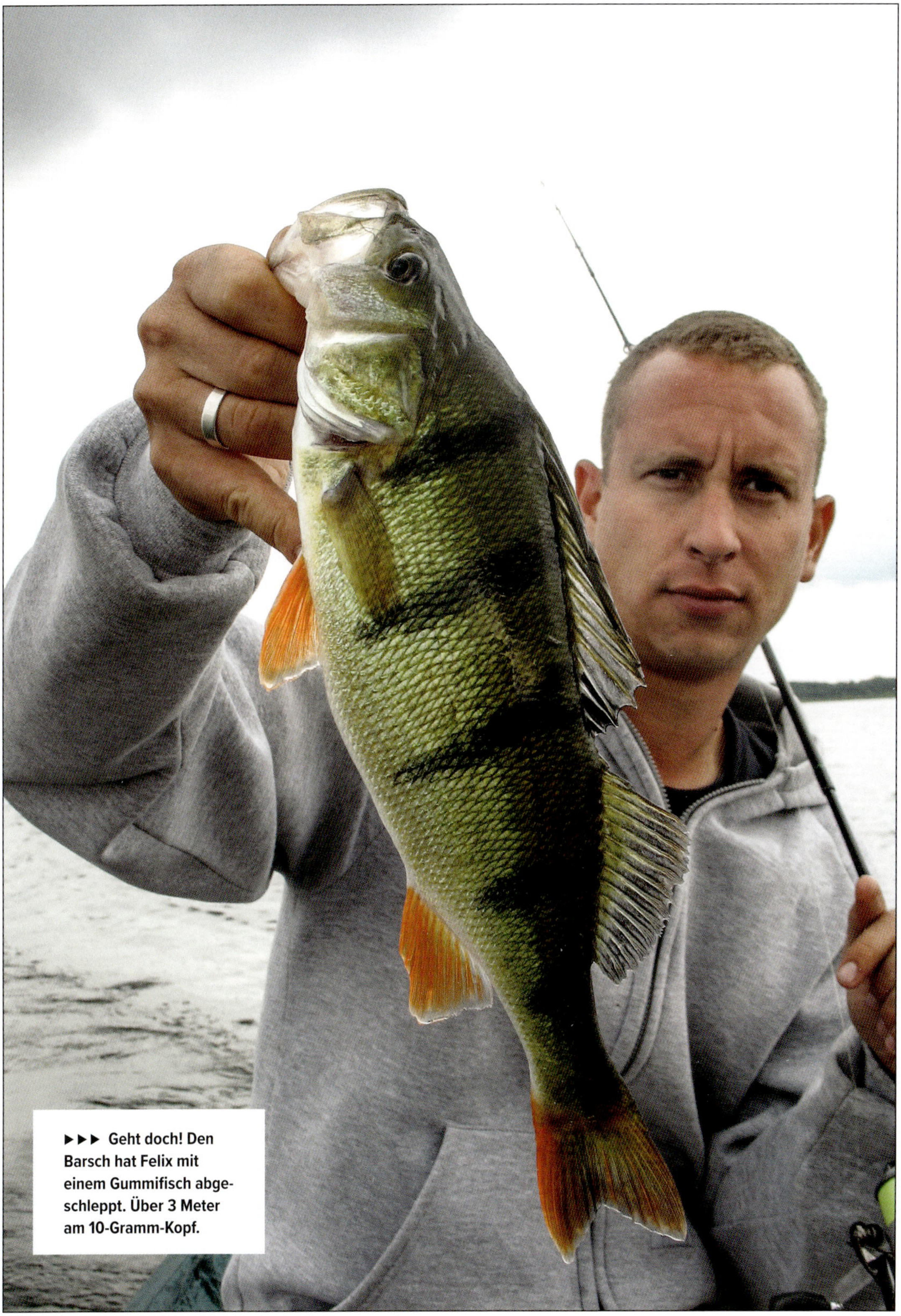

▶▶▶ Geht doch! Den Barsch hat Felix mit einem Gummifisch abgeschleppt. Über 3 Meter am 10-Gramm-Kopf.

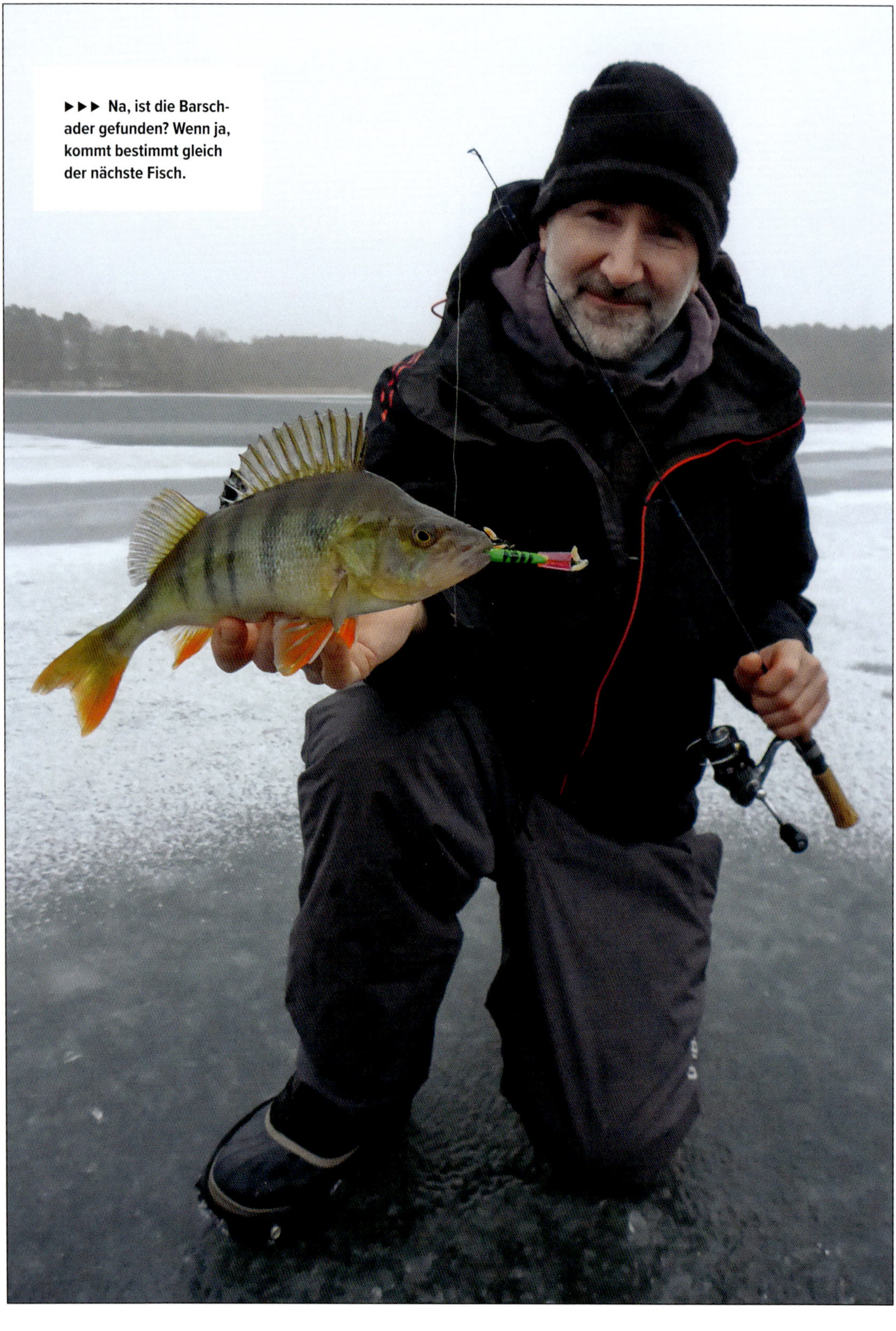

►►► Na, ist die Barschader gefunden? Wenn ja, kommt bestimmt gleich der nächste Fisch.

EISANGELN

Jedes Jahr freue ich mich auf die kurze Phase, wenn die Gewässer zufrieren. Ich hoffe dann, dass es möglichst lange nicht schneit und viele Nächte am Stück richtig knackig kalt bleibt, so dass eine solide Eisdecke entsteht, die man über ein paar Wochen betreten kann. Eisangeln auf Barsch ist für mich der Mega-Kult. Ich besitze fast so viele Eisangeln wie Spinnruten. Auch mein Köder-Arsenal ist über die Jahre enorm gewachsen. Allein meine Balance-Jig-Armada erstaunt mich jedes Mal, wenn ich sie hervorkrame. Ich kann gar nicht sagen, warum mich die Eisangelei so fasziniert. Wahrscheinlich, weil es mal was ganz anderes ist. Außerdem mag ich es ja immer gern, mit filigranem Gerät zu fischen. Die kurzen und ultrasensiblen Ruten, kleinen Rollen, dünnen Schnüre und die vielen lustigen Mini-Köder passen genau in mein Gesamtkonzept.

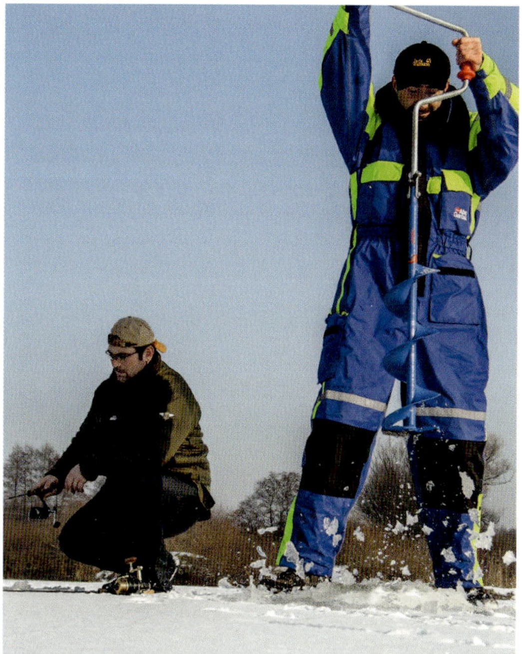

▶▶▶ Bohren, bohren, bohren. Das macht erst so richtig Laune, wenn man das Gefühl hat, den Barschen auf die Schliche zu kommen – muss aber eben sein.

Was gibt's außerdem Schöneres, als mollig warm eingepackt auf dem gefrorenen Wasser zu stehen und zu wissen, dass unter den Füßen die Fische stehen? Im Idealfall noch bei schönem Wetter und mit ein paar Freunden. Kalt ist es zwar. Aber ein Tässchen Tee aus der Thermoskanne und die Aussicht auf ein winterliches Barschgewitter sorgen für innere Wärme.

Beim Eislöcherbohren kann man die über Weihnachten und Neujahr angefutterte Energie loswerden und richtig ins Schwitzen kommen. Und wenn's dann tatsächlich mit den Bissen losgeht, sind die Minustemperaturen sowieso vergessen. Kein Wunder also, dass in Berlin die Eisbohrer schon nach zwei Tagen ausverkauft sind, wenn die Decke trägt.

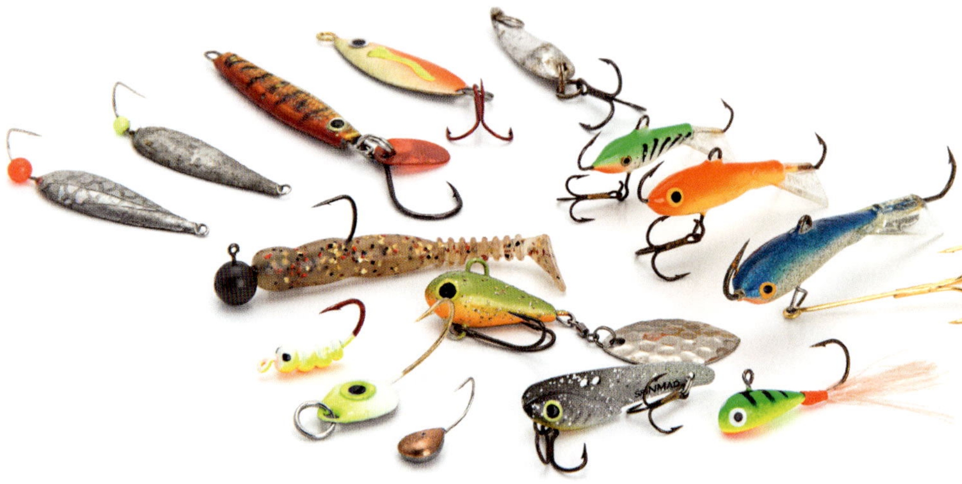

▶▶▶ **Links oben ein paar Zocker. Rechts Balance-Jigs. Ein Rockvibe Shad am Jig. Eine Ice Flie und eine klassische Kupfer-Mormyscha mit Innenführung links vorne. Ein kleiner Jig-Spinner und eine kleine Cicada und dann noch ein Mini-Fischimitat.**

Top-Ice-Baits

Gummi fängt auch am Eisloch gut. Warum auch nicht. Vertikalangeln funktioniert ja auch an Stegen und nicht nur vom driftenden Boot. Insofern hat jeder Barschangler schon mal einen soliden Grundstock an fängigen Ködern parat. Da unser Wirkungsradius auf den Durchmesser des Eislochs plus ein paar Zentimeter beschränkt ist, muss man die Fische aber oft zum Köder locken. Dazu eigenen sich blinkende, blitzende, rasselnde und ggf. sogar leuchtende Köder oft besser als das subtile Schwänzeln eines No-Action-Shads.

Deshalb gibt's in den USA, Skandinavien und Russland auch so viele Blech-Köder, dass ich die URLs der entsprechenden Spezial-Online-Shops nicht so oft aufrufen darf. Sonst wird's teuer. Aber Spaß macht das Ice-Bait-Shoppen halt schon.

Balance-Jigs

Durch den Flossenaufsatz am Körperende und die am Köderrücken angebrachte Öse brechen Balance-Jigs nach dem Anzupfen in ihre »Blickrichtung« aus und pendeln dann in einem Halbkreis zurück, um unter der Rutenspitze zum Stehen zu kommen.

Es gibt große und kleine Balance-Jigs. Leichte und schwere. Bullige und schlanke. Meine Standard-Köder sind schlank und mittelschwer. Ich mag am liebsten die Jiggin' Raps von Rapala oder Modelle von Nils Master. An Gewässern, an denen Köder mit zwei feststehenden Haken verboten sind, kann man den »Maulhaken« einfach abkneifen. Der wird zwar auch oft attackiert, mehr Fische hängen aber hinten und am Bauchdrilling.

Zum Anlocken der Fische geht man genauso vor wie mit einem Zocker. Der Jig wird über

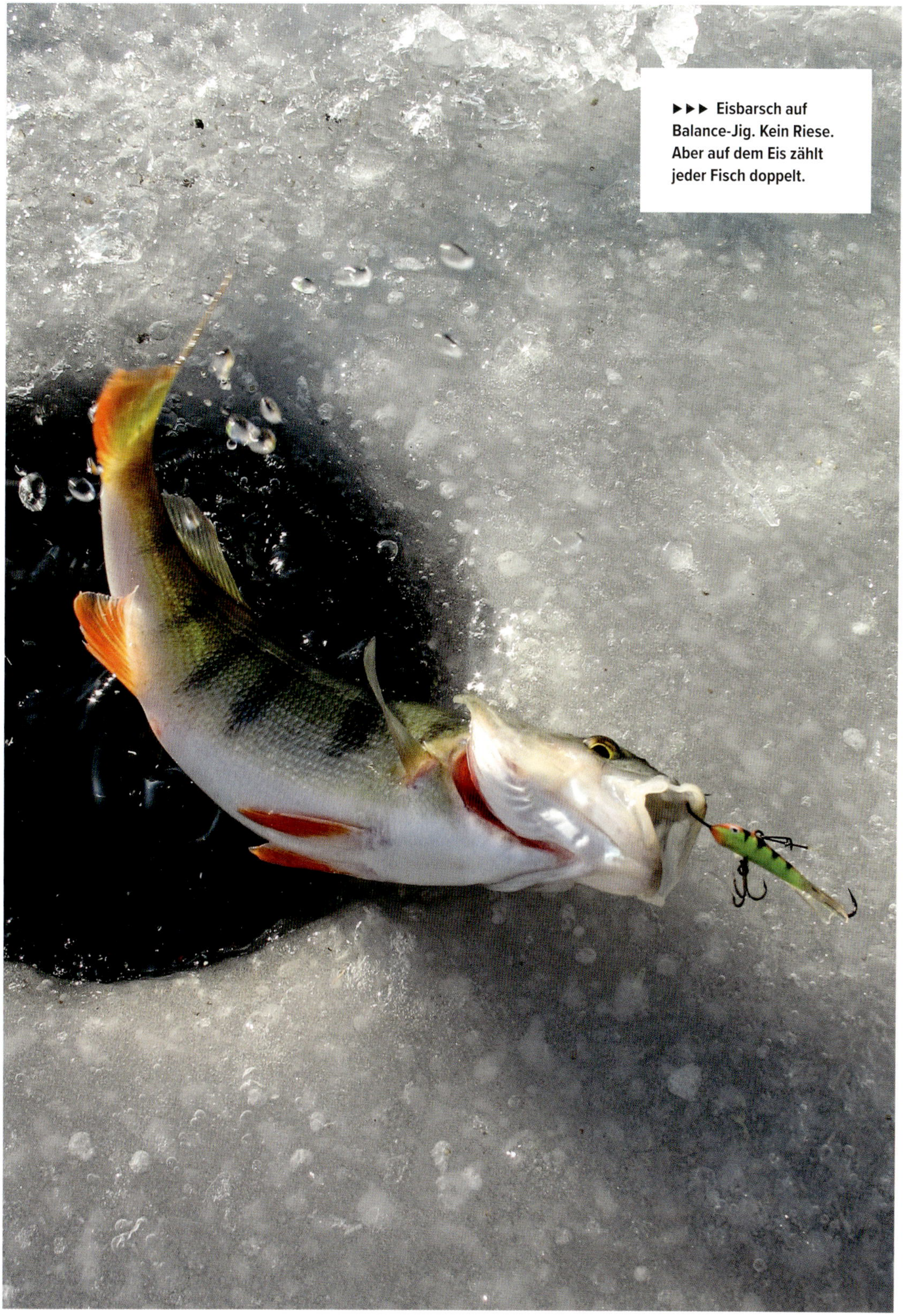

▶▶▶ Eisbarsch auf Balance-Jig. Kein Riese. Aber auf dem Eis zählt jeder Fisch doppelt.

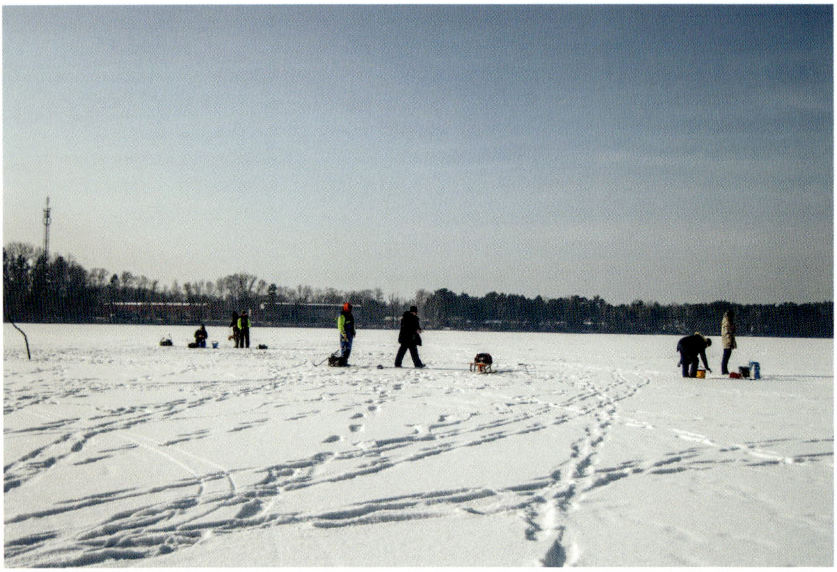

▶▶▶ Gesellige Veranstaltung: Barsch-Alarm-Treffen auf dem Eis.

eine zackige aber kurze Aufwärtsbewegung der Rutenspitze beschleunigt. Sobald die Fische am Platz sind, kommen defensiver ausgerichtete Bewegungsmuster ins Spiel. Sehr gut bewährt hat sich zum Beispiel die Abfolge: leichtes Anheben, Anzittern der Rutenspitze, kontrolliertes Absenken. Oder: Köder einfach knapp über Grund halten. Oder: Köder auf den Grund fallen lassen, 3 bis 5 Zentimeter abheben und dann an schlaffer Leine auf den Grund ticken lassen (so dass er ein bisschen Sediment aufwirbelt) und wieder einige Zentimeter anheben, warten ...

Zocker

Zocker sind die Klassiker unter den Eisangel-Ködern. Sie kombinieren gleich mehrere Vorteile: Zum einen sind sie formbedingt verhältnismäßig schnell am Fisch. Zum anderen erzeugen sie ein schönes Flashen, wenn man sie kurz anruckt und dann an schlaffer Leine heruntersegeln lässt.

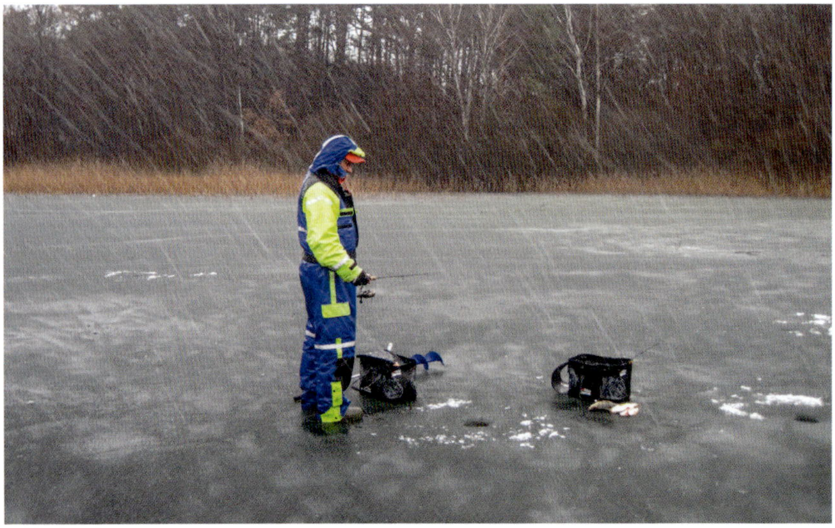

▶▶▶ Es gibt nichts Schöneres, als bei bestem Wetter auf dem Eis zu stehen.

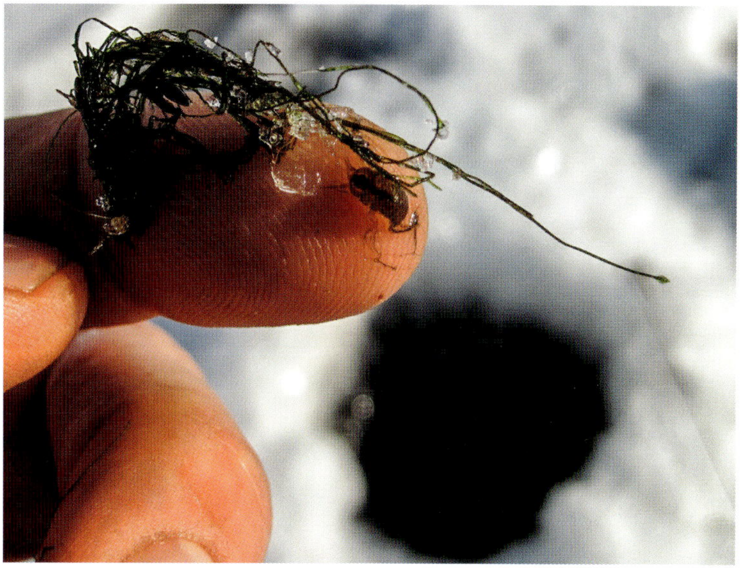

▸▸▸ Im Kraut gibt's kleine Krebse. Wo kleine Krebse sind, ist auch Fisch. Das gilt erst recht bei geschlossener Eisdecke.

Im freien Fall brechen die meisten Zocker ein bisschen aus. Manche legen sich auf die Seite und rotieren um ihre eigene Achse. Auch sie haben das Potenzial, die Fische an den Platz zu holen. Dazu erzeugt man zunächst einmal ein intensives Lichtspiel. Wenn man die Rute immer 30 Zentimeter nach oben reißt und den Zocker frei fallen lässt, kann er die Lichtblitze in alle Richtungen aussenden.

Sobald man Fehlbisse kassiert oder bemerkt, dass der Köder beim Anziehen einen Fisch berührt, verlangsamt man die Köderführung deutlich. Jetzt ist es oft am besten, den Köder ganz langsam nach oben zu heben, um ihn dann kontrolliert fallen zu lassen. Dabei sollte er dann ganz knapp über Grund (2 bis 5 Zentimeter) zum Stehen kommen oder regelmäßig den Grund berühren und dann erst einmal ausbaumeln – durch die Rotation im Fallen entsteht ein nicht zu unterschätzender Schnurtwist, den wir hier für uns nutzen.

Momyschkas & Ice Flies

Manchmal sind auch große Barsche voll auf Zooplankton aus und lassen sich partout nicht motivieren, etwas Größeres anzugreifen als die Imitation eines Kleinstlebewesens, das sich durch Bewegungen mit seinen Fühlern, Beinchen oder des ganzen Körpers fortbewegt.

Diese Mikroorganismen werden perfekt von Mormyschkas und Ice Flies imitiert, die es in den unterschiedlichsten Formen gibt. Ich bin im Besitz 5 Gramm schwerer Tungsten-Mormyschkas, die superschnell zu den Fischen runterkommen. Traditionell fischt man aber leichter, um möglichst nah am natürlichen Vorbild dran zu sein.

Die Ice Fly- und Mormyschka-Produzenten bieten Miniaturen mit 12er, 14er und 16er Haken an, die an allerfeinstem Gerät präsentiert werden müssen, um überhaupt zu sinken und dann auch schön zu spielen. Hier ist eine defensive Köderführung gefragt. Denn Zooplankton bewegt sich langsam. Die kleinen Krebschen und Larven haben ja nur ganz kleine Extremitäten, die sie zur Fortbewegung nutzen.

Zum Anlocken darf der Köder noch ein bisschen heftiger zucken (10-Zentimeter-Lifts und freier Fall). Ist aber Fisch unterm Loch, ist es

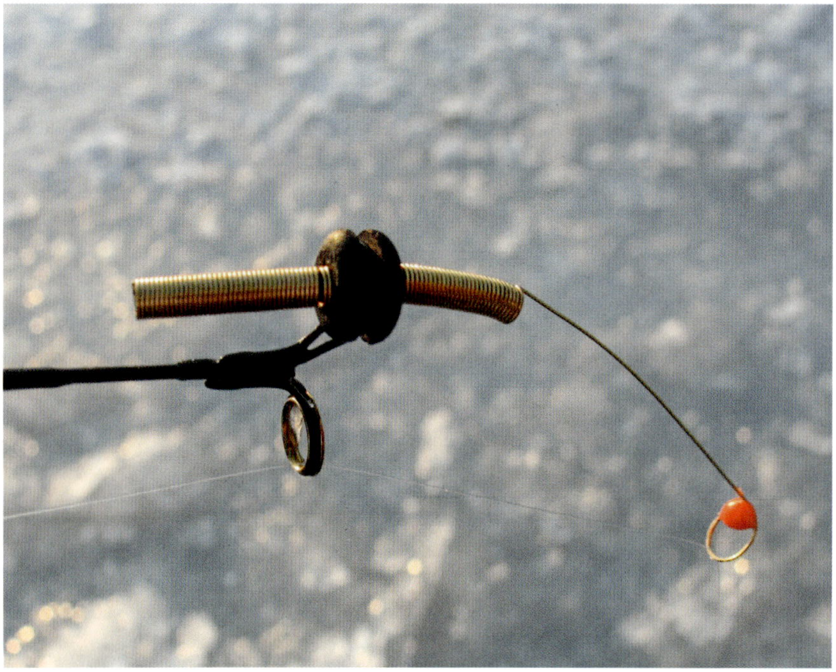

►►► Je weiter man die Spitze herausfährt, desto sensibler die Anzeige.

ein langsames Aufsteigen des kurz über Grund schwebenden Kleinstköders angesagt. Die Fische stehen drauf, wenn die Rutenspitze ein bisschen zittert, während man die Rute gleichmäßig anhebt. Da die Barsche den Köder oft von unten verfolgen, sollte die »Aufstiegshöhe« so etwa 30 bis 50 Zentimeter betragen.

Der Biss kommt dann oft als ganz vorsichtiger Hebebiss, den man nur mit einem megaflexiblen Spitzenaufsatz (Federkonstruktion oder Schweineborste) erkennen kann, der sich unter dem Gewicht der kleinen Köder biegt und nachgibt, sobald ein Fisch das Gewicht »wegnimmt«.

Gummis am Jig

Zum Ausangeln der Fische ist Gummi top! Ein kleiner No-Action-Shad am Jig – am besten geflavourt – ist genau die richtige Medizin, wenn man die Fische gefunden hat. Ein »Geheimtipp« sind die Flitze-Jigs (Maria Beakhaed oder Illex Straight Jig Head), an denen die Gummis weit ausbrechen, so dass der Wirkungsradius größer wird. Nach dem Anzupfen lässt man die Shads auspendeln. Aufwärtsbewegungen können immer wieder Barsche bringen. Also den Köder auch mal ganz langsam und ruhig nach oben ziehen, wenn er zum Stillstand gekommen ist. Gut ist es auch, wenn man ihn gelegentlich ablegt beziehungsweise abstürzen lässt. Vielleicht wirbelt er so ein bisschen Schlamm auf. Das kann die Fische anlocken. Allerdings nur aus der Nahdistanz.

Ice-Bait-Tuning

Egal ob Mormyschka, Balance-Jig, Zocker oder Rassel-Wobbler – der Köder fängt besser, wenn man ihn mit einem Naturköder oder einem kleinen Aroma-Gummi dekoriert. Man bekommt viele Bisse auf den ruhenden Köder beziehungsweise muss man die Köder oft sehr langsam bewegen. Da können ein optischer Reiz wie das Rot von einem künstlichen Bloodworm oder der köstliche Geschmack einer echten Made Wunder wirken. Ich habe es nicht statistisch ausgewertet, aber ich habe schon das Gefühl, dass besonders viele Fische auf den

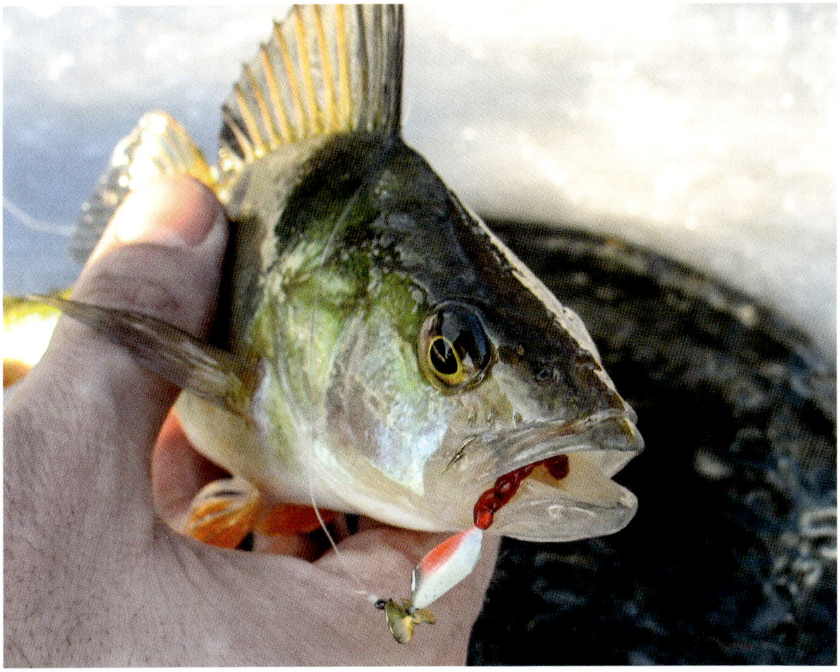

▶ ▶ ▶ An der Ice Fly hatte der Barsch keine Hakenwahl. An Ködern mit mehreren Haken sitzen die Barsche aber oft an dem mit einem Zusatzköder getunten Greifer.

▶ ▶ ▶ Drill-Instructor Felix Greif in seinem Element. Mit der kurzen Rute hat er den Fisch im Griff. Viel besser als der Fotograf seine Kamera. Mit komplettem Loch wäre das Bild noch schöner.

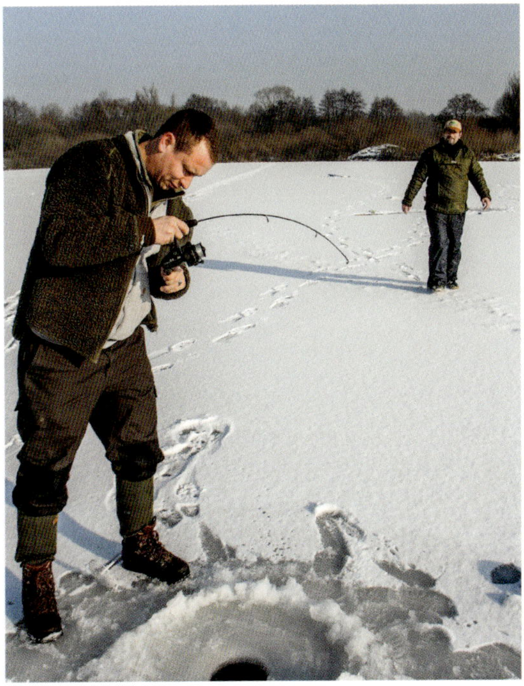

Haken hingen, die ich mit einem optischen oder geschmacklichen Bonusreiz versehen habe.

Eisangel-Hardware

Eisangelruten: Eisangel-Ruten kann man wie ich teuer in den USA bestellen, selber basteln oder ganz easy im Angelladen um die Ecke kaufen. Inzwischen gibt's nämlich auch hierzulande ordentliche Ruten und die sind gar nicht teuer. Wichtig ist bei so einer feinen Angelei natürlich, dass die Hardware zum Köder passt.

Zum Mormyschka-Fischen würden die Osteuropäer und die meisten nichts anderes als einen Pimpel benutzen. Die gibt's als Plastik-Version für ein paar Euro. Mehr darf ein Stöckchen mit einer Plastikspule zur Schnuraufnahme aber auch nicht kosten. Die extrem feine Schnur wird von Hand hinuntergelassen und auch wieder von Hand eingezogen. An dem kurzen Stock lassen sie die feinen Köder besonders gefühlvoll fischen. Ich find's kultig und schaue den Russen gerne zu, wie sie so

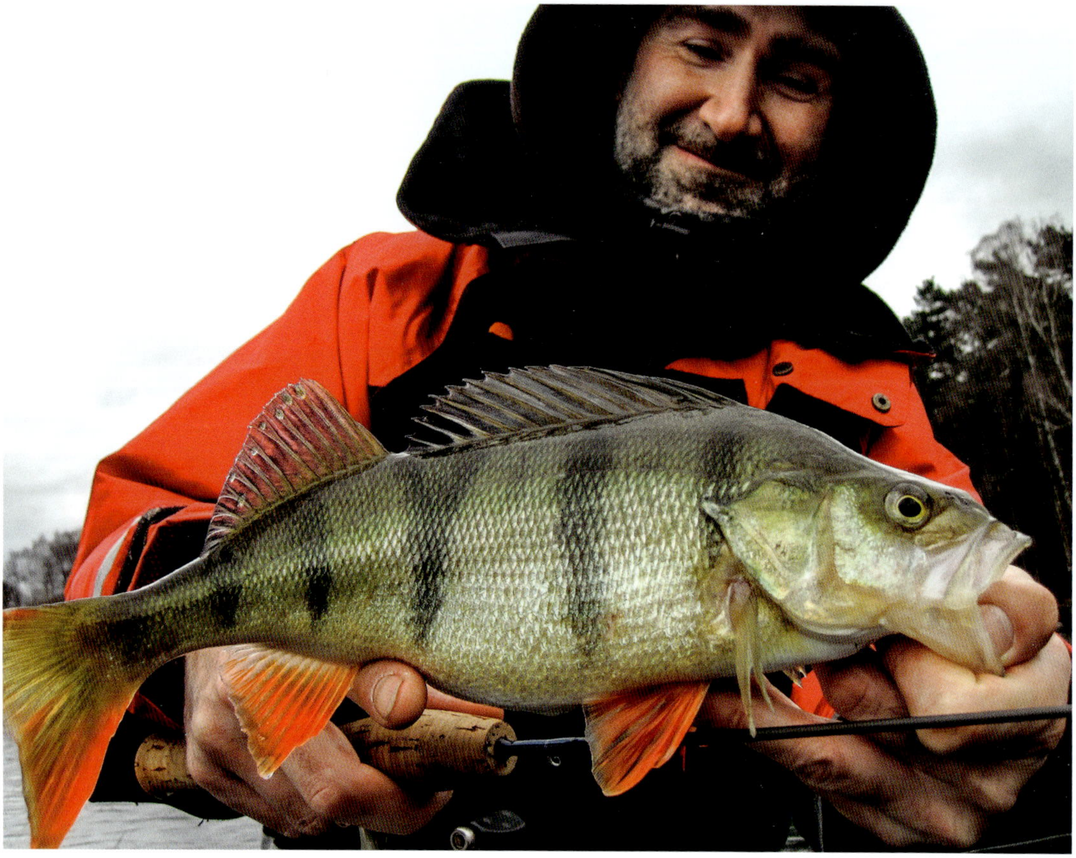

►►► **Schöner Eisbarsch – da freut sich der Johannes.**

Rotaugen und Brassen aber auch immer wieder schöne Barsche aus den Löchern zupfen.

Eine Rute mit einer kleinen Stationärrolle gefällt mir aber deutlich besser. Allerdings kommt man mit einer Rute nicht aus, wenn man das ganze Köderspektrum ausreizen will. Und so besitze ich spezielle Ice Fly-Rods mit einem Hebebissanzeiger, harte Walleye-Ruten für Balance-Jigs und Zocker sowie weichere Spezialanfertigungen mit großen Ringen für grobe Köder, aber vorsichtige Fische und extrem kaltes Wetter.

Dass all diese Ruten kurz sind, ist ja klar. Das macht nicht nur beim Drillen Sinn. Denn je kürzer die Rute, desto präziser lässt sich der Köder bearbeiten, da die Bewegung aus dem Handgelenk an einer extrem kurzen Rute zu einem kleineren Ausschlag der Rutenspitze führt als an einer etwas längeren Rute, bei der die Spitze durch den größeren Hebel weiter ausschlägt. Zum Mormyschkangeln muss die Rute also besonders kurz sein.

Rolle: Kleine Multis haben ihre Fans. Ich besitze auch so eine Club Demi – einfach kultig und auch funktional. Im Normalfall fische ich aber mit einer kleinen 500er bis 1000er Stationärrolle. Ganz wichtig ist eine absolut ruckfrei anspringende Bremse. Denn wir fischen teilweise mit extrem dünnen Schnüren, die auch schnell mal reißen, wenn ein guter Fisch plötzlich Druck macht und die Bremse nicht sofort Schnur freigibt.

Schnur: Bei Minusgraden kommt nur Mono oder Fluorocarbon in Frage. Zwar saugen sich frisch aufgespulte beschichtete Gefechte oder Thermofusionsschnüre anfangs nicht mit Wasser voll und gefrieren deshalb auch nicht auf der Rolle zu einem unbrauchbaren Klumpen zusammen. Doch leidet die Beschichtung mit der Zeit unter der allgegenwärtigen Reibung an vereisten Ringen, der Lochkante und so fort. Deshalb verwende ich geflochtene Schnur nur bei Plusgraden. Da man selten mehr als 30 Meter Schnur braucht, kann man jetzt Schnurreste verwerten oder beim Gerätehändler ein paar Meter auf eine unterfütterte Spule wickeln lassen und diese nach der kurzen Eisangelsaison entsorgen.

Karabiner: Zum schnellen Köderwechsel verwendet man Karabiner. Klein sollten sie sein, für den Angler leicht zu öffnen und den Fisch schwer zu knacken. Für ganz filigrane Köder verwende ich Easy Snaps.

Eisbarsch-Suche

Wenn man an einen See kommt, stellt sich ja wirklich die Frage, wo man das erste Loch ansetzen soll. In Anbetracht der unendlichen Weite der Eisfläche erscheint der limitierte Wirkungsbereich des Köders doppelt lächerlich. Man hat ja schon auf offenen Gewässern manchmal genug Probleme, die Burschen zu finden. Und da kann man den Gummifisch hinschmeißen, wo man will und lange Bahnen ziehen. Hilft aber alles nix!

Andere Angler fangen auf dem Eis ihre Fische. Das funktioniert also. Nur Mut! Mit der richtigen Bohrstrategie wird man die Barsch-Ader früher oder später erschließen. Natürlich ist eine umfassende Gewässerkenntnis ein enormer Vorteil. Denn die Barsche halten sich auch im Winter gern

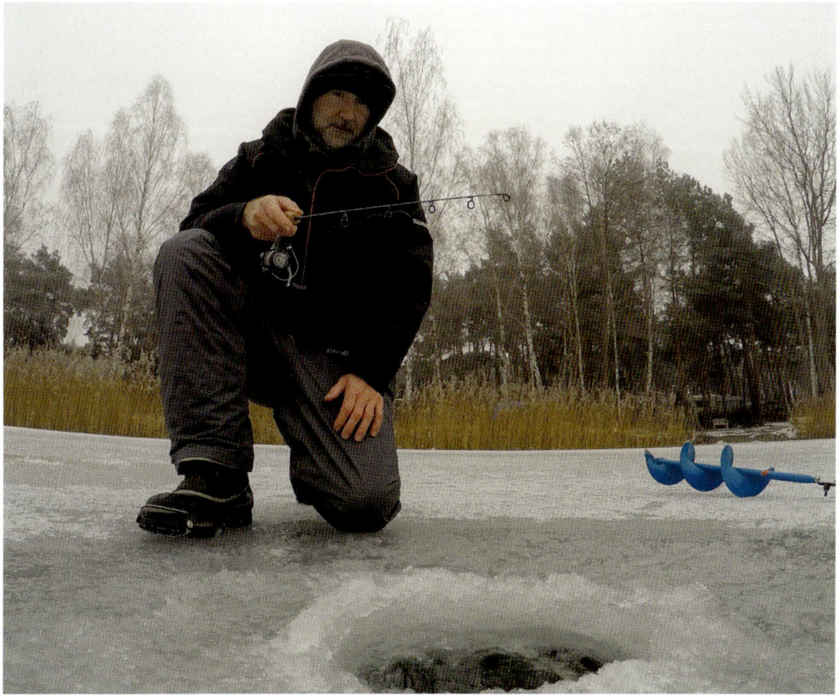

▸▸▸ Da sitzt er immer noch an seinem Eisloch und wartet auf den nächsten Biss …

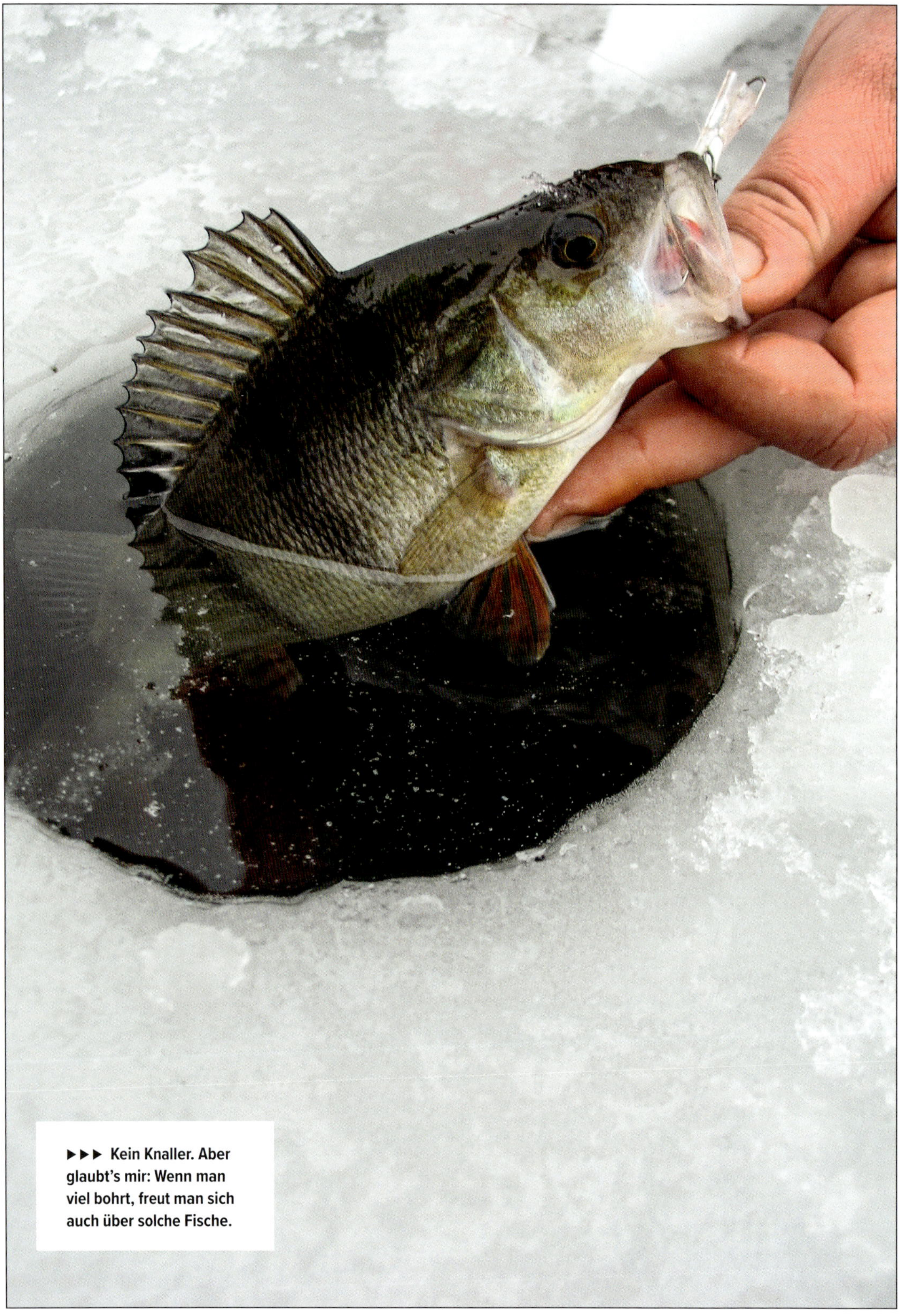

▸▸▸ Kein Knaller. Aber glaubt's mir: Wenn man viel bohrt, freut man sich auch über solche Fische.

da auf, wo man sie während des restlichen Jahres fängt. Zwar zeigen sie eine Tendenz, sich ins Tiefe zu verkrümeln. Wenn sie Hunger haben grasen sie auch Flachwasserbereiche nach Futter ab.

Topplätze sind zum Beispiel die Ausläufer von Barschbergen. Oft stehen die Fische wirklich am Fuß der Kante. Aber manchmal kommen sie zum Jagen auch nach oben und sind dann auf den flachen Plateaus unterwegs.

Krautfelder sind gute Angelplätze, weil sich auch im Winter kleine Krebschen im Kraut verstecken und Barsche beziehungsweise Weißfische anlocken. In jedem Fall ist hier Futter und damit besteht hier immer auch eine Chance, einen Barsch zu erwischen.

Natürlich sind auch Kanten immer heiße Plätze. Doppelt interessant ist die erste Kante vom Flachen ins Tiefe, die ja oft in Ufernähe verläuft. Hier prallen Wasserpflanzen und eine typische Barschstruktur aufeinander. Prinzipiell macht man also nichts verkehrt, wenn man flach anfängt und sich über die erste Kante hinaus arbeitet.

Auch wenn man einen Barschberg oder eine Landzunge absucht, bohrt man sich am besten zunächst vom Flachen ins Tiefe, um dann links und rechts zu schauen. Wenn man einen Fisch oder Schwarm gefunden hat, sollten die nächsten Bohrungen über ähnlichen Tiefen stattfinden. Denn aus irgendeinem Grund scheinen die Barsche diesen Tiefenbereich ja schon einmal zu mögen. Eine wichtige Erkenntnis, die man bei so wenig Anhaltspunkten und eingeschränktem Wirkungsradius unbedingt in die Angelstrategie einfließen lassen muss.

Dem Umstand, dass der Köder pro Eisloch nur einen etwa 1 Quadratmeter großen Korridor absucht, müssen wir mit Fleiß begegnen. Sicher kann‘s auch mal am ersten Loch schon richtig in der Rute klingeln. Unterm Strich wird aber meistens derjenige belohnt, der die meisten Löcher bohrt. Die Suche nach dem »Honey Hole« kann anstrengend sein. Wenn man aber mal eine Stelle gefunden hat, an der sich die Fische stapeln, geht's auch beim Eisangeln Schlag auf Schlag.

Ein wichtiger Helfer bei der Suche ist das Echolot, das genialerweise durchs Eis funkt. Die einzige Voraussetzung ist ein zarter Wasserfilm zwischen Geber und Eisschicht. Es soll Leute geben, die sich deshalb einen Lötkolben mitnehmen, diesen mit einem Echolot-Akku speisen und dann immer wieder eine kleine Eisschicht anschmelzen.

Das Echolot verrät uns nicht nur etwas über die Bodenstruktur, sondern zeigt auch Fische an. Da wir nicht wie sonst üblich über die Fische hinweg fahren, werden sie nicht als Sichel, sondern als durchgezogene Linien angezeigt. Auf einem guten Lot sieht man aber nicht nur die Fische, sondern auch den Köder. Wann immer sich ein Strich auf dem Bildschirm zeigt, macht es Sinn, den Köder auf dieses Niveau zu bringen – denn eventuell ist es ja ein Barsch.

Wenn man sich amerikanische Eisangel-Videos anschaut, sieht man die Jungs mit einem Flasher arbeiten. Bei diesem Sonargerät kann man die Anzeige extrem genau auf den Bereich um den Köder eingrenzen und somit genau sehen, was die Fische beziehungsweise der Köder machen. Auf vielen Echoloten gibt's eine Flasher-Simulation. Ich muss allerdings zugeben, dass ich mich damit noch nicht auseinandergesetzt habe. Sonst gäbe es hier noch ein paar Tipps.

BARSCH-HOTSPOTS UND HOTSPOT-STRATEGIEN

Barsche sind zwar Vagabunden, die es oft von Platz zu Platz zieht, tendenziell suchen sie aber immer wieder dieselben Strukturen auf. Klassiker sind Barschberge, Plateaus, Krautfelder, Kanten, Schilfgürtel und so weiter. Im Folgenden möchte ich diese Spots kurz beschreiben und mindestens eine Angelstrategie pro Struktur empfehlen.

HOTSPOTS IM SEE

Barschberg

Barschberge sind oft schon von weitem und ohne Echolot erkennbar. Denn über den oft bis kurz unter die Wasseroberfläche ragenden Plateaus, die mitten im See liegen, ziehen Blässhühner und Haubentaucher ihre Runden.

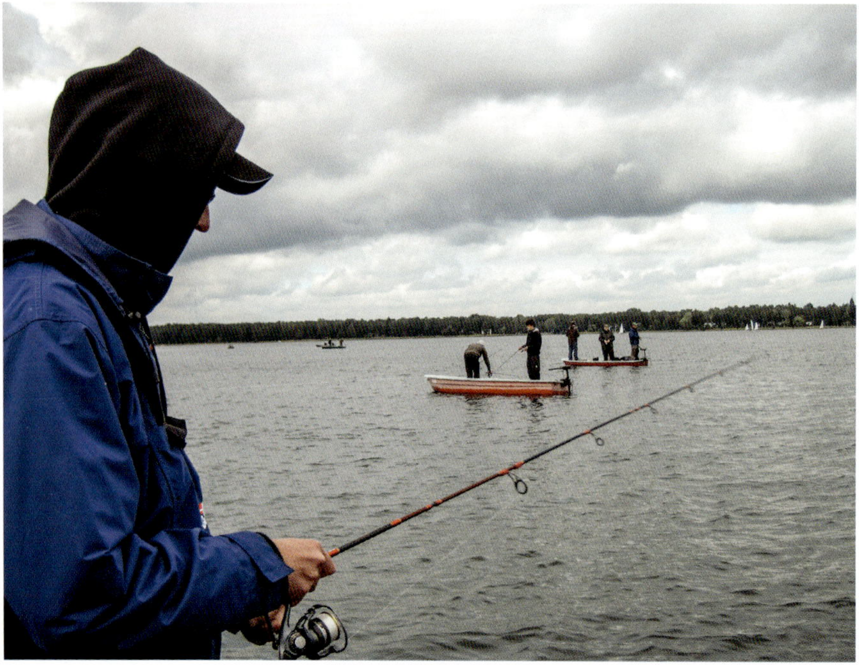

▸▸▸ **Hoch verdächtig! So viele Boote auf einem Spot? Angler mit kurzen Spinnruten. Da muss Barsch am Start sein!**

▶▶▶ **»Kommt ruhig ran, Jungs! Hier gibt's genug Barsch für alle. Schnittchen hab' ich auch dabei …« Wo Barsche sind, ist man selten allein.**

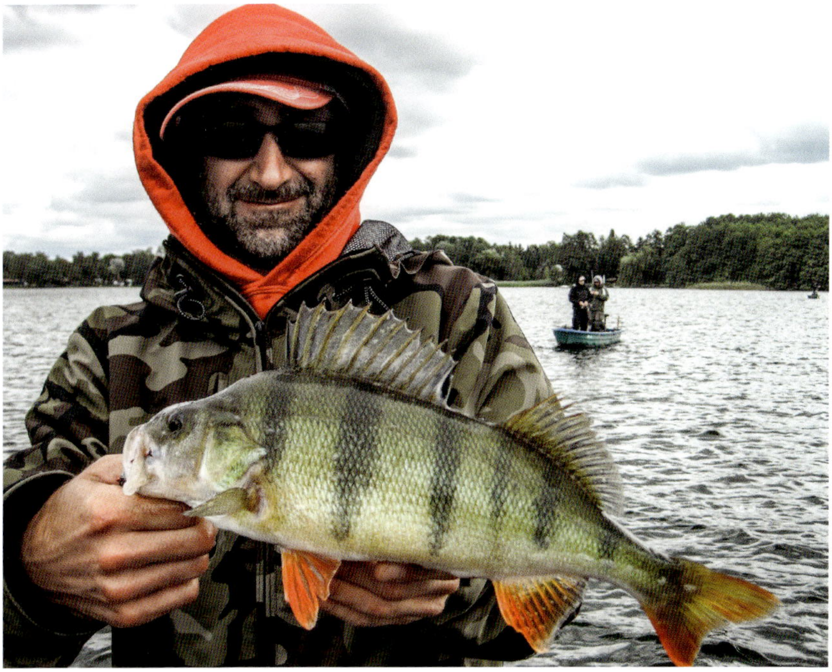

Oft suchen auch die Möwen und Seeschwalben hier nach Nahrung. Hier gibt's für alle reichlich was zu futtern. Barsche interessieren sich vor allem für die Kleinfische, die sich zwischen den Wasserpflanzen verstecken.

Barschberg-Strategie: Man hört und liest ja immer wieder, dass man die Schattenseite solcher Berge anfischen soll, weil sich die Fische bei schönem Wetter genau dort aufhalten. Das mag bei Windstille an steilen Bergen und diagonalem Lichteinfall relevant sein. Sobald ein leichtes Lüftlein weht, richte ich mich beim Barschangeln aber mehr nach dem Wind und den Anzeigen auf dem Echolot.

Oft ist es so, dass sich die Fische auf der dem Wind zugewandten Seite des Berges ballen. Dann ankere ich im Tiefen vor dem Berg und fische von der »Spitze« die Kante herunter. Bei Windstille oder wenn das Lot auf der windabgewandten Seite Fischansammlungen meldet, angle ich auch gern vom Berg herunter.

Egal wie herum ich angle, die Köder sind meistens dieselben: Stehen die Fische flach, bediene ich mich eines kleinen Wobblers. Im Mittelwasser ist ein Swimbait mein Favorit, den man etwas tiefer durchs Wasser kurbeln kann. Für die Tiefenregion um den Fuß des Barschberges habe ich immer ein paar schwerere Jigs in meinen Boxen, die ich gern mit einem No-Action-Shad im Barschdesign oder ebenfalls mit einem kleinen Swimbait dekoriere. Im Sommer spielen Stickbaits eine große Rolle, die ich vom Berg in Richtung tiefes Wasser werfe.

Stehen die Fische nicht an den Kanten, kann man es auch mal auf dem Berg versuchen. Hier suche ich mir Lücken zwischen Krautfeldern, in die ich meine Köder hineinwerfe. Da bieten sich kleine No-Action-Shads an, die ich mit leichten Jigs einzupfe – meistens lasse ich sie gar nicht bis zum Grund sinken, sondern operiere im Mittelwasser beziehungsweise kurz unter der Oberfläche. Natürlich sind sowohl Cranks als auch Twitchbaits und flach eingekurbelte Countdowns tolle Barschberg-Baits.

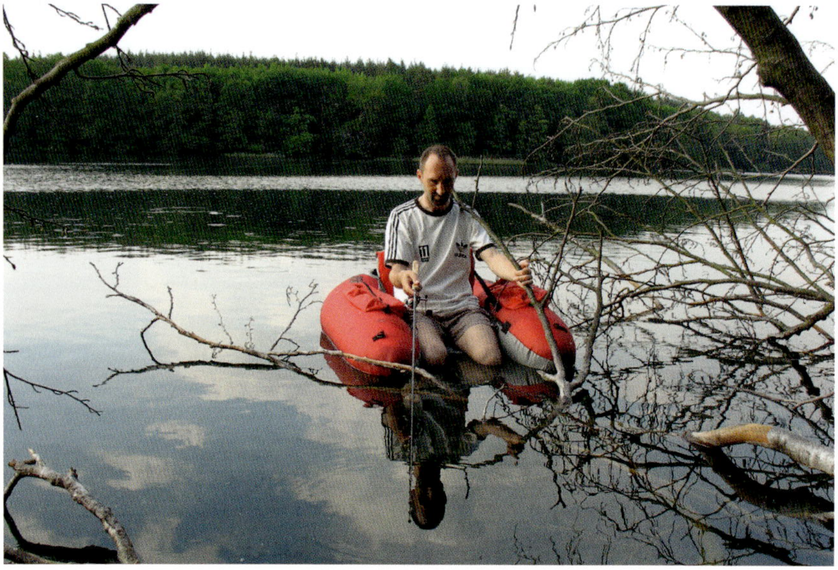

►►► Auch eine Möglichkeit, Baumbarsche zu stellen: Das Bellyboat und die Vertikalrute. Wenn Barsche in den Bäumen stehen, sind sie nicht besonders scheu.

Baumkrone

Ins Wasser gestürzte Bäume sind ein Barsch-Garant. Hier suchen Brut- und Kleinfische genauso Schutz wie dicke Barsche, die sich oft weit ins Astgewirr der Kronen zurückziehen, um sich beispielsweise vor Kormoranübergriffen zu schützen. Dass der Tisch eine Etage weiter oben reich gedeckt ist, spielt ihnen zusätzlich in die Karten. Sprich: An Bäumen findet man immer einen Barsch, manchmal gleich einen ganzen Schwarm.

Baumkronen-Strategie: Zunächst einmal versuche ich die Barsche im Umfeld des Baumes zu erwischen. Dazu verwende ich im Oberflächenbereich Twitchbaits, Cranks oder Countdown-Wobbler aus der 5- bis 6,5-Zentimeter-Klasse. Für tiefer stehende Fische nehme ich Shads.

Das Schema bei der Baumangelei ist bei mir eigentlich immer das gleiche: Ich fahre so nahe an den Baum heran, dass ich den Bereich der Krone gerade so erreiche. Zuerst mache ich je zwei Würfe entlang der Kronenkanten mit einem naturfarbenen Wobbler. Erst schnell getwitcht. Dann noch einmal ganz langsam. Wenn die Barsche diesen Wobbler ignorieren, probiere ich dasselbe noch einmal mit einer aggressiveren Farbe. Dann kurble ich einen Countdown oder Crankbait durch. Wenn oben nichts geht, schicke ich den Shad ins Rennen.

Tut sich außenherum nichts, muss ich weiter an den Baum ran. Jetzt wird's Zeit für den Barsch-Propeller oder den Helikopter. Immer noch nichts? Dann stehen die Fische echt mitten im Holz. Also näher ran. Jetzt brauche ich ein Gummi, das ich so ausbleie, dass es in die Äste taucht – also von mir weg (Stichwort »reverse rigging«). Der Haken wird in die Gummihaut versenkt (»tex skin on top«). Wenn trotzdem einmal ein Köder zwischen den Ästen sitzen bleibt, kann ich hinfahren, die Rutenspitze an den Köder kurbeln und ihn freischütteln.

Krautfeld

Kraut ist nicht gleich Kraut. Wir unterschieden zwischen dichten Matten, Halm- und Steinkraut. Je klarer das Wasser, desto tiefer rückt das Grünzeug vor. Insofern finden wir sowohl im Flachwasser als auch im Tiefen krautige Bereiche.

Klassische einheimische Krautsorten sind: a) Wasserpest, wie Froschbiss oder Krebsschere (stirbt im Winter ab, wächst im Sommer bis unter die Oberfläche und bildet richtige Unterwasser-Dschungel), b) flutendes Sichelmoos (ein winterhartes und eher flachwüchsiges, feines Kraut), c) Hornblatt (eine freischwimmende Unterwasserpflanze, die auch mit farblosen Sprossen im Boden verankert sein kann), d) Tannenwedel (eine Wasserpflanze mit Unter- und Überwasserblättern) und e) Wasserfeder (dichte Kissen, auch im Winter grün).

Egal um welches Kraut es sich handelt: Wir können immer davon ausgehen, dass es Kleinfische und somit auch Barsche anzieht. Da man die flachen Krautfelder leicht findet, hat man im Sommer einen schönen Anhaltspunkt. Tiefer gelegene Krautzonen entdeckt man eher durch Zufall, indem man Kraut am Jigkopf oder am Anker nach oben befördert. Die gezielte Tiefenkrautfeldsuche geht nur mit dem Echolot.

Krautfeld-Strategie: Wenn das Kraut nicht bis ganz unter die Oberfläche ragt, sind flach geführte Spinnerbaits, leichte Swimbaits (am Heli-Snap) und Spinner die richtige Medizin (Rute hoch halten). Die Druckwelle zieht die Fische nach oben. Das tun auch flach laufende Cranks und Suspender. Eine tolle Alternative sind Wakebaits, die im Oberflächenfilm laufen und natürlich Stickbaits oder Popper. Ein subtiler und deshalb manchmal fängigerer Köder ist der Softjerk – auch weil er durch die Halme schlüpft und so ständig fängig bleibt. Egal mit welchem Köder ich fische – ich visiere immer die Krautlücken an und zupfe den Köder dann langsam zu mir heran. Tief liegende Krautfelder werden entweder mit durchgekurbelten Swimbaits befischt (über der Grasnarbe) oder mit dem Texas-Rig bzw. Gummis am Offset-Jig.

Scharkante No. I

Sehr interessant ist der erste Abbruch vom Flachwasser ins Tiefe. Diese Abhänge sind oft mit Kraut zugewuchert, das bis zu einer ganz bestimmten Tiefe hinunterreicht, so dass am Hang eine scharfe Krautgrenze entsteht. Auch hier findet man immer Kleinfische. Die Barsche können entweder unten lauern oder oben am Kraut entlang patrouillieren. Wenn sich hier auch nicht immer ein großer Barschschwarm einstellt, besteht an solchen Krauthängen immer die Chance auf einen guten Einzelfisch.

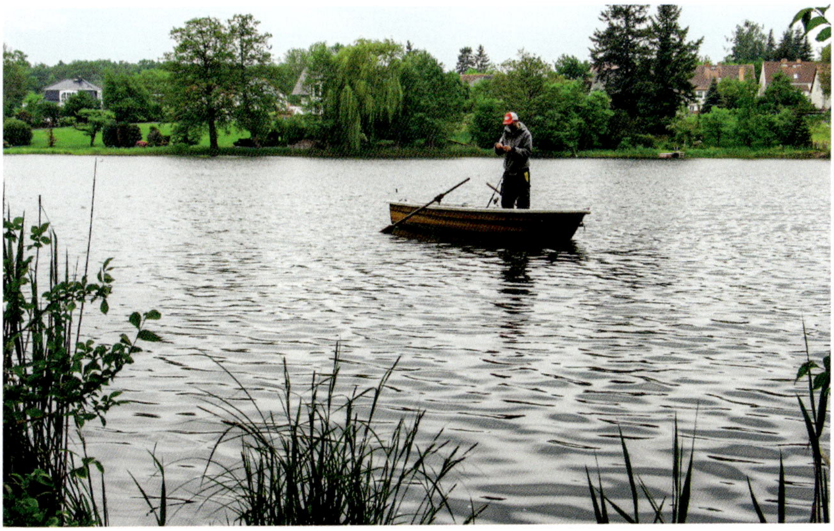

▶▶▶ **Für Boots- und Uferangler ein heißer Platz: die erste Abbruchkante. Mit Geduld und Spucke ist hier eigentlich immer etwas zu holen.**

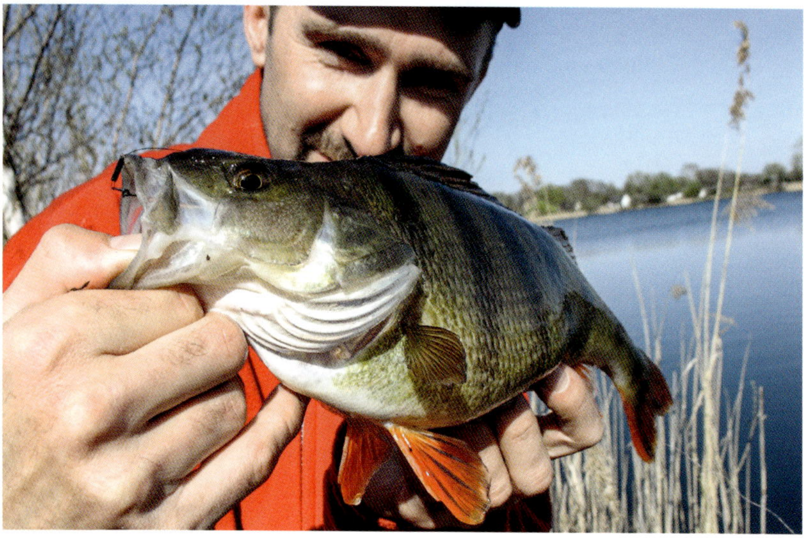

▶▶▶ **Als Uferangler muss man sich die Lücken im Schilf suchen. Hier habe ich nicht nur den Durchbruch gefunden, sondern auch einen schönen Frühjahrsbarsch.**

Auch wenn das Kraut durch Abwesenheit glänzt, ist der erste Abbruch immer einen Versuch wert. Schon allein die Option, sich aus dem Tiefen auf einen Futterfisch zu stürzen, der sich zu weit von der Kante weg wagt, zieht die Barsche an. Morgens und abends wird man sie oben an der Kante finden. Tagsüber lauern oder chillen sie am Kantenfuß.

Krauthang-Strategie: Hier sucht man sich Futterfisch-Ansammlungen und stellt das Boot so, dass man vom Tiefen ins Flache werfen kann. Ich gehe relativ nahe an die Kante heran und arbeite mit Freiwasserködern (wie Wobblern, Spinnerbaits oder Softjerks) den flachen Bereich ab. Den Fuß des Abhangs bearbeite ich mit anderen Methoden (Gummi am Bleikopf, Texas- oder Dropshot-Rig). Dabei werfe ich dann fast parallel zum Ufer. Wenn ich mein Boot gut stelle, kann ich den unteren Bereich des Gefälles mit wenigen Würfen komplett abklopfen.

Schilfgürtel

Viele Seen umgibt ein langgezogener Schilfgürtel. Eins steht fest – hier sind sicher irgendwo auch Barsche. Denn auch hier lungern viele Kleinfischarten herum, die die Barsche gerne fressen. Besonders heiß ist der Bereich zur Lauben-Laichzeit. Da kann man die Barsche dann oft am Schilf rauben sehen.

Interessant sind Schilfpartien besonders dann, wenn die Kante recht nah am Schilf verläuft, sich aber ein Flachwasserstreifen zwischen den Halmen und dem tiefen Wasser befindet. Barsche mögen es gern, wenn sie kurze Wege haben und tagsüber unten ruhen können, um dann in den Fressphasen am Morgen und am Abend nach oben zu stoßen.

Schilfstrategie: Natürlich kann man vor dem Schilf auch langsam mit Softjerks oder Twitchbaits angeln. Das macht richtig Sinn, wenn man die Barsche gefunden hat. Bis dahin sind aber schnelle Techniken gefragt. Also Cranks, Spinner, Swimbaits und der Helikopter, mit denen man nah ans Schilf wirft (oder auch mal zwischen die Stängel) und dann auch den Bereich vor dem Schilf abangelt.

Seerosenfelder

An Seerosenfeldern sieht man häufig Hechtangler, die hier mit Jerks und Spinnerbaits nach Entenschnäbeln geiern, Barschangler hingegen selten. Dabei finden Barsche Schatten, Schutz und Futterfische auch toll. Sie nehmen außerdem ab und an auch mal ein Insekt von der Oberfläche und fühlen sich hier sehr gut aufgehoben.

Seerosen-Strategie: Wer die Fische direkt in den Seerosen fangen will, darf auf keinen Fall zu leichtes Gerät angeln. Man muss die Barsche schnell rausziehen, so dass sie sich nicht um die Stängel wickeln können. Am besten geht das mit Softjerks, Spinnerbaits oder Rubber-Jigs. Interessant ist natürlich auch die Linie zum freien Wasser. Die kann man mit allem abziehen, was die Box so bietet und berechtigt darauf hoffen, dass sich ein Barsch aus seinem Unterstand herausstürzt.

Futterfischwolke im Freiwasser

Wenn das Echolot im Sommer große Futterfischschwärme im Freiwasser anzeigt, schreien diese förmlich nach einer Intensivbefischung. Barsche ziehen solchen Schwärmen hinterher, so dass wir im Umfeld dieser Weißfisch- oder Maränen-Ansammlungen auch immer auf ein paar Gestreifte treffen. Meistens handelt es sich dabei um gute Fische.

▸▸▸ Kleinfisch-Alarm auf dem Echolot. Das ist mal ein amtlicher Futterfischschwarm (in diesem Fall waren es Stinte). Hier muss der Barsch früher oder später aufschlagen.

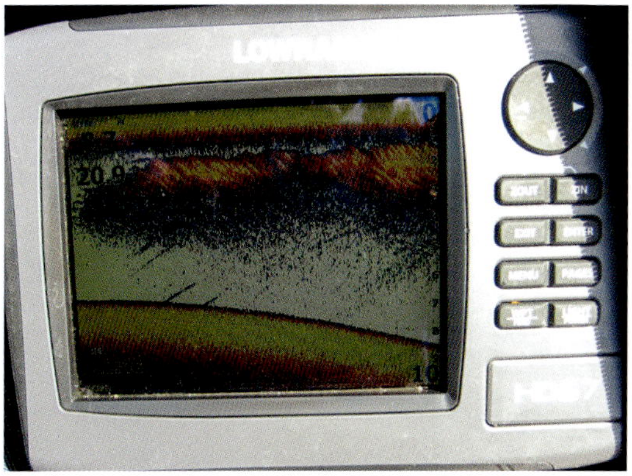

Schwarm-Strategie: Bei so viel Futterfisch stellt sich die Frage, warum die Barsche unsere Imitate nehmen sollten. Wir müssen also auffallen.

Das tun Gummifische, die unter dem Schwarm entlang laufen beziehungsweise immer wieder aus dem schützenden Verbund rausfallen und ein verwundetes Fischchen imitieren. Das bekommt man mit durchgeleierten Swimbaits oder gehibbelten No-Action Shads hin. Alternativ kann man auch zwischen und über den Futterfischen angeln. Entweder mit heftig getwitchten Minnows in auffälligen Farben (Firetiger oder Naturdekors mit einer Silberflanke, welche die einfallenden Lichtstrahlen reflektiert) oder mit schnellen Crankbaits (im Sommer kann man sie nicht zu schnell führen).

Und natürlich sind auch Toppies gut aufgehoben in dieser Situation, mit denen man ordentlich Krach macht und die Aufmerksamkeit der Barsche auf sich zieht.

Badestrand

Im Sommer ist an manchen Seen richtig viel Betrieb. Das stört den Angler oft mehr als die Barsche. Sie beißen manchmal mitten im Getümmel und ignorieren planlos planschende Kinder, braungebrannte Frauenbeine, orientierungslose Sonntagsruderer, quietschvergnügte Vierbeiner, gemütlich ihre Runden ziehende Rentnerpärchen, ungehemmt balzende Teenies, auf die Gefährlichkeit ihrer Träger hinweisende Tattoos, seebeschallende Ghetto Blaster, auf Luftmatratzen ziellos umherdümpelnde Kleinfamilien, von Bäumen ins Wasser springende Kids, nach Nahrung schreiende Babys, das sirenenartige Plärren von Bienen gestochener Kleinkinder und was sonst noch so alles zu einem zünftigen Nachmittag am Badesee gehört.

Jetzt werden die Badestrände interessant. Hier haben uns die vielen Besucher einen wertvollen

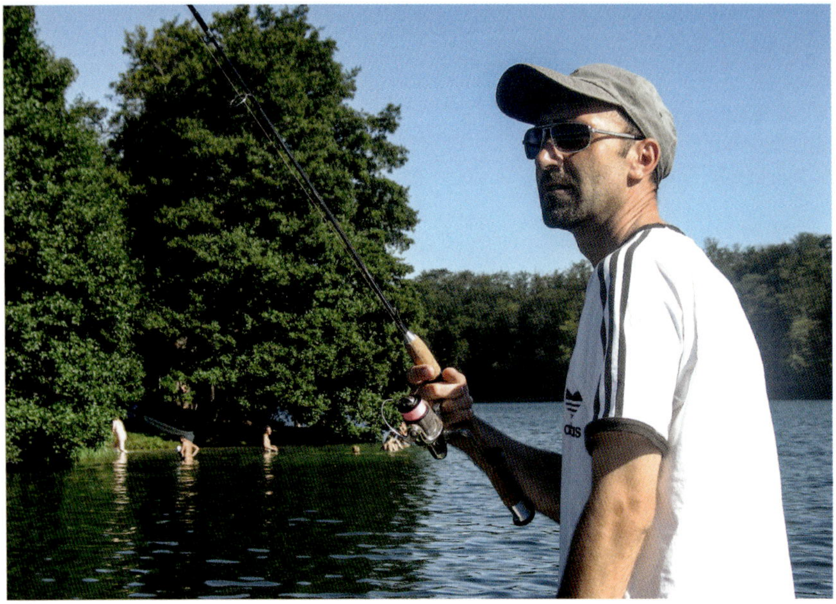

▶▶▶ **Ganz schön frech, die Köder zwischen den Badegästen durchzuziehen. Abends wird's hier noch interessanter.**

Dienst geleistet: Sie haben den Boden aufgewirbelt und allerlei Kleinfischfutter freigelegt. Das zieht die Futterfische an. Den kleinen Fischen folgen meist die Räuber. Manchmal kann man beobachten, wie die Barsche ihre Beute ganz ins Flache drängen, die sich dann sogar an Land flüchtet. Die folgenden Minuten sind es dann, die für jeden Tag ohne Fisch entschädigen.

Badestrand-Strategie: Oft nimmt die räuberische Meute alles, was ihnen vor die Schnauze gerät. Topköder sind jetzt aber Popper, mit denen man den Jagdtrieb zusätzlich befeuert. Wenn die Barsche richtig rauben, machen auch kleine Sticks viel Spaß. Auch das ultraleichte Jiggen beziehungsweise Hibbeln bringt jetzt oft einen Fisch nach dem nächsten ans Band. Laune macht auch das Flachwassersoftjerken, weil man die Bisse hier auch gut sehen kann.

Cranks, Countdowns oder Twitchbaits eignen sich für die Suche im Mittelwasser und kurz über Grund. Wenn in den oberen Etagen nichts passiert, sucht man die Barsche mit überschweren Shads am Boden.

HOTSPOTS IM FLUSS

Brücken

Brücken stehen oft an Flussverengungen, weil die zu überbrückende Distanz dort am kürzesten ist. Außerdem verengen die Brückenpfeiler das Fahrwasser. Weil sich dieselbe Menge Wasser hier durch ein schmaleres Bett pressen muss, steigt hier der Strömungsdruck an. Ergo haben wir es hier meistens mit relativ hartem Grund zu tun.

Von einem »klaren Grund« kann man aber nicht sprechen. Denn schon beim Bau fliegt eine Menge Schutt ins Wasser, der sich dann am Grund ablagert und mit der Zeit um ins Wasser geworfene Fahrräder, Kühlschränke, Kinderwägen und Christbäume angereichert wird. Unterstände satt!

Auch die Anziehungskraft des Brückenschattens ist unbestritten. Nicht nur dass die Fische hier sicher vor Vogelangriffen sind. Im Sommer ist es hier oft ein bisschen kühler und natürlich dunkler. Hier chillen die Barsche gern. Aber auch wenn das Wasser im Winter aufklart, gehören die Schummerlichtbereiche unter den

▶▶▶ **Für diesen kapitalen Brücken-Barsch habe ich lange geworfen. Wenn dann aber so eine Kanone kommt ...**

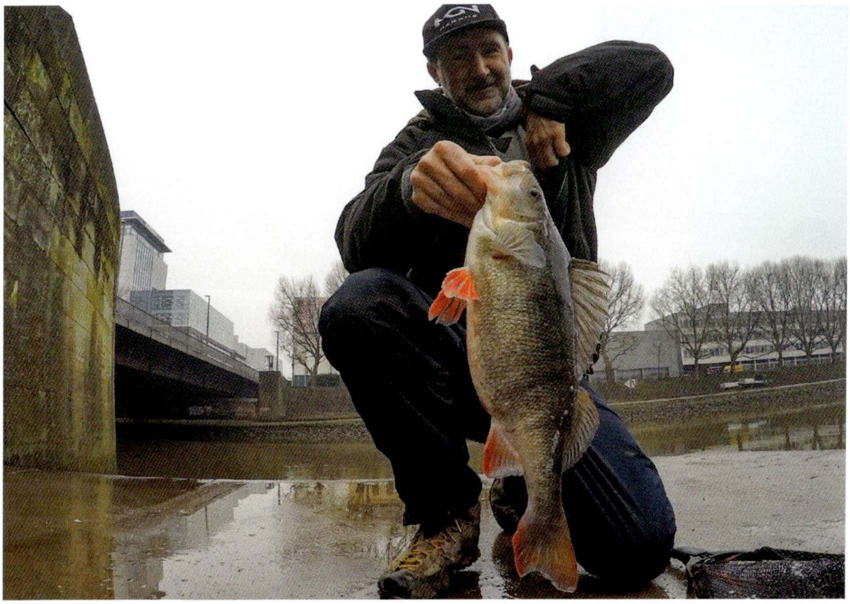

Brücken zu den wenigen Zonen, in denen die Fische ideale Jagdbedingungen vorfinden.

Dass Barsche Brücken lieben, liegt unter anderem an den Strömungsschatten und Kehrströmungen, die an den Pfeilern entstehen. Aber auch im Prallwasser auf der, der Strömung zugewandten Seite wird reichlich Futter angeschwemmt, so dass man seine Köder auch mal dahinwerfen sollte.

Brücken-Strategie: Oft stehen die Barsche sehr nah an den Brückenpfeilern. Am Tage halten sie sich meistens in Grundnähe auf, um in den Dämmerungsphasen nach oben zu kommen und zwischen den Kleinfischen an der Oberfläche aufzuräumen.

Da es unter den Brücken immer reichlich Hänger gibt und die Kanäle meistens nicht so tief sind, drängen sich Köder auf, die man knapp über dem Grund oder im Mittelwasser anbieten kann. Um Hängern nicht gleich mit dem Abriss eines teuren Wobblers Tribut zollen zu müssen, angle ich an solchen Stellen erst einmal mit Gummifischen. Und zwar mit kleinen Swimbaits, die man jiggen kann, die aber eigentlich darauf ausgelegt sind, dass man sie einfach durchs Wasser kurbelt. Ich lasse den Köder meistens kurz durchsacken, bremse den Fall kurz über dem Grund ab und kurble ihn dann langsam mit minimalen Tempowechseln und extrem kurzen Stopps ein.

Besonderes Augenmerk verdienen die Pfeiler. Im Anstrom sammelt sich hier die Nahrung, im Strömungsschatten können sich die Barsche ein bisschen entspannen. Hier müssen Gummis über den Grund laufen – auch wenn die ersten Abtastversuche teuer werden können. Wenn die Fische vorsichtig und faul sind, bevorzuge ich die Dropshot-Montage. Vor allem tagsüber im Hochsommer und dann im Winter ist diese langsame Präsentation extrem effektiv.

Wasserkreuzungen

Kanäle und begradigte Flüsse sind ja eigentlich recht langweilig. Sie haben auf der ganzen Länge eine ähnliche Struktur. Da sind Zuflüsse und Kanalkreuzungen natürlich ganz besonders heiße Spots, an denen die Barschschwärme auch mal einen Stopp einlegen, um »aufzuräumen«. Hier fließt ein Wasser ins andere.

Das bedeutet immer: Drehströmungen, Strömungskanten und Futterfischkonzentration. Die Strömungsverhältnisse erkennt man mit bloßem Auge an Wasserverkrisselungen und vorbeitreibenden Blättern, Grashalmen oder ähnlichem Treibgut. Sollten sich Futterfische und die Räuber also aus der Strömung zurückziehen wollen, fänden sie in den ruhigen Randbereichen ein schönes Plätzchen. Oft fängt man die meisten Fische aber in den Drehströmungen, die wir an solchen Plätzen immer vorfinden.

Kreuzungs-Strategie: Zunächst versuche ich es mit Gummifischen am Bleikopf. Die ersten Würfe zielen auf die Verwirbelungen, die das gegen die gegenüberliegende Befestigung prallende Wasser erzeugt. So klopfe ich auch die Strömungskante ab. Ich gebe drei verschiedenen Gummifischen eine zwei Würfe währende Chance. Wobei es natürlich sein kann, dass ich die Barsche unterfische. Also hänge ich einen Suspender in den Karabiner. Ich werfe ihn stromab und zupfe ihn dann gegen die Strömung auf mich zu. Beim ersten Wurf twitche ich den Köder ziemlich aggressiv durchs Wasser, danach noch einmal langsamer. Zwei kurze Rucke aus der Rutenspitze von etwa 10 Zentimetern, dann stehen lassen. Nochmals ein bisschen aggressiver anzupfen. Wieder stehen lassen. Wenn das nicht funktioniert hilft eventuell das T-Rig oder ein langsam geführter Rubber-Jig.

Hafeneinfahrten

Häfen sind ja oft in die Landschaft eingelagert, so dass die Flussströmung an den Einfahrten vorbei pfeift. Meistens sind die Einfahrten ausgebaggert und somit tiefer als der Restfluss. Deshalb entstehen hier nicht nur relativ harte Kanten, sondern auch interessante Drehströmungen, in denen das Futter und der Kleinfisch zirkulieren. Na klar: Da sind auch die Barsche präsent.

Einfahrt-Strategie: Wer die heißen Zonen vom Ufer aus erreichen will, braucht oft viel Gewicht.

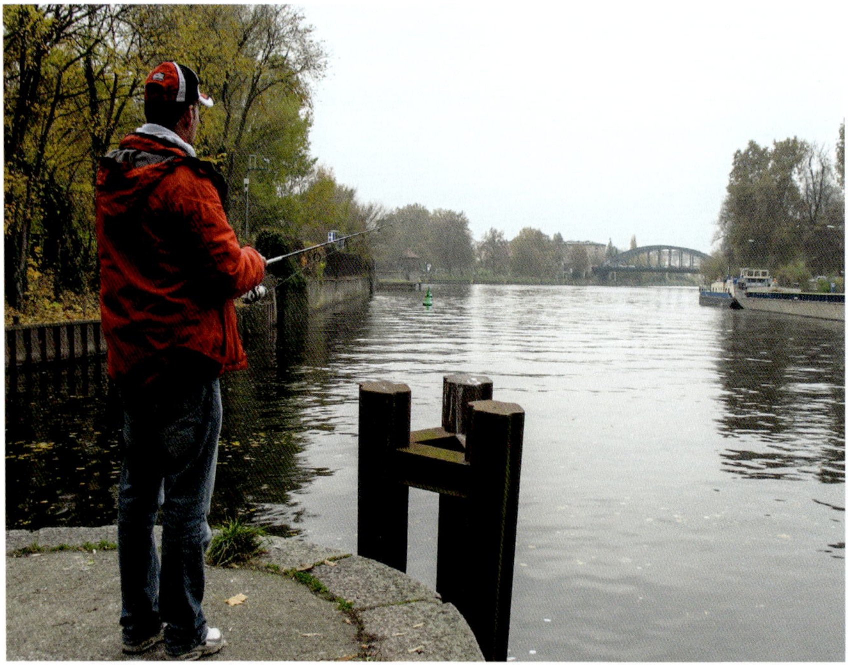

►►► So eine Kanalkreuzung ist immer einen Versuch wert. Besonders »hot« ist der Bereich, in dem die beiden Strömungen aufeinandertreffen.

▶▶▶ Wo viele Boote liegen, steht auch viel Barsch.

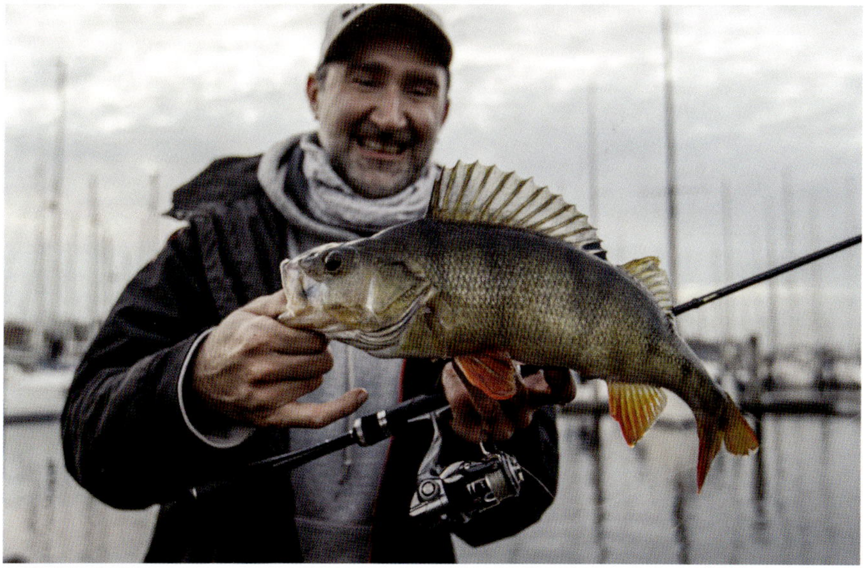

Deshalb wird hier gern gedropshottet. Alternativ ziehen auch das Kickback-Rig beziehungsweise eine schwere Seitenarm-Montage, die man in die Drehströmung wirft. Jig-Spinner sind auch immer top, wenn's um Wurfweite und schnelle Absinkphasen geht. Auch mit dem Gummifisch am Bleikopf oder dem T-Rig kann man die Kanten und Verwirbelungen solange abfischen, bis sich die Barsche Feedback geben.

Häfen

Im strömungsberuhigten Bereich des Hafenbeckens fühlen sich die Kleinfische besonders wohl. Hier können sie sich gut halten und finden immer etwas zu fressen. Das bekommen auch die Räuber mit und so geben sie sich hier ein Stelldichein. Außerdem gefällt ihnen hier der meist recht saubere Grund. Dadurch, dass hier immer wieder Boote starten, wird der Gewässergrund frei gespült.

Ganz besonders interessant sind die Sommermonate und der Winter. Wenn der Planet richtig brennt, lässt es sich unter den Booten ganz gut aushalten. Nicht nur dass es hier schön schattig ist und die Vögel keine Chance auf einen Zugriff haben – es wimmelt hier auch vor lauter Kleinfischen.

Auch in den kalten Wintermonaten bieten Hafenanlagen den Räubern ein perfektes Domizil. Einerseits, weil das Nahrungsangebot immer besser wird (die Weißfische nützen die Häfen als Winterrückzugsgebiet). Andererseits weil sie nicht gegen die Strömung ankämpfen müssen und so Kraft und Energie sparen. Außerdem ist es hier etwas tiefer als sonst, so dass sich am Grund eine Schicht mit 4 Grad kaltem Wasser halten kann, wo es andernorts durchmischt wird und damit noch kälter ist.

Hafen-Strategie: In den Häfen wird nicht zu Unrecht viel gedropshottet – vor allem da, wo man weit werfen muss. Die Trennung von Köder und Blei macht das Angeln mit großen Gewichten möglich.

Wenn ich an die Fische rankomme, angle ich noch lieber mit dem Gummi am Jig, dem T-Rig oder mit Rubber-Jigs, weil die Bisse direkter sind. Wenn die Fische unter großem Angeldruck stehen, macht eine ruhige Präsentation oft den Unterschied.

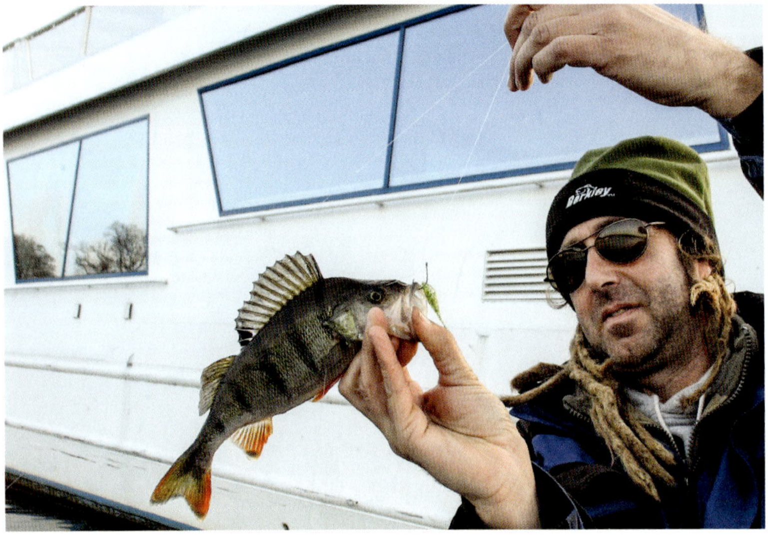

▶▶▶ **Wenn die Fähren daliegen, fischt man am besten ganz nah am Schiff. Wenn sie abfahren, muss der Köder ins Strudelwasser.**

Fähranleger

An Fähranlegern ist eigentlich immer etwas zu holen. Dadurch, dass die Fähren hier beim Anparken heftig Gas geben, um nicht gegen den Anleger zu brettern und auch beim Anfahren ordentlich Wasser verwirbeln, ist der Grund hier klar.

Oft finden wir Mulden, in denen sich die Räuber ablegen. Die an- und ablegenden Schiffe wirbeln beim Aus- oder Anparken in regelmäßigen Abständen das Wasser um die großen Stege auf und lösen damit Krebse, Larven und Kleinfische vom Grund. Angeltechnisch immer wieder ein spannender Moment. Denn genau jetzt haben die Barsche leichtes Spiel. Deshalb beißt es an Fähranlegern oft am allerbesten, wenn reger Bootsverkehr herrscht.

Unter Stegen finden die Fische Nahrung, Schatten und Vogelschutz. Ferner treiben sich hier immer viele Kleinfische herum, die ihren Teil vom »Entenbrot« abbekommen und auch sonst viel Futter finden. Kein Wunder also, dass wir hier auch immer ein paar Barsche abgreifen können.

Fähranleger-Strategie: Zunächst einmal muss man natürlich schauen, dass man nicht mit den Kapitänen aneckt und das Boot so stellen, dass man den an- und abfahrenden Fähren nicht im Weg steht. Solange Ruhe ist, sucht man an allen Seiten des Anlegers und natürlich in den Löchern nach grundnah stehenden Fischen.

Dazu eigenen sich Gummis am Bleikopf. Noch besser aber sind das T-Rig, das Dropshot-Rig und Rubber-Jigs, weil man mit ihnen langsamer fischen kann.

Wenn die Fähren das Wasser verwirbeln, ziehen sie Kleinfische und Krebse von unten nach oben, die dann orientierungslos im Mittelwasser schwimmen. Da muss jetzt auch der Köder hin. Jetzt fangen durchgekurbelte Swimbaits und Wobbler. Am flexibelsten ist man aber mit Jig-Spinnern, die man in kurzen Sätzen durchs Mittelwasser jiggen oder mit ihnen auch den Grund beharken kann. Hier nehme ich auch gern Cicadas.

Flusskurven

In kleineren und naturbelassenen Flüssen sind die Angelstellen oft schwer zugänglich. Topspots sind unterspülte Uferpartien, Drehströmungen, ruhige Bereiche und steinige Uferpartien, auf die eine harte Strömung trifft, sowie Gumpen.

Eine Ballung dieser Spots findet man meistens in Außenkurven, auf welche die Strömung trifft. Deshalb sucht man sich vor der Begehung eines »neuen« Flusses immer ein paar Außenkurven aus, um diese nach und nach abzuangeln.

Kurven-Strategie: Die ruhigen Bereiche kann man sehr gut mit Wobblern und Spinnern abfischen. Wichtig ist es, ganz dicht am Ufer anzufangen. Die Fische stehen wirklich verdammt oft unter dem ausgespülten Ufer oder darüber hängenden Sträuchern.

Für die Strömung verwendet man am besten Gummifische, die man dicht ans andere Ufer wirft und mit der Strömung herumdrücken lässt. Am Anfang sind die Absinkphasen kurz und zackig. Je mehr man gegen die Strömung arbeitet, desto länger fallen die Sinkphasen aus. Gegebenenfalls muss man mal das Bleikopfgewicht verändern, um schneller gegen die Strömung fischen zu können.

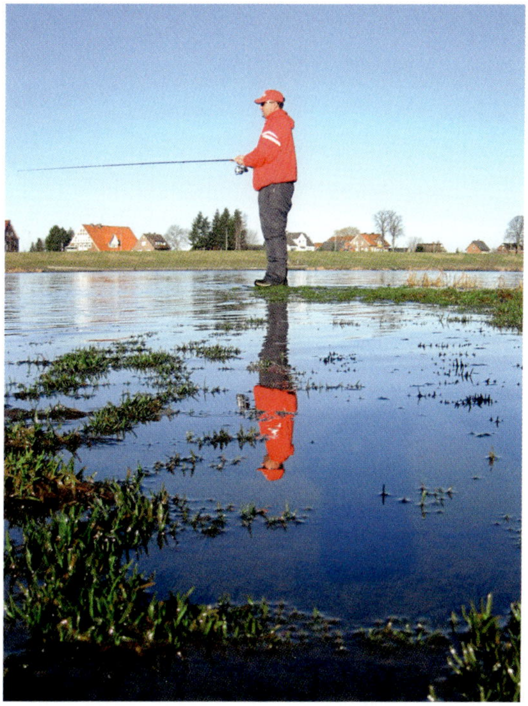

►►► Buhne im Tidenbereich. Bald muss unser Angler runter.

Buhnen

Das Buhnenangeln ist so komplex, dass man ihm ein eigenes Kapitel widmen könnte. Man kann's aber auch komprimieren: Besonders interessant ist immer die erste Buhne, auf welche die Strömung trifft. Hier sind die Ausspülungen am tiefsten und die Kehrströmungen am intensivsten. Deshalb gibt es hier auch am meisten Fisch.

Direkt vor der Buhne befindet sich eine tiefe Ausspülung, in der oft Fische stehen. Im Inneren des Buhnenfeldes lässt sich auch eine Drehströmung ausmachen. Hier ist es etwas tiefer als im restlichen Buhnenfeld. Interessant sind auch die Steine der Buhne selbst.

Buhnen-Strategie: Bevor man auf die Buhne geht und die Fische verscheucht, die sich im angeströmten Bereich oder im Strömungsschatten parallel zum steinernen Bollwerk aufhalten, fischt man erst einmal von Land aus. Und zwar beidseitig parallel zur Buhne und in die Drehströmung. Selbige wird dann auch noch einmal von der Buhne aus angeworfen. Dann widmet man sich dem Krater.

In der Strömung sind Gummifische meist das beste Mittel. Wenn man einzelne Punkte ausangeln will, eignet sich das Dropshot-Rig. Oft sind gute Nerven gefragt, weil's viele Hänger gibt – vor allem im angeströmten Bereich. Dafür versprechen die Buhnen aber oft viele Fische.

Steganlagen und Pontons

Steganlagen sind immer heiß. Auch hier versammelt sich der Kleinfisch. Auch hier gibt's Schatten und Schutz vor Angriffen aus der

Luft. Oft stehen die Barsche unter den Stegen und schauen sich mit ins Freiwasser ausgerichteten Augen an, was da draußen so vor sich geht. Die besten Plätze sind oft die, an denen große Boote im Wasser liegen.

Problem: So richtig gern ist man als Angler hier nicht gesehen. Verständlich – wer hat schon gern einen Haken in den Leinen. Wer hört es schon gern klappern, wenn ein Jigkopf gegen die Bordwand schlägt. Und wer hat schon gern Besuch auf dem Boot, der zwar nur seinen teuren Wobbler retten will, aber dennoch in die Privatsphäre eindringt. Deswegen ist das Angeln hier meistens verboten. Wo es erlaubt ist, muss man das aber unbedingt nutzen.

Steg-Ponton-Strategie: An Steganlagen fische ich gern richtig langsam, um den trägen Fischen möglichst lange die Chance zu geben, meinen Köder zu packen. Natürlich sind Parallelwürfe angesagt, die den Köder über lange Strecken im Barsch-Einzugsgebiet halten. Meine Topmethoden sind das T-Rig-Zuppeln, das Rubber-Jiggen und die Suspender-Angelei. Wir haben aber auch schon gut mit Zockern an Stegen gefangen oder mit vertikal gefischten Gummis, Balance-Jigs sowie Mormyschkas. Genial funktionieren hier auch Gummiwürmer am Jighead-Wacky, das wie gemacht dafür ist, vertikale Strukturen abzufischen.

Hat man erst einmal ein paar Barsche herausgekitzelt, stehen die Fische nicht mehr nur streng unter dem schattenspendenden Dach, sondern auch mal ein paar Meter davor. Denn Barsche sind neugierig und verfolgen gehakte Schwarmkollegen ein paar Meter. Also auch mal den offenen Bereich anwerfen!

Steinpackungen

Zwischen den Steinen gibt es immer reichlich Futter. Im Steingras wimmelt es oft vor Bachflohkrebsen und Larven. Hier finden die Barsche viele Krebse und kleine Fische. Kein Wunder also, dass sie sich den Steinfeldern zum Jagen widmen.

Steinpackungs-Strategie: Zwischen den Steinen mit Gummifischen herumzukramen, kann teuer werden. Hänger-Alarm! Am besten kommt man noch mit möglichst leichten Offset-Jigs durch, die man nur ganz kurz absetzt und nach

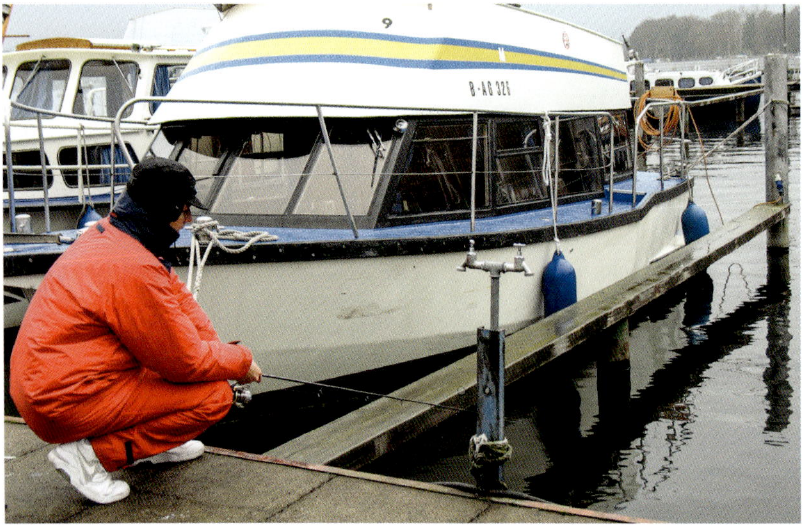

▶▶▶ Ein Mann sieht rot. Hier stehen die Chancen auf eine Barsch-Konfrontation extrem gut.

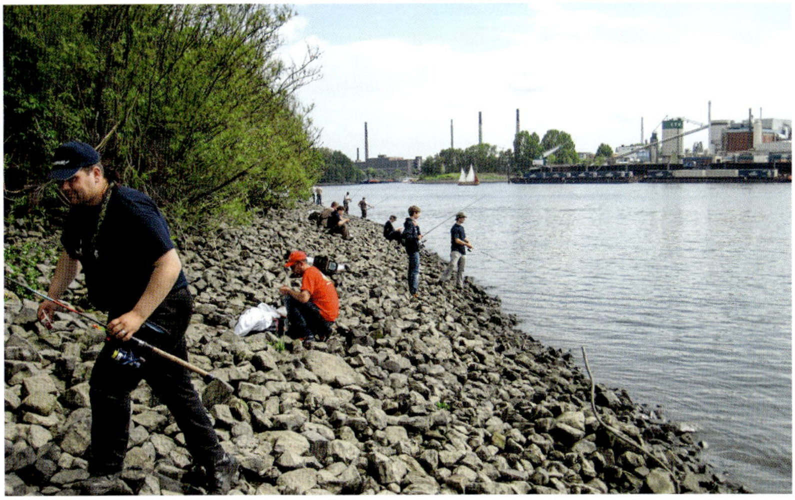

▶▶▶ Ganz schön Betrieb auf der Steinpackung. Da scheint was zu gehen.

dem Grundkontakt direkt wieder anhebt, so dass sie nicht in die Spalten fallen können.

Noch besser klappt's aber oft mit Suspendern, die man über die Packung hinaus in Richtung Flussmitte wirft und dann langsam herein twitcht.

Wenn die Barsche ausschließlich auf der Packung stehen, läuft's auch gut mit Crankbaits, die man über die Steine rattern lässt. Bei einem Hänger kann man diesen oft umlaufen und den Wobbler in entgegengesetzter Richtung frei rütteln. Interessanterweise gibt's mit Wobblern aber schon einmal grundsätzlich weniger Hänger als mit Gummi – auch wenn man permanent auf den Steinen angelt.

Fahrrinne

Wenn sich Fahrrinnen durch ein Flachwassergebiet ziehen, sind das Fischmagneten. Hier verändert sich die Strömung. An den Kanten gibt's schattige Bereiche. Und nicht zuletzt wirbeln durchfahrende Boote immer wieder das Wasser durcheinander.

Je markanter der Tiefenunterschied zwischen Rinnen und Rinnenumfeld, desto mehr Zug ist in dem Graben. Je flacher die Rinne, desto deutlicher wirkt sich der Bootsverkehr aufs Beißverhalten aus.

Fahrrinnen-Strategie: Die Taktik ist eigentlich ziemlich simpel. Man stellt sich an den Fahrrinnenrand und fischt sowohl die Kanten als auch die tiefen Bereiche ab. Manchmal jagen die Barsche auch auf den Flächen (vor allem morgens und abends). Bedeutet: Dauerfeuer in alle Richtungen! Natürlich sind sämtliche Gummi-Anwendungen fängig, vom Jig bis zum T-Rig. Sehr variabel ist man aber auch mit Blech.

Mit Jig-Spinnern oder Cicaden kann man sowohl jiggen als auch auf raubende Barsche im Flachwasser reagieren (Rutenspitze hochnehmen und durchkurbeln). Ihr Plus ist auch die Wurfweite.

Wir fischen mit und gegen die Strömung, immer in dem Bewusstsein, dass sich die Fische durch die Rinne treiben lassen und es von jetzt auf nachher losgehen kann. Dennoch: Wenn sich nach einer halben Stunde nichts getan hat, wechseln wir den Ankerplatz und schauen uns die gegenüberliegende Kante an.

Wir kreuzen so lange, bis wir die bessere Seite und den besten Platz ausfindig gemacht haben. Das sind oft Verengungen oder Verbreiterungen, die man auf den Seekarten ausmachen kann.

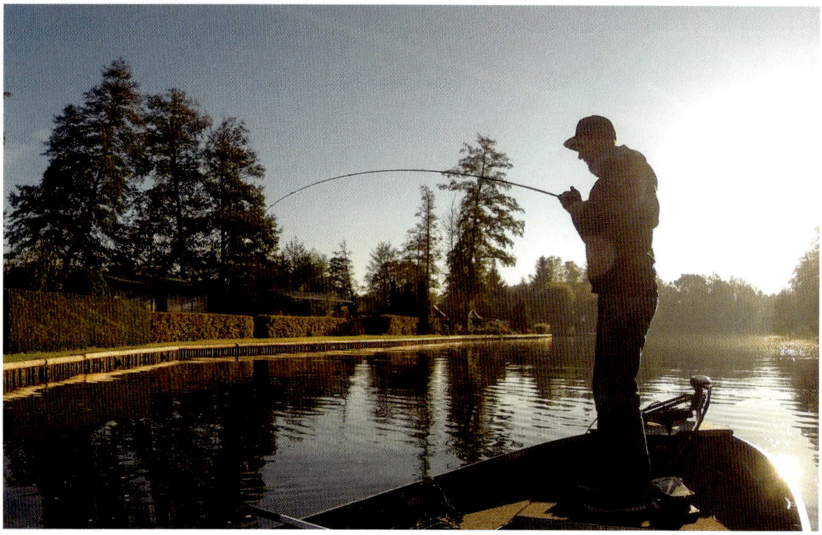

►►► **Perfekt ausgeleuchtet. Manchmal stehen die Barsche ganz dicht an der Holzbalkenkette.**

Faschinen
Hört sich erst einmal radikal an. Ist es aber nicht. »Faschinen« nennt man die Uferbefestigungen aus Holzpflöcken. In den Lücken und zwischen vermoderten Pflöcken siedeln sich immer Kleintiere an, ergo schwimmen auch die Kleinfische oft direkt am Ufer. Dementsprechend sieht oder hört man auch die Barsche immer wieder ganz dicht am Ufer rauben.

Faschinen-Strategie: Wenn ich weiß, dass die Barsche gern ans Ufer kommen, werfe ich natürlich auch nah ans Ufer ran und versuche den Köder lange im Blickfeld zu halten. Insofern sind Parallelwürfe immer besser als Würfe ans gegenüberliegende Ufer. Hier kann man alles anbieten. Meine Lieblings-Faschinen-Systeme und -Köder sind das T-Rig, Rubber-Jigs, Suspender, durchgekurbelte Gummis am Bleikopf oder der Barsch-Helikopter.

Schleusen
Schleusen stellen einen temporären Endpunkt dar. Wenn die Fische stromauf ziehen, werden sie hier auf Dauer oder zumindest bis zur nächsten Öffnung gestoppt. Und wenn eine Schleuse geschlossen ist, müssen die Fische zumindest warten, bis sie wieder aufgeht. Der Sauer- und Nährstoffeintrag bei jedem Schleusenöffnen sorgt hier für ein erhöhtes Kleinfischaufkommen, so dass die Barsche eigentlich keine Veranlassung zum Weiterziehen haben.

Schleusen-Strategie: Oft darf man im Schleusenbereich nicht angeln. Trotzdem muss man natürlich so nah wie möglich ran an die Fische. Wir brauchen also Weitwurfsysteme. Das spricht für Dropshot-Rig, Seitenarm-Montagen oder den Jig-Spinner. Im Sommer kann man auch sehr gut mit Oberflächenködern fangen, die man einfach von der Strömung wegtragen lässt und nur gelegentlich anzuppelt.

Wehre
Über ein Wehr schaffen es nur die wenigsten Fische hinweg. Genauso nachvollziehbar ist es, dass die kleinen Räuber den Standplatz unter dem Wehr nicht so schnell aufgeben. Denn durch das herunterstürzende Wasser kommt hier enorm viel Sauerstoff ins Wasser – im Sommer ein enorm wichtiges Attribut für einen guten Standplatz. Außerdem wird immer wieder Nahrung über das Wehr gespült, die dann durcheinandergewirbelt wird. Hier haben die Barsche also leichtes Spiel.

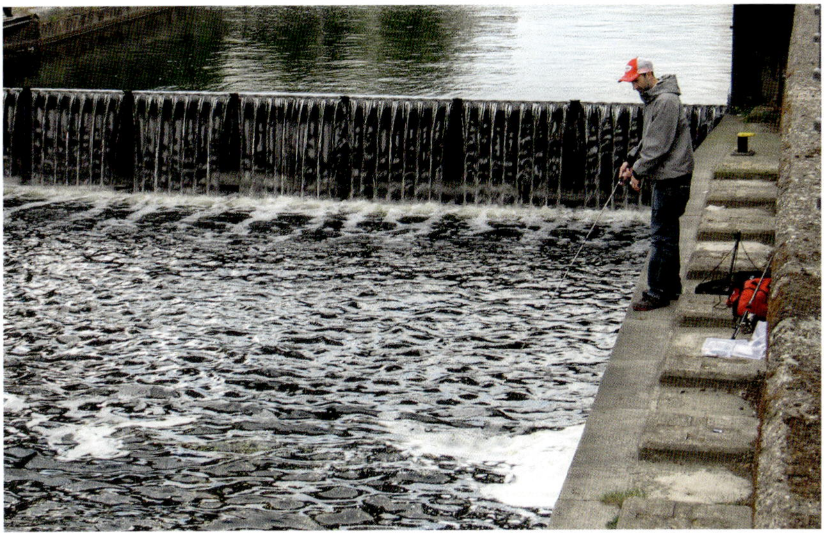

▶▶▶ Man mag es nicht glauben, aber die Barsche stehen oft direkt unterm Wasserfall. Allerdings ist es meistens verboten, hier zu angeln. So auch in diesem Fall. Das Delikt ist aber schon verjährt.

Obwohl das Wasser an beiden Hotspots immer in Bewegung ist, stellen Wehre auch einen guten Winterangelplatz dar, was mit Sicherheit mit dem guten Nahrungsaufkommen zusammenhängt.

Wehr-Strategie: Man glaubt's ja kaum, aber Barsche stehen oft direkt im Schuss unterm Wehr. Da muss man mit dem Gummifisch ran, den man möglichst in den Wasserfall wirft. Im Schaumwasser sind auch Oberflächenköder eine Macht. Zudem reagieren die Fische hier gut auf Popper.

In starker Strömung sauber laufende Cranks und Twitchbaits wirft man in Richtung zum gegenüber liegenden Ufer und kurbelt sie einfach durch. Unterhalb von Wehren kann man die Barsche mit Dropshot-Rig, Gummi und Twitchbait einsammeln.

Verbindungskanäle

Kanäle verbinden unterschiedliche Gewässersysteme miteinander. Besonders interessant sind im Herbst und Winter die Strecken, welche die Wassermassen des natürlichen Flusses ins urbane Wasserstraßennetz überführen. Denn jetzt zieht es die Barsche in die City, wo das Wasser ein bisschen wärmer ist. In den »Zubringern« staut sich dann ein großer Teil des Fischbestandes, der sich dann später auf die inneren Systeme verteilt. Ganz fischleer sind Kanäle aber selten.

Wie gut es beißt, hängt von der Schleusentätigkeit und dem Bootsverkehr ab. Je mehr Boote fahren und je öfter die Schleusen aufgehen, desto stärker ist die Strömung. Am besten beißt es oft, wenn das Wasser etwas schneller fließt, weil sich die Fische dann an strategisch günstigen Plätzen (wie Vertiefungen und Strömungskanten) konzentrieren. Abends und morgens passiert viel im Flachen, zum Beispiel auf den Steinpackungen. Direkt vor den Spundwänden kann man jederzeit mit Bissen rechnen. Die Barsche stehen hier oft ganz dicht dran und nutzen den Schatten.

Kanal- Strategie: Wenn sich die Barsche auf durchziehende Stinte eingeschossen haben, fängt man sie oft am besten mit Suspendern. Dazu muss man aber wissen, wo sie stehen. Um das herauszufinden braucht man oft schnellere Systeme wie den Helikopter oder Crankbaits. Sind die Fische passiv, fange ich sie am besten mit dem T-Rig, Jighead-wacky oder mit Rubber-Jigs.

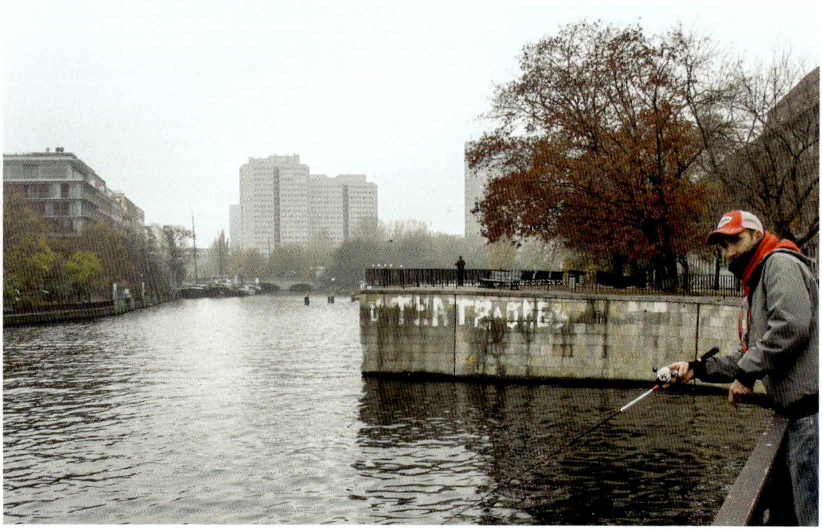

▶▶▶ In den Wendebecken ist der Grund oft klar. Sandbänke und eine gebremste Strömung machen dieses Areal für Kleinfische und Barsche attraktiv.

Wendebecken
Die Wendebecken sind eine Verbreiterung des Kanals. Dadurch beruhigt sich die Strömung. Insofern können sich die Kleinfische hier besser halten als im restlichen Kanal. Außerdem entstehen interessante Strömungen – besonders am Anfang und am Ende des Wendebeckens.

Wendebecken-Strategie: Die Wendebecken muss man großflächig absuchen. Erst einmal an den meist gut befestigten (Spund-) Wänden entlang, dann am Anfang und am Ende. Hierzu eigenen sich Gummifische und das Dropshot-Rig sehr gut. Aber auch Jig-Spinner, mit denen man lange Bahnen absuchen kann und schnell eine Reaktion provoziert, wenn Barsche da sind.

Schmuddelbuchten & Altarme
Unter dem Begriff »Schmuddelbuchten« fassen meine Kumpels und ich flache Bereiche des Flusssystems zusammen, die von der Strömung geschützt sind und in denen sich der »Schmodder« absetzt. Man findet solche Stellen immer, wenn das Gewässer plötzlich breiter wird. Im abgelagerten Schlamm lebt eine Menge Kleingetier. Das zieht Weißfische und demzufolge auch Räuber an.

Auch wenn hier sonst niemand angelt: Von Mai bis weit in den Winter ist hier manchmal die Hölle los! Während im Sommer alle möglichen Räuber hier herumturnen, sind es im Winter meist die Barsche, die es sich hier zusammen mit Brassen und Rotaugen bequem machen.

Auch in den Altarmen kommt das Gewässer zur Ruhe. Oft verschlammen deshalb auch diese Zonen. Das macht den Barschen aber gar nichts: Wenn sich im Winter die Kleinfische in diese ruhigen Bereiche verkrümeln, heften sie sich an ihre Flossen.

Schmuddel-Strategie: Her arbeitet man effektiv mit leichten Jigs oder Wobblern. Sind keine Brassen am Start, hibbelt man die Barsche manchmal in Serie raus. Bei einem massiven Brassenaufkommen verdrücken sich die Barsche manchmal über die Brassen. Jetzt schlägt die Stunde von Suspendern. Eine Sommer-Option sind Oberflächenköder, wenn die Barsche sie annehmen.

Spundwände
Passive Barsche verstecken sich oft in den Nischen von Spundwänden. Aktive Barsche suchen diese nach Futter ab. Besonders heiß

▶ ▶ ▶ **Im Schatten der Spundwand gammeln irgendwo auch ein paar Barsche herum. Wer suchet, der findet …**

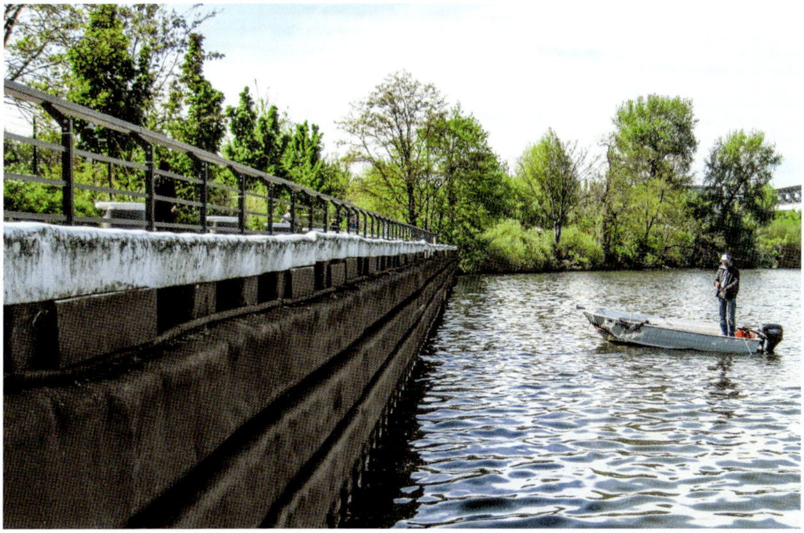

wird's an der Spundwand, bei »aufwandigem« Wind und Sonnenschein. Jetzt kann man sich fast sicher sein, dass sich Barsche im Schattenbereich der langgezogenen Spundwand befinden. Erstens drückt der Wind das Futter ans Metall, zweitens mögen Barsche an sonnigen Tagen schattige Bereiche besonders gern.

Spundwand-Strategie: Alle Köder können fangen. Noch wichtiger als die Köderwahl ist beim Bootsangeln die Ankerposition. Damit ich bei jedem Wurf möglichst lange im Schatten fischen kann, stelle ich das Boot relativ nah an die Spundwand heran und taste die Wand dann auf voller Länge ab, indem ich immer um eine Wurfweite versetze. Vom Ufer aus kann man die Spundwand am besten im Gehen abangeln. Hier kann man entweder vertikal beziehungsweise halbdiagonal mit dem Gummifisch arbeiten oder aber einen Wobbler, Gummifisch oder Spinner hinter sich herziehen.

Einläufe

Wo immer ein Zufluss in den Hauptstrom fließt, prallen zwei Strömungen aufeinander. Prompt steigt der Sauerstoffgehalt etwas an. Außerdem tragen die Zuflüsse Nahrung ins Hauptsystem, die sich in den Drehströmungen und an den Strömungskanten konzentriert. Obendrein mischt sich hier das Wasser. So kann es hier manchmal trüber oder klarer sein als im restlichen Fluss. Die Raubfische nutzen solche Trübungsdivergenzen und jagen aus dem Trüben heraus ins Klare.

An Warmwassereinläufen kommt warmes Kühlwasser ins Spiel, das die Umgebung deutlich aufheizen kann. Und das ist besonders im Winter eines der Hauptmerkmale für einen guten Angelplatz! Besonders effektiv ist es dann, die Köder mitten in der Warmwasserfahne anzubieten, da hier auch die meisten Fische stehen.

Einlauf-Strategie: Wobbeln, wobbeln, wobbeln! Und wenn das nix bringt, den Gummifisch am Bleikopf aktivieren. Rubber-Jigs sind hier auch eine gute Option. Unbedingt alles abfischen. Mal stehen die Barsche im Zulauf selbst, um vor der Strömung auszuweichen. Mal rauben sie um den Einfluss herum. Ein anderes Mal oder auch nur wenig später stehen sie an der Kante. Für so einen Einlauf kann man sich schon ein paar Minuten Zeit nehmen.

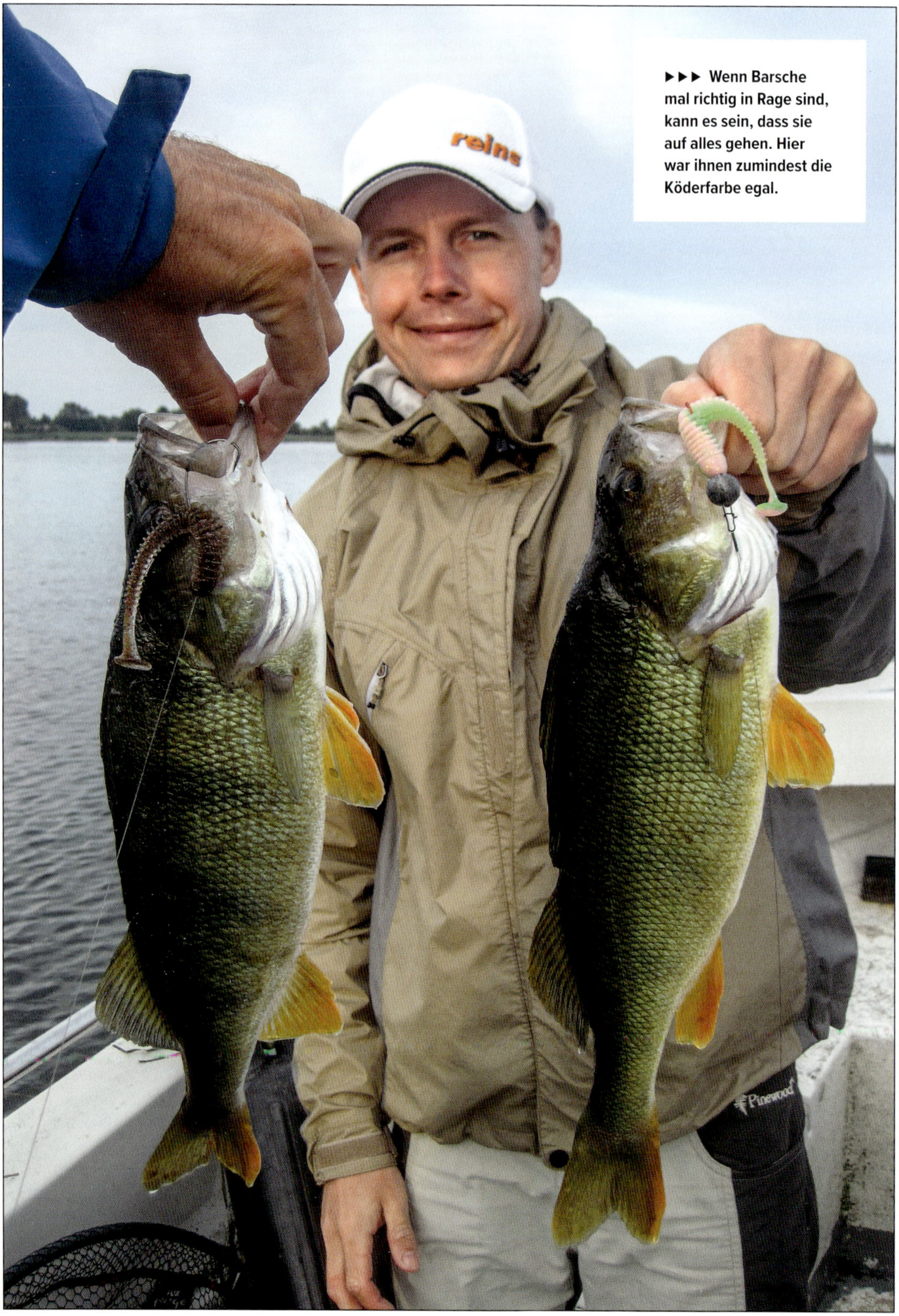

►►► Wenn Barsche mal richtig in Rage sind, kann es sein, dass sie auf alles gehen. Hier war ihnen zumindest die Köderfarbe egal.

SCHLÜSSELREIZ-KNOW-HOW

Man muss Barschen keine Intelligenz zuschreiben. Auch großen Barschen nicht. Die fängt man nicht so oft, weil sie seltener sind, nicht weil sie jahrelang Köder studiert haben und sofort kapieren, dass da was nicht stimmt, wenn sie einen Karabiner aufblitzen sehen. Barsche können aber recht gut sehen und fressen längst nicht alles, was man ihnen vorsetzt. Neben Köderform und -größe ist auch die Köderfarbe ein ganz entscheidender Faktor. An Tagen, an denen sie auch die schönsten und passgenausten Köder nicht goutieren, muss man etwas tiefer in die Trickkiste greifen.

BEUTESPEKTRUM: »MATCH THE HATCH!«

Manchmal ist es echt egal, ob man einen Krebs, einen Fisch oder einen Wurm imitiert. Barsche fressen so ziemlich alles, was einen gewissen Nährwert verspricht. Ich habe schon Barsche auf im Mittelwasser dümpelnde Maiskörner gefangen.

Zu bestimmten Zeiten aber schießen sich die Barsche auf ganz spezielle Beutetiere ein und fressen dann nur genau die. Dieses selektive Fressverhalten setzt immer dann ein, wenn eine leichte Beute massenhaft aufkommt. Kurz nachdem die Weißfische und Kleinbarsche geschlüpft sind, kann man oft machen was man will. Wenn man den Micro-Film nicht bedient, den die Barsche jetzt fahren, wird man nur sehr wenig fangen. Wenn zeitgleich massenhaft Krebse ihre Schale abwerfen, wollen die Barsche Butterkrebs und sonst gar nichts. Wenn die Stinte durch die Kanäle ziehen, kann man die tollsten Cranks anbieten. Die Barsche gehen nur auf Minnows im Stintdesign. Wenn Barsche XL-Stinte oder große Lauben fressen, liegt man mit einem kleinen Köder voll daneben ...

Indizien für das aktuelle Beutespektrum liefern die Barsche oft mehr oder weniger freiwillig ab. Kurz vor der Landung spucken raubende Barsche ihre Beute ab und an mal aus. Jetzt kann verglichen und eventuell noch einmal nachjustiert werden. Dazu muss man aber erst einmal einen Barsch fangen.

Den Weg zu den ersten Barschen kann man verkürzen, indem man sich im Vorfeld schlau macht, welche Beutefische im Wasser vorkommen und wie groß diese sind. Sobald man ein Massenaufkommen einer Gattung beobachtet, liegt man meistens richtig, wenn man diese imitiert.

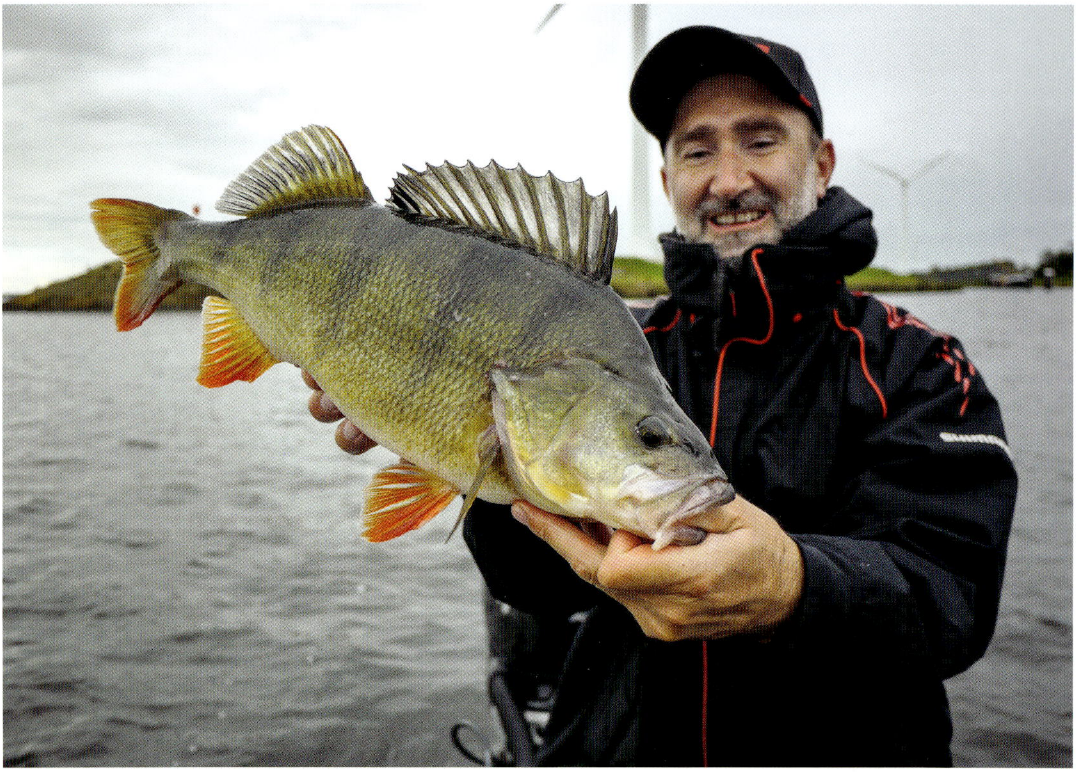

▶▶▶ **Bei diesem Ausnahmebarsch von 52 Zentimetern hat alles gepasst. Köder war ein Easy Shiner in der Farbe Electric Shad.**

KÖDERDEKORE: FARBEN, DIE FANGEN

Der typische Farbfindungsprozess auf einem Angelboot: Angler No. 1 steht am richtigen Platz im Boot und fischt die richtige Bahn. Er hat einen anderen Köder dran als Angler No. 2 und No. 3, fängt ein paar Fische, während die anderen in die Röhre schauen. Dann wird umgerüstet. Man wirft Angler No. 1 auch ein bisschen frecher in die Bahn als vor dem Farbwechsel. Und plötzlich klingelt es an allen Ruten. Die Farbe des Tages ist gefunden und das Boot ist komplett farbgläubig. Niemand weiß, was passiert wäre, wenn Angler No. 1 eine andere Farbe gefischt hätte. Für mich gilt folgende Reihenfolge: Angelplatz vor Ködertyp vor Köderführung vor Farbe. Meistens. Doch dann gibt's halt auch diese Tage oder Phasen, in denen die Fische wirklich komplett auf eine bestimmte Beute aus sind. Oder Verhältnisse, in denen eine Farbe in einer bestimmten Gewässertiefe, bei bestimmten Lichtverhältnissen oder Wassertrübungen besser zieht als andere – weil die Fische diese Farbe besser sehen! Also: Ja. Ich glaube an Farbe. Aber ein Köder kann erst fangen, wenn Fisch am Platz ist, den man mit dem richtigen Ködertyp in der korrekten Größe und der zur Jahreszeit, Tageszeit, Angeltiefe etc. passenden Präsentation anspricht.

Meine Farblehre ruht auf 2 Säulen: Prinzipiell sollte man sich immer überlegen, was die Fische zu welcher Zeit im jeweiligen Gewässer schwerpunktmäßig fressen. Und dann sollte man die

Lichtverhältnisse im Blick haben: also Tageszeit, Wetterverhältnisse, Trübung des Wassers, Vegetation, Farbe des Gewässeruntergrundes.

Übrigens: Die Köderfarbe wird umso wichtiger, je kleiner die Barschansammlungen sind, die wir befischen. Um es einigermaßen wissenschaftlich auszudrücken: Die Farbrelevanz korreliert mit der Schwarmgröße! Futterneid kann selbst in superklarem Wasser einen komplett auf Grundeln eingeschossenen Barsch dazu motivieren, einen knallgelben Köder wegzuhauen.

Der Barsch ist ein Augenräuber. Da spielen Farben natürlich eine Rolle. Wenn sie richtig fressen und in Schwärmen aufschlagen, mag der Anstrich nicht so wichtig sein. Wenn sie aber wählerisch sind und sich die Köder anschauen, ist das Farbdesign ein ganz zentrales Element. Liegt man völlig daneben, gibt's keine Bisse. Macht man alles richtig, fängt man unter Umständen Fische, die an dem Tag niemand anderes an den Haken bekommt.

Deshalb karren wir tonnenweise Köder mit uns herum. Wohl wissend, dass am Ende nur ein zwei Modelle übrigbleiben. Man weiß aber eben im Vorfeld nicht, welche das sind. Wer mehr dabei hat, kann mehr probieren. Und so kommt's, dass manche Leute kaum mehr aufs Boot passen, wenn sie ihre Boxen installiert haben.

Nun habe ich die Möglichkeit, bei den Herstellern Keitech, Reins, Lunker City, BassAssassin und Gambler Köderfarben in deren Farbpalette zu integrieren bzw. die Farbpaletten um Barsch-Alarm-Farben zu erweitern. Manche sollen ganz nah am natürlichen Vorbild dran sein. Andere sollen gut zu sehen sein. Und bei anderen ist es ein Mix aus beidem. Die Resonanz da draußen ist super. Wenn andere Hersteller »meine« Farben inzwischen kopieren, muss ich was richtig gemacht haben. Ich will euch hier mal meine besten Barsch-Codes vorstellen und euch erzählen, was ich mir bei der »Erfindung« gedacht habe.

Keitech

BA-Barsch: Als BA-Barsch als erste von zwei BA-Farben im Jahr 2014 an den Start ging, war klar: Das wird ein Barschknaller. Fängt bei jeder Trübung und bei jedem Wetter, weil wir diese Farbe mit Akzenten gefüllt haben, auf die die Räuber stehen: Ein starker Kontrast von hellem Bauch zum braunen Rücken. Dazu viel Goldglitter, Pepper und rote Flakes. Eine Konstellation, die auch Hecht und Zander überzeugt.

Electric Chicken: Die erste Barsch-Alarm UV-Bombe ist unter Mitwirkung der BA-Community entstanden. Die hatte sich Electric Chicken bei Keitech gewünscht – allerdings mit den UV-Flocken der Alleskönner-Farbe »Sexy Shad«. Also: Chartreuser Rücken, pinkfarbener Bauch. Ein schriller Kontrast und von Natur aus schon UV-aktiv. Dazu dann noch die sexy UV-Flakes. Es war klar, dass diese Farbe knallen wird und das hat sie seit vielen Jahren auch bewiesen.

Golden Goby: Der Name deutet es an. Nachdem sich die Grundel inzwischen in so ziemlich jeden großen Fluss vorgekämpft hat und es national immer mehr Fische gibt, die sich auf diese leichte Beute eingestellt haben, musste ein Grundel-Imitat her. Also: Brauner Rücken. Heller Bauch. Und weil Barsche Gold so gernhaben, bekommen sie Gold. Um den Köder noch attraktiver zu machen, handelt es sich bei dem Braun um Motoroil. Die Farbe Golden Goby ist somit UV-aktiv und macht jeden Grundel-Spezialisten unter den Räubern schwach.

VioGreenie: Ok. Zugegeben. Hier habe ich mich selber vom an sich ja recht unscheinbaren Farbton Green Weenie inspirieren lassen, ihn

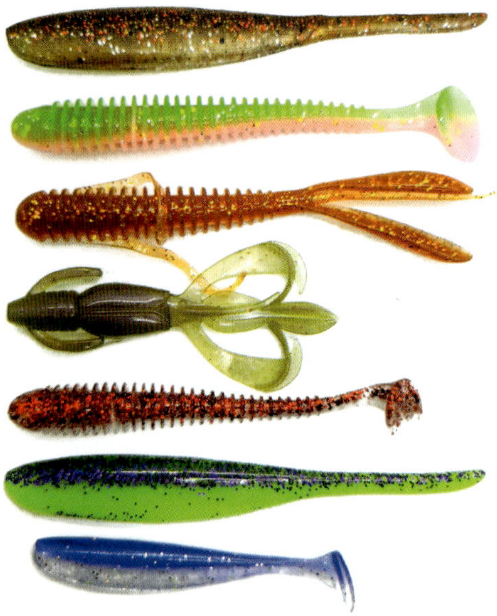

►►► **Von oben nach unten: BA-Barsch, Electric Chicken, Golden Goby, VioGreenie, Zombie, Purple Chartreuse und Sexy Hering.**

aber umgedreht. Hier ist nix UV. Kein Schock-Element. Einfach blasses Grün mit einem Hauch Violett. Ich kann euch auch nicht sagen, was die Barsche drin sehen. Es ist eine natürliche Farbe, die evtl. an einen Barsch ohne Streifen erinnert. In jedem Fall ist es eine Fangfarbe.

Zombie: Weiß geht nicht immer – aber ganz oft. Eigentlich auf alle Raubfischarten. Und in so ziemlich jeder Wassertrübung. Die Theorie sagt, dass ein weißer Köder ein verpilztes Fischchen imitiert. Nach Darwin dienen Raubfische in der Natur u.a. dazu, nur die fittesten Fischchen am Leben zu lassen und angeschlagene Fische zu entsorgen. Deshalb haben wir noch ein bisschen Blut (Rot-Glitter) und Grind (Pepper) dazugegeben, um den kaputtesten unter den kranken Kleinfischen zu imitieren. Darüber hinaus glitzern die Keitech-Zombies, wenn sie vom Licht getroffen werden und bilden in sich selbst einen Kontrast, um auf sich aufmerksam zu machen. Vernichtungszwang activated. Bewährt auf alle einheimischen Raubfischarten.

Purple Chartreuse: Chartreuser Bauch und Purple-Glitter. Ein ähnlicher Kontrast wie bei Green Pumpkin Chartreuse. Aber mehr Schock. Einfallendes Licht wird reflektiert und irgendwie haben die Raubfische eh ein Faible für Lila. Purple Chartreuse ist ein entschiedenes Bekenntnis zum Schocken unter Verwendung eines fischmagnetisierenden Kontrastmittels und nicht mehr wegzudenken aus meiner Raubfischangelei. Wer im Trüben angelt und nicht mit Purple Chartreuse anfängt, ist selber schuld. Ganz oft aber auch ein Knaller im klaren Wasser. Eine Monster-Zander-Farbe (meine klare No. 1), aber natürlich auch sehr fängig auf Barsch und Hecht.

Sexy Hering: Die Top-Farbe für Herings- und Maränen-Fresser. Der blaue Buckel bietet einen deutlichen Kontrast zum hellen Bauch. Die UV-Flakes sorgen für zusätzliche Attraktion. Beim Barschangeln wird dringend ein Stahlvorfach empfohlen. Selbst auf kleine Köder steigen immer wieder gute Hechte ein. Eine Pflichtfarbe für die Brackwasseranglei, auf der Mecklenburger Seenplatte sowie allen anderen Maränen-Seen und immer wieder gut für einen Laubenvernichter am Hausgewässer.

Reins

Purple Chartreuse: Jetzt purple-chartreust es auch bei reins! Im Vergleich zur Keitech-Vorlage ist das reins-Chartreuse nicht so »milchig«, sondern klar. Man würde evtl. vermuten, dass der Köder dann nicht so UV-aktiv ist. Das Gegenteil ist der Fall. Purple Chartreuse von reins ist die ULTIMATIVE UV-Bombe im BA-Farben-Sorti-

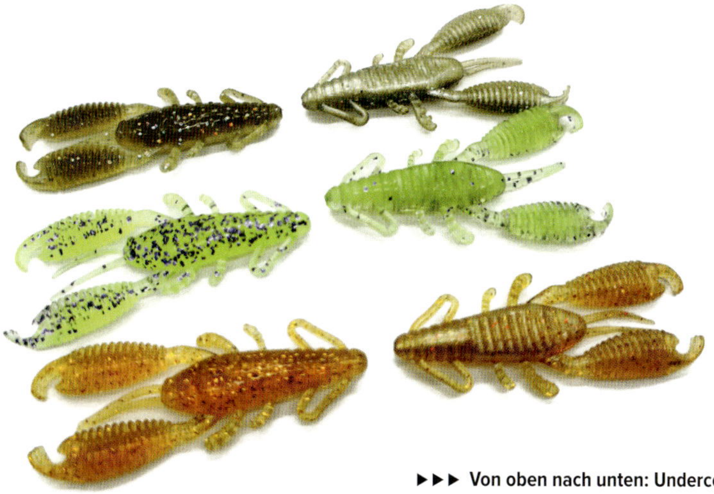

▸▸▸ **Von oben nach unten: Undercover Shad, Purple Chartreuse, Golden Goby.**

ment. Selten hat man Gummimische krasser strahlen sehen. Damit sind die reins-Schocker allererste Wahl, wenn man mit Finesse-Methoden in trübem Wasser, großen Tiefen, bei schlechtem Wetter oder in der Dämmerung/Nacht antritt. Und ganz oft stehen die Fische auch im glasklaren Wasser auf Chartreuse – was auch immer sie darin sehen …

Golden Goby: Golden Goby ist auch bei reins UV-aktiv. Kein UV-Knaller. Aber schimmern tut unsere reins-Grundel-Anlehnung schon. Für eine besser Wahrnehmung wurden Goldpartikel dazugegeben, die bei einfallendem Licht reflektieren. Überhaupt spricht Gold ja alle Räuber an. Eine hervorragende Krebsfarbe auch. Perfekt für trübes Wasser und Sonnenschein!

Undercover Shad: Oliv-Glitter-Rücken und Pearl-Bäuche. Sogar bei den kleinen Krebsen und Larven sind die Tentakeln, Fühler und Scheren zweifarbig. Maximalen Respekt an reins für die Umsetzung der Undercover Shad-Vorlage (siehe Gambler). Absolut brillant gearbeitet. Das sehen auch die Fische so.

Gambler

Undercover Shad: Eine natürliche Farbe mit Oliv-Stich, Glitter-Elementen und Pearl-Bauch, die einem kleinen Barsch sehr nah kommt. Seit Markteinführung arbeiten verdeckte Gambler-Ermittler am Aufspüren von Kannibalen-Barschen und barschfixierten Zandern und Hechten. Sehr erfolgreich natürlich. Dass dieser Farbton bei allen Trübungen und bei jedem Wetter stechen

▸▸▸ **Hinten Flame und vorne Undercover Shad.**

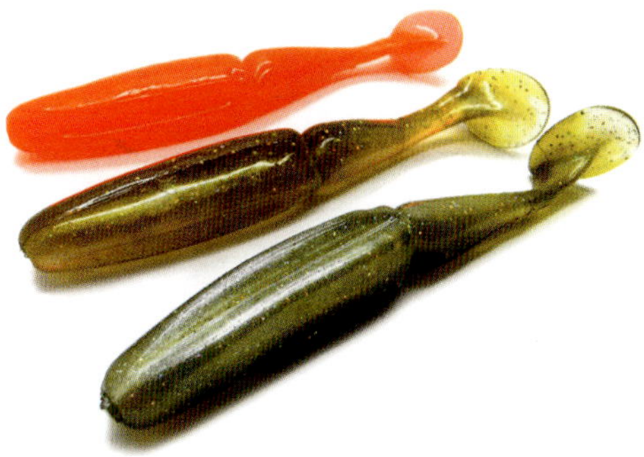

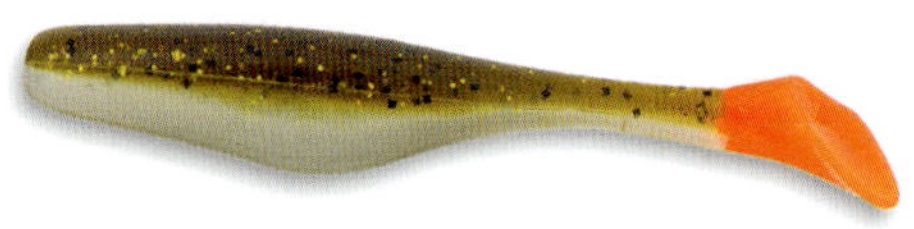

▶▶▶ Green Pumpkin Gold OT (OT steht für Orange Tail)

muss, sieht man ihr bereits in der Packung oder auf Fotos an. Wenn ihr einen Undercover Gambler dann im Wasser anschaut, wisst ihr genau, warum er die Räuber überzeugt. Eines der subtilsten Barschkleid-Imitate auf dem Markt.

Flame: UV-aktives Japanrot fängt nicht nur im Salzwasser ganz hervorragend, sondern ist auch eine brutale Süßwasserfarbe. Vorteil: Noch angeln nicht wirklich viele Menschen mit Japanrot in unseren Seen und Flüssen. Im Gegensatz zu den meisten Konkurrenz-Gummis ist das Gambler-Japanrot kein kräftiges Rot, sondern eines, das eher an einen 80er Jahre-Twister erinnert. Flame ist also im Stil der ersten japanroten Gummis gehalten, die damals auf den Kuttern für Furore sorgten. Unter der UV-Lampe sieht man, wie schön die Köder glimmern.

▶▶▶ Vorne Two Face (dunkler im Rücken und greller im Bauch), hinten Green Pumpkin Chartreuse.

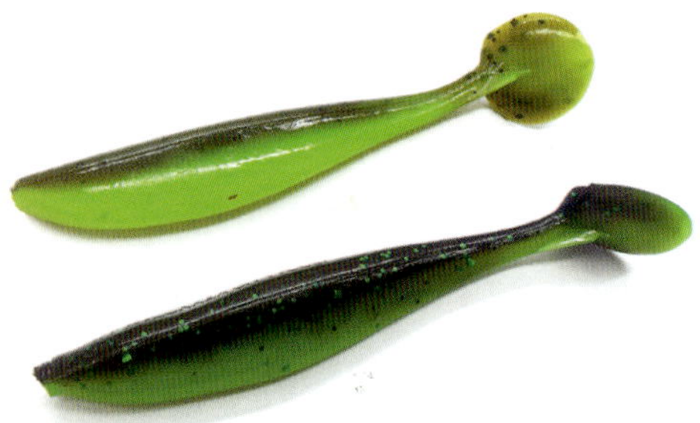

BassAssassin

Green Pumpkin Gold OT: Mit der Farbe Green Pumpkin Gold OT haben wir ein richtig schönes Barsch-Imitat für alle Walleye Assassin und Sea Shad Fans als BA-Farbe am Start. Blasser Pearl-Bauch. Goldschimmer im Rücken. Schwarze Flakes anstatt schwarzer Streifen. Brauner Rücken. Und dazu der UV-aktive Lock-Schwanzteller - na klar in Barschflossen-Orange. Diese Farbe vereint alles, was ein Klarwasserköder für Augenräuber braucht mit einem Schockelement, so dass er auch im trüben Wasser und bei schlechtem Wetter wahrgenommen wird.

Lunker City

Green Pumpkin Chartreuse: Green Pumpkin Chartreuse (kurz GPC) ist ja nun einmal wahrlich keine Weltneuheit, hatte aber gefehlt im Lunker City -Sortiment. Ich wollte einen richtig krassen GPC-Schocker haben mit einem echten krass UV-aktivem grüngelbem Chartreuse. Genau das ist gelungen. Nicht ganz so giftig wie die zweite Lunker City BA-Farbe ‚Two Face' aber genauso fängig.

Two Face: Zwei Gesichter. Eine Mission. Auffallen um jeden Preis. Hoher Kontrast. Giftige Töne. Hier trifft ein grelles Grün auf einen fast schwarzen Rücken. Vermischen sich die Farben, kommt ein Purple-Ton zustande. Für maximale Strahlkraft sorgt der hoch-UV-aktive Bauch in Kombination mit den grünen Glitzer-Flakes im Rücken. Ein Fischmagnet. Fängt (wie auch Purple Chartreuse von Keitech) in klarem wie in trübem Wasser. Barsch. Zander. Hecht. Alle wollen Two Face fressen.

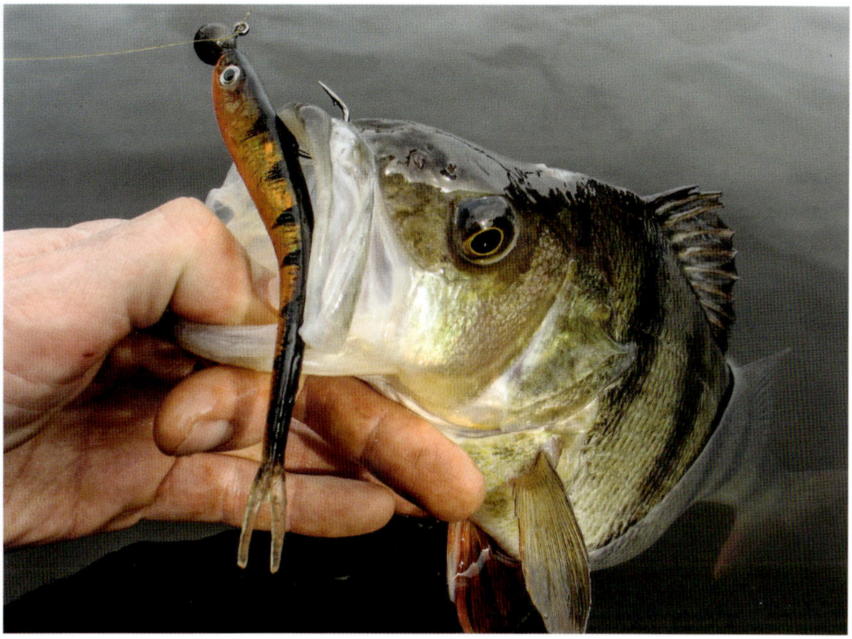

▶▶▶ So hart das ist: Barsch mag Barsch.

Top-Barsch-Farben

Und jetzt gehen wir mal ein bisschen von »meinen« Farben weg in eine allgemeine Übersicht. Barsche sind Kannibalen. Große Barsche sind u.a. deshalb groß geworden, weil sie schon früh angefangen haben, sich von ihren Artgenossen zu ernähren. Deshalb fische ich sehr gern mit Barsch-Dekors und Firetigern. Dass man mit einem Weißfischdesign nicht so richtig daneben liegen kann, liegt auch auf der Hand. Gerade für aggressive Präsentationsweisen nehme ich gern auch mal eine aggressive Farbe. Nach dem Motto: Reaktionbiss-Präsentation wird unterstützt von Schockfarbe.

Gummifarben: Perch bzw. Barsch, Motoroil, Motoroil/Pepper, Motoroil/Gold Flakes, Watermelon, Green Pumpkin, Green Pumpkin/Chartreuse, Babybass, Bluegill bzw. Bluegill Flash, Ayu, Baitfish SP, Electric Shad, Black Shad, Electric Chicken, Firetiger, Gelb/Rot, Weiß, Salt'n'Pepper (Silver Phantom), Silver Flash Minnow, Chartreuse Silver Glitter, Smelt, Dirty Herring, Rainbow Trout, Alewife, Arkansas Shiner, Watermelon/Purple, Limetreuse, Hammertime, Houdini, Opening Night, Miso Shrimp ...

Wobblerfarben: Perch, Firetiger, Ayu, Hot Tiger, Clown, Weiß, American Shad, Herring, Silver, Gold/Schwarz, Babybass, Blau/Weiß, Blau/Silber, Wakasagi, Ablette, Chartreuse, Walleye, Aurora Ghost, Aurora Black, Rainbow Trout, Matt Tiger ...

Blech: Perch, Yellow Perch, Firetiger, Blau/Weiß, Kupfer, Silber, Gold, Gelb/Rot, UV-Schocker, Orange ...

» **VIDEO:** Die neuen Barsch-Alarm-Farben räumen ab!

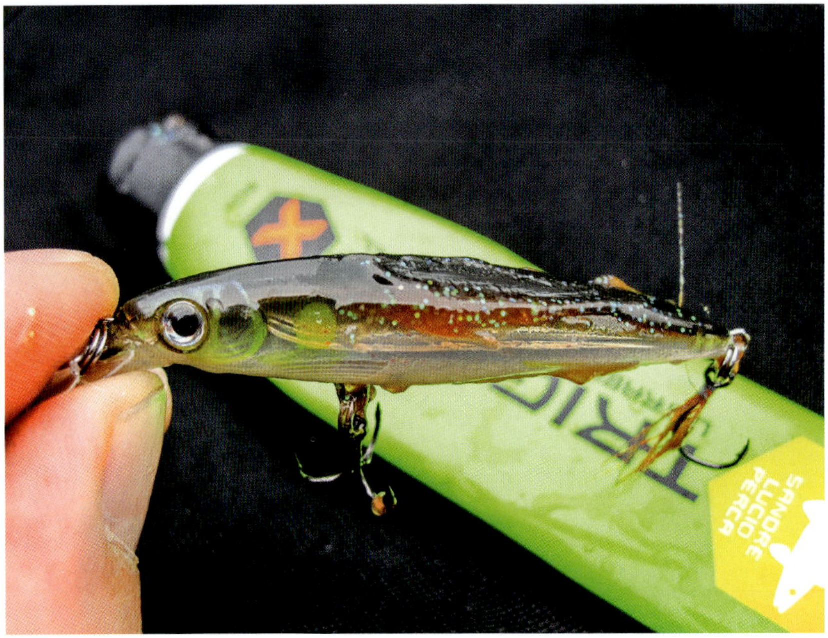

▶▶▶ **Auch Wobbler kann man aromatisieren. Das bringt vor allem Punkte, wenn man extrem langsam twitcht.**

AROMA-KÖDER UND -PASTEN: KEIN GEIZ MIT REIZ!

Kurz nach Etablierung der US-Rigs ist auch eine Aroma-Welle über uns hereingebrochen. Immer mehr Angler vertrauen auf Köder mit Geschmack oder würzen selbst nach. Andere lachen sich über die Leute kaputt, die fast genauso viel Geld für fünf Köder in einer aufwändig gestalteten Plastikbox mit einem separaten Kämmerchen für jeden einzelnen Köder hinlegen wie für einen Japan-Wobbler.

Dass die Flavour-Gummis kurz nach den Finesse-Methoden – allen voran das Dropshotten und Texas-Rig-Fischen – populär wurden, ist kein Zufall. Bei einem guten Teil der Finesse-Konzepte ist die langsame Präsentation ja ein Kernelement. Die Fische bekommen ein leicht zu greifendes Angebot so lange serviert, bis sie zuschnappen. Dass Geschmack und Geruch da eine Rolle spielen, leuchtet ein.

Dass und wie Flavour wirkt, konnte ich bei einem Besuch in der Berkley-Zentrale in Spirit Lake (USA) bestaunen. Im dortigen Labor hat mir der wissenschaftliche Leiter der Abteilung »Powerbait« gezeigt, dass Schwarzbarsche sogar in Powerbait getränkte Styroporbällchen weginhalieren und – im Gegensatz zu ungeflavourten Testballons – nicht mehr ausspucken. Da die Fische einen Flavour-Köder nach dem Zuschnappen im Mund behalten, steigt also die Bissverwertung. Davon bin ich überzeugt. Unabhängig von der Angelmethode.

Im Rückblick auf viele Barschausflüge glaube ich außerdem, dass ich mich nicht zu weit vorwage, wenn ich sage, dass Barsche geflavourte Köder generell lieber nehmen als unaromatisierte. Je langsamer die Präsentationen, desto deutlicher der Unterschied. Ich setze aber nicht nur beim Fischen mit den Rigs auf die Aroma-Karte.

Gummifischangeln im Winter: Flavour-Jigs sind auch im Winter sehr zu empfehlen, wo es oft am besten ist, den Köder in kurzen Sätzen über den Grund zu zupfen oder zu schleifen und ihn dann immer wieder liegen zu lassen. Wie beim Finesse-Angeln kommen hierbei viele Bisse in den Phasen, in denen der Köder nicht bewegt wird.

Schlüsselerlebnisse hatte ich hier einmal mehr am Peenestrom, wo ich zusammen mit meinem Teamkollegen David mit Aroma-No-Action Shads bei jedem Wurf einen schönen Barsch hatte, während zehn Boote um uns herum nur unsere Fische sahen. Es lag also eindeutig nicht am Spot. Auch fischten wir verschiedene Farben und Ködertypen. Um uns herum standen versierte Angler. Als wir einem von ihnen die Barsche auch noch frech vor dem Boot wegfingen, kam er zu uns ran und fragte uns, mit was wir fischen. Als wir ihn mit ein paar von unseren Aroma-Gummis ausgestattet haben, hat's auch bei ihm richtig gut gebissen. Seit dieser Tour sind Ulf, David und ich Freunde.

Vertikalangeln: Ich kenne Vertikalangler, die auf Flavour-Gummis schwören. Auch hier präsentiert man den Fischen den Köder langsam und angelt die Spots minutiös aus. Klar, dass Geschmack und Geruch da eine Rolle spielen können.

Suspender: Auch beim Suspendern setzt man auf Bisse in den Ruhephasen. Wer einmal beobachtet hat, wie langsam sich die Barsche an einen Köder heranschieben und wie oft sie ihn nur mal kurz prüfend anticken, wird mit mir übereinstimmen, dass Flavour auch hier ein entscheidender Faktor sein kann. Da der Flavour-Wobbler meines Wissens noch nicht erfunden ist, muss man Duft und Geschmack auf Hartplastik-Köder mit Sprays oder Pasten nachträglich aufbringen.

Low-Light-Jiggen: Aroma kann generell auch immer dann eine Rolle spielen, wenn sich die Fische nicht allein auf ihre Augen und ihr Seitenlinienorgan verlassen können. Also nachts oder wenn das Wasser stark angetrübt ist. Ich kenne Menschen, die sich zum Nachtangeln selber eine Aioli zubereiten, in der sie ihre Köder wälzen.

Die klassische Öl-Knoblauch-Salz-Mischung wird mit Chili und Intensivgewürzen wie gemahlenem Kreuzkümmel verfeinert, so dass von den Gummis ein unglaublich intensiver Geruch ausgeht. Zander und gelegentlich auch Barsche goutieren diese Kreativität mit herzhaften Bissen.

»Flavour-Wacky« mit Tubes: Wie ihr im Kapitel »(B)Arsch-Wacky« lesen könnt, hat mein Teamkollege Jochen die wacky geriggte Tube zum Barschangeln bei uns im Team eingeführt. Bevor er ein großes Schrotblei in den Körper schiebt, drückt er Lockpaste Marke »Dieckmann« (Knoblauch, Salz und Sardinen-Öl) oder Aroma-Paste in die Tube.

Auf der anderen Seite kann man sich kaum vorstellen, dass es einen großen Unterschied macht, ob der Köder aromatisiert ist, wenn man schnell fischt, weil sich die Fische dann ja auch schnell entscheiden müssen. Da die weichen und meist auch etwas teureren Japan-Aroma-Gummis schneller zerbissen sind als Non-Flavour-Gummis aus einer zähen Mische (oder einfach vom Haken gezogen werden), verzichten viele Angler beim Jiggen auf die gewisse Würze.

▸▸▸ Die Profi-Pasten von Megastrike und TriggerX: Wenn es auf jeden Biss ankommt …

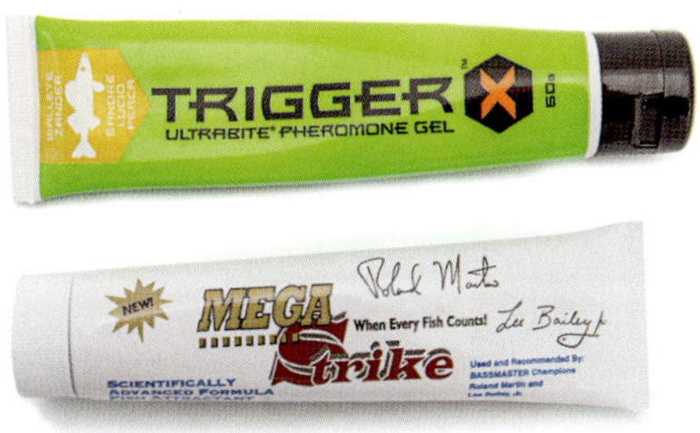

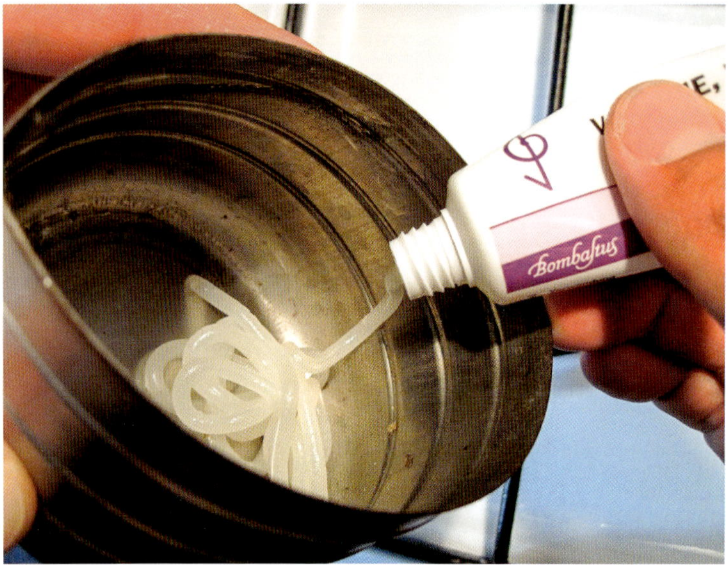

▶▶▶ **Vaseline ins Töpfchen. Heiß machen. Fisch-Öl und Salz dazugeben und fertig ist die Self-made-Paste.**

Wer zähe Mischungen aufwerten will, kann die Köder nachträglich mit Aromapasten einbalsamieren. Weil das Aroma besser haften bleibt, eigenen sich Gummis mit Rippen besonders gut zur nachträglichen Behandlung. Auch Gummifische mit einem Schlitz im Bauch sind hervorragende Aroma-Vehikel, wenn man den Bauch von innen parfümiert.

Self-Made-Paste

Aroma-Pasten kann man kaufen. Wer auf Eigenkreationen steht, kann sich die Pasten aber auch selber zusammenmischen. Eine zähere, haltbarere und länger am Köder haftende Paste als Aioli oder Sardinen-Öl-Knoblauch-Gemisch erhält man, wenn man Vaseline und Locköl miteinander verbindet. Die Vaseline wird dann in einem kleinen Topf erwärmt, bis sie schmilzt. Dann kommen ein paar Tropfen Heringsöl, Knoblauch- oder Krabbenöl dazu. Das Ganze in die Hülse (bekommt man wie Vaseline in der Apotheke) gießen. Kurz vorm Abkühlen gibt man noch etwas Salz oben drauf. (So verteilt es sich über die ganze Paste, während es in der dünnflüssigen warmen Paste nach unten durchrieselt.) Die Hülse verschließen. Abkühlen lassen. Fertig.

AUGEN-JIGS UND -KÖDER: SIEH‘ AN, ZIEH‘ RAN!

Anders als bei sich auf Frauenjagd befindlichen Männern, deren erster Blick beim Betrachten ihrer »Beute« ja nicht immer auf die Augen abzielt, üben Fischaugen einen enormen Reiz auf unseren Flussbarsch aus. Für die »Stachelritter« sind Augen anscheinend mehr als ein Hingucker.

Gerade ältere Angler wissen, dass Augen für die Gestreiften einen kulinarischen Genuss darstellen. So bekommt man von manchem Barsch-Routinier den Geheimtipp zugesteckt, den Barsch-Zocker mit einem Weißfischauge zu dekorieren.

In den USA wird diese Praxis oft beim Eisangeln auf »Walleyes«, einem Verwandten des Zanders, eingesetzt. Wenn die Zocker und Ice-Jigs nicht direkt mit Fischaugen dekoriert werden, dann mit Minnow-Heads, also den Kopfstücken von Köderfischen. Niemals aber mit den Schwänzen!

Die Augen-Theorie

Warum dem so ist? Nun ja. Wären Barsche Frauen, würden sie schöne Augen als »sexy«

Insgeheim freut sich der Veit bestimmt, dass dieser Barsch die Kombo aus Großstint-Gummi und Augen-Football-Jig attackiert hat – er kann's zahnspangenbedingt nur nicht so gut zeigen.

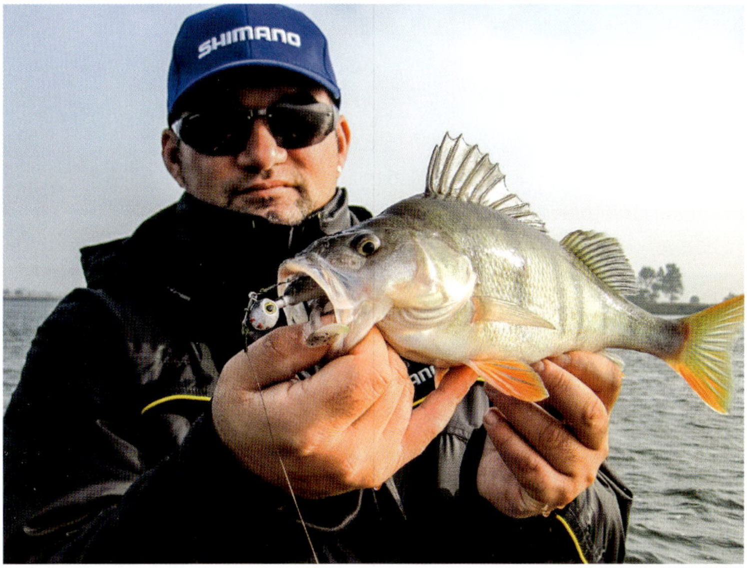

empfinden und wir müssten nicht weiter nachdenken. Sind sie aber nicht. Und da Fische uns ihre Vorlieben nicht ins Ohr säuseln können, bleiben uns nur Spekulationen. Fakt ist, dass Barsche ihre Beute bevorzugt mit dem Kopf voran schlucken (vielleicht weil sie so nicht gegen den Schuppenstrom würgen müssen). Dabei handelt es sich um einen Instinkt. Die Augen dienen ihnen mit ziemlicher Sicherheit als Orientierungspunkt, an dem sie den Ansaugpunkt festmachen. Mit einem »Augenköder« machen wir es ihnen also einfacher.

Eine zweite These ist, dass Augen zumindest auf einheitlich gefärbten Ködern einen Kontrast zur Köderoberfläche darstellen und somit dafür sorgen, dass die Bewegungen des Köders und damit auch der Köder an sich besser wahrgenommen werden. So oder so – an manchen Tagen bedeuten Köder, die den Räubern schöne Augen machen, den entscheidenden Unterschied.

Also: Augen auf beim Köderkauf!

Die meisten Wobbler kommen mit schönen Augen aus der Verpackung. Da muss man nicht

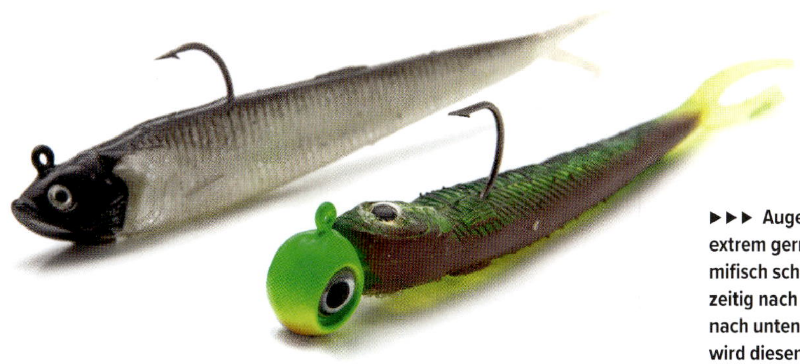

Augen-Jigs fische ich extrem gern. Der vordere Gummifisch schaut am Anfang gleichzeitig nach rechts, nach links, nach unten und nach oben – er wird diesen Rundumblick nach ein paar Bissen aber verlieren.

mehr tunen. Aber man kann sich anschauen, welcher Wobbler die schönsten Glubscher hat. Ich mag ja zum Beispiel gern Modelle mit roten Augen oder holographischen 3 D Augen.

In Sachen Gummifisch hat man zwei Optionen. Die erste ist, Gummifische mit Augen zu erstehen. Hier empfehle ich Gummis mit einlaminierten Augen, die nicht herausfallen können (wie aus der Tiemco PDL Serie oder den Spoon Tail Shad von Norries). Die zweite Option ist, »sehende« Jigköpfe vor die »blinden« Gummis schalten. Solche Jigs kann man kaufen. Man kann sich aber auch Aufklebe-Augen besorgen und seine Gummis nachträglich damit dekorieren. Zum Ankleben empfehle ich Fishing Glue, einen Spezialkleber, der die beiden Elemente sehr schön miteinander verbindet. Zur Glubsch-Jig-Herstellung braucht man einen Rundkopf-Jig, einen Hammer, Kleber und ein Paar Augen, gegebenenfalls noch Nagellack. Dann legt man den Jig auf einen ebenen Steinboden, klopft mit dem Hammer beide Seiten platt, lackiert das Ganze (oder eben nicht) und klebt die Augen auf.

BEIFÄNGER: DAS FUTTERNEID-PRINZIP

Wenn man zehn Abonnenten einer Angelzeitung nach zehn Schlagworten fragt, die sie mit dem Barsch assoziieren, nennen neun garantiert den »Futterneid«. Auf den bin ich in vielen Artikeln auch schon herumgeritten. Warum auch nicht. Barsche sind nun einmal Schwarmfische.

Im Gegensatz zu Zandertrupps oder Hechtverbünden (die gibt's auch) sind Barschschwärme oft richtig groß. Je nach Gewässern und Altersstruktur sprechen wir da von mehreren 100 bis mehreren 1000 Fischen. Da muss man sehen, wo man bleibt. Wenn die Schwarmkollegen fressen,

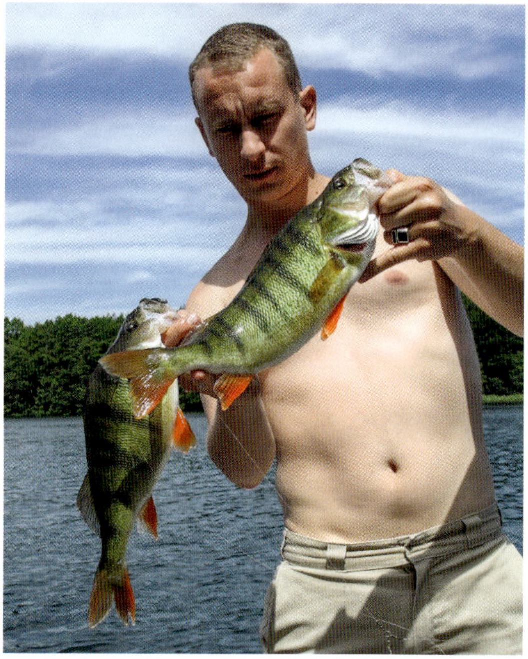

▶▶▶ Doppelmoppel. Bevor Felix den Beifänger installiert hatte, sah es nicht nach einem Tag für tolle Fotos aus.

kann man es sich nicht leisten, zuzuschauen. Und so stecken sich die Barsche gegenseitig an.

Wir Barschangler profitieren von diesem »Mitfress-Instinkt« in Form von Doppelbissen – ein Barsch beißt, schafft es nicht, den Köder zu inhalieren und schon haut der nächste Barsch drauf – oder Mitläufern (Barsche, die den am Haken hängenden Buddy bis ans Boot begleiten und teilweise sogar versuchen, ihm den Köder streitig zu machen). Außerdem können wir, wie in den Kapiteln übers Topwatern beschrieben, passive Barsche durch die Simulation einer Fressorgie zum Mitmachen animieren.

In dieselbe Kerbe schlägt der Beifänger. Mit einem kleinen Köder vor dem Hauptköder stellt man eine Verfolgungsjagd nach. Auch wenn sich das Doppelsystem relativ unkomfortabel angelt und ich die Fische lieber einzeln fange, stellt so ein Beifängersystem ein hervorragendes Mittel dar, um das Barschruder an miesen Tagen noch einmal herumzureißen. Dabei gehen die großen Barsche gar nicht immer auf den Beifänger, sondern schnappen sich den »Endköder«.

Die Standard-Beifänger-Montage ist ein Twister, der an einem kurzen Seitenarm 40 bis 70 Zentimeter vor dem Gummifisch läuft. Felix und ich haben früher auch oft mit einem Doppel-Jig-System geangelt, bei dem wir ein 40 Zentimeter langes Vorfach mit einem kleinen, leichten Jig und ein 80 Zentimeter langes Vorfach mit einem schwereren und größeren Jig über einen Wirbel mit der Hauptschnur verbunden haben.

» VIDEO: Köder-Tuning: Mehr Reiz – mehr Bisse!

Bewährt hat sich auch ein 30 bis 50 Zentimeter über einem Spinner angebrachter Streamer.

Die modernste Beifänger-Montage ist das Double-Jerk-Rig, bei dem zwei Softjerks um die Wette schwänzeln. Die Montage ist recht kompliziert. Das Ergebnis der Bastelei aber beeindruckend. Schöner können zwei Köder nicht zusammen tanzen.

Also: Ein 60 Zentimeter langes FC-Vorfach (24er bis 27er) mit der geflochtenen Hauptschnur verbinden (zum Beispiel mit einem doppelten Uni-Knoten). Einen Wirbel auffädeln (einfach das FC durch eine der beiden Ösen stecken). Einen Wirbel ans Ende des FC-Leaders binden. An den auf dem FC rotierenden Wirbel ein 50 Zentimeter langes FC-Vorfach (21er bis 24er) binden. Daran einen Snap knüppern. In den anderen Wirbel knotet man ein etwa 70 Zentimeter langes Stück FC ein. Auch hier wird ein Snap angebunden, in dem der Softjerk schön ausschwingen kann.

Jetzt nimmt man zwei identische Softjerks, die man mit dem gleichen Gewicht beschwert. Und dann zupft man dieses System wie einen einzelnen Softjerk durchs Wasser. Der Köderlauf begeistert nicht nur den Angler, sondern auch die Barsche.

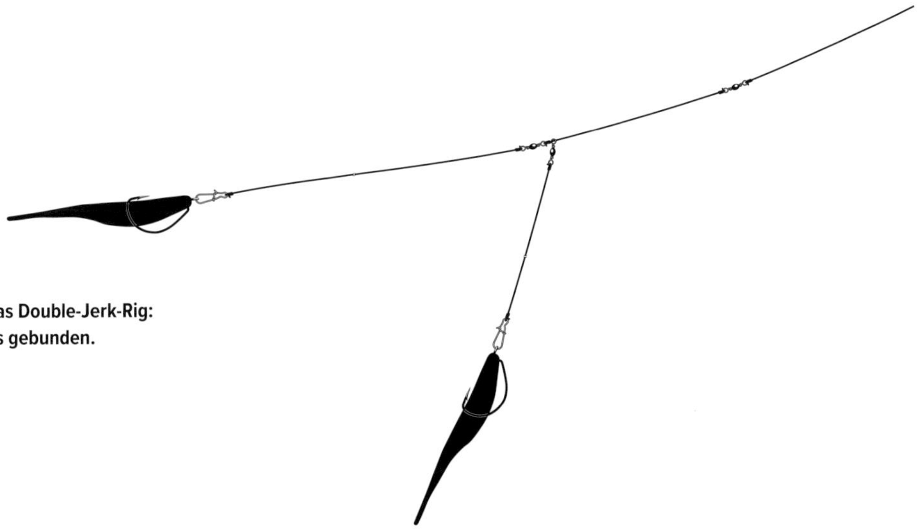

▶▶▶ Das Double-Jerk-Rig: So wird's gebunden.

DAS BARSCHGERÄT

Vor 30 Jahren noch war ein breit aufgestellter Spinnfischer im Besitz einer Barschrute, einer Hechtrute und einer für Zander. Die Barschrute war ca. 1,8 Meter lang, hatte eine recht weiche Aktion und ein Wurfgewicht von ungefähr 25 Gramm. Dann rollte die weiche Welle über Deutschland, so dass sich der ambitionierte Barschangler noch eine spezielle Twister-Rute kaufen musste.

In viele dieser Gummiruten war eine weiche Vollglas-Spitze eingespleißt, da man in Ermangelung von geflochtenen beziehungsweise verschweißten Alternativen damals ausschließlich mit Mono fischte und die Bisse auf weite Distanz nicht erfühlen konnte, sondern über ein Zucken der Rutenspitze wahrnahm.

Mit der Einführung der dehnungsfreien Geflechte wurden auch die Ruten immer härter. Plötzlich konnte man jeden noch so leisen Kleinbarschzupfer im Ellenbogen spüren und mit einem Anhieb parieren. Schicht im Schacht? Von wegen! Mit den Ködern und Montagen aus den USA und Japan, für die die Ruten-Designer

►►► You'll never walk alone! Spotbegehung mit 3 Ruten.

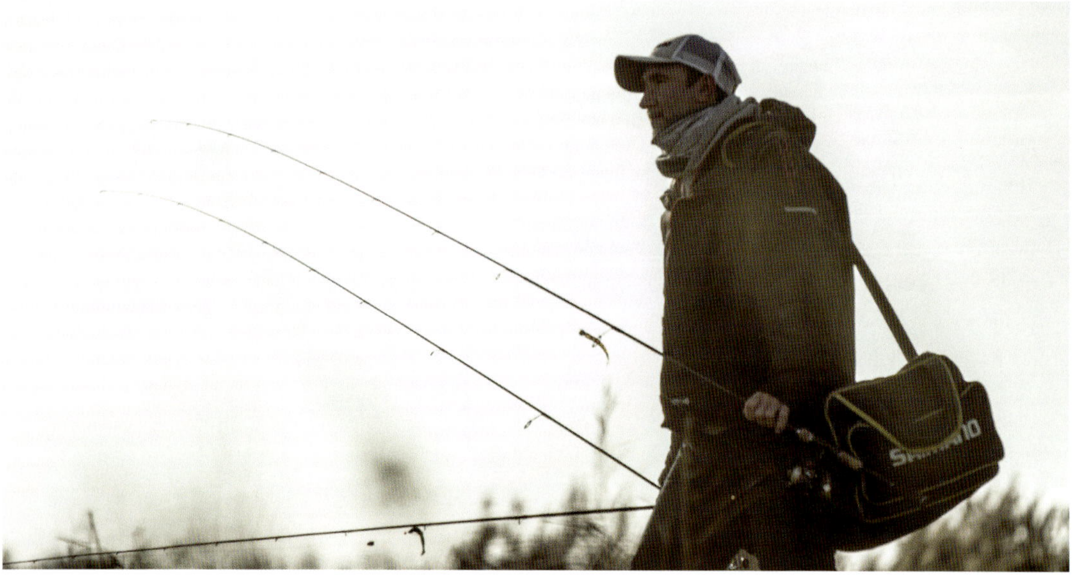

►►► Wer die Wahl hat ... Nee! Eine Qual ist es sicher nicht, zwischen so vielen Ruten die richtige zu finden. Das Ruten-Büffet ist hier ja auch schön ordentlich angerichtet.

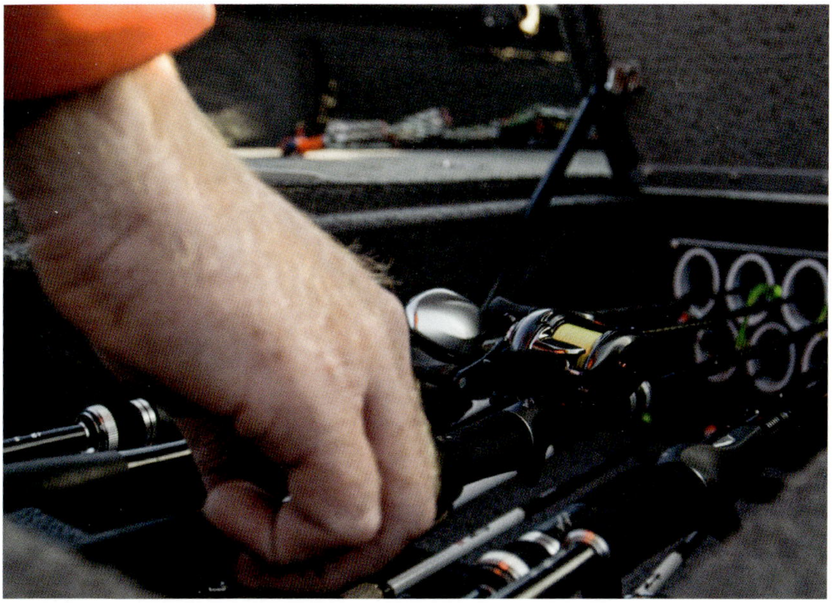

dort auf den Einsatzzweck zugeschnittenes Spezialwerkzeug entwerfen, schwappen auch die entsprechenden Ruten zu uns herüber.

Da wir für unsere Flussbarsche teilweise feineres Gerät benötigen als die schwarzbarschdominierte US- und Japan-Szene, reagieren »unsere« Hersteller auf unsere Bedürfnisse und begegnen der Ausdifferenzierung der Methoden mit speziell konfigurierter Barsch-Hardware. Und das ist auch gut so.

Denn aus der perfekten Abstimmung von Methode und Angelgerät ziehen wir Barschangler so viel Spaß wie kaum eine andere Spinnanglerfraktion. Es geht immer ein bisschen feiner und präziser. Deshalb ist die Ergänzung des Rutenwaldes integraler Bestandteil unseres Hobbys. Insofern fällt es mir jetzt auch schwer, mich zu beschränken, wenn ich über die Barschausrüstung referiere.

Während ich in den einzelnen Kapiteln nur selten auf bestimmte Ruten eingegangen bin, nenne ich hier ganz konkrete Modelle meines Sponsors Shimano. Damit will ich mich nicht nur für erstklassige Produkte stark machen, sondern dem barschtackle-suchenden Leser auch eine allgemeine Orientierungshilfe anbieten, genau wie ich das bei den Ködern auch gemacht habe. Die einen erwarten das von einem Buch, das ein Autor verfasst hat, zu dessen beruflichem Aufgabenfeld es gehört, Angler fachkundig in Ruten- und Rollenfragen zu beraten, Ruten zu testen und das erlangte Wissen in die Katalogtexte einfließen zu lassen. Die anderen mögen die Modellangaben bitte einfach überlesen.

SPINNRUTEN UND STATIONÄRROLLEN

Bodden- oder Flussrute zum Gummifischangeln: Wenn die Fische weit ab vom Ufer stehen oder man die Barsche großflächig suchen muss, macht eine lange Rute von 2,4 bis 2,7 Meter mehr Sinn als ein kurzer Stock. Die Länge relativiert sich immer mit der Weite. Das Wurfgewicht orientiert sich an Strömung und Tiefe. Eine Gummifischrute muss straff sein. Deshalb würde ich bei solchen Längen

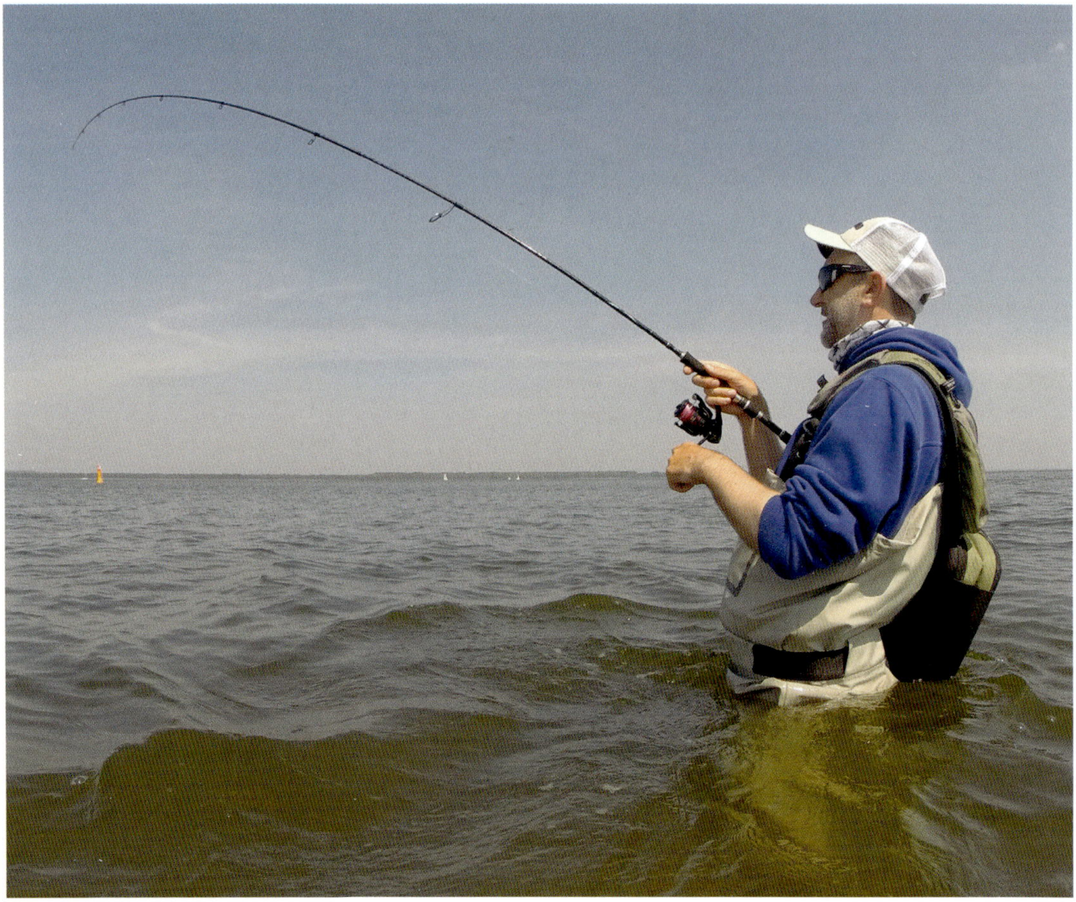

▶ ▶ ▶ **Das bockt! Zum Waten verwende ich am liebsten eine leichte und lange Rute von mindestens 2,5 m Länge.**

nicht viel unter 30 Gramm Wurfgewicht gehen. Viele Angler fischen diese Ruten mit einer 2500er Rolle. Ich nehme auch gern mal eine 4000er, die das ganze System besser ausbalanciert und mehr Schnur einzieht. Das ist aber auch ein bisschen Geschmackssache.

Schnur: 13er bis 15er Geflochtene – je nach Großfischaufkommen. Wenn es darauf ankommt, schwere Jigs zu werfen und diese zackig zu präsentieren, verwende ich hier die 2,49 Meter lange Technium 82 H mit einem Wurfgewicht von 21 bis 56 Gramm. Muss man vom Ufer mit relativ leichten Jigs auf eine große Wurfweite kommen, ist die 2,59 Meter lange Lunamis S 86 M mit einem Wurfgewicht bis 35 Gramm genauso eine gute Wahl.

An die genannten Ruten passt eine Vanford HG, die erstens extrem leicht ist und zweitens schon als 2500er mit jeder Kurbelumdrehung satte 89 Zentimeter Schnur einzieht. Das unterstützt eine schnelle Gangart, wie sie oft förderlich ist. Ich fische hier 12er oder 13er Geflecht (Kairiki 4 oder PowerPro).

Allround-Rute: Zum Angeln mit schweren Cicadas, Jig-Spinnern, größeren Wobblern, Jigs, Bullets und DS-Bleien von 7 bis 21 Gramm verwende ich die 2,29 Meter lange Poison

Adrena 276 M2 mit einem Wurfgewicht von 5 bis 15 Gramm. Oder die neue Zodias 272 MH mit einem Wurfgewicht von 7 – 21 Gramm.

Beides sehr feine Ruten mit erstaunlich viel Power. Die Zodias besitzt eine etwas weichere Spitze, die sich immer gut macht, wenn man mit schwerem Blech angelt, das sich die Barsche gerne abschütteln. Außerdem verwandle ich meines Erachtens mehr Bisse beim Dropshotten und T-Rig-Fischen, weil die Barsche bei der Köderaufnahme nicht gleich gegen einen harten Blank rummsen.

Diese Rute kombiniere ich mit einer mit 10er Kairiki 4 bespulten 2500er Rolle. Die Stradic FL kann besonders viel ab, ist aber nicht so leicht wie eine Vanford oder Vanquish. Im Zusammenhang mit Jig-Spinnern machen sich aber Modelle aus den Solid Core-Serien gut.

Dropshot-Rute: Wenn man sich eine spezielle Dropshot-Rute zum Angeln auf größere Distanzen zulegen will, würde ich inzwischen wieder eine Rute mit einer etwas weicheren Spitze empfehlen. Gern auch ein bisschen länger. Sicher kann man sich auf Ruten mit dem Label »Dropshot« verlassen. Wer große Gewichte werfen will, kann auch die feinen Versionen der langen Jig-Ruten verwenden. Fürs feine Angeln machen sich Solid-Tip Ruten gut. Da gab's in der Zodias-Range massiv Nachwuchs.

Hier findet jeder das passende Modell. Sehr gut macht sich hier auch die 2,6 m lange Yasei LTD Perch 260 ML, mit der ich auch supergern auf Distanz mit dem Carolina-Rig operiere.

Wenn ich die Köder zackig präsentieren will (vor allem No-Action-Shads), mag ich gern kurze und harte Ruten wie die Expride 272 MH (Wurfgewicht 7 bis 21 Gramm) oder die Adrena 276 M2, die ich sowieso als eierlegende Wollmilchsau einstufen würde. Ich habe sie in einem Video als die beste Barschrute der Welt abgefeiert.

Kurze Jig-Rute: Zum Nahdistanz-Jiggen über die Rute und zu allen anderen Disziplinen, wo eine schnelle und ruckhafte Köderführung Punkte bringt, empfehle ich eine 1,8 bis 2,3 Meter lange Rute mit einer schnellen, straffen Aktion und einem Wurfgewicht von 5 bis mindestens 15, höchstens 25 Gramm.

Auch wenn sich das jetzt ein bisschen unterdimensioniert anhört, empfehle ich euch hier die Expride 268 ML-2 die mit einem Wurfgewicht von 4 bis 12 Gramm angegeben ist. Diese Rute hat's echt ins sich. Superstraff, superschnell, megasensibel und wenn sie mal ein 20-Gramm-Gespann werfen beziehungsweise beschleunigen muss, macht sie das auch mit. Diese Rute statte ich mit einer 2500er Vanford aus, die mit dem Schnureinzug von 88 Zenti-

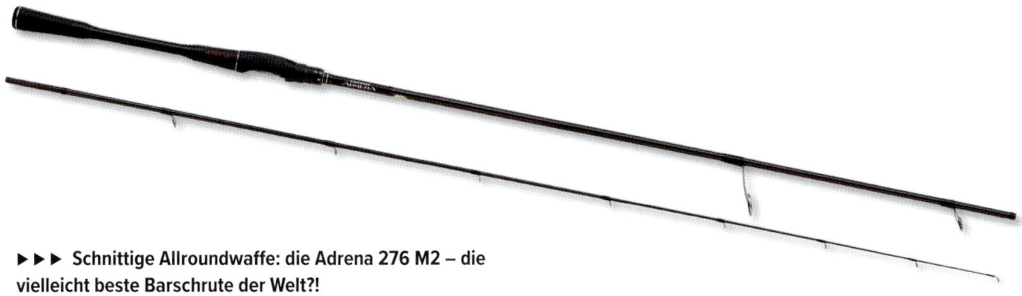

▸▸▸ Schnittige Allroundwaffe: die Adrena 276 M2 – die vielleicht beste Barschrute der Welt?!

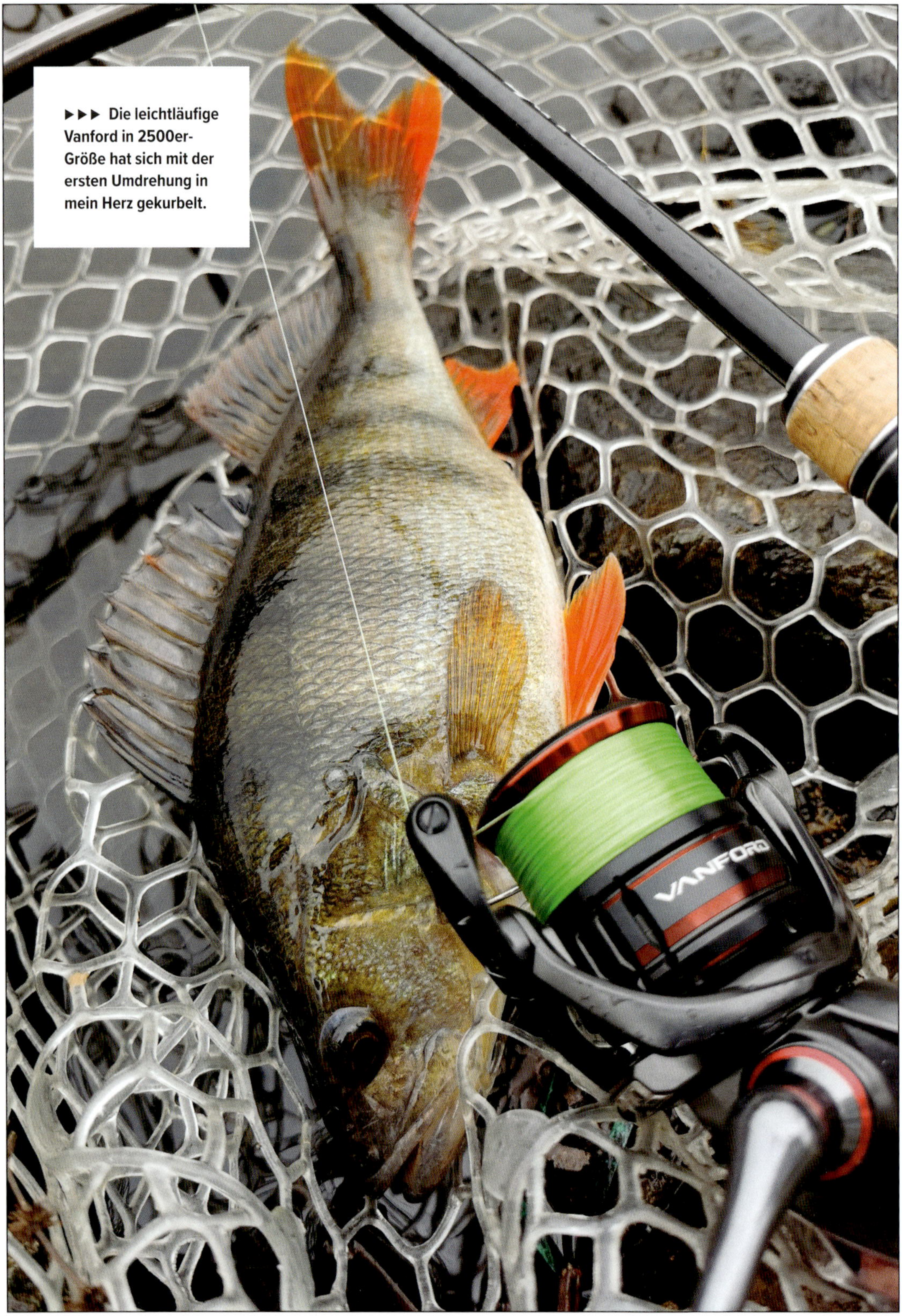

▶▶▶ Die leichtläufige Vanford in 2500er-Größe hat sich mit der ersten Umdrehung in mein Herz gekurbelt.

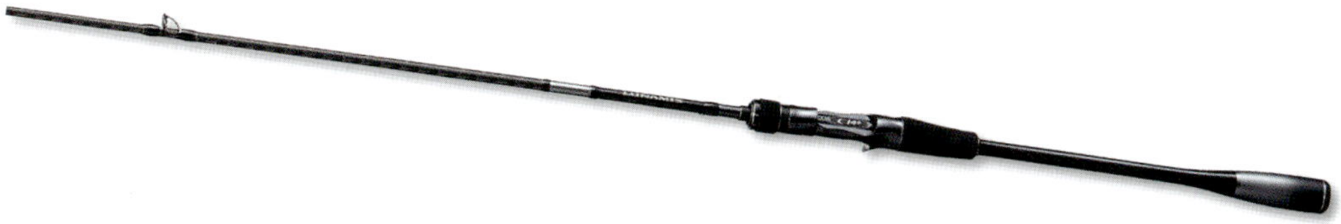

▶▶▶ **Eine tolle Distanzrute ist die Lunamis Lunamis S 86 M.**

metern (Übersetzung 6,0:1) die kurze Rutenlänge ausgleicht. Schnur: 8er bis 10er Kairiki 4. Diese Kombo eignet sich auch sehr gut zum Vertikalangeln, wenn man gern mit der Statio vertikalt. Etwas mehr Wurfweite kitzelt ihr aus der Adrena 276 M2, die ja aber auch etwas länger ist.

Light-Twitch-Rute: Zum Twitchen kleinerer Wobbler verwende ich eine feine Rute mit einer etwas weicheren Aktion. Ich war auch mal der Meinung, dass man Twitchbaits hart durchs Wasser prügeln muss, was an vielen Tagen aber einfach auch nicht nötig ist. Dauertwitchen mit harten Ruten führt außerdem zum »Twitcharm« (das Pendant zum »Tennisarm«) und da ich noch eine Weile schmerzfrei angeln will, fahre ich mit meiner defensiveren Twitche besser, zumal geflochtene Schnur das direkte Ansteuern des Köders garantiert. Eine tolle Rute ist hier die Expride 266 L2 mit einem Wurfgewicht bis 10 Gramm, die sich auch mit kleinsten Ködern voll auflädt und so auch mit Leichtgewichten gute Wurfweiten erzielt.

An dieser 1,8 bis 1,9 Meter langen Rute ist auch eine 2500er Rolle (Vanford) montiert – zugunsten der Wurfweite. Diese Kombo eignet sich auch zum Angeln mit kleinen Oberflächenködern und kleinen Cranks. Und eigentlich zu allem, was klein ist und Spaß bringt. Vom Texas-Rig über Rubber-Jigs bis zum Free-Rig.

UL-Crank-Rute: Für ganz kleine Crankbaits verwende ich lieber Spinngeschirr als eine Cast-Kombo. Ich komme damit besser klar. Das heißt, ich werfe Cranks mit einem Gewicht von 3 bis 5 Gramm weiter und präziser mit der ultraleichten Spinn-Kombo als mit einer UL-Cast-Kombo. Da könnt ihr euch mal die UL-Versionen aus den Ranges von Zodias, Adrena oder Expride anschauen.

▶▶▶ **Feinfühlig, wurfgewaltig und extrem leicht: die 2,25 m lange Yasei LTD Perch 225 ML. Top für alle Finesse-Rigs.**

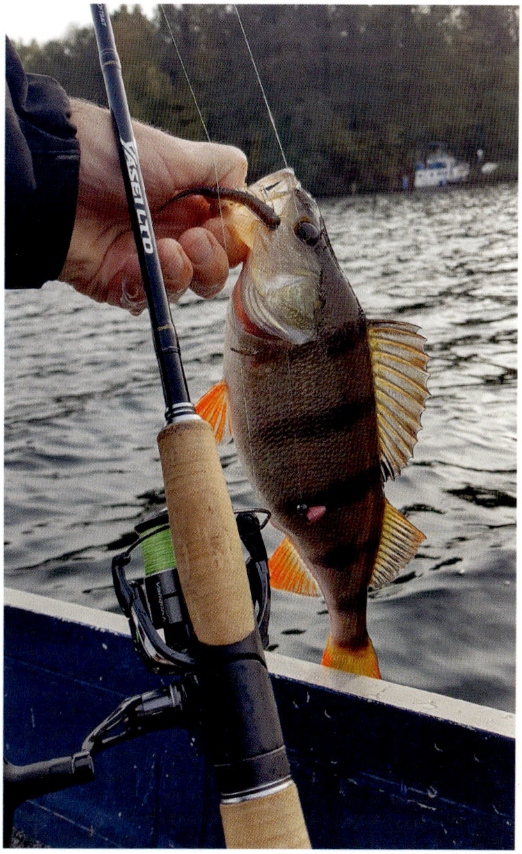

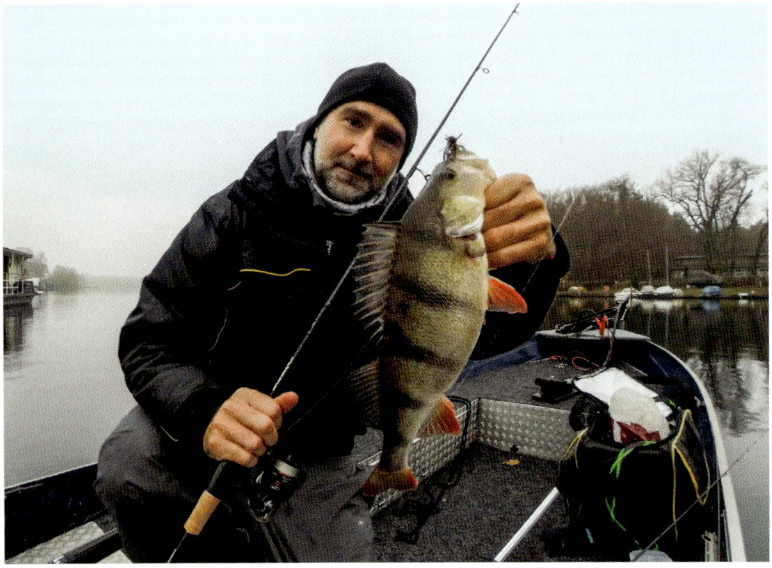

▶▶▶ Wer auf kurze Distanz ganz fein angeln will, ist mit den Expride- und Zodias-UL-Versionen allerbestens beraten.

Hier muss es dann auch bei mir eine leichte 1000er Rolle (Vanford) sein. Schnur: 6er Kairiki 4.

UL-Rig 'n' Jig-Rute: Zum ultraleichten Angeln mit Jigs, DS-Rig, T-Rig, Wacky Jigs oder Finesse Rubber Jigs kann ich euch nur empfehlen, mal eine Rute mit einer filigranen Vollcarbon-Spitze zu fischen. Diese Modelle sind im Spitzenbereich ein bisschen weicher, kommen dann aber mit viel Backbone. Das garantiert eine maximale Köderkontrolle, eine optimale Bissverwertung und super viel Angelspaß. Außerdem kann man sehr fein fischen, weil die weiche Spitze beim Anhieb die erste Belastungsspitze von der Schnur nimmt.

Sehr zu empfehlen ist die Zodias 264 UL-S/2 mit einem Wurfgewicht von 1,5 bis 5 Gramm, mit der ich gerne Zitter-Jigs fische, wacky angle, kleine Rubber-Jigs anbiete oder auch leichte Texas-Gespanne.

Hier sitzt eine 1000er Vanford im Rollenhalter, auf die eine 0,06er Kairiki 4 aufgespult ist. Ich sage euch: Sensibler geht's nicht.

Für weitläufigere Gewässer beziehungsweise das Uferangeln mit dem T-Rig und vor allem auch mit

» **VIDEO:** Die beste Barschrute der Welt

» **VIDEO:** Uferangeln: Fange dort, wo niemand hinkommt.

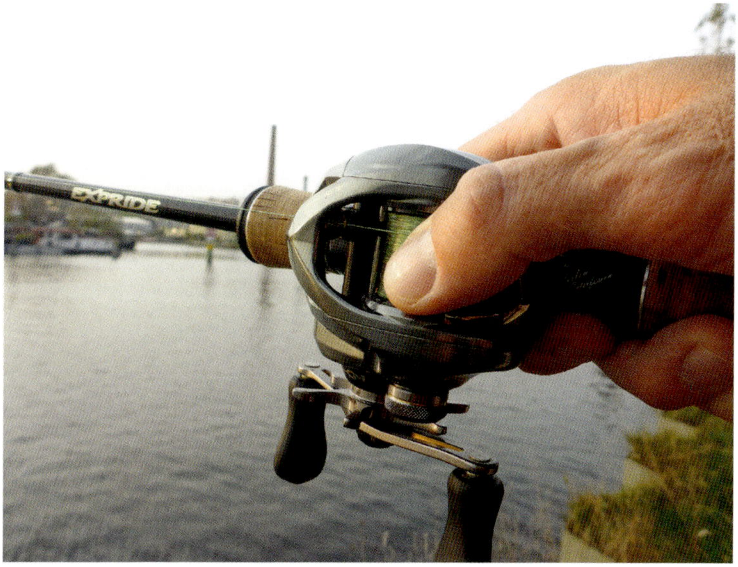

▸▸▸ Ein bisschen Cast muss sein! Die Modelle aus der Expride-Serie gehören allesamt zu meinen Lieblingsruten.

den Twitch-Jigs empfehle ich eine 2,25 Meter lange Yasei LTD Perch 225 ML mit einem offiziellen Wurfgewicht von 5 bis 18 Gramm, die aber auch 3 Gramm super wirft. Dazu kombiniert man am besten eine 2500er Vanford mit 6er bis 8er Braid.

CAST-BESTECK

Topwater-Texas-Rute: Für große Toppies, die ja schon mal 10 bis 20 Gramm auf die Waage bringen, verwende ich am liebsten eine Cast-Rute, gern mit einer »gefühlvollen« Spitzenaktion. Auch wenn sie ein bisschen teurer ist, müsst ihr euch mal die 1,98 Meter lange Expride 166 M (Wurfgewicht 7 bis 21 Gramm) oder die Poison Adrena Schwester 166 MH Casting (Wurfgewicht 10 bis 28 Gramm) anschauen. Dazu passt eine einigermaßen schnelle Baitcaster wie die Curado HGK (Übersetzung: 7,4:1, Schnureinzug: 79 Zentimeter) mit 12er bis 15er Geflochtener. Diese Kombo fische ich auch sehr gern mit halbwegs schweren Bullets (T-Rig).

Crankbait-Rute I: Barsche stehen gern im Kraut. Wer dicke Cranks durchs Kraut führt, braucht einen steifen Krautprügel mit viel Power, mit dem man gehaktes Grünzeug abschütteln kann. Diese Rute darf dann schon einmal 40 Gramm Wurfgewicht (deutsche Angabe) beziehungsweise ¾ bis 1 Oz. (US-Maß) mitbringen. Zur Rute passt eine mittelschnelle Rolle und 15er bis 20er Geflochtene. Dazu kann man sehr gut die schwere Version der oben genannten Topwater-Kombo nehmen.

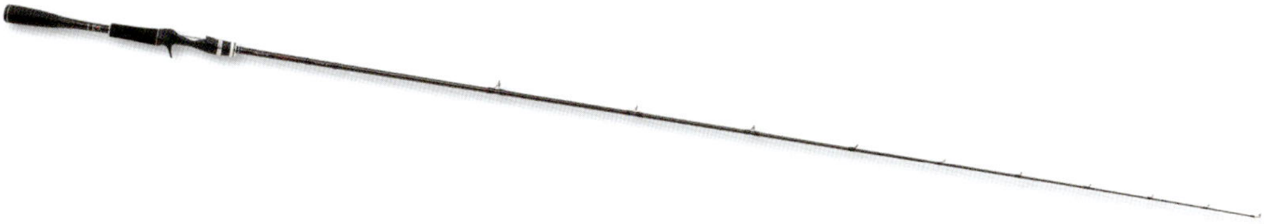

▸▸▸ Top für Toppies und T-Rigs: Die Poison Adrena 166 M.

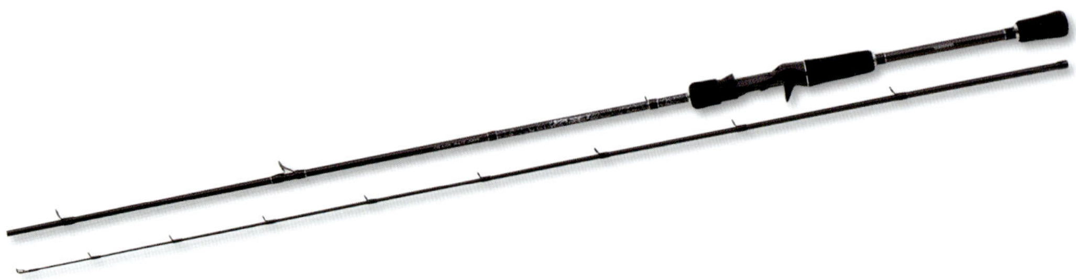

▸▸▸ **Für dicke Cranks empfehle ich die Yasei BB Crankbait.**

▸▸▸ **Am besten, man hat sie immer griffbreit: Die Texas-Cast-Kombo**

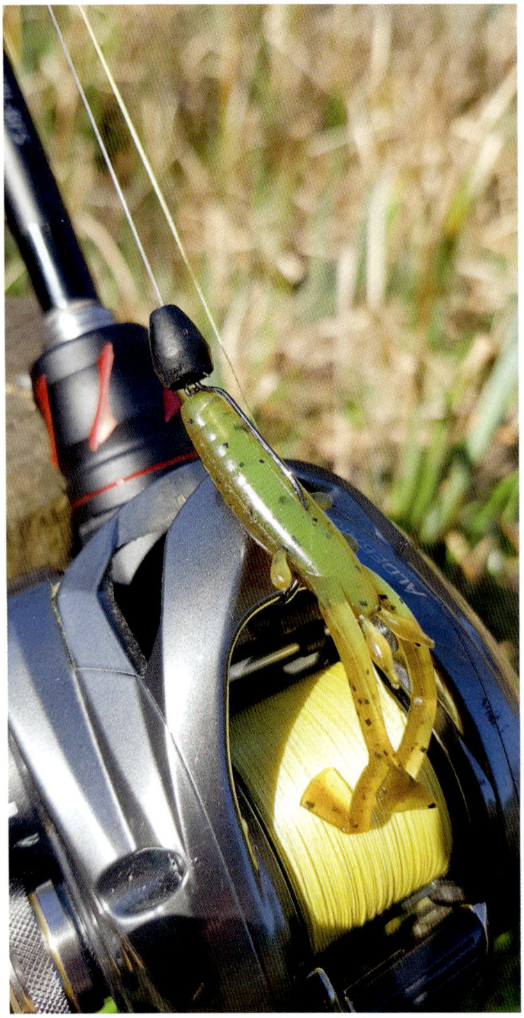

Crankbait-Rute II: Für dicke Cranks und solche mit langen Tauchschaufeln braucht man eine Rute, welche die Vibrationen rausnimmt. Spezielle Crankbait-Ruten sind verhältnismäßig weich. Für die voluminösen Dickbarsch-Cranks liegt das optimale Wurfgewicht im Bereich von ca. 20 Gramm. Shimano hat inzwischen viele reinrassige Crank-Ruten im Programm. Die schwerste ist die Yasei Crankbait mit einem Wurfgewicht bis 24 Gramm. Wer günstiger einsteigen will findet in der Yasei BB Crankbait eine dick-cranktaugliche Alternative mit einem Wurfgewicht bis 20 Gramm.

Auch hier passt die Curado HGK mit einer geflochtenen (12er bis 15er), wenn man jeden Kontakt spüren will. Alternativ bespult man die Rolle mit 28er bis 33er Mono oder Fluorocarbon (mit FC kommt man etwas tiefer als mit Mono und hat einen etwas intensiveren Köderkontakt durch die geringere Dehnung).

Crankbait-Rute III: Zum Angeln mit Flachläufern, kleinen Tiefläufern und typischen Barsch-Cranks ist eine weiche, leichte Crankbait-Rute angezeigt, die die kleinen Köder weit hinausbefördert. Toll ist die Yasei LTD Perch Crankbait mit einem WG von 4 bis 16 Gramm. Mein Rollentipp ist die Curado MGL 71 XGK mit einer Übersetzung von 8,1:1. Da die Rolle klein ist, braucht man diese Übersetzung (Schnureinzug pro Umdrehung: 81 Zentimeter), wenn man sich beim schnellen Kurbeln nicht künstlich selber fertig machen will. Auf die kleine BC kommt eine 10er bis 13er Geflochtene oder 20er bis 25er Mono/FC.

BFS-Rute: Eine ganz feine BC-Kombo muss einfach sein. Nicht dass man nicht ohne das BFS-Gespann auskäme, aber der direkte Kontakt und der lässige Abschussmechanismus machen das ganz feine Baitcasten zum Genussangeln. Da muss man nicht mal Fische fangen, um Spaß zu haben. Damit sich die Rute bei niedrigem Gewicht auflädt und die Rolle den Flug nicht bremst, müssen hochwertige Komponenten her. Die sind leider

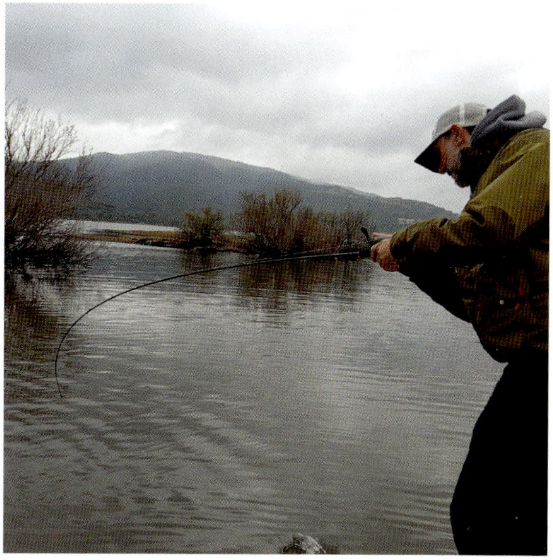

▸▸▸ **Wenn das ein Barsch gewesen wäre, der die Yasei Crankbait so rund macht, wäre es legendäre 70er gewesen. Es war aber ein Schwarzbarsch. Auch schön!**

» **VIDEO: Die passende Kombo finden**

nicht ganz billig. Meine Expride 164 BFS besitzt ein Wurfgewicht von3,5 bis 10 Gramm.

Die maßgeschneiderte Aldebaran BFS XG lässt auch einen ungeübten Werfer schnell mit 4 Gramm ordentliche Wurfweiten erzielen. Ich habe Geflochtene auf der Rolle: eine 8er Kairiki 10, wenn ich mit Rubber-Jigs, T-Rig und kleinen Toppies caste. Für Twitchbaits verwende ich lieber eine dehnungsarme Monofile (20er).

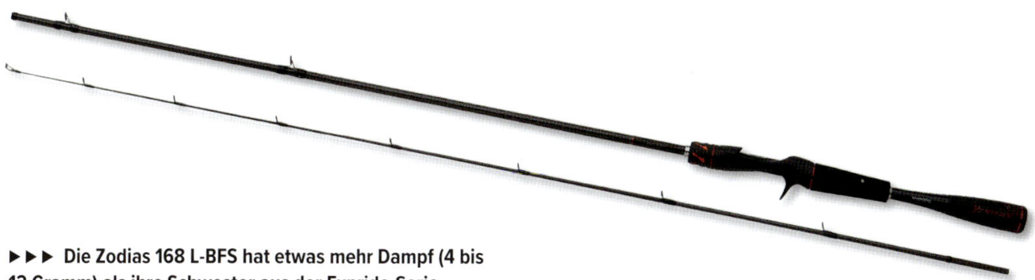

▸▸▸ **Die Zodias 168 L-BFS hat etwas mehr Dampf (4 bis 12 Gramm) als ihre Schwester aus der Expride-Serie (3,5 bis 10 Gramm) und ist etwas länger. Damit ist sie eine perfekte Rute für etwas schwerere Twitchbaits, Rigs und leichte (Rubber-)Jigs.**

VORFACHFRAGE: TITAN SCHLÄGT STAHL!

Anmerkung: (Nur um es angemerkt zu haben.) Barsche beißen eine Schnur nicht durch mit ihren kleinen Zähnchen. Es sind die Hechte, die uns hierzulande zu schaffen machen, die uns aber auch viel Freude bereiten, wenn wir sie an feinem Gerät aus dem Wasser dressieren. Das geht allerdings nur gut, wenn wir Vorkehrungen treffen und uns hechtsicher aufstellen.

Viel habe ich mit Stahlvorfächern experimentiert. 1x19 und 7x7 von hier, Titan von dort. Ich habe Hersteller durchgewechselt und bin eigentlich immer zu demselben Ergebnis gekommen: 7x7er Stahl gefällt mir meistens besser als 1x19er Stahl und 1x7er Stahl, schon allein weil's mehr trägt. Das Problem ist halt der Telefonkabel-Effekt: Nach einem guten Fisch (manchmal schon nach einem satten Fehlbiss) kringelt das Material und dann fische ich es nicht mehr so gern. Es mag die Fische noch halten. Aber wenn da nicht ordentlich Gewicht dranhängt, muss das Gekringel den Köderlauf ja ein bisschen beeinflussen. Dünnes 1x1er Titan (ein Strang) ist super. Dickes 1x1er Titan macht bestimmt Krach. Außerdem bricht die »Titanstange« ab und an mal völlig unvermittelt. Dem kann man aus dem Weg gehen, wenn man das Vorfach nach einer Weile wechselt bzw. direkt, wenn man einen Knick feststellt. Ich hatte aber auch schon Köderverluste beim einfachen Anjiggen oder beim Werfen, ohne dass man da vorher eine Beschädigung feststellen hätte können.

Tag der Entdeckung

Und dann war ich mal bei meinem Kumpel Hoffi, der einen Angelladen betreibt (Köderwahnsinn). In seiner unnachahmlichen Art (er regt gern zum Nachdenken an, so dass man von selber drauf kommen muss, das Zeug zu kaufen) hat er mich gefragt, ob ich schon dieses 1x7er Titan von Knot2Kinky ausprobiert habe, von dem alle so begeistert sind. Das Material sei zwar schweineteuer. Aber es knicke nie und man könne es monatelang fischen – wenn es denn nicht abreißt. Aber man müsse so ein Nobelvorfach ja nicht in der Steinpackung fischen. Ich habe mir das Zeug angeschaut und war direkt begeistert. Fühlte sich tatsächlich sich gut an. Sah gut aus. Und die angegebenen Werte müssen eigentlich jeden Barsch-Fan überzeugen: Die Tragkraft ist super, die Durchmesser sind niedrig. Genau das, was man sich als Barschangler wünscht. Gekauft! Und zwar in 5,4 kg. Da wandert dann erstmal eine ordentliche Menge Kohle über den Ladentisch. Knapp 30 Euro. 27,99 um genau zu sein. Aber egal. Für ein richtig gutes Vorfach lege ich das gern hin. Schließlich spart man eine Menge Geld und Zeit, wenn man ein Vorfach wirklich lange fischen kann.

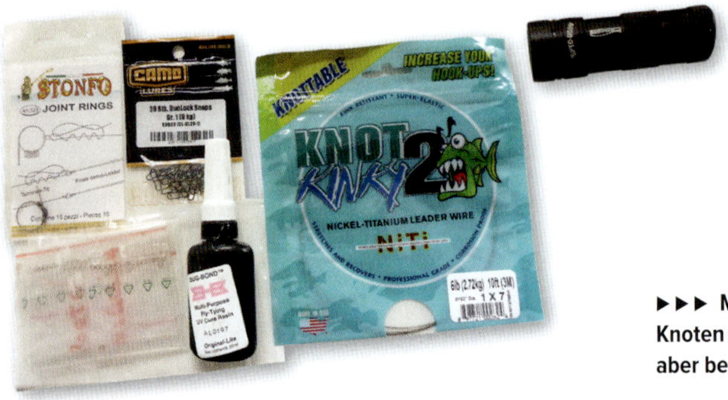

▸▸▸ **Mit dem UV-Klber sichere ich die Knoten ab. Muss man nicht. Ich fühle mich aber besser damit.**

Die ersten 1x7er Titan-Tests

Und dann musste das auch gleich ausprobiert werden. Damals war ich im Bellyboat-Rausch und war viel in Brandenburg unterwegs an irgendwelchen Waldseen. Und tatsächlich: Kein Kringeln mehr. Keine Knicks. Keine Abrisse. Auch nach Tagen und vielen kleinen und mittleren Hechten nicht. Also nachkaufen: 2, 7 kg und 8 kg. Das ganz dünne Zeug nehme ich zum feinen Barschangeln und bin total hin und weg. Ich knote damit z.B. Chebus direkt an und habe sogar eine vorsichtige Großschleie mit Stahl gefangen.

Vom 1x1-Titan-Skeptiker zum 1x7-Titan-Fan

Natürlich gibt's auch Skeptiker, die sagen, dass sie Titan nicht vertrauen, weil ihnen das einfädige schon öfter durchgeknallt ist. Ich war selber auch schon durch mit 1 x 1 Titan, nachdem ich einmal einen Bruch beim Anjiggen eines Köders hatte. Aber bei 1x7er Titan ist das anders. Man sieht ja erstens, wenn mal ein Strang bricht – es brechen nicht alle Stränge gleichzeitig. Da gibt's also eine Vorwarnung. Und zweitens bricht das Material nicht wirklich oft. Das sagt euch einer, der seine Vorfächer richtig lange gefischt.

Nochmal ein die Vor- und Nachteile von 1x7-Titan, einfädigem Titan und 7x7er Stahl:

	7x7er Stahl	1x1er Titan	1x7er Titan
Vorteile	★ vergleichsweise günstig ★ geschmeidig	★ sehr gut zu verarbeiten ★ steif (gut als Spinnstange oder gegen Köderverwicklungen)	★ geschmeidig ★ besser zu verarbeiten als 7x7er Stahl ★ knickt nicht ★ hält lange
Nachteile	★ franst aus beim Einschieben in die Klemmhülse ★ kringelt	★ teurer als 7x7er Stahl ★ Knickt und bricht	★ Teuer ★ Nicht ganz so komfortabel zu verarbeiten wie 1x7er Titan

» VIDEO: Das beste Stahlvorfach – schnell, kringelfrei, knickresistent

Dünn ist es. Geschmeidig ist es. Stark ist es. Bruchsicher ist es. Jetzt habe ich nur noch einen Wunsch an die Titan-Industrie: Macht es durchsichtig! Bis dahin fische ich das Knot 2 Kinky 1x7er Titan weiter. Und zwar ganz normal zum Jiggen, aber auch als Twitch-Spitze zum Wobbeln und sogar als hechtsicheres Vorfach zum Angeln mit dem Texas- oder Carolina-Rig.

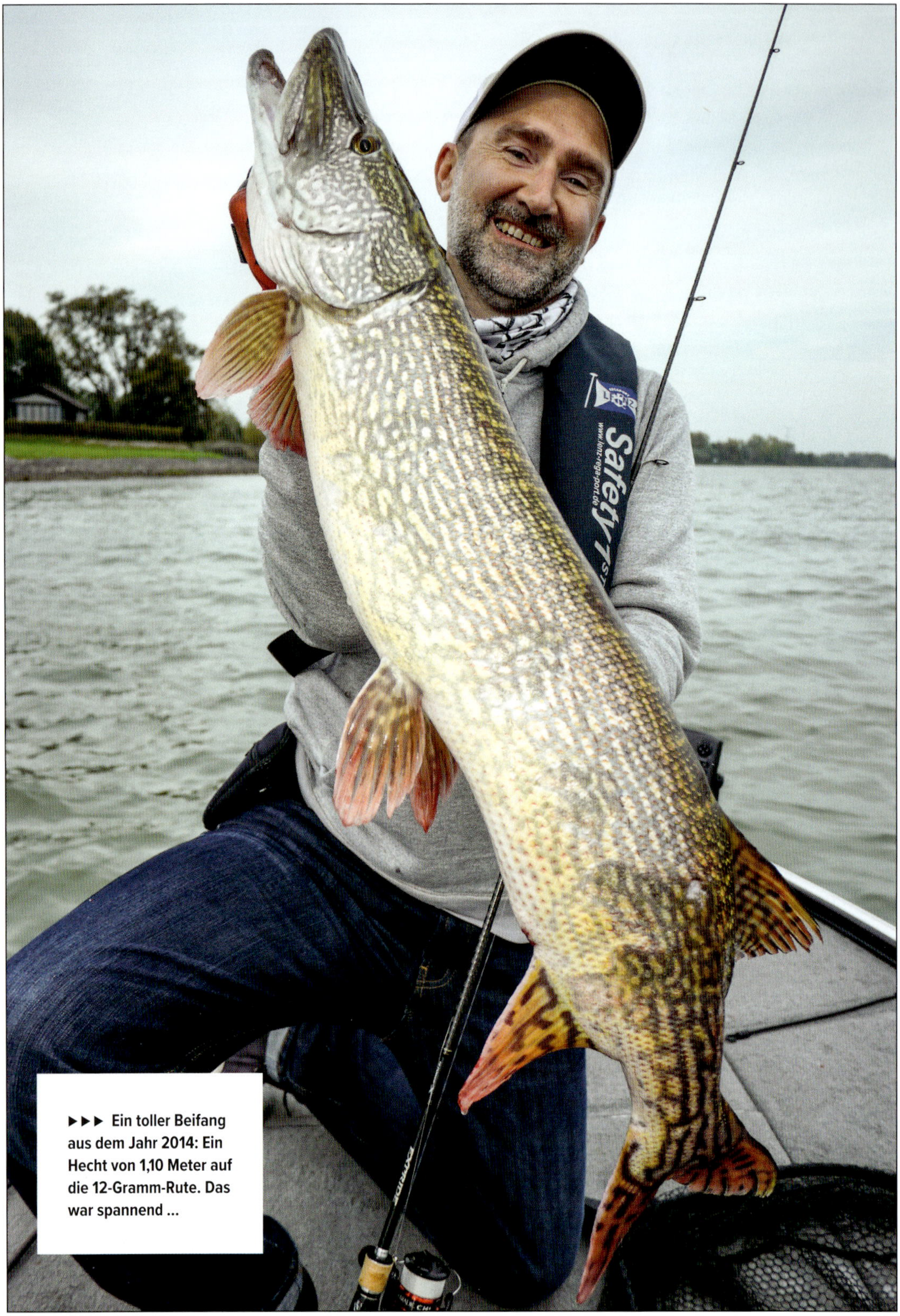

▶▶▶ **Ein toller Beifang aus dem Jahr 2014: Ein Hecht von 1,10 Meter auf die 12-Gramm-Rute. Das war spannend …**

HECHT, ZANDER, RAPFEN & CO.: BEIFÄNGE GEKONNT PARIEREN

Dem Barschangler geht's um den Spaß am leichten Angelgerät, um die Freude am Experimentieren, darum, ein riesiges Methoden- und Köderspektrum anwenden zu können. Aber auch darum, viel zu fangen. Als Barschangler räumt man die ganze Palette ab.

Es vergeht somit fast zwangsläufig kaum ein Jahr, in dem ich nicht ein paar Meterhechte nebenher verhafte. In den letzten beiden Jahren habe ich jeweils sogar einen 1,10 Meter langen Hecht an der feinen Barschstange dressiert. Ab und zu schnappen auch mal große Zander nach einem kleinen Happen. Rapfen und Alande sowieso. Aber auch Karpfen, Döbel, Brassen, Waller und andere Arten.

Insofern muss man immer darauf eingestellt sein, dass sich große Fische an den kleinen Haken verirren. Auf diese kampfstarken Gegner muss man eingestellt sein. Das fängt mit der Hardware-Komposition an und hört bei der Bremseinstellung und dem Verhalten im Drill auf. Ich habe selber schon viele Fehler gemacht und lerne

▶▶▶ Ein ordentlicher Zander auf den kleinen Countdown. An einer 10-Gramm-Rute mit 0,06er Schnur war das ein spannender Drill, zumal ich kurz vorher schon einen großen Zander nach mehrminütigem Drill verloren hatte.

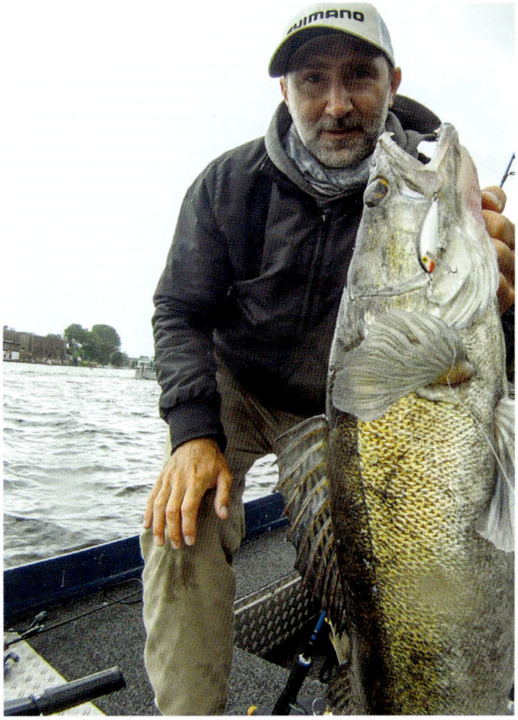

immer noch dazu. Hier ein paar Tipps von einem, der im Fliegengewicht angelt und es regelmäßig mit Schwergewichten zu tun bekommt.

Rute: Aktion ausdrücklich erwünscht!
Vorausgesetzt man hat die Rute gut behandelt, bricht selbst die feinste Barschrute nicht, nur weil ein großer Fisch am anderen Ende der Leine zerrt. Die größte Gefahr ist immer der Schnurbruch.

Deshalb empfehle ich beim Angeln mit feinen Schnüren gerne Ruten mit Aktion. So direkt ein steifer Besen die Bisse auch transferiert, so wenig puffert er den ersten Schock ab. Im Falle eines brutalen Hecht- oder Zander-Einstiegs muss die Rutenspitze aber im ersten Moment den Ruck an der Schnur abfedern.

Rolle: Auf die Bremse kommt's an!
Viel wichtiger als der vielzitierte »seidenweiche« Lauf ist, dass die Bremse sofort anspringt. Tut sie das nicht, ist schon Schluss, bevor der Großhecht zum zweiten Mal den Kopf schüttelt. Eine gute Bremse erkennt man, indem man die Bremse soweit aufdreht, dass Leine von der Rolle gleichmäßig abläuft, wenn man die Schnur in der Hand hält. Wenn die Rollenspule unterwegs stehen bleibt oder der Vorgang von anderen Unregelmäßigkeiten begleitet wird, kann man davon ausgehen, dass das Biest auch im Drill irgendwann mal Zicken macht.

Hauptschnur: Qualität auf die Rolle!
Mir ist es egal, ob eine Schnur rund oder flach ist. Ich komme auch damit zurecht, wenn sie die Farbe schnell verliert. Das tun die meisten Schnüre früher oder später sowieso. Viel entscheidendere Parameter sind für mich Schockresistenz und Abriebfestigkeit. Letztere kann man einfach testen, indem man ein Schnurstück über eine Kante zieht und ein bisschen schabt. In Sachen Schockresistenz helfen nur Erfahrungswerte. Also entweder viel testen oder auf die Meinungen anderer Angler hören.

Leader / Vor-Vorfach: FC fängt mehr!
Wenn ich mit geflochtener Schnur angle, knüpfe ich immer ein Stück Fluorocarbon zwischen Hauptschnur und Karabiner beziehungsweise zwischen Hauptschnur und Stahlvorfach. Ich werde oft gefragt, ob ich denke, dass ich so mehr Fische fange. Ich meine, dass dem so ist.

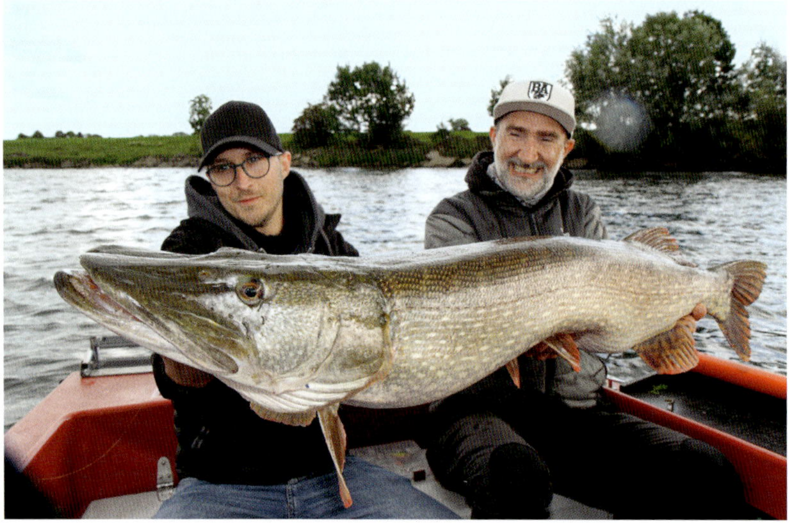

▶▶▶ Noch ein krasserer. 1,23 m in Hechtform haben sich für einen 4 Inch Easy Shiner in Green Pumpkin Chartreuse erwärmen lassen. Den Drill seht ihr im Video!

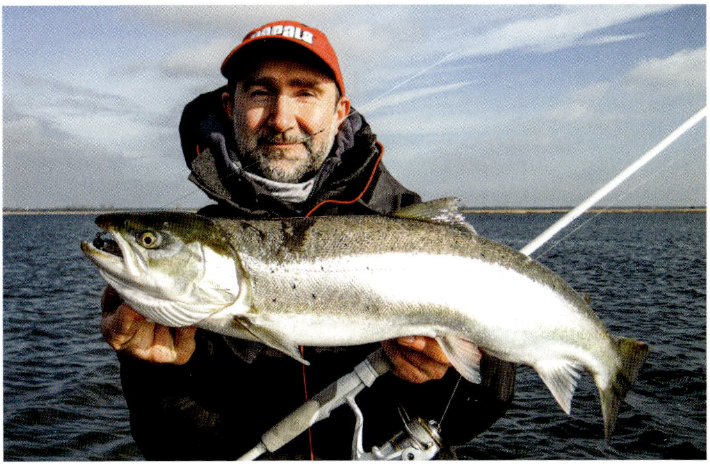

▶▶▶ Wer viel angeln geht, erlebt manchmal auch kleine Wunder. Als solches darf man die Mefo aus dem Peenestrom bezeichnen, die sich einen Walleye Assassin direkt nach dem Aufprall auf die Wasseroberfläche schnappte.

Erstens, weil sich die oftmals farbige Hauptschnur vom Köder trennt und die Barsche die beiden Dinge nicht in Verbindung bringen können. Zweitens, weil sie ein bisschen was von den Belastungsspitzen abpuffert. Ein Meter dehnt sich bestimmt 5 bis 10 Zentimeter, bevor er reißt.

Drittens schützt dieses Vor-Vorfach die Hauptschnur an der entscheidenden Stelle vor Abrieb durch Steine oder Muscheln. So habe ich immer die volle Tragkraft der Hauptschnur minus Knoten und muss nicht noch Schwachstellen durch Abrieb abziehen.

Meine FC-Leader binde ich vor jedem Angeln neu, so dass ich mir sicher sein kann, dass der Knoten hält. Weil er am meisten trägt, empfehle ich den doppelten Uni-Knoten.

Stahlvorfach: Immer mal checken!

Wenn ihr meiner Lobeshymne auf 1 x 7 Titan zum Trotz weiter mit einfädigem Titan oder 7 x 7 Stahl angelt, solltet ihr die Vorfächer immer mal auf Knicks und Cuts checken. Kurz vor der Landung ist am meisten Druck drauf. Und das ist ein ganz bitterer Moment für einen Fischverlust. Überhaupt sollte man dem Fisch zum Wohle nichts riskieren und lieber öfter mal ein neues Vorfach anbammeln, als einen Fisch abschicken.

Karabiner: Auch ein XXX-Karabiner wird mal schwach!

Große Einhänger kann ich nicht leiden. Schließlich macht der Karabiner bei einem verhältnismäßig kleinen Köder einige Prozent mehr vom Köder aus als bei einem großen Köder. Für mich kommen nur die stärksten Kleinkarabiner in Frage. Namentlich die V-Snaps von Decoy. Die haben brutal viel Spannung drauf und verbiegen nicht. Denn durch das ständige Öffnen und Schließen verliert so mancher Snap an Power. Zu dünnes Material verbiegt dann leicht. Einmal zurückgebogen, ist das Ding für mich wertlos.

▶▶▶ Mein Lieblings-Snap kommt von Decoy und nennt sich V-Snap. Der 3er ist das Stabilste, was ich in dieser Größenordnung kenne.

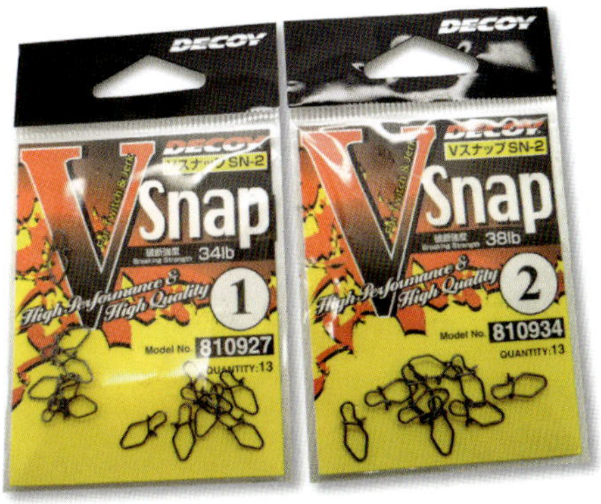

Bremseinstellung: Zudrehen verboten!
Früher war ich auch einer von denen, die die Bremse ganz zugedreht haben, um beim Anhieb den maximalen Druck aufbauen zu können. Das habe ich mir aber abgewöhnt. Beim Zanderangeln mit Zandergeschirr habe ich mir bei Bissen vor meinen Füßen schon mehrfach die Hauptschnur durchgeballert. Sogar 0,6 Millimeter starken 7x7er-Stahl konnte ich beim Großhechtangeln schon in zwei Teile zerlegen.

Deshalb stelle ich die Bremse von Haus aus so ein, dass sie ein bisschen nachgibt, wenn ich den Anhieb setze. Sobald dann ein dicker Fisch hängt, wird die Bremse weiter aufgedreht, als es eigentlich sein müsste – einfach um punktuelle Belastungen abzupuffern wie sie zum Beispiel zustande kommen, wenn ein Hecht plötzlich mit dem Kopf schüttelt oder ein großer Rapfen zum Spurt ansetzt. Wenn ich Schnur gewinnen kann, fixiere ich die Rolle mit dem Zeigefinger. Zieht der Fisch kontinuierlich ab, dosiere ich den Abzugswiderstand ebenfalls mit dem Zeigefinger. Sobald der Kontrahent aber rüttelt oder Fahrt aufnimmt, lasse ich los und gebe ihm die Schnur, die er sich nehmen will.

Drillverhalten: Nur keine Panik!
Natürlich wird's immer besonders spannend, wenn was Großes an der Leine hängt. Jetzt fließt Adrenalin. Die Schläfe pocht. Die Halsadern drohen zu platzen. Ideale Voraussetzungen für einen kleinen Panikflash. Jetzt nur nicht durchdrehen. Ist der erste Run einmal gebremst, heißt es, die Kontrolle zu gewinnen. Am besten schön gleichmäßig und bestimmt. In keinem Fall hektisch und nervös zerren. Unter gleichmäßigem Zug kann man auf Richtungswechsel, bockiges Schütteln und andere Kapriolen reagieren.

Man drillt große Fische nicht über die Rolle, sondern über die Rute. Und man lässt dem Fisch die Zeit, die er braucht. Zwar ist ein kurzer Drill fischschonender. Aber ein abgerissener Köder im Maul hat noch keinem Hecht, Zander oder Rapfen geholfen.

Kurz vor der Landung muss die Aufmerksamkeit noch einmal hochgehen. Beim Anblick des netten Menschen mit der Rute in der Hand mobilisieren die Fische oftmals ihre letzten Kräfte. Darauf muss man vorbereitet sein. Ist dieser Moment überstanden, kann man sich glücklich schätzen, wenn der Kollege nebendran schon mal den Kescher vorbereitet hat oder zur Handlandung ansetzt. Aus falschem Stolz Hilfe bei der Landung zu verwehren, ist albern und hat auch schon manchen Fisch gekostet.

» **VIDEO:** **Total verzockt! Große Überraschung aus der Tiefe**

» **VIDEO:** **Er schenkt mir diesen Hecht!**

BARSCH-LANDUNG UND -HANDLING

Die Handlandung gilt gemeinhin als elegant und schleimhautschonend. Außerdem bedeutet der Verzicht auf den Kescher auch, dass man ein sperriges Ausrüstungsteil weniger mit ans Wasser schleppen muss. Und nach dem Angeln muffelt dann auch nix im Kofferraum. Das sind eine Menge Argumente, die gegen den Einsatz eines Keschers sprechen. Und so verzichten viele Barschangler auf die Landehilfe (natürlich ausschließlich an Gewässern, an denen der Verwendung des Keschers nicht vorgeschrieben ist).

Seit es moderne Gummikescher gibt, in deren Maschen die Haken nicht hängenbleiben und die außerdem versprechen, die vor Verpilzung schützende Schleimschicht unversehrt zu lassen, bin ich wieder voll auf Kescher. Es ist zu ärgerlich, wenn man den ersehnten Dickbarsch am Haken hat und sich dieser mangels Kescher im letzten Moment abschütteln kann.

Keschern ist nicht nur sicherer, es ist auch barschfairer. Der Landeprozess wird beschleunigt und man kommt nicht in Versuchung, die Fische ins Boot zu heben, was ihnen sicher nicht besonders gut bekommt. Außerdem habe ich mir beim Handlanden mehrfach Wobblerdrillinge in die Landehand operiert. Ich konnte

▸▸▸ Die Handlandung per Bassgrip gilt szeneintern als die eleganteste Lösung.

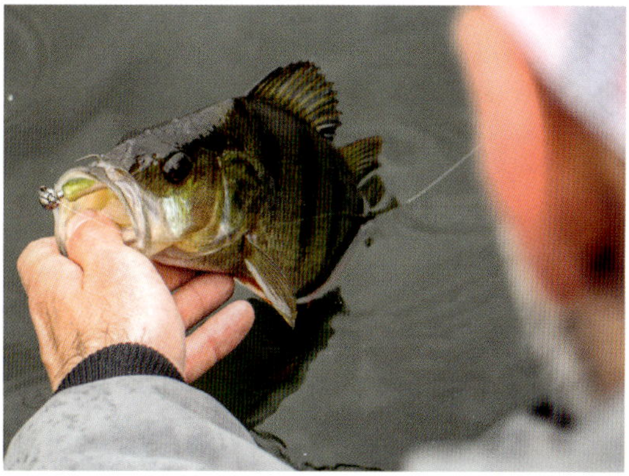

▸▸▸ Junger Kesherman im Einsatz. Ob das gutgeht?

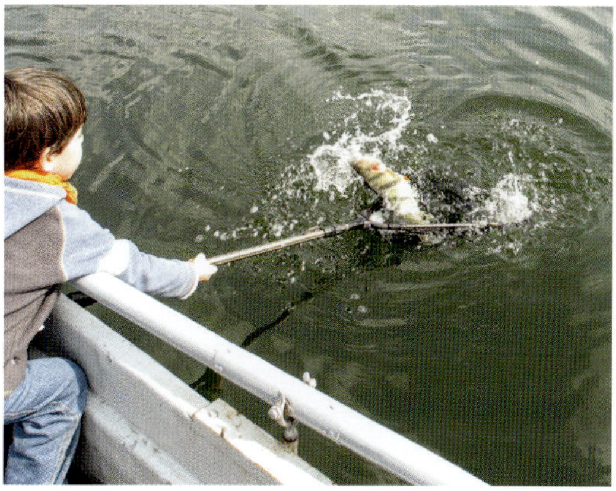

die zwar immer sauber abkneifen und rausdrücken. Spaß gemacht hat das aber nie.

Wenn der Barsch in den Maschen zappelt, nimmt man ihn am besten schnell heraus. Gern mit dem Barschgriff, um Schleimhautkontakt zu vermeiden (Daumen ins Maul, Zeigefinger unter dem Maul). Fürs schnelle Foto lässt man ihn dann entweder vertikal hängen oder man hält ihn horizontal und stützt ihn mit der anderen Hand ab. Bei einhändiger Horizontalpräsentation mit dem Barschgriff überstreckt man die Wirbelsäule. Das sollte man bei Fischen, die man freilassen will, unbedingt vermeiden.

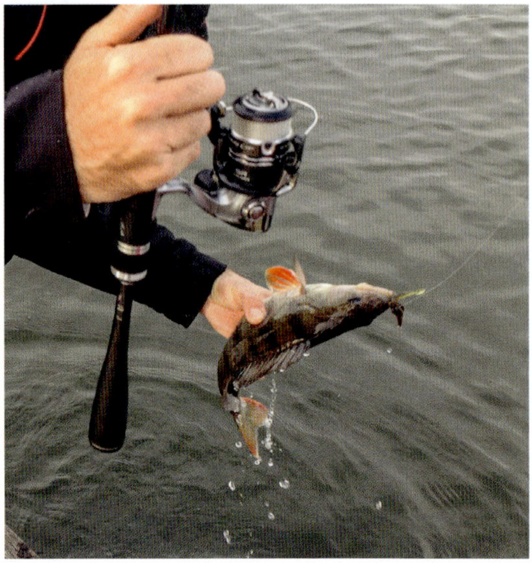

▸▸▸ Wenn's schnell gehen soll, ist der Griff um den Bauch auch ein probates Mittel.

Einer Tatsache muss man sich bewusst sein: Barsche mögen uns Angler nicht und wir können uns auch nicht als besonders »barschlieb« hinstellen, wenn wir den stolzen Stachelrittern Haken ins Maul pflanzen. Dennoch können wir unser Bestes geben, den Fischen so wenig Stress wie möglich zu machen und ihr Überleben zu garantieren, wenn wir sie wieder freilassen. Das sollte bei unversehrten Großbarschen eigentlich selbstverständlich sein. Sie tragen das wertvolle Dickbarsch-Wachstums-Gen in sich und geben dieses von Laichzeit zu Laichzeit weiter. Und für einen Pfannenfisch sind sie einfach zu groß, was gemeinhin ein Zurücksetzen rechtfertigt, wenn ihr versteht, was ich meine ...

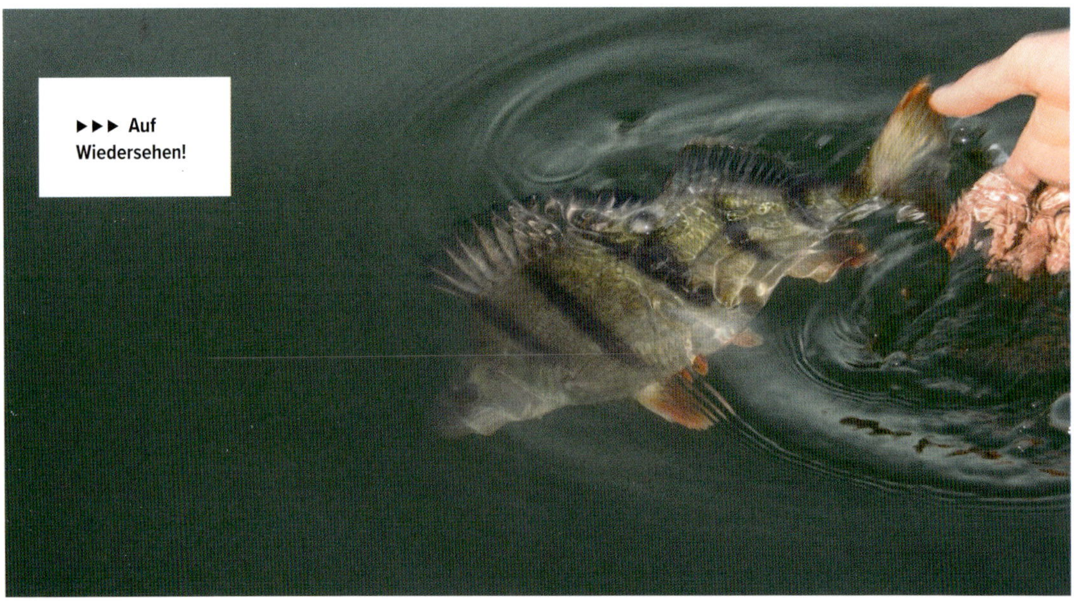

▸▸▸ Auf Wiedersehen!

DANKSAGUNG

Ich möchte mal »danke« sagen. Und zwar nicht nur Dir, liebe/r Leser/in, weil Du es bis hierhin geschafft hast und mir Dein Durchhaltevermögen Bestätigung genug dafür ist, dass es ganz gut geworden ist, das ultimative Barschbuch 2.0. Du meinst es ernst. Solche Barschangler/innen braucht das Land!

Und dann sind da ganz viele Menschen, die auf den Bildern zu sehen sind. Das sind meine Angelkumpels. Leute, DANKE! Nicht nur für den Spaß auf dem Boot, sondern auch dafür, dass ihr mich mit euren Ideen und Montagen weiterbringt. Und besten Dank auch fürs Knipsen. Macht keinen Spaß, ich weiß. Muss aber halt ab und zu sein. Schön, dass ihr alle so geduldig seid. Also zumindest fast alle.

Von Ulf Koch kommen die schönen Grafiken, die dieses Buch nicht nur wertiger erscheinen lassen, sondern sicher auch dem Leseverständnis dienen. Bei Patrick Marable und Dieter Bienentreu bedanke ich mich für das Interview und die Bilder im Kickback-Rig-Kapitel. Super auch, dass Jochen Dieckmann ganz spontan ein spannendes Popper-Kapitel beigesteuert hat. Ohne David Wenzel gäbe es kein Spybait-Feature.

Vielen Dank an die Köderhersteller für die vielen tollen Baits und an Firmen, die das Zeug heranschaffen und bei uns verfügbar machen.

Danke an alle Barsch-Alarmer, die täglich neue Inspirationen in den Foren hinterlassen und mich auf dem Laufenden halten. Danke an meine Insta-/YouTube-Community, die mit dem meist sehr positiven Feedback den Treibstoff ins Dietel-Brain gießt, den ich brauche, um maximalen Spaß aus der ganzen Öffentlichkeitsarbeit für die Barschangelei zu ziehen. Danke an die Fisch&Fang, die mir seit fast 20 Jahren einen festen Platz einräumt, der mich dazu »zwingt«, mich ständig weiterzuentwickeln. Danke an die Angelwoche dafür, dass ich alle zwei Wochen gezwungen bin, meine Angelei in Worte zu fassen und mich dazu immer wieder weiterbilden muss. Und an Blinker, Rute&Rolle und alle anderen Raubfisch- und Forellensee-Magazine, für die ich regelmäßig schreiben darf.

Danke an alle, die mich mit Tipps versorgen und ihre Zeit mit mir teilen.
Danke an alle, die ich vergessen habe!

JOHANNES